LA CERTIFICACIÓN DE DOMINIO COMO MEDIO DE INMATRICULACIÓN DE FINCAS DE ENTIDADES ECLESIÁSTICAS EN EL DERECHO ESPAÑOL

DOMAIN CERTIFICATION AS A MEANS OF REGISTERING PROPERTIES OF ECCLESIASTICAL ENTITIES IN SPANISH LAW

JOSÉ LUIS VIDAL SOLER
Cargo Autor

La certificación de dominio como medio de inmatriculación de fincas de entidades eclesiásticas en el Derecho español

Domain certification as a means of registering properties of ecclesiastical entities in spanish Law

CABILDO
CATEDRAL
DE CÓRDOBA

ARANZADI

ARANZADI LA LEY, S.A.U.
C/ Collado Mediano, 9
28231 Las Rozas (Madrid)
www.aranzadilaley.es

Atención al cliente: https://areacliente.aranzadilaley.es/publicaciones

Primera edición: Octubre 2025

Depósito Legal: M-19895-2025
ISBN versión impresa con complemento electrónico: 978-84-1085-326-3
ISBN versión electrónica: 978-84-1085-327-0

Diseño, Preimpresión e Impresión: ARANZADI LA LEY, S.A.U.
Printed in Spain

Agradecimientos

A Carmen y nuestros hijos, Antonio de Padua, Marta María y Clara de Asís, cuya paciencia y comprensión ha sido parte fundamental de mi trabajo.

Al Prof. Dr. Don José Manuel González Porras, Catedrático Emérito de Derecho Civil de la Facultad de Derecho de Córdoba, de quien tanto he intentado aprender, sin conseguirlo, y que me ha enseñado a amar el Derecho Civil.

Al Cabildo de la Santa Iglesia Catedral de Córdoba, por su generosa colaboración en la publicación de este trabajo.

Resumen

Hasta la reforma de la Ley Hipotecaria en el año 2015, la Iglesia Católica podía proceder a la inmatriculación de los bienes inmuebles de su propiedad, de los que careciera de título escrito de dominio, a través de la certificación de dominio, medio especial para el acceso de inmuebles al Registro de la Propiedad establecido en el art. 206 de la Ley Hipotecaria.

El uso que la Iglesia ha efectuado de ese procedimiento inmatriculador ha sido objeto de discusión por parte de la doctrina. Paralelamente, se ha generado una gran polémica en el ámbito político y de los medios de comunicación, basada en argumentos de escaso rigor jurídico.

El presente trabajo pretende analizar los orígenes históricos y jurídicos por los que la Iglesia dispuso de ese procedimiento especial para inmatricular sus bienes, justificando su absoluta legalidad y constitucionalidad.

Frente a las acusaciones vertidas sobre la indebida inmatriculación de bienes por parte de la Iglesia, se analiza la abundante Jurisprudencia existente en las controversias surgidas con relación a bienes eclesiásticos y se analizan los distintos argumentos esgrimidos en las sentencias estudiadas que concluyen en la plena legalidad de las inscripciones.

Abstract

Until the reform of the Mortgage Law in 2015, the Catholic Church could proceed to the registration of real estate property of its property, for which it lacked a written title of ownership, through certification of ownership, a special means for the access of real estate to the Property Registry established in art. 206 of the Mortgage Law.

The use that the Church has made of this registration procedure has been the subject of discussion by the doctrine. At the same time, a great controversy has been generated in the political and media spheres, based on arguments of little legal rigor.

This work aims to analyze the historical and legal origins by which the Church had this special procedure to register its assets, justifying its absolute legality and constitutionality.

Faced with the accusations made about the improper registration of property by the Church, the abundant jurisprudence existing in the controversies that have arisen in relation to ecclesiastical property is analyzed and the different arguments put forward in the sentences studied that conclude in the full legality of the inscriptions.

Índice General

Página

Abreviaturas

art. / arts.	artículo / artículos
ATS	Auto del Tribunal Supremo
BIC	Bien de Interés Cultural
BGB	Bürgerliches Gesetzbuch. Código Civil alemán
BOCCGG	Boletín Oficial de las Cortes Generales
CC	Código Civil
CCGG	Cortes Generales
CE	Constitución Española
CEE	Conferencia Episcopal Española
CIC	Código de Derecho Canónico
CIVCSVA	Congregación de Institutos de Vida Consagrada y Sociedades de Vida Apostólica
CTBG	Consejo de Transparencia y Buen Gobierno
DGRN	Dirección General de los Registros y el Notariado
DGSJFP	Dirección General de Seguridad Jurídica y Fe Pública
FD	Fundamento de Derecho
FJ	Fundamento Jurídico
IBI	Impuesto sobre Bienes Inmuebles
LBELA	Ley de Bienes de las Entidades Locales de Andalucía
LH	Ley Hipotecaria
LOTC	Ley Orgánica del Tribunal Constitucional
LPAP	Ley del Patrimonio de las Administraciones Públicas
LPE	Ley del Patrimonio del Estado
LPHE	Ley de Patrimonio Histórico Español
LTAIPBG	Ley de transparencia, acceso a la información pública y buen gobierno
núm.	número
op. cit.	obra citada
pág / págs.	página / páginas

PNL	Proposición no de Ley
RBEL	Reglamento de Bienes de las Entidades Locales
rec.	recurso
RDGRN	Resolución de la Dirección General de los Registros y el Notariado
RDGSJFP	Resolución de la Dirección General de Seguridad Jurídica y Fe Pública
RER	Registro de Entidades Religiosas
RGPAP	Reglamento General del Patrimonio de las Administraciones Públicas
RN	Reglamento del Notariado
RPSM	Reglamento de Policía Sanitaria Mortuoria
RPSMA	Reglamento de Policía Sanitaria Mortuoria de Andalucía
SAP	Sentencia Audiencia Provincial
STEDH	Sentencia Tribunal Europeo de Derechos Humanos
STSJ	Sentencia Tribunal Superior de Justicia
STS	STS
TRLCI	Texto Refundido Ley del Catastro Inmobiliario
vol.	volumen

Introducción

En los últimos quince años, aproximadamente, hemos asistido a una polémica extraordinaria con relación a la inmatriculación de bienes inmuebles por parte de la Iglesia Católica. La cuestión, hasta donde sabemos, no fue nunca objeto de discusión doctrinal, siendo opinión común de los autores el reconocimiento de la capacidad patrimonial de la Iglesia y, consecuentemente, su facultad para inscribir los bienes inmuebles en el Registro de la Propiedad, en una posición de igualdad con la que tenían el resto de titulares del dominio y los derechos reales, fuesen personas físicas o jurídicas.

Lo que sí suscitó un debate entre los autores fue la facultad que la legislación hipotecaria otorgaba a la Iglesia para inmatricular sus bienes a través de la certificación de dominio del art. 206 LH, siendo varias y de gran rigor las opiniones que abogaban por su inconstitucionalidad, al considerar dicha facultad como un privilegio contrario al principio de aconfesionalidad del Estado y, en mayor medida, al de igualdad ante la ley, entendiendo que se situaba a la Iglesia Católica en una situación preeminente frente al resto de confesiones religiosas, a la vez que se le dotaba de un medio inmatriculador que solo podía ser utilizado por el Estado y resto de las Administraciones Públicas para inmatricular los bienes que les pertenecían.

La reforma que introdujo el RD 1867/1998, durante el Gobierno de José María Aznar, supuso un detonante para que determinados movimientos, plataformas y grupos de opinión, autodenominados como defensores del patrimonio público, iniciaran una andadura de proclamas, manifiestos, reivindicaciones y protestas que llegan hasta nuestros días. El mencionado RD 1867/1998 eliminó, por entenderla inconstitucional, la hasta entonces prohibición o exceptuación de inscripción en el Registro de los templos destinados al culto católico.

Desde esa reforma de 1998, la Iglesia Católica inició la inmatriculación de los bienes de su propiedad que, hasta entonces, no habían accedido al Registro de la Propiedad. Hasta su inscripción, esos bienes no se estaban beneficiando de las presunciones que los principios registrales establecen en favor de quien consta como titular registral en los libros tabulares. Este proceso de inmatriculación fue objeto de virulentos ataques, especialmente significativos en dos casos particulares: la inmatriculación por la Diócesis de Córdoba de la Mezquita-Catedral y la de los bienes inscritos por la Archidiócesis de Pamplona-Tudela como propios del patrimonio eclesiástico radicante en la Comunidad Foral de Navarra.

España se constituye como un estado social y democrático de derecho, en el que los derechos fundamentales están reconocidos y protegidos por la Constitución de 1978, entre ellos los de libertad de expresión y opinión. Es profundamente democrático respetar las opiniones que determinados grupos políticos, sociales o plataformas ciudadanas puedan tener en oposición al hecho de que la Iglesia tuviera un instrumento de acceso al Registro de la Propiedad como era la certificación de dominio, ya que, en puro rigor jurídico, no deja de ser un medio de inscripción extraordinario y excepcional.

La cuestión puramente jurídica se transformó con el tiempo en una polémica que trascendió el ámbito académico, saltando de forma extraordinaria a los medios de comunicación, vertiéndose ríos de tinta sobre el particular. Desde el primer momento, llamó la atención la proliferación de eslóganes que, a fuerza de ser repetidos, parecían expresar una verdad jurídica incontrovertida, la de que la Iglesia Católica había usado un instrumento legal establecido durante la Dictadura para, no solo inscribir los bienes que eran de su propiedad, sino también para inmatricular bienes que pertenecían al dominio público y cuyos titulares eran diversas entidades públicas.

La actividad profesional que realicé para inmatricular los bienes de la Diócesis de Córdoba que no habían accedido al Registro, especialmente los templos destinados al culto católico, me permitió tener conocimiento acerca del derecho de propiedad que la Iglesia tenía sobre la mayor parte de los inmuebles desde tiempo inmemorial, en muchos casos varios siglos, lo que hizo que me interesara por este especial procedimiento de inmatriculación de fincas y cómo había sido su aplicación a la Iglesia.

El debate público sobre las inmatriculaciones nos llevó a realizarnos preguntas acerca de si debían admitirse las acusaciones que se vertían sobre la actuación de la Iglesia Católica a la hora de inscribir sus bienes en el Registro e intentar responderlas con una perspectiva exclusivamente jurídica.

Con este objetivo, teniendo como criterio hermenéutico el análisis de los mecanismos que el art. 3, 1 Código Civil (en adelante, CC) establece para la interpretación de las normas jurídicas, se abren varias vías de búsqueda para fundamentar una opinión sólida:

a) La primera, investigar cuáles fueron los antecedentes históricos y legislativos que hicieron aparecer la certificación de dominio en nuestro ordenamiento jurídico.

b) En segundo lugar, el estudio conceptual de la inmatriculación de fincas como institución registral, distinguiendo este concepto del derecho de propiedad, con el fin de responder jurídicamente a las expresas acusaciones de apropiación indebida de bienes que se han vertido contra la Iglesia en los medios de comunicación y en sede parlamentaria.

c) En un tercer orden, abordar el procedimiento de reforma de la Ley Hipotecaria que llevó a la supresión de la certificación de dominio, así como el proceso de realización del Listado de bienes inmatriculados por la Iglesia Católica, en orden a poder demostrar su escaso rigor.

d) Finalmente, un estudio sistemático de todos los conflictos judiciales que han tenido lugar como consecuencia de la inmatriculación de fincas por parte de la Iglesia Católica, con el propósito de poder dar una respuesta adecuada a la pregunta de si la reforma hipotecaria respondió verdaderamente a una realidad social, a un conflicto de orden jurídico, que requería necesariamente como respuesta la supresión del procedimiento de inmatriculación estudiado. Al hablar de la interpretación de las normas con arreglo a la realidad social del tiempo en que han de ser aplicadas, el intérprete ha de averiguar «si las nuevas circunstancias reinantes consienten o no que permanezca invariado el sentido original»[1], si debe producirse una modificación que afecte a la norma o si es necesaria la derogación de un determinado precepto por ser contrario a esa realidad social del tiempo en que debe ser aplicado.

Con la reforma de la Ley Hipotecaria (en adelante, LH) de 2015 se suprime la facultad de poder inmatricular fincas por este procedimiento para las entidades eclesiásticas, lo que no supuso que acabara la polémica, llegándose a plantear diversas iniciativas parlamentarias que, a mi juicio, estaban alejadas de los orígenes y fundamentos de este excepcional medio inmatriculador.

1. Quiñonero Cervantes, E. y Salas Carceller, A. «Comentarios al Título Preliminar», en *Código civil. Comentarios y jurisprudencia, Tomo I*; Editorial SEPIN, S.L., Madrid 2009, pág. 106.

PRIMERA PARTE
Los antecedentes históricos y legislativos de la inmatriculación de bienes eclesiásticos

Capítulo I

La capacidad patrimonial de la Iglesia Católica

I. EVOLUCIÓN HISTÓRICA

Siendo la Iglesia Católica una sociedad determinada a la consecución de un fin eminentemente espiritual, la salvación de las almas actúa e interviene en lugares y tiempos determinados y se encuentra concretada en estructuras corporales; por ello, necesita adquirir, administrar y disponer de bienes y derechos con la misma eficacia que cualquier otra entidad cuya finalidad sea estrictamente temporal o material. Así ha ocurrido desde su inicio hasta nuestros días. No obstante, estas facultades han sufrido una evolución a lo largo del tiempo. De hecho, en los primeros tiempos de la Historia de la Iglesia, fundamentalmente por ser una sociedad ilícita y perseguida, se suministró de las oblaciones y donativos de sus miembros. De este primer sustento fueron naciendo «costumbres que luego se hacen leyes, por las que se forma un entramado de organización económica»[1].

Siguiendo a PÉREZ DE HEREDIA Y VALLE[2] se puede considerar que a partir del siglo II comenzaron las comunidades cristianas a poseer bienes materiales de manera colectiva dejando de formar parte del patrimonio personal de cualquiera de sus miembros, tal y como había ocurrido hasta entonces. En la época de la clandestinidad, la Iglesia era considerada por las leyes romanas como un «*collegium illicitum*» que de hecho poseía bienes bajo otras formas reconocidas por las leyes civiles[3]. Así se desprende del Edicto de Tolerancia de Constantino, emitido en el año 313, en el que se establece la devolución de propiedades y posesiones. Junto a esta circunstancia, las facilidades que el Derecho Romano otorgaba a las donaciones «*mortis causa*» en favor de la Iglesia y a las ofrendas que se empiezan a efectuar con ocasión de actos de culto o sacramentos, consiguen que se comience a vislumbrar un patrimonio eclesiástico que se administra por el Obispo del lugar. La importancia que adquieren estos distintos patrimonios de las iglesias particulares hace necesaria la existencia de

1. CARRIÓN PIÑERO, J.M. *La Ley de la Iglesia*, Vol. II, Sociedad de Educación Atenas, Madrid, 1986, pág. 305.
2. PÉREZ DE HEREDIA Y VALLE, I. *Libro V del CIC. Bienes Temporales de la Iglesia*, Pontificia Universitas Lateranense, Roma, 2000, págs. 3-12.
3. DE PAOLIS, V. *I beni temporali della Chiesa*, Centro Editoriale Dehoniano, Bolonia 1996, pág. 61.

una primera regulación patrimonial que se establece en el Concilio de Calcedonia del año 451 en el que se faculta al Obispo para nombrar de entre sus clérigos a un administrador o Ecónomo especial del patrimonio de la Iglesia. Pero al no faltar abusos, las rentas del patrimonio eclesiástico se dividen en cuatro partes en virtud de lo dispuesto por los Romanos Pontífices Simplicio (475) y Gelasio (494): una para el Obispo, otra para el clero, otra para los pobres y la última para la propia Iglesia. En España, sin embargo, la división se efectuó sólo entre el Obispo, clero e Iglesia[4].

La Edad Media, con su atomización territorial y la influencia de los pueblos germánicos, supuso también la disgregación del patrimonio eclesiástico, hasta entonces en manos del Obispo, en una multiplicidad de iglesias rurales. A ello contribuyó decisivamente la aparición junto al oficio eclesiástico de un determinado patrimonio destinado a su sostenimiento, el beneficio. De igual modo, esta desunificación del patrimonio eclesiástico hizo que se fueran constituyendo masas patrimoniales independientes y con administración propia, denominadas fábricas. Con ello se conseguía el objetivo de separar el patrimonio particular de los clérigos del de la Iglesia, del que ellos eran administradores, evitando así su utilización para fines personales y el riesgo de una transmisión a familiares o parientes. Se hacía frente así a las terribles plagas altomedievales de la simonía y el nepotismo[5]. De lo que no cabe duda es del hecho de que, a pesar de estas plagas, el patrimonio de la Iglesia Católica se incrementó de una manera notabilísima alcanzando una riqueza hasta entonces desconocida y fruto de la cual aparecieron corrientes doctrinales y de pensamiento en clara oposición a su capacidad patrimonial; destacaron, entre otros, Marsilio de Padua, durante el siglo XIV, y Juan de Wiclef y Juan de Hus, durante el XV.

En España esta capacidad patrimonial fue reconocida, si bien hubo algunas excepciones recogidas en los Fueros municipales que reconocieron el ataque a la mano muerta, como los de Sepúlveda, de 1076, Cuenca, de 1190, Consuegra, Alcázar, Alarcón, Baeza, Plasencia, Cáceres, etc[6].

A partir del Concilio de Trento la capacidad económica y patrimonial de la Iglesia Católica quedó garantizada y, a partir del nacimiento de los Estados en toda Europa, estos intentaron con mayor o menor éxito menoscabar el patrimonio eclesiástico.

En España las ideas ilustradas, particularmente las de Olavide, Campomanes y Jovellanos, sirvieron de germen para una política económica que tuvo como una de sus premisas fundamentales la desamortización de los bienes eclesiásticos por considerarlos en mano muerta y contrarios al progreso económico del país. Se trataba de patrimonios que eran inalienables y que, al no poderse dividir, no podía disminuirse, pero sí engrosarse. Por ello, en el siglo XVIII y en tiempos de Carlos

4. Aznar Gil, F.R. *La administración de los bienes temporales de la Iglesia,* Universidad Pontificia de Salamanca, 1984, pág. 40.
5. Pérez de Heredia y Valle, I. *Libro V del CIC...; op. cit.*, pág. 6.
6. Ruano Espina, L. *Régimen jurídico registral de los bienes de las confesiones religiosas y su tratamiento jurisprudencial,* Thomson Aranzadi, 2005, pág. 19.

III, se empezó a pensar en la posibilidad de poner en circulación alguno de estos bienes. Con respecto a la Iglesia, la venta de bienes del clero no podía hacerse sino mediante negociación con la Santa Sede[7].

Ya entrado el siglo XIX, la política hacendística llevó a las distintas desamortizaciones. El 27 de septiembre de 1820, dentro del denominado Trienio Liberal, se dicta una Ley que suprime las vinculaciones y establece que la Iglesia queda privada del derecho a adquirir bienes inmuebles. El 19 de febrero de 1836 el primer ministro Mendizábal dicta un Decreto que ordena la venta de los bienes nacionalizados provenientes del clero regular (órdenes religiosas) en virtud del mandato emanado de las Cortes unos días antes. La labor de Mendizábal es completada en tiempos del General Espartero, momento en el que la Ley de 2 de septiembre de 1841 incluye dentro de los denominados «bienes nacionales» a los del clero secular, esto es, a los de la Iglesia excluidos los de las órdenes religiosas que ya habían sido nacionalizados. La vuelta al poder del partido moderado paralizó las ventas previstas. No obstante, entre 1836 y 1844 la venta de bienes eclesiásticos ascendió a la suma de 3447 millones de reales, equivalentes a unas tres quintas partes de los bienes de la Iglesia al inicio de dicho período[8].

En estas circunstancias históricas se firmó el Concordato con la Santa Sede de 17 de octubre de 1851 en el que se volvía a reconocer explícitamente la capacidad patrimonial de la Iglesia Católica y su artículo 41 establecía que debía respetarse la propiedad de la misma en todo lo que posee ahora o adquiera en adelante aunque se fijó que los compradores de bienes eclesiásticos no fueran molestados.

La vicalvarada de 28 de junio de 1854 elevó a las fuerzas progresistas al poder y estas emprendieron una nueva etapa desamortizadora. Así, la Ley Madoz de 1 de mayo de 1855, denominada de «desamortización general», ordenó la venta en pública subasta de los bienes no sólo de la Iglesia sino de todos los que no pertenecieran a individuos privados y negó la capacidad eclesial para poseer bienes rústicos y urbanos, censos y foros en lo sucesivo. El fin del bienio progresista paralizó esta actividad desamortizadora mediante Real Decreto de 14 de octubre de 1856. Fruto de este nuevo clima es el Convenio adicional al Concordato, de fecha 25 de agosto de 1859, publicado el 4 de abril de 1860, en el que se reconoce a la Iglesia el derecho a adquirir, retener y usufructuar en propiedad y sin limitación y reserva toda especie de bienes y valores. El Convenio deroga expresamente la Ley Madoz.

El CC de 24 de julio de 1889 consagra la capacidad patrimonial de la Iglesia Católica en su artículo 38 expresando que esta se regirá por lo concordado por ambas potestades, confirmándose así la vigencia del Concordato de 1851.

La II República Española, proclamada el 14 de abril de 1931, estableció en el artículo 26 de la Constitución de 9 de diciembre que la Iglesia sería considerada como

7. Tuñón de Lara, M. *Historia de España. Volumen VIII*, Editorial Labor, 1983, pág. 32.
8. Tuñón de Lara, M. *Historia..., op. cit.*, pág. 35.

una asociación, quedando sometida a una ley especial, ley que fue promulgada el 2 de junio de 1933, denominada Ley de Confesiones y Congregaciones, mediante la que se nacionalizó la mayor parte del patrimonio eclesiástico y se impusieron importantes limitaciones a las facultades de adquirir y poseer bienes[9].

La legalidad republicana en esta materia fue derogada por Ley de 2 de febrero de 1939 que devolvió la situación a la época anterior a la República. En 1953 se firma un nuevo Concordato entre la Santa Sede y el Estado Español en el que se volvía a reconocer la plena capacidad patrimonial de la Iglesia Católica.

II. FUNDAMENTACIÓN DE LA CAPACIDAD PATRIMONIAL DE LA IGLESIA

La capacidad patrimonial de la Iglesia se ha intentado basar en distintas fundamentaciones, aunque también han existido corrientes que han negado la facultad de poseer bienes materiales destacando, según expone la profesora Moreno Antón[10], siguiendo a Faltin, las espirituales (que esgrimen que la Iglesia debe vivir imitando a Jesucristo, siéndole vedado el empleo de bienes que no sean sobrenaturales) y las políticas (que otorgan a la autoridad civil, al príncipe o al emperador el pleno ejercicio del dominio sobre toda clase de bienes existentes en su territorio).

1. FUNDAMENTO DE DERECHO DIVINO POSITIVO O TEOLÓGICO

El derecho de la Iglesia a poseer bienes de toda índole deriva de su propia naturaleza y se basa en el derecho divino positivo. Según nos dice Aznar Gil[11], «la Iglesia ha sido instituida por Nuestro Sr. Jesucristo como una sociedad perfecta, esto es: suficiente e independiente en su orden y en cuanto tal le concedió los medios necesarios para conseguir su finalidad». Precisamente, apunta De Paolis[12], para alcanzar su único fin, la salvación de las almas tiene verdadera necesidad de bienes temporales y esa necesidad se funda en la naturaleza misma de la Iglesia; el fin de la salvación de las almas es propio y exclusivo de la Iglesia, tal derecho es originario, propio y nativo: deriva de la propia voluntad del fundador que ha querido así su Iglesia. Así, Navarro Valls[13] expone que, de hecho, la necesidad de alcanzar su fin espiritual lleva a la Iglesia a actuar bajo una forma temporal y

9. Ruano Espina, L. *Régimen jurídico registral..., op. cit.*, pág. 21.
10. Moreno Antón, M.G. *Algunas consideraciones en torno al concepto de bienes eclesiásticos en el CIC de 1983*, en Revista Española de Derecho Canónico, número 44, págs. 71-75.
11. Aznar Gil, F.R. *La administración de los bienes..., op. cit.*, pág. 46.
12. De Paolis, V. *I beni temporali..., op. cit.*, pág. 66.
13. Navarro Valls, F. *La licencia en la enajenación canónica y el derecho español, en* «Ius Canonicum», 1970, págs. 305-307.

societaria siempre supeditada a las necesidades sobrenaturales, por lo que, «aunque la Iglesia sea una sociedad de carácter principal y primariamente espiritual y sobrenatural, con fines y medios de la misma categoría, sin embargo, por estar formada de hombres, por haber de desenvolverse en un medio temporal y humano, sujeto a leyes y necesidades económicas, por haber de dar a Dios un culto social y externo, ligado al uso de medios materiales, por las exigencias de su expansión en el mundo y para cumplir el mandato de su divino Fundador de remediar las necesidades no sólo espirituales sino también materiales de sus hijos y aún de todos los hombres, con obras de beneficencia y caridad, la Iglesia necesita absolutamente de la libre posesión de medios materiales de todas clases».

2. FUNDAMENTO DE DERECHO NATURAL

La Declaración Universal de los Derechos Humanos y las constituciones democráticas reconocen el derecho de asociación como uno de los derechos fundamentales del hombre; unido intrínsecamente a este derecho se puede conectar el de libertad religiosa, en cuanto faculta a los seguidores de una determinada religión a manifestar públicamente su libertad de conciencia, a celebrar su culto de una manera pública y a reunirse y asociarse con motivos religiosos. El ejercicio de estos derechos fundamentales se instrumentaliza a través de las distintas confesiones existentes, entre ellas la Iglesia Católica, que se constituye bajo una forma societaria en el ámbito temporal para desarrollar sus fines en un tiempo y lugar determinado.

Cualquier asociación humana que persiga un fin lícito y no prohibido por el ordenamiento jurídico tiene reconocida, previo el cumplimiento de una serie de formalidades, plena capacidad jurídica y, en consecuencia, plena facultad para ser titular de derechos, deberes y obligaciones[14].

De igual modo, el derecho de la Iglesia a constituirse como asociación en ejercicio de un derecho fundamental lleva aparejado el derecho, no menos reconocido por el derecho natural, de la propiedad privada[15].

---

14. De Paolis, V. *I beni temporali..., op. cit.*, pág. 66-67, establece que «Qualsiasi associazione umana che persegue un fine honesto ha il diritto, derivante dalla natura stessa, ai mezzi necessari per il ragiungimento del proprio fine. Come appartiene all'ordine della natura il diritto ad associarsi, cosí appartiene all'ordine della natura che ogni associazione abbia i mezzi necessari per il perseguimento dei propri scopi onesti».
15. Aznar Gil, F.R. *La administración de los bienes...; op. cit.*, pág. 45, expone que «este derecho de la Iglesia se basa en argumentos extraídos del derecho natural que establece la legitimidad de la propiedad privada: si la Iglesia, en cuanto asociación meramente humana, tiene derecho a la existencia, ya que es el derecho de asociación uno de los derechos fundamentales de la persona humana, de este derecho se debe derivar el derecho a poseer bienes...».

3. FUNDAMENTO HISTÓRICO

Como brevemente se ha expuesto al tratar de la evolución histórica de la capacidad patrimonial de la Iglesia, la realidad a lo largo de la Historia ha sido que ha venido poseyendo bienes temporales desde su fundación. Por ello, al entender que la propiedad y uso de los bienes temporales no se oponía a su misión, defendió la Iglesia este derecho frente a confiscaciones y ataques externos, especialmente las leyes desamortizadoras del siglo XIX, y frente a críticas internas que desaconsejaban la utilización de dichos bienes[16].

4. FUNDAMENTO INTERNACIONALISTA

Los avatares por los que la Iglesia Católica ha pasado a lo largo de la Historia y su influencia, presencia y realizaciones han alcanzado a buena parte de los pueblos. Por esta razón, desaparecidos los Estados Pontificios, la problemática de la relación de la Iglesia con los Estados se resolvió mediante la creación del Estado de la Ciudad del Vaticano, con lo que la Iglesia tiene el soporte necesario para el ejercicio del derecho de soberanía y demás derechos del resto de naciones y actúa como sujeto de derecho internacional en el concierto mundial[17].

Esta cualidad de la Iglesia como ente de Derecho Internacional queda patente al comprobar su actuación en el marco jurídico internacional. Como paraguas de este fundamento tiene cabida el marco jurídico de relaciones entre la Iglesia Católica y el Estado Español, amparadas en el acuerdo suscrito sobre diversas materias el 3 de enero de 1979 y los previos Concordatos de los años 1851 y 1953. Así lo afirman Lombardía y Fornés[18] cuando, al referirse a las fuentes del Derecho Eclesiástico Español según la procedencia u origen de las normas, distinguen entre las que provienen de la voluntad exclusiva de los órganos del Estado y las que se basan en acuerdos de este con otros Estados (tratados internacionales) o con grupos sociales reconocidos por la Constitución como sujetos colectivos de las manifestaciones comunitarias del derecho de libertad religiosa (acuerdos de cooperación con las confesiones religiosas). Concluyen que los Acuerdos con la Iglesia Católica forman parte de los últimos, participando como acuerdo con una confesión religiosa (según el art. 16.3 CE), pero suscritos entrando en juego la personalidad internacional de la Santa Sede, de modo que son también tratados internacionales.

En realidad, el reconocimiento del Estado de la Ciudad del Vaticano no es sino la argumentación jurídica internacional con la que se reviste de legalidad el

16. Pérez de Heredia y Valle, I. *Libro V del CIC..., op. cit.*, pág. 20.
17. Pérez de Heredia y Valle, I. *Libro V del CIC..., op. cit.*, pág. 27. El mismo autor esgrime que la personalidad de la Iglesia ha sido muy frecuentemente reconocida expresamente en documentos fundamentales de muchos pueblos y en documentos internacionales.
18. Lombardía, P. y Fornés, J. *Derecho Eclesiástico del Estado Español*, EUNSA, Pamplona, 1993, págs. 117-118.

reconocimiento por parte de los Estados de una sociedad extraestatal, ajena a sus organizaciones, que ha actuado como «fenómeno social real y existente» con gran influencia moral y conductora de los seres humanos, que la reconocen como una realidad espiritual influyente en su propia realidad temporal[19].

5. FUNDAMENTO TELEOLÓGICO

Entre las distintas argumentaciones que los autores sostienen para fundamentar la capacidad de la Iglesia como sujeto capaz de adquirir y poseer bienes temporales, el único que se encuentra canonizado en el texto del CIC es el de que dichos bienes le son necesarios para cumplir sus propios fines. Así, el canon 1254 § 1 CIC establece que «*por derecho nativo, e independientemente de la potestad civil, la Iglesia católica puede adquirir, retener, administrar y enajenar bienes temporales para alcanzar sus propios fines*»[20]. A continuación, el canon 1254 § 2 establece una enumeración de cuáles son tales fines al decir que «*Fines propios son principalmente los siguientes: sostener el culto divino, sustentar honestamente al clero y demás ministros, y hacer las obras de sagrado apostolado y de caridad, sobre todo con los necesitados*»[21].

En palabras de Cenalmor y Miras[22], la afirmación de este principio sale al paso de dos problemas: por una parte, de posibles espiritualismos que pudieran menospreciar la dimensión humana y visible de la Iglesia, con las necesidades, también económicas, que implica; por otra, de visiones estatalistas que pretendieran limitar indebidamente la capacidad patrimonial de la Iglesia, condicionando así el ejercicio de la libertad religiosa.

Los bienes que necesita la Iglesia y que tiene el derecho a poseer, dada la estrecha unión existente entre las realidades temporales y las sobrenaturales (Gaudium et

---

19. Pérez de Heredia y Valle, I. *Libro V del CIC..., op. cit.*, pág. 28.
20. Este canon tiene su precedente en el canon 1495 § 1 del CIC 1917 y según López Alarcón, M., citando a Vromant, G., convenía mantener su texto por dos razones: para reafirmar ad intra, y frente a pasados errores, la necesidad que tiene la Iglesia de poseer bienes temporales y el derecho a tenerlos con fundamento en el Derecho divino positivo y en el natural como sociedad que ha de cumplir sus propios fines; y para que ad extra no se diera pie con su supresión a la interpretación de que la Iglesia venía a reconocer con su silencio la exclusiva soberanía del estado sobre todos los bienes sitos en su territorio. En *Comentario Exegético al Código de Derecho Canónico,* Volumen IV/1, EUNSA, Pamplona 1997, pág. 41.
21. El fundamento de esta enumeración de los fines propios de la Iglesia lo encontramos en el Decreto *Presbiterorum Ordinis*, n. 17, que proclama que los bienes sean destinados «a aquellos fines para cuya consecución es lícito a la Iglesia poseer bienes temporales, esto es, para el mantenimiento del culto divino, para procurar la honesta sustentación del clero y para realizar las obras del sagrado apostolado o de la caridad, sobre todo con los necesitados», en el Decreto *Apostolicam Auctositatem*, que en su n. 8 hace referencia a la acción caritativa, y en la Constitución *Gaudium et Spes.*
22. Cenalmor y Miras, J. *El Derecho de la Iglesia. Curso básico de Derecho Canónico,* EUNSA Pamplona, 2005, pág. 497.

Spes 76)[23], los necesita «para el cumplimiento de su misión» (Lumen Gentium 8). Dicho de otra manera, el derecho a poseer de la Iglesia no es ilimitado, sino que tiene su razón y límite en el servicio de unos fines[24]. Según De Paolis[25], la necesidad de los fines funda el derecho a los medios necesarios, entre los que se encuentran los bienes temporales, argumentando que el derecho a los bienes no tiene otra fuente que la misma naturaleza de la Iglesia y que su ejercicio no puede ser condicionado por poderes externos a la misma.

Como afirma el profesor Miñambres[26], los fines justifican la propiedad de los bienes, pero no la exigen ni la determinan; porque, aunque la Iglesia careciera de tales bienes, debería seguir cumpliendo su misión. Los fines de la Iglesia, apunta Fernández Díaz[27], son los que son; otra cosa será el concreto reconocimiento que cada sociedad civil hará de los mismos y del derecho a disponer de bienes para intentar cumplirlos.

En vista de la importancia que los fines tienen para legitimar el derecho de la Iglesia para ser sujeto de derechos patrimoniales, la determinación de cuáles sean esos fines tendrá un carácter informador de la legislación canónica patrimonial. Es decir, esa determinación de fines debe servir de límite:

- En cuanto al modo de actuar sobre la administración de los mismos (cfr. canon 1281 § 2 CIC)[28] *«para evitar que puedan cometerse abusos por empleo inadecuado o inconveniente de los medios materiales utilizados, de los instrumentos jurídicos empleados o de las formalidades seguidas para realizar los actos de administración»*[29].
- En cuanto a que la actuación sobre esos medios materiales sea siempre el reverso de la determinación de esos fines, esté informada por un correcto uso y no vaya más allá de lo necesario para su cumplimiento[30].

---

23. La *Gaudium et Spes* establece en el número 76 que las cosas terrenas y aquéllas que, en la condición humana, superan este mundo, están estrechamente unidas, y la Iglesia misma se sirve de las cosas temporales en la medida que su propia misión requiere.
24. Pérez de Heredia y Valle, I. *Libro V del CIC..., op. cit.*, pág. 16.
25. De Paolis, V. *I beni temporali..., op. cit.*, pág. 52. Igualmente, en la página 58 del mismo trabajo subraya que la cuestión de los fines está íntimamente ligada al origen, desarrollo y formación del patrimonio eclesiástico.
26. Miñambres, J. «I beni ecclesiastici: nozione, regime giuridico e potere episcopale», en *I beni temporali della Chiesa*, VV. AA. Cittá del Vaticano, 1999, págs. 258-262.
27. Fernández Díaz, A. «La inmatriculación por certificación eclesiástica», *Revista Española de Derecho Canónico*, número 79, año 2022, pág. 121.
28. El canon 1281 § 2 establece lo siguiente: *«Debe determinarse en los estatutos qué actos sobrepasan el límite y el modo de la administración ordinaria; y si los estatutos no prescriben nada sobre esta cuestión, compete al Obispo diocesano, oído el consejo de asuntos económicos, determinar cuáles son estos actos para las personas que le están sometidas»*.
29. López Alarcón, M. *Comentario Exegético al Código de Derecho Canónico*, Volumen IV/1, EUNSA, Pamplona, 1997, pág. 43.
30. Pérez de Heredia y Valle, I. *Libro V del CIC..., op. cit.*, pág. 33.

- En el sentido de excluir del régimen del Derecho Canónico y, en consecuencia, de la capacidad patrimonial de la Iglesia a aquellos bienes que por su naturaleza no sean aptos para ser empleados en la consecución de los fines propios de la misma, como los *extra comercium* y los de ilícito uso[31].
- En definitiva, a negar la justificación de cualquier patrimonio eclesiástico que se utilice fuera o en contra de los fines[32].

La enumeración de fines que establece el canon 1254 CIC no puede tener la consideración de *numerus clausus*, no es taxativa, ya que en otros cánones del CIC se hace alusión a otras finalidades. Así, el 114 § 2 CIC, al referirse a las personas jurídicas, habla de obras de piedad, apostolado y caridad; el 298 CIC, al tratar de las asociaciones públicas de fieles, fija como sus fines el fomentar una vida más perfecta, promover el culto público o la doctrina cristiana o realizar otras actividades de apostolado, el ejercicio de obras de piedad y caridad y la animación con espíritu cristiano del orden temporal. Otros textos del Concilio Vaticano II amplían dichos fines: la Declaración *Gravissimum educationis,* que señala como fin de la Iglesia la fundación y dirección de escuelas; el Decreto *Inter mirifica,* sobre el uso y posesión de medios de comunicación social; el Decreto *Ad gentes,* respecto a la promoción de la actividad misionera; y la Constitución *Gaudium et spes* y el Decreto *Apostolicam auctositatem,* que se refieren al socorro de los pobres y la promoción de la paz y la justicia. El elenco del canon 1254 § 2 CIC resulta claramente indicativo, como se deduce de la utilización del adverbio «principalmente»[33].

Ahora bien, al entender que la enumeración efectuada por el canon 1254 CIC no es exhaustiva y viene completada por otros cánones y textos de la Iglesia, cabe preguntarse si determinados fines propios de la actividad de la misma, como la enseñanza o la asistencia a los necesitados, al entrar en el ámbito de las actividades de los Estados, pueden ser entendidos como fines no eclesiales y, en consecuencia, los bienes destinados a tales actividades como bienes no eclesiásticos y no sujetos a

---

31. López Alarcón, M. *Comentario Exegético..., op. cit.*, pág. 43. El autor se refiere también a las empresas y otros bienes de producción que *per se* no son ilícitos y no aptos para ser considerados como bienes eclesiales, siempre y cuando sus beneficios y rentas sean destinados a cumplir los fines propios de la Iglesia. Sí consideraría ilícito el uso de dichos bienes cuando no se destinaren sus productos a dichos fines (*op. cit.*, pág. 44). Dentro de esta categoría podríamos encuadrar todos los bienes inmuebles de las distintas personas jurídicas canónicas que, sin ser destinados inmediatamente a la consecución de fines eclesiales sí lo son mediatamente, por ejemplo, las rentas provenientes de arrendamientos de fincas urbanas y rústicas.
32. Aznar Gil, F.R. *La administración de los bienes..., op. cit.*, pág. 44.
33. De Paolis, V. *I beni temporali..., op. cit.*, pág. 52. Entiende que, aunque los fines viene agrupados bajo tres categorías, culto divino, honesta sustentación del clero y obras de piedad y caridad, en el culto se comprenden los locales y arrendamientos para el mismo; en los cleros y ministros, todo el personal que presta servicio a la Iglesia y sus obras; y en las obras de apostolado se entienden, en un sentido amplio, todas las obras asistenciales, de caridad y pastorales que tienen cabida en la finalidad de la misma Iglesia.

la disciplina canónica. La respuesta debe ser negativa, pues la comunidad política no puede arrogarse exclusivamente la consecución de unas determinadas finalidades o, en palabras de López Alarcón[34], la concurrencia de fines no suprime la finalidad eclesial de bienes de la Iglesia cuando se realizan obras y actividades de esta naturaleza, que llevan también en sí como fin último el apostolado o la caridad.

En esta línea, la profesora Ruano Espina[35] hace referencia a la existencia de fines no exclusivamente religiosos, de especial importancia y utilidad para la sociedad en general, y no solo para la Iglesia, cuando determinados bienes cumplen una función eclesial y, además, un interés social y cultural, contribuyendo de forma muy significativa al cultivo y la difusión de valores espirituales, humanistas y científicos, como los conocidos como bienes de interés cultural que, siendo propiedad exclusiva de la Iglesia, son puestos al servicio de la sociedad.

Otra cuestión suscitada en torno a los fines establecido por el CIC es el del posible grado de prelación existente entre los mismos. Según Moreno Antón[36] no existe tal y dependerá de cada circunstancia histórica concreta el atender a unos u otros con mayor prioridad; López Alarcón[37] no lo estima prelativo en el caso de patrimonio incongruo, para satisfacer todos siempre que no haya sido afectado el patrimonio a uno de ellos en particular, sino que deberán tenerse en cuenta las necesidades más perentorias. El mismo criterio de necesidad histórica defiende Aznar Gil[38] al estimar que el patrimonio estará sujeto a las necesidades que cada época lleve consigo, intérprete de las cuales es el Sumo Pontífice, y advierte que «darle una prevalencia ontológica a uno de los tres fines supone minimizar la elasticidad del patrimonio eclesiástico que debe acudir con una mayor intensidad allí donde sea más necesario en cada época histórica». Se trata, en definitiva, de un problema de prudencia y de interpretación de las necesidades que marcan los tiempos[39].

También surge la pregunta, según López Alarcón[40], de cuál sería la situación canónica de los bienes de una determinada persona jurídica de la Iglesia Católica

---

34. López Alarcón, M. *Las entidades religiosas*, en *Derecho Eclesiástico del Estado*, Pamplona 1983, págs. 351-352.
35. Ruano Espina, L. «Zanjada la polémica en torno a la titularidad de los bienes de la Iglesia Católica», *Revista Española de Derecho Canónico*, número 78, año 2021, pág. 1332.
36. Moreno Antón, M.G. *Algunas consideraciones..., op. cit.*, págs. 74-75.
37. López Alarcón, M. *Comentario Exegético..., op. cit.*, pág. 46.
38. Aznar Gil, F.R. *La administración de los bienes..., op. cit.*, pág. 43. Se opone su criterio a otras teorías que expone el autor: la primera, que defiende la prioridad del fin de sustentación del clero y atención al culto divino, fundamentado en la prórroga de la acción redentora de Cristo, tesis defendida por De Reina, V.; y la segunda, que estima que el destino de los bienes de la Iglesia es eminentemente social y su función principal es el cuidado de los pobres, tal y como esgrime Bozal Jiménez, I.
39. Navarro Valls, R. «La licencia en la enajenación canónica y el derecho español», *en Ius Canonicum*, 1970, pág. 322-323.
40. López Alarcón, M. *Comentario Exegético..., op. cit.*, pág. 43.

que excedieran a sus propias necesidades y que permanecen acumulados e inactivos. Responde que no se les podría negar la condición de bienes eclesiales si bien, de acuerdo con el canon 1279 § 1 CIC, el Ordinario debería intervenir en este caso de negligencia del administrador de la persona jurídica para exigir la aplicación de los bienes a los fines propios de la entidad o a otros de la Diócesis, evitando que se perpetúen en una situación de mano muerta. En definitiva, la pregunta va ligada a la posible existencia de límites al derecho de propiedad de la Iglesia y al hecho de que en «la Iglesia, al no ser una sociedad financiera o económica, la posesión y el uso que haga de los bienes temporales debe contenerse dentro de los límites propios y de las necesidades de los fines a los que se dirige la Iglesia»[41].

III. CARACTERÍSTICAS DEL DERECHO PATRIMONIAL DE LA IGLESIA

El canon 1254 § 1 CIC se refiere a la capacidad patrimonial de la Iglesia como un «derecho nativo», esto es, un derecho que nace con la misma Iglesia y que proviene del mismo fundador de la misma, no de otros poderes humanos o de su tolerancia[42]. Se trata de un «derecho originario», reconocido como tal por sus destinatarios, los miembros de la Iglesia, que tiene plena conciencia de este derecho como medio e instrumento necesario para el cumplimiento de los fines eclesiales y cuyo fundamento se refuerza hoy en día con la presencia del derecho de libertad religiosa, proclamado en el Concilio Vaticano II (*Apostolicam auctositatem* 4)[43]. Esta característica de originariedad, es decir, basada en su propio ser, prescindiendo de cualquier derecho como el de asociación, la comparte con los demás sujetos colectivos primarios, los Estados, en razón de su propia existencia y soberanía[44].

Además, el derecho nativo de la Iglesia se ejercita de manera «independiente» de la potestad o autoridad civil, ya sea legislativa, ejecutiva o judicial, y su ejercicio no puede ser condicionado por poderes externos a la misma Iglesia; los bienes están sujetos a las leyes de la Iglesia desde el punto de vista estrictamente legislativo, ejecutivo y judicial[45]. O lo que es lo mismo, su ejercicio se realiza «libremente» de todo poder civil[46].

---

41. Aznar Gil, F.R. *La administración de los bienes..., op. cit.*, pág. 43.
42. De Paolis, V. *I beni temporali..., op. cit.*, pág. 52.
43. López Alarcón, M. *Comentario Exegético..., op. cit.*, pág. 42.
44. Pérez de Heredia y Valle, I. *Libro V del CIC..., op. cit.*, pág. 26. Alude a que si en los Estados, la facultad patrimonial se basa o reposa en la misma naturaleza social del hombre, en la Iglesia reposa en la voluntad fundadora de Cristo, haciendo hincapié en que este derecho originario de la Iglesia sirve de fundamento al derecho a poseer bienes temporales de los demás sujetos existentes dentro de la misma.
45. De Paolis, V. *I beni temporali..., op. cit.*, pág. 52.
46. Aznar Gil, F.R. *La administración de los bienes..., op. cit.*, págs. 47-48. Para reafirmar este ejercicio libre de las facultades patrimoniales, nos dice el autor que se suele acudir a los siguientes argumentos: el primero, la misma razón natural, ya que la misma idea de dominio y propiedad incluye en sí misma la libre disposición de la cosa poseída

La consecuencia primordial de este carácter nativo, originario e independiente del derecho patrimonial de la Iglesia Católica es la absoluta independencia de la normativa que regula tal capacidad respecto al ordenamiento jurídico civil. Como dice López Alarcón[47], «era, pues, oportuno que se consignara la libertad e independencia de la Iglesia para que se interpretara correctamente, en el orden jurídico-patrimonial, el sentido de la autonomía de las realidades temporales y de las técnicas de canonización; éstas sitúan el Derecho aplicable en el ámbito del Derecho interno de la Iglesia aunque con contenido civil, y la autonomía de lo temporal que tiende a la conexión con el Estado mediante relaciones de cooperación entre éste y la Iglesia, conforme a la doctrina del Vaticano II (GS, 76) formalizada por la experiencia secular en concordatos, acuerdos y otros documentos de rango internacional».

El canon 1254 § 1 CIC, como señala Ruano Espina[48], concreta cuáles son las personas jurídicas a las que el ordenamiento jurídico canónico considera como personas capaces de adquirir bienes temporales *ad norman iuris*, entendiéndose como tales a la Iglesia Universal, la Santa Sede Apostólica, las Iglesias particulares y las personas jurídicas públicas y privadas; lo que debe completarse con el canon 634 CIC, que reconoce dicha capacidad a los Institutos de Vida Consagrada, sus provincias y sus casas.

IV. LAS DISTINTAS CLASES DE BIENES OBJETO DE LA CAPACIDAD PATRIMONIAL DE LA IGLESIA

Atendiendo a las referencias que se hacen en distintos lugares del CIC, y no quedando únicamente limitados al concepto de bienes temporales incluido en el libro V, podemos establecer distintas clases de bienes que son objeto de la capacidad patrimonial de las distintas entidades que forman parte de la Iglesia Católica, distinguiendo los siguientes:

1. Bienes temporales: dentro de esta clase de bienes se encuentran los denominados bienes eclesiásticos y los que no lo son.
2. Bienes sagrados.
3. Bienes preciosos.

1. LOS BIENES TEMPORALES

El libro V del CIC se denomina «De los bienes temporales de la Iglesia», término que se repite en los cánones preliminares de dicho libro, concretamente en

para que no sean conceptos ilusorios; el segundo, la propia praxis eclesial ya que desde los primeros tiempos de la Iglesia reclamó para sí la libertad en la administración de sus bienes a través de sus propios órganos.

47. López Alarcón, M. *Comentario Exegético..., op. cit.*, pág. 42.
48. Ruano Espina, L. «Zanjada la polémica...», *op. cit.*, págs. 1331-1332.

los números 1254, 1255 y 1257 CIC, para referirse al objeto sobre el que recae la capacidad patrimonial de la Iglesia. Se entiende que la utilización por el CIC de este concepto lo es en contraposición a los de bienes espirituales y mixtos, trilogía frecuentemente utilizada a lo largo de la historia para clasificar las clases de bienes que poseían los entes eclesiásticos[49]. Heredia[50] define el concepto de bien temporal como «aquellas cosas que por su misma índole natural se ordenan a procurar en la tierra la mera felicidad humana, tanto si son de naturaleza material como ventajas provenientes de servicios o prestaciones humanas»; Beneyto[51] cita la definición efectuada por Miñambres de estos bienes temporales, concretándolos en su aspecto puramente canónico: «todos aquellos bienes que tienen la capacidad de satisfacer las necesidades de la Iglesia y que sean traducibles en categorías de tipo económico».

Quedando clara la capacidad de la Iglesia para ser sujeto de relaciones jurídicas cuyo objeto sea o recaiga sobre los denominados bienes temporales, el canon 1257 CIC establece una división de crucial importancia en el orden canónico clasificando los bienes en dos categorías: los eclesiásticos y los que no lo son.

Así, el canon 1257 § 1 CIC establece que «*Todos los bienes temporales que pertenecen a la Iglesia universal, a la Sede Apostólica o a otras personas jurídicas públicas en la Iglesia, son bienes eclesiásticos y se rigen por los cánones que siguen, así como por sus propios estatutos». Y en el § 2 dice: «Los bienes temporales de una persona jurídica privada se rigen por sus estatutos propios, y no por estos cánones, si no se indica expresamente otra cosa*».

Esta clasificación la recoge el Código del anterior de 1917 que, en su canon 1497 § 1, disponía que «*los bienes temporales, ya sean corporales, tanto inmuebles como muebles, ya incorporales, que pertenecen bien sea a la Iglesia católica, bien a otra persona moral en la Iglesia, son bienes eclesiásticos*». El anterior Código establecía, como el actual, una división de los bienes en virtud del titular de los mismos; lo que ocurría en la anterior legislación es que solamente se reconocía personalidad jurídica a las asociaciones y fundaciones que fueran expresamente «erigidas» por la autoridad eclesiástica competente, no bastando su mera aprobación; ello significó, dice López Alarcón[52]

49. El CIC 17 definió las cosas (res) como otros tantos medios para conseguir el fin de la Iglesia, distinguiendo las espirituales, las temporales y las mixtas (cosas temporales unidas a otra espiritual). La doctrina justificó la existencia de cosas espirituales y así el Prof. Maldonado escribía que «Si por bien ha de entenderse aquello que es apto para satisfacer una necesidad humana, cabe pensar en la existencia de bienes espirituales, que satisfacen las más elevadas necesidades del hombre para ayudarle a conseguir su salvación». Maldonado, J. *Curso de Derecho canónico para juristas civiles. Parte general*, Madrid, 1975, pág. 130, citado por López Alarcón, M. *Comentario Exegético..., op. cit.*, pág. 49.

50. Pérez de Heredia y Valle, I. *Libro V del CIC..., op. cit.*, pág. 21.

51. Beneyto Berenguer, R. *Enajenación de los bienes eclesiásticos y su eficacia civil*, EDICEP, 2006, pág. 25.

52. López Alarcón, M. *Comentario Exegético..., op. cit.*, pág. 42, con expresa cita de R. BOTTA, «Persone giuridiche publiche e persone giuridiche private nel nuovo Codice di Diritto canónico», en *Il Diritto Eclesiástico*, 1985, I, pág. 151.

citando a Botta, «que tenían naturaleza pública las personas jurídicas, no solamente por los fines específicos propios de ellas, sino también por la relevancia absoluta que informaba el momento de la erección canónica (intervención de la autoridad) en el esquema dogmático y normativo de la subjetividad, de modo que acabaron por aparecer como sinónimas eclesiasticidad y publicidad del ente, en cuanto personalidad jurídica y participación en la estructura organizativa de la Iglesia».

La necesidad de expresa erección conllevó la desatención de numerosas asociaciones que no se encontraban erigidas ni aprobadas, por lo que no tardaron en plantearse cuestiones concretas sobre las mismas como, por ejemplo, las Conferencias de San Vicente de Paúl, de las que se determinó que no eran asociaciones eclesiásticas sino laicas, regidas por la voluntad de sus asociados y simplemente sometidas a la autoridad eclesiástica en materia de fe y costumbres. Ello llevó a que en el actual Código fueran recogidos los bienes de todo este conjunto de asociaciones[53].

En definitiva, todos los bienes eclesiásticos son bienes temporales de la Iglesia, pero no viceversa. Por tanto, «se ha de distinguir pues entre la capacidad de poseer y usar bienes temporales y el ámbito de los bienes eclesiásticos: evidentemente este menos amplio que la capacidad de poseer bienes temporales»[54].

1.1. Los bienes temporales eclesiásticos

El canon 1257 § 1 CIC establece el criterio para determinar si un determinado bien se corresponde con esta categoría, el de pertenecer a la Iglesia universal, a la Sede Apostólica o a otras personas jurídicas públicas en la Iglesia.

Según Aznar Gil[55], dos notas esenciales son las que caracterizan a estos bienes eclesiásticos: su naturaleza y su pertenencia jurídica.

Al referirse a la naturaleza expresa que el bien eclesiástico debe tener una «naturaleza económica» y cumplir con las siguientes características: que tenga cierta rela-

53. Según Del Portillo, A., la reconducción de las personas jurídicas privadas al ámbito del Derecho canónico fue tomando cuerpo con apoyo en distintos documentos del Concilio Vaticano II, que describe tres modalidades de agrupaciones de personas según su forma de relación con jerarquía (AA, 24) y que son: las empresas apostólicas implícitamente reconocidas (sujetos sin personalidad), las asociaciones explícitamente reconocidas (asociaciones privadas) y las asociaciones con mandato o misión canónica (asociaciones públicas), todas ellas eclesiásticas por su inserción en la comunidad eclesial y con distinta relación de vinculación o vigilancia, según el caso, respecto de la autoridad eclesiástica, que jurídicamente se traducirá en relaciones de sumisión o de espontánea participación. Del Portillo, Á. «Ius associationis et asociaciones fidelium iuxta Concilii Vaticani II doctrinam», *Ius Canonicum*, Volumen 8, Número 15, 1968, págs. 20-25.

54. Pérez de Heredia y Valle, I. I, *Libro V del CIC..., op. cit.*, pág. 45.

55. Aznar Gil, F.R. *La administración de los bienes..., op. cit.*, pág. 29.

ción con las necesidades económicas de quien los tenga que usar, que sea conocido, que sea accesible y que esté disponible en cantidad limitada y mediante un cierto esfuerzo. Desde nuestro punto de vista, la naturaleza económica de un bien es un requisito predicable para todos los bienes temporales susceptibles de apropiación por cualquier entidad eclesiástica y no es un presupuesto aplicable tan sólo a los bienes eclesiásticos.

Por ello, el elemento fundamental que caracteriza a los bienes eclesiásticos es el de la «pertenencia jurídica». Así, Moreno Antón[56] afirma que, entre los criterios doctrinales fijados para la determinación del concepto de bienes eclesiásticos, el objetivo (atender a unos determinados fines), el subjetivo (pertenencia a un determinado titular) o mixto (determinación por el juego conjunto de la titularidad y la adscripción a determinados fines), el CIC 83 siguió claramente el subjetivo, esto es, el de pertenencia del bien a una persona jurídica pública eclesiástica.

Navarro Valls afirmaba, atendiendo a las prescripciones del antiguo CIC 17, que no sólo bastaba con la pertenencia jurídica del bien a una persona moral eclesiástica (terminología anterior al Código vigente) sino que debía tenerse en cuenta la finalidad a la que estuviera destinado dicho bien. Lo que parece pretenderse es ligar la condición de un bien eclesiástico con las finalidades propias de la Iglesia establecidas en el canon 1254 CIC y que legitiman su capacidad patrimonial. Esto deja de ser esencial con la actual disciplina del CIC ya que las personas jurídicas públicas realizan a través de su particular forma jurídica alguno a algunos de aquellos fines. Así se desprende del canon 114 § 3 CIC cuando dice expresamente: *«La autoridad competente de la Iglesia no confiera personalidad jurídica sino a aquellas corporaciones o fundaciones que persigan un fin verdaderamente útil y que, ponderadas todas las circunstancias, dispongan de medios que se prevé que pueden ser suficientes para alcanzar el fin que se proponen»*.

En definitiva, el calificativo de eclesiásticos que caracteriza estos bienes significa que son bienes de la Iglesia o que tienen como sujeto a la Iglesia en cuanto tal. Las personas jurídicas que son titulares tienen el derecho a los bienes en cuanto son personas constituidas por la autoridad eclesiástica y persiguen fines establecidos por la misma autoridad y en nombre de la misma Iglesia. El derecho a los bienes por tales personas jurídicas públicas es una participación del derecho nativo y propio de la Iglesia; por ello y desde esta perspectiva, sus bienes se pueden denominar propiamente eclesiásticos, o sea, de la Iglesia[57].

A la pregunta de los sujetos que deben ser titulares de un determinado bien para que sea considerado como bien eclesiástico se podría responder literalmente con la relación establecida en el canon 1257 § 1 CIC, esto es, diciendo que son: bien la Iglesia universal, bien la Sede Apostólica, o una persona jurídica pública en la

56. Moreno Antón, M.G. *Algunas consideraciones..., op. cit.*, págs. 76-81.
57. De Paolis, V. *I beni temporali..., op. cit.*, pág. 14.

Iglesia. Pero en puridad, debemos afirmar que el titular que actuará preferentemente, sino únicamente, en el tráfico jurídico será una persona jurídica eclesiástica.

Este argumento no se basa tan sólo en lo prescrito por el propio CIC, que en su canon 1258 dispone que «*En los cánones que siguen, con el nombre de Iglesia se designa, no sólo la Iglesia universal o la Sede Apostólica, sino también cualquier persona jurídica pública en la Iglesia, a no ser que conste otra cosa por el contexto o por la naturaleza misma del asunto*»; ni en lo dicho en el canon 113 § 1 CIC al determinar que «*La Iglesia Católica y la Sede Apostólica son personas morales por la misma ordenación divina*»; se basa, sobre todo, en la experiencia cotidiana. De hecho «ni la Iglesia nacional, ni mucho menos la universal, actúan en el tráfico jurídico cotidiano como tales. La Iglesia actúa habitualmente a través de un sistema organizativo conformado por una pluralidad de entes, que son los que participan de hecho en el tráfico jurídico»[58].

Como dice Ruano Espina[59], la posibilidad de que la Iglesia Católica, universalmente considerada, pueda ser titular de bienes eclesiásticos no es puramente teórica, sino que se ha dado en casos concretos que han ocasionado resoluciones de distintos organismos. Así, la DGRN (hoy DGSJFP)[60] se pronunció sobre la intención de una parroquia de inscribir un auto recaído en un expediente de dominio a nombre de la Iglesia Católica en su Resolución de 14 de diciembre de 1999[61]. La Dirección General deniega el auto recaído ordenando la inscripción por considerar que la misma debe efectuarse a nombre de alguna de las personas jurídicas concretas en las que se organiza internamente la Iglesia[62].

58. Iban I.C. «Las confesiones religiosas», en *Curso de Derecho Eclesiástico*, Madrid 1991, pág. 237.
59. Ruano Espina, L. *Régimen jurídico registral de los bienes de las confesiones religiosas y su tratamiento jurisprudencial*, Editorial Thomson Aranzadi, Cizur Menor, 2005, pág. 42.
60. La Dirección General de los Registros y el Notariado (DGRN) pasó a denominarse Dirección General de Seguridad Jurídica y Fe Pública (DGSJFP) por el art. 2º del Real Decreto 139/2020, de 28 de enero, por el que se establece la estructura orgánica básica de los departamentos ministeriales. La denominación entró en vigor el día de su publicación en el BOE (29 de enero de 2020). BOE núm. 25, de 29 de enero de 2020. En adelante, las Resoluciones anteriores serán citadas como RDGRN y las posteriores a la fecha de entrada en vigor como RDGSJFP.
61. RDGRN de 14 de diciembre de 1999. BOE 9/2000, de 11 de enero de 2000.
62. Según se establece en su Fundamento de Derecho 2º «en el marco del Derecho Canónico, es cierto que el canon 113, § 1 del «Codex» vigente establece que la «Iglesia Católica y la Sede Apostólica son personas morales por la misma ordenación divina» y el canon 1254, § 1, atribuye a la «Iglesia Católica», por «derecho nativo, e independientemente de la potestad civil» capacidad para adquirir bienes temporales a fin de alcanzar sus propios fines; pero del canon 1255 resulta indubitablemente que tal derecho lo ejerce la Iglesia Católica mediante la Santa Sede y las demás personas jurídicas canónicas, a las que se atribuye, en particular, capacidad jurídico-patrimonial respecto de los bienes a que se refiere el canon precedente (cfr., asimismo, el canon 1256, según el cual el dominio de los bienes eclesiásticos corresponde a la persona jurídica que los haya adquirido. Por lo demás, los preceptos canónicos mencionados

En definitiva, el canon 1257 § 1 CIC quiere decir que los bienes eclesiásticos son «los que pertenecen a las personas jurídicas que forman parte de la organización oficial de la Iglesia, y también a las que están ligadas a la autoridad canónica con vínculos de sumisión y dirección, bienes que están regidos por el Derecho canónico y ordenados al cumplimiento de fines propios de la Iglesia»[63]. Pero ¿cuáles son esas personas jurídicas públicas, es decir, qué entidades jurídicas de la Iglesia actúan en nombre de la misma?

En primer lugar, deberíamos distinguir entre las personas jurídicas cuya *personalidad jurídica canónica* es atribuida *ipso iure* y las que adquieren dicha personalidad por especial decreto de la autoridad eclesiástica competente, según establece el canon 114 § 1 CIC:

1) **Personas jurídicas con personalidad jurídica pública concedida por el propio Derecho.**

   Entre estas podemos citar las Iglesias Particulares[64] (Diócesis, Prelaturas, Abadías Territoriales), las provincias eclesiásticas[65], las conferencias episcopales[66], las parroquias[67], los seminarios[68], los institutos religiosos, sus provincias y sus casas[69].

---

se corresponden, en esencia, con lo establecido en los cánones 100, 1495, 1499 y concordantes del «Codex Iuris Canonici» de 27 de mayo de 1917). Por otra parte, y con independencia de las previsiones que, a efectos internos, se contienen en la normativa canónica respecto de la personalidad jurídica y capacidad de adquirir bienes que se atribuye a la «Iglesia Católica», no es menos cierto que, en el orden civil, no resulta indiferente cuál sea la concreta persona jurídica eclesiástica que haya adquirido el bien de que se trate, lo que tendrá relevancia, también a efectos civiles, a la hora de cumplir los requisitos que para disponer del mismo establece la legislación canónica (cfr. artículos 37 CC y I, apartado 4, párrafo segundo, del mencionado Acuerdo sobre Asuntos Jurídicos de 3 de enero de 1979)» (el subrayado es nuestro). BOE 11 de enero de 2000, pág. 1049.

63. López Alarcón, M. *Comentario Exegético..., op. cit.*, pág. 60.
64. Canon 373 CIC: «*Corresponde tan sólo a la suprema autoridad el erigir Iglesias particulares, las cuales una vez que han sido legítimamente erigidas, gozan en virtud del derecho mismo de personalidad jurídica*».
65. Canon 432 § 2 CIC: «*La provincia tiene, de propio derecho, personalidad jurídica*».
66. Canon 449 § 2 CIC: «*La Conferencia Episcopal legítimamente erigida tiene en virtud del derecho mismo personalidad jurídica*».
67. Canon 515 § 3 CIC: «*La parroquia legítimamente erigida tiene personalidad jurídica en virtud del derecho mismo*».
68. Canon 238 § 1 CIC: «*Los seminarios legítimamente erigidos tienen por el derecho mismo personalidad jurídica en la Iglesia*».
69. Canon 634 § 1 CIC: «*Los institutos, las provincias y las casas, como personas jurídicas que son de propio derecho, tienen capacidad de adquirir, poseer, administrar y enajenar bienes temporales, a no ser que esta capacidad quede excluida o limitada por las constituciones*».

2) Personas jurídicas que adquieren personalidad jurídica pública por especial concesión de la autoridad eclesiástica.

Con carácter singular, el CIC determina en diferentes lugares determinadas personas jurídicas eclesiásticas que pueden adquirir personalidad jurídica canónica pública en virtud de decreto especial de la autoridad eclesiástica, entre los que se encuentran las regiones eclesiásticas[70], las conferencias de Superiores mayores[71], la universidad católica[72] y las universidades y facultades eclesiásticas[73].

Por otro lado, con un carácter general, el CIC distingue dentro de la generalidad de las personas jurídicas las corporaciones y las fundaciones[74], esto es, los conjuntos de personas o de bienes que están determinados a la consecución de los fines propios de la Iglesia. Además, dentro de las corporaciones podemos entender incluidas las asociaciones de fieles. Así, el canon 116 § 1 CIC establece lo siguiente: «*Son personas jurídicas públicas las corporaciones y fundaciones constituidas por la autoridad eclesiástica competente para que, dentro de los límites que se les señalan, cumplan en nombre de la Iglesia, a tenor de las prescripciones del derecho, la misión que se les confía mirando al bien público; las demás personas jurídicas son privadas*».

a) Asociaciones.

Respecto de las asociaciones, dice el canon 301 § 1 CIC: «*Corresponde exclusivamente a la autoridad eclesiástica competente el erigir asociaciones de fieles que se propongan transmitir la doctrina cristiana en nombre de la Iglesia, o promover el culto público, o que persigan otros fines reservados por su misma naturaleza a la autoridad eclesiástica*», denominándolas como públicas en el § 3 del mismo canon. Adquiere la personalidad jurídica canónica en virtud del decreto de erección (canon 313) emitido por la autoridad eclesiástica competente[75].

---

70. Canon 433 § 2 CIC: «*La región eclesiástica puede ser erigida en persona jurídica*».
71. Canon 709 CIC: «*Las conferencias de Superiores mayores tengan sus propios estatutos aprobados por la Santa Sede, a la que únicamente corresponde erigirlas como persona jurídica y bajo cuya suprema autoridad permanecen*».
72. Canon 807 CIC: «*La Iglesia tiene derecho a erigir y dirigir universidades que contribuyan al incremento de la cultura superior y a una promoción más plena de la persona humana, así como al cumplimiento de la función de enseñar de la misma Iglesia*».
73. Canon 816 § 1 CIC: «*Las universidades y facultades eclesiásticas sólo pueden establecerse por erección de la Sede Apostólica o con aprobación concedida por la misma; a ella compete también la suprema dirección de las mismas*».
74. Canon 114 § 1: «*Se constituyen personas jurídicas, o por la misma prescripción del derecho o por especial concesión de la autoridad competente dada mediante decreto, los conjuntos de personas (corporaciones) o de cosas (fundaciones) ordenados a un fin congruente con la misión de la Iglesia que transciende el fin de los individuos*».
75. Canon 312 § 1 CIC: «*Es autoridad competente para erigir asociaciones públicas: 1/ la Santa Sede, para las asociaciones universales e internacionales; 2/ la Conferencia Episcopal dentro*

b) Fundaciones.

En cuanto a las fundaciones, el canon 1303 § 1 CIC dicta que «*Bajo el nombre de fundaciones pías se comprenden en el derecho: 1. Las fundaciones pías autónomas, es decir, los conjuntos de cosas destinados a los fines de que se trata en el canon 114 § 2 y erigidos como personas jurídicas por la autoridad eclesiástica competente*».

1.2. El grado de pertenencia de los bienes eclesiásticos

Cuestión debatida por diferentes autores es el *grado de pertenencia* que debe existir entre el sujeto (persona jurídica pública eclesiástica) y el objeto (bien eclesiástico) de la relación jurídica particular. Dicho de otra manera, cuál debe ser el contenido de esa relación jurídica.

Según Aznar Gil[76], citando entre otros a Faltin, surge la duda de si la relación jurídica debe ser estrictamente de propiedad, *ius in re*, o puede bastar un *ius ad rem*, estableciendo dos requisitos para que una cosa pueda ser considerada como un *bonum ecclesiasticum*, a saber:

a) Que el sujeto del dominio o de la posesión sea una persona jurídica eclesiástica.

b) Que la cosa esté en el patrimonio, esto es, en la propiedad o al menos en legítima posesión de la persona jurídica eclesiástica.

Por todo ello, concluye que no bastarían los *ius ad rem* sino que se requiere un verdadero *ius in re* para que un bien pueda ser considerado eclesiástico.

Recordemos, siguiendo a Puig Brutau[77], que el *ius ad rem* consiste en la protección a la esperanza de adquisición de un derecho que todavía no ha quedado perfeccionado por falta de alguno de los elementos que para ello exigen las leyes.

---

de su territorio, para las asociaciones nacionales es decir, que por la misma erección miran a ejercer su actividad en toda la nación; 3/ el Obispo diocesano, dentro de su propio territorio, pero no el Administrador diocesano, para las asociaciones diocesanas; se exceptúan, sin embargo, aquellas asociaciones cuyo derecho de erección está reservado a otras personas».

76. Aznar Gil, F.R. *La administración de los bienes..., op. cit.*, pág. 29.

77. Sus orígenes medievales se encuentran en las instituciones del feudo y el beneficio, derechos que llevaban aparejados el disfrute de una serie de bienes para el vasallo y el ejerciente de un oficio o cargo eclesiástico y que dependían de la investidura (en el vasallaje) y la colación (en el beneficio). En el intermedio entre el nombramiento y estos actos de investidura y colación, los elegidos tenían un ius ad rem sobre los bienes, adquiriendo el ius in re al hacerse efectiva la referida investidura o colación. Díez-Picazo, L. y Gullón Ballesteros, A. *Sistema de Derecho Civil, Volumen III (Tomo I), Derechos Reales en general. Posesión. Propiedad. El registro de la propiedad,* Editorial Tecnos, 10ª edición, Madrid, 2019, págs., 28-29.

Se podría entender que, según las distintas expresiones utilizadas por el CIC a lo largo de su texto, no podrían considerarse bienes eclesiásticos aquellos sobre los que existe esta denominada situación de expectativa propia de los *ius ad rem*; sin ir más lejos, el canon 1256 CIC nos habla de dominio. En consecuencia, los bienes eclesiásticos tendrían como característica el que una persona jurídica eclesiástica tenga sobre los mismos un *ius in re*, un verdadero derecho real.

Siendo el contenido de la relación jurídica un auténtico y verdadero *ius in re*, surge la pregunta de si ese contenido debe concretarse en un derecho de propiedad o basta con la titularidad de cualquier derecho de naturaleza real, dado que el CIC utiliza constantemente los términos «adquisición», «titularidad» y «dominio».

Es evidente que la capacidad patrimonial de la Iglesia alcanza para ser titular de cualquier clase de derechos; prueba de ello la tenemos en el canon 1270 CIC que, al referirse a la prescripción, dice: «*Los bienes inmuebles, los bienes muebles preciosos y los derechos y acciones, tanto personales como reales, que pertenecen a la Sede Apostólica prescriben en el plazo de cien años; los pertenecientes a otra persona jurídica pública eclesiástica, en el plazo de treinta años*». La consecuencia de dicha facultad de las personas jurídicas públicas eclesiásticas de ser titular de derechos reales sobre bienes inmuebles es la atribución a dichos bienes de la naturaleza de bienes eclesiásticos.

Otra cuestión a abordar es la de si comparten la naturaleza de eclesiásticos los *bienes que una persona jurídica pública posee o tiene en concepto de posesión.*

Un argumento favorable para entender que los bienes poseídos por una persona jurídica pública eclesiástica puedan ser considerados como eclesiásticos se basa en la admisión de la prescripción como modo de adquirir de la Iglesia respecto de los bienes temporales. El canon 1268 establece que «*Respecto a los bienes temporales, la Iglesia acepta la prescripción como modo de adquirirlos o de liberarse, a tenor de los cánones 197-199*». Esta aceptación de la prescripción como modo de adquirir se hace, además, con expresa remisión a lo establecido por el Derecho Civil de la nación respectiva en la que se encuentren los bienes, según dispone el canon 197 CIC[78].

Por tanto, la posesión deberá reunir los requisitos fijados por nuestro CC para que la usucapión tenga lugar, si bien el CIC establece dos especialidades concretas, lo que da lugar a que sea considerada por la doctrina canónica como un modo mixto de adquisición[79]: la buena fe y el tiempo.

A) Respecto a la buena fe, el CIC la fija como requisito indispensable para que se produzca la prescripción de un bien a favor de cualquier entidad ecle-

78. Canon 197 CIC: «*La Iglesia recibe, tal como está regulada en la legislación civil de la nación respectiva, la prescripción como modo de adquirir o perder un derecho subjetivo, así como de liberarse de obligaciones, quedando a salvo las excepciones que determinan los cánones de este Código*».

79. Aznar Gil, F.R. *La administración de los bienes..., op. cit.*, pág. 118.

siástica en su canon 198: «*Ninguna prescripción tiene validez si no se funda en la buena fe, no sólo al comienzo, sino durante todo el decurso de tiempo requerido para la misma, salvo lo establecido en el canon 1362*». Según el art. 1950 CC «*consiste en la creencia de que la persona de quien recibió la cosa era dueño de ella, y podía transmitir su dominio*», completado con el art. 433 CC que dice que «*se reputa poseedor de buena fe al que ignora que en su título o modo de adquirir exista vicio que lo invalide*». Esta exigencia de buena fe, según el referido canon 198 CIC, debe presidir la posesión durante todo el transcurso del tiempo requerido, criterio de Derecho Canónico que ha acogido nuestro CC[80] en el art. 435[81] (*mala fides superveniens nocet*).

A nuestro entender, lo que hace el Derecho Canónico es admitir cualquier forma de usucapión, si bien exigiendo para la extraordinaria no solo que concurran los elementos de la posesión y el tiempo, sino también de la buena fe.

B) Respecto al tiempo, el canon 1270 dice: «*Los bienes inmuebles, los bienes muebles preciosos y los derechos y acciones, tanto personales como reales, que pertenecen a la Sede Apostólica prescriben en el plazo de cien años; los pertenecientes a otra persona jurídica pública eclesiástica, en el plazo de treinta años*».

En virtud de lo anterior, al ser admitida la usucapión como modo de adquirir por el Derecho Canónico, las entidades eclesiásticas podrán poseer bienes temporales y los podrán adquirir por usucapión si se cumplen los requisitos establecidos por la legislación civil; y consecuencia de esa capacidad de adquirir será la atribución de la categoría de eclesiásticos a los bienes en trance de ser usucapidos por una persona jurídica pública eclesiástica de las determinadas en el canon 1257 CIC. Dicho de otro modo, serán eclesiásticos aquellos bienes que estén en vías de ser adquiridos por usucapión, tanto ordinaria como extraordinaria, por una persona jurídica pública de la Iglesia. Lo que nos lleva necesariamente a fijar los requisitos que deben existir para que un bien solamente poseído pueda ser considerado eclesiástico, con independencia de que con posterioridad la prescripción llegue a consumarse por el transcurso del tiempo determinado y la existencia de justo título[82] (en el caso de usucapión ordinaria).

80. Díez-Picazo, L. y Gullón Ballesteros, A. *Sistema…, Volumen III (Tomo I), op. cit.*, págs. 126-127.
81. Art. 435 CC: «La posesión adquirida de buena fe no pierde este carácter sino en el caso y desde el momento en que existan actos que acrediten que el poseedor no ignora que posee la cosa indebidamente».
82. Parte de la doctrina canonista habla de la existencia del título como requisito para que tenga lugar la usucapión canónica de bienes; así, De Paolis, V. (*I beni temporali…, op. cit.*, págs. 122-123) y AZNAR GIL (*La administración de los bienes…; op. cit.*, págs. 125-126) entienden que para que pueda efectuarse la prescripción es necesario un título, que puede ser coloratus (verdadero, pero con un vicio oculto que lo invalida para

C) Posesión: la persona jurídica pública eclesiástica ha de poseer el bien con las siguientes características, según prescribe el art. 1941 CC:

a. En *concepto de dueño*: a tenor de lo dispuesto en el art. 447 CC «*Sólo la posesión que se adquiere y se disfruta en concepto de dueño puede servir de título para adquirir el dominio*». Aunque el precepto hable de dominio, debe entenderse que lo que se adquiere puede ser cualquier derecho real usucapible. Y falta tal posesión cuando los actos de carácter posesorio sean ejecutados en virtud de licencia o por mera tolerancia del dueño (art. 1942 CC). El CIC, cuando admite o recibe nuestro Derecho Civil en esta materia, acepta la teoría del *corpus* y el *animus*. En la posesión de la persona jurídica eclesiástica deberán concurrir: el *corpus*, esto es, la relación de poder consciente sobre una cosa o derecho sin que lleve implícita una actuación constante y continuada por parte del poseedor, bastando la posibilidad de poder influir de forma permanente en el bien y servirse del mismo con arreglo a su destino (por ejemplo, la posesión mediata que una Diócesis tiene sobre una vivienda parroquial cuya posesión inmediata corresponde al párroco); y también el *animus*, «elemento espiritual de la posesión, voluntad de tener la cosa para sí y como dueño»[83] (*animus rem sibi habendi; animus domini*); lo que actualmente se entiende como intención o voluntad de mantener o seguir manteniendo la relación de poder respecto a una cosa o derecho, *animus possidendi*.

b. *Pública*: la posesión no debe disfrutarse ocultamente, a escondidas de los demás; esta publicidad debe acompañar a la posesión durante toda su duración y es independiente de la intención del poseedor, no habiendo posesión pública si esta no trasciende al exterior (aunque no haya intención de ocultarla); además, la publicidad recae no solo en el hecho de poseer sino también en el concepto en cuya virtud se posee, no valiendo la posesión pública disimulando el verdadero concepto en el que se posee (por ejemplo, diciendo que se posee como usufructuario cuando la intención es poseer como dueño)[84].

c. *Pacífica*: el CC rechaza la adquisición violenta de la posesión en sus artículos 441 y 444. En virtud del primero «*En ningún caso puede adquirirse violentamente la posesión mientras exista un poseedor que se oponga*

---

transmitir), estimado o presunto, esto es, que el poseedor de la cosa, sin su culpa, crea que existe efectivamente el título. Pero entendemos que al producirse la recepción de la normativa civil se admite plenamente la posibilidad de la prescripción adquisitiva extraordinaria, que tan sólo requiere la posesión, con determinadas características, y el transcurso del tiempo.

83. Díez-Picazo, L. y Gullón Ballesteros, A. *Sistema…, Volumen III (Tomo I), op. cit.*, pág. 81.

84. Albaladejo, M. *La usucapión*, Colegio de Registradores de la Propiedad y Mercantiles de España, 2004, págs. 65-69.

a ello» y por el segundo los actos ejecutados con violencia *«no afectan a la posesión»*.

d. *Ininterrumpida o continuada*: nuestro CC establece la interrupción de la posesión bien naturalmente cuando se cesa en ella por más de un año (art. 1944) o civilmente por la citación judicial hecha al poseedor, aunque sea por mandato de juez incompetente (art. 1945).

1.3. Los bienes temporales no eclesiásticos

Según dispone el canon 1257 § 2 CIC, en contraposición a lo establecido en el § 1 con respecto a los denominados bienes eclesiásticos, «*Los bienes temporales de una persona jurídica privada se rigen por sus estatutos propios, y no por estos cánones, si no se indica expresamente otra cosa*». Por tanto, su régimen jurídico patrimonial lo fija su propio estatuto con las excepciones fijadas en el Derecho universal de la Iglesia y que les sean aplicables (v. gr. cc. 264, 1263, 1265, 1267, 1295 CIC).

Los bienes de este tipo de personas jurídicas no son eclesiásticos «por expresa voluntad del legislador», ya sea porque no actúan en nombre de la Iglesia, porque no son sujetos a través de los que la autoridad eclesiástica persigue los fines institucionales para el bien común de las Iglesia, o porque su naturaleza y actividad no son entendidas como parte de la naturaleza y del hacer propio de la actividad jerárquica[85]. Se les ha denominado de diversas formas, tales como laicales, en nomenclatura del CIC de 1917 (aunque estén al servicio de fines eclesiales puesto que son personas jurídicas eclesiásticas)[86], o eclesiales[87]. No cabe duda de que estos bienes tienen una dimensión eclesial porque persiguen fines eclesiásticos y en el caso de ser propiedad de sujetos erigidos como personas jurídicas están bajo el control y la vigilancia de la competente autoridad eclesiástica[88].

Las personas jurídicas privadas no tienen *ipso iure* personalidad jurídica, sino que les debe ser concedida expresamente por decreto de la autoridad competente (cfr. canon 116 § 2 CIC), decreto que no podrá ser emitido sin la previa aprobación de sus estatutos (cfr. canon 117 CIC); estarán representadas por las personas que establezcan sus propios estatutos (cfr. canon 118 CIC) y se extinguen cuando queda disuelta conforme a sus estatutos o si, a juicio de la autoridad competente, la misma fundación ha dejado de existir según sus estatutos (canon 120 § 1 CIC), destinándose sus bienes de la manera indicada en dichos estatutos (cfr. canon 123 CIC).

---

85. De Paolis, V. *I beni temporali..., op. cit.*, pág. 92.
86. Aznar Gil, F.R. *La administración de los bienes..., op. cit.*, pág. 32.
87. López Alarcón, M. *Comentario Exegético..., op. cit.*, pág. 61.
88. De Paolis, V. *I beni temporali..., op. cit.*, pág. 92-93. El autor indica que dichas personas jurídicas son sujetos en derecho canónico de derechos y obligaciones (canon 113), tienen un fin congruente con la misión de la Iglesia que trasciende al de los individuos (canon 114 § 1) y dichos fines deben consistir en obras de piedad, apostolado o caridad, tanto espiritual como temporal (canon 114 § 2).

Dentro de estas personas jurídicas privadas se encuentran las asociaciones privadas de fieles, cuyo régimen jurídico se encuentra formulado en los cánones 321 a 326 CIC; así, pueden adquirir personalidad jurídica en virtud de decreto de la autoridad competente[89], que previamente ha debido aprobar sus estatutos, gozan de autonomía y están sometidas a la vigilancia de la autoridad eclesiástica[90] (cfr. canon 323 § 1 CIC). En cuanto a su régimen jurídico patrimonial, al igual que lo prescrito para todas las personas jurídicas privadas, se rige por las disposiciones de sus estatutos y sus bienes son administrados libremente por los miembros de dichas asociaciones, si bien la autoridad eclesiástica tiene el deber de vigilar para que sean empleados en los fines de la asociación (cfr. canon 325 CIC); además, todo lo concerniente a la administración y gasto de los bienes que se hayan recibido por concepto de donación o legado para causas pías está bajo la autoridad del Ordinario del lugar[91].

Además, con relación a estas asociaciones privadas el canon 322 § 1 CIC contempla la posibilidad de que las haya *sin personalidad jurídica* por no concederla un expreso decreto de la autoridad eclesiástica; en cuanto a las mismas, el canon 310 dispone que «*La asociación privada no constituida en persona jurídica, no puede, en cuanto tal, ser sujeto de obligaciones y derechos; pero los fieles que son*

89. El canon 312 establece la autoridad competente para erigir asociaciones: 1. la Santa Sede, para las asociaciones universales e internacionales; la Conferencia Episcopal dentro de su territorio, para las asociaciones nacionales es decir, que por la misma erección miran a ejercer su actividad en toda la nación; el Obispo diocesano, dentro de su propio territorio, pero no el Administrador diocesano, para las asociaciones diocesanas; se exceptúan, sin embargo, aquellas asociaciones cuyo derecho de erección está reservado a otras personas. 2. Para la erección válida de una asociación o de una sección de la misma en una Diócesis, se requiere el consentimiento del Obispo diocesano, dado por escrito aun en el caso de que esa erección se haga por privilegio apostólico; sin embargo, el consentimiento escrito del Obispo diocesano para erigir una casa de un instituto religioso vale también para erigir, en la misma casa o en la iglesia aneja, una asociación que sea propia de ese instituto.

90. Canon 305 CIC: «*1. Todas las asociaciones de fieles están bajo la vigilancia de la autoridad eclesiástica competente, a la que corresponde cuidar de que en ellas se conserve la integridad de la fe y de las costumbres, y evitar que se introduzcan abusos en la disciplina eclesiástica; por tanto, a ella compete el deber y el derecho de visitarlas a tenor del derecho y de los estatutos; y están también bajo el régimen de esa autoridad, de acuerdo con las prescripciones de los cánones que siguen. 2. Todas las asociaciones, cualquiera que sea su especie, se hallan bajo la vigilancia de la Santa Sede; están bajo la vigilancia del Ordinario del lugar las asociaciones diocesanas, así como también las otras asociaciones en la medida en que trabajan en la Diócesis*».

91. Canon 1301: «*1. El Ordinario es ejecutor de todas las pías voluntades, tanto mortis causa como inter vivos. 2. En virtud de este derecho el Ordinario puede y debe vigilar, también mediante visita, que se cumplan las pías voluntades; y los demás ejecutores deben rendirle cuentas, una vez cumplida su función. 3. Las cláusulas contenidas en las últimas voluntades que sean contrarias a este derecho del Ordinario, se tendrán por no puestas*».

miembros de ella pueden contraer obligaciones conjuntamente, y adquirir y poseer bienes como condueños y coposesores; y pueden ejercer estos derechos y obligaciones mediante un mandatario o procurador». Según AZNAR GIL[92], sus bienes, lógicamente, no son bienes eclesiásticos y ni les alcanzan las disposiciones sobre las personas jurídicas eclesiásticas privadas puesto que no lo son (canon 1257 § 2 CIC). Sobre ellos, a lo que parece, la Iglesia gozaría únicamente de una potestad genérica, siendo la asociación una mera suma de individuos que actúan conjuntamente[93]. En definitiva, el canon parece referirse a la utilización por parte de los socios de la figura de la comunidad de bienes regulada en los artículos 392 y siguientes de nuestro CC.

2. LOS BIENES SAGRADOS.

El Código de Derecho Canónico distingue una clase de bienes en atención a su finalidad cultual, esto es, su dedicación al culto divino previa su consagración o bendición[94]. El hecho de estar consagrados o bendecidos imprime al bien un carácter espiritual y lo coloca en una condición jurídica particular que la diferencia de las cosas profanas y las aparta de usos profanos e impropios[95].

Los bienes sagrados pueden ser tanto bienes muebles como inmuebles, clasificándose, en consecuencia, en cosas y lugares:

A) Las cosas sagradas o *res sacrae* son, según los cánones 1188 y 1190 CIC, las imágenes y las reliquias. El primero de los cánones, al referirse a las imágenes, establece que *«debe conservarse firmemente el uso de exponer a la veneración de los fieles imágenes sagradas en las iglesias; pero ha de hacerse en número moderado y guardando el orden debido, para que no provoquen extrañeza en el pueblo cristiano ni den lugar a una devoción desviada».* Por su parte, el canon 1190 CIC dicta algunas normas sobre las reliquias, prohibiendo la venta de las denominadas sagradas y sometiendo a la licencia de la Santa Sede las de aquéllas que denomina insignes o de gran devoción entre el pueblo.

B) Los lugares sagrados o *loca sacra* tienen su regulación en los cánones 1205 al 1243 del CIC y vienen definidos por su destinación al culto divino o a la sepultura de los fieles mediante la dedicación o bendición prescrita en los libros litúrgicos (cfr. canon 1205 CIC). Dentro de estos lugares sagrados

---

92. AZNAR GIL, F.R. *La administración de los bienes..., op. cit.*, pág. 33.
93. CARRIÓN PIÑERO, J.M. *La Ley de la Iglesia*, Vol. I, Sociedad de Educación Atenas, Madrid, 1986, pág. 398.
94. Canon 1171 CIC: *«Se han de tratar con reverencia las cosas sagradas destinadas al culto mediante dedicación o bendición, y no deben emplearse para un uso profano o impropio, aunque pertenezcan a particulares».*
95. AZNAR GIL, F.R. *La administración de los bienes..., op. cit.*, pág. 37.

se incluyen las iglesias[96], los oratorios[97], las capillas privadas[98], los santuarios[99], los altares[100] y los cementerios[101], y otros instrumentos o accesorios destinados al culto divino.

Tanto unos como otros tienen dos características o requisitos fundamentales que les otorgan la cualidad de sagrados: la destinación al culto divino y la bendición o consagración[102]. Estos requisitos marcan la sacralidad del bien por lo que podrían ser bienes eclesiásticos o no, dependiendo de su titular. En el supuesto de que el titular fuera una persona jurídica pública coincidiría su condición de bien sagrado con la de eclesiástico. Como dice De Paolis[103] la sacralidad no es una propiedad que corresponda a todos los bienes eclesiásticos o que se atribuya tan sólo a los bienes eclesiásticos. No todos los bienes eclesiásticos son sagrados y existen bienes que no son eclesiásticos, pero son sagrados.

Esto es así porque los bienes sagrados pueden pertenecer perfectamente a personas privadas, ya sean físicas o jurídicas, tanto canónicas como civiles. No son, por tanto, *res extra commercium* ya que pueden ser objeto de intercambio económico con una serie de condiciones[104]. Así, el canon 1269 CIC, al hablar de la prescripción de este tipo de bienes, establece que si están en dominio de personas privadas pueden ser adquiridas por prescripción por otras personas privadas, aunque no es lícito que las destinen a usos profanos salvo que hubieran perdido la dedicación o bendición; por el contrario, si pertenecen a una persona jurídica pública sólo pueden ser usucapidas por otra persona jurídica pública. Evidentemente, se refiere a la prescripción desde un punto de vista canónico pues poca relevancia jurídica práctica tendrá la prohibición establecida en el supuesto de que una cosa sagrada propiedad de una persona jurídica pública canónica sea usucapida por un tercero de orden civil ajeno a la realidad eclesial.

96. Canon 1214 CIC: «*Por iglesia se entiende un edificio sagrado destinado al culto divino, al que los fieles tienen derecho a entrar para la celebración, sobre todo pública, del culto divino*».
97. Canon 1223 CIC: «*Con el nombre de oratorio se designa un lugar destinado al culto divino con licencia del Ordinario, en beneficio de una comunidad o grupo de fieles que acuden allí, al cual también pueden tener acceso otros fieles, con el consentimiento del Superior competente*».
98. Canon 1226 CIC: «*Con el nombre de capilla privada se designa un lugar destinado al culto divino, con licencia del Ordinario del lugar en beneficio de una o varias personas físicas*».
99. Canon 1230 CIC: «*Con el nombre de santuario se designa una iglesia u otro lugar sagrado al que, por un motivo peculiar de piedad, acuden en peregrinación numerosos fieles, con aprobación del Ordinario del lugar*».
100. El canon 1235 CIC lo define como mesa sobre la que se celebra el Sacrificio eucarístico y distingue entre fijos y móviles.
101. El canon 1240 CIC lo describe como lugar destinado al enterramiento o sepultura de los fieles.
102. De Paolis, V. *I beni temporali..., op. cit.*, pág. 16.
103. De Paolis, V. *I beni temporali..., op. cit.*, pág. 16.
104. Aznar Gil, F.R. *La administración de los bienes..., op. cit.*, pág. 37.

En cuanto al régimen jurídico de esta clase de bienes, nos dice AZNAR GIL[105] que la Iglesia ha establecido una serie de normas especiales que aseguran la destinación de los objetos y lugares sagrados al fin de culto divino mientras tengan tal condición, es decir, su uso adecuado; así las limitaciones a la prescripción de tales bienes establecidas en el canon 1269 CIC, al que arriba nos hemos referido, o la necesidad de licencia de la Santa Sede para la enajenación de exvotos donados a la Iglesia (cfr. canon 1292 § 2 CIC). En definitiva, que deben ser tratados con respeto y no pueden ser utilizados para un uso profano o no propio (cfr. canon 1171 CIC), considerándose delito canónico la profanación de los bienes sagrados, tanto muebles como inmuebles (cfr. canon 1376 CIC).

Dejando a salvo las anteriores determinaciones, los bienes sagrados seguirán las prescripciones establecidas para las personas que ostenten su titularidad, es decir, las establecidas para los bienes eclesiásticos si su titular es una persona pública y las de los bienes no eclesiásticos si es privada; habrá que salvar siempre su execración, esto es, su pérdida de afectación al culto si el fin del adquirente no es destinarlo a dichos fines sagrados. De este modo podemos afirmar que su condición de sagrados no impide que sean objeto de compraventa, de donación o de otros contratos[106].

Con su ubicación fuera del libro V, según LÓPEZ ALARCÓN[107], parece que el legislador ha querido preservarlos del régimen de los bienes temporales, teñidos de elementos profanos, aunque la dedicación al culto público de estas cosas sagradas *(res mixtae)* no les hace perder su condición de cosas temporales con las especialidades inherentes a las mismas por razón de su espiritualidad; en definitiva, que estos bienes caen bajo la protección del canon 1255 CIC tanto con respecto al derecho nativo de la Iglesia sobre dichos bienes como con relación a la capacidad de las personas jurídicas titulares de los mismos.

La condición de sagrado se pierde cuando deja de estar destinado o afectado al culto divino en los siguientes supuestos:

a) Por decisión del Obispo decretando su reducción a uso profano (cfr. canon 1212 CIC).

b) Cuando hayan sido reducidos a uso profano de hecho (cfr. canon 1212 CIC).

c) Cuando hayan sido destruidos en gran parte y no pueda emplearse o no pueda repararse (cfr. canon 1222 § 1 CIC).

d) Por causas graves, a juicio del Obispo, una vez oído el Consejo Presbiteral y con el consentimiento de quienes tengan derecho sobre el bien sagrado y siempre que no sufra ningún detrimento el bien de las almas (cfr. canon 1222 § 2 CIC).

105. AZNAR GIL, F.R. *La administración de los bienes..., op. cit.*, pág. 37.
106. PÉREZ DE HEREDIA Y VALLE, I. *Libro V del CIC..., op. cit.*, pág. 23.
107. LÓPEZ ALARCÓN, M. *Comentario Exegético..., op. cit.*, pág. 50.

3. LOS BIENES PRECIOSOS

El Código Benedictino de 1917, en su canon 1497 § 2, establecía una definición de bienes preciosos aludiendo a aquellos objetos que tuvieran un notable valor bien por razón del arte bien de la historia o bien de la materia[108]. En base a dicha definición, los autores establecieron dos elementos fundamentales que constituían la esencia de un bien precioso: en primer lugar, el valor notable; en segundo, el hecho de sobresalir por razón de la historia, del arte o de la materia[109]. Pero no se determinaba taxativamente qué se consideraba hecho sobresaliente por cualquiera de las tres razones, ingeniando la doctrina determinadas soluciones numéricas como la de entender que era valor notable lo que superaba los 2200 francos suizos de 1963, atendiendo a determinadas resoluciones de la Sede Apostólica. Lo cierto es que ningún criterio concreto se fijaba.

En el actual Código no se da ni siquiera una definición de los bienes preciosos, aunque se habla de los mismos en numerosos cánones del texto codicial. El concepto, dice Aznar Gil[110], «se ha dejado deliberadamente ambiguo para que sea objeto de ulteriores matizaciones y concreciones particulares».

La *preciosidad* se hace derivar del arte o de la historia (cfr. cc. 1292 § 2 y 638 § 3 CIC) y, tratándose de imágenes, de la antigüedad, del arte o del culto (cfr. canon 1189 CIC). En definitiva, las fuentes de la preciosidad no se indican de un modo taxativo sino más bien ejemplificativo[111]. Por ello, serán indicaciones de la Santa Sede[112] o de la Conferencia Episcopal las que determinen más claramente los límites a partir de los que un bien pueda ser considerado precioso y habrá que estar a lo que establezcan al respecto los ordenamientos civiles en cuanto a los bienes sobre los que recaiga una especial protección de las diferentes administraciones públicas.

En cuanto al régimen jurídico el Código se limita a establecer algunas normas relacionadas con la administración de esta clase de bienes. Así, se requiere la licencia del Ordinario para proceder a su reparación (cfr. canon 1189 CIC) y la de la Santa

108. Canon 1497 § 2 Código 1917: «Dicuntur sacra, quae consecratione vel benedictione ad divinum cultum destinata sunt; *pretiosa,* quibus notabilis valor sit, artis vel historiae vel materiae causa».

109. Así lo establecen, entre otros, Vromant, G., *De bonis Ecclesiae temporalibues. Ad usum utriusque cleri, praesertim missionariorum,* 3ª ed. Bruselas 1953, págs. 43-44, y Arza, A., *Privilegios económicos de la Iglesia española,* Bilbao 1973, págs. 56-58.

110. Aznar Gil, F.R. *La administración de los bienes..., op. cit.*, pág. 38.

111. De Paolis, V. *I beni temporali..., op. cit.*, pág. 17, que cita a Mostaza Rodríguez, A.

112. La antigua Pontificia Comisión para la interpretación auténtica del Código, con relación a un supuesto en vigencia del antiguo Código, precisaba que el valor de un objeto precioso no podía ponerse en relación y era independiente del establecido y computado para la alienación de bienes eclesiásticos en general, llegando a considerar objetos preciosos algunos de escaso valor y considerando como valor estimado para la necesaria licencia de la Santa Sede el de una treintava parte del importe requerido para la alineación de cualquier bien eclesiástico (AAS, 11. 1919).

Sede para su enajenación (cfr. canon 1292 § 2 CIC); se deben proteger con cuidados ordinarios de conservación y seguridad (cfr. canon 1220 § 2 CIC) y deben ser objeto de inventario suscrito por sus administradores (cfr. canon 1283 § 2 CIC); por lo que respecta a los bienes que sean propiedad de institutos religiosos y que sean objetos de gran precio por su valor histórico a artístico, se necesita licencia de la Santa Sede para su enajenación (cfr. canon 638 § 3 CIC).

Es palpable que esta clase de bienes participan de algunas de las limitaciones impuestas a la administración y enajenación de los bienes eclesiásticos, lo que ha llevado a parte de la doctrina canonista a asimilar ambas categorías. Así, AZNAR GIL[113] considera que son bienes eclesiásticos porque están en poder de personas jurídicas públicas eclesiásticas y que, si lo están en manos de personas jurídicas privadas, están sometidos a la normativa canónica general. También lo entiende así DE PAOLIS[114], siguiendo a MOSTAZA, cuando afirma que la noción de bienes preciosos se corresponde sólo a los bienes eclesiásticos.

En nuestra opinión, las categorías de bienes eclesiásticos y preciosos son distintas pues distintos son los criterios que califican un bien como de una u otra clase. Para ser calificado de «bien eclesiástico» habrá que atender a la clase persona jurídica que sea su propietario o legítimo poseedor; y para ser considerado «precioso» se deberá tener en cuenta el valor del objeto atendida su antigüedad, su valor artístico o su especial devoción o culto por parte del pueblo de Dios (en cuanto a las imágenes). Por ello coincidimos en la consideración de AZNAR GIL[115] de identificar los bienes preciosos con los pertenecientes al Patrimonio Cultural de la Iglesia. Así, todos los bienes que estuviesen catalogados como patrimonio cultural, en cualquier categoría y por cualquiera de las administraciones competentes, pasarían por este simple hecho a ser considerados preciosos pues su inclusión en dicho patrimonio histórico conllevaría necesariamente su calificación como parte del patrimonio cultural de la propia Iglesia.

V. EL RECONOCIMIENTO DE LA CAPACIDAD PATRIMONIAL DE LA IGLESIA

1. ANTECEDENTES

Como hemos visto anteriormente, tal y como dice RUANO ESPINA[116], la capacidad patrimonial de la Iglesia Católica no ha sido siempre uniforme, pues «sufrió históricamente importantes limitaciones en su capacidad de disponer libremente de sus bienes, al ser cuestionada su capacidad para ser su titular dominical, y quedar su patrimonio amortizado por el poder civil».

113. AZNAR GIL, F.R. *La administración de los bienes..., op. cit.*, pág. 38.
114. DE PAOLIS, V. *I beni temporali..., op. cit.*, pág. 18.
115. AZNAR GIL, F.R. *La administración de los bienes..., op. cit.*, pág. 38.
116. RUANO ESPINA, L. *Régimen jurídico registral..., op. cit.*; págs. 11-12.

Durante gran parte de nuestra Historia, ninguna limitación patrimonial se planteó a la Iglesia ni a los innumerables entes que formaban su estructura; pero esta libertad cambió radicalmente como consecuencia de la Ilustración desde finales del siglo XVIII, fecha que marca una nueva era en las relaciones entre el poder civil y el eclesiástico[117].

Los Concordatos de 1737 y 1753 no plantearon el derecho de la Iglesia de adquirir y poseer bienes, pues era una cuestión indiscutida, si bien el primero de ellos rompía la inmunidad tributaria de la Iglesia lo que, implícitamente, suponía el reconocimiento de su capacidad patrimonial[118]. Pero con las medidas desamortizadoras, durante la primera mitad del siglo XIX comienza a cuestionarse seriamente la capacidad patrimonial de la Iglesia; de hecho, durante las distintas oscilaciones legislativas que se producen como consecuencia de los distintos avatares políticos, las distintas medidas gubernamentales transitan entre las puras medidas desamortizadoras que ordenan la incautación de bienes de las entidades eclesiásticas y su posterior venta para amortizar la ingente deuda pública (declarando dichos bienes como nacionales) o las medidas más moderadas que, si bien no se atrevían a llegar a la venta de bienes de las entidades eclesiásticas, sí proclamaban la prohibición de que la Iglesia en adelante pudiese adquirir bienes raíces o inmuebles.

Esta compleja situación trató de ser atajada por el Concordato de 1851 que intentó aclarar las situaciones ocasionadas con motivo de las anteriores desamortizaciones practicadas, especialmente la de Mendizábal. No obstante, a pesar de ser calificado como un Concordato económico, lo que de verdad se ponía en juego era la capacidad de la Iglesia para poseer bienes y su independencia patrimonial y lo que supuso fue un nuevo sistema de relaciones Iglesia-Estado, dadas las nuevas ideas liberales surgidas de la Revolución Francesa que habían penetrado en España[119]. Su art. 41 reconocía a la Iglesia el derecho de adquirir y su propiedad en todo lo que posea ahora o adquiriere en adelante, reconociendo su capacidad patrimonial pero no la personalidad jurídica civil de manera explícita.

La capacidad patrimonial de la Iglesia viene reconocida desde el Concilio de Trento, tal y como establece la STS de 3 de diciembre de 1973[120] cuando señala que las «*personas morales reconocidas por el derecho canónico, tuvieron plena capacidad jurídica para adquirir bienes, capacidad que les reconoció no sólo respecto de los bienes que ya poseían, sino para adquirir en lo sucesivo, el capítulo tercero de la sesión 25 del Concilio de Trento,*

117. Moreno Antón, M.G. *La enajenación de bienes eclesiásticos en el ordenamiento jurídico español*, Salamanca, 1987; pág. 55.
118. Palos Estaún, A. «Iglesia y propiedad», *Ponencias de las IX Jornadas sobre Marco Legislativo del Patrimonio Cultural*, Conferencia Episcopal Española, Madrid, 2015, pág. 17.
119. Palos Estaún, A. «Iglesia y propiedad...», op. cit., pág. 17, cita a Salazar, P. en su obra *El Concordato de 1851*, en Diccionario de Historia Eclesiástica de España, volumen I; Madrid, 1972, pág. 581.
120. STS (Civil) de 3 de diciembre de 1973, núm. 297/1973.

que fue incorporado a nuestro ordenamiento, por la ley decimotercera, título primero, libro primero de la Novísima Recopilación».

2. RÉGIMEN ACTUAL

El derecho fundamental a la libertad religiosa es reconocido en el art. 16 de la Constitución Española y se desarrolla por la Ley Orgánica 7/1980 de Libertad Religiosa que reconoce la plena capacidad patrimonial de las Iglesias, confesiones y comunidades religiosas, lo que no deja de ser sino una consecuencia de su personalidad jurídica. La libertad religiosa se reconoce no solo en el ámbito puramente individual sino también en su esfera de ejercicio colectivo. Además, la capacidad patrimonial «está íntimamente ligada al derecho de asociación para el desarrollo comunitario de las actividades religiosas que contempla el art. 2.1, d) de la LOLR»[121].

La personalidad jurídica de las confesiones necesita en nuestro Derecho de un acto formal regulado en el art. 5.1 de la Ley Orgánica de Libertad Religiosa, la inscripción en un Registro especial del Estado, el Registro de Entidades Religiosas (RER) dependiente del Ministerio de Presidencia y Relaciones con las Cortes. Nos encontramos, por tanto, ante una inscripción constitutiva que otorga por un acto administrativo la personalidad jurídica a la entidad objeto de inscripción.

El art. 37 CC dispone que «*La capacidad civil de las corporaciones se regulará por las leyes que las hayan creado o reconocido; la de las asociaciones por sus estatutos, y las de las fundaciones por las reglas de su institución, debidamente aprobadas por disposición administrativa, cuando este requisito fuere necesario*». La capacidad patrimonial no es sino una parte integrante de la personalidad jurídica, entendida esta como la aptitud o idoneidad para ser titular de derechos y obligaciones[122]. Esta es reconocida para las personas jurídicas por nuestro CC en el art. 38 al disponer que «*pueden adquirir y poseer toda clase de bienes, así como de contraer obligaciones y ejercitar acciones civiles y criminales, conforme a las leyes y reglas de su constitución*»; y el párrafo 2.º hace especial referencia a la Iglesia Católica estableciendo una excepción al párrafo 1.º al decir que «*se regirá en este punto por lo concordado entre ambas potestades*».

Esta especialidad o exceptuación de la Iglesia Católica, en el mismo sentido que el art. 16.1 de la Constitución en lo que es un reconocimiento por parte del texto constitucional de la tradición histórica de España y del arraigo que la confesión católica ha tenido en nuestra más reciente historia, significa que el Estado viene a reconocer la personalidad jurídica preexistente de la Iglesia y de un «estatuto jurídico peculiar, derivado de las relaciones concordatarias con el Estado espa-

121. RUANO ESPINA, L. «Titularidad e inscripción en el Registro de la Propiedad de los bienes inmuebles (culturales) de la Iglesia», *Ponencia de las Jornadas sobre Patrimonio Cultural de la Iglesia y Marco Legislativo Estatal y Autonómico*, Conferencia Episcopal Española, Madrid, 2007.

122. DÍEZ-PICAZO, L. Y GULLÓN BALLESTEROS, A. *Sistema…, Volumen I, op. cit.*, pág. 427.

ñol, y del reconocimiento de la personalidad jurídica internacional de la Iglesia Católica»[123].

Por ello, aunque la Iglesia deba regirse en materia patrimonial por las disposiciones del Derecho Civil, el propio CC establece que se le aplique lo que ambas potestades hubiesen acordado al respecto. La especialidad en el reconocimiento de la capacidad jurídica y patrimonial de la Iglesia Católica se concreta en la existencia de una norma a la que se remite el Derecho del Estado en dicha cuestión, los Acuerdos entre el Estado y la Santa Sede de 3 de enero de 1979, norma con rango de Tratado Internacional a la que se remite el art. 38 CC para todo lo relacionado con la materia. Por ello, habrá que estar a lo dispuesto en el Acuerdo sobre Asuntos Jurídicos para conocer lo relacionado con la personalidad jurídica de las entidades eclesiásticas y, tras su reconocimiento, para determinar los presupuestos de la capacidad patrimonial.

Siguiendo el esquema de la profesora Ruano Espina[124], el Acuerdo sobre Asuntos Jurídicos en su art. 1.1 reconoce el derecho de la Iglesia a ejercer su misión, le garantiza el libre y público ejercicio de sus actividades; en el 1.2 le reconoce la capacidad para organizarse libremente y también reconoce en el art. 1.3 la capacidad jurídica de la Conferencia Episcopal Española. O sea, ni la Iglesia Católica (en esta denominación genérica) ni la Conferencia Episcopal Española están sujetas al trámite constitutivo de la inscripción en el Registro de Entidades Religiosas para adquirir la personalidad jurídica, al haber sido esta previamente reconocida por el Acuerdo. Según la autora, «el Estado reconoce a la Iglesia Católica la personalidad jurídica como Institución independiente, autónoma, dotada de un ordenamiento jurídico primario».

Pero es evidente que la Iglesia Católica, como tal, actúa en contadas ocasiones, o podríamos decir en ninguna, en el tráfico jurídico. Está organizada en entidades que forman su estructura jerárquica y por un conjunto numerosísimo de entidades menores que están ligadas a la estructura de la misma por medio de unas relaciones determinadas por el Derecho Canónico. Así se desprende, por ejemplo, de la RDGRN de 14 de diciembre de 1999[125], que afirma que la capacidad de la Iglesia para adquirir bienes debe regirse por lo concordado con el Estado, presuponiendo los Acuerdos entre ambas potestades la personalidad jurídica, pero de lo que no se puede deducir que puedan sin más inscribir sus bienes en el Registro de la Propiedad, sin más especificaciones; porque, dice la Resolución al referirse a la Iglesia Católica, *«se trata esta de una expresión que se emplea para referirse compendiosamente a todas las diferentes entidades eclesiásticas»*[126].

Como señala Ruano Espina[127], el reconocimiento de esa personalidad jurídica civil, en cuanto que las entidades dispongan de la personalidad canónica, implica

123. Ruano Espina, L. *Régimen jurídico registral...*, *op. cit.*, pág. 25.
124. Ruano Espina, L. *Régimen jurídico registral...*, *op. cit.*, págs. 27 y ss.
125. RDGRN de 14 de diciembre de 1999. BOE 9/2000, de 11 de enero de 2000.
126. Ruano Espina, L. «*Zanjada la polémica...*», *op. cit.*, pág. 1328.
127. Ruano Espina, L. «*Zanjada la polémica...*», *op. cit.*, pág. 1329.

que también se extiende lo dispuesto en el ordenamiento canónico a cuanto tenga que ver con la capacidad para celebrar negocios jurídicos de todo tipo, adquirir o disponer de bienes.

2.1. La adquisición de la personalidad jurídica

La determinación de cómo adquieren personalidad jurídica los distintos entes se deriva de las disposiciones de los Acuerdos entre el Estado y la Santa Sede:

2.1.1. Diócesis, parroquias y circunscripciones territoriales

Las diócesis, parroquias y circunscripciones territoriales que forman parte de la estructura organizativa de la Iglesia gozan de personalidad jurídica civil en cuanto la tengan canónica y ésta sea notificada por la autoridad eclesiástica a los órganos competentes del Estado, que acusará recibo de la notificación.

Estas entidades, una vez tengan personalidad jurídica canónica, la tendrán *ipso iure* también civil. Se produce una remisión formal implícita por el Estado a las normas de Derecho Canónico, únicas por las que pueden determinarse si una determinada entidad eclesiástica goza o no de personalidad jurídica. El Derecho Canónico es el ordenamiento primario competente para regular todo lo relacionado con la capacidad jurídica, de obrar, requisitos necesarios para enajenación de bienes o cualquier cuestión relacionada con la capacidad patrimonial de dichos entes eclesiásticos.

Dentro de este grupo de entidades podemos considerar incluidas aquellas entidades que, sin ser circunscripciones territoriales de la Iglesia, podemos entender que forman parte de su estructura jerárquica, especialmente los seminarios y los cabildos de las catedrales. Y entendemos como fundamento principal de esta inclusión la relación que en el Acuerdo sobre Asuntos Económicos entre ambas potestades hace el art. IV al determinar una serie de exenciones en materia tributaria.

Cabe preguntarse cuándo se produce la adquisición de la personalidad jurídica, si ésta se produce de manera inmediata a la adquisición de la personalidad jurídica en el orden canónico o si se necesita como condición la notificación a la que se refiere el Acuerdo entre el Estado y la Santa Sede. Y la respuesta la obtenemos en nuestra jurisprudencia que, de forma reiterada, se ha decantado por la primera opción. Así, la STS, Sala 1ª, de 28 de noviembre de 1986[128], determina que, en todo caso, esta comunicación del Ministerio de Justicia no es constitutiva de la personalidad, sino meramente administrativa o de control estatal de estas instituciones. Y que la comunicación al Ministerio de Justicia (hoy Ministerio de la Presidencia) significa un medio de prueba de la erección canónica, pero no sustituye a esta, ni elimina el efecto de que la entidad se constituye en la fecha de la aprobación por la autoridad eclesiástica competente para ello.

---

128. STS (Civil), de 28 de noviembre de 1986, núm. 7589/1986. ECLI:ES:TS:1986:7589.

Especial claridad ofrece sobre el particular la STS, Sala 2ª, de 19 de diciembre de 2017[129]. En el asunto cuestionado, el Ministerio Fiscal, que impugna el motivo, alega que la Iglesia Católica está exenta de inscripción en el Registro, en virtud del Acuerdo entre España y la Santa Sede, y que el artículo 16.3 de la Constitución Española distingue a la Iglesia Católica de las demás confesiones.

La Ley Orgánica 7/1980, de 5 de julio, de Libertad Religiosa, dispone en su artículo 5 que las Iglesias, Confesiones y Comunidades religiosas y sus federaciones gozarán de personalidad jurídica una vez inscritas en el correspondiente registro público que se crea a tal efecto en el Ministerio de Justicia. Y en la Disposición Transitoria primera establece que el Estado reconoce la personalidad jurídica y la plena capacidad de obrar de las Entidades religiosas que gocen de ella en la fecha de entrada en vigor de la presente ley, situación en la que se encontraba la Iglesia Católica como consecuencia, primero, del Concordato de 1953 y, posteriormente, de los acuerdos de 1979 entre el Estado Español y la Santa Sede.

El Tribunal Constitucional, en su STC 46/2001[130], señaló que la función de dicho registro es de mera constatación y no de calificación. La exposición de motivos o preámbulo del Real Decreto 594/2015, de 3 de julio, que regula el citado Registro, pone de manifiesto que la adquisición de personalidad jurídica constituye un derecho para las entidades religiosas, según expresa el Tribunal Constitucional en la citada Sentencia 46/2001, siendo que, en nuestro sistema, dicha adquisición se produce por el acceso al Registro de Entidades Religiosas, y el artículo 4 del citado Real Decreto dispone que las entidades inscribibles gozarán de personalidad jurídica una vez inscritas en el Registro.

Según ha señalado el Tribunal Constitucional en la citada Sentencia 46/2001, la inscripción en el Registro produce efectos jurídicos diversos:

a) En primer lugar, el reconocimiento de su personalidad jurídica como tal grupo religioso (identificación y admisión en el Ordenamiento jurídico de una agrupación de personas que pretende ejercitar, con inmunidad de coacción, su derecho fundamental al ejercicio colectivo de la libertad religiosa).

b) En segundo lugar, confiere a la entidad un determinado estatus que se manifiesta en la autonomía que le atribuye el artículo 6.1 de la LOLR, a cuyo tenor, las confesiones religiosas inscritas podrán establecer sus propias normas de organización, régimen interno y régimen de su personal.

---

129. STS (Penal), secc. 1ª, de 19 de diciembre de 2017, núm. 835/2017, rec. 47/2017. La Sentencia se pronuncia sobre una protesta contra la reforma de la ley del aborto que consistió en interrumpir una misa. Según la Sala, el ejercicio del derecho de manifestación podía hacerse de forma compatible al ejercicio del derecho de libertad religiosa de los fieles, sin necesidad de que ese ejercicio de un derecho debiera suponer menoscabo para el otro.

130. STC (Pleno), de 15 de febrero de 2001, núm. 46/2001, rec. 3083/1996.

c) En tercer lugar, se proyecta también en una vertiente externa en el sentido de que las concretas manifestaciones que, en el ejercicio del derecho fundamental, realicen los miembros del grupo o comunidad inscrita, se vean facilitadas, de tal manera que se permita el ejercicio colectivo de la libertad religiosa con inmunidad de coacción, sin trabas ni perturbaciones de ninguna clase.

d) Y, en cuarto lugar, los efectos que en relación al matrimonio se contemplan en el artículo 59 CC.

Dice finalmente la meritada STC que «*podemos concluir en el sentido de que la inscripción en el Registro público es la formal expresión de un reconocimiento jurídico dispensado a los grupos o comunidades religiosas, orientado a facilitar el ejercicio colectivo de su derecho a la libertad religiosa, en tanto que instrumento ordenado a "remover los obstáculos" y a "promover las condiciones para que la libertad y la igualdad del individuo y de los grupos en que se integra sean reales y efectivos" ex art. 9.2 CE*».

Todos estos efectos se reconocen respecto de la Iglesia Católica en el Acuerdo suscrito entre España y la Santa Sede en el año 1979.

Desde esta perspectiva no puede entenderse que la exigencia contenida en la descripción típica sea meramente formal, en el sentido de que queden excluidas de la protección penal aquellas confesiones religiosas que no figuren inscritas en el Registro, por el mero hecho de esa ausencia de inscripción. Por el contrario, dadas las finalidades y efectos de la inscripción en el referido Registro, la exigencia típica debe considerarse referida a la necesidad de que exista un reconocimiento jurídico efectuado por el Estado, lo que generalmente tendrá lugar a través de la inscripción en el Registro, pero sin excluir ese mismo reconocimiento mediante un acuerdo o tratado internacional de carácter bilateral, como los que han suscrito el Estado y la Santa Sede.

Como consecuencia del carácter del Registro, y de los efectos de la inscripción, ha de concluirse, como se hace en la sentencia de instancia, que la exigencia de que se trate de confesiones religiosas inscritas queda cubierta cuando mediante una disposición de rango suficiente, el Estado reconoce a una determinada confesión esa misma personalidad jurídica y los mismos efectos que, de otra forma, se derivarían de la inscripción.

Como se ha señalado, el reconocimiento de la personalidad jurídica de la Iglesia Católica se produce, al menos, en el Concordato de 1953, y mantiene sus efectos tras el Acuerdo entre el Estado Español y la Santa Sede del año 1979. Y se hará simplemente mediante la notificación de la adquisición de la personalidad canónica de la entidad (normalmente mediante el Decreto de erección) a la autoridad competente, hoy la Subdirección General de Libertad Religiosa, dependiente del Ministerio de la Presidencia, Relaciones con las Cortes y Memoria Democrática, bajo cuyas competencias se encuentra el Registro de Entidades Religiosas[131].

131. RD 373/2020, de 18 de febrero, por el que se desarrolla la estructura orgánica básica del Ministerio de la Presidencia, Relaciones con las Cortes y Memoria Democrática. BOE número 43, de 19 de febrero de 2020.

Y sobre este reconocimiento de la personalidad jurídica tuvo ocasión de pronunciarse la RDGRN de 25 de septiembre de 2007[132] ante la negativa a inscribir la donación de un templo por parte de la Diócesis de Palencia, al no haberse acreditado la inscripción en el Registro de Entidades Religiosas. Sobre el requisito de acreditar la inscripción, el Órgano Directivo manifestó lo siguiente: «*Dentro de las entidades religiosas de la Iglesia Católica, las circunscripciones territoriales (tales es el caso de las parroquias y obispados) no están sujetas al trámite de la inscripción en el Registro de Entidades Religiosas, ya que gozan ope legis de personalidad jurídica en cuanto la tengan canónica. Además, la acreditación de las circunscripciones territoriales existentes en España antes del 4 de diciembre de 1979 puede realizarse por cualquier medio en Derecho, por lo que no es procedente la acreditación de la Diócesis cuando consta al notario por notoriedad. Así resulta claramente de los Acuerdos Jurídicos con la Santa Sede, del Código de Derecho Canónico, del Reglamento del Registro de Entidades Religiosas y así fue aclarado e interpretado por la Resolución de la Dirección General de Asuntos Religiosos de 11 de marzo de 1982*».

2.1.2. *Órdenes, congregaciones religiosas e institutos de vida consagrada*

Las órdenes, congregaciones religiosas e institutos de vida consagrada, sus provincias y sus casas, precisan para adquirir la personalidad jurídica civil su inscripción en el Registro de Entidades Religiosas que tiene, en estos casos, carácter constitutivo.

No obstante, el Acuerdo entre el Estado español y la Santa Sede hace una distinción en el art. I, 4:

a) Las órdenes, congregaciones religiosas e institutos de vida consagrada que ya gozaran de personalidad jurídica civil y plena capacidad de obrar a la entrada en vigor del Acuerdo a las que el Estado les reconoce la misma.

   Aunque del precepto pudiera deducirse la automática personalidad jurídica de estas instituciones, la Disposición Transitoria primera del RD 142/1981, de 9 de enero, sobre organización y funcionamiento del Registro de Entidades Religiosas disponía que «las Entidades religiosas que gozan de personalidad jurídica sin hallarse inscritas en ningún Registro del Estado podrán solicitar su inscripción en cualquier momento, pero transcurrido el plazo de tres años desde la entrada en vigor del presente Reglamento sólo podrán acreditar su personalidad jurídica mediante la correspondiente certificación de hallarse inscritas en el Registro de Entidades Religiosas». O lo que es lo mismo, otorgaba a esas órdenes y congregaciones religiosas preexistentes a los Acuerdos un plazo de tres años para inscribirse. Durante ese plazo podían acreditar su personalidad jurídica civil mediante cualquier medio de prueba admitido en derecho; pero transcurrido dicho plazo, la personalidad solo podía demostrarse con el correspondiente certificado de inscripción en el Registro.

132. RDGRN de 25 de septiembre de 2007. BOE 247/2007, de 15 de octubre de 2007.

b) Aquellas que, estando erigidas canónicamente en esta fecha, no gozaban de personalidad jurídica civil y las que se erigieran canónicamente en el futuro, adquirirían la personalidad jurídica civil mediante la inscripción en el correspondiente Registro del Estado, la cual se practicará en virtud de documento auténtico en el que conste la erección, fines, datos de identificación, órganos representativos, régimen de funcionamiento y facultades de dichos órganos. El procedimiento para proceder a la inscripción era el fijado en el RD 142/1981, de 9 de enero, sobre organización y funcionamiento del Registro de Entidades Religiosas.

El RD 142/1981 fue derogado por el RD 594/2015, de 3 de julio, por el que se regula el Registro de Entidades Religiosas. En él se disponen las entidades susceptibles de inscripción en el Registro, admitiendo su artículo 2 la inscripción de las congregaciones, secciones o entidades locales (apartado b), las comunidades monásticas o religiosas y las órdenes o federaciones en que se integren (apartado g) y los institutos de vida consagrada y sociedades de vida apostólica, sus provincias y casas, así como sus federaciones (apartado h).

El RD 594/2015 establece en su art. 6.1 que la inscripción de Iglesias, Confesiones y Comunidades religiosas se iniciará por sus representantes legales o personas debidamente autorizadas mediante solicitud que deberá acompañarse de documento elevado a escritura pública en el que consten, entre otros que relaciona, su régimen de funcionamiento, órganos representativos y de gobierno, con expresión de sus facultades y de los requisitos para su válida designación. Por ello, constará debidamente inscrito en el Registro de Entidades Religiosas ese derecho estatutario al que se remite el derecho estatal en materia de capacidad de obrar de los órganos y representantes legales de las órdenes, congregaciones e institutos de vida consagrada.

El Acuerdo dispone que «A los efectos de determinar la extensión y límite de su capacidad de obrar y, por tanto, de disponer de sus bienes, se estará a lo que disponga la legislación canónica, que actuará en este caso como derecho estatutario». O sea, al entender adquirida la personalidad jurídica civil por la inscripción en el Registro de Entidades Religiosas «se da por supuesta su capacidad de obrar en el tráfico jurídico»[133].

2.1.3. *Asociaciones y fundaciones religiosas*

Las Asociaciones y otras Entidades y Fundaciones religiosas que, estando erigidas canónicamente en la fecha de entrada en vigor del presente Acuerdo, no gocen de personalidad jurídica civil y las que se erijan canónicamente en el futuro por la competente Autoridad Eclesiástica, podrán adquirir la personalidad jurídica civil

133. Ruano Espina, L. *Régimen jurídico registral..., op. cit.*, pág. 32.

con sujeción a lo dispuesto en el ordenamiento del Estado, mediante la inscripción en el correspondiente Registro en virtud de documento auténtico en el que consten la erección, fines, datos de identificación, órganos representativos, régimen de funcionamiento y facultades de dichos órganos.

El régimen de inscripción para las entidades asociativas es similar al anteriormente expuesto para las órdenes y congregaciones religiosas. Pero sí tiene una regulación especial, aunque no distinta, la inscripción de las fundaciones canónicas. Ésta se regula en el RD 589/1984, de 8 de febrero, sobre Fundaciones religiosas de la Iglesia Católica que dispone que las fundaciones erigidas canónicamente por la competente autoridad de la Iglesia Católica podrán adquirir personalidad jurídica civil mediante su inscripción en el Registro de Entidades Religiosas. Para ello se presentará la escritura de constitución acompañada de la certificación a que se refiere el párrafo segundo del apartado c) del número 2 del artículo tercero del Real Decreto 142/1981, de 9 de enero, sobre organización y funcionamiento del Registro de Entidades Religiosas.

La constitución de una fundación pía autónoma, si bien se realiza mediante decreto de erección de la competente autoridad eclesiástica, necesita para la inscripción de su elevación a escritura pública notarial donde deberán hacerse constar tanto dicho decreto como una serie de requisitos (art. 1 RD 589/1984): el nombre, apellidos y estado de los fundadores, si son personas físicas, y la denominación o razón social, sin son personas jurídicas, y, en ambos casos, la nacionalidad y el domicilio; la voluntad de fundar y la dotación; los estatutos de la fundación, constando en los mismos denominación, fines, lugar en que fije su domicilio, ámbito territorial, patrimonio inicial de la fundación, su valor y sus restantes recursos, reglas para la aplicación de sus recursos al cumplimiento del fin fundacional; patronato u otros órganos que ejerzan el gobierno y representación de la fundación, reglas para la designación de sus miembros, forma de cubrir las vacantes, deliberación y toma de acuerdos, así como atribuciones de los mismos; normas especiales, si las hubiere, sobre modificaciones estatutarias y transformación o extinción de la fundación; los nombres, apellidos y domicilio de las personas que inicialmente constituyen el órgano u órganos de la fundación, así como su aceptación si se hizo en el acto fundacional; cualesquiera otras disposiciones y condiciones especiales lícitas que los fundadores juzguen conveniente establecer.

La Disposición Transitoria Segunda del RD 594/2015, de 3 de julio, por el que se regula el Registro de Entidades Religiosas, dispone que las fundaciones religiosas de la Iglesia Católica seguirán rigiéndose por el Real Decreto 589/1984, de 8 de febrero, de Fundaciones de la Iglesia Católica, en tanto no se regulen con carácter general las fundaciones de las entidades religiosas. Hasta entonces, el Registro mantendrá la Sección de Fundaciones prevista en dicho real decreto.

En cuanto a su capacidad deberá estarse a lo establecido en sus estatutos, que constarán inscritos en el Registro de Entidades Religiosas, produciéndose de este modo «la eficacia civil de la normativa canónica relativa a la capacidad patrimonial de estas asociaciones y fundaciones» quedando la posibilidad de hacerlas oponibles frente a terceros «condicionada a que dichas normas canónicas sean incorporadas a los estatutos de cada persona jurídica, con la consiguiente publicidad que otorga su inscripción en el Registro de Entidades Religiosas»[134].

En conclusión, y con independencia de los organismos propios de la estructura jerárquica de la Iglesia (diócesis, parroquias, etc.), el régimen general para las entidades preexistentes es el establecido en la Disposición Transitoria primera del Acuerdo entre el Estado español y la Santa Sede sobre Asuntos Jurídicos, que dice: «*Las órdenes, Congregaciones religiosas y otros Institutos de vida consagrada, sus Provincias y sus Casas y las Asociaciones y otras Entidades o Fundaciones religiosas que tienen reconocida por el Estado la personalidad jurídica y la plena capacidad de obrar, deberán inscribirse en el correspondiente Registro del Estado en el más breve plazo posible. Transcurridos tres años desde la entrada en vigor en España del presente Acuerdo, sólo podrá justificarse su personalidad jurídica mediante certificación de tal registro, sin perjuicio de que pueda practicarse la inscripción en cualquier tiempo*». Y para las posteriores y las que no se inscribieran en el plazo establecido, la correspondiente inscripción con arreglo a lo dispuesto en las normas estatales reguladoras del Registro de Entidades Religiosas.

2.1.4. *Las fundaciones pías no autónomas y otros entes sin personalidad jurídica*

Pero cabe preguntarse sobre la personalidad jurídica de las denominadas en Derecho Canónico «fundaciones pías no autónomas», definidas en el canon 1303 § 1. 2 como «*los bienes temporales, dados de cualquier modo a una persona jurídica pública con la carga de celebrar Misas y cumplir otras funciones eclesiásticas determinadas con las rentas anuales, durante un largo período de tiempo, que habrá de determinar el derecho particular, o de perseguir de otra manera los fines indicados en el c. 114 § 2*».

Nos encontramos ante un instituto puramente canónico basado en la voluntad de los fieles, que encomiendan a una persona jurídica eclesiástica el cumplimiento de unos fines religiosos, para lo que destinan unos concretos bienes, por negocio jurídico *inter vivos* o *mortis causa*, generalmente una cantidad de dinero, pero pudiendo tratarse de bienes inmuebles al no establecer distinción alguna el precepto. En el ámbito puramente civil, entendemos se trata de entes sin personalidad, siendo el verdadero titular de los bienes la persona jurídica destinaria de la voluntad del disponente, como si de un modo se tratara.

Pero puede llevarnos a duda lo establecido en el propio canon 1303 § 2, que dispone para después del plazo establecido por el fundador que «los bienes de una fundación pía no autónoma, si hubiesen sido confiados a una persona jurídica sujeta al Obispo diocesano, deben destinarse al instituto de que trata el c. 1274 § 1, a no ser

134. Ruano Espina, L. *Régimen jurídico registral..., op. cit.*, pág. 37.

que fuera otra la voluntad del fundador expresamente manifestada; en otro caso, revierten a la misma persona jurídica». En nuestra opinión, lo que el canon dispone es el acotamiento del fin al que debe destinar los bienes el Obispo diocesano cuando cumpla el plazo establecido para estas fundaciones, sin que tenga la libertad de poder disponer de ellos o destinarlos a fines distintos de la sustentación del clero.

Sobre la capacidad patrimonial de estos entes sin personalidad debemos hacer referencia a la RDGRN de 30 de enero de 2019[135], sobre una disposición testamentaria que dejaba una serie de bienes inmuebles a una fundación de esta naturaleza, concretamente destinada a becas de seminaristas del Seminario mayor de Astorga. La Registradora de la Propiedad, al calificar el documento presentado, entiende que la Beca denominada «Beca María del Carmen Fernández y Fernández», erigida por Decreto del Obispo de Astorga, es una Fundación Pía Canónica creada en la Diócesis de Astorga, la cual forma parte de la Iglesia Católica, por lo que estaríamos ante una fundación erigida canónicamente, a la que no es de aplicación la Ley 20/2002, de Fundaciones, no estando sujeta al requisito de la inscripción en el Registro de fundaciones, sino a la inscripción en el Registro de Entidades Religiosas.

La Resolución comienza diciendo que la expresión Iglesia Católica utilizada en el art. 38 CC se emplea para referirse compendiosamente a todas las diferentes entidades eclesiásticas, tanto a la Santa Sede, diócesis, parroquias, Conferencia Episcopal Española y circunscripciones territoriales propias de la organización jerárquica de la Iglesia, como a las órdenes, congregaciones, fundaciones, asociaciones y otras entidades nacidas en el seno de la Iglesia Católica, pero que no forman parte de la organización territorial de esta, como también se dispone en la ya citada RDGRN de 14 de diciembre de 1999[136] y en la más reciente de 19 de julio de 2018[137]. Pero, en el caso concreto, no puede entenderse que los bienes sean dispuestos en favor de la citada Fundación sin personalidad, correspondiendo en verdad y debiendo ser representada por la Diócesis; al contrario, el testamento es claro al expresar que los bienes se disponen en favor de la concreta Fundación, que tiene pleno encaje legal en las fundaciones pías autónomas reguladas en el canon 114 CIC.

Concluye la Dirección General aludiendo expresamente a las fundaciones pías no autónomas y su carencia de personalidad jurídica en los siguientes términos: «Sin que, por lo demás, en el presente caso quepa la posibilidad de entender (ni siquiera ha sido argüida esta posibilidad por el recurrente) que la referida Fundación canónica «Beca María del Carmen Fernández y Fernández» pueda tener el carácter de «fundación no autónoma», figura a la que se refiere el canon 1303, párrafo 2, del Código de Derecho Canónico, pues *estas últimas son simples bienes afectos al cumplimiento de determinados fines, que han de tener fijado un plazo temporal limitado en cuanto a dicha afección (inexistente en este caso), y que por carecer completamente de personalidad*

135. RDGRN de 30 de enero de 2019. BOE 46/2019, de 22 de febrero de 2019.
136. RDGRN de 14 de diciembre de 1999. BOE 9/2000, de 11 de enero de 2000.
137. RDGRN de 19 de julio de 2018. BOE 190/2018, de 7 de agosto de 2018.

jurídica en ningún caso pueden tener aptitud para ser instituidas herederas» (*vid.* artículos 744 y 747 del Código Civil y STS de 31 de diciembre de 1998[138]).

De igual modo, debemos señalar la existencia de otra entidad eclesiástica que carece de personalidad jurídica y es objeto de frecuentes disposiciones patrimoniales, especialmente *mortis causa*; nos referimos a las denominadas «cáritas parroquiales». Se trata, desde un punto de vista eclesial o canónico, de uno de los fines propios de las parroquias, entes estos sí provistos de personalidad jurídica civil, por tenerla canónica previamente a la creación del RER, concretamente el fin de la atención a las actividades caritativas parroquiales. Además, en las distintas diócesis se han erigido canónicamente otras personas jurídicas denominadas «cáritas diocesana», atribuyéndoles personalidad jurídica canónica, obteniéndola civil mediante su posterior inscripción en el RER, y teniendo las competencias otorgadas por el obispo de coordinar o dirigir las actividades caritativas diocesanas.

Son muy habituales las disposiciones testamentarias realizadas en favor de esa «cáritas diocesana», cuya capacidad patrimonial no ofrece dudas en cuanto entidad inscrita en el Registro; pero también son muchos los legados y herencias destinadas a las «cáritas parroquiales». En este último supuesto, ¿a qué persona jurídica eclesiástica debe entenderse hecha la disposición, a la parroquia o a la «cáritas diocesana»? Nuestra opinión, fuera de los supuestos en los que los Estatutos de la llamada «cáritas diocesana», aprobados por el Obispo diocesano, incluyeran que las cáritas de las parroquias quedarían dentro del ámbito de representación de esta entidad (lo que admitimos sin no pocas dudas), es que la disposición se entiende hecha a la parroquia en la que dicha cáritas tiene su actividad; de hecho, es normal que la atribución patrimonial haga expresa referencia al título de la propia parroquia.

Así lo podemos comprobar en la RDGRN de 19 de julio de 2018[139], que trata sobre una disposición en favor de una cáritas parroquial, habiendo comparecido para aceptar el representante de la «cáritas diocesana». Sobre quién debe ser considerado el adquirente, expone lo siguiente: «*... pone de manifiesto dicha documentación que la entidad «Cáritas Parroquial San Antonio de Padua de Denia» no goza por sí de personalidad jurídica, sino que, como afirma el propio recurrente, es un ente dependiente de «Cáritas Diocesana de Valencia», cuyas funciones desarrolla en el ámbito de la parroquia a la que está adscrita. Por tanto, la inscripción podría practicarse bien a favor de la concreta Parroquia a que se encuentra adscrita «Cáritas Parroquial San Antonio de Padua de Denia», bien a favor de «Cáritas Diocesana de Valencia», sin que ahora se prejuzgue cuál de estas opciones es la procedente, entidades que en ambos casos gozan de personalidad jurídica propia*» (FD 7).

Otro caso particular es el de una disposición testamentaria en la que se designaba como legataria a una Capilla, negándose la inscripción por el Registrador al carecer de personalidad jurídica. La RDGSJFP de 19 de febrero de 2021[140] considera

138. STS (Civil) de 31 de diciembre de 1998, núm. 1234/1998, rec. 2102/1994.
139. RDGRN de 19 de julio de 2018. BOE 190/2018, de 7 de agosto de 2018.
140. RDGSJFP de 19 de febrero de 2021. BOE 59/2021, de 10 de marzo de 2021.

que cabe entender a la Capilla como parte de la Parroquia, pues lo contrario sería no aplicar debidamente el art. 675 CC.

Cualquiera que sea el tipo de entidad eclesiástica, como señala Pau Pedrón[141], deberá acreditar ante el Registrador tanto su personalidad jurídica como sus facultades representativas, porque la efectiva existencia de la persona será un requisito determinante de la validez del acto, como señaló la RDGRN de 25 de junio de 1992[142]. Acreditar la existencia y la representación se hará mediante certificación del Registro de Entidades Religiosas sobre inscripción y representante legal; ahora bien, como sabemos, las circunscripciones territoriales de la Iglesia Católica no están sujetas al trámite de la inscripción, por lo que deberían acreditar su existencia también mediante certificación del Registro haciendo constar esta circunstancia.

Sobre la importancia de qué persona jurídica es la titular de los bienes, podemos resaltar lo dispuesto en la RDGRN de 4 de abril de 2007[143], a resultas de una escritura de agrupación de fincas formalizada por el Obispado de Jaén y por el párroco de la localidad de Huelma, a su vez capellán del Santuario de Nuestra Señora de la Fuensanta de dicha localidad, que complementan mediante otra escritura, al amparo del art. 40 LH.

En el caso citado, con excepción de una de las fincas agrupadas, el resto constaban inscritas a nombre del «Patrimonio de Nuestra Señora de la Fuensanta» o «Santuario de Nuestra Señora de la Fuensanta», solicitando los otorgantes del Registrador se inscribiesen a nombre del Obispado de Jaén, por tratarse los anteriores de entes sin personalidad jurídica y encontrarse los bienes bajo la administración del capellán del Santuario, nombrado por el Obispo.

El Órgano Directivo confirma la resolución negativa del Registrador, por no cumplirse los requisitos del tracto sucesivo, dado que los bienes fueron transmitidos, en su día, mediante actos de liberalidad, por lo que habría que contar con los donantes o causantes y sus causahabientes. Además, con relación a la falta de inscripción de dichos entes en el Registro de Entidades Religiosas, la Resolución afirma lo siguiente: «*Por otro lado, la falta de inscripción en el Registro de Entidades religiosas de los titulares registrales no es prueba indubitada de la carencia de personalidad jurídica de los mismos, ni tampoco la inexistencia de personalidad traería consigo automáticamente la atribución de los bienes a la Iglesia Católica*».

---

141. Pau Pedrón, A. *La capacidad en los negocios sobre inmuebles,* Centro de Estudios Registrales, 3ª edición, Madrid, 2011, pág. 56.
142. RDGRN de 25 de junio de 1992. BOE núm. 171, de 17 de julio de 1992.
143. RDGRN de 4 de abril de 2007. BOE núm. 109, de 7 de mayo de 2007 (FD Cuarto).

VI. LA CAPACIDAD DE LA IGLESIA PARA USAR Y DISPONER DE SUS BIENES

El canon 1254 CIC establece la capacidad originaria (nativa) de la Iglesia para enajenar bienes. Y lo hace con independencia de la potestad civil. Pero poco después, en el canon 1290 CIC, concreta la anteriormente citada canonización del derecho civil, derivada del canon 22 CIC, que dispone que «*las leyes civiles a las que remite el derecho de la Iglesia, deben observarse en derecho canónico con los mismos efectos, en cuanto no sean contrarias al derecho divino ni se disponga otra cosa en el derecho canónico*».

¿Qué dice nuestro ordenamiento civil sobre esta capacidad? Nuestro Código Civil no habla expresamente de la capacidad de la Iglesia para disponer de los bienes; no obstante, el art. 38 sí reconoce la de adquirir bienes; de lo que necesariamente se colige que quien puede adquirir el dominio sobre los bienes tendrá necesariamente todas las facultades propias del mismo. Y el art. 348 CC dispone que «*La propiedad es el derecho de gozar y disponer de una cosa, sin más limitaciones que las establecidas en las leyes. El propietario tiene acción contra el tenedor y el poseedor de la cosa para reivindicarla*». En consecuencia, quien es capaz de ser propietario y poseer lo es de gozar y disponer de las cosas.

Según Peña Bernaldo de Quirós[144] la propiedad es »el derecho real cuyo ámbito de poder comprende, en principio, todas las facultades posibles sobre la cosa»; cuáles sean esas facultades nos indicará el ámbito de poder que el propietario tiene sobre la cosa, entendiendo Díez-Picazo y Gullón Ballesteros[145] que, si bien la doctrina siempre se ha referido a la reunión de tres facultades (gozar, disponer y reivindicar), debe entenderse en el sentido de que tales poderes no pueden encerrarse en tres verbos y que la propiedad debe ser concebida como el señorío más pleno que puede tenerse sobre una cosa.

Encontraremos tantas clasificaciones de las facultades inherentes a la propiedad como autores consultemos y en todas encontraremos como su contenido fundamental la facultad de disposición; baste citar la típica definición efectuada por Castán Tobeñas[146], que considera comprendidas en el derecho de propiedad las facultades de libre disposición (que incluye las de enajenar, limitar o gravar, transformar y destruir), las de libre aprovechamiento (usar, disfrutar, abusar o consumir) y las facultades de exclusión (que comprende los derechos de individualización de la cosa y los derechos a la posesión excluyente y reivindicación). Todo ese universo de facultades se entenderá comprendido en la capacidad patrimonial de la Iglesia, incluyendo la libre disposición de sus bienes.

---

144. Peña Bernaldo de Quirós, M. *Derechos reales. Derecho Hipotecario,* Centro de Estudios Registrales, Madrid, 4ª edición, 2001, tomo I, pág. 196.
145. Díez-Picazo, L. y Gullón Ballesteros, A. *Sistema..., op. cit.,* Volumen III (Tomo I), pág. 138.
146. Castán Tobeñas, J. *Derecho civil español, común y foral,* Editorial Reus, Madrid 1964, Tomo Segundo «Derecho de cosas», Volumen Primero «Los derechos reales en general. El dominio. La posesión», págs. 124 y ss.

Ese universo de facultades inherentes al dominio lleva a MANZANO FERNÁNDEZ[147] a formular la pregunta de «cómo es posible que una persona moral o abstracta pueda usar de los bienes», respondiendo en el sentido de que el destino de los bienes de una persona jurídica no suprime en la misma la pertenencia ni el goce de ellos y entendiendo que «para una persona jurídica, gozar de sus bienes es destinarlos a su fin».

La Iglesia Católica, como cualquier persona jurídica, tiene aptitud para adquirir y, en consecuencia, para el uso y disposición de bienes y derechos, teniendo plena personalidad y capacidad jurídica. Pero con una diferencia sustancial con respecto a las personas físicas, el de que estas últimas pueden estar privadas de la capacidad de obrar necesaria para los concretos actos posesorios o dispositivos si está afectada de alguna incapacidad, mientras que la persona jurídica siempre puede actuar «bien a través de sus órganos, legales o estatutarios, bien a través de representantes»[148].

La capacidad de disposición de bienes no puede constreñirse al contrato o negocio transmisivo del pleno dominio de un bien o cosa. Se entenderá comprendidos en tal capacidad los actos o contratos que transmitan la propiedad o una de las facultades inherentes al dominio (transmisión de algún derecho real, de la nuda propiedad, etc.) y los actos que consistan en gravar el propio dominio recayente sobre el bien (constitución de un derecho real sobre la cosa, especialmente la hipoteca, transmisión bajo condición o modo).

Con independencia del obligado cumplimiento de los requisitos que el ordenamiento civil disponga para cada contrato de disposición, el ordenamiento canónico añade determinados requisitos internos que necesariamente deben concurrir para que tenga validez.

1. LOS REQUISITOS CANÓNICOS PARA LA VALIDEZ DE UNA ENAJENACIÓN

El Código de Derecho Canónico establece una serie de normas procedimentales y requisitos de naturaleza puramente canónica que son imprescindibles para que el acto dispositivo tenga validez en el orden jurídico civil. Con independencia de cuál sea el objeto de la enajenación, todas deberán contar con la necesaria *licencia de la autoridad eclesiástica* que se considere competente para otorgarla. Así lo dispone el canon 1290 CIC al decir que «*para enajenar válidamente bienes que por asignación legítima constituyen el patrimonio estable de una persona jurídica pública y cuyo valor supera la cantidad establecida por el derecho, se requiere licencia de la autoridad competente conforme a derecho*».

147. MANZANO FERNÁNDEZ, M.M. *El uso de los inmuebles en el Derecho civil moderno,* Centro de Estudios Registrales, Madrid, 1999, pág. 119.
148. MANZANO FERNÁNDEZ, M.M. *El uso de los inmuebles..., op. cit.,* pág. 119.

La obtención de la licencia tendrá como requisitos previos el que exista causa justa para el acto dispositivo y que se haya realizado tasación del bien enajenable (canon 1293 CIC).

Quién deba otorgar la licencia dependerá de a qué concreta persona jurídica eclesiástica pertenezca el dominio del bien enajenable. Y los requisitos procedimentales previos o superiores licencias se determinarán en función del valor o del tipo o clase de bien enajenado.

1.1. Entidades dependientes del Obispo diocesano

Las entidades dependientes del Obispo diocesano necesitarán la licencia del mismo. Estas entidades serán las propias diócesis, las parroquias, seminarios, catedrales, fundaciones pías autónomas y asociaciones de fieles de carácter diocesano erigidas por el propio obispo. Hasta 2018, también necesitaban esta licencia los monasterios autónomos[149] y los institutos de derecho diocesano, entidades que, aun compartiendo la naturaleza jurídica propia de las órdenes e institutos de religiosos, dependían jerárquicamente, a efectos de la enajenación de bienes, del obispo diocesano de su ubicación[150].

Todas estas entidades eclesiásticas necesitarán la licencia otorgada por el Obispo diocesano. La licencia, dependiendo de la naturaleza o valor del bien del que se dispone, requerirá, además, de una serie de requisitos procedimentales internos o de licencia complementaria de la Santa Sede. Esto ocurrirá en los siguientes casos:

a) En atención a que el valor se encuentre entre el mínimo y el máximo fijado por la Conferencia Episcopal, el canon 1292 § 1 dispone que la licencia del Obispo diocesano debe ser precedida del consentimiento previo del Consejo Diocesano de Asuntos Económicos y del Colegio Consultores. En la actualidad, estos límites están fijados entre 150.000 € y 1.500.000 € por la Conferencia Episcopal Española, en su LXXXVII Asamblea Plenaria, de 20 a 24 de noviembre de 2006, en la que se acordó modificar el art. 14.2 del Decreto General aprobado por la XXXIX Asamblea Plenaria, con fecha 26

149. El monasterio autónomo se define en el canon 613 § 1: «*Una casa religiosa de canónigos regulares o de monjes bajo el régimen y el cuidado del Superior propio es autónoma, a no ser que las constituciones determinen otra cosa*». En estos monasterios, el Superior ejerce una total autoridad sin otro superior mayor; por esta razón, el canon 615 establece la potestad del Obispo diocesano para ejercer vigilancia sobre los mismos: «*Se encomienda a la vigilancia peculiar del Obispo diocesano, de acuerdo con la norma del derecho, el monasterio autónomo que, aparte de su propio Superior, no tiene otro Superior mayor, ni está asociado a un instituto de religiosos de manera que el Superior de éste tenga sobre dicho monasterio una verdadera potestad, determinada por las constituciones*».

150. Canon 638 § 4: «*Los monasterios autónomos, de los que trata el c. 615, y los institutos de derecho diocesano necesitan además obtener el consentimiento del Ordinario del lugar, otorgado por escrito*». Derogado por la Instrucción «Cor orans», de 15 de mayo de 2018.

de noviembre de 1983, referente a los topes máximo y mínimo que pueden autorizar los obispos para la enajenación de los bienes eclesiásticos, a tenor de lo dispuesto en el referido canon.

b) Si el valor del bien excede el máximo fijado por la Conferencia Episcopal, el 1.500.000 €, se requiere, además, licencia de la Santa Sede (canon 1292 § 2 CIC).

c) Si se trata de exvotos donados a la Iglesia o de bienes preciosos por razones artísticas o históricas, también se requiere la licencia de la Santa Sede (canon 1292 § 2 CIC).

1.2. Los monasterios autónomos

Con relación a los monasterios autónomos o *sui iuris*, debemos hacer referencia a la Instrucción aplicativa de la Constitución Apostólica «*Vultum Dei quaerere*» sobre la vida contemplativa femenina de la Congregación para los Institutos de vida consagrada y las sociedades de vida apostólica, denominada «*Cor orans*», que ha establecido unas nuevas normas relacionadas con la vida contemplativa y, especialmente, con referencia al gobierno y administración de bienes de estas instituciones religiosas[151].

La Instrucción define el Monasterio autónomo como aquel que reúne los requisitos para una real autonomía de vida, siendo erigido por la Santa Sede y gozando de autonomía de vida (núm. 6). Se dirige por una Superiora mayor y tiene autonomía jurídica, gozando de capacidad para adquirir, poseer, administrar y enajenar bienes (núm. 46). Para los actos de administración extraordinaria se requiere el consentimiento del Consejo y del Capítulo Conventual.

Si de enajenación hablamos, especialmente bienes inmuebles, y derogado expresamente el canon 638 § 4 CIC, se requiere autorización escrita de la Superiora del monasterio, del Consejo y Capítulo Conventual, con el parecer favorable de la Presidenta Federal (si el monasterio, como es lo normal, está federado con otros monasterios autónomos del mismo Instituto religioso —núm. 52—). Si excede en valor el importe fijado por la Santa Sede se requerirá, además, la licencia de Esta (núm. 53).

Especialmente interesante es la normativa para el caso de que se produzca la supresión de un monasterio, lo que hoy, desgraciadamente, ocurre con frecuencia. En un primer momento, los bienes del monasterio suprimido siguen el camino de las monjas del mismo, esto es, pasan a ser propiedad del monasterio o monasterios que las acogen (núm. 72). Y si no quedasen monjas en el monasterio suprimido, los

151. Sobre la reforma operada por la Instrucción puede verse BAHILLO RUIZ, T. C.M.F. «La instrucción Cor orans. La renovación de la vida contemplativa femenina en la Iglesia», *Estudios Eclesiásticos*, Vol. 93 (2018), págs. 773-818.

bienes pasan a la persona jurídica inmediatamente superior, bien a la Federación u otra estructura jurídica asociativa en la que se haya incluido el Monasterio, bien a la Congregación religiosa a la que pertenece (núm. 73).

Novedad importantísima en el régimen jurídico de los monasterios es el del papel asignado al Obispo diocesano, quien antes debía otorgar la licencia pertinente para los actos de enajenación, en virtud de lo dispuesto en el derogado canon 638 § 4 CIC, lo que la Instrucción solo exige en el caso de que así lo hayan establecido las normas del derecho propio del monasterio (núm. 81 d).

Los monasterios autónomos se unen en Federaciones, unión cuyos estatutos deben ser aprobados por la Santa Sede. Los bienes de la Federación tienen el carácter de eclesiásticos (núm. 97) y para los actos de administración extraordinaria y de enajenación se requiere el consentimiento de sus órganos de gobierno, el Consejo Federal y la Asamblea Federal (núm. 105 y 107), fijándose en sus propios Estatutos la cantidad a partir de la cual será necesaria, además, la licencia de la Santa Sede (núm. 106).

Ahora bien, con anterioridad hemos hecho referencia al hecho de que un monasterio sea suprimido, pasando sus bienes, en un primer momento, a los monasterios que acogen a las monjas. Pero si no quedasen monjas, y pasando los bienes a la persona jurídica superior, la Federación, solo esta podrá enajenar tales bienes (por ejemplo, el propio bien inmueble) con la licencia escrita de la Santa Sede (núm. 108).

1.3. Institutos de vida consagrada y sociedades de vida apostólica

Requerirán la licencia del superior que establezcan sus estatutos o reglas, con arreglo a los procedimientos internos establecidos por sus propias normas. Debiendo ser complementada por la licencia de la Santa Sede en los mismos supuestos anteriormente citados para las entidades diocesanas. Así lo establece el canon 638 § 3 CIC, que dice: «*Para la validez de una enajenación o de cualquier operación en la cual pueda sufrir perjuicio la condición patrimonial de una persona jurídica, se requiere la licencia del Superior competente dada por escrito, con el consentimiento de su consejo. Pero si se trata de una operación en la que se supere la suma determinada por la Santa Sede para cada región, o de bienes donados a la Iglesia, a causa de un voto, o de objetos de gran precio por su valor artístico o histórico, se requiere además la licencia de la misma Santa Sede*».

1.4. El cumplimiento de los requisitos puede afectar a la licitud o validez de los negocios transmisivos

El cumplimiento de los requisitos exigidos para proceder a la enajenación no es tema menor. Indica Pau Pedrón[152] que ese cumplimiento afecta, en algunos casos,

152. Pau Pedrón, A. *La capacidad en los negocios sobre inmuebles,* Centro de Estudios Registrales, 3ª edición, Madrid, 2011, pág. 58.

a la propia licitud del negocio, como cuando no haya justa causa para enajenar o no se haya realizado la tasación pericial de la cosa. En otros, como cuando no exista licencia de la autoridad eclesiástica competente, afectará a su validez.

Así lo estableció la STS de 6 de julio de 1976[153] en el caso de la venta de un inmueble realizada por una Fundación canónica en Valencia sin la preceptiva licencia de la Santa Sede. Para el Alto Tribunal, la falta de licencia exigida significaba la actuación del representante de la entidad contraviniendo una prescripción legal, lo que hacía que el acto fuese nulo de pleno derecho o con nulidad radical. También se refiere a la necesidad de cumplir las prescripciones canónicas en orden a la enajenación de bienes inmuebles la STS de 27 de febrero de 1997[154], cuando resuelve el conflicto suscitado respecto a la venta de un inmueble por la abadesa de un convento, que contaba con las preceptivas autorizaciones al elevar el contrato de compraventa a escritura pública, pero no en el momento de firma del contrato privado, lo que se entiende por el demandante como falta de consentimiento y, en consecuencia, inexistencia del contrato. El Alto Tribunal entiende que «no ha habido infracción alguna del artículo 1.261 del Código Civil, pues la Madre Abadesa, cumpliendo lo que dispone el párrafo 2 del apartado 4 del artículo I del Acuerdo de 3 de enero de 1.979 entre el Estado Español y la Santa Sede, que preconiza que a los efectos de determinar la extensión y límites de la capacidad de obrar de las Ordenes, Congregaciones e Institutos de la Iglesia Católica, y, por tanto, de disponer de sus bienes, se estará a lo que disponga la legislación canónica que actuara en este caso como derecho estatutario» (FD Primero).

Cuáles deben ser esos requisitos para proceder a una enajenación o a cualquier operación negocial asimilada es cuestión que compete solo y exclusivamente al Derecho Canónico. Así lo concluyó también la RDGRN de 25 de septiembre de 2007[155] cuando señaló lo siguiente: «*Las Iglesias, Confesiones y Comunidades religiosas tienen plena autonomía y pueden establecer sus propias normas de organización y régimen interno (art. 6 de la Ley Orgánica 7/1980, de 5 de julio, de Libertad Religiosa). De manera que será el Código de Derecho Canónico el aplicable para determinar la capacidad de la Diócesis para la enajenación de sus bienes (cfr. art. 9.11 del Código Civil), habiéndose cumplido todos los requisitos exigidos (licencias, autorizaciones, justa causa, tasación) por el citado Código para la enajenación de los bienes de la Diócesis (cánones 1290 a 1298)*».

Recientemente, el régimen de licencias para la enajenación de bienes ha sido tratado por la RDGSJFP de 23 de octubre de 2023[156], que resuelve el recurso planteado

153. STS (Civil), de 6 de julio de 1976, núm. 246/1976.

154. STS (Civil), de 27 de febrero de 1997, núm. 138/1997, rec. 24/1993.

155. RDGRN de 25 de septiembre de 2007. BOE 247/2007, de 15 de octubre de 2007.

156. RGDSJFP de 23 de octubre de 2023. BOE núm. 279/2023, de 22 de noviembre de 2023. En el caso concreto, la Resolución dispone lo siguiente: «*... si se trata de personas jurídicas no sujetas al Obispo diocesano, la autoridad competente se determina, en primer lugar, por los propios estatutos y por la Instrucción «Cor Orans» y, si el valor es superior a la cantidad máxima (1.500.000 euros), se requiere para la validez de la enajenación también la licencia de*

por el Notario autorizante de una escritura de venta de un inmueble por parte de las Hermanas Terciarias Capuchinas de la Sagrada Familia, calificada como Sociedad de Vida Apostólica, ante la calificación negativa de la Registradora por entender que faltaba la autorización del superior, no bastando solo el de la Superiora, previo consentimiento del Consejo.

La Dirección General describe perfectamente el actual régimen de licencias en función del tipo de entidad canónica que pretenda formalizar la transmisión:

- Por un lado, las entidades que forman parte de la estructura jerárquica de la Iglesia (entidades del art. IV de los Acuerdos entre el Estado Español y la Santa Sede sobre Asuntos Jurídicos), tales como diócesis, parroquias, seminarios, etc. Necesitan la licencia del Obispo diocesano y, además, desde el límite económico máximo establecido en cada región, el de la Santa Sede.
- Los Institutos de Vida Consagrada y las Sociedades de Vida Apostólica, que se rigen por el canon 638 § 3 CIC, necesitando la licencia de sus superiores, previo lo dispuesto por sus consejos, y el de la Santa Sede cuando exceda del máximo fijado en cada región.
- Por último, los monasterios autónomos, que ya no necesitan la licencia del Obispo diocesano, al haberse derogado el canon 638 § 4 CIC, sustituido por la Instrucción «Cor Orans», requiriendo licencia de sus superioras mayores, con el consentimiento previo de sus consejos.

2. EL PARTICULAR CASO DE LOS BIENES DEL MONASTERIO DE SIJENA

La remisión del Derecho estatal al Derecho Canónico como derecho estatutario, esto es, como régimen jurídico propio en cuya virtud se establecen los requisitos necesarios para que exista capacidad de obrar y de disponer de sus bienes, según la profesora Ruano Espina[157], nos plantea el problema de determinar qué eficacia jurídica tienen esas normas canónicas y su rango jerárquico con respecto a las normas civiles aplicables a los negocios jurídicos de las entidades eclesiásticas, existiendo dos posturas doctrinales: los que consideran la remisión desde una perspectiva internacionalista, al entender que se basa en lo establecido en los Acuerdos, por lo que dichos requisitos relativos a la capacidad estarían por encima de lo establecido por el derecho estatal; y los que la consideran como unas normas particulares propias de las entidades eclesiásticas, entendidas como instituciones de naturaleza privada.

---

la Santa Sede. Y este es el caso que nos ocupa, pues la naturaleza jurídica de la «Congregación de las Hermanas Terciarias Capuchinas de la Sagrada Familia» es la de una Sociedad de Vida Apostólica de Derecho Pontificio de la Iglesia Católica y el valor de lo enajenado no supera el límite de 1.500.000 euros que requeriría la autorización de la Santa Sede, con lo que se entiende suficiente el acuerdo de la Superiora General con su Consejo».

157. Ruano Espina, L. *Régimen jurídico registral..., op. cit.*, págs. 32-34.

A nuestro juicio, coincidimos con el parecer de la autora al considerar que estas entidades, aun teniendo la consideración de entidades jurídicas públicas en el ámbito canónico, en absoluto pueden ser entendidas así en el civil. La remisión a las normas canónicas para determinar el cumplimiento o no de los requisitos necesarios para tener capacidad de obrar es asimilable a lo que ocurre con cualquier entidad asociativa privada. Esas normas, en absoluto, «pueden oponerse a las normas imperativas o prohibitivas del ordenamiento del Estado»[158].

Para corroborar este extremo es muy relevante lo establecido por el Tribunal Supremo en una reciente resolución sobre el conflicto surgido con relación a los bienes del Monasterio de Sijena. El pleito tiene un carácter excepcional, al confluir en el mismo conceptos puramente canónicos y muy especiales, como la personalidad jurídica de monasterios cuyas monjas trasladan la comunidad a otro monasterio y la creación de una nueva diócesis que recibe bienes que antes pertenecían a otra, con cuestiones administrativas relacionadas con la protección del patrimonio histórico, con bienes declarados monumento nacional o bien de interés cultural, amén de aspectos puramente civiles derivados de la capacidad o no de la parte vendedora en una compraventa y, en consecuencia, la nulidad o no de las enajenaciones realizadas.

Sin entrar demasiado en los variados aspectos procesales que se ventilan en el pleito, resumidamente consistió en lo siguiente: en la provincia de Huesca, en la localidad de Villanueva de Sijena, se encuentra el Monasterio de Sijena, perteneciente a la Orden Monástica femenina de San Juan o Sanjuanista, que se remonta al siglo XII; en el año 1970, ante la falta de vocaciones y el estado de salud de las monjas, estas deciden dejar Sijena y trasladarse al Monasterio de la misma Orden existente en Barcelona, y de allí al de Valldoreix, también de la Orden Sanjuanista. En principio, tanto el de Sijena como el de Valldoreix pertenecían a la Diócesis de Lleida. Pero en 1995 se produce la creación por la Santa Sede de la nueva diócesis de Barbastro-Monzón, pasando algunas parroquias de la Diócesis de Lleida a la nueva demarcación territorial, entre ellas la de Sijena.

Ya en 1971, las monjas de Sijena firman que sus bienes pasan al Monasterio de Barcelona al que primero se trasladan, sin existir para tal cesión autorización alguna del Obispo o de la Santa Sede. Pero es que en 1972 depositan parte de sus bienes muebles en el Museo de Arte de Cataluña; y en 1983 la Orden de San Juan, Monasterio de Valldoreix, vende a la Generalitat de Catalunya una serie de bienes que se encontraban depositados en el Museo Diocesano de Lleida y que habían pertenecido al antiguo Monasterio de Sijena, produciéndose la elevación a público del contrato y constando la autorización de la Santa Sede, según certificado del Secretario-Canciller del Obispado de Lleida, en el que se hace mención a dicho permiso canónico en relación al Monasterio de Valldoreix, sin constar que los bienes vendidos eran los pertenecientes al Monasterio de Sijena. La venta se reproduce, con otros bienes muebles, en el año 1992, previa la licencia de la Congregación para

158. Ruano Espina, L. *Régimen jurídico registral...*, *op. cit.*, pág. 34.

los Institutos de Vida Consagrada y las Sociedades de Vida Apostólica de la Santa Sede (CIVCSVA), actuando como parte vendedora la comunidad del Monasterio de Valldoreix.

Frente a estas enajenaciones, la Comunidad Autónoma de Aragón interpone demandas solicitando la nulidad de las enajenaciones por estar el Monasterio propietario de los bienes en dicha Comunidad Autónoma, así como por tener la categoría de BIC, solicitando la devolución de los bienes vendidos al Monasterio originario.

A lo anterior debemos unir el infrecuente hecho de la creación de la nueva Diócesis de Barbastro-Monzón, pasando las parroquias y sus bienes (de la conocida como franja) a la nueva diócesis. En cuanto al particular caso del Monasterio de Sijena, se solicita informe de la CIVCSVA. La Congregación determina en 1996 que el Monasterio de Sijena no ha sido suprimido canónicamente y que, por tanto, sigue existiendo a efectos canónicos, siendo propietario de todos sus bienes, si bien el uso, usufructo y administración de los mismos están en manos del Monasterio de Valldoreix, al que se trasladaron las monjas.

Sobre el asunto recae STS (Civil Pleno) de 13 de enero de 2021[159], que trata de una infinidad de cuestiones procesales antes de entrar en el fondo del asunto. Con relación al objeto de nuestro interés, el Pleno se extiende en el FD Trigésimo Quinto sobre la capacidad de las congregaciones religiosas, haciendo referencia a las normas arriba citadas que regulan la capacidad jurídica civil de las órdenes e institutos religiosos.

Lo que es de extraordinaria relevancia, en primer lugar, es que entiende que la inscripción en el RER de los dos monasterios supone que ambos gozan de personalidad jurídica civil, esto es, que «*constan inscritas como entidades religiosas distintas, dotadas cada una, por tanto, de personalidad jurídica independiente*», con la personalidad jurídica y la capacidad de obrar que les reconoce el Derecho Canónico, al considerarse por el Derecho Civil como estatutario, al tratarse de monasterios autónomos o «sui iuris», como establece el canon 615 CIC, siendo el superior la Priora, teniendo la naturaleza de persona jurídica canónica pública (lo que significa que actúa en nombre de la propia Iglesia y que sus bienes tienen el carácter de eclesiásticos), lo que conlleva tener carácter perpetuo (canon 120 CIC). La perpetuidad supone que solo pueden extinguirse de dos formas: bien mediante la supresión por la Santa Sede (canon 616.4 CIC), bien por cesar en su actividad por más de 100 años. Y, además, pueden ser fusionadas mediante aprobación de la Santa Sede (canon 582 CIC), en cuyo caso desaparece la personalidad jurídica del monasterio fusionado y sus bienes pasan a propiedad del que surge de la fusión.

En segundo lugar, la Sentencia entra en la cuestión de las autorizaciones canónicas necesarias para la enajenación de bienes, sean del Obispo o de la Santa Sede según el canon 638 CIC, entendiendo que «el incumplimiento de las citadas exi-

159. STS (Civil Pleno) de 13 de enero de 2021, núm. 1/2021, rec. 312/2018.

gencias provoca no sólo la invalidez canónica de las enajenaciones infractoras, sino también su invalidez civil, pues la falta de las licencias canónicas preceptivas es asimilada a la ausencia de capacidad suficiente para el acto, causante de nulidad. Así resulta del art. I núm. 4 de los Acuerdos entre el Estado Español y la Santa Sede de 1979, al prescribir que «*a los efectos de determinar la extensión y límite de su capacidad de obrar, y, por tanto, de disponer de sus bienes, se estará a lo que disponga la legislación canónica, que actuará en este caso como derecho estatutario*» (FD Trigésimo Quinto 8).

Pero en el caso objeto de la controversia sí se contó con las preceptivas licencias necesarias para la enajenación, siendo aquí donde el Tribunal Supremo dispone claramente que el contar con el cumplimiento de los requisitos canónicos no supone el inmediato traslado de la validez al orden civil. Así lo expone en el punto 10 cuando dice textualmente lo siguiente: «*Ahora bien, siendo aquellos requisitos canónicos condición necesaria para la validez civil de los contratos, no es condición suficiente cuando en la legislación civil propia del Estado estén previstos otros requisitos distintos, adicionales, a cuyo cumplimiento se subordine también dicha validez o eficacia. Entre esos requisitos está el poder de disposición sobre los bienes, derivada de su titularidad y la ausencia de limitaciones a la facultad dispositiva, y el cumplimiento de cualquier requisito impuesto por normas imperativas (en este caso las relativas a la protección del patrimonio cultural), cuya infracción tenga, en su caso, eficacia invalidante sobre al acto o contrato infractor (art. 6.3 CC). En este sentido, debemos confirmar el criterio de la Audiencia al entender que la validez de las ventas desde el punto de vista canónico no equivale a la civil; y que el permiso de la Santa Sede no puede equipararse, desde el punto de visto jurídico-civil, a las autorizaciones administrativas que resulten legalmente exigibles, en su caso, para la validez de la enajenación*».

El FD Trigésimo Octavo aborda la cuestión definitiva de la no extinción del Monasterio propietario de los bienes, pues su supresión no consta, ni tampoco la fusión con el Monasterio de Valldoreix, ni la inscripción de esta fusión en el RER. Y esto es fundamental porque «*Sin la inscripción en éste, la eventual alteración de la personalidad jurídica de las Comunidades afectadas no puede tener efectos civiles* (art. 5.1 LO 7/1980)». Por lo que, en el caso abordado, «en estrictos términos jurídicos, debe descartarse como título de propiedad de la Orden de Valldoreix sobre los bienes litigiosos su sucesión universal por fusión con la Orden de Sijena». Lo que lleva, según concluye el punto 16 del FD, a entender que «*al vender la Orden de Valldoreix celebró una venta sobre unos bienes que no le pertenecían. Es cierto que la venta de cosa ajena no es nula per se, y que como título obligacional puede ser válido, generar obligaciones y servir de título para la prescripción (arts. 1089 y 1940 CC, y sentencias de la sala de 5 de marzo de 2007 y 928/2007, de 7 de septiembre, entre otras). Pero con ello el comprador no deviene propietario, porque no lo era el transmitente, y queda expuesto al ejercicio de una acción reivindicatoria*».

VII. LA ADQUISICIÓN DE BIENES POR LA IGLESIA

El CIC establece en su canon 1259 que la Iglesia puede adquirir bienes por todos los modos justos que estén permitidos a otros sujetos por Derecho natural o positivo. A renglón seguido establece una serie de disposiciones sobre los distintos modos de adquirir bienes, sin dar normas concretas sobre los mismos, e incluyendo la prescripción en sus cánones 1268-1270. Entre los distintos modos de adquirir bienes se relacionan el deber y derecho de los fieles a sostener económicamente la misión de la Iglesia, las aportaciones voluntarias de los fieles, las tasas y ofrendas con ocasión de sacramentos y los tributos eclesiásticos. En definitiva, el Código se centra fundamentalmente en la corresponsabilidad de todos los fieles en materia patrimonial[160].

Esta posibilidad admitida por el CIC de adquirir bienes se refiere a todos los mecanismos o modos por medio de los cuales pueden adquirirse los bienes. Se trata de poder adquirir la propiedad de los bienes, pero no solo, pues también se interpreta que «adquirir bienes temporales en el sentido más estricto es ser titulares de otros derechos sobre los mismos, como un usufructo»[161].

Lo que el Código de Derecho Canónico quiere decir al hablar de la capacidad de la Iglesia para adquirir bienes tiene una doble dimensión: interna y externa; la interna viene referida a la posibilidad de que todas las personas jurídicas que forman parte de la Iglesia Católica vean reconocida dicha capacidad de adquisición, dejando a cada Conferencia Episcopal la especificación de las condiciones y circunstancias que la adquisición deba cumplir para ser conforme al Derecho Canónico; y la externa, que se puede definir como concretar «ante la legítima autoridad civil la exigencia de que el Estado no limite los medios de adquirir bienes a las personas jurídicas eclesiásticas»[162].

Pero a los efectos que nos importan, esto es, la adquisición de bienes conforme a los modos establecidos en nuestro Derecho Civil, el Código de Derecho Canónico resuelve la cuestión en su canon 1290 mediante lo que se denomina «canonización del Derecho Civil».

Nos dice el canon 1290 CIC que lo que el Derecho Civil establece en cada territorio sobre los contratos, tanto en general como en particular, y sobre los pagos, ha de ser observado en materias sometidas a la potestad de régimen de la Iglesia por Derecho Canónico con los mismos efectos, menos cuando sea opuesto al derecho divino o si el derecho canónico dispone otra cosa.

En consecuencia, salvo esas dos excepciones, cualquier adquisición que pretenda hacer una persona jurídica eclesiástica deberá cumplir los requisitos y formalidades establecidos por la legislación civil, como no podía ser de otra manera, porque «al Estado corresponde definir o determinar los modos de adquirir»[163]. Otra cosa

160. Cenalmor, D. y Miras, J. *El Derecho de la Iglesia. Curso básico de Derecho Canónico,* EUNSA Pamplona, 2005, pág. 499.
161. Pérez de Heredia y Valle, I. *Libro V del CIC..., op. cit.*, pág. 85.
162. Pérez de Heredia y Valle, I. *Libro V del CIC..., op. cit.*, pág. 86.
163. Pérez de Heredia y Valle, I. *Libro V del CIC..., op. cit.*, pág. 86.

es que el Derecho Canónico imponga requisitos de orden interno que se deberán cumplir en el seno de la Iglesia para realizar esos negocios jurídicos y que deberán ser apreciados por los intervinientes para valorar el cumplimiento de alguno de los requisitos necesarios (piénsese en la necesidad de autorizaciones del superior legítimo para poder realizar una enajenación, que debe ser requerida por el Notario autorizante y valorada por el Registrador de la Propiedad para proceder a la inscripción de la misma).

Las entidades eclesiásticas estarán en la misma posición que el resto de personas físicas y jurídicas en cuanto a los modos permitidos por nuestro ordenamiento para adquirir; y estos constan en el art. 609 CC al disponer: «*La propiedad se adquiere por la ocupación. La propiedad y los demás derechos sobre los bienes se adquieren y transmiten por la ley, por donación, por sucesión testada e intestada, y por consecuencia de ciertos contratos mediante la tradición. Pueden también adquirirse por medio de la prescripción*».

Las entidades eclesiásticas, además, con independencia de las especialidades que para cada caso disponga el ordenamiento canónico, deberán atenerse a lo establecido en nuestro CC en materia de capacidad de los contratantes, objeto y causa del contrato y a las formalidades que sean necesarias en los contratos formales.

Esta capacidad de la Iglesia para adquirir por cualquiera de los modos admitidos en Derecho subyace en la STS de 25 de enero de 2016[164], que resuelve un conflicto entre el Arzobispado de Madrid y unas entidades civiles sobre la propiedad de unos tapices históricos. Los tapices, por donación de una señora, eran propiedad de una asociación canónica erigida canónicamente en 1834, la Asociación Santa Rita de Casia, modificando sus estatutos en 1993 y estableciéndose como asociación privada de fieles, si bien haciendo constar que sus bienes tendrían el carácter de eclesiásticos y quedaban bajo la vigilancia del ordinario, en este caso el Arzobispo de Madrid, quedando así inscrita en el RER. Además, en cuanto a sus bienes, se disponía para el caso de extinción que pasasen al Arzobispado.

En el año 2003, la Presidenta de la Asociación canónica y tres asociadas constituyen una fundación civil bajo la misma denominación, que inscriben en el Registro de Fundaciones de la Comunidad de Madrid, formalizando un contrato con la Real Fábrica de Tapices para arrendar los tapices y destinar lo recibido a la conservación de estos, sin permiso alguno de la autoridad eclesiástica. Ante esta acción, el Arzobispo de Madrid dicta Decreto extinguiendo la Asociación privada de fieles y determinando que sus bienes pasen a ser propiedad del Arzobispado. La Presidenta de la Asociación canónica (y también de la Fundación civil) interpone cuantos recursos canónicos están permitidos en el ámbito canónico, no admitiéndose su impugnación del Decreto. Además, constituye con otras personas una asociación de naturaleza civil denominada Santa Rita de Casia Madrid 1834, que se inscribe en el Registro Nacional de Asociaciones y cuyos estatutos declaran que la referida

164. STS (Civil), secc. 1ª, de 25 de enero de 2016, núm. 88/2016, rec. 2644/2013.

asociación es propietaria de la colección de tapices. Por su parte, el Arzobispado, después de intentar el *exequatur* de la resolución del recurso canónico interpuesto dictada por el Tribunal Supremo de la Signatura Apostólica sin éxito (como no podía ser de otra forma), ejercita acción declarativa y reivindicatoria para obtener declaración de la propiedad de los tapices y recuperación de su posesión. La demanda es rechazada en 1ª Instancia, pero se obtiene sentencia favorable en apelación.

Interpuesto recurso de casación por la Asociación y Fundación civiles, el fundamento se establece en la infracción del párrafo 2º del art. 609 CC, que hace referencia a los diferentes modos de adquirir la propiedad y los demás derechos reales. Concretamente, en la infracción de los requisitos que el precepto dispone para que se pueda adquirir el dominio en virtud de un contrato, pues solo cuando este va acompañado de la entrega o tradición de la cosa puede entenderse transmitida la propiedad, lo que sabemos se define como la teoría del título y el modo, imperante en nuestro Derecho y que se completa con lo establecido en el art. 1095 CC. Los recurrentes entienden que el Decreto del Arzobispado extinguiendo la asociación no es un título suficiente para adquirir el dominio, menos aun cuando no va acompañado de la entrega del objeto de la *litis*, los tapices controvertidos, en estos términos: «... en el Derecho Civil no puede ser título por el que se adquiere el dominio de bienes, un decreto canónico de extinción o supresión de una Asociación, pues la extinguida los adquirió por testamento en 1869. El decreto todo lo más que puede producir, desde un punto de vista del Derecho Civil, es la extinción de la Asociación, pero no ir más allá»; y continúa la argumentación diciendo que «no ha existido un acto por el que la Asociación Santa Rita de Casia decida transmitir esos bienes al Arzobispado y que, además, esté adaptado a las exigencias del ordenamiento civil español, pues no basta que la Iglesia Católica o sus entes se autoproclamen propietarios de bienes o se atribuyan la propiedad de algún bien, ni que pretendan haberlos adquirido con arreglo a su normativa interna y de ningún modo puede considerarse como título eficaz en nuestro ordenamiento precisamente algo que por resolución jurídica firme se ha declarado que no cabe reconocer en el orden civil (se refiere a la denegación de *exequatur*). Por otro lado, tampoco se habría acreditado la existencia del modo que habría sido en todo caso necesario para que el Arzobispado adquiriera la propiedad, ya que este último nunca llegó a tener la posesión de la cosa cuya propiedad pretende» (FD Segundo).

La Sala desestima el recurso por entender que no se ha producido ningún acto contrario a la teoría del título y el modo[165]. En primer lugar, por considerar que

165. La citada Sentencia termina haciendo referencia a la no afectación de la teoría del título y el modo en estos términos: «*De esta forma, rechazamos cualquier vulneración de la teoría del título y el modo y la doctrina jurisprudencial sobre su aplicación, tal como en el recurso se denuncia, en la medida en que la sentencia ha declarado la validez de un modo de adquisición de la propiedad de carácter originario por mor de un decreto canónico de extinción y reversión que, a su vez, fue consecuencia de la previsión estatutaria que la propia Asociación extinta —"Asociación Santa Rita de Casia"— se confirió, lo cual sitúa la razón decisoria de la*

tanto la Asociación civil como la Fundación carecen de título alguno en el que puedan apoyar su pretensión de propiedad sobre el objeto litigioso. Y, en segundo lugar, por entender que la Asociación canónica, única propietaria de los tapices, estableció en sus propios estatutos el régimen jurídico de sus bienes, que se consideraban bienes eclesiásticos y sometidos al régimen de control y vigilancia de la autoridad eclesiástica según las normas canónicas, entendiéndose que su derecho estatutario era el determinado por esa disciplina canónica. Por tanto, hay un título válido que justifica el dominio, el decreto canónico de extinción por el que entra en funcionamiento el derecho de reversión de los bienes que disponían los propios estatutos de la Asociación.

sentencia en un ámbito ajeno a la aplicación de la teoría del título y el modo, que se proyecta a las adquisiciones derivativas de los derechos en el ámbito de la relaciones negociales de carácter contractual».

Capítulo II

Antecedentes históricos: la desamortización

I. INTRODUCCIÓN

Un paso previo imprescindible para abordar la facultad que tenía la Iglesia Católica para inmatricular bienes inmuebles por medio de certificación de dominio, a tenor de lo que establecía el art. 206 LH, es hacer referencia al art. 3.1 CC, que dispone que «*las normas se interpretarán según el sentido propio de sus palabras, en relación con el contexto, los antecedentes históricos y legislativos y la realidad social del tiempo en que han de ser aplicadas, atendiendo fundamentalmente al espíritu y finalidad de aquellas*». Por ello, cualquier aproximación que se realice a la referida capacidad para inmatricular bienes por parte de la Iglesia no puede hacerse sin tener en cuenta los antecedentes históricos y legislativos del precepto porque, en palabras de Díez-Picazo y Gullón Ballesteros[1], la invocación que el art. 3.1 CC. hace a dichos antecedentes «tiene por objeto conocer la problemática a la que la norma trata de dar una solución y el espíritu que anima a esta, o dicho en otros términos, los criterios directivos para la resolución de la cuestión a la que debe su nacimiento»; el Código viene a llamar «a la historia remota y próxima de la institución».

Como se analizará más adelante, la posibilidad legal de certificar la posesión (que luego será del dominio) surge en el decenio de 1860, respondiendo a los avatares históricos relacionados con el proceso de la desamortización de bienes eclesiásticos. Esta se produce como consecuencia de las ideas ilustradas nacidas en el siglo XVIII y las políticas liberales ejecutadas durante toda la centuria decimonónica. Analizaremos brevemente, y sin ánimo de ser exhaustivos, cómo se desarrollaron estas políticas, que respondieron a los intentos de terminar con el denominado Antiguo Régimen para dar cabida al Estado liberal o Estado moderno, terminando con la sociedad señorial predominante. Sus antecedentes se sitúan en la revolución inglesa de la segunda mitad del siglo XVII y la Revolución Francesa iniciada en 1789, que llevarían al triunfo de la nueva clase dominante, la burguesía, y del liberalismo.

---

1. Díez-Picazo, L. y Gullón Ballesteros, A. *Sistema de Derecho civil, Volumen I, Parte General del derecho civil y personas jurídicas*, Editorial Tecnos, 13ª edición, Madrid 2016, pág. 155.

Tomás y Valiente[2] expone claramente que la principal característica del Antiguo Régimen es su carácter señorial, esto es, el dominio que los estamentos privilegiados tenían sobre la tierra, estando vinculada a la nobleza por el mayorazgo y amortizada por las instituciones de la Iglesia. Estos estamentos tenían un «dominio eminente sobre la tierra», derivándose no solo derechos reales sino poderes sobre los campesinos.

El cambio político, económico y social que se produjo ha venido en denominarse «Revolución burguesa» y consistió, en palabras del mismo autor, en la implantación de «la libre circulación de bienes, comenzándose por la liberalización del régimen jurídico de la propiedad de la tierra», lo que conllevó que «las relaciones de producción y las de intercambio fueron sometidas a normas jurídicas liberalizadoras, propias de una incipiente economía capitalista»[3]. Estos cambios afectaron principalmente a la Iglesia, pues incluso «gozaba de mayor influencia que la nobleza»[4]; como señala Martí Gilabert[5], había obtenido mucho poder, fuerza social y autoridad al haber adquirido muchísimos bienes por vía de donaciones o compras, pudiendo ayudar con sus limosnas y descansando sobre ella la sanidad y la enseñanza, por ejemplo. Ese ingente patrimonio inmobiliario pertenecía a la Iglesia, a entidades paraeclesiales y otras entidades en régimen de propiedad amortizada, esto es, no enajenable, encontrándose fuera del comercio sin que pudiesen venderse o comprarse en un régimen libre, desarrollándose poco a poco la idea de la necesidad de que tales bienes dejasen de estar en esas denominadas «manos muertas», añadiéndose el argumento de que, en términos generales, no se explotaban de forma eficiente y óptima[6].

Todo este sistema de la propiedad, concluye Tomás y Valiente[7], fue atacado por medio de «tres tipos de medidas legislativas convergentes, a saber: la abolición

2. Tomás y Valiente, F. *Manual de Historia del Derecho español,* Editorial Tecnos, Madrid, 2015, pág. 401.
3. Tomás y Valiente, F. *Manual de Historia..., op. cit.,* pág. 402.
4. Carr, R. *España 1808-2008,* Editorial Ariel, Madrid, 2009, págs. 52-54. El autor entiende que el poder de la Iglesia penetraba en todos los aspectos de la vida social pues el catolicismo era un signo formal de pertenencia a la sociedad española; a diferencia de otros países, en España la Iglesia era democrática en el sentido de que la mayoría de obispos provenían de la pequeña nobleza provinciana y que el párroco medio era pobre en su origen; su punto débil, en cambio, radicaba en la «prodigalidad desordenada con que distribuía sus recursos, en cumplimiento de sus funciones sociales reconocidas. Mientras el campo adolecía de falta de párrocos, en la ciudad sobraban canónigos, sacerdotes sin beneficio y miembros desocupados de las órdenes menores».
5. Martí Gilabert, F. *La desamortización española,* Ediciones Rialp S.A., Madrid, 2003, pág. 19.
6. Tomás y Valiente, F. *Manual de Historia..., op. cit.,* pág. 407. Expone que la propiedad de la tierra estaba con frecuencia dividida entre el denominado dominio eminente (el de los dueños eclesiásticos o de la nobleza) y el dominio útil (los otros derechos reales correspondientes a los campesinos que labraban las tierras en virtud de las relaciones agrarias típicas del régimen señorial —enfiteusis, contratos agrarios—).
7. Tomás y Valiente, F. *Manual de Historia..., op. cit.,* pág. 408.

del régimen señorial, la desvinculación de mayorazgos y la desamortización». Ésta última es definida por el citado autor como el «largo e intermitente proceso a través del cual gran cantidad de fincas rústicas y urbanas (junto a otros bienes de menor importancia) pertenecientes hasta el fin del siglo XVIII a manos muertas paraeclesiales, eclesiásticas o municipales fueron convertidas en «Bienes Nacionales» y vendidos después en pública subasta al mejor postor»[8].

Señala igualmente que cada disposición normativa persiguió una finalidad metajurídica, respondiendo a una determinada política legislativa que a lo largo de sus sucesivas etapas sufrió, no ya oscilaciones, sino cambios radicales en su orientación política[9].

II. ANTECEDENTES DE LA DESAMORTIZACIÓN

El proceso de amortización de bienes en nombre de las denominadas manos muertas se inició en la Edad Media, siendo la Iglesia la que llegó a poseer un cuantioso patrimonio que le concedía una gran fuerza social y autoridad en lo temporal, gracias a la acusada religiosidad de los gobernantes y los gobernados[10]. Esto llevó, siguiendo la exposición de Simón Segura[11], a que algunos monarcas pusieran límites al creciente poder de la Iglesia, al que se le unía su inmunidad ante tributos y cargas fiscales (en 1180 se publicó la primera ley general de inmunidad por parte de Alfonso VIII), hecho que provocaba la disconformidad de las clases que sí eran gravadas. Todo ello, apunta el mismo autor, «llevó a una prolongada lucha que duró siglos y que cobró cuerpo y se canalizó en sus comienzos en las disposiciones dictadas en los fueros municipales, en repetidas peticiones del estado llano en las Cortes y en algún que otro escrito, al principio de una manera tímida, pero después, a partir de finales de la Edad Media, cada vez con mayor intensidad».

Los Reyes Católicos se mostraron contrarios a privar a la Iglesia de los bienes que poseía y, además, en las Ordenanzas Reales de Castilla ordenaron «que fuesen siempre guardadas en poder de la Iglesia todas las cosas que habían sido concedidas a esta por los Reyes o por fieles cristianos (Ley I, tít. II), los declaró inajenables (ley III), ordenó que nadie quebrantase sus privilegios ni franquezas, ni ocupasen bienes, mantenimientos ni ornamentos dellas (Ley V), y se castigó (Ley VIII) al que tomase

8. Tomás y Valiente, F. *Manual de Historia..., op. cit.*, pág. 411.
9. Tomás y Valiente, F. *El marco político de la desamortización en España*, Editorial Ariel, Barcelona, 4ª edición, 1983, pág. 10.
10. Simón Segura, F. *La Desamortización Española del siglo XIX*, Instituto de Estudios Fiscales, Ministerio de Hacienda, Madrid, 1973, pág. 15.
11. Simón Segura, F. *La Desamortización Española..., op. cit.*, págs. 16 y ss. Según comenta el autor, la mayoría de los fueros municipales hacían alusión a los bienes de la Iglesia y, como ejemplo, en el de Córdoba, San Fernando prohibía enajenar a las Órdenes las heredades que les habían repartido, exceptuando a la iglesia mayor de la ciudad.

u ocupase las rentas eclesiásticas, así como las que pertenecían a los prelados como a los clérigos y fábricas de las iglesias»[12].

Con la dinastía de los Austrias, la postura de los reyes, según Simón Segura, estuvo condicionada por la gran religiosidad de los monarcas, su sumisión al Papa y las crecientes dificultades monetarias de la Corona; estas últimas son las que posibilitarían las primeras medidas que pudieran entenderse como desamortizadoras, las peticiones de las Cortes y un gran número de escritos en los que se señalaban a la monarquía sus males y se le apuntaban posibles soluciones[13]. No obstante, prevalecía siempre la opinión de que el rey carecía de potestad para prohibir o dificultar las enajenaciones de bienes de la Iglesia aunque se logró incorporar a la Iglesia a un plano de igualdad con respecto al resto de vasallos, obteniéndose alguna contribución en una doble vertiente, bien enajenando pueblos y encomiendas de órdenes militares y posesiones de iglesias, mitras y monasterios; así, Carlos V desamortizó bienes procedentes de iglesias y monasterios tras obtener una bula del Papa Julio III en 1551 en la que se permitía enajenar bienes hasta el valor de 40.000 ducados de renta para sufragar los costes de las intervenciones bélicas en defensa de la cristiandad; y Felipe II quedó autorizado para disponer de villas, lugares y jurisdicciones sin el permiso de prelados, abades, priores, etc., por bula del papa Gregorio XII, el 6 de abril de 1574, no teniendo grandes consecuencias en la mejora de las finanzas regias[14].

Felipe III obtuvo contribuciones notables de las Cortes y del Papa Clemente VIII algunos Breves que le posibilitaron recursos para atender a las múltiples necesidades del Estado; y Felipe IV impuso las mesadas eclesiásticas, correspondiente al importe de un mes de renta en todas las prebendas eclesiásticas que se proveyesen en la monarquía, concedidas por Urbano VIII en 1625; por último, Carlos II dispuso que no se concedieran nuevas licencias para fundar conventos en sus reinos[15].

III. PRIMERAS MEDIDAS DESAMORTIZADORAS

1. EL SIGLO XVIII Y LA ILUSTRACIÓN

En el siglo XVIII tiene lugar un fuerte impulso desamortizador y secularizador en la esfera gubernamental, lo que logró formar una posición cada vez más unánime conforme avanzaba el siglo; todo ello, según Simón Segura[16], se reflejará, en la teoría y en la práctica, en los distintos programas de los partidos políticos en el siglo XIX.

12. Simón Segura, F. *La Desamortización Española..., op. cit.*, págs. 26-27.
13. Simón Segura, F. *La Desamortización Española..., op. cit.*, pág. 28.
14. Simón Segura, F. *La Desamortización Española..., op. cit.*, págs. 30-32.
15. Simón Segura, F. *La Desamortización Española..., op. cit.*, págs. 33-34. Dicha disposición se encuentra en la Novísima Recopilación, Ley I, título XXVI.
16. Simón Segura, F. *La Desamortización Española..., op. cit.*, pág. 39.

Aunque las nuevas tendencias respecto de los bienes y prerrogativas de la Iglesia se atisban ya desde el reinado del primer borbón, Felipe V, quien procuró «atajar el lujo y quitar beneficios a los eclesiásticos»[17], fue tras la expulsión de los Jesuitas en 1767 por Carlos III cuando surgen las primeras voces de reformadores que hacen referencia a la existencia de una gran masa de bienes en manos muertas; voces en las que subyacía el ideario regalista de que la Iglesia debía «someterse a la supremacía del Estado en el orden político, pedagógico, económico y benéfico»[18]; pensadores como Olavide, Campomanes, Jovellanos y otros entendían este poder inmobiliario de la Iglesia como «uno de los mayores problemas sociales que provocaban el atraso de España»[19]. A este hecho se unió el importante incremento de la población durante todo el siglo XVIII, lo que provocó una creciente demanda de productos agrícolas, lo que a su vez generó un aumento de las rentas de la tierra; esto conllevó un aumento, a su vez, de las rentas de los terratenientes por la elevación de los precios y sus percepciones a consecuencia de la mayor extensión de las superficies cultivadas; estas circunstancias llevaron a una percepción más acuciada del problema de la tierra y a la agudización de las tensiones existentes entre los propietarios y los colonos y a la denuncia abierta e intensa de las estructuras tradicionales de la propiedad[20].

Por esta razón, se aconsejaban en informes y memoriales las desvinculaciones y limitaciones a la amortización como, por ejemplo, Jovellanos en el *Informe en el expediente de la ley agraria* (1795)[21] o Campomanes en el *Tratado de la regalía de la amortización*. En todo caso, se trató de medidas tímidamente desamortizadoras pues en ningún momento «se llegó a pensar en la posibilidad de expropiar a la Iglesia, sino tan solo en la de limitar su capacidad de adquirir»[22]. En palabras de CARR, lo que se pretendía era «reivindicar el control estatal de todas las actividades de la Iglesia, desde su derecho de propiedad como corporación hasta la dirección de la enseñanza universitaria y de las instituciones benéficas», en línea con lo que ya Macanaz había sugerido a Felipe V dentro de la corriente que se denominó jansenismo.

17. Simón Segura, F. *La Desamortización Española...*, *op. cit.*, págs. 39-40. El autor hace referencia al Concordato celebrado con el Papa Clemente XII en el año 1737 en el que se estipulaba que los bienes que por cualquier título adquiriera la Iglesia o comunidad eclesiástica quedaran perpetuamente sujetos a todos los impuestos y tributos regios que los legos pagaban; y el rey Fernando VI acudió a la Santa Sede para subvenir a sus crecientes necesidades mediante el Concordato de 1753, por el que se adjudicaban a la Corona los bienes muebles e inmuebles que los obispos dejasen a su muerte y los productos de sus sillas vacantes.
18. Carr, R. *España...*, *op. cit.*, pág. 71.
19. Tuñón de Lara, M. *Historia de España*, Editorial Labor, 2ª edición, Barcelona, 1983, tomo 8, pág. 32.
20. Simón Segura, F. *La Desamortización Española...*, *op. cit.*, págs. 41-42.
21. Martí Gilabert, F. *La desamortización española*, Ediciones Rialp S.A., Madrid, 2003, pág. 21.
22. Tuñón de Lara, M. *Historia de España*, *op. cit.* tomo 8, pág. 32.

Para TOMÁS Y VALIENTE[23], la preocupación reformista de los ministros de Carlos III fue siempre tímida, templada o moderada, «con más dosis de plan teórico que de nervio político», consistiendo en el pensamiento de que las tierras en poder de la Iglesia y de otras instituciones, como los municipios y otras manos muertas, se quedaban fuera del comercio, dado el carácter privilegiado de estos propietarios, y provocaba un grave perjuicio a la Hacienda pública. Esta moderación provocó que no se propusiera en la época ilustrada durante el siglo XVIII la desamortización de tierras de propiedad eclesiástica, aunque sí hubo ministros de Carlos III que defendieran limitar la capacidad de la Iglesia para adquirir nuevos bienes inmuebles, tales como Francisco Carrasco, fiscal del Consejo de Hacienda, y Pedro Rodríguez Campomanes, fiscal del Real y Supremo Consejo de Castilla. El primero realizó una petición al Monarca con una serie de argumentos tales como que la no tributación por parte de las manos muertas provocaba la acumulación de patrimonio en sus manos, fundamentalmente de la Iglesia; que existía la tradición manifestada por las Cortes de Castilla, desde el siglo XVI, de pedir que se limitasen las adquisiciones de bienes inmuebles por la Iglesia; y que no cabía duda del poder real para limitar tales adquisiciones[24].

Según TOMÁS Y VALIENTE[25], la consecuencia más importante del enfoque ilustrado de la desamortización fue que «la limitación de la amortización eclesiástica o, en su caso, a la venta de algunos bienes del clero, había de ser materia de negociación con la Santa Sede», planteamiento que pasó a ser la tesis de los moderados durante el siglo XIX.

2. LA DESAMORTIZACIÓN DE GODOY

Las políticas desamortizadoras sufren un cambio radical durante el período de gobierno de Manuel Godoy obedeciendo, en palabras de TOMÁS Y VALIENTE[26], a «su política internacional y más inmediatamente por efecto del astronómico crecimiento de la deuda pública».

Cuando sube al trono Carlos IV, el regalismo vuelve a atacar a la Iglesia bordeando el cisma[27] con el Secretario de Estado, Urquijo, en 1800, y realizando las primeras

23. TOMÁS Y VALIENTE, F. *El marco político de la desamortización en España*, Editorial Ariel, 4ª edición, Barcelona, 1983, págs. 14-15.
24. TOMÁS Y VALIENTE, F. *El marco político..., op. cit.*, pág. 25.
25. TOMÁS Y VALIENTE, F. *El marco político..., op. cit.*, pág. 31.
26. TOMÁS Y VALIENTE, F. *El marco político..., op. cit.*, págs. 38 y ss. Nos relata el autor el hecho de entablar en década y media cuatro guerras: con Francia (1793-1795), con Portugal (1801-1803) y dos con Inglaterra (1797-1801 y 1804-1808); para sufragar su coste se procedió a la sucesiva emisión de título de deuda o «vales reales», emitiéndose en poco más de cinco años por valor de 3.150.000.000 de reales, y ascendiendo en el año 1808 a la cantidad de 7.000.000.000 de reales.
27. CARR, R. *España 1808-2008, op. cit.*, pág. 71.

medidas desamortizadoras bajo el gobierno de Godoy y del Ministro de Hacienda, Cayetano Soler, entre 1798 y 1808. Comienza, así, lo que se puede denominar como el siglo de la desamortización, ya que la importancia de dicho proceso durante la centuria decimonónica «ha pasado a constituir uno de los capítulos más importantes de nuestra historia religiosa, económica y social», produciéndose desde el principio del referido siglo disposiciones en contra de la amortización que «sufrieron en un principio el juego de la acción y reacción, hasta que llegó el momento en que la actitud del Gobierno adoptó un sesgo netamente revolucionario que llevaría —casos de 1836 y 1855— a que cundiera el movimiento iniciado antes bajo los signos de equilibrio y justa necesidad, que también se rompieron»[28].

Tras el Breve Pontificio de Pío VII, de 7 de enero de 1795, en el que autorizaba a Carlos IV a cobrar rentas y frutos de dignidades, canonjías y otros beneficios eclesiásticos para que las aplicase al fondo de la desamortización de vales reales[29], se dictan dos disposiciones legales: la Real Cédula de 23 de mayo de 1795, autorizando a Carlos IV a ejecutar lo dispuesto en el Breve Pontificio; y la Real Cédula de 24 de agosto de 1795, que creaba un impuesto del 15 por ciento sobre el valor de los bienes inmuebles y derechos reales que en adelante adquiriera cualquier mano muerta. Con estas medidas, el Estado comienza a poner en conexión la deuda que contrae con las dos grandes masas de bienes existentes en la Nación, los municipales y los de la Iglesia[30].

Unos años después se producen las que se consideran primeras medidas desamortizadoras propiamente dichas, que se denominaron «desamortización de Godoy», cuando, curiosamente, Godoy había dejado el gobierno a Urquijo; se trató de tres reales órdenes, de fecha 21 de febrero, 26 de febrero[31] y 25 de septiembre de 1798, por los que se destinaba a la amortización de la deuda pública o vales reales las rentas de los seis colegios mayores universitarios, de los bienes que quedaban de la Compañía de Jesús y los de los «*bienes raíces pertenecientes a hospitales, hospicios, casas de misericordia, de reclusión y de expósitos, cofradías, memorias, obras pías y*

28. Simón Segura, F. *La Desamortización Española..., op. cit.*, págs. 51 y 61.
29. Martí Gilabert, F. *La desamortización..., op. cit.*, pág. 23. Los vales reales eran títulos de deuda emitidos por el Estado y que se emitían para hacer frente a la deuda pública de la Hacienda. Surgen durante el reinado de Carlos III y se incrementan durante el reinado de Carlos IV con el fin de financiar las guerras contra Inglaterra y la Francia de la revolución.
30. Tomás y Valiente, F. *El marco político..., op. cit.*, pág. 41.
31. La real cédula de 26 de febrero de 1798 creaba una Caja de Amortización de la deuda pública, separada de la Tesorería de la Hacienda Pública, en la cual se ingresarían todas las rentas y productos destinados a la amortización de la deuda nacional y al pago de los intereses de los vales reales; se pretendía que sirviera de caja de depósito de los ingresos, para contabilizar la deuda y las rentas asignadas a su amortización, así como para administrar dichas rentas y subrogar unos vales por otros de más reciente emisión, aconsejar nuevos empréstitos, etc. Tomás y Valiente, F. *El marco político..., op. cit.*, págs. 42-43.

patronatos de legos», cuyos productos se pondrían, junto con los capitales de censos que también se redimían y pertenecientes a los mismos, en la Caja de Amortización bajo el interés del tres por ciento. Urquijo atacó los bienes de aquellas entidades eclesiásticas más débiles (colegios mayores, hospicios, hospitales) o indefensas (los Jesuitas que habían sido expulsados), pero sentó las bases de la idea de extraer dinero procedente de estos grandes patrimonios para hacer frente a la devolución de los títulos de deuda. A pesar de que la finalidad de estas medidas era la amortización de la deuda nacional, lo cierto y verdad es que lo obtenido fue destinado a sufragar los costes bélicos, por lo que en el año 1805 se tuvo que obtener del Papa Pío VII un Breve Pontificio, de fecha 14 de junio, en el que concedía facultad en todos los dominios para enajenar bienes eclesiásticos que correspondieran a la renta libre anual de 200.000 ducados de oro, que se destinarían a la Real Caja de Amortización y Consolidación de Vales. El proceso de venta de bienes no se ejecutó como se pretendía, debiéndose obtener otro Breve del Papa, de 12 de diciembre de 1806, que sustituyó al anterior y otorgaba la facultad de enajenar hasta la séptima parte de los predios pertenecientes a la Iglesia, tales como los de las iglesias, monasterios, conventos, comunidades, fundaciones y otras personas eclesiásticas, incluyendo los de las cuatro órdenes militares y las de la Orden de San Juan de Jerusalén[32], medida conocida como el «séptimo eclesiástico». La necesidad de ese Breve Pontificio hace que la desamortización de bienes eclesiásticos aparezca como «una gracia concedida por Roma»[33]. A pesar de todo, su aplicación fue mínima y Fernando VII, en su breve mandato de 1808, suspendió la ejecución del séptimo eclesiástico[34].

3. MEDIDAS DURANTE LA INVASIÓN FRANCESA

Durante el reinado de José I, continúa el proceso desamortizador uniéndose a los bienes del clero los de aquellos aristócratas opuestos a la dominación francesa[35]. A las propuestas de intervención de bienes de la Iglesia que partían del propio clero y los ilustrados se unió la influencia de la Revolución Francesa que los invasores trajeron. El propio Napoleón, mediante Real Decreto de 4 de diciembre de 1808, redujo a la tercera parte los conventos existentes, exclaustrando a sus miembros en

32. Martí Gilabert, F. *La desamortización..., op. cit.*, págs. 24-25.
33. Tomás y Valiente, F. *El marco político..., op. cit.*, pág. 45.
34. Sobre el alcance de la desamortización del inicio de siglo Simón Segura, citando a Herr, asegura que se llegaron a vender la sexta parte de los bienes de la Iglesia; y alude al hecho de que, aunque el Estado se hubiera comprometido a pagar puntualmente a las instituciones afectadas el interés del capital aportado por las ventas de su patrimonio, este cumplimiento no fue así desde el comienzo, lo que conllevó un elevado coste social, al igual que ocurrirá con posteriores procesos desamortizadores. Simón Segura, F. *La Desamortización Española..., op. cit.*, págs. 62-63.
35. Tuñón de Lara, M. *Historia de España, op. cit., tomo 8*, pág. 32. El autor indica que la operación desamortizadora tenía como finalidad más comprometer a los aristócratas «adictos» o afrancesados, como Javier de Burgos, Urquijo o Llorente, que la de allegar fondos para la Hacienda.

un plazo de quince días y obligándoles a vestir hábitos seculares[36]. José I ordenaba proceder con la mayor actividad a la venta de los bienes nacionales destinados a la extinción de la Deuda pública, creando unas cédulas llamadas «hipotecarias» y de «indemnización y recompensa» (Real Decreto de 9 de junio de 1809). Tan sólo dos meses después, el Real Decreto de 18 de agosto suprime todas las órdenes regulares, monacales, mendicantes y clericales que existan, ordenando la salida de los individuos que residan en sus conventos y claustros, debiendo vestir hábitos seculares. Este precepto tuvo una gran importancia dado que muchas instituciones religiosas quedaron disueltas, amén de que la guerra produjo el mismo efecto en muchos conventos, monasterios y casas religiosas[37]. Aunque, conforme se iba expulsando a los franceses, se restablecían de inmediato los conventos suprimidos[38].

4. LAS CORTES DE CÁDIZ Y EL TRIENIO LIBERAL

Las primeras medidas adoptadas por la Junta Central en 1809 fueron comedidas y juiciosas, en palabras de Simón Segura[39], disponiendo que «se aplicaran a las urgencias del Estado los productos de las obras pías no destinadas a beneficencia, instrucción u otro objeto de utilidad pública» y determinando las Cortes, al año siguiente, el destino al mismo fin de las rentas de los beneficios eclesiásticos vacantes.

Finalizada la guerra de independencia, en palabras de Tuñón de Lara[40], «se plantea ya la desamortización como una de las grandes cuestiones políticas que van a dividir a progresistas y conservadores durante el siglo XIX». Ya en las Cortes de Cádiz se plantea en marzo de 1811 el problema de la deuda pública y de los medios necesarios para su amortización; por ello, el ministro interino de Hacienda, Canga Argüelles, presentó una Memoria en la que se ordenaba vender los bienes de los conventos que habían sido destruidos por la guerra. Estas medidas se defendían incluso contra el criterio de la Regencia del Reino, que recaía en el Obispo de Orense. La Memoria establecía que se procediera a la liquidación de los créditos con la Hacienda que no consistieran en vales reales mediante unos billetes, que se admitirían para el pago de contribuciones y como forma de pago del precio de fincas vendidas para dicho fin de amortización, así como disponía la venta de fincas pertenecientes a Godoy y los afrancesados y, en caso extremo, las del séptimo eclesiástico. El instrumento, según Tomás y Valiente[41], significó «el reconocimiento y defensa de los intereses de la burguesía, y vino a consolidar el engarce entre desamortización de tierras y liquidación de la deuda interior, dando entrada en

36. González Armendia, J.R. *Sistemas históricos de dotación del Estado español a la Iglesia española*, Publicaciones Universidad Pontificia de Salamanca, Salamanca 1990, pág. 22.
37. Tomás y Valiente, F. *El marco político..., op. cit.*, pág. 64.
38. González Armendia, J.R. *Sistemas históricos..., op. cit.*, pág. 22.
39. Simón Segura, F. *La Desamortización Española..., op. cit.*, pág. 64.
40. Tuñón de Lara, F. *Historia de España, op. cit., tomo 8*, pág. 33.
41. Tomás y Valiente, F. *El marco político..., op. cit.*, págs. 52.

este sentido a un nuevo instrumento importante: la admisión de créditos contra el Estado como forma de pago del precio de remate de las fincas desamortizadas». Sin muchos cambios, pasó a convertirse en el Decreto de las Cortes Generales de 17 de junio de 1812, que determinaba la incorporación al Estado de los bienes de las órdenes religiosas disueltas o reformadas por el gobierno intruso de José I. Tras esta disposición, el Decreto de Cortes de 13 de septiembre de 1813, consideró a tales bienes como bienes nacionales, prohibiendo la restauración de los conventos destruidos, suprimiendo los que no tuvieran 12 religiosos profesos y declarando hipoteca de la Deuda nacional los bienes de los jesuitas, los de la Orden Militar de San Juan, los de maestrazgos y los de los suprimidos conventos[42]. Estos bienes podían adquirirse parte en metálico y parte en títulos de deuda pública[43].

El Decreto no se llegó a materializar porque Fernando VII, al volver del exilio, además de suprimir la vigencia de la Constitución de 1812, anuló las medidas desamortizadoras y dispuso la devolución de los bienes, volviendo las Órdenes y corporaciones eclesiásticas a poseer la casi totalidad de bienes que les habían sido confiscados, además de lograr nuevas donaciones[44]. A pesar de todo, el Decreto es considerado por los historiadores como la primera norma desamortizadora del siglo XIX.

Es relevante el hecho de que el propio Fernando VII, en su etapa absolutista (1814-1820), tomó también alguna medida desamortizadora a través de su ministro Martín de Garay, como la que mandaba enajenar los baldíos y realengos para pagar con su importe los intereses y amortizar deuda pública; y lo es por su simbolismo, al expresar que la deuda era la pesadilla de todos los políticos cualquiera que fuera su ideología, por lo que «todos parecían estar de acuerdo en que la desamortización de bienes municipales constituía la solución salvadora»[45]. Y a pesar de las reticencias del clero y del proteccionismo fernandino, Martín de Garay logró la tributación del cuarto del valor de los bienes que, en adelante, adquiriesen las manos muertas[46].

En 1820 se produce el levantamiento de Riego y Fernando VII vuelve a acatar la Constitución de 1812, retomándose durante el Trienio Liberal las políticas desamortizadoras (restableciéndose la legislación de Cortes de 1813 y la Pragmática de Carlos III que suprimía la Compañía de Jesús, destinando sus bienes al crédito público), políticas fundamentalmente centradas en los bienes de las órdenes religiosas. Y buscando una doble finalidad, la de contentar a los burgueses acreedores de la Hacienda y la de aumentar el número de partidarios del régimen liberal[47].

---

42. Martí Gilabert, F. *La desamortización..., op. cit.*, pág. 26.
43. Esta disposición también afectó a bienes de titularidad civil; así, las alhajas de la Corona y sus fincas (exceptuando los palacios y sitios de recreo), la mitad de los baldíos y realengos, y la décima parte de los propios de los pueblos. González Armendia, J.R. *Sistemas históricos..., op. cit.*, pág. 23.
44. Simón Segura, F. *La Desamortización Española..., op. cit.*, pág. 65.
45. Tomás y Valiente, F. *El marco político..., op. cit.*, págs. 65-66.
46. González Armendia, J.R. *Sistemas históricos..., op. cit.*, pág. 24.
47. Tomás y Valiente, F. *El marco político..., op. cit.*, pág. 66.

El Decreto de las Cortes de 9 de agosto de 1820 ordenaba la venta en pública subasta de todos los bienes afectados por los Decretos de las Cortes de Cádiz, especialmente el de 1813, declarándose de nuevo suprimida la Compañía de Jesús por Decreto de 17 de agosto. El principal instrumento de la desamortización fue la Ley de 1 de octubre de 1820 que dentro de sus disposiciones comenzaba por suprimir los monasterios de las órdenes monacales, canónigos regulares de San Benito, Congregación Claustral Tarraconense y Cesaraugustana, de San Agustín, premostratenses, conventos y colegios de las órdenes de Santiago, Calatrava, Alcántara y Montesa, de San Juan de Jerusalén, San Juan de Dios y de Betlehemitas y todos los demás hospitalarios; para después establecer que todos los muebles e inmuebles de los mismos quedaran aplicados al crédito público. En definitiva, el Decreto profundizaba seriamente en la desamortización de una manera decidida.

Así, unos días después se promulgó la ley de 11 de octubre de 1820, conocida como «ley de desvinculaciones» que concernía a los intereses económicos de capellanías o fundaciones de carácter eclesiástico y que en su artículo 15 llevaba a efecto la vieja medida soñada medio siglo antes por Carrasco, Campomanes, Floridablanca y Jovellanos al prohibir adquirir bienes inmuebles a todo tipo de manos muertas por cualquier título, incluido el gratuito[48]. El 25 de octubre se dicta un Decreto de Cortes (ley de Monacales) por el que se incorporan al Estado los bienes de los monasterios y conventos suprimidos por el Decreto anterior y el 29 de junio de 1821 se reducen los diezmos a la mitad (el denominado «medio diezmo»), entendiéndose que dicha cantidad era más que suficiente para que la Iglesia Católica pudiera hacer frente a sus gastos de culto y clero, y se impuso al clero una contribución de 120 millones de reales[49]. Lo curioso de esta medida es que la mitad suprimida se destinaba al Estado, con lo que volvía a hacerse patente que, por encima de las ideas ilustradas, lo que prevalecía en las acciones desamortizadoras no era sino atender a necesidades nacionales puramente fiscales.

5. LA VUELTA DEL ABSOLUTISMO

La invasión de los llamados «Cien mil hijos de San Luis» por el Duque de Angulema puso fin al mandato liberal y dio comienzo a la llamada «década ominosa», que duró hasta el fallecimiento de Fernando VII en septiembre de 1833. Durante este período, «con las medidas favorables que decretó con respecto al clero, su patrimonio recobró los bienes que anteriormente había poseído y volvió a la pujanza de tiempos anteriores»[50]. El monarca declaró nulos todos los decretos de naturaleza desamortizadora promulgados por los liberales y restableció el diezmo en su integridad[51].

48. Tomás y Valiente, F. *El marco político..., op. cit.*, pág. 71.
49. Simón Segura, F. *La Desamortización Española..., op. cit.*, pág. 66. El autor hace constar que estas medidas tuvieron como consecuencia que miles de religiosos quedaran fuera de los conventos, pasando grandes apuros económicos al no pagársele puntualmente las pensiones prometidas.
50. Simón Segura, F. *La Desamortización Española..., op. cit.*, pág. 66.
51. González Armendia, J.R. *Sistemas históricos..., op. cit.*, pág. 26.

De este primer tercio de siglo tan turbulento, GONZÁLEZ ARMENDIA[52] destaca el florecimiento de una corriente reformadora dentro del propio absolutismo; frente a ellas, el liberalismo no sucumbió a las corrientes tradicionalistas y siguió trabajando por el fin del sistema; ello llevó a que sus posturas pasaran de un cariz reformador a una vertiente revolucionaria y radical, de signo más claramente francés.

6. EL RÉGIMEN LIBERAL ISABELINO

A la muerte de Fernando VII, su esposa, María Cristina, asume la Regencia y se inicia la disputa por el trono entre los Carlistas (seguidores del hermano del Rey, Don Carlos) y los defensores del derecho al trono de Isabel II en virtud de la Pragmática Sanción; estos últimos, liberales, apoyarán a la regente y llegarán al gobierno implantando la denominada segunda fase de la desamortización eclesiástica[53]. Y es que, como apunta SIMÓN SEGURA[54], apenas muerto Fernando VII comenzaron a dictarse una serie de disposiciones que culminarían con la venta en pública subasta de los bienes del clero secular y regular, hecho al que ayudó la terrible guerra carlista, siendo un factor de extraordinaria importancia la actitud adoptada por el Papa Gregorio XVI frente al reconocimiento de la nueva situación en el Estado español, en cuanto empezaba a actuar con independencia del Papado.

IV. LA DESAMORTIZACIÓN DE MENDIZÁBAL

1. LAS PRIMERAS MEDIDAS

El gobierno de Martínez de la Rosa concluyó con su dimisión el 7 de junio de 1835, siendo sustituido por el Conde de Toreno quien, «a pesar de su ataque a la

52. GONZÁLEZ ARMENDIA, J.R. *Sistemas históricos..., op. cit.*, pág. 27. El autor nos indica que Napoleón logró reconducir el tema religioso tras la Revolución Francesa mediante el Concordato con la Santa Sede de 1801, a través de la regulación efectiva de los «Articles Organiques» de 1802; sin embargo, en España, la cuestión religiosa vino a representar una de las más conflictivas del siglo XIX y del XX.

53. Carlistas y Cristinos mantuvieron posiciones irreconciliables, partidarios del absolutismo y el mantenimiento de las antiguas tradiciones los primeros, del régimen liberal y constitucional los segundos; mientras los Carlistas pretendían mantener esas estructuras del Antiguo Régimen, y la utilidad de las relaciones de privilegio de la Iglesia, los liberales pretendían desmantelar cuanto de dicho Régimen hubiese dentro de las estructuras de la Iglesia. GONZÁLEZ ARMENDIA, J.R. *Sistemas históricos..., op. cit.*, págs. 27-28.

54. SIMÓN SEGURA, F. *La Desamortización Española..., op. cit.*, págs. 67-68. El Real decreto de 26 de marzo de 1834 establecía la suspensión de monasterios y conventos de los que se hubiese fugado alguno de sus individuos para pasarse a los rebeldes carlistas si en veinticuatro horas no daba el prelado parte a la autoridad inmediata o en el caso de que se hubiese fugado la sexta parte de la comunidad. Y la Real orden de 17 de julio de 1834 sometía la enajenación de los bienes inmuebles, alhajas o muebles preciosos a la licencia de Su Majestad.

propiedad eclesiástica y a la primera victoria real contra los Carlistas (en la batalla de Mendigorría) no tuvo más éxito que él (por Martínez de la Rosa) en la tarea de desvanecer las sospechas de los radicales»[55], por lo que dio paso al gabinete Mendizábal, su propio ministro de Hacienda. El propio Toreno dictó normas que restablecieron el estado de la cuestión a la época del Trienio: con fecha 4 de julio de 1835 suprimió la Compañía de Jesús; el 25 de julio, los conventos de religiosos que no tuviesen más de doce individuos; y mediante Decreto de 3 de septiembre de 1835 restableció la fuerza y valor que tenían las ventas de bienes que se habían producido con arreglo a las disposiciones de 1820, aplicándolas al crédito público. En definitiva, «esos bienes de los regulares volverían a sus compradores respectivos»[56]. En palabras de Simón Segura[57], «es un hecho histórico que, una vez desencadenada la revolución, quien pretende ponerse al frente de la misma sin poseer un matiz claramente revolucionario camina hacia el fracaso»; no obstante, estas disposiciones de Toreno, señala Martí Gilabert[58], facilitaron mucho la actuación posterior de Mendizábal.

Dentro de estas normas de Toreno debemos hacer referencia especial al Real Decreto de 25 de julio de 1835, al considerar que contiene una disposición de extraordinaria importancia para entender la posterior facultad concedida a la Iglesia Católica para inmatricular inmuebles por certificación de dominio. Y es que, tras determinar la supresión de los monasterios y conventos de menos de 12 profesos, el art. 6º dispone que «*Las parroquias que dependan de monasterios o conventos suprimidos pasarán a ser seculares con todos los derechos y consideraciones que como a tales les han correspondido hasta aquí*»[59]. Es decir, que los bienes de los monasterios y conventos se destinan a la extinción de la renta pública (art. 7º), pero quedan exceptuadas de este destino las parroquias que pudieran existir en los mismos; nos encontramos ante la primera exceptuación explícita de la desamortización con relación a los templos destinados al culto. La cuestión no es baladí y dará lugar a alguna que otra controversia, como la suscitada en la Diócesis de Palencia entre la misma y una sociedad mercantil (SA del Ucieza) por la propiedad de la iglesia de un antiguo monasterio de la Orden Premostratense, que acabó con la cuestión ante el TEDH. Pues bien, entre los argumentos de la sentencia de 1ª Instancia para declarar el dominio de la Iglesia sobre el templo se encontraba el de que el templo no fue objeto de desamortización por las leyes de los años 1820 y 1835, precisamente por tratarse de una parroquia, lo que impidió entrar en el inventario de bienes desamortizados y que fuese objeto de venta en pública subasta[60].

Mendizábal se convierte en primer ministro el 14 de septiembre de 1835 como gran exponente del partido progresista, entre cuyos fundadores afianzó su posición

55. Carr, R. *España 1808-2008, op. cit.*, pág. 150.
56. Martí Gilabert, F. *La desamortización..., op. cit.*, pág. 29.
57. Simón Segura, F. *La Desamortización Española..., op. cit.*, pág. 69.
58. Martí Gilabert, F. *La desamortización..., op. cit.*, pág. 29.
59. Gaceta de Madrid, número 211, de 29 de julio de 1835.
60. Sentencia Juzgado de 1ª Instancia número 5 de Palencia, de 28 de marzo de 2000, rec. 341/1999.

por «la acometida contra la propiedad eclesiástica y la propiedad de la tierra»[61], «la pieza maestra de su programa»[62]. Al iniciar su gobierno, las relaciones con la Santa Sede estaban prácticamente rotas y su programa de gobierno pretendía terminar con la guerra civil y acabar con los problemas financieros del Estado mediante un préstamo con Inglaterra; pero la no obtención del empréstito le llevó a iniciar una nueva desamortización, con la gran novedad de que la llevó más lejos, incluyendo no sólo los bienes de los religiosos sino también los del clero secular. Con ella, además, pretendió llevar adelante una alianza con los financieros poseedores de la deuda pública y los que adquirieron bienes durante el Trienio Liberal; las Juntas Revolucionarias los elevaron al poder y tuvo que pasar por sus postulados, procurando crear partidarios entre los interesados en la consolidación en la venta de bienes desamortizados[63]. Sólo con la venta de los bienes del clero podía alcanzar sus objetivos políticos (acabar con la guerra fratricida), en primer lugar, y los sociales y económicos, después (amortizar la deuda, poner en circulación a manos del interés individual los bienes de la Iglesia y, de esta manera, vincular a numerosas familias con la causa isabelina)[64].

El Decreto de 11 de octubre de 1835 amplía el número de monasterios suprimidos con independencia del número de monjes o religiosos que los compusieren. Pero Mendizábal pretende actuar con total libertad y sin cortapisas del Parlamento, por lo que le pide un voto de confianza, el 21 de diciembre, con el fin de poder disponer de las rentas públicas, recursos y medios necesarios para atender a la fuerza armada; tras la discusiones parlamentarias y la oposición de algunos diputados, se le concedió dicha confianza el 16 de enero de 1836; antes de un mes, procedió a disolver las Cortes y gobernó por decreto de forma prácticamente dictatorial[65] hasta su cese en mayo de 1836; le siguieron en el cargo de Hacienda, con gran rapidez, Mariano Egea, D'Olhaberriage y Joaquín María Ferrer, ocupándola de nuevo él desde septiembre de 1836 hasta agosto de 1837[66].

El Real Decreto de 19 de febrero de 1836 ejecuta la desamortización del clero regular con el fin de disminuir la Deuda pública; considera declarados en venta todos los bienes inmuebles de cualquier clase que hubiesen pertenecido a las comunidades y corporaciones religiosas extinguidas y los que por cualquier título hubie-

---

61. Carr, R. *España 1808-2008, op. cit.*, pág. 152.
62. Tuñón de Lara, M. *Historia de España, op. cit., tomo 8*, pág. 33. El propio Mendizábal hablaba de estas medidas para crear una copiosa familia de propietarios materialmente interesada en el triunfo de la causa liberal.
63. Hierrezuelo Conde, G. «Historia jurídico-económica de la autofinanciación de la Iglesia Católica española y de las demás confesiones religiosas hasta 1945», *Revista de Estudios Histórico-Jurídicos*, XXX, Valparaíso 2008, págs. 227-275.
64. Simón Segura, F. *La Desamortización Española..., op. cit.*, pág. 84.
65. Martí Gilabert, F. *La desamortización..., op. cit.*, pág. 42.
66. Simón Segura, F. *La Desamortización Española..., op. cit.*, págs. 81-82. Mendizábal fue ministro de Hacienda en otras ocasiones, del 21 de mayo de 1841 al 22 mayo de 1842, y de mayo a julio de 1843.

sen sido adjudicados a la Nación y todos los que lo fueren en el futuro, disponiendo que las ventas se realizasen en pública subasta, incluyendo una particularidad, la de que el pago del precio se hiciera mediante títulos de la deuda consolidada o en dinero en efectivo[67]. Por las instrucciones de 1 de marzo y 8 de marzo de 1836 quedaron suprimidos todos los monasterios, conventos, colegios y demás casas de comunidad o de instituto religioso de varones, incluso los de clérigos regulares, y las de las cuatro órdenes militares y San Juan de Jerusalén, reduciéndose los conventos de monjas, no pudiendo quedar abierto ninguno que tuviera menos de veinte monjas profesas, ni permitiéndose que en la misma población hubiere dos o más conventos de una misma Orden[68].

El sistema de venta en pública subasta fue más lento de lo que el propio Mendizábal pensó ya que, como señala Martí Gilabert[69], debían incautarse los bienes de las órdenes religiosas, hacer inventario, tasar y ordenar las subastas; a eso se une el hecho de que, en la práctica, las subastas se hacían partiendo de un valor de tasación inicial, pudiendo cualquier español pedirla junto con la inmediata subasta de las fincas aún no tasadas por iniciativa oficial, lo que dio lugar a amaños y adjudicaciones por valores inferiores al real sin que nadie concurriera a la subasta.

El Real Decreto de 9 de marzo de 1836, firmado por Álvaro Gómez Becerra, ministro de Gracia y Justicia en el Gobierno Mendizábal, contiene nuevamente unas disposiciones especiales para los templos; su introducción, después de declarar que los bienes de toda clase se destinarán a la extinción de la deuda pública, establece que «*Los ordinarios, con la aprobación del Gobierno, destinarán a parroquias las iglesias de los conventos que por su disposición sean aparentes para este uso*». Y el art. 22 lo concreta disponiendo que los ordinarios podrán destinar a parroquias, con la aprobación del Gobierno, las iglesias de los conventos suprimidos que sean necesarias[70]. De nuevo se nos presenta una norma de exceptuación al alcance de la política desamortizadora; al igual que en la exclaustración de los conventos y monasterios de menos de 12 profesos, esta exclaustración general también limita el alcance de los bienes que pasan a ser nacionales. Las iglesias que formaban parte de los monasterios y conventos, caso que debía ser el más general, pasaban a formar parte del patrimonio diocesano. Y esto es así porque la norma habla del destino a parroquias de las mismas que les den los ordinarios, con el solo requisito previo de la aprobación del Gobierno, siempre que dichos templos destinados al

67. El profesor Tomás y Valiente advierte que el comprador podía elegir entre pagar el remate en dinero líquido o en títulos de deuda computados por su valor nominal, manifestándose así el claro carácter fiscal de la medida ya que lo que se pensaba era liquidar gran parte de la Deuda pública admitiendo como medio de pago los vales reales. Tomás y Valiente, F. *Manual de Historia del Derecho español,* Editorial Tecnos, Madrid 2015, pág. 412.
68. Simón Segura, F. *La Desamortización Española..., op. cit.*, pág. 85.
69. Martí Gilabert, F. *La desamortización..., op. cit.*, págs. 52-53.
70. Gaceta de Madrid, número 444, de 10 de marzo de 1836.

culto tengan una disposición que sea aparente y su destino a parroquia sea necesaria; por disposición aparente debemos entender el hecho de que su condición de iglesia fuese manifiesta por signos evidentes para los sentidos, generalmente por su disposición arquitectónica (por ejemplo, al gozar de un acceso independiente a la parte desamortizada o teniendo puerta directa a la vía pública, o no siendo oratorio privado); a este hecho puramente físico se le unía el de la necesidad para el ordinario de que se convirtiese en parroquia, lo que conllevaría que se solicitase la aprobación del Gobierno.

Por lo que respecta a los propios edificios destinados a conventos, el art. 24 del RD de 9 de marzo de 1836 autorizó al Gobierno para destinar los edificios a establecimientos de utilidad pública, lo que ya se había previsto en el Decreto anterior de 23 de enero, permitiendo se destinasen a cuarteles, hospitales, cárceles, calles públicas, plazas o mercados, no solo en favor de instituciones públicas, sino también a manos de particulares. La venta se fijaba en un canon del 3% del valor de los edificios, lo que dificultó extraordinariamente las ventas hasta el punto de motivar la posibilidad de que se transmitiesen mediante concesiones gratuitas cuando pasaban a manos de corporaciones públicas (Real Orden de 31 de mayo de 1838).

2. LA SEGUNDA LEY DE MENDIZÁBAL

Tras unas disposiciones complementarias, se produce la gran novedad de la desamortización de Álvarez Mendizábal, siendo él ya ministro de Hacienda en el gabinete de Calatrava, que había sustituido a Istúriz el 14 de agosto de 1836. La segunda Ley de Mendizábal, de fecha 29 de julio de 1837, disponía la declaración como bienes nacionales de los bienes del clero secular, cualquiera que sea su origen y nombre y con cualquier aplicación o destino; declaraba suprimidos la contribución de diezmos y primicias. Y junto a esta nacionalización de los bienes, se establecía la denominada «contribución de culto y clero», entendiendo esta como una compensación a la Iglesia por haberla privado de sus bienes y de las rentas provenientes de los diezmos, comprometiéndose la Hacienda estatal a sufragar con cargo a sus ingresos los gastos correspondientes al culto y el clero de la Iglesia Católica[71]. Para este fin, se creaban unas juntas diocesanas que se encargaban de administrar los bienes y de irlos vendiendo por sextas partes durante los seis primeros años, creando un fondo para el presupuesto del clero que, si no llegase a la cantidad necesaria, sería complementada con una contribución *ad hoc*, «al cual estarían sujetos en proporción a sus haberes todos los contribuyentes a las demás cargas del Estado»[72]. Desde luego que no se llevaron a efecto de forma adecuada estas disposiciones y el gobierno destinó solo una pequeña parte al sostenimiento del clero; tras una serie de proyectos, siendo ya ministro de Hacienda Domingo Jiménez, el Real Decreto de 1 de junio de 1839 estableció el medio diezmo.

71. Tomás y Valiente, F. *Manual de Historia..., op. cit.*, págs. 412-413.
72. Martí Gilabert, F. *La desamortización..., op. cit.*, págs. 61-62.

En esta segunda Ley de Mendizábal nos volvemos a topar con una norma de gran relevancia; tal y como había ocurrido para la desamortización de los bienes del clero regular, las disposiciones desamortizadoras incluían excepciones; así, tras declarar el art. 2 como bienes nacionales todas las propiedades del clero secular, cualesquiera clases de predios, derechos y acciones, hayan sido donadas, compradas o adquiridas, el art. 4 disponía que «*Los edificios de las iglesias, catedrales, parroquias, anejos o ayudas de parroquia, el palacio de cada prelado, las rectorías, casas o habitaciones de párrocos y sus tenientes y los seminarios conciliares con sus huertos y jardines adjuntos, continuarán aplicados a sus actuales destinos*»[73].

El articulado de la Ley, firmado ya por José Landero Corchado como nuevo ministro de Gracia y Justicia en 1837, nos ofrece otros dos preceptos explícitos en relación a los templos provenientes de los conventos desamortizados; el art. 17 disponía que «*En los monasterios y conventos extinguidos que tenían aneja la cura de almas, se conservarán abiertas las iglesias, siempre que el Gobierno lo juzgue conveniente, oyendo a la autoridad eclesiástica y a la diputación provincial, y se proveerá a la dotación de los ministros por los medios acostumbrados*»; y vuelve a reiterar en su art. 22 la facultad establecida en disposiciones anteriormente señaladas, pudiendo los ordinarios, previa aprobación del gobierno, «*destinar a parroquias las iglesias de los conventos suprimidos que sean necesarias*»[74].

Con esta norma, que se repetirá de diferentes formas en los siguientes avatares decimonónicos, tenemos ya expuesto el esquema general de bienes propiedad de la Iglesia que no fueron objeto de desamortización:

a) Por un lado, los templos que pasaron a propiedad de las diócesis tras la exclaustración de órdenes religiosas y la desamortización de los bienes de monasterios y conventos.

b) Por otro, todos los bienes diocesanos reseñados en la segunda Ley de Mendizábal, propios del clero secular: templos destinados al culto, viviendas de sacerdotes, catedrales, seminarios y anejos.

3. LA REGENCIA DE ESPARTERO

Al tratarse la desamortización de una disputa entre los dos bloques o tendencias que conforman el bando liberal, el moderado y el progresista, el ascenso de los primeros al poder conllevó la suspensión de la venta de los bienes por la Ley de 16 de julio de 1840 y un Decreto del día 21 que establecía que «las iglesias y el clero secular continuarán en la posesión y goce de sus fincas, pero sin poder enajenarlas, empeñarlas o hipotecarlas sin autorización del Gobierno»[75].

---

73. Gaceta de Madrid, número 974, de 1 de agosto de 1837.
74. Gaceta de Madrid, número 977, de 4 de agosto de 1837.
75. Martí Gilabert, F. *La desamortización..., op. cit.*, pág. 64.

La renuncia de María Cristina lleva a Espartero a la regencia del Reino y a la vuelta de las políticas contrarias al clero secular mediante el Decreto de 2 de septiembre de 1841, siendo jefe del Gobierno Antonio González y ministro de Hacienda Surrá y Rull. Volvían a declararse las fincas como bienes nacionales, así como los derechos y acciones de cualquier modo que correspondieran a las fábricas de las iglesias y las cofradías[76], con exceptuaciones en su art. 6, y sometiendo la venta a las normas vigentes para la enajenación de bienes; aunque, como novedad, se exigía que el pago del remate se hiciera un 10% en metálico y el resto en títulos de deuda o cupones de intereses sobre la misma. La ley venía a complementar lo dispuesto por la de 14 de agosto de 1841, que trataba de solucionar el problema de la contribución al culto y clero, disponiendo que los gastos de reparación y conservación de las iglesias parroquiales y los de culto se sufragaran con los derechos de estola o pie de altar (esto es, los estipendios establecidos por la administración de los sacramentos), cubriendo los parroquianos la diferencia y creando por primera vez la contribución directa desde la Hacienda por un importe total de algo más de cien millones de reales, incluyendo los presupuestos de 1842, por primera vez, a los regulares como clases pasivas que debían ser pagadas por el Ministerio[77].

Las medidas adoptadas en 1841 «se pusieron inmediatamente en práctica interviniéndose los bienes, rentas, acciones, tributos y pertenencias del clero catedral y colegial, fábricas, hermandades y cofradías»[78], facilitándose mediante la Instrucción de 15 de septiembre de 1841, y estando vigentes tres años. A la puesta en marcha de estas medidas, señala Simón Segura[79], «se presentaban resistencias por parte de los funcionarios de la Administración, al obrar con poca diligencia; por otro lado, el clero, directamente afectado por las medidas del Gobierno, movilizaría todos los medios para que aquellas no produjeran efecto», dictando el Gobierno una serie de disposiciones en contra de dicha tendencia, la Circular a los diocesanos y regentes de las Audiencias el 13 de marzo de 1842, y otra Circular a los diocesanos de fecha 28 de noviembre del mismo año. A pesar de estas corrientes contrarias, puede afirmarse que el proceso de venta de bienes fue de un éxito notable, si bien se produjeron muchos abusos por parte de grupos de interés.

En definitiva, Simón Segura[80] nos apunta que como consecuencia de las medidas adoptadas en este período desamortizador iniciado por Mendizábal, quedaron

76. La Ley de 2 de septiembre de 1841 establecía el más amplio campo desamortizador hasta la fecha; en su art. 1° dispuso que «Todas las propiedades del Clero secular en cualesquiera clases de predios, derechos y acciones que consistan, de cualquier origen y nombre que sean, y con cualquier aplicación o destino con que hayan sido donadas, compradas o adquiridas, son bienes nacionales»; y el art. 2° ampliaba la consideración de tales bienes nacionales a los de las fábricas de las iglesias y cofradías. Gaceta de Madrid, número 2515, de 5 de septiembre de 1841.
77. Hierrezuelo Conde, G. *Historia jurídico-económica..., op. cit.;* págs. 227-275.
78. Martí Gilabert, F. *La desamortización..., op. cit.*, pág. 67.
79. Simón Segura, F. *La Desamortización Española..., op. cit.*, págs. 124-125.
80. Simón Segura, F. *La Desamortización Española..., op. cit.*, págs. 144-163.

en poder del Estado un gran número de edificios que serían objeto de una legislación especial, constituyéndose juntas que se encargaran de aprobar el destino que debía darse a cada uno, según su capacidad y situación, y de realizar las reformas necesarias para destinarlos a los fines determinados, bien cuarteles, cómodos, ventilados, hospitales y cárceles, nuevas calles o ensanches o plazas y mercados de nueva planta; al no venderse tales edificios, cayeron muchos en la ruina o deterioro, debiéndose imponer sucesivamente más facilidades para el pago de su precio y terminándose por enajenar bastantes de ellos por precios irrisorios. Con todo, según el mismo autor, se desamortizó el 62% de lo que poseía el clero, quedando por vender el 38 restante, esto es, bienes por valor de 900 millones de reales, de los que el 75% correspondían al clero secular y el resto al regular, quedando una reserva cuantiosa de bienes que pasarían a engrosar el patrimonio objeto de la desamortización de 1855.

Dentro de este período, denominado por González Porras[81] «vendaval legislativo», coincidimos con la opinión del referido profesor cuando volvemos a encontrar el ya reseñado hecho relevante para la futura implantación de las certificaciones de posesión y de dominio como medio de inmatriculación en nuestro ordenamiento jurídico. Porque nuevamente una disposición, el art. 6 de la referida Ley de 1841[82], establece una exceptuación de bienes que no serán sometidos a venta; en el apartado cuarto exceptúa los edificios destinados a iglesias, catedrales, parroquiales, anejos o ayudas de parroquia, y en el quinto, el palacio-morada de cada prelado y la casa en que habiten los curas párrocos y tenientes, con sus huertos o jardines adyacentes. Comprobamos de nuevo como los esfuerzos desamortizadores siempre sitúan el límite en los inmuebles destinados al culto y a residencia de obispos y sacerdotes, línea que quedaría reforzada en el posterior Convenio-Ley de 1860.

Y tan es así que se exigió, mediante la Instrucción de 15 de septiembre, que los propios prelados, cabildos catedrales, colegiales y beneficiales, los párrocos, mayordomos de fábrica, ermitas, santuarios y cofradías, o lo que es los mismo, todos los administradores de cualquier bien del clero secular o instituciones eclesiásticas dieran relación circunstanciada de los bienes no exceptuados (art. 3º de la Instrucción). Para disponerse en su art. 12º y siguientes un procedimiento de «toma de posesión» de los mismos, con intervención de alcaldes, síndicos y secretarios de los ayuntamientos. Lo que puede resultar de gran interés en el caso de demostrar que un determinado bien fue objeto de inclusión en tales relaciones o quedó fuera de las mismas.

Por lo que respecta a los conventos, el Decreto de 9 de diciembre de 1840[83] dispuso un plazo improrrogable de sesenta días para que los ayuntamientos solicitasen los que necesitaren para fines de utilidad pública, produciéndose una ingente cantidad de solicitudes. Esta circunstancia, y el estado deplorable al que estaban

81. González Porras, J.M. *La propiedad de la Iglesia de la Merced (1236-2015). Estudio histórico-jurídico,* Fundación Cajasol, Córdoba, 2016, pág. 175.
82. Gaceta de Madrid, número 2515, de 5 de septiembre de 1841.
83. Gaceta de Madrid, número 2847, de 27 de julio de 1842.

siendo llevados los edificios, causó el Real Decreto de 26 de julio de 1842 por el que se establecían reglas en orden a esta concesión a los ayuntamientos. El art. 4º disponía lo siguiente: «La base de que ha de partirse en el otorgamiento de estas concesiones será la de hacer gratuitas las que se solicitan para objetos o establecimientos de utilidad pública propiamente dicha de uno o muchos pueblos, como son: hospitales, hospicios, escuelas de instrucción costeadas por los fondos comunes o del Estado, cuarteles de Milicia nacional, donde la importancia de estas lo requiera, cárceles, parroquias, casas consistoriales y demás análogos». El art. 10º exceptuaba los conventos que el Estado había ya destinado a tales fines, siendo responsable de las enajenaciones la junta de bienes nacionales, dependiente de la Dirección General de Arbitrios de la Amortización. Veremos, pues, como antiguos conventos pasan a ser utilizados por el Estado, cómo otros pasan a ser destinados a fines de utilidad social por los ayuntamientos tras concesiones no onerosas, y que templos de los conventos podían pasar a propiedad de las diócesis por ser destinados a parroquias o por contar con determinadas características. De todas estas posibles alternativas comprobaremos algunos casos que han dado lugar a resoluciones judiciales en procesos judiciales sobre inmatriculación de fincas de la Iglesia.

4. LA DÉCADA MODERADA

El proceso desamortizador llegó hasta la caída del partido progresista, ordenando los moderados, bajo el mando del general Narváez, la suspensión de la venta de todos los bienes del clero secular y de las monjas, hasta que el Gobierno, de acuerdo con las Cortes, determinase lo que conviniera, según Decretos de 26 de julio y 8 de agosto de 1844, y ordenándose posteriormente la devolución de los bienes no enajenados, por el Decreto de 3 de abril de 1845. El ministro de Hacienda de Narváez, Mon, justificó esta suspensión «para conservar la religión de nuestros padres», aunque en verdad respondía a un mal funcionamiento de la contribución de culto y clero; las medidas pretendían tranquilizar a los compradores de bienes «ya enajenados oficialmente» y continuaron con las negociaciones de cara a un acuerdo con la Santa Sede que reconociera la oficialidad de tales ventas[84].

V. EL CONCORDATO DE 1851

Finalmente, la política desamortizadora había generado un ambiente hostil y de fuerte reacción por parte del catolicismo por lo que la preocupación moderada se centró en tratar de apaciguar la revolución e intentar sacar partido de las ventajas producidas, esto es, «armonizar el orden con la libertad, tratando de superar el ambiente imperante»[85]. Esto hizo que la desamortización fuese el primer problema planteado al negociar un acuerdo con la Santa Sede[86] que, después de muchos ava-

84. Martí Gilabert, F. *La desamortización..., op. cit.*, pág. 68.
85. Martí Gilabert, F. *La desamortización..., op. cit.*, pág. 77.
86. Tuñón de Lara, M. *Historia de España, op. cit., tomo 8*, pág. 198.

tares[87], se firma el 16 de marzo de 1851 y que, en palabras de CARR[88], «reconocía, en principio, la injusticia de la erastiana pretensión liberal de un *dominium eminens* por parte del Estado y de la confiscación unilateral de la propiedad del clero secular». Ya la supresión de la venta de bienes eclesiásticos, la devolución al clero secular de parte de sus bienes, la redacción de un rotundo artículo 11 en la Constitución de 1845 consagrando la religión católica como oficial del Estado, habían supuesto un acercamiento de los moderados a la Iglesia, pretendiendo que esta abandonara la causa y se posicionara del lado de la reina Isabel II[89].

El profesor TOMÁS Y VALIENTE[90] desgrana los contenidos del Concordato en los siguientes:

a) La afirmación de que la religión católica es la única de la nación española con exclusión de cualquier otra.

b) La afirmación de que la Iglesia podría adquirir en el futuro bienes por cualquier título.

c) La fijación de las cuantías de la dotación al culto y clero, que pueden incrementarse en el futuro.

d) La determinación de los fondos presupuestarios de los que se extraerían las cantidades fijadas para la dotación de culto y clero.

e) El establecimiento de la posibilidad de crear casas de religiosos y religiosas.

f) La declaración de que la instrucción en universidades, colegios, escuelas públicas o privadas fuese conforme a la doctrina católica.

A cambio, la Santa Sede reconoció la legalidad de las expropiaciones pasadas. Así consta en el art. 42 del Concordato, que afirmaba lo siguiente: «*El Santo Padre, a instancia de Su Majestad Católica, y para proveer a la tranquilidad pública, decreta y declara que los que durante las pasadas circunstancias hubiesen comprado en los dominio de España bienes eclesiásticos, al tenor de las disposiciones civiles a la sazón vigentes, y estén en posesión de ellos y los que hayan sucedido o sucedan en sus derechos a dichos compradores, no serán molestados en ningún tiempo ni manera por Su Santidad ni por los Sumos Pontífices sus sucesores; antes bien, así ellos como sus causahabientes disfrutarán segura y pacíficamente de dichos bienes y sus emolumentos y productos*». El compromiso, según MARTÍ GILABERT[91], dio a la Iglesia una base legal y económica para ejerci-

87. TOMÁS Y VALIENTE, F. *El marco político..., op. cit.*, pág. 103.
88. CARR, R. *España 1808-2008;* Editorial Ariel, Madrid, 2009, pág. 202.
89. TOMÁS Y VALIENTE, F. *Manual de Historia..., op. cit.*, pág. 616.
90. TOMÁS Y VALIENTE, F. *Manual de Historia..., op. cit.*, págs. 616-617.
91. El art. 42 del Concordato establecía, sobre las ventas ya realizadas, que «los que durante las pasadas circunstancias hubiesen comprado en los dominios de España bienes eclesiásticos, a tenor de las disposiciones civiles a la sazón vigentes, y estén en posesión de

tar sus actividades y le liberó de una hueste de clérigos ociosos y sin beneficios; en definitiva, «mientras el liberalismo mantuviese la unidad católica de España y aceptase pagar al clero, la jerarquía aceptaría al Estado liberal, aunque lo hiciese a regañadientes». Como consecuencia del acuerdo, el 11 de abril de 1851 se suspende la venta de bienes de los religiosos; y el 13 de mayo, la venta y redención de bienes, censos y demás pertenencias de las extinguidas comunidades regulares de ambos sexos, clero secular, ermitas, santuarios, hermandades y cofradías.

Según Moreno Antón[92], el Concordato intenta paliar los problemas patrimoniales creados por la desamortización a través de cuatro medidas:

- Derogando la legislación desamortizadora, de modo general.
- Devolviendo a la Iglesia las propiedades que no habían sido enajenadas.
- Reconociendo el derecho de propiedad y de adquirir de la Iglesia. Y ello con la garantía de que la propiedad que todavía se conservase y lo que se adquiriese en el futuro fuese respetado; esto es, se establecía una especie de cláusula de salvaguarda contra futuras desamortizaciones[93].
- Dotando económicamente el culto y clero.

La regulación del Concordato sufrió frecuentes infracciones, no sólo en lo relacionado con el capítulo de la dotación económica del culto y clero sino, fundamentalmente, con el proceso desamortizador desencadenado en 1855[94].

---

ellos, y los que hayan sucedido o sucedan en derecho a dichos compradores, no serán molestados en ningún tiempo ni manera por Su Santidad ni por los Sumos Pontífices, sus sucesores; antes bien, así ellos como sus causahabientes disfrutarán segura y pacíficamente la propiedad de dichos bienes y sus emolumentos y productos». A cambio de esta, llamémosla, sanación *in radice* de las ventas de bienes desamortizados, el Estado se comprometía a la devolución inmediata de los bienes no comprendidos en la Ley de 3 de abril de 1845 que todavía no hubieran sido enajenados, aunque se dispusiera su venta en pública subasta, convirtiendo su producto en deuda pública al 3%. Martí Gilabert, F. *La desamortización..., op. cit.*; pág. 78.

92. Moreno Antón, M.G. *La enajenación de bienes eclesiásticos en el ordenamiento jurídico español*, Salamanca 1987, pág. 70.
93. González Armendia, J.R. *Sistemas históricos..., op. cit.*, pág. 83. Así se disponía en el art. 41 del referido Concordato: «Además la Iglesia tendrá derecho a adquirir por cualquier título legítimo, y su propiedad en todo lo que posee ahora o adquiriese en adelante será solemnemente respetada. Por consiguiente, en cuanto a las antiguas y nuevas fundaciones eclesiásticas no podrá hacerse ninguna supresión o unión sin la intervención de la autoridad de la Santa Sede, salvas las facultades que competen a los Obispos según el Concilio de Trento».
94. Hierrezuelo Conde, G. *Historia jurídico-económica..., op. cit.*; pág. 23. El autor analiza las variadas infracciones cometidas que abarcaban casi todo el articulado del Concordato.

VI. LA DESAMORTIZACIÓN DE PASCUAL MADOZ

Tras el pronunciamiento en Vicálvaro de Leopoldo O´Donnell el 28 de junio de 1854 contra el gobierno moderado, que finaliza con el Manifiesto del Manzanares, las fuerzas progresistas vuelven al poder y se inicia el denominado Bienio Progresista (1854-1856). Espartero vuelve al frente del gobierno y nombra ministro de Hacienda a Madoz, quien estará en el cargo entre enero y julio de 1855. Los progresistas se encontraban divididos entre el ala más radical, partidarios de Espartero y de incidir profundamente en las políticas desamortizadoras, y los de O´Donnell, más eclécticos y convencidos de la necesidad de respetar el Concordato firmado con la Santa Sede en 1851. Al imponerse los primeros, se inicia un nuevo proceso desamortizador que, en palabras de Tuñón de Lara, fue la última y más importante etapa, llamándose «general» porque ya no solo se trataba de los bienes eclesiásticos sino de todos los amortizados, esto es, también los pertenecientes al Estado y los municipios, intentándose «vender en pública subasta todos aquellos bienes raíces que no pertenecieran a individuos privados»[95].

La política desarrollada en el Bienio, sin duda, fue la de mayor calado entre todas las llevadas a cabo durante el siglo XIX, siendo la de mayor volumen[96] y la que se mantuvo durante más tiempo vigente, con las interrupciones propias de las alternancias que sufría el gobierno de la Nación; de hecho, puede afirmarse que estuvo activa durante los periodos comprendidos entre 1855-1856, 1858-1896 y 1897-1924.

Al cabo, la difícil situación de la Hacienda y la promesa en su programa político de una vuelta a las medidas desamortizadoras llevaron a los progresistas a proponer la Ley de Desamortización; su proyecto se presenta por el propio Madoz en las Cortes, con fecha 4 de febrero de 1855, haciendo hincapié en «salvar la inmensa masa de bienes sobre los que todavía se extendía la garra yermadora de la amortización». La Comisión presenta su dictamen el 23 de febrero y se discute la misma en Cortes con dos posturas claramente enfrentadas: por la oposición, el diputado Claudio Moyano, que entiende que no hay competencia en el Parlamento para aprobar una disposición contraria a lo establecido en el Concordato[97]; y por los defensores, Patricio de la

95. Tuñón de Lara, M. *Historia de España, op. cit., tomo 8*, pág. 35.
96. Martí Gilabert nos ofrece las cifras estudiadas por Simón Segura; según el autor, en 1798 el volumen total de ventas ascendió a 1.600.000.000 reales; las de 1836, a 3.447.227.075 reales; y las de 1855, a 7.855.958.234 reales, más del doble que las de Mendizábal. Martí Gilabert, F. *La desamortización..., op. cit.*; pág. 81. En el mismo sentido, TUÑÓN refiere que de los 11.300 millones de reales en ventas desde 1836 hasta finales de siglo, 4.900 millones se vendieron entre 1855 y 1867. Tuñón de Lara, M. *Historia de España, op. cit.*, tomo 8, pág. 35.
97. Para González Armendia, la desamortización de 1855 significó una clara violación del Concordato; y el entiende que varios autores, como González Ruiz, entienden que se producen tres quiebras de lo acordado con la Santa Sede: la primera, la del art. 41, que estableció que la propiedad de la Iglesia sería respetada en adelante; la segunda, del art. 35, que dejaba en manos de los obispos la venta y conversión en títulos de deuda de los bienes de religiosos, que pasa a la Administración estatal; y tercero, que

Escosura, quien alegó que el Concordato era desventajoso para la Nación y que no se trataba de despojar a las corporaciones de sus bienes, sino de cambiar la forma de los mismos[98]. No obstante, la amplia mayoría progresista acabó aprobando la ley por 159 votos contra 13 de la oposición. La reina Isabel II no era partidaria de faltar al acuerdo con la Santa Sede ya que iba contra su conciencia, pero Espartero y O´Donnell presionaron y amenazaron con una dimisión en bloque, lo que llevó a la firma de la Ley de 1 de mayo de 1855, si bien la Reina comunicó a la Iglesia que trataría de volver a la situación anterior en cuanto las circunstancias políticas lo permitiesen.

La novedad más importante de la Ley consistió en su carácter general, incluyendo no sólo los bienes eclesiásticos sino los del Estado, órdenes militares de Santiago, Alcántara, Calatrava, Montesa y San Juan de Jerusalén, cofradías, obras pías y santuarios, del ex infante D. Carlos, de los propios y comunes de los pueblos, de la beneficencia, instrucción pública y cualquiera otros pertenecientes a manos muertas, ya estuvieran mandados o no vender por leyes anteriores (artículo 1). El pago de los bienes debía efectuarse en dinero metálico y en un plazo de 15 meses (artículo 6) y no mediante la entrega de títulos de deuda pública[99]; por último, el artículo 29 derogaba cuantas disposiciones contradijeran lo dispuesto en la Ley.

En cuanto a los bienes del clero, el art. 22 disponía que a medida que se fuesen enajenando se emitían a su favor inscripciones intransferibles de deuda consolidada al 3 por ciento por el capital correspondiente al importe de la venta, al precio de mercado de los títulos el día respectivo de la entrega; por su parte, el art. 23 establecía que dichas inscripciones intransferibles se destinaban a cubrir el presupuesto del culto y clero. La finalidad de estos preceptos, como señala Hierrezuelo Conde[100], era compensar a las entidades con una cantidad equivalente al importe de venta de los bienes, aunque tal equivalencia era sólo aparente por la diferencia entre el valor real y el de venta (por el exceso de oferta en el mercado y los abusos del sistema de subastas) y por la depreciación de la moneda.

Las disposiciones de la Ley Madoz fueron completadas con la Instrucción de 31 de mayo, para el cumplimiento de la desamortización, y la Ley de 11 de julio de 1856, que reformaba algunas disposiciones de la referida Ley de 1 de mayo. Se creaba el 15 de mayo la Dirección General de Ventas de Bienes Nacionales, que dirigía todos los aspectos relacionados con la desamortización, estableciendo procedimientos, cargos y atribuciones del Director General, Gobernadores de las provincias, comisionados, subalternos, etc.[101].

---

se vulnera el derecho de la Iglesia a poseer bienes pacíficamente. González Armendia, J.R. *Sistemas históricos..., op. cit.*, pág. 89.

98. Martí Gilabert, F. *La desamortización..., op. cit.*; págs. 82 y ss.
99. No tardó mucho el Gobierno en incumplir tal disposición al aprobar mediante Ley de 14 de julio la emisión de 230.000.000 de reales en títulos de deuda para hacer frente al pago de bienes nacionales y redención de censos y foros.
100. Hierrezuelo Conde, G. *Historia jurídico-económica..., op. cit.*; pág. 16.
101. Martí Gilabert, F. *La desamortización..., op. cit.*; págs. 94 y 95.

Tras el derrocamiento del General Espartero, unionistas y moderados suspenden la venta de los bienes del clero en Real Decreto de 23 de septiembre de 1856, suspendiendo el gobierno Narváez poco más tarde toda la Ley Madoz, con fecha 14 de octubre del mismo año. O´Donnell vuelve al frente de la Unión Liberal el 30 de junio de 1858 y el 2 de octubre pone de nuevo en vigencia la desamortización, pero con la salvedad de exceptuar de la misma los bienes de la Iglesia. Al estar más cerca de los moderados que de los progresistas, nos dice Martí Gilabert[102], envía un embajador a Roma para negociar y ultimar con la Santa Sede la desamortización, terminando la gestión diplomática con el Convenio de 25 de agosto de 1859, convertido en la Ley de 4 de abril de 1860.

VII. EL CONVENIO DE 25 DE AGOSTO DE 1859 Y SU DESARROLLO

El Concordato de 1851 queda restablecido mediante el Convenio adicional de 1859 y la Ley de 4 de abril de 1860. El Convenio extiende el favor dado por la Iglesia en el art. 42 del Concordato (que sanaba las ventas anteriores al mismo) a los bienes que hubiesen sido enajenados con arreglo a la desamortización de 1855 (art. 20), declaraba que en adelante no habría ninguna venta sin el consentimiento de la Iglesia (art. 1), reconocía a la Iglesia como dueña de todo lo devuelto por el Concordato (art. 4), así como le volvía a reconocer la misma capacidad patrimonial en su art. 3[103].

El objetivo del Convenio, señala Palos Estaún[104], no era otro que «conmutar los bienes eclesiásticos por inscripciones intransferibles de la deuda consolidada al 3 por 100 y representar por inscripciones de la misma especie el resto de la dotación del culto y del clero, conservando la Iglesia el derecho de adquirir». Porque, con relación a los bienes adquiridos con anterioridad al Convenio, seguía en vigor la legislación desamortizadora, se consideraban sometidos a la misma y no podían inscribirse en el Registro de la Propiedad ni disponer de ellos, pues sólo podía hacerse tal disposición por el Estado.

La importancia de esta Ley puede resumirse en que, con algunas excepciones en tiempos posteriores, «concluyeron las vicisitudes por las que pasó la legislación desamortizadora en España»[105]. Convenio y Ley exponen la transacción Iglesia-Estado por la que la primera acepta las ventas de los bienes desamortizados que formaban parte de su patrimonio (ampliando lo acordado en el Concordato a los desamortizados desde 1855) a cambio de ver recogida en una norma estatal su capacidad patrimonial, hasta antes del siglo XIX dada por descontada pero que Ilustración y liberalismo pusieron en seria duda.

102. Martí Gilabert, F. *La desamortización..., op. cit.;* pág. 96.
103. Hierrezuelo Conde, G. *Historia jurídico-económica..., op. cit.;* págs. 24-25.
104. Palos Estaún, A. *Iglesia y propiedad,* Ponencias de las IX Jornadas sobre Marco Legislativo del Patrimonio, CEE 2015, pág. 27.
105. Hierrezuelo Conde, G. *Historia jurídico-económica..., op. cit.;* pág. 25.

En consecuencia, por lo que a los bienes de la Iglesia Católica respecta, tal y como indica la profesora De la Haza Díaz[106], se distinguió entre dos tipos de bienes propiedad de estos:

a) Bienes que la Iglesia adquiriera con posterioridad a la entrada en vigor de la Ley, que quedaban absolutamente excluidos de la desamortización, perfectamente inscribibles en el Registro de la Propiedad, cuyo disfrute o enajenación eran absolutamente libres por parte de la Iglesia, enajenaciones que permitían la inscripción a cargo del adquirente de los bienes[107]. Así, el art. 3 del Convenio-Ley establecía: «Primeramente, el Gobierno de Su Majestad reconoce de nuevo formalmente el libre y pleno derecho de la Iglesia para adquirir, retener y usufructuar en propiedad y sin limitación ni reserva toda especie de bienes y valores, quedando en consecuencia derogada por este convenio cualquier disposición que le sea contraria y, señaladamente y en cuanto se le oponga, la ley de 1º de mayo de 1855. Los bienes que en virtud de este derecho adquiera y posea en adelante la Iglesia no se computarán en la dotación que le está asignada por el Concordato».

b) Bienes de la Iglesia adquiridos con anterioridad a la entrada en vigor del Convenio-Ley de 1860. En este grupo de bienes se establecía una subdivisión:

   - Los que no estaban sujetos a la desamortización. El art. 6 del Convenio-Ley enumeró una relación de bienes propiedad de la Iglesia que quedaban al margen de la venta forzosa y exceptuados de la desamortización: «Serán eximidos de la permutación y quedarán en propiedad de la Iglesia en cada diócesis todos los bienes enumerados en los artículos 31 y 33 del Concordato de 1851, a saber: los huertos, jardines, palacios y otros edificios que en cualquier lugar de la diócesis estén destinados al uso y esparcimiento de los Obispos. También se reservarán las casas destinadas a la habitación de los párrocos, con sus huertos y campos anejos, conocidos bajo las denominaciones de iglesiarios, mansos y otras».

     Además, retendrá la Iglesia en propiedad los edificios de los Seminarios conciliares con sus anejos, y las Bibliotecas, las casas de corrección o cárceles eclesiásticas y, en general, todos los edificios que sirven en el día para el culto y los que se hallan destinados al

106. De la Haza Díaz, P. *Inmatriculación de bienes de la Iglesia mediante certificación expedida por el Diocesano,* Revista Crítica de Derecho Inmobiliario, número 630, año 1995, págs. 1589-1590.

107. Ruano Espina, L. «La polémica en torno a la inmatriculación de bienes de la Iglesia católica en el Registro de la Propiedad en virtud de certificación del ordinario diocesano», *AIS: Ars Iuris Salmanticensis,* 9(1), año 2021, pág. 44. https://doi.org/10.14201/AIS2021913951.

uso y habitación del clero regular de ambos sexos, así como los que en adelante se destinen a tales objetos.

Estos bienes podían ser enajenados por parte de la Iglesia; ahora bien, debía acreditarse ese hecho de estar exceptuado de la desamortización, «por medio del traslado de la orden ministerial en que así constase o mediante certificación expedida por el diocesano respectivo, que acreditaba que la finca o derecho real figuraba en la relación de bienes no incluidos en los inventarios de los sujetos a desamortización»[108].

- Los bienes que sí se encontraban sujetos a la desamortización. Eran todos los no comprendidos en la relación arriba indicada del art. 6 del Convenio-Ley. La Iglesia no tenía capacidad para disponer de ellos y su tratamiento era el de bienes nacionales que debían ser enajenados por el Estado, no pudiendo ser enajenados por la Iglesia; si se produjese dicha enajenación, no podría procederse a su inscripción en el Registro de la Propiedad. Solo el Estado, en consecuencia, podía proceder a su venta permutando el importe por títulos e inscripciones intransferibles al tres por ciento.

Pero podríamos preguntarnos lo siguiente: ¿qué ocurría con los bienes que aun estando exceptuados de la desamortización y consiguiente permutación habían sido enajenados o estaban pendientes de ser enajenados por el Estado?

Con respecto a aquellos bienes que, según estas disposiciones, estaban fuera de la desamortización, pero habían sido enajenados por el Estado con anterioridad a la entrada en vigor del Convenio-Ley, el dilema se había resuelto mediante la aplicación del saneamiento retroactivo reconocido por la Santa Sede en el Concordato de 1851.

Y sobre los que aún estaban pendientes de enajenación, el Estado reconoció la propiedad absoluta de la Iglesia, pero debiéndolos permutar por títulos e inscripciones intransferibles al tres por ciento de la deuda consolidada del Estado[109]. Estos bienes se encontraban en un gran estado de deterioro y eran de difícil administración, siendo su valor de venta muy inexacto a los efectos de poder computarlos para el sistema de dotación del clero, por lo que el Estado propuso dicha permuta por los títulos intransferibles de deuda al 3 por ciento[110].

En definitiva, todos los bienes no incluidos en el art. 6 del Convenio de 1860, o aquellos que los obispos se hubiesen reservado por ser de utilidad para la Iglesia (art. 10), fueron objeto de enajenación por parte del Estado.

---

108. Ruano Espina, L. *La polémica en torno..., op. cit.*, pág. 44. https://doi.org/10.14201/AIS2021913951.
109. Hierrezuelo Conde, G. *Historia jurídico-económica..., op. cit.*, pág. 26.
110. González Armendia, J.R. *Sistemas históricos..., op. cit.*, pág. 91.

No obstante, es evidente que las anteriores disposiciones iban a dar paso a una casuística de enorme complejidad, lo que dio lugar al Real Decreto de 21 de agosto del mismo año[111]. Esta norma disponía la orden de realizar una serie de inventarios, por triplicado ejemplar, en siete modelos distintos, que debían recoger los bienes desamortizados afectados por diferentes disposiciones; según su art. 6, eran objeto de los inventarios todos los bienes del clero regular y secular, incluso los devueltos en virtud del Concordato, con excepción de los comprendidos en el art. 7 (que era un trasunto del art. 6 del Convenio Ley de 4 de abril, incluyendo los bienes exceptuados de desamortización)[112].

El art. 8 del Real Decreto ordenaba a las Administraciones de Propiedad y Derechos del Estado la realización de estos inventarios de las fincas no incluidas en los inventarios, por estar exceptuadas de la permutación, por cada diócesis, para lo que se pusieron en contacto con los respectivos obispos con objeto de poner en su conocimiento las listas, así como para reclamar su colaboración.

De esas listas, la señalada como modelo número 4 es la que debemos tener como fundamento de la posible prueba de la titularidad eclesiástica de un bien inmueble; en ella se relacionaban todos los inmuebles exceptuados de desamortización y de permutación, incluyendo en dicha relación los datos del pueblo en el que estaban situados, su clase y denominación, la corporación a la que pertenecían y el objeto al que estaban destinados.

En palabras de Palos Estaún[113], una vez concluidas dichas listas con la colaboración de los correspondientes obispados, «la conclusión es que todos los edificios registrados en el modelo 4 pertenecen a la Iglesia mientras no conste documentación o prueba en contra posterior».

Estos listados debían quedar custodiados en los archivos diocesanos y para los bienes que, dentro de esta relación, no tenían título escrito de dominio se arbitró una fórmula similar a la establecida para los bienes del Estado en orden a su inscripción en la Contaduría de Hipotecas; se dispuso que los Diocesanos respectivos expidieran certificaciones acreditativas de la posesión del bien inmueble por la Iglesia, que el mismo figuraba en el Archivo diocesano y que, en consecuencia, estaba exceptuado de desamortización[114].

111. Gaceta de Madrid, número 257, de 13 de septiembre de 1860.

112. Palos Estaún, A. *Iglesia y propiedad, op. cit.*, pág. 27. Nos dice el autor que las siete relaciones que se ordenaban hacer eran: fincas rústicas y urbanas incautadas a la Iglesia (art. 1); censos a favor de la Iglesia cuya cobranza no tiene inconveniente (art. 2); censos a favor de la Iglesia cuya cobranza ofrece inconvenientes (art. 3); bienes exceptuad os de permutación (art. 7); fincas vendidas (art. 9); censos redimidos (art. 9); y censos de los que se solicitó la redención antes del RD de 23 de abril de 1856 (art. 9).

113. Palos Estaún, A. *Iglesia y propiedad; op. cit.*, pág. 29.

114. Ruano Espina, L. *Régimen jurídico registral de los bienes de las confesiones religiosas y su tratamiento jurisprudencial*, Editorial Aranzadi, Cizur Menor, 2005, pág. 65.

En los años siguientes asistimos a una serie de disposiciones que tratan de aclarar algunos aspectos litigiosos surgidos de la interpretación de lo establecido en el Convenio-Ley de 1860. Especialmente, con relación a los huertos adyacentes a las iglesias, que se incluían en la relación de bienes exceptuados de desamortización, pero que dieron lugar a numerosos contenciosos.

La primera disposición a resaltar es el R.D. de 4 de enero de 1867[115], desarrollada mediante Circular de 19 de enero del mismo año, en el que se recuerda que el art. 6 del Convenio de 1860 disponía quedar exentas de la permutación las casas destinadas a la habitación de los párrocos con sus huertos y campos anejos, conocidos bajo las denominaciones de iglesiarios, mansos y otras; lo que no podía ponerse en duda, dada la claridad del precepto, si bien habían existido conflictos en lo que respecta a los pormenores de su ejecución. Existía por una parte la intención de restringir el concepto de huertos anejos a las iglesias, disponiendo en pública subasta de muchos de los que pudieran considerarse como tales; y de otra parte se pretendía extender el concepto de huerto hasta alcanzar fincas muy lejanas a la finalidad pretendida en el acuerdo reflejado en el Convenio de 1860.

Lo que expone la disposición es que el Convenio exceptúa de la venta «las casas rectorales con sus huertos y campos anejos; y esta palabra demuestra que para disfrutar de aquellas y de estos ha de haber entre ellos cierto enlace y dependencia». Y siendo ese término «anejo» el causante de la discrepancia, concluye diciendo no ser posible pretender «que los huertos y campos hayan de estar materialmente unidos a las casas, cuando el Convenio solo dice que sean sus anejos; cuya condición se llena si existiendo casa rectoral se han poseído siempre como una dependencia de esta, y si del mismo modo que la casa sirve para habitación del Párroco, el huerto se ha destinado siempre para su expansión y recreo».

Expuesta la causa, dispone en el art. 1 que se entenderán por huertos y campos anejos a las casas rectorales «la finca que haya venido disfrutando y poseyendo gratuitamente el Párroco para su comodidad y recreo y para las necesidades de su casa, aunque no esté materialmente unida a esta», fijándose una extensión de hectárea y media o dos hectáreas, en función del lugar y características, como superficie máxima (art. 4). No tienen ese concepto las fincas que hayan servido para la obtención de rentas por las parroquias. Y termina la disposición conminando a diocesanos y gobernadores para que, previos expedientes, separen las fincas que tengan que quedar sujetas a esta excepción, no debiendo causar la tramitación de los referidos expedientes gastos ni cargas para los párrocos.

En cuanto a las órdenes religiosas y congregaciones, la aplicación de la doctrina de plena capacidad patrimonial surgida del Concordato no se aplica y declara de modo auténtico hasta el RD de 25 de julio de 1868 que, indirectamente, reconoce esta capacidad legal de adquirir y retener al prohibir en su art. 2º a las religiosas profesas que puedan adquirir individualmente bienes de ninguna especie, «salvo

115. Gaceta de Madrid, núm. 6, 6 de enero de 1867.

el derecho de las Comunidades para adquirir y poseer según las leyes canónicas y según los Convenios celebrados con la Santa Sede»[116].

Mediante Real Orden de 12 de abril de 1871[117] vuelve a establecerse regulación sobre el particular de los huertos pertenecientes a los denominados iglesiarios o mansos, fundamentada en la gran cantidad de expedientes incoados a instancias de párrocos, especialmente en Galicia, que pretendían la inclusión como huertos anejos a las casas rectorales de fincas que, según se deduce, no tenían dicho carácter. Para frenar esta visión extensiva de los denominados huertos, se exigen determinados requisitos para que sí puedan tener dicha consideración: la distancia que separe la finca de la casa rectoral, que desde tiempo inmemorial la haya disfrutado para su recreo, los caminos y servidumbres que la atraviesen, su extensión y tasación, si sus productos eran imputados a la renta del párroco, si se encontraban incluidas en la relación por triplicado del listado de bienes exceptuados de desamortización que exigía el Convenio de 1860 y si había sido vendida.

Disponía el resto de la Orden un procedimiento para averiguar las fincas que se encontraban dentro de los términos establecidos, pasando las que no cumpliesen dichas condiciones a engrosar el grupo de bienes sujetos a desamortización y enajenables en pública subasta. En definitiva, el Gobierno se reservaba la facultad para resolver los expedientes sobre excepciones de la desamortización en cuanto a estos huertos rectorales.

Las controversias surgidas en aplicación de estos expedientes llegaron a dar lugar a la Sentencia del Consejo de Estado de 24 de agosto de 1888[118], que resolvía sobre el contencioso existente con una parroquia de la provincia de León. La resolución, haciendo referencia al RD de 4 de enero de 1867, concluía entendiendo que el concepto de huerto debía entenderse en el sentido de considerar exceptuadas de la desamortización todas aquellas fincas que hubiesen venido siendo disfrutadas y poseyendo gratuitamente los párrocos de las parroquias o de las iglesias.

VIII. LOS HECHOS POSTERIORES AL CONVENIO DE 1859 Y A LA APROBACIÓN DE LA LEY HIPOTECARIA DE 1861

1. LA GLORIOSA REVOLUCIÓN Y LA RESTAURACIÓN

La pérdida de prestigio de Isabel II llevó a la revolución de septiembre de 1868; según Tomás Villarroya[119], los revolucionarios trajeron consigo: un radicalismo

116. Galindo de vera, L. y De la Escosura y Escosura, R. *Comentarios a la legislación hipotecaria de España*; 4ª edición; Tipografía de Antonio Marzo, Madrid, 1903; pág. 61.
117. Gaceta de Madrid, núm. 105, 15 de abril de 1871.
118. Gaceta de Madrid, núm. 129, 9 de mayo de 1888.
119. Tomás Villarroya, J. *Breve historia del constitucionalismo español (13ª ed.)*, Centro de Estudios Constitucionales, Madrid, 2012, pág. 84.

político, que ponía en duda la institución monárquica; un radicalismo liberal, que pretendía un reconocimiento más amplio de derechos, entre ellos, la libertad de culto; y un radicalismo democrático, que buscaba el sufragio universal como modo de sustraer el poder a las clases que, hasta ese momento, habían tenido el monopolio de este.

El gobierno provisional de Serrano disuelve la Compañía de Jesús, considerándose bienes nacionales sus bienes muebles e inmuebles; disuelve las comunidades y asociaciones religiosas posteriores a 1835; extingue monasterios y casas de religiosos fundados tras la abolición de diezmos en 1837; y ordena la extinción de los bienes de las Conferencias de San Vicente de Paúl[120]. Mediante Orden Circular de 16 de noviembre de 1868 se dictan medidas de incautación de los bienes.

Establecida la Monarquía de Amadeo de Saboya a finales de 1870, el monarca abdica mediante escrito dirigido al primer ministro, Ruiz Zorrilla, de 11 de febrero de 1873; las Cortes, reunidas conjuntamente en Asamblea Nacional, proclaman la República como forma de gobierno del Estado. Y el proyecto de Constitución Federal de 1873 proclama la separación Iglesia-Estado y la libertad de cultos, disponiendo un sistema de absoluta neutralidad frente al fenómeno religioso. Todo ello da lugar a la presentación a las Cortes de un Proyecto de Ley de separación Iglesia-Estado, por el Ministerio de Gracia y Justicia, que reconoce en su art. 35 el derecho de la Iglesia de adquirir y poseer bienes temporales, reconociendo la posesión de los que eran objeto de acuerdo para su construcción y reparación, disponiendo que aquellos que tuviesen la calidad de monumentos histórico-artísticos habrían de pasar a manos del Estado[121].

En el período del reinado de Amadeo I se dicta un Decreto, con fecha 21 de marzo de 1871[122], sobre la concesión gratuita que se había hecho de los conventos desamortizados en beneficios de los ayuntamientos para su destino a fines de utilidad pública en 1842. Se ordenaba la incautación de los conventos que no se habían cedido formalmente a los ayuntamientos y que no habían sido destinados a esos fines de utilidad pública, así como de los terrenos o edificios que, habiendo sido cedidos en usufructo a las corporaciones o particulares, tampoco fueron destinados al objeto para el que se cedieron.

Sólo en el año 1873 la incipiente República contó con cuatro presidentes del poder ejecutivo, Figueras, Pi y Margall, Salmerón y Castelar; el caos y desorden llegaron a límites increíbles, con la desintegración de todo vínculo político y social de la nación[123]; el 3 de enero de 1874, el golpe de Estado del general Pavía acabó con la experiencia republicana, se restauró la Constitución de 1869, que se dejaba en suspenso, y el general Serrano fue nombrado presidente del Ejecutivo. Se abría

120. González Armendia, J.R. *Sistemas históricos..., op. cit.*, pág. 99.
121. González Armendia, J.R. *Sistemas históricos..., op. cit.*, pág. 107.
122. Gaceta de Madrid de 24 de marzo de 1874, año CCX, núm. 83.
123. Tomás Villarroya, J. *Breve historia..., op. cit.*, pág. 101.

el camino a la Restauración, proclamándose rey a Alfonso XII, en Sagunto el 29 de diciembre de 1874.

La Constitución de 1876 estableció la confesionalidad del Estado, con respeto a otros cultos, y mantuvo el sistema de dotación económica del culto y sus ministros.

2. LA II REPÚBLICA

La instauración de la II República trajo consigo la aprobación de una nueva Constitución, la de 9 de diciembre de 1931. Este texto constitucional fue antecedido por una serie de disposiciones en materia religiosa que implicaron una mengua importante de la capacidad de la Iglesia en diferentes ámbitos, especialmente el educativo y el patrimonial. Así, se decretó la disolución de la Compañía de Jesús, de las Órdenes Militares, se adoptaron medidas en materia educativa que afectaron a la libertad de la Iglesia para ejercer actividades de enseñanza, así como otras medidas en materia de patrimonio que afectaron a la capacidad patrimonial de la Iglesia y que se abordan en el capítulo de los antecedentes legislativos.

Capítulo III

Antecedentes legislativos: las leyes hipotecarias

I. ORIGEN DE LA PUBLICIDAD REGISTRAL

Siguiendo a DÍEZ-PICAZO[1], sabemos de la dificultad de encontrar precedente a la publicidad registral, ya que el Derecho Romano se sirvió de determinadas solemnidades con el fin de que se produjera la transmisión de la propiedad (la *mancipatio*, p. ej.). Entiende el autor que debemos remontarnos a la alta Edad Media para encontrar el origen de la publicidad, fundamentalmente en los libros abiertos por iglesias, monasterios y grandes propietarios, en los que copiaban los documentos referentes a sus propiedades, y que, si bien no pueden ser catalogados como precursores de la publicidad tabular, sí sirvieron de base a que algunos municipios tomasen el ejemplo y llevasen libros públicos en los que se hacían constar las enajenaciones que tenían lugar ante el Consejo municipal de los inmuebles situados en las referidas ciudades. Así surge en la parroquia de San Martín, de Colonia, en 1135, y se extiende a otras ciudades hanseáticas como Bremen o Lübeck.

Sobre la dinámica de este origen nos ilumina LACRUZ BERDEJO[2] indicando que, originariamente, se consignaba en los libros cualquier negocio realizado ante las autoridades del municipio, en pura sucesión cronológica, y sin tener en consideración su contenido público o privado, su naturaleza mobiliaria o inmobiliaria, ni el contrato. Pero con el tiempo, se comenzaron a utilizar diferentes libros para cada clase de negocios y, finalmente, se llegó a la práctica de consignar todas las anotaciones correspondientes al mismo inmueble en el mismo lugar del libro, dando oportunidad de conocer su vida jurídica; surge así, en Dantzig, el sistema de folio real.

La recepción del Derecho Romano en los siglos XIII y XIV en Alemania hizo decaer este sistema, volviéndose al sistema de la *traditio* para la transmisión de los bienes inmuebles. Pero el ascenso de la burguesía en el siglo XVIII produce un cambio radical. El acceso de la nueva clase emergente a la propiedad de los bienes

1. DÍEZ-PICAZO, L. *Fundamentos de Derecho civil patrimonial,* Tomo III, Editorial Civitas-Thomson Aranzadi, 5ª edición, Cizur Menor, 2008, págs. 341 y ss.
2. LACRUZ BERDEJO, J.L. *Derecho inmobiliario registral*, Editorial Civitas-Thomson Aranzadi, 2001, pág. 33.

desplaza la anterior propiedad feudal y tiene especial interés en que quede constancia de la inexistencia de cargas y gravámenes, pues la colocación de capitales garantizados con hipoteca u otra garantía real hacían de esa libertad inmobiliaria un requisito ineludible. Por tanto, concluye DÍEZ-PICAZO[3], «se aspira a la seguridad de las adquisiciones»; en el siglo XVIII, los registros se generalizan, primero como registros de cargas y gravámenes, convirtiéndose con posterioridad en Registros de la Propiedad; «la institución de los libros fundiarios, que era una reliquia histórica alemana, se va a generalizar en toda Europa».

Así, sigue indicando DÍEZ-PICAZO[4], pese a los intentos de dotar a Francia de un sistema de publicidad registral por los revolucionarios, especialmente con la Ley de 11 de Brumario del año VII (1798), basado en la inscripción de hipotecas y la transcripción de los actos de enajenación, el Código de 1804 acaba consagrando la transmisión de la propiedad por el mero consentimiento. No fue hasta la Ley de 23 de marzo de 1855, bajo Napoleón III, que no se establece la transcripción de los actos de enajenación y de transmisión de los derechos reales inmobiliarios a título oneroso.

En cuanto al ámbito germánico, los derechos reales e hipotecas no son tratados en Prusia hasta la Ley de 20 de diciembre de 1783 y el Código General de 1 de junio de 1794, que disponían la inscripción solo para la constitución de hipotecas, y no exigiéndola para transmisiones de la propiedad o constitución de derechos reales, salvo en cuanto a su oponibilidad a terceros. Fue en 1868 cuando se publica la Ley Hipotecaria, reformada en 1872, que establece el sistema de folio real con historia completa, con pleno tracto sucesivo[5].

La necesidad de una publicidad registral y de leyes hipotecarias y registrales encuentra su razón de ser, para DÍEZ-PICAZO, en los siguientes fundamentos:

1) En primer lugar, la necesidad de proteger el crédito territorial, lo que facilitaba obtener capitales y fuentes de financiación gracias a la seguridad que ofrecía la garantía hipotecaria. Por esto, no extraña que las primera leyes y normas hipotecarias constituyan las denominadas «contadurías de hipotecas», pues es este derecho real el que permitía ese tráfico económico garantizado, establecidas en nuestro Derecho por la Real Pragmática de Carlos III. Estas normas responden al cambio en el concepto de propiedad, configurándose la propiedad liberal o burguesa, heredera de las leyes desamortizadoras y que significaron el cambio de régimen jurídico y de titular, pasando la propiedad de estar amortizada a ser plena y libre, y los bienes de la Iglesia y otras manos muertas a los titulares individuales[6].

3. DÍEZ-PICAZO, L. *Fundamentos de Derecho civil..., op. cit., Tomo III*, pág. 342.
4. DÍEZ-PICAZO, L. *Fundamentos de Derecho civil..., op. cit., Tomo III*, págs. 342-347.
5. DÍEZ-PICAZO, L. *Fundamentos de Derecho civil..., op. cit., Tomo III*, págs. 347-350.
6. TOMÁS Y VALIENTE, F. «Recientes investigaciones sobre la desamortización: intento de síntesis», *Moneda y Crédito*, núm. 131, diciembre 1974, pág. 139.

2) El propio mercado inmobiliario, que ofrece interés por sí mismo y para el que se pretende la protección de los adquirentes de inmuebles. Para DÍEZ-PICAZO[7], estas fases fueron sucesivas, enriqueciéndose la burguesía con el comercio y la industria para, posteriormente, colocar ganancias y capitales en el mercado inmobiliario con la compra de bienes inmuebles; por ello, esas primeras leyes, que son hipotecarias, pretenden este nuevo objetivo pasando «la publicidad de las hipotecas a estar acompañada por la publicidad de las mutaciones dominicales y por la publicidad de los derechos reales». La primera fase liberalizadora de la tierra a través de las normas desvinculadoras, desamortizadoras y de supresión de señoríos es seguida de esta segunda, en la que se consolida la protección a la propiedad, especialmente mediante la reforma del régimen de publicidad registral, porque es imprescindible que este nuevo régimen de propiedad territorial sea seguro[8].

1. FASES DE LA PUBLICIDAD REGISTRAL EN ESPAÑA

La doctrina ha distinguido diversas fases en la publicidad jurídica o registral; en líneas generales, podemos distinguir cuatro periodos principales: el primero, el largo período precedente a los primeros intentos de lograr una publicidad registral; el segundo, que contiene los primeros intentos de conseguir esa publicidad, surgido a raíz de los descubrimientos en el siglo XVI; un tercero, en el que se integran los intentos de codificación civil y sus repercusiones en la materia hipotecaria; y un cuarto y último, en el que aparecen las leyes hipotecarias españolas.

En lo que respecta a la inmatriculación de bienes inmuebles en general, no será hasta la cuarta fase, con la creación de los Registros de la Propiedad, cuando se produzca el fenómeno inmatriculador para los propietarios, en general, y para la Iglesia Católica, dadas sus especiales circunstancias, en particular.

1.1. La fase de publicidad no registral

Antes de llegar a los intentos definitivos decimonónicos para dotar a nuestro Derecho de un verdadero sistema de publicidad registral, podemos seguir a MANZANO SOLANO Y MANZANO FERNÁNDEZ[9], quienes entienden que este largo

7. DÍEZ-PICAZO, L. *Fundamentos de Derecho civil..., op. cit., Tomo III*, pág. 351.
8. SERNA VALLEJO, M. *La publicidad inmobiliaria en el derecho hipotecario español*, Centro de Estudios Registrales, Madrid, 1996, págs. 267-269. La autora entiende que pueden entenderse ambas fases como sucesivas, si bien creemos más adecuado el criterio que las considera como sucesivas, siendo la publicidad registral una respuesta a la adquisición de la propiedad inmobiliaria por la emergente clase burguesa, necesitada de garantías que asegurasen ese advenimiento dominical y el tráfico jurídico y negocial subsiguiente.
9. MANZANO SOLANO, A. Y MANZANO FERNÁNDEZ, M.M. *Instituciones de Derecho Registral Inmobiliario*, Centro de Estudios Registrales, Madrid, 2008, pág. 55.

período puede subdividirse en dos fases: una primera, de publicidad no registral, hasta comienzos del s. XVI, en el que empiezan a manifestarse las consecuencias del descubrimiento de América; y una segunda, en la que se producen intentos de dotar a España de un verdadero registro inmobiliario.

Partiendo de la primitiva necesidad de dar publicidad a las transmisiones para obtener el beneplácito del grupo en el que se insertaban los interesados (tribu, gens, familia), y aunque en el primer cuerpo legal, la *Lex* Visigothorum, no se requería solemnidad alguna para transmitir la propiedad[10], se produce la recepción del Derecho Romano manteniéndose determinadas formas de publicidad autóctonas, como los pregones, edictos, avisos en parajes, etc., señalando los autores citados las siguientes características de la publicidad en este largo período[11]:

- La contratación *per chartam*, intervención de testigos y confirmación de cartas y privilegios.
- La *roboratio* o anuncio de las compras en la iglesia, plaza pública o Consejo municipal. Estos anuncios fueron regla general en nuestra Edad Media para toda clase de negocios jurídicos, existiendo ejemplos muy diversos de las exigencias en varias disposiciones: el Fuero de Alcalá (en la colación de la misa), el Fuero de Sepúlveda (ante el Concejo en ciertos días hábiles), el Fuero de Plasencia (se debía pregonar tres días la compra), el Fuero Viejo de Castilla (que prohibía las ventas a puerta cerrada o de noche) y otros[12].
- Los pregones, pesquisas o notificaciones de las ventas a efectos de ejercicio del retracto gentilicio. Así, el Fuero General de Navarra o el Fuero de Vizcaya, que establecían formas de publicidad mediante campanas o en la Misa mayor a fin de facilitar el ejercicio del retracto por quien estuviese legitimado.
- La *insinuatio* de las donaciones, registrándose en la Curia o Juzgado; de no hacerse, no perjudicaban a los terceros acreedores del donante. En palabras de Lacruz Berdejo[13], consistían en un «proceso voluntario de homologación o aprobación judicial de las donaciones cuantiosas, para establecer de momento su legitimidad y rechazar toda presunción de fraude o simulación».

Las Partidas recogen en su esencia el Derecho Romano y el predominio de la *traditio* como sistema de transferencia del dominio sin publicidad alguna. En el Derecho aragonés se permitía la tradición instrumental, sin necesidad de traspaso

10. Lacruz Berdejo, J.L. *Derecho inmobiliario..., op. cit.*, pág. 38.
11. Manzano Solano, A. y Manzano Fernández, M.M. *Instituciones..., op. cit.*, págs. 55-56.
12. Lacruz Berdejo, J.L. *Derecho inmobiliario..., op. cit.*, pág. 39.
13. Lacruz Berdejo, J.L. *Derecho inmobiliario..., op. cit.*, pág. 40.

posesorio. En esta época, nos dicen MANZANO SOLANO Y MANZANO FERNÁNDEZ[14], «la hipoteca se producía sin formalidad ni publicidad alguna y con carácter general y solidario, afectando a los bienes presentes y futuros de los deudores hipotecarios». Como excepciones a esta falta absoluta de publicidad, los autores citan los Libros de Repartimientos que se utilizaban en la repoblación realizada en la Reconquista para dar seguridad jurídica a los nuevos propietarios y titulares de derechos reales sobre las fincas concedidas, siendo ejemplo singular la Memoria de Donadíos de Córdoba, en el que se recogía el repartimiento de Fernando III el Santo tras la conquista de la ciudad en 1236.

1.2. La fase de publicidad registral

Hasta la consecución de un verdadero registro inmobiliario en España se producen de manera consecutiva dos corrientes o movimientos legislativos hasta el nacimiento y consolidación de la institución registral. El primero de ellos surge en el siglo XVI, con ocasión del descubrimiento de América y el nacimiento de la monarquía nacional tras la unificación de los reinos por los Reyes Católicos. El segundo, con posterioridad, ya en el siglo XIX, a consecuencia de las ideas ilustradas y de la Revolución Francesa. De estas sucesivas corrientes nacerán dos tipos diferentes de registros: el de cargas y el de la propiedad. A esta primera corriente la denominamos de publicidad registral, siendo previa a los definitivos intentos de dotar a España de un sistema de publicidad registral inmobiliaria.

El descubrimiento de América supone un cambio extraordinario en las relaciones comerciales, siendo el sistema feudal precedente absolutamente incapaz de prestar una respuesta a los movimientos de materias primas y capital que se comienzan a producir en el comercio con las tierras descubiertas. Estos movimientos financieros necesitaban una garantía jurídica «absolutamente incompatible con un sistema de cargas y gravámenes ocultos», produciéndose un aumento extraordinario de los pleitos a consecuencia, principalmente, de la venta como libres de inmuebles que se encontraban gravados en la realidad (estelionato), lo que provocaba una gran inseguridad jurídica, demandando como respuesta la adopción de un sistema de publicidad[15]. Es la alta burguesía de las ciudades la clase social que ve la necesidad de proteger sus intereses, una vez alcanzan su integración en las Cortes de las distintas ciudades como Procuradores; y en esas Cortes solicitan que se arbitren las soluciones para evitar el desconocimiento de los censos e hipotecas que pesan sobre los bienes raíces, dado que esta clase dirigente es la que posee «capitales para prestar a través de la fórmula de la compra de un censo consignativo y la que sufre los perjuicios de la ausencia de publicidad de dichas cargas»[16]. Se trataba de evitar la venta como libres de bienes sujetos a censos o prestaciones reales, perjudicando a los titulares de estas, por lo que las Cortes de Madrid de 1528 pidieron al Rey que se

---

14. MANZANO SOLANO, A. Y MANZANO FERNÁNDEZ, M.M. *Instituciones..., op. cit.*, pág. 56.
15. MANZANO SOLANO, A. Y MANZANO FERNÁNDEZ, M.M. *Instituciones..., op. cit.*, pág. 57.
16. SERNA VALLEJO, M. *La publicidad inmobiliaria..., op. cit.*, pág. 125.

obligara a presentar en las secretarías de los ayuntamientos los contratos de venta e imposición de censos y tributos; la propuesta no fue aceptada por Carlos V[17].

Y aunque antes del comienzo de este período hubo algunos intentos de publicidad[18], todo lo anterior resulta en el primer intento o precedente de un sistema de registro público, la *Real Pragmática de Carlos I y D.ª Juana*, del año 1539, dictada a petición de las Cortes de Toledo y reiterada por las de Valladolid en 1558, insertándose después en la Nueva Recopilación, Ley 3ª, Título 15, Libro V. Esta disposición, con posible influencia flamenca[19], ordenaba la toma de razón de censos, hipotecas y tributos de las heredades; de no tomarse razón, los poseedores de dichos bienes no podían verse obligados a ninguna cosa, ni dichas cargas hacían fe, ni podía juzgarse con arreglo a ellas; se trataba, en definitiva, de un registro de gravámenes[20], denominado *Registro de censos, tributos e hipotecas*.

En esta Pragmática, según Manzano Solano y Manzano Fernández[21], nos encontramos: a) una terminología propia, hablándose de registro, registrador; b) el objetivo social de evitar los pleitos y fraudes que se producían al ocultar los vendedores las cargas, tributos, censos e hipotecas que pesaban sobre los inmuebles

17. De Cossío y Corral, A. *Instituciones de Derecho hipotecario;* Editorial Civitas, Madrid, 1986, pág. 79.
18. Por ejemplo, el Fuero de Valencia en 1448, para los bienes dados en pago por el marido a la mujer, requería su registro en un libro de la Corte Civil; o la Pragmática del Rey Don Pedro, de 1339, que prohibía la enajenación de bienes de los criminales; la Ley de Cortes de Zaragoza, en 1442, para inscripción de quienes hubiesen otorgado escrituras de ventas de inmuebles o imposición de treudos; o la Constitución de 1503 en Cataluña, para la inscripción de donaciones y heredamientos. Manzano Solano, A. y Manzano Fernández, M.M. *Instituciones..., op. cit.*, pág. 57.
19. Díez-Picazo, L. *Fundamentos de Derecho civil..., op. cit., Tomo III*, pág. 353. Serna Vallejo, M. *La publicidad inmobiliaria..., op. cit.*, pág. 125. La autora considera que la formación de Carlos I en Flandes debió contribuir a la aceptación de la propuesta de los Procuradores, ya que, en los Países Bajos, la publicidad inmobiliaria constituía una institución de fuerte arraigo en los derechos consuetudinarios, llegando el propio Carlos a declarar nulas las transmisiones de inmuebles hechas sin la formalidad del *nantissement*, en Edicto de 10 de febrero de 1530, que ratifica Felipe II en 1586.
20. Díez-Picazo, L. *Fundamentos de Derecho civil..., op. cit., Tomo III*, pág. 353. El texto decía lo siguiente: «Por cuanto nos es hecha relación que se excusarían muchos pleitos sabiendo los que compran los censos y tributos, los censos e hipotecas, que tienen las cosas que compran, lo cual encubren y callan los vendedores; y por quitar los inconvenientes que de esto se siguen, mandamos que en cada ciudad, villa o lugar, que hubiera cabeza de jurisdicción, haya una persona que tenga un libro en que se registren todos los contratos de las cualidades susodichas y que no registrándose dentro de seis días que fueren hechos, no hagan fe, ni se juzgue conforme a ellos, ni sea obligado a cosa alguna ningún tercer poseedor, aunque tenga causa del vendedor, y que el tal registro no se muestre a ninguna persona, sino que el registrador pueda dar fe si hay o no algún tributo o venta a pedimento del vendedor».
21. Manzano Solano, A. y Manzano Fernández, M.M. *Instituciones..., op. cit.*, pág. 58.

objeto de venta; c) el objetivo instrumental de que exista una persona, el registrador, que se encargue de la tenencia del libro en el que consten las ventas de las fincas gravadas; d) una finalidad jurídica, la toma de conocimiento por los compradores de las cargas que ocultan los vendedores con relación a las fincas que venden. El establecimiento de los Registros se dirige a la protección de quienes, a través del censo consignativo, con la compra del derecho a percibir una renta, se convierten en prestamistas, garantizando la seguridad de estas operaciones, dotando de seguridad al mercado de capitales[22].

Pero el Registro solo protegía a los compradores de inmuebles contra esos censos e hipotecas ocultos, no comprendiendo otros derechos reales limitados ni, por supuesto, la propiedad[23]. El régimen de publicidad que se intentó establecer era muy limitado, en definitiva, a lo que se une que los Registros de censos no fuesen públicos, de libre acceso para los interesados en conocer los censos e hipotecas existentes sobre un determinado bien inmueble, siendo necesario para ello el oportuno pedimento ante el encargado[24]. Estas dificultades conllevaron que la Pragmática de Carlos I, cuya necesaria observancia es recordada después tanto por Felipe II, en Cédula de 7 de abril de 1589, como por Felipe V en 1713, no cumpla sus objetivos y que de ella se deriven «innumerables perjuicios, pleitos y estelionatos a los compradores e interesados en los bienes, por la ocultación y oscuridad de sus cargas»[25].

Con este sistema y otras formas de publicidad existentes en los distintos reinos y territorios españoles transcurre el siglo XVII, sin que se consiga la protección y publicidad pretendida. El siglo XVIII comienza con la Guerra de Sucesión y los intentos de «unificación jurídica de España, como instrumento de reforzamiento del poder real y como una manifestación más del absolutismo monárquico»[26]. Los monarcas Felipe V y Carlos III van a intentar la unificación del régimen de publicidad inmobiliaria en España, sin que se produzcan recelos por parte de los distintos reinos, como consecuencia «de los deficientes mecanismos de publicidad previstos en los textos legales» y procurando la homogeneización partiendo de la base del Derecho castellano[27].

22. Serna Vallejo, M. *La publicidad inmobiliaria..., op. cit.*, pág. 130.
23. Lacruz Berdejo, J.L. *Derecho inmobiliario..., op. cit.*, pág. 41.
24. Serna Vallejo, M. *La publicidad inmobiliaria..., op. cit.*, pág. 136.
25. Manzano Solano, A. y Manzano Fernández, M.M. *Instituciones..., op. cit.*, pág. 58, citando la explicación de la Ley III, Libro X del Título XVI de la Novísima Recopilación.
26. Serna Vallejo, M. *La publicidad inmobiliaria..., op. cit.*, pág. 189.
27. Serna Vallejo, M. *La publicidad inmobiliaria..., op. cit.*, pág. 190. Como nos dice la autora, los Decretos de Nueva Planta de Felipe V no suprimieron el Derecho privado de Aragón, Cataluña y Baleares, permaneciendo sus peculiaridades en materia de publicidad inmobiliaria; pero esos mecanismos eran totalmente insuficientes y no supieron responder a los cambios económicos que se produjeron en la Época Moderna; por ello, la repercusión de los Decretos fue nula, dado que esos sistemas de publicidad en los distintos territorios eran inoperantes, además de insuficientes.

La primera medida adoptada por la Monarquía de los Borbones es el *Auto acordado de 11 de diciembre de 1713*, que reorganiza los antiguos Registros de censos, sustituyéndolos por otros nuevos, punto de partida de los posteriores Oficios de hipotecas; el objeto de los nuevos Registros es el mismo, las hipotecas anejas a los contratos censales, y se encarga de ellos a los escribanos de los ayuntamientos, situándose en estos últimos la sede física de los Registros. Desde este momento, la dependencia de la institución registral pasará a los jueces ordinarios[28].

Finalmente, como también ocurría en el resto de Europa[29], la inobservancia de todas las anteriores normas, que conllevaba una grave inseguridad jurídica en las relaciones jurídicas inmobiliarias[30] y solicitaba la creación de un registro de gravámenes[31], llevaron la preocupación hasta el Consejo de Castilla, que encarga una Instrucción sobre organización de los Registros a dos de sus fiscales, el Conde de Floridablanca, José Moñino y Redondo, y el Conde de Campomanes, Pedro Rodríguez de Campomanes y Pérez-Sorriba. Ello dio lugar a la *Real Pragmática de Carlos III de 31 de enero de 1768*, extensiva a todo el Reino con excepción de Navarra.

La Pragmática dio lugar al denominado Registro o Contaduría de Hipotecas, que constituye el precedente inmediato de nuestro Registro de la Propiedad y que estuvo vigente en España hasta la Ley Hipotecaria de 1861. Siguiendo a Manzano Solano[32], podemos considerar los siguientes aspectos fundamentales de las Contadurías:

a) Se organizaron en todos los pueblos cabezas de partido judicial, a cargo del secretario o escribano del Ayuntamiento.

b) Se llevaban libros o registros diferentes para cada pueblo, organizados por años. Se adopta un sistema diferente al del folio real, basado en la finca o bien inmueble, o el folio personal, basado en el propietario del bien[33].

c) Los instrumentos sujetos a inscripción eran todos aquellos que contuvieran especial o expresa hipoteca o gravamen (como los contratos de venta y de fianza en que se pactaba hipoteca especial sobre bienes raíces), la imposi-

28. Serna Vallejo, M. *La publicidad inmobiliaria..., op. cit.*, pág. 194.
29. Díez-Picazo, L. *Fundamentos de Derecho civil..., op. cit., Tomo III*, pág. 353.
30. Manzano Solano, A. y Manzano Fernández, M.M. *Instituciones..., op. cit.*, pág. 58.
31. La creación del registro tiene su origen en un expediente consultivo, a instancias de José Ballesteros Sabugal, contador de hipotecas de Madrid, que se inicia en el Consejo de Castilla, para la efectiva aplicación de la Pragmática de Carlos I y el Auto de 1713; en el expediente se acredita información de varias Chancillerías y ciudades, dejando palpable el incumplimiento de las disposiciones. Serna Vallejo, M. *La publicidad inmobiliaria..., op. cit.*, págs. 197-198.
32. Manzano Solano, A. *Derecho Registral Inmobiliario*, Volumen I, Colegio de Registradores de la Propiedad y Mercantiles de España, Centro de Estudios Registrales, Madrid, 1991, págs. 62 y ss.
33. Serna Vallejo, M. *La publicidad inmobiliaria..., op. cit.*, pág. 199.

ción y venta de censos y tributos, la fundación de mayorazgos, memorias y obras pías, la liberación de censos, tributos y demás gravámenes reales[34]. Era, en definitiva, un Registro de cargas y gravámenes. En palabras de SANZ FERNÁNDEZ[35], eran Registros de derechos reales sin contacto con las cosas, excluyendo el dominio y los derechos reales que conllevan la facultad de poseer.

d) El sistema de registro consistía en la toma de razón de los instrumentos, mediante la presentación de la primera copia del original, atendiendo al orden de presentación de estos. Y se hacía en el libro correspondiente al término municipal en que radicare la finca, haciendo constar en sus casillas la fecha del documento, personalidad de los otorgantes, vecindad, la naturaleza del acto o contrato y la descripción del bien gravado o hipotecado, aclarando su denominación, cabida, situación y linderos[36].

e) Los efectos eran puramente negativos, en el sentido de que los documentos no presentados ante el Registro no hacían fe en juicio ni fuera de él, siendo, por tanto, inútiles para poder perseguir hipotecas ni para poder entender como gravadas las fincas.

f) La publicidad formal se realizaba mediante apuntación simple o mediante certificación autorizada.

g) El plazo de acudir a realizar la inscripción de los títulos se establecía en seis días, si los títulos se otorgaban en el municipio en el que se encontraba la sede del Oficio; un mes, si se otorgaba en población que no constaba de Oficio; y para las anteriores a la Pragmática, en cualquier momento anterior a su presentación en juicio.

Diversas causas producen el fracaso de los Oficios de censos, tributos e hipotecas y de las posteriores Contadurías de hipotecas; para MANZANO SOLANO Y MANZANO FERNÁNDEZ[37], las causas fueron más de orden económico y social que técnicas o puramente objetivas, tales como: a) las reminiscencias del régimen feudal, que provocó en España que la inmensa mayoría del patrimonio inmobiliario se encontrara en manos de pocas instituciones, la Iglesia, el Estado, los entes locales y los mayorazgos; b) la preponderancia de la riqueza pecuaria sobre la inmobiliaria hasta bien entrado el siglo XIX; c) la resistencia de la nobleza, que ostentaba buena parte de la riqueza inmobiliaria, a la publicidad inmobiliaria y a constituir garantías sobre

34. LACRUZ BERDEJO, J.L. *Derecho inmobiliario..., op. cit.*, pág. 42.
35. SANZ FERNÁNDEZ, Á. *Instituciones de Derecho Hipotecario*, Tomo I, Instituto Editorial Reus, Madrid, 1947, pág. 65.
36. LACRUZ BERDEJO, J.L. *Derecho inmobiliario..., op. cit.*, pág. 42; y SERNA VALLEJO, M. *La publicidad inmobiliaria..., op. cit.*, pág. 200.
37. MANZANO SOLANO, A. Y MANZANO FERNÁNDEZ, M.M. *Instituciones..., op. cit.*, págs. 59-60.

sus inmuebles por su situación de gran endeudamiento; d) el impuesto sobre las ventas o alcabala, que facilitaba la ocultación de las transmisiones de inmuebles para eludir el pago.

A las anteriores dificultades deben unirse dos importantes modificaciones que sufre el sistema: a) en primer lugar, solo respecto al Principado de Cataluña, la ampliación del Registro de Hipotecas, incluyendo la obligación de registrar las obligaciones generales sobre bienes y, sobre todo, las transmisiones de inmuebles por título de compraventa; b) en segundo, con carácter general, la aprobación de una serie de disposiciones fiscales en la primera mitad del siglo XIX que configuran un nuevo impuesto y que amplían notablemente el ámbito de actos inscribibles[38].

Lo que se produce, en líneas generales, es la transformación de las Contadurías de Hipotecas en oficinas liquidadoras y recaudadoras de impuestos. Esto ocurre con la creación del denominado «medio por ciento de hipoteca»[39], por Real Decreto de 31 de diciembre de 1829, completado por la Real Orden de 29 de julio de 1830, tributo que grava determinados actos de contratación, estableciendo el pago del mismo como requisito para el acceso al registro; se impone, dice Serna Vallejo[40], a «las ventas, cambios, donaciones y contratos de toda clase que impliquen traslación del dominio directo o indirecto de bienes inmuebles». Como nos indica Lacruz Berdejo[41], el legislador exponía que el objetivo de la implantación del nuevo impuesto no radicaba en un afán recaudador, «sino dar mayor legitimidad y continuidad a los contratos relativos a la propiedad territorial y estimular el cumplimiento de la ley orgánica de los oficios de hipotecas», pero lo cierto es que se aprovechó la tesitura para ampliar los actos y contratos sujetos a inscripción, declarando la nulidad de los documentos de los que no se hubiese tomado razón y prohibiendo que fueran admitidos en juicio; en la realidad posterior, el nuevo tributo tuvo unos efectos muy limitados.

Las disposiciones fiscales de 1829-1830 son modificadas por Real Decreto de 23 de mayo de 1845, que sujeta a tributación las traslaciones de inmuebles, sean por vía directa o indirecta, es decir, sea en propiedad o en usufructo, sea arriendo o subarriendo, así como toda imposición y redención de cargas sobre la propiedad y cualesquiera que conllevaran hipotecas expresas[42]. Además de la ampliación del hecho imponible reseñado, en cuanto a la propia organización del Registro estableció que los libros se llevasen separados por pueblos, separando las fincas rústicas de las urbanas, de modo que los asientos se ordenasen de forma correlativa en cada finca para cada transmisión o gravamen que experimentase, calculándose para las

38. Serna Vallejo, M. *La publicidad inmobiliaria...*, *op. cit.*, pág. 193.
39. Este conocido como Impuesto de hipotecas será nombrado en la Ley de Presupuestos de 26 de diciembre de 1872 como Impuesto de Derechos reales y transmisión de bienes, siendo el antecedente de nuestro actual Impuesto de Transmisiones Patrimoniales.
40. Serna Vallejo, M. *La publicidad inmobiliaria...*, *op. cit.*, pág. 222.
41. Lacruz Berdejo, J.L. *Derecho inmobiliario...*, *op. cit.*, pág. 43.
42. Serna Vallejo, M. *La publicidad inmobiliaria...*, *op. cit.*, pág. 229.

posibles a realizar en un período aproximado de doce años[43], lo que nos acerca al sistema de folio real que rige en nuestro actual Registro.

Para SERNA VALLEJO[44], las anteriores disposiciones adolecen de un defecto importante, la de atribuir tareas fiscales, propias del Ministerio de Hacienda, a los Oficios, órganos que debían tener clara naturaleza civil; no obstante, «constituyen la vía a través de la que los Oficios de Hipotecas del siglo XVIII se transforman y, además de constituir registros de hipotecas expresas, se convierten en registros de transmisiones inmobiliarias».

1.3. Los intentos decimonónicos de publicidad registral inmobiliaria

Desde los trabajos de las Cortes de Cádiz, la actividad legislativa en España deja el sistema del coleccionismo de leyes para adoptar el sistema codificador, importado de la Francia napoleónica, con el que se pretendía la unidad legislativa[45]. Las disposiciones sobre las Contadurías de hipotecas, en palabras de LACRUZ BERDEJO[46], no servían para satisfacer las necesidades del tráfico jurídico y crédito inmobiliarios; y estas necesidades burguesas, entiende SERNA VALLEJO[47], hacen que en España se intente la modificación del régimen de los Oficios de hipotecas de una forma paralela a los intentos de conseguir la codificación civil, si bien no se obtienen resultados hasta la promulgación de la Ley Hipotecaria de 1861. Para la autora, los intentos de dotar al país de esta legislación hipotecaria moderna pueden diferenciarse en dos diferentes etapas: a) una primera, entre 1821 y 1851, que se encuentra enmarcada en los sucesivos intentos de codificación civil, aprovechando los diversos proyectos de Código Civil existentes; b) una segunda, que abarca desde 1852 hasta la Ley Hipotecaria de 1861 y su posterior reforma de 1869, en la que los intentos de dotar a la Nación de un sistema registral inmobiliario se desmarcan de la codificación civil a causa de los fracasos sucesivos que esta había sufrido, dado que los cambios trascendentales que se estaban operando en la estructura económica del país no podían esperar más dilaciones y se necesitaba de manera urgente un marco jurídico que proporcionara seguridad a la circulación de bienes inmuebles y que permitiese el desarrollo del crédito inmobiliario con unas adecuadas garantías para permitir el crecimiento de la actividad económica.

1.3.1. Los proyectos anteriores a 1851

El levantamiento de Riego en las Cabezas de San Juan provoca la vuelta a la vigencia de la Constitución de 1812 durante el Trienio Liberal (1820-1823). La Constitución, en su artículo 258, ordenaba proceder a la codificación de distintas

43. LACRUZ BERDEJO, J.L. *Derecho inmobiliario..., op. cit.*, pág. 43.
44. SERNA VALLEJO, M. *La publicidad inmobiliaria..., op. cit.*, págs. 236-238.
45. MANZANO SOLANO, A. Y MANZANO FERNÁNDEZ, M.M. *Instituciones..., op. cit.*, pág. 62.
46. LACRUZ BERDEJO, J.L. *Derecho inmobiliario..., op. cit.*, pág. 44.
47. SERNA VALLEJO, M. *La publicidad inmobiliaria..., op. cit.*, págs. 250 y ss.

ramas del Derecho[48]. Fruto de ese mandato se procede a la redacción y promulgación de un Código Penal en 1822 y se llega a presentar un Proyecto de Código de Enjuiciamiento Criminal, que no llega a promulgarse. Por lo que respecta a la Codificación civil, Serna Vallejo[49] comenta que las Cortes nombran una Comisión especial el 22 de agosto de 1820, formada por diputados de dicho cuerpo legislativo, que reciben el encargo de proceder al primer intento de redacción de un Código Civil para la Nación, conocido como proyecto de Garelly, al ser Nicolás María Garelly el presidente de dicha Comisión. Con la intención de realizar un Código extenso, el intento quedó sin terminar y el texto solo abarcó hasta el Libro II de la Parte Primera. Para la autora, la materia hipotecaria debía ser recogida en el Libro III de dicha Parte Primera, considerando que no debió siquiera de redactarse y que, de haberse realizado, seguiría el sistema implantado por la Pragmática de 1768. Por tanto, ni se planteó un nuevo sistema registral ni pasó por la cabeza de los legisladores la idea de la creación de un Registro de la Propiedad y la consiguiente inmatriculación o acceso al mismo de los bienes inmuebles.

Un segundo intento codificador se produce, curiosamente, durante la denominada Década Ominosa, habiéndose producido la vuelta del absolutismo de Fernando VII en 1823, reinstaurando el régimen de mayorazgos y vinculaciones, habiendo sido abandonados a su suerte los compradores de bienes nacionales durante el anterior período liberal y retornándose al anterior sistema arcaico de propiedad, causas todas que hacían imposible un planteamiento de la reforma hipotecaria y que solo sirvieron para algunas reformas que ampliaron el objeto de los Oficios de hipotecas[50]. A pesar de estas circunstancias, Fernando VII mantuvo la idea de redactar un Código Civil para todo el Reino y, a tal efecto, encarga en 1832 la redacción del mismo a Manuel María Cambronero, mediante RO de 9 de mayo de 1833. El intento se frustra por el fallecimiento del autor a principios de 1834, desconociéndose cuáles eran sus intenciones, aunque Serna Vallejo[51] hace referencia al planteamiento del autor de incluir la hipoteca en dos lugares distintos, entre los derechos reales y los contratos, por entender que podían tener origen en títulos de distinta naturaleza, no solo en los de naturaleza contractual, y apuntando Lacruz Berdejo[52] que se entendía la inscripción de la hipoteca como constitutiva, si bien la inscripción no se extendía a los demás derechos reales limitados ni a la propiedad.

Tras la muerte de Fernando VII a finales de 1833, comienza a principio de 1834 el gobierno liberal de Martínez de la Rosa, encargado de la redacción del nuevo texto constitucional, el Estatuto Real, y de retomar el proceso codificador, labor

48. Artículo 258: «El Código civil y criminal y el de comercio serán unos mismos para toda la Monarquía, sin perjuicio de las variaciones que por particulares circunstancias podrían hacer las Cortes».
49. Serna Vallejo, M. *La publicidad inmobiliaria..., op. cit.*, págs. 299-307.
50. Serna Vallejo, M. *La publicidad inmobiliaria..., op. cit.*, pág. 308.
51. Serna Vallejo, M. *La publicidad inmobiliaria..., op. cit.*, págs. 308-309.
52. Lacruz Berdejo, J.L. *Derecho inmobiliario..., op. cit.*, pág. 44.

para la que se crea una Comisión puramente técnica y no parlamentaria, formada por José Navarro Ayuso, Eugenio Tapia y Ramón Cobo de la Torre, sustituido en octubre de 1835 por Tomás María Vizmanos. La labor de esta Comisión no se interrumpe tras los sucesos de La Granja, que provocan la vuelta al régimen de 1812, terminándose el proyecto de Código Civil en 1836 y presentándose a las Cortes el 16 de noviembre. Los trabajos no son tramitados pues el gobierno de Calatrava convoca elecciones para Cortes constituyentes y estas se centran en la aprobación del nuevo texto constitucional de 1837; lo que deja vacía la propia previsión del nuevo texto en su artículo 4[53].

Por lo que respecta en sí al proyecto, se trata «de la primera ocasión en la que en España se plantea la reforma del régimen hipotecario sobre la base de la publicidad»[54], ofreciendo las siguientes particularidades, según Manzano Solano y Manzano Fernández[55]: a) adopta los principios de publicidad y especialidad, si bien solo con respecto a la hipoteca y la prenda, insertándose un amplio título relativo a los contratos que sirven para corroborar o dar más fuerza a la de otros[56]; b) sigue contemplándose el registro de hipotecas como un registro separado del inmobiliario o de transmisiones inmobiliarias; c) en el tratamiento de la hipoteca se recogen los principios de indivisibilidad y solidaridad; d) se prohíbe la segunda hipoteca, lo que va en contra del fomento del crédito territorial que la burguesía pretendía con la nueva regulación hipotecaria.

El registro de transmisiones inmobiliarias se convierte en la gran novedad de este proyecto de 1836, pretendiendo dificultar las «traslaciones clandestinas», en palabras de Serna Vallejo[57], pues el propio artículo 1030, 1 del Código prohibía la venta de toda clase de bienes a cabildos, corporaciones religiosas, cofradías y cualesquiera otras manos muertas. Se establecen como objeto del Registro las escrituras públicas y privadas en virtud de las que se produjesen transmisiones de bienes inmuebles, entendiendo como privada el instrumento redactado en presencia de tres testigos. Y aunque no se exigía la inscripción como requisito para que se produjese la transmisión del dominio, el artículo 2111 no otorgaba valor alguno a las que no hubiesen accedido al referido registro público, si bien parece hacer referencia la exigencia a servir como medio de prueba de la transmisión dominical que ya se había realizado.

Establece el proyecto los distintos procedimientos por los que los títulos públicos o privados acceden al Registro a través de los escribanos, si bien no se establece, de nuevo, la forma de acceso de las fincas al mismo, al tener la consideración de

53. Serna Vallejo, M. *La publicidad inmobiliaria..., op. cit.*, pág. 311. El artículo 4 de la Constitución de 1837 disponía: «Unos mismos códigos regirán en toda la Monarquía, y en ellos no se establecerá más que un solo fuero para todos los españoles en los juicios comunes, civiles y criminales».
54. Serna Vallejo, M. *La publicidad inmobiliaria..., op. cit.*, pág. 312.
55. Manzano Solano, A. y Manzano Fernández, M.M. *Instituciones..., op. cit.*, pág. 63.
56. Díez-Picazo, L. *Fundamentos de Derecho civil..., op. cit.*, Tomo III, pág. 354.
57. Serna Vallejo, M. *La publicidad inmobiliaria..., op. cit.*, págs. 339-342.

un mero registro de títulos, con efectos meramente probatorios. Apunta GALLEGO DEL CAMPO[58] que, a pesar de la cercanía de la legislación desamortizadora de Mendizábal, «no se contemplaba, en absoluto, la hipótesis de un Registro de la Propiedad dotado de eficacia sustantiva y propia».

A la labor realizada en el proyecto de 1836 se le dio continuidad tres años después, bajo el gobierno de Pérez de Castro, constituyéndose una nueva Comisión compuesta de nuevo por Garelly, que era a su vez presidente del Tribunal Supremo, acompañado de Manuel Joaquín Tarancón y Manuel Barrio Ayuso, quienes debían tener en cuenta la nueva legislación desamortizadora surgida en el período de Mendizábal, especialmente las nacionalizaciones de bienes de los regulares y seculares efectuadas, respectivamente, en 1836 y 1837, necesitando adecuar el proyecto «al nuevo marco jurídico de la propiedad de la tierra». Un nuevo cambio de gobierno vuelve a provocar que el proyecto no sea estudiado en Cortes. En 1841 vuelve a nombrarse una nueva Comisión, esta vez presidida por Álvaro Gómez Becerra, para proceder a la revisión del anterior proyecto, que se suspende por no estar conformes sus miembros con el método de trabajo[59].

El fracaso de todos los intentos de realizar un texto de Código lleva a que se constituya por primera vez una Comisión General de Codificación, por Real Decreto de 19 de agosto de 1843, cuya primera sección estaba destinada a la redacción de un Código Civil[60]. Fruto de sus tareas resultan las cincuenta y tres bases para la redacción de un Código Civil que se remiten al Gobierno en 1844.

Las discusiones de la Comisión se centraron en la necesidad de requerir la inscripción o no para que produjeran efecto los títulos constitutivos y traslativos del dominio; por ello, la Base 28 se planteó mediante dos preguntas a la Comisión General de Codificación[61], con el siguiente tenor: «Para que produzcan efecto los títulos constitutivos y traslativos de dominio tanto universal como particular, ¿será precisa la inscripción en el registro público? En el caso de decidirse afirmativamente, ¿será extensiva la inscripción a los títulos de adquisición anteriores a la publicación del código?». Esta disquisición planteada rompía la tendencia histórica de considerar transmitido el dominio mediante la mera tradición.

Pero a los efectos hipotecarios, las bases que regulaban la materia fueron la 50, 51 y 52, aprobadas por la Comisión en diciembre de 1843. Para DÍEZ-PICAZO[62], las bases venían a decir lo siguiente:

---

58. GALLEGO DEL CAMPO, G. «Ideología y progresismo en la legislación hipotecaria del XIX», *Revista Crítica de Derecho Inmobiliario*, núm. 574, mayo-junio 1986, pág. 641.
59. SERNA VALLEJO, M. *La publicidad inmobiliaria..., op. cit.*, págs. 343-344.
60. Forman la sección Florencio García Goyena, como presidente, y Cirilo Álvarez, Claudio Antón de Luzuriaga, Domingo Vila, Domingo Ruiz de la Vega, Manuel Ortiz de Zúñiga, Javier de Quinto y Tomás María Vizmanos, como vocales.
61. SERNA VALLEJO, M. *La publicidad inmobiliaria..., op. cit.*, pág. 359.
62. DÍEZ-PICAZO, L. *Fundamentos de Derecho civil..., op. cit.*, Tomo III, págs. 354-355.

a) Que no se reconocía acción hipotecaria sino sobre fincas determinadas que constasen en el Registro por toma de razón (Base 50). Lo que proclamaba los principios de especialidad, al recaer en fincas determinadas, y de publicidad, al exigir que se hubiese tomado razón de ellas en el Registro. Por tanto, si no se ha tomado dicha razón, no podía ejercitarse acción hipotecaria alguna.

b) Que lo establecido en la base anterior se extendía a todas las cargas que limiten o modifiquen la propiedad (Base 51), si bien se admitía que pudiese existir alguna excepción.

c) En un principio, la Comisión no tenía especial interés o necesidad en el establecimiento de normas específicas de aseguramiento del dominio, lo que llegó a la base 52 por el voluntarismo de Luzuriaga[63]. Y por ello, para que esos títulos traslativos o modificativos del derecho de propiedad surtiesen efectos contra todos, ya fuesen a título universal o a título particular, debían inscribirse los bienes raíces en el Registro público; y que, como medida transitoria, esa inscripción se debía hacer extensiva a los títulos de adquisición anteriores a la publicación del código (Base 52). El texto, según Serna Vallejo[64], adolecía de una deficiente forma, y parecía referirse a la necesidad de un registro para inscribir los bienes raíces, que no existía en nuestro sistema, por lo que se necesitaba de manera temporal la inscripción de los títulos anteriores a la entrada en vigor del nuevo código. Y se discutía, sobre todo por Luzuriaga, el que la inscripción fuese necesaria para la eficacia de las transmisiones o, incluso, para la existencia de estas[65].

Sea como fuere la redacción, nos encontramos con una disposición que pretende que los bienes inmuebles accedan al Registro que se proponía constituir. Sin que, en principio, la tarea de la Comisión distinguiera entre los posibles titulares de los bienes, excepcionando de tal inscripción a los que fuesen propiedad de entidades eclesiásticas o de otras posibles manos muertas; porque, recordemos, toda esta labor codificadora se realiza en un tiempo de profundas transformaciones en cuanto a la propiedad de la tierra, consecuencia de las políticas desamortizadoras desarrolladas en la segunda mitad de la década de los 30 y primeros años de los 40 del siglo XIX.

La Comisión se suprime en 1846, constituyéndose otra nueva que preside Bravo Murillo y que se divide en dos secciones, de codificación civil y de procedimientos civiles y criminales; la primera de las secciones revisa los trabajos de la anterior Comisión, lo que supone el Anteproyecto de Código Civil de 10 de septiembre, base del Proyecto de Código de 1851. Se producen en el seno de la sección discusiones acerca de la forma de transmisión del dominio mediante la compraventa, con pos-

63. Gallego del Campo, G. *Ideología y progresismo..., op. cit.*, pág. 642.
64. Serna Vallejo, M. *La publicidad inmobiliaria..., op. cit.*, pág. 363.
65. Chico y Ortiz, J.M. *Estudios sobre Derecho hipotecario*, Tomo I, Marcial Pons, Madrid, 2000, pág. 80.

turas enfrentadas en el sentido de entender necesario solo el consentimiento de los contratantes y la entrega (tesis de García Goyena), o de requerir, además, la inscripción en el registro (postura de Antón de Luzuriaga). Finalmente, se opta por no requerir la inscripción y porque la Base 52 pudiera quedar redactada en el siguiente sentido: «Para que produzcan efecto en cuanto a terceros los títulos constitutivos y traslativos de dominio, tanto universales como particulares, ha de ser precisa la toma de razón de los bienes raíces en el registro público».

Tras cinco años de trabajos, la sección de la Comisión presentó al Gobierno, el 5 de mayo de 1851, el proyecto del Código Civil, firmado por Juan Bravo Murillo, Florencio García Goyena, Claudio Antón de Luzuriaga y José María Sánchez Puig, siendo el segundo principal autor del mismo y, además, de los Comentarios a dicho Código, publicados en 1852, obra fundamental en nuestra historia jurídica, según Federico de Castro[66].

1.3.2. El proyecto de Código Civil de 1851

Como comenta Lacruz Berdejo[67], es Luzuriaga quien redacta el articulado del proyecto del Código Civil relativo a la cuestión hipotecaria, en función de las bases aprobadas por la Comisión, dividiéndolo en dos títulos: el título XIX, concerniente a las hipotecas, de los artículos 1782 a 1818; y el título XX, del Registro Público, comprendiendo los artículos 1819 a 1899.

Los autores del texto tenían un extraordinario conocimiento de las doctrinas hipotecarias existentes en los distintos países europeos y no puede afirmarse que Luzuriaga pecase de un radical germanismo; porque del texto y de sus Comentarios se deduce la influencia del Código francés y de los trabajos para la reforma en Francia de las normas relativas a la transcripción y el Registro, se hace alusión al acuerdo en la Asamblea Francesa de 27 de diciembre de 1850 (lo que revela su actualización temporal en cuanto a las vigentes normas europeas hipotecarias), y se cita la Ley de Ginebra; todo lo que lleva a pensar que esta incipiente Derecho Hipotecario español está formado por la fusión de elementos de tradición romanista o francesa, con elementos germánicos, como las legislaciones de Prusia, Baviera y Würtenberg, y cantones menos germanizados como Ginebra[68].

En cuanto a las características del Proyecto, podemos seguir lo indicado por Chico y Ortiz[69]:

a) Se implanta un sistema de inscripción y no de transcripción, respetando la forma de adquirir propia del Derecho Civil, no produciéndose efecto frente a tercero sino desde que se produce la inscripción.

66. Tomás y Valiente, F. *Manual de historia del Derecho español*, 4ª edición, Editorial Tecnos, Madrid, 1983, pág. 541.
67. Lacruz Berdejo, J.L. *Derecho inmobiliario..., op. cit.*, pág. 45.
68. Díez-Picazo, L. *Fundamentos de Derecho civil..., op. cit.*, Tomo III, págs. 355-356.
69. Chico y Ortiz, J.M. *Estudios..., op. cit.*, pág. 80.

b) Se establece la función calificadora de los títulos, necesitándose título público para la inscripción, e imponiéndose el principio del tracto sucesivo, disponiéndose las personas y actos inscribibles y el principio de prioridad.

c) Además de las inscripciones, se prevén otros tipos de asientos, como las anotaciones preventivas o las subinscripciones.

En cuanto a la materia puramente hipotecaria, se puede constatar lo siguiente, siguiendo a MANZANO SOLANO Y MANZANO FERNÁNDEZ[70]: a) que se adoptan los principios de publicidad y especialidad, propios del sistema alemán, y que reciben un apoyo total; b) que las hipotecas deben inscribirse en el Registro y que solo desde la misma surten efecto frente a terceros, según disposición del art. 1786, que establece dicho principio de inscripción constitutiva que hoy recoge el actual artículo 1875 del Código Civil; c) se rechaza la hipoteca judicial, estableciéndose en su lugar las anotaciones preventivas como garantías de los acreedores.

Pero en el ámbito inmobiliario, GARCÍA GOYENA[71] nos dice que esos principios de publicidad y especialidad no se establecen solo en cuanto a ese derecho real de hipoteca, sino en cuanto interesan a la propiedad territorial; según el propio autor, «es necesario que la propiedad misma ofrezca en su transmisión una completa seguridad al que trata de adquirirla»; y añade que «el legislador debe procurar que la propiedad no esté incierta, que el fraude y la clandestinidad no vengan a frustrar los contratos, y sobre todo que el dominio del suelo sea tan seguro que sirva de base para asentar sobre él con toda confianza el crédito»; y para tal fin, «se ha extendido ya generalmente el principio de publicidad a todos los actos traslativos de la propiedad territorial». Por todo lo anterior, se abre un registro oficial y solemne en el que inscribir todos los actos de dicha naturaleza.

En cuanto a qué disposiciones establece el proyecto sobre la inscripción de los inmuebles y los títulos en los que se transmiten o grava el dominio y los demás derechos reales, podemos distinguir: a) en primer lugar, establece la necesidad de la inscripción para que la transmisión de la propiedad de los bienes pueda producir efecto contra terceros; o sea, que solo se reconozca como propietario a quien conste como tal en el Registro por resultar propietario en la última inscripción; b) se proclama también el principio de legalidad y se establece la función calificadora del denominado tenedor del Registro, que debía ser letrado, contar con una cualificación suficiente, diligencia probada y capacidad para poner en la inscripción todo lo que la ley exigía[72]; c) se disponía un sistema de inscripción, no de transcripción textual de los títulos en el Registro, ni de presentación e inscripción de notas

70. MANZANO SOLANO, A. Y MANZANO FERNÁNDEZ, M.M. *Instituciones..., op. cit.*, pág. 63.
71. GARCÍA GOYENA, F. *Concordancias, motivos y comentarios del Código civil español*, Reimpresión de la edición de Madrid, al cuidado de la Cátedra de Derecho civil de la Universidad de Zaragoza, con una nota preliminar del Prof. Lacruz Berdejo y una tabla de concordancias con el Código Civil vigente, Zaragoza, 1974, págs. 942-943.
72. DÍEZ-PICAZO, L. *Fundamentos de Derecho civil..., op. cit.*, Tomo III, pág. 356.

(bordereaux); en el proyecto se exigía la presentación de copia auténtica del título, permitiéndose presentar copia reducida si incluía cláusulas extrañas al derecho real de que se tratase[73].

Por lo que tiene que ver con la previa inscripción de quien transmite la propiedad, la conveniencia de esta fue apreciada por los redactores del proyecto de Código Civil cuando propusieron el art. 1820: «No se hará ninguna inscripción cuando no conste del registro que la persona de quien procede el derecho que se trata de inscribir, es el anterior propietario de los bienes sobre los que ha de recaer la inscripción». Este precepto fue trasladado al art. 16 del Real Decreto de 26 de noviembre de 1852, del Ministerio de Hacienda, que prohibía a los escribanos públicos otorgar documentos sin que constase la previa inscripción del documento o título acreditativo de los derechos o la propiedad objeto del contrato. Pero no se establecía ningún otro precepto estableciendo medios para que los títulos no inscritos pudiesen acceder al Registro, o los bienes de los que no existiera título alguno, como podían ser todos los que eran propiedad del Estado y de las corporaciones civiles y eclesiásticas. Ello, en definitiva, vino a «imposibilitar la enajenación de la propiedad en la mayor parte de la Monarquía, a hacer de hecho inalienables fincas cuyo dominio por efecto de descuido, de los trastornos políticos, de incendios, de robos, de las vicisitudes políticas, o del mismo transcurso de los siglos no podían probarse escriturariamente». Y esta circunstancia creó una alarma general que llevó al Gobierno a suspender dicho art. 16 del Real Decreto, con fecha 19 de agosto de 1853, dejando la solución del problema a la futura Ley Hipotecaria[74].

Ninguna referencia especial se hace a la titularidad de bienes por entidades eclesiásticas, entendiéndose incluidas en la previsión general para las personas físicas y jurídicas del artículo 1823 que establecía lo siguiente: «Todo título que se presente al registro debe designar claramente el nombre, apellido, edad, estado, profesión y domicilio de las partes, con expresión de su capacidad para otorgarlo. La designación de la corporaciones o establecimientos se hará bajo la denominación con que fueren conocidos, con expresión del domicilio o residencia de la dirección del establecimiento».

Pero en cuanto al acceso de los bienes al Registro, el artículo 1820 dispone el principio de tracto sucesivo, ordenando no hacer inscripción cuando no conste del Registro que la persona de quien procede el derecho que se trata de inscribir es el actual propietario; mas no contempla ningún precepto el acceso por primera vez de esos títulos de dominio a los libros registrales.

73. García Goyena, F. *Concordancias…, op. cit.*, pág. 949.

74. Rodríguez Otero, L. *La Ley Hipotecaria de 1861: sus autores, sus avatares y comentarios*, Colegio de Registradores de la Propiedad y Mercantiles de España, Madrid, 2010, pág. 506.

II. LAS LEYES HIPOTECARIAS

1. LA LEY HIPOTECARIA DE 1861

El proyecto de Código de 1851 fracasa y tal circunstancia lleva a los juristas a plantearse la imperiosa necesidad de reformar algunos aspectos del ordenamiento civil al margen de dicho Código, de poner en orden el sistema jurídico inmobiliario[75]. Porque, como apunta SERNA VALLEJO[76], la estructura de la propiedad no era suficiente para que las tierras entraran de manera definitiva en el tráfico comercial, pues ni los propietarios disponían de medios que les permitieran estar seguros de sus propiedades, ni los prestamistas gozaban de un medio que les garantizara que sus derechos de crédito no iban a verse perjudicados ante la aparición de titulares con titularidades preferentes. Y estas necesidades solo podían verse satisfechas mediante la creación de un registro inmobiliario, en base a las tentativas anteriores, que estableciera los principios de publicidad y especialidad. Además de ello, DÍEZ-PICAZO[77] apunta que en estos años se produce la última y general desamortización civil y eclesiástica (1854-1856), la de Madoz, con la que pasó buena parte de la riqueza territorial patria a manos de la burguesía, hecho que transformó en imprescindible la aparición de instituciones de crédito y de bancos que facilitaran las hipotecas con las que garantizar la obtención de financiación con la que acometer la reforma de las tierras obtenidas y los nuevos proyectos industriales, inversiones que requerían de una seguridad que solamente una Ley Hipotecaria y un Código de comercio podían proporcionar[78].

Todo lo anterior llevó a promover la reforma del régimen de la publicidad inmobiliaria sin esperar a su inclusión en un Código Civil, en contra de los planteamientos de los partidarios de una necesaria y buscada Codificación del Derecho Civil. ROCA SASTRE[79] señala que debía producirse el fomento del crédito territorial o inmobiliario, garantizando las oportunas hipotecas, mediante la publicidad efectuada en el Registro de la propiedad inmueble, lo que debía lograrse produciendo dicho Registro «efectos de naturaleza jurídico-sustantivos, que fundamentalmente son la legitimación y protección de las titularidades inscritas».

Para FIESTAS LOZA[80], esta necesidad de aprobación de una legislación hipotecaria y la creación consiguiente del Registro de la Propiedad respondía fundamentalmente a la protección de los compradores de bienes desamortizados, porque sus adquisiciones se habían visto en peligro por la actitud de la Iglesia frente a las

75. DÍEZ-PICAZO, L. *Fundamentos de Derecho civil..., op. cit.*, Tomo III, pág. 357.
76. SERNA VALLEJO, M. *La publicidad inmobiliaria..., op. cit.*, pág. 402.
77. DÍEZ-PICAZO, L. *Fundamentos de Derecho civil..., op. cit.*, Tomo III, pág. 357.
78. ROCA SASTRE, J.M. *Derecho hipotecario*, Tomo I, Editorial Bosch, Barcelona, 2008, pág. 191.
79. ROCA SASTRE, J.M. *Derecho hipotecario*, Tomo I, op. cit., pág. 24.
80. Fiestas Loza, A. «La protección registral de los compradores de bienes eclesiásticos desamortizados», *Anuario de Historia del Derecho español*, Número 53, Ministerio de Justicia 1983, págs. 334-335.

disposiciones que se habían producido en tiempos de Mendizábal, Espartero y, sobre todo, Madoz. Para la autora, las políticas desamortizadoras produjeron una ruptura de las relaciones entre el Estado y la Iglesia que se trató de atenuar con el Concordato de 1851; como sabemos, a través de este se llegó al acuerdo entre ambas potestades de reconocer la capacidad patrimonial de la Iglesia a cambio de que Esta aceptase las enajenaciones de los bienes que habían sido desamortizados, comprometiéndose a no reclamar judicialmente dichas propiedades. Este compromiso se puso en peligro con las medidas desamortizadoras de 1855, volviéndose a la normalidad con la firma del Convenio de 25 de agosto de 1859, que se convirtió en el Convenio Ley de 4 de abril de 1860; a pesar de ello, los liberales desconfiaban de que dicho Convenio fuera definitivo y buscaron un medio que hiciera inatacables esas adquisiciones de bienes eclesiásticos desamortizados.

En 1851 se forma el Gobierno de Bravo Murillo, que pretende un desarrollo económico y financiero, en el que se incluye la reforma del sistema hipotecario, optando por la vía alternativa a su inclusión en el proyecto codificador civil; para ello, se encarga a Francisco de Cárdenas la redacción de unas bases que sirviesen para la redacción de una Ley Hipotecaria. Cumplido su trabajo, el ministro de Gracia y Justicia, Ventura González Romero, nombra una Comisión que se encargue de la redacción del texto legal, formando parte de esta el propio Cárdenas y Claudio Antón de Luzuriaga, quien ya se encargó de la redacción de la parte hipotecaria del proyecto de Código de 1851. Los trabajos no llegan a buen puerto por la caída del gobierno, siendo el de Espartero el que finalmente obtenga finalmente éxitos en la redacción de la nueva Ley, encargando la redacción a la Comisión que se había nombrado para la redacción de la Ley de Enjuiciamiento civil, lo que se realiza mediante el RD de 8 de agosto de 1855 y la RO de 10 de agosto, en pleno Bienio Progresista, disposiciones con las que «se inicia la etapa final del proceso de reforma del régimen de publicidad inmobiliaria en España, que concluye con la publicación de la primera Ley Hipotecaria en 1861»[81], siendo, en palabras de Martínez Pérez[82], «un momento clave para la historia de la constitución de la propiedad contemporánea en España», al producirse la apertura de un período constituyente coincidente con la desamortización de Madoz en 1855, lo que culminó el «proceso de liberación y transformación del régimen jurídico de propiedad de la tierra».

En julio de 1856, nos dice Tomás Villarroya[83], O´Donnell desplaza a Espartero del poder, arrincona a los progresistas y propone a Isabel II la disolución de las Cortes Constituyentes (autoras de la Constitución nonata de 1856) y comienza una época de gobierno en la que se alternan gobierno de la creada Unión Liberal y

81. Serna Vallejo, M. *La publicidad inmobiliaria..., op. cit.*, pág. 416.

82. Martínez Pérez, F. *Posesión, dominio y registro. Constitución de la propiedad contemporánea en España (1861-1944)*, Editorial Dykinson, Madrid, 2020, pág. 35.

83. Tomás Villarroya, J. *Breve historia del constitucionalismo español (13ª ed.)*, Centro de Estudios Constitucionales, Madrid 2012, págs. 79-80.

los moderados, siendo el más estable el del propio O'Donnell entre 1858 y 1863, período que permitió la aprobación definitiva de la tan deseada ley. Unionistas y moderados comparten la visión progresista en cuanto a la necesidad de reforma hipotecaria y los primeros prolongan el proceso desamortizador. Mediante RD de 1 de octubre de 1856 se modifica la Comisión entrando a formar parte de la misma Manuel Cortina, Pedro Gómez de la Serna, García Pallardo, Pascual Bayarri, González Acevedo, José de Ibarra y Francisco de Cárdenas, quienes inician los trabajos el 21 de marzo de 1857 y los concluyen con el Proyecto de Ley de Bases de ese mismo año, compuesto inicialmente de cinco Bases basadas en los principios de publicidad y especialidad[84], presentadas a Cortes en ese mismo año y nuevamente en 1858, y autorizando al Gobierno para publicar la ley de reforma de la legislación hipotecaria por entonces vigente.

En cuanto a la inscripción de los inmuebles, la Base primera establecía la inscripción obligatoria de todos los títulos mediante los que se adquirieran, transmitieran, modificasen o extinguiesen bienes inmuebles o derechos reales sobre los mismos, consagrando así el principio de publicidad, y disponiendo que los derechos solo empezaban a surtir efectos desde la fecha en la que la inscripción se producía. Y en la Base séptima se disponía que el Gobierno debía facilitar la inscripción de los derechos no registrados de los poseedores, anteriores al 23 de mayo de 1845, y «en el estado de posesión que se hallen»[85], sentándose un precedente para el posterior acceso de los bienes al Registro mediante las certificaciones posesorias.

La Comisión finaliza sus trabajos el 31 de octubre de 1859, encargándose Pedro Gómez de la Serna de la redacción de la extraordinaria Exposición de Motivos; de ella dijo el ministro Fernández Negrete que era el «mejor preámbulo y más autorizado comentario a la Ley, modelo de buen decir y de bien pensar, monumento brillante de nuestra literatura jurídica»[86]. Todo lo que se eleva al Gobierno el 4 de junio de 1860, convirtiéndose en la Ley Hipotecaria de 8 de febrero de 1861 y el Reglamento Hipotecario de 21 de junio, fijándose como fecha para su entrada en vigor el 1 de enero de 1863.

La Ley Hipotecaria, señala Chico y Ortiz[87], marca la línea divisoria entre la protección del tráfico a través de la publicidad y la ausencia de protección. Responde al estado jurídico de la España de 1861, haciendo referencia a lo dicho por Jordán de Urríes, en la que existía una lucha entre la escuela histórica y la escuela de Derecho natural, siendo la ley una transacción entre los postulados de ambas, que se encontraban representadas por Gómez de la Serna, quien defendía el método histórico-exegético, y Claudio Antón de Luzuriaga, entusiasta de la escuela del Derecho natural.

84. Serna Vallejo, M. *La publicidad inmobiliaria..., op. cit.*, págs. 421-423.
85. Díez-Picazo, L. *Fundamentos de Derecho civil..., op. cit.*, Tomo III, pág. 357.
86. Rodríguez Otero, L. *La Ley Hipotecaria de 1861..., op. cit.*, pág. 247.
87. Chico y Ortiz, J.M. *Estudios..., op. cit.*, pág. 74.

En materia puramente registral inmobiliaria, con independencia del régimen hipotecario, el sistema establecido en los 417 artículos de la Ley puede concretarse en los siguientes criterios o principios esenciales:

a) Se establece un verdadero Registro de la Propiedad, de fincas, no de propietarios o de títulos o de cargas, rigiéndose por el sistema del folio real, en cuya virtud cada finca tiene un folio abierto separado en el que consta su historia jurídica.

b) Se consagran los principios de publicidad del Registro y de especialidad de los derechos reales, protegiendo a los terceros interesados de tal forma que la falta de inscripción solo puede alegarse por los perjudicados que no han formado parte del contrato[88].

c) Se consagra el principio de legalidad, encargando la llevanza de los Registros a funcionarios especialmente cualificados, los Registradores o encargados del Registro, que deben calificar los títulos presentados cerciorándose de su legalidad, por lo que debían tener instrucción científica y práctica como abogado.

d) Se consagra, también, el principio de prioridad, otorgando el rango u orden de preferencia entre los derechos reales inscritos[89].

e) La inscripción no es constitutiva, ni obligatoria, sino puramente voluntaria, si bien se dispone la inoponibilidad frente a terceros de los derechos reales no inscritos. Es decir, como dice Chico y Ortiz[90], «todo el conjunto normativo que había de elaborarse estaba presidido por la idea general de que lo inscrito tiene ventajas sobre lo que no está inscrito».

f) Las inscripciones alcanzan a los títulos traslativos de dominio sobre bienes inmuebles y a los derechos reales impuestos sobre los mismos, títulos en los que se constituyan, reconozcan, modifiquen o extingan derechos reales, y algunos contratos y actos, ejecutorias sobre estado civil de las personas y determinados contratos de arrendamiento.

g) Se opta por el sistema de inscripción, en lugar del de transcripción, si bien se exige una inscripción sumamente minuciosa que intenta adoptar las ventajas de la transcripción[91].

h) El Registro queda bajo la salvaguarda de los Tribunales y la dependencia exclusiva del Ministerio de Justicia[92].

88. Manzano Solano, A. y Manzano Fernández, M.M. *Instituciones..., op. cit.*, pág. 65.
89. Díez-Picazo, L. *Fundamentos de Derecho civil..., op. cit.*, Tomo III, pág. 358.
90. Chico y Ortiz, J.M. *Estudios..., op. cit.*, pág. 82.
91. Serna Vallejo, M. *La publicidad inmobiliaria..., op. cit.*, pág. 450.
92. Manzano Solano, A. y Manzano Fernández, M.M. *Instituciones..., op. cit.*, pág. 65.

En cuanto a la inmatriculación de fincas, contempla ROCA SASTRE[93] que la Ley la regula en los arts. 389 y ss. Los medios consistían en los siguientes:

a) Por un lado, en los títulos de adquisición de fecha anterior a la Ley, disponiendo el art. 389 un plazo de 180 días desde la entrada en vigor para la presentación de los mismos ante el Registro, no produciendo efectos en cuanto a terceros sino desde la fecha de inscripción, salvo que el derecho inscrito constare el título de propiedad, en cuyo caso surtiría efectos desde la fecha de dicho título en la que se produjo la adquisición por el dueño (art. 391).

b) Los expedientes de información posesoria, que permitían el acceso de la posesión a los libros tabulares (arts. 397 y ss.).

c) Por último, a tenor de lo dispuesto en el art. 411, las fincas objeto de asientos dominicales en los libros de las antiguas Contadurías se consideraban inmatriculadas, conservando pleno valor.

1.1. El acceso de la posesión al Registro de la Propiedad

La posesión, en palabras de ROCA SASTRE[94], es un hecho que produce consecuencias jurídicas, que «campea libre en el mundo real o extrarregistral con independencia de toda idea de legitimidad documentada», siendo propiedad y posesión «dos figuras antípodas», lo que produce, señala NÚÑEZ LAGOS, el «rechinar constante de todas las piezas de ambos sistemas al ponerse en contacto», lo que aconseja la separación entre el Registro de la Propiedad y el hecho posesorio. Porque los contactos entre posesión y Registro ofrecen importantes problemas, entre ellos el de considerar si la posesión debe acceder o no a los libros tabulares, permitiéndose que la posesión de una finca sea objeto de inmatriculación; lo que doctrinalmente solo puede encontrar una respuesta negativa, al tratarse el Registro de una institución que otorga publicidad a los actos y negocios jurídicos relativos a derechos de naturaleza real inmobiliaria[95]. Como apunta SANZ FERNÁNDEZ[96], ha existido en nuestro Derecho la errónea tendencia de «llevar los efectos del Registro de la Propiedad a la posesión, olvidando que es imposible adaptar las declaraciones registrales a las situaciones de puro hecho, que, como tales, han de escapar necesariamente del ámbito de la institución».

La Ley Hipotecaria de 8 de febrero de 1861, creada para dar publicidad y protección al dominio y a los demás derechos reales, tuvo que dar cabida a la posesión

93. ROCA SASTRE, J.M. *Derecho hipotecario*, Tomo I, op. cit., pág. 197.
94. ROCA SASTRE, J.M. *Derecho hipotecario*, Tomo II, vol. 2, Editorial Bosch, Barcelona 2008, pág. 486.
95. ROCA SASTRE, J.M. *Derecho hipotecario, op. cit., Tomo II, vol. 2*, pág. 491.
96. SANZ FERNÁNDEZ, Á. *Instituciones de Derecho Hipotecario*, Tomo I, Instituto Editorial REUS, Madrid, 1955, pág. 489.

dada la situación fáctica existente de falta de titulación de innumerables propietarios de bienes inmuebles. A este respecto, RODRÍGUEZ OTERO[97] comenta que lo que más preocupaba al legislador era esa falta de títulos; por ello, el final de la Exposición de Motivos se refería a esta falta como un hecho demasiado general, causado por varios y acumulados problemas. La consecuencia, según la propia Exposición, era que «hace desmerecer mucho a la propiedad, la cual aparece sospechosa o insegura, y por consiguiente falta del valor que sin tales circunstancias tendría a los ojos de los que deseando adquirirla creyeran poder hacerlo sin riesgo». Era una realidad evidente que el legislador de 1861 tenía en mente el deseo de que se produjera la inscripción y constancia en el Registro de la Propiedad de todas las fincas existentes[98]. Lo que se pretendía era, no establecer un determinado privilegio, sino solucionar un concreto problema, el del acceso al Registro de ingentes patrimonios pertenecientes al Estado, las diversas administraciones y a la Iglesia Católica y las corporaciones eclesiásticas. En definitiva, a poner coto a la falta de registro de buena parte de la propiedad inmobiliaria de la Nación; en palabras de DE LA RICA Y ARENAL[99], «la excesiva subdivisión del suelo, la incuria rural, las adquisiciones por prescripción o por simples contratos verbales, acompañados de tradición, e incluso las guerras y revoluciones, con su furor destructivo de archivos y documentaciones, contribuyeron a tal anomalía». Porque esas titularidades aparecían como «sospechosas o al menos inseguras», lo que motivó la necesidad de arbitrar algún mecanismo que permitiese a los antiguos títulos acceder al Registro o sustituir esa falta por una nueva titulación sin las garantías de los originales, pero que permitieran acreditar la posesión, al menos[100]. Ello llevó a la implantación de la titulación supletoria como forma de acceso al Registro de los inmuebles. El Registro recién creado, nos dice SANZ FERNÁNDEZ[101], debía funcionar con títulos auténticos; por lo que, a falta de títulos inscribibles, se vino a formar lo que la doctrina denominó títulos supletorios, en contraposición a los normales u ordinarios.

Para conseguir esta finalidad, en palabras de FERNÁNDEZ GREGORACI[102], el legislador «flexionó el sistema aceptando como titulación supletoria la inscripción de posesión que podría calificarse, por tanto, de medio de inmatriculación supletorio». Como nos dice la misma autora, la Ley Hipotecaria consagraba el principio registral del tracto sucesivo en su artículo 20, debiendo el Registrador rechazar la inscripción de cualquier acto dispositivo que no emanara del titular registral. Pero al ser un deseo del legislador que accediesen al Registro todas las fincas existentes, incluyó como inscribible un hecho, como era la posesión, cuando el Registro tenía como

97. RODRÍGUEZ OTERO, L. *La Ley Hipotecaria de 1861..., op. cit.*, págs. 288-289.
98. FERNÁNDEZ GREGORACI, B. *Legitimación posesoria y legitimación registral*, Centro de Estudios Registrales, Madrid, 2002, pág. 48.
99. DE LA RICA Y ARENAL, R. *Comentarios a la Ley de reforma hipotecaria*, M. Aguilar-Editor, Madrid, 1945, pág. 51.
100. SERNA VALLEJO, M. *La publicidad inmobiliaria..., op. cit.*, pág. 467.
101. SANZ FERNÁNDEZ, Á. *Instituciones..., Tomo I, op. cit.*, págs. 504-505.
102. FERNÁNDEZ GREGORACI, B. *Legitimación..., op. cit.*, pág. 49.

objetivo la publicidad de los actos y negocios jurídicos relativos a los derechos de carácter real inmobiliario; solo que, en la realidad, el legislador se encontró con el problema de que muchas de las propiedades carecían de titulación perfecta para poder acreditar el dominio[103]. En comentario de PANTOJA Y LLORET, la intención manifiesta del legislador, así en este como en muchos otros artículos, es compeler a los propietarios de bienes o derechos no inscritos al promulgarse la Ley, a que llenen ese requisito, so pena de sufrir grandes perjuicios. Y para ello se arbitraban dos medios, en orden a subsanar el defecto de la no inscripción: o llevar los títulos correspondientes, o a falta de título, abrir una información justificativa de la posesión, según lo prevenido en los arts. 397 a 410[104].

La Exposición de Motivos de la Ley no reconocía en ningún momento el fenómeno posesorio, salvo lo establecido en el título XIV, destinado a «la inscripción de las obligaciones contraídas y no inscritas antes de la publicación de la ley», en sus artículos 397 a 410, que regulaban el denominado «expediente de información posesoria». En palabras de MARTÍNEZ PÉREZ[105], «la posesión entraba en ley y en la mente del legislador de una manera vicaria respecto del dominio, como el objeto de una titulación interina llamada a consolidarse, que permitía arrancar la historia registral de muchas fincas», entendiendo la posesión, señala ROCA SASTRE[106], como «la fisonomía del dominio», sobre el dato de que la estadísticamente la mayoría de los poseedores son dueños. Y fundamenta esta postura el mismo autor en varias razones: en primer lugar, en que esa posición ante el hecho posesorio era el que predominaba en el pensamiento jurídico europeo, como influencia del tratado de Savigny; en segundo, en la versión inacabada de los Comentarios a la Ley de Gómez de la Serna, ponente de la Exposición de Motivos, quien, si bien no llega a comentar el título XIV, no dejó vislumbrar postura distinta frente a la simple posesión; en tercer lugar, las discusiones que tuvieron lugar durante el trámite parlamentario de la Ley entre Ortiz de Zárate y Francisco Permanyer sobre el alcance y consecuencias del comentado procedimiento de información posesoria; para el primero, junto a estos expedientes se debían haber previsto otros sobre información de la propiedad, ya que de lo contrario se estaba degradando el derecho de propiedad de los que accedieran al Registro como simples poseedores, cuando eran en verdad titulares del derecho de propiedad; y eso porque la falta de títulos no se debía a su indolencia o incuria, sino también a la destrucción de archivos en las últimas contiendas que

103. FERNÁNDEZ GREGORACI, B. *Legitimación..., op. cit.*, págs. 46-49. El art. 20 establecía lo siguiente: «También será causa bastante para suspender o denegar la inscripción la de no hallarse anteriormente inscrito el dominio o derecho de que se trate a favor de la persona que lo transfiera o grave. Para subsanar esta falta, deberá hacerse previamente y en cualquier tiempo la inscripción omitida, mediante la presentación del título correspondiente y, en su defecto, conforme a lo prevenido en los artículos 397 al 410 de esta Ley».

104. RODRÍGUEZ OTERO, L. *La Ley Hipotecaria de 1861..., op. cit.*, pág. 343.

105. MARTÍNEZ PÉREZ, F. *Posesión..., op. cit.*, pág. 43.

106. ROCA SASTRE, R.M. *Derecho hipotecario, op. cit.*, Tomo II, vol. 2, pág. 503.

habían tenido lugar; frente a esta posición, Permanyer entendía que solo se pretendía que quienes no tenían un título escrito pudieran acceder al Registro, solo como mero poseedor, pero sin perjuicio de tercero de mejor derecho[107].

La Exposición de Motivos dictaminaba «la necesidad de procurar que a la titulación perdida o nunca formada reemplace una titulación nueva, la cual, si bien no podrá inspirar desde luego tanta confianza ni tener tanta eficacia como los verdaderos títulos de propiedad, acreditará la posesión y con el transcurso del tiempo y con llegar a ser más antigua que la prescripción más larga, será tan buena y tan segura como la titulación más completa». Y, desde luego, esta nueva titulación, que sustituía a la titulación auténtica, apunta Sanz Fernández[108], no podía tener sino unos efectos más limitados, dada su naturaleza excepcional.

La contradicción entre posesión y Registro que soslaya la LH 1861 es señalada de manera extraordinaria por Roca Sastre[109] cuando afirma lo siguiente: «*El Registro de la propiedad es el exponente de un mundo jurídico formado por titularidades de derechos subjetivos de carácter real inmobiliario; revela, publica o constata una vida tabular abstracta de derechos sobre inmuebles atribuidos a sus respectivos titulares. En cambio, la posesión vive y se desenvuelve en la realidad avasalladora de los hechos; campea libre en el mundo real o extrarregistral con independencia de toda idea de legitimación documentada. Posesión y Registro son dos figuras antípodas*».

Por tanto, la nueva Ley introdujo la posibilidad de que la posesión accediera al recién creado Registro en su título XIV, destinado a «la inscripción de las obligaciones contraídas y no inscritas antes de la publicación de la ley», mediante la regulación del denominado «expediente de información posesoria».

Analiza Giménez Arnau[110] las distintas posiciones posesorias en relación con la inscripción de la posesión, distinguiendo entre los supuestos del poseedor que fuese propietario y el del poseedor que no lo es; y dentro del caso del poseedor propietario, diferenciando entre el hecho de que tuviese o no un título útil para la inscripción. De este modo, podían darse los siguientes supuestos:

---

107. Martínez Pérez, F. *Posesión..., op. cit.*, págs. 43-46.
108. Sanz Fernández, Á. *Comentarios a la nueva Ley Hipotecaria*, Academia Matritense del Notariado, Madrid, 1945, pág. 169.
109. Roca Sastre, R.M. *Derecho Hipotecario, op. cit.*, Tomo I, vol. 2, pág. 486. El autor hace referencia a la discusión doctrinal sobre la consideración de la posesión como hecho o como derecho, decantándose por la primera opción. Entiende que la posesión, en sí misma considerada, es el simple ejercicio o estado de hecho de la propiedad prescindiendo de si esta existe o no, sin tomar en consideración si cubre o no un poder jurídico legitimado. Por tanto, cuando la posesión se apoya en el derecho de propiedad, no se darán las consecuencias jurídicas de la posesión, con independencia de que el propietario prefiera hacer valer su posición o condición de poseedor para hacer uso de ciertas ventajas que la misma le proporciona, como el de utilizar la defensa judicial sumaria.
110. Giménez Arnau, E. *La inscripción de posesión*, Instituto Editorial Reus, Madrid, 1944, págs. 14-17.

a) El propietario-poseedor que tuviera el dominio inscrito, para el que no era necesaria la inscripción conjunta de propiedad y posesión, en base a los siguientes argumentos:

   a. La posesión del dueño se basa en el derecho de propiedad y es un mero ejercicio del *ius possidendi*.

   b. La defensa del hecho posesorio no se apoya en el asiento posesorio, sino en el asiento del dominio.

   c. El Registro de la Propiedad consigna derechos y no hechos.

   d. Tampoco se necesita la inscripción de posesión para justificar las transmisiones de la posesión por actos jurídicos, pues serán consecuencia de transmisiones del dominio; y cuando el titular conserve el dominio, estaremos ante enajenaciones parciales que hacen surgir derechos reales y que darán lugar a una posesión que no es a título de dueño.

   e. La legislación hipotecaria concebía la inscripción de posesión «*para aquellas situaciones en que no podía inscribirse el dominio, ya porque el propietario carece de título inscribible, ya porque teniéndolo sea defectuoso, ya porque por cualquier otra razón no pudiera inscribirlo* (art. 392 Ley Hipotecaria)».

b) Respecto al propietario-poseedor cuyo dominio no estuviere inscrito, distingue entre que tenga o no título para la inscripción:

   a. El propietario-poseedor que tuviera título susceptible de ser inscrito, simplemente procedería a dicha inscripción. La Ley facilitaba el acceso de estas fincas al Registro, estableciendo un plazo para su definitiva inscripción[111].

   b. En cuanto al propietario-poseedor que carece de título inscribible, el autor comenta que, en la mecánica formal de nuestro sistema registral inmobiliario en la que todo derecho necesita un «vehículo documental» para producir un asiento, esto supone que en este caso no hay posibilidad normal de inscribir el derecho de propiedad, ni el *ius possidendi*, ni el hecho de la posesión[112].

Este problema no escapó a los ojos de los legisladores de 1861; por ello, la Exposición de Motivos decía: «La Comisión no podía hacer caso omiso de un hecho demasiado general, por desgracia, en nuestra patria. Este es la falta de títulos que tienen muchos para acreditar la propiedad u otros derechos reales que legítimamente les corresponden».

---

111. Serna Vallejo, M. *La publicidad inmobiliaria..., op. cit.*, pág. 466.
112. Giménez Arnau, E. *La inscripción de posesión, op. cit.*, pág. 18.

Por ello, el art. 397 de la Ley Hipotecaria de 1861 dispuso que «El propietario que careciere de título de dominio escrito, deberá inscribir su derecho justificando previamente su posesión...».

Aunque los preceptos de la LH parecían confundir acerca de si se debía inscribir posesión o dominio, la propia Exposición lo aclaraba diciendo: «De aquí resulta la necesidad de procurar que, a la titulación perdida o nunca formada, reemplace una titulación nueva, la cual... *acreditará la posesión*, y con el transcurso del tiempo y *con llegar a ser más antigua que la prescripción más larga*, será tan buena y tan segura como la titulación más completa». Y, citando a Romero Cercedeña[113], nos termina diciendo que la *mens legislatoris* perseguía «no convertir de manera inmediata a la inscripción de posesión en título, que faltaba, de la propiedad, sino preparar la formación de este, sentar la base, establecer los medios para que, a su tiempo, en su día (cuando la posesión «llegase a ser más antigua que la prescripción más larga») pudiera llegar a obtenerse el título de dominio que se buscaba».

Por todo ello, las declaraciones de testigos necesarias en el expediente posesorio se contraían al hecho de poseer y concluían, no en la inscripción del dominio, sino en la inscripción de un hecho, la posesión. Se trataba de una posesión *ad usucapionem* y solo para la usucapión. La inscripción no producía los efectos normales y plenos de un asiento hipotecario; su finalidad era preparar un futuro asiento de dominio.

Por tanto, concluye Giménez Arnau en el sentido de que las certificaciones de posesión se establecieron para permitir el acceso al Registro de los derechos de propiedad de los propietarios-poseedores que carecían de títulos de dominio con finalidad de evitar inscripciones que tuvieran por base la sorpresa o el despojo. Lo que, según comenta el propio autor, no llegó a evitarse, siendo de una calamidad dañosa.

No obstante, aunque el legislador no otorgó categoría de derecho real inscribible a la posesión, silenciándola el art. 2 de la citada Ley[114], eso no impidió que se inscribieran los asientos posesorios y que, en la práctica, tuvieran la misma virtualidad que las inscripciones de derechos reales. Ahora bien, la inscripción posesoria se planteó como una medida de Derecho transitorio[115], permitiéndose tan solo la inscripción de la posesión que había sido iniciada con anterioridad al 1 de enero de 1863, fecha de entrada en vigor de la Ley.

1.2. Los expedientes de información posesoria

Los artículos 397 y siguientes de la Ley se encargaron de establecer el procedimiento que permitía que la posesión accediera al Registro; así, el artículo

113. Giménez Arnau, E. *La inscripción de posesión, op. cit.*, pág. 19. Cita el autor a Romero Cercedeña, La inscripción de posesión y la inmatriculación registral, separado de la RCDI, números 110, 111, 113 a 116.
114. Giménez Arnau, E. *La inscripción de posesión, op. cit.*, pág. 20.
115. Sanz Fernández, Á. *Instituciones...*, Tomo I, *op. cit.*, pág. 506.

397 disponía que el propietario que careciese de título de dominio inscrito, y que consecuentemente no podía inscribir su derecho, debía inscribir tal derecho justificando previamente su posesión, ante el Juez de 1ª Instancia del lugar en el que se situaran los bienes, o ante el Juez de Paz si se encontraban en localidad sin juzgado; debía darse audiencia al promotor fiscal, si se trataba del titular del dominio, o al propietario y demás partícipes en el dominio del bien, en caso de que el expediente lo iniciase quien pretendía acreditar la titularidad de un derecho real sobre dicho inmueble.

Los requisitos necesarios para que se admitiese el expediente y el procedimiento a seguir se establecían en los artículos 398 y siguientes:

a) En base al principio de especialidad, se requería que con el escrito solicitando la admisión de la información posesoria se expresara la naturaleza, situación, medida superficial, linderos, nombre, número y cargas reales de la finca cuya posesión se trataba de acreditar. Y si se pretendía acreditar la posesión de un derecho real limitado, el tipo, valor, condiciones y cargas del derecho real en cuestión, junto con los datos de la finca anteriormente citados y sobre la que el derecho recayera.

b) Debía indicarse el nombre y apellidos de la persona de quien se hubiese adquirido el inmueble o derecho, en visos de cumplir con el principio registral del tracto sucesivo del artículo 20.

c) Se necesitaba determinar el tiempo que se llevara en posesión del inmueble o derecho.

d) También debía expresarse la circunstancia de no existir título escrito, o la de que no era fácil hallarlo, en el caso de que existiera (art. 398). Solo podían iniciar este expediente los propietarios que no tuviesen un título inscribible o lo tuviesen defectuoso por no cumplir los requisitos exigidos para que el dominio accediera al Registro.

e) La información posesoria se debía verificar con dos o más testigos, que debían ser propietarios del pueblo o término en el que se situasen los bienes (art. 399), quienes debían justificar documentalmente el tener dicha condición de propietarios y cuya única función era la de declarar el hecho de la posesión de los bienes por el promotor del expediente, el tiempo que haya durado la posesión, siendo responsables de los perjuicios que pudieran derivarse por la inexactitud de sus manifestaciones (art. 400). Por tanto, el expediente se basaba en unas formalidades muy someras, la simple declaración de los testigos, diciendo la propia Exposición de Motivos que, al tratarse la posesión de una mera cuestión de hecho, la única prueba a la que se podía acudir era la testifical[116]. Y lo que comenzó como exigencia de

116. Fernández Gregoraci, B. *Legitimación…*, *op. cit.*, pág. 50.

propietarios de la propia localidad en la que radicaba la finca fue perdiendo fiabilidad, disponiendo la RO de 18 de noviembre de 1863 que a falta de los mismos se pudiese acudir a testigos del vecindario más inmediato, la RO de 26 de abril de 1867 que pudiesen serlo los de cualquier término municipal o ayuntamiento, y, finalmente, el RD de 25 de octubre de 1867 que bastase con presentar el certificado de amillaramiento del alcalde para acreditar la posesión[117].

f) Se necesitaba presentar el recibo de la contribución urbana del último trimestre que se hubiese satisfecho; de haberse adquirido el bien recientemente y no haberse satisfecho ningún recibo, el expediente se ponía en conocimiento del transmitente o sus herederos a fin de que manifestasen si tenían algo que oponer a la inscripción; si el promotor fuese heredero, el recibo podía corresponder a su causante (art. 401).

g) Se citaba a los partícipes en la propiedad o derechos de la finca, mandando hacer la inscripción en caso de ausencia o paradero desconocido, haciendo constar tal circunstancia (art. 402).

h) En el caso de que alguien se creyese con derecho sobre la finca objeto del expediente, debía interponer juicio ordinario ante el juez competente; mientras se ventilase dicho proceso, el expediente de información posesoria quedaba suspendido o, de haber concluido y haber sido aprobado, se suspendía su inscripción (art. 403).

i) De no existir oposición, o de ser desestimada la que hubiere, si se consideraba suficiente la información, el Juez determinaba la inscripción de la posesión solicitada, sin perjuicio de tercero de mejor derecho. Esta inscripción se solicitaba por el propio promotor del expediente mediante presentación del expediente original en el Registro (arts. 404 y 405).

j) La inscripción realizada debía contener todos los datos relacionados con la finca, los testigos y sus declaraciones, diligencias practicadas, opinión del ministerio fiscal y circunstancias peculiares de la inscripción (art. 406).

k) Realizado el expediente ante el Juzgado, los Registradores debían examinar cuidadosamente el Registro en busca de la existencia de algún asiento relativo al mismo inmueble de cuya posesión se trata, y que pudiera quedar cancelado como consecuencia de la inscripción a efectuar; si el asiento existente fuera de dominio y entrara en contradicción con la posesión justificada, el Registrador debía suspender la inscripción, efectuando anotación preventiva, remitiendo copia del asiento al Juez para que este determinase si procedía confirmar o revocar la inscripción ordenada, pre-

117. FERNÁNDEZ GREGORACI, B. *Legitimación..., op. cit.*, págs. 50-51.

via comunicación del expediente a la persona titular del derecho según el asiento contradictorio para su audiencia (art. 407).

l) En cuanto a la inscripción de la posesión que fuese resultado del expediente de información posesoria, se disponía que perjudicaría o favorecería a tercero, pero solo desde la fecha de la misma y en cuanto a los efectos que las leyes atribuyen a la posesión. O sea, que no perjudicarían a los titulares de un mejor derecho de propiedad, aun en el supuesto de que su título no estuviese inscrito (arts. 408 y 409). Así lo entendió la Dirección General de los Registros, no impidiéndose la inscripción de títulos de dominio anteriores a 1863 o justificativos de ese dominio, aunque sobre dichos bienes existiesen inscripciones de posesión; postura que se modificó en Resolución de 12 de septiembre de 1883, ratificada posteriormente por otras, estableciendo el criterio de que, en caso de contradicción de posesión inscrita, debía disponerse la inscripción de la propiedad por sentencia firme dictada por los Tribunales de Justicia[118].

Para Martínez Pérez[119], el expediente fue un medio para que los propietarios obtuviesen un título suficiente que acreditase su posesión con el que poder acceder al Registro en defecto de título inscribible del dominio o de un derecho real; por tanto, nos encontramos ante «una excepción, pues el Registro debía reflejar derechos, no situaciones de hecho. Solo ante la inexistencia de títulos, se habilitaba esta solución alternativa, supletoria, provisional y limitada a las situaciones anteriores al planteamiento de la ley». Y todo, como sabemos, porque no podía hacerse caso omiso de un hecho demasiado general, «la falta de títulos que tienen muchos para acreditar la propiedad u otros derechos reales que legítimamente les corresponden».

El legislador tenía la intención de que las inscripciones de posesión, realizadas a través de estas titulaciones sucedáneas, terminaran convirtiéndose en inscripciones de propiedad por el juego del instituto de la prescripción adquisitiva. Y ello, según Martínez Pérez[120], salvaguardando los derechos de terceros con mejores títulos: en primer lugar, porque dicha posesión, a efectos de la usucapión, solo se contaba desde la inscripción del resultado del expediente; y segundo, porque el Registrador debía suspender la inscripción posesoria si en el examen de los libros hallaba otra inscripción de dominio que pudiera verse afectada. Además, el procedimiento de los expedientes de información posesoria se situaba a continuación del precepto que amenazaba de ineficacia los títulos que, debiendo haberse inscrito, no lo hubieran hecho en un terminante plazo; pareciendo, así, querer tranquilizar a los titulares del dominio que se veían urgidos a publicar las situaciones jurídicas que tenían hasta entonces. Y estaba redactado como si de

118. Sanz Fernández, Á. *Instituciones...*, Tomo I, *op. cit.*, pág. 508, nota al pie número 22.
119. Martínez Pérez, F. *Posesión..., op. cit.*, pág. 42.
120. Martínez Pérez, F. *Posesión..., op. cit.*, pág. 43.

una Disposición Transitoria se tratara, deduciéndose su naturaleza transitoria por la inadmisión de las posesiones posteriores al 31 de diciembre de 1862, al fijarse la fecha de entrada en vigor de la Ley el 1 de enero de 1863, lo que corroboró la DGRN en numerosas resoluciones[121].

Como advierte ARRIETA SEVILLA[122], el legislador hipotecario pensó que el proceso de inscripción de los bienes en el creado Registro iba a ser un proceso rápido tanto por el traslado de los asientos existentes en los libros de la Contaduría de Hipotecas como por la inscripción de los títulos anteriores a la entrada en vigor de la Ley Hipotecaria. Hasta tal punto que Gómez de la Serna, refiriéndose a un senador de la comisión que discutió la ley, entendía que «no se concibe que dentro de veinte años no esté registrada toda la propiedad inmueble y asegurada con las garantías que la Ley establece»[123]. Promulgada la Ley, en palabras del propio MARTÍNEZ PÉREZ, quedó pronto demostrada la imposibilidad cumplir los plazos establecidos «con la idea apetecida de fundar la propiedad sobre nuevas bases»; y ello tanto por la propia imprevisión de los artífices de la Ley, como por «la fuerte oposición de quienes resistían su aplicación, ya por la dificultad o carestía de la inscripción o convalidación de sus situaciones jurídicas, ya porque diera ocasión a revelar la ilegitimidad de algunas de estas situaciones».

Pero el mismo autor nos indica que lo que había nacido con carácter provisional y supletorio se convirtió en «el modo más habitual y generalizado de acceso de los bienes y derechos reales al Registro». Y eso, aunque al principio resultó patente una interpretación restrictiva del expediente de información posesoria, dados los intentos de extender su aplicación a supuestos no contemplados, como el de tratar de utilizar el expediente posesorio para sanar o legalizar adquisiciones posteriores a la fecha de entrada en vigor de la Ley, el 1 de enero de 1863, recordando la DGRN que el medio solo era aplicable a las posesiones o adquisiciones anteriores a dicha fecha. Porque el legislador solo concibió el expediente como una «titulación casi de urgencia para poner en planta de una forma acelerada el nuevo sistema de publicidad inmobiliaria en aquellos casos en los que faltara título auténtico y no pudieran aprovecharse los asientos de las antiguas Contadurías de hipotecas».

A pesar de lo establecido por la DGRN, los expedientes tuvieron una apreciable acogida, no usándose solo excepcionalmente. Además, los promotores trataban de que se flexibilizaran algunos de sus requisitos desde el principio, como cuando se solicitaba que se admitiese el expediente aun en el caso de que la titulación de propiedad ya existiese, pero fuese difícil su aportación inmediata, lo que llegó a reco-

121. FERNÁNDEZ GREGORACI, B. *Legitimación..., op. cit.*, pág. 49. La autora citas las Resoluciones de 31 de diciembre de 1862, 19 de septiembre de 1863, 23 de marzo de 1865, 12 de junio de 1865 y 5 de septiembre de 1871.

122. ARRIETA SEVILLA, L.J. «La inmatriculación de fincas de la Iglesia Católica por medio de certificación diocesana», *Ius Canonicum*, año 2010, págs. 527 y ss.

123. RODRÍGUEZ OTERO, L. *La Ley Hipotecaria de 1861..., op. cit.*, pág. 401.

gerse en el artículo 326 del Reglamento[124]. Concluye el citado autor, en cuanto a las facilidades en orden a la admisión de los expedientes posesorios, haciendo alusión al caso de varios propietarios valencianos que pretendían conseguir la inscripción con meras declaraciones juradas, sin necesidad de cumplir los requisitos establecidos en el título XIV. La Comisión de Codificación negó esta posibilidad en informe de 9 de abril de 1863, entendiendo que debían exigirse las mismas garantías que a los interdictos de retener la posesión, procedimiento en el que también se acreditaba el simple hecho posesorio, postura que sostuvo la RDGRN de 3 de agosto de 1864, que declaró que las diligencias judiciales para amparar a una persona en la posesión no podían considerarse como título inscribible, a tenor del art. 6 del Reglamento, y que la posesión únicamente podía de la manera prevenida en el título XIV[125].

Definitivamente, la facilidad de inscripción concluyó en una nueva fase de este acceso de la posesión al Registro de la Propiedad, según Sanz Fernández[126], convirtiendo la transitoriedad de las inscripciones en definitivas mediante la admisión de las inscripciones de posesión de bienes adquiridos con posterioridad al 1 de enero de 1863, lo que se llevó a efecto mediante el Real decreto de 10 de febrero de 1875. Más allá de esta disposición solo cabría hacer referencia a la admisión de las resoluciones recaídas en los interdictos de adquirir como un nuevo medio de inscribir la posesión, según Resolución de 13 de julio de 1893[127].

1.3. Las certificaciones como instrumento para el acceso de inmuebles al Registro de la Propiedad

La entrada en vigor de las disposiciones de la Ley Hipotecaria de 1861 marca la aparición de las certificaciones como medio de inscripción de los bienes inmuebles en el Registro de la Propiedad; porque la puesta en funcionamiento de las disposiciones hipotecarias y los problemas que surgieron necesitaron de una respuesta legislativa que motivó esta aparición. Así surgen por primera vez en nuestra historia las certificaciones de dominio con eficacia inmatriculadora, si bien de la posesión y no aún del dominio, y la causa fundamental, como expresa Rodríguez Blanco[128],

124. Martínez Pérez, F. *Posesión..., op. cit.*, págs. 47-51. El autor nos ofrece unas cifras muy significativas del uso del expediente posesorio; basándose en el periódico profesional que hacía las veces de órgano oficial del Ministerio de Justicia, en el año 1863 resultaron 8.306 inscripciones correspondientes a títulos posteriores a la entrada en vigor de la Ley, esto es, basándose en el principio del tracto sucesivo dispuesto en el art. 20; y 41.300 inscripciones fundamentadas en el expediente de información posesoria por el art. 397 LH; y ello, sobre un total de 271.085 inscripciones totales.

125. Martínez Pérez, F. *Posesión..., op. cit.*, págs. 57-59.

126. Sanz Fernández, Á. *Instituciones...*, Tomo I, *op. cit.*, págs. 508-509.

127. RDGRN de 7 de julio de 1893. Gaceta de Madrid, núm. 256, de 13 de septiembre de 1893.

128. Rodríguez Blanco, M. «Las certificaciones de dominio de la Iglesia Católica. Análisis del artículo 206 de la Ley Hipotecaria», *Revista Jurídica del Notariado*, 34 (abril-junio 2000), pág. 275.

es la existencia de amplísimos patrimonios poseídos desde tiempo inmemorial, pero carentes de título escrito acreditativo del dominio, lo que hace que como los bienes no se pueden amoldar a la legislación registral, sea el Registro el que se acomoda a los bienes; patrimonios que se encontraban en una situación semejante, por lo que requerían también similar solución[129]; y surgen también para proteger a los compradores de bienes eclesiásticos desamortizados[130].

Sobre este particular, debemos hacer referencia a la exposición que realiza Fiestas Loza[131] con relación a la protección que se tuvo que arbitrar para los compradores de bienes inmuebles que habían sido previamente desamortizados, partiendo de la lucha existente entre los autores a la hora de establecer los principios inspiradores de la Ley de 1861: por una parte, los defensores de una visión germanista y, en consecuencia, de que la inscripción registral tuviese un carácter constitutivo; por otra, los partidarios de la teoría del título y el modo para que se entendiese transmitido el dominio y los demás derechos reales; la contienda se decantó por estos últimos, partiendo del artículo 1858 del proyecto de Código Civil de 1851, que disponía que los títulos inscritos no surtían efecto frente a terceros sino desde la fecha de la inscripción, lo que se trasladó al artículo 23 de la Ley Hipotecaria[132].

El hecho de que los títulos no inscritos no pudieran tener efectos o eficacia frente a terceros, combinado con la exigencia de que no pudiesen acceder a los libros registrales títulos que tuvieran fecha anterior a la de la última inscripción, suponían de facto «la aniquilación de los derechos de los titulares anteriores y preferentes que no tuvieran constancia registral»[133]. Frente a esta opinión de Fiestas Loza basada en el art. 17 LH, que disponía el principio de prioridad precisamente para proteger a los adquirentes de bienes desamortizados, Gallego del Campo[134] entiende que dicho

129. Ruano Espina, L. *Régimen jurídico registral de los bienes de las confesiones religiosas y su tratamiento jurisprudencial,* Editorial Aranzadi, 2005, pág. 71.

130. Fiestas Loza, A. «*¿Protección registral de los compradores de bienes eclesiásticos desamortizados?*», *Revista Crítica de Derecho Inmobiliario*, año 1987, número 578, págs. 104-105. La autora considera que el Registro de la Propiedad se creó principalmente para proteger a dichos compradores y que por esta razón se configuró de la manera que se hizo la Ley Hipotecaria y se dictaron en los términos señalados los Reales Decretos de 1863 y 1864; no obstante, concluye que el Registro se hubiese creado de igual modo aun no habiéndose producido los choques que tuvieron lugar entre la Iglesia y el Estado con motivo de la desamortización.

131. Fiestas Loza, A. *La protección registral..., op. cit.*, págs. 333-363.

132. Art. 23 LH: «Los títulos mencionados en los artículos 2 y 5 que no estén inscritos en el registro, no podrán perjudicar a tercero». Los artículos 2º y 5º establecían qué títulos tenían acceso al Registro, entre ellos, los traslativos del dominio de inmuebles y derechos reales, así como aquellos en que se constituyan, reconozcan, modifiquen o extingan derechos de usufructo, uso, habitación, enfiteusis, hipotecas, censos, servidumbres y otros cualesquiera reales.

133. Fiestas Loza, A. *La protección registral..., op. cit.*, pág. 343.

134. Gallego del Campo, G. *Ideología y progresismo..., op. cit.*; pág. 648.

principio de prioridad no era sino una premisa fundamental del funcionamiento del Registro y que operaba en favor de cualquier titular registral, con independencia de que los bienes inmatriculados hubiesen sido o no desamortizados, y que podía llegarse al supuesto de que actuase en contra de dichos compradores de bienes procedentes de la desamortización, en el caso de que no procurasen debidamente su inscripción; para ello, hace referencia a distintas Resoluciones (22 de marzo de 1879, 7 de diciembre de 1875 y 18 de noviembre de 1887) que determinaron la imposibilidad de proceder a la inscripción de ventas efectuadas por el Estado de bienes objeto de la desamortización cuando los mismos ya constasen inscritos a nombre de persona distinta; esto es, esas ventas de bienes desamortizados estaban igualmente sujetas a las exigencias de los principios de prioridad y tracto sucesivo.

El legislador, además, quería proteger a quien adquiría un bien confiando en lo publicado en el Registro, pues dicha confianza no podía ser defraudada; para ello, se proclamó la intrascendencia que para ese tercer adquirente tenía la nulidad de los asientos precedentes al suyo; así, después de afirmarse en el artículo 33 que la inscripción, por sí sola, no servía para convalidar los actos y contratos que fuesen nulos con arreglo a las leyes, se añadía el importantísimo artículo 34, que disponía lo siguiente: «No obstante lo declarado en el artículo anterior, los actos o contratos que se ejecuten u otorguen por persona que en el Registro aparezca con derecho para ello, no se invalidarán en cuanto a tercero, una vez inscritos, aunque después se anule o resuelva el derecho del otorgante en virtud de título anterior no inscrito o de causas que no resulten claramente del mismo Registro».

Pero esta consagración del principio de fe pública registral por el art. 34 LH no benefició solo a los adquirentes de bienes procedentes de la desamortización, según Gallego del Campo[135], sino a cualquier adquirente. Entiende el mencionado autor que, en concreto, el sistema de tutela implantado por el mencionado precepto no fue especialmente benévolo con los compradores de bienes desamortizados, resaltando una serie de pronunciamientos jurisdiccionales en apoyo de su tesis:

- La decisión del Consejo de Estado de 8 de febrero de 1882, que declara que no es bastante la inscripción del dominio a nombre del rematante para convalidar la enajenación si el Estado carecía de facultades para transmitir el bien.

- La Resolución de 16 de marzo de 1882, al declarar que la resolución administrativa que declara la nulidad de venta de bienes procedentes de capellanías colativo-familiares es eficaz, aunque dichos bienes ya estén poseídos por un tercero que haya inscrito su derecho.

- Resoluciones de 12 de marzo de 1879 y 21 de junio de 1884, que disponen que las facultades concedidas por las leyes desamortizadoras a las administraciones para salvaguardar los intereses del Estado, cuando estos

135. Gallego del Campo, G. *Ideología y progresismo..., op. cit.*; pág. 649.

hayan resultado perjudicados, no pueden ser enervados por la protección registral que se concede al tercero por los arts. 36 y correlativos de la LH.

- En caso de que se determine la nulidad de un remate, para cancelar la inscripción a nombre del rematante no es necesario que este preste su consentimiento, tal y como preveía para esos supuestos el art. 82 LH (Resoluciones de 8 de noviembre de 1888 y otras).

- Resolución de 30 de diciembre de 1878: el supuesto de inscripción de la posesión de bienes desamortizados en favor del Estado y de los rematantes no puede significar que se permita que el verdadero propietario del bien resulte perjudicado.

Con independencia de la distinta percepción que pueda tenerse del fundamento de esa protección registral, existía un interés en proteger a quienes adquirían en la confianza de lo que constaba en el Registro. Esto, nos sigue diciendo Fiestas Loza[136], se basaba especialmente en la situación en la que podían llegar a encontrarse quienes habían adquirido bienes desamortizados en el supuesto de que por distintos avatares políticos pudiese producirse la anulación de esa legislación, que había permitido la desamortización de los bienes y su posterior enajenación, devolviendo la propiedad a sus anteriores propietarios, las corporaciones civiles o eclesiásticas.

Estos terceros adquirentes de bienes desamortizados podían encontrarse en distintas situaciones:

a) Podía tratarse de compradores de bienes que hubiesen adquirido con anterioridad a la promulgación de la Ley y que hubiesen procedido a su inscripción en las antiguas Contadurías de Hipotecas.

   Estos adquirentes estaban protegidos por la inscripción realizada en las Contadurías, cuyos asientos se trasladaban a los Registros recién creados; pero esa protección frente a terceros solo se producía desde la fecha de la inscripción y, por tanto, existía una desprotección en el caso de que los antiguos propietarios (corporaciones civiles o eclesiásticas) reivindicaran los bienes.

   Para solventar esta circunstancia, el legislador introdujo el artículo 307 en el Reglamento Hipotecario: «*Las inscripciones de los antiguos registros surtirán, en cuanto a los derechos que de ellas consten, todos los efectos de las nuevas inscripciones, aunque carezcan de algunos de los requisitos que exigen los artículos 9 y 13 de la Ley bajo pena de nulidad, y no lleguen a trasladar a los nuevos registros*». Este precepto venía a asimilar la protección de estos antiguos adquirentes a la que tenían los que adquirían de quien constaba como titular en el nuevo registro, en base al artículo 34; por lo que quedaban

136. Fiestas Loza, A. *La protección registral..., op. cit.*, pág. 343.

consolidadas todas las adquisiciones anteriores a la entrada en vigor de la Ley que constasen inscritas en las Contadurías. Y todo ello, sin especiales trámites, pues ni tan siquiera debían cumplirse los requisitos fijados en los artículos 9 y 13 y que determinaban las características de la finca, del título e intervinientes, juez, escribano o funcionario ante el que se otorgaba y fecha, concretando el denominado principio de especialidad.

b) Compradores de bienes desamortizados con anterioridad a 1861 pero que no hubiesen inscrito sus títulos en las Contadurías de Hipotecas.

Estos compradores quedaban fuera del amparo establecido en el artículo 307 del Reglamento; para ellos, la solución la otorgó el artículo 389 de la Ley: «Los que a la publicación de esta Ley hayan adquirido y no inscrito bienes o derechos que según ella se deban inscribir, podrán inscribirlos en el término de un año, contado desde la fecha en que la misma Ley empieza a regir».

Pero estos compradores debían inscribir sus títulos en el plazo de un año y se veían protegidos frente a terceros desde la fecha de la inscripción, cuando el derecho inscrito no constara en los títulos de propiedad, y desde la fecha en que se adquiriera por el dueño, si tal circunstancia constase en el título transmisivo. De no inscribir en el año establecido sino después, la protección frente a los terceros solo arrancaría desde la fecha de inscripción.

Para la inscripción de estos nuevos titulares debía incumplirse el artículo 20 de la Ley, el que establecía el principio del tracto sucesivo y exigía que para que se inscribiese un derecho determinado debía constar previamente inscrito en favor de la persona que lo transmitiese. Y el artículo 389 no preveía esta circunstancia. Esta eventualidad fue trasladada al Ministerio de Gracia y Justicia quien, una vez oída la Comisión General de Codificación, dictaminó que para estas inscripciones no resultara de aplicación el artículo 20, solo aplicable a los títulos traslativos posteriores a la entrada en vigor de la Ley. Por tanto, quien adquiriera con anterioridad a 1863 y que no hubiese inscrito su derecho en las viejas Contadurías de Hipotecas podían inscribir sus títulos en el Registro sin necesidad de la previa inscripción del anterior titular.

Frente a esta postura de entender que quienes inscribían sus títulos gozaban de la protección que el art. 34 LH otorgaba a los terceros que sí adquirían de un transferente previamente inscrito, entiende Gallego del Campo[137] que no es posible dicha interpretación por las siguientes razones:

- Porque resultaba infrecuente que las compras de bienes procedentes de la desamortización no hubiesen sido inscritas en la Contaduría de Hipotecas, por *mor* de lo dispuesto en los artículos 113, 169 y 176 de la

137. Gallego del Campo, G. *Ideología y progresismo..., op. cit.*; págs. 650-651.

Instrucción de 31 de mayo de 1855, que obligaban a la toma de razón y a que los escribanos públicos velasen por el cumplimiento de lo ordenado.

- Porque lo que establece el art. 389 LH es simplemente un medio inmatriculador, dispensando de la exigencia del principio del tracto sucesivo, lo que no debe entenderse como privilegio, sino como dispensa propia del medio de acceso al Registro de la Propiedad de las fincas por primera vez.
- Por último, entendiendo que quienes inscribieron así sus bienes, como inmatriculantes, no tuvieron nunca la consideración de terceros hipotecarios protegidos por la fe pública registral.

c) Compradores de bienes anteriores a la entrada en vigor de la LH que no realizaron la inscripción en el plazo de un año.

La solución dada para los títulos anteriores que se inscribieran en el plazo de un año no era aplicable a quienes no lo hicieron dentro del término establecido; por tanto, inscribían sin constancia del anterior titular y no se disponía la protección del artículo 34. Sus títulos no estaban otorgados por persona que constase con derecho para ello en el Registro. Para ellos, el Ministerio, en Real Orden de 20 de febrero de 1863, determinó la dispensa de esa previa inscripción necesaria para que tuvieran la protección del artículo 34.

d) Adquirentes posteriores a la entrada en vigor de la Ley.

El anterior régimen transitorio establecido para procurar la protección de los adquirentes de bienes con anterioridad a la entrada en vigor de la Ley no era aplicable a quienes adquirieron con posterioridad a dicha fecha. No quedaban protegidos por el artículo 389 ni dispensados de lo requerido por el artículo 20, encontrándose vinculados a las exigencias del principio del tracto sucesivo. Se necesitaba que constase un titular anterior, de quien provenían los bienes, para poder encontrar el amparo de la protección al tercero del artículo 34. Es decir, se necesitaba que el dominio estuviera previamente inscrito en favor del Estado, de quien provenían los bienes declarados nacionales previa su desamortización a las corporaciones civiles o eclesiásticas y anteriores propietarias.

1.4. Los precedentes de las certificaciones de dominio

Para obtener la inscripción del dominio de los bienes desamortizados en favor del anterior titular, y posibilitar que los adquirentes gozaran de esa protección establecida en el artículo 34, se dictaron una serie de disposiciones, precedentes singulares de las certificaciones de dominio, con el siguiente recorrido cronológico:

a) El Real decreto de 19 de junio de 1863 del Ministerio de Gracia y Justicia[138].

Aludiendo al anterior Decreto de 20 de febrero, comenzaba aludiendo a la solución dada a las transmisiones operadas con anterioridad a la entrada en vigor de la Ley; y entrando en las posteriores, planteaba el problema de la falta de inscripción de los mismos en favor del Estado, lo que solo podía resolverse presentando el título inscribible y entendiendo que dicho título no podía ser otro que la propia Ley en cuya virtud se adquirieron los bienes o derechos; alude a la posible inscripción de los títulos de propiedad de las corporaciones de quienes el Estado adquirió, pero las considera inútiles al ser prioritaria la inscripción solo de la adquisición efectuada por el Estado. Y ese título que constituye la propia Ley, concluye, es de tanta fuerza y valor como los que están consignados en escrituras, ejecutorias o documentos auténticos expedidos por el Gobierno. Por lo que bastará una certificación, librada por las autoridades o corporaciones que están encargadas de la administración y custodia de los indicados bienes, para verificar que la adquisición de los mismos se produjo.

Por tanto, el artículo 1 ordenaba la inscripción de todos los bienes adquiridos en la desamortización civil o eclesiástica mediante la presentación de dichos certificados, que debían expresar la Ley en cuya virtud se adquirieron, a qué corporación pertenecían con anterioridad (art. 2). La forma de las certificaciones se determinaría por el ministerio a quien correspondiese su emisión.

Esa referencia a la Ley en cuya virtud se habían desamortizado fue utilizada por el ministro de Gracia y Justicia para defender que la propia Ley tenía la consideración de título inscribible, porque el título consignado en la misma Ley «es de tanta fuerza y valor como los que están consignados en escrituras, ejecutorias o documentos auténticos expedidos por el Gobierno, que son los que se necesitan para la inscripción»; por tanto, si escrituras, ejecutorias o documentos pueden servir de base para la inscripción, también podrá serlo una certificación «librada por las Autoridades o corporaciones que están encargadas de la administración y custodia de los indicados bienes»[139].

Por primera vez en la historia hipotecaria española se permitía que un bien accediese a los libros registrales mediante una simple certificación administrativa; lo que recibe la crítica de DÍEZ-PICAZO[140], quien entiende que, para considerar como tal a una certificación, debe trasladar lo que conste en otros documentos o hechos que el propio funcionario certificante haya presenciado, lo que le lleva a entender estas primeras certificaciones como imperfectas y peligrosas, pues podían dar lugar a verdaderos despojos.

138. Gaceta de Madrid, 21 de junio de 1863, número 172.

139. FIESTAS LOZA, A. *La protección registral..., op. cit.*, pág. 354.

140. DÍEZ-PICAZO, L. *Fundamentos de Derecho civil..., op. cit.*, Tomo III, pág. 413; comentario recogido, además, por FIESTAS LOZA, A. *La protección registral..., op. cit.*, pág. 355.

b) Real Orden de 20 de junio de 1863 del Ministerio de Hacienda.

Al día siguiente de la disposición del Ministerio de Gracia y Justicia se dicta otra norma con el objeto de establecer unas disposiciones con relación a los bienes procedentes del clero y corporaciones eclesiásticas; se prohibía su inscripción hasta que se verificara su permutación, con arreglo al Convenio de 4 de abril de 1861, y se enajenaran a los particulares. Cuando llegase el momento de la venta, los Administradores de Propiedades y Derechos del Estado debían buscar los títulos y, en caso de que no existieran o de que no se pudiesen encontrar, se debía comunicar a los jefes correspondientes a los efectos de que emitiesen una certificación de la posesión de dichas fincas.

Se habían dado en dos días consecutivos dos soluciones distintas y contradictorias por ambos ministerios, uno ordenando la certificación del dominio, con una mayor protección del adquirente, y otro procurando la simple certificación posesoria con arreglo a las disposiciones de la Ley Hipotecaria, lo que solo protegía al titular con las ventajas del mero hecho de la posesión, no perjudicando a quien pudiera tener un mejor derecho a la propiedad del inmueble, aun cuando su título no estuviera inscrito. Ante tal circunstancia, el Gobierno reaccionó dictando una nueva disposición aplicable a todos los bienes.

c) El Real Decreto de 6 de noviembre de 1863[141].

Ante la disparidad de soluciones aportadas en los decretos de junio y los problemas que podían suscitarse en su aplicación, el Gobierno reaccionó mediante la aprobación de este nuevo Decreto en el que se venía a dar solución a la inscripción de los bienes por el Estado, «ora como propietario patrimonial, ora como representante de corporaciones cuyos bienes enajena o administra», debiéndose determinar qué propiedades a su cargo deben inscribirse y cómo.

En primer lugar, se establece que el Estado no debe inscribir los bienes de dominio público, como las calles, plazas, caminos, riberas de los ríos y sus cauces, murallas de las ciudades y otros (art. 3); y el argumento no se basa en que dichos bienes están fuera del comercio, sino en que no están realmente apropiados, no constituyen el patrimonio de ninguna corporación y, lo más relevante, «*ni es indispensable que estén señalados con un número en el registro para que sea notorio su estado civil*». Y se añade, en segundo término, que el resto de los bienes de la Administración, incluidos los que no han sido desamortizados, deban inscribirse «desde luego» (art. 1), «toda vez que podría dudarse de la pertenencia de muchos de ellos».

A continuación, se aborda la inscripción de los inmuebles objeto de desamortización y pendientes de enajenación; para ellos, se ordena aplazar dichas inscripciones hasta que tales ventas se verificasen, momento en el que se realizarían dos inscripciones: una primera, en favor de quien fuese su anterior propietario, sea el

141. Gaceta de Madrid, 9 de noviembre de 1863, número 313.

Estado, la *Iglesia*, los pueblos o los establecimientos de beneficencia; y una segunda, en favor del adquirente.

Para esa primera inscripción, el Estado podía tener en su poder los títulos legítimos acreditativos del dominio, en cuyo caso deberían presentarse los mismos en el Registro (art. 5); pero lo habitual sería que se careciese de ellos, al tratarse de bienes de larguísima y no interrumpida posesión y, en consecuencia, propiedad; y dado que los particulares podían inscribir bienes que se encontraran en situaciones similares mediante los expedientes de información posesoria con la comparecencia de testigos, se opta para los entes públicos por la inscripción de la posesión, si bien entendiendo que no es necesaria la prueba testifical bastando «las certificaciones expedidas por la Administración haciendo constar el hecho de la posesión por el Estado o por cualquier otra corporación o establecimiento público que hubiere poseído o poseyere bienes sin título». Por tanto, apunta Fiestas Loza[142], se opta por una solución menos peligrosa que las inscripciones de dominio practicadas conforme al RD de 19 de junio de 1863, dejando a salvo la posible acción reivindicatoria del *verus dominus*.

Además, en el art. 19 se distingue en función de la fecha de adquisición: de ser anterior a la fecha de entrada en vigor de la Ley, el adquirente podía inscribir aportando tan solo el título; de ser posterior, debía aportarse el título de adquisición del Estado o corporación, si existía, o la certificación de posesión, más la escritura de venta.

El Decreto introduce dos importantes novedades en lo que respecta a los bienes de la Iglesia Católica: a) en primer lugar, en su art. 3 establece la exceptuación de inscripción en el Registro de los templos destinados al culto; se produce una asimilación de estos bienes a los que siendo propiedad del Estado tampoco debían inscribirse; y debe admitirse que la razón es la misma, esto es, no que dichos bienes tengan la consideración de *res extra commercium*, sino que es notoria y evidente su titularidad, que su legítimo dueño es la Iglesia; b) en segundo, la de permitir que las propiedades eclesiásticas accedan al Registro mediante las certificaciones de posesión establecidas para los bienes propiedad del Estado o resto de corporaciones civiles; el art. 13 dispone que así se inscribirán los bienes que posea el clero o que se le devuelvan y deban permanecer amortizados en su poder; y dicha certificación será expedida por el Diocesano respectivo, esto es, por el Obispo de la Diócesis en la que radiquen los bienes o quien haga sus veces con arreglo al Derecho canónico.

¿Por qué se extiende esta facultad a los bienes de la Iglesia? A nuestro entender, las especiales circunstancias históricas llevaron a plantear esta solución; acababa de producirse el Convenio de 1859, transformado en Ley de 4 de abril de 1860, con el que se intentó dar por finiquitado el proceso de desamortización de los bienes del clero; a cambio del reconocimiento de la capacidad patrimonial de la Iglesia Católica y de la facultad de adquirir bienes en el futuro, la Iglesia se comprometió

142. Fiestas Loza, A. *La protección registral..., op. cit.*, pág. 357.

a respetar las ventas ya realizadas por el Estado; además, con relación a los bienes aún no enajenados, se llegó al acuerdo de permutación, de forma que quedaron en manos del Estado para su futura venta a cambio de títulos de deuda pública. Y se ordenaron los respectivos inventarios en los que se recogían los bienes del clero por distintas categorías, los exceptuados de desamortización, los que sí estaban desamortizados y los que estaban pendientes de permutación, de los que debían hacerse esos listados en triplicado ejemplar. Todos ellos debían acceder al Registro y conformaban una cantidad ingente que podían colapsar los Tribunales si se optaba por aplicarles el régimen general de expedientes de información posesoria; lo que, además, retrasaría enormemente el proceso de inscripción. Los legisladores se encontraron con una situación análoga a los bienes del Estado y optaron por dar una solución similar, la de permitir el acceso de los bienes a los libros mediante una simple certificación de posesión, si bien expedida en este caso por la autoridad encargada de la administración y custodia, los diocesanos.

En conclusión, surgen por primera vez en nuestra historia las certificaciones de dominio con eficacia inmatriculadora, si bien de la posesión y no aún del dominio. La causa fundamental, como expresa Rodríguez Blanco[143], es la existencia de amplísimos patrimonios poseídos desde tiempo inmemorial, pero carentes de título escrito acreditativo del dominio. Lo que hace que, dado que los bienes no se pueden amoldar a la legislación registral, sea el Registro el que se acomode a los bienes. Eran patrimonios que se encontraban en una situación semejante y que requerían también similar solución[144]; y surgen, también, para proteger a los compradores de bienes eclesiásticos desamortizados[145].

d) El Real Decreto de 11 de noviembre de 1864[146].

El Real Decreto de 11 de noviembre de 1864, dictado para solucionar algunas dificultades surgidas en la aplicación del de 1863, no modificó ningún aspecto sustancial salvo la posibilidad que otorgaba a los compradores de bienes desamortizados que habían adquirido su derecho con anterioridad a la entrada en vigor de la Ley Hipotecaria de que pudieran inscribir sus adquisiciones presentando la escritura de venta sin necesidad de acompañarla con la certificación, ya fuese la escritura de venta anterior o posterior a la entrada en vigor de la Ley.

También se refiere a esta disposición Gallego del Campo[147], entendiendo que no es una disposición que se dictase exclusivamente en beneficio de la inscripción

143. Rodríguez Blanco, M. *Las certificaciones de dominio..., op. cit.*, pág. 275.
144. Ruano Espina, L. *Régimen jurídico registral..., op. cit.*, pág. 71.
145. Fiestas Loza, A. ¿Protección registral de los compradores...?, *op. cit.*, págs. 104-105. No obstante, la opinión, la autoría entiende que el, Registro se hubiese creado de igual modo aun no habiéndose producido los choques que tuvieron lugar entre la Iglesia y el Estado con motivo de la desamortización.
146. Gaceta de Madrid, 13 de noviembre de 1864, número 318.
147. Gallego del Campo, G. *Ideología y progresismo..., op. cit.*; págs. 651-652.

de bienes adquiridos y procedentes de la desamortización, sino que se puede considerar como una norma que ordena la práctica de operaciones registrales de bienes del Estado y de la Iglesia. Y no podía tratarse como privilegio para los adquirentes por los siguientes motivos:

- El Real Decreto también se refería a los bienes que quedaban en poder de las corporaciones eclesiásticas, bien porque se les devolvían o porque quedaban amortizados en sus manos (art. 13).

- Porque las certificaciones posesorias, a las que califica de precedentes de la certificación del actual art. 206 LH, no constituían una facultad exclusiva del Estado, disponiéndose también en beneficio de la Iglesia. Y, más tarde, como se analiza en la siguiente disposición, se arbitró en beneficio de los particulares.

- El disponer la inscripción en favor del Estado únicamente cuando iba a procederse a la venta del bien desamortizado suponía la creación de un vacío temporal que, en ningún caso, beneficiaba a los adquirentes de bienes desamortizados; porque posibilitaba inscripciones anteriores a la venta de otros posibles adquirentes o titulares interpuestos que podían alegar el principio de prioridad en contra de esos adquirentes.

- Al fin, la posibilidad de inscripción directa de las adquisiciones anteriores al 1 de enero de 1863, sin la previa registración de los bienes en favor del Estado, suponía la imposibilidad de que los inmatriculantes se convirtiesen en terceros a efectos hipotecarios.

e) Real Decreto de 25 de octubre de 1867[148].

Esta disposición aborda la dificultad que existía en el acceso al Registro de los bienes de los particulares, atribuyendo esta carencia a los costes derivados de la inscripción, excesivos en relación con la normalmente poca importancia de las fincas que debían ser inscritas. Para ello, dispone que deben arbitrarse para los particulares otros medios que permitan el acceso de la posesión al Registro, entre ellos la obtención de un certificado del alcalde del lugar en el que radique el inmueble haciendo constar que la finca está amirallada y que el solicitante ha pagado la contribución, medida ya aplicada a los bienes del Estado en los anteriores decretos de 1863 y 1864. Así lo dispone en su artículo 1, estableciendo que los particulares sin títulos escritos de sus inmuebles podían inscribir su posesión, bien por el expediente posesorio de los artículos 397 y siguientes, bien mediante este certificado del alcalde.

1.5. La justificación de la aparición del Registro y la inmatriculación de bienes eclesiásticos

En la reciente polémica sobre la inmatriculación de bienes propiedad de la Iglesia Católica siempre se arguye la idea latente de que la posibilidad de utilización del certi-

148. Gaceta de Madrid, 27 de octubre de 1867, número 300.

ficado de dominio surge de la Ley Hipotecaria de 1944, norma tildada de «franquista», y que seguía exceptuando de inscripción los templos destinados al culto católico, lo que solo se modificó con la reforma realizada por el RD 1867/1998, que suprimió dicha exceptuación. En ningún caso se hace referencia a la aparición decimonónica de este medio inmatriculador. Pero basta un sencillo análisis de las normas arriba expuestas para darse cuenta de que la aparición de la legislación hipotecaria en nuestro país obedecía a una confluencia de intereses burgueses y capitalistas bastante alejados de los postulados defendidos por la Iglesia en ese momento.

El conjunto de disposiciones estudiadas, según Fiestas Loza[149], no fue sino la solución que los liberales encontraron para consolidar la propiedad de los adquirentes de bienes que habían sido desamortizados. Lo que se hizo mediante el mecanismo del artículo 34 de la Ley Hipotecaria, impidiendo que pudiesen ser invalidadas las adquisiciones, aunque con posterioridad se resolviese o anulase el derecho del otorgante por alguna causa que no constase inscrita. Por tanto, la anulación o derogación de la legislación desamortizadora no podía provocar la anulación de las inscripciones producidas en favor de quienes habían adquirido los bienes objeto de la desamortización. Para la autora, con estas normas el Gobierno entró en el «camino peligroso de las concesiones y relajaciones de los principios fundamentales» de la Ley Hipotecaria para complacer a los compradores de bienes; todo obedecía a los fines de la sociedad liberal-burguesa de la segunda mitad del XIX, para la que «los intereses de estos compradores estaban por encima de todo».

Por tanto, frente a la reciente opinión extendida de forma errónea de que las certificaciones surgen en beneficio de la Iglesia, se nos muestra la evidencia histórica de que las disposiciones que las crean buscan única y exclusivamente el beneficio de quienes compraron los bienes que habían sido objeto de la desamortización, con independencia de que esos bienes proviniesen de corporaciones civiles o eclesiásticas. Esa finalidad de favorecer el acceso de los bienes al Registro conllevó la lógica necesidad de que también se inscribiesen los bienes, también propiedad de dichas corporaciones, pero que no habían sido objeto de la desamortización. Ambas potestades, Estado e Iglesia, no podían sino estar plenamente sometidas a las nuevas normas hipotecarias en cuanto a la totalidad de su patrimonio. Este sometimiento a la legalidad provocó el tener que dar una solución diferente para conseguir que sus ingentes patrimonios, generados a lo largo de los siglos, accediesen al Registro de la Propiedad recién creado.

Gallego del Campo[150] nos habla de otras teorías con las que poder entender este proceso legislativo hipotecario y su relación con el devenir desamortizador de mediados del siglo XIX:

a) Una primera, basándose en la posición, entre otros, de Tomás y Valiente o Lacruz Berdejo, entiende que la legislación hipotecaria, si bien tenía

149. Fiestas Loza, A. *La protección registral..., op. cit.*, págs. 360-363.
150. Gallego del Campo, G. *Ideología y progresismo..., op. cit.*, págs. 626-646.

evidente relación cronológica con las políticas desamortizadoras, no hizo sino dar respuesta a la nueva ordenación de la tierra consecuencia de la quiebra de la sociedad estamental y la aparición de la nueva sociedad burguesa, necesitada de relaciones de producción e intercambio que exigían seguridad jurídica.

b) Una segunda teoría entiende la aparición del Registro de la Propiedad como el instrumento clave para fomentar y canalizar la financiación necesaria de la clase capitalista y burguesa de reciente aparición y, para este fin, era imprescindible la garantía hipotecaria. Argumentos en defensa esta concepción hicieron, entre otros, OLIVER, que concebía la legislación hipotecaria como el remedio más conducente y rápido para atraer capitales y fomentar agricultura, comercio e industria; o DÍEZ-PICAZO, que la concibe como protección de los acreedores hipotecarios, estando la publicidad registral al servicio del mercado de capitales y de los cambios dominicales. En definitiva, la protección registral buscaba beneficiar, fundamentalmente, a los detentadores del capital financiero.

Considera el citado autor que la teoría defendida por FIESTAS LOZA no se corresponde con la realidad, y que la aparición de la legislación hipotecaria, a pesar de la coincidencia cronológica con las normas desamortizadoras de la desamortización de Madoz, no respondió a la necesidad de protección de los adquirentes de bienes desamortizados, ni «dependió causalmente de la decisión política desamortizadora». En defensa de su teoría, el autor se basa en una serie de argumentos:

1) Que la legislación hipotecaria no responde a las necesidades surgidas del proceso desamortizador; la desamortización constituyó una de las diversas medidas tomadas para conseguir una propiedad más libre y plena; mas, si atendemos al grado de incidencia social, los procesos de desvinculación de mayorazgos y la abolición de señoríos tuvo mucha mayor trascendencia, así como la supresión de los diezmos o la desaparición de la Mesta.

2) La aparición de la legislación hipotecaria no puede entenderse paralela al arranque del proceso desamortizador al existir medidas desamortizadoras desde Carlos IV y habiéndose producido ya la desamortización de Mendizábal en 1836. Además, tampoco puede argüirse esta correspondencia entre la Ley de Madoz y la aparición del Registro de la Propiedad, pues una parte importante de las ventas derivadas de las disposiciones de dicha Ley se hicieron al margen del recién nacido Registro, sin que existiese esa sensación de necesidad de obtener la protección tabular. Por último, la suspensión de la Ley por disposición de O'Donnell y Narváez no supuso la paralización del proceso de formación de la legislación hipotecaria.

3) Desde un punto de vista puramente cuantitativo, antes del nacimiento del Registro se habían enajenado más del 50% del volumen total de ventas

realizadas entre 1836 y 1867. Estas cifras harían inviables sostener que los Registros se crearan específicamente para garantizar estas adquisiciones.

Tras estas premisas, concluye GALLEGO DEL CAMPO[151] en que el sistema registral «se concibe como una institución jurídica con vocación de permanencia», que su creación «no trata de tutelar a los concretos propietarios de un tiempo concreto, sino de ordenar jurídicamente el mercado territorial», que el Registro nace «al margen de cualquier consideración coyuntural» y que, al fin, la institución registral «no puede ser rebajada a mera comparsa normativa de intereses tan limitados, parciales y transitorios como los de los concretos compradores de bienes desamortizados».

Sea como fuere, ambas teorías tienen una base común que compartimos y sirve a nuestra postura, la de que la aparición de la certificación posesoria no tuvo su origen en la intención política de favorecer a la Iglesia Católica; que, en cualquier caso, lo que se hizo es permitir el acceso al Registro de la Propiedad de los bienes inmuebles que no constaban en las antiguas Contadurías de Hipotecas. Y, entre otras razones, aunque no siendo la principal, para proteger a los adquirentes de bienes desamortizados y que habían sido propiedad de entidades eclesiásticas, pues esas adquisiciones sí podían quedar al albur de un acuerdo diplomático que pusiera en almoneda su validez mediante la declaración de nulidad de las enajenaciones.

Esta inquietud quedó disipada porque la Santa Sede, con el Concordato de 1851, admitió el saneamiento de las enajenaciones efectuadas de bienes objeto de las anteriores desamortizaciones, entendiéndose que los adquirentes gozaban de mayor protección por esta circunstancia que por la propia existencia del Registro de la Propiedad. Y aunque no duró mucho, pues la desamortización de Madoz volvió a colocar a los compradores de bienes desamortizados en una situación complicada, como pone de manifiesto la Exposición que el Obispo y Cabildo de Salamanca hacen a las Cortes advirtiendo de la merma de las seguridades que reconocía el Concordato, finalmente se llega al Convenio-Ley de 4 de abril de 1860, cuyo artículo 20 extendía el reconocimiento a los compradores de bienes, que ya había realizado el número 42 del Concordato, a quienes hubiesen adquirido bienes eclesiásticos provenientes de esta nueva desamortización de Madoz. Por esta razón, la conclusión a la que llega GALLEGO DEL CAMPO[152] es la de considerar que la puesta en funcionamiento del Registro tuvo lugar una vez se dio seguridad a estos adquirentes, habiendo quedado la desamortización «firme y asegurada».

Una postura más conciliadora es la que defiende RUANO ESPINA[153] cuando concluye, huyendo de criterios económicos, que la legislación que posibilitó la inscripción de los bienes de la Iglesia Católica persiguió una triple necesidad: 1) posibilitar el acceso al Registro de esos grandes patrimonios poseídos desde tiempo

151. GALLEGO DEL CAMPO, G. *Ideología y progresismo..., op. cit.*, págs. 643-644.
152. GALLEGO DEL CAMPO, G. *Ideología y progresismo..., op. cit.*, pág. 646.
153. RUANO ESPINA, L. «Zanjada la polémica en torno a la titularidad de los bienes de la Iglesia Católica», *Revista Española de Derecho Canónico*, Número 78, año 2021, pág. 1342.

inmemorial; 2) proteger los bienes eclesiásticos que quedaron exceptuados de la desamortización; y 3) determinar la condición legal en que quedaban los bienes que debían ser inscritos, a efectos de proteger a los terceros adquirentes de los bienes que sí fueron objeto de la desamortización.

2. LA LEY HIPOTECARIA DE 1869

A los pocos años de su entrada en vigor se advirtió que la Ley de 1861 adolecía de una serie de defectos que impedían que se pudiese poner en práctica de forma integral; para Serna Vallejo[154] estos problemas eran fundamentalmente tres: el cierre de los antiguos libros de los Oficios de hipotecas, el plazo de entrada en vigor de la Ley y las dificultades que algunas instituciones del Derecho catalán y gallego planteaban para la aplicación de la nueva Ley. A ello se unía la falta de titulación anterior a la entrada en vigor de la Ley y la desidia de los propietarios, «reacios a la inscripción»[155]. En cuanto al plazo establecido para la entrada en vigor de la Ley, fijado en un principio para el 1 de enero de 1863, debió prorrogarse por dos años más, y por tiempo indeterminado en el año 1865, con el fin de que pudiesen acceder al Registro los derechos anteriores a esa primera fecha establecida para su vigencia.

Todo ello dio lugar a los frustrados proyectos de reforma hipotecaria de 11 de abril de 1864 y 7 de abril de 1866, siendo definitivo el realizado en 1869, debatido en Cortes en el mes de noviembre, que da lugar a la nueva Ley Hipotecaria de 21 de diciembre de 1869 y a su Reglamento de 29 de octubre de 1870, que empiezan a regir el 1 de enero de 1871.

Mediante ella, nos dice Lacruz Berdejo[156], se tratan de atenuar las consecuencias de la anterior Ley y se dulcifica el régimen hipotecario en un doble sentido: en primer lugar, otorgando mayores facilidades para el acceso de las fincas al Registro; y en segundo, restringiendo la eficacia de la protección registral. Así, se admite para la adquisición por usucapión el tiempo de posesión transcurrido con anterioridad a la inscripción, si este no era contradicho por nadie. Y, además, en aras de facilitar el acceso de las fincas al Registro, se facilitó extraordinariamente la denominada titulación supletoria[157], suponiendo la consolidación legal de la apertura a los particulares de la certificación para justificar la posesión, que ya se había habilitado en el decreto de 25 de octubre de 1867, definiendo nuevos procedimientos para facilitar

---

154. Serna Vallejo, M. *La publicidad inmobiliaria..., op. cit.*, pág. 481. La autora indica que el cierre de los antiguos libros no ofreció dificultades, pero sí la cuestión de la rectificación de los índices antiguos y su conversión en nuevos; las antiguas inscripciones defectuosas permitían la descripción de los bienes y podían consignarse en los nuevos índices; pero las que eran ineficaces y nulas quedaban al margen de estos índices y se convocaba a los afectados para que procediesen a su rectificación.
155. Manzano Solano, A, y Manzano Fernández, M.M. *Instituciones..., op. cit.*, pág. 66.
156. Lacruz Berdejo, J.L. *Derecho inmobiliario..., op. cit.*, pág. 48.
157. Sanz Fernández, Á. *Instituciones...*, Tomo I, *op. cit.*, pág. 94.

el acceso tanto del dominio como de la posesión al Registro en aquellos casos en los que existiera un defecto de título escrito o auténtico; lo que supuso «el fin de la interpretación más restrictiva del fenómeno posesorio con relación al Registro de la Propiedad»[158]. Sobre estos nuevos medios, Martínez Pérez[159] distingue:

a) En primer lugar, la Ley incorpora el expediente de dominio como forma de acreditar la propiedad a falta de título escrito, incorporándolo en el artículo 404. Este medio no tuvo relevancia práctica al disponer la propia Ley otros medios mucho más sencillos para el acceso de la propiedad o, en defecto de esta, de la posesión, tales como el expediente de información posesoria, la certificación administrativa, el traslado de los asientos de las antiguas Contadurías de Hipotecas e, incluso, el acceso mediante documento privado.

b) En segundo lugar, admitía la Ley la inscripción mediante documentos privados en su artículo 407. Bastaba con que los interesados compareciesen ante el Registrador para que este autenticase dichos documentos, ateniéndose a lo establecido en la Ley del Notariado, y extendiendo el asiento de presentación con archivo y copia para los interesados. En el supuesto de que los interesados no concurriesen o no quisiesen concurrir para la autenticación del documento, quedaba en manos del adquirente la posibilidad de inscribir la posesión mediante el correspondiente expediente posesorio.

c) Se permite la inscripción de los interdictos de adquirir la posesión, a los que se les da «un franco reconocimiento de título inscribible y además con independencia de otro título que originase el derecho de poseer»; pues, aunque la jurisprudencia registral lo había negado con anterioridad, sí se había admitido en varias resoluciones de la Dirección General de los Registros. No se admite, en cambio, potencialidad para la inscripción a los interdictos de retener o recuperar la posesión.

d) Se consolida legalmente lo dispuesto en el decreto de 1867, permitiendo a los particulares el acceso a la inscripción mediante la certificación, expedida por el alcalde o por el presidente de la Comisión de evaluación de la riqueza inmueble, en la que hiciesen constar que el interesado pagaba la contribución territorial de una o más fincas en concepto de dueño, o que dicha circunstancia se había tenido en cuenta a la hora de fijar la cuota del impuesto. Este medio, por resultar menos costoso que los nuevos expedientes de dominio, fue el preferido por los particulares, que optaron por registrar la posesión de sus inmuebles antes que el dominio, aunque eso supusiera una menor protección de sus derechos.

e) La Ley consolida la interpretación del artículo 20 efectuada en la Real Orden de 20 de febrero de 1863; por tanto, el principio del tracto sucesivo

158. Martínez Pérez, F. *Posesión..., op. cit.*, págs. 77 y 89-90.
159. Martínez Pérez, F. *Posesión..., op. cit.*, págs. 78-90.

solo se aplicaba a los títulos otorgados con posterioridad a la entrada en vigor de la Ley, el 1 de enero de 1863[160]. Y ello con el fin de conseguir que se produjera la inscripción de los ingentes patrimonios del Estado y las corporaciones civiles y eclesiásticas.

En principio, la reforma de 1869 mantuvo el criterio de la Ley de 1861, en el sentido de que el medio excepcional de acceso de la posesión al Registro dispuesto en el título XIV solo se refería a posesiones iniciadas con anterioridad a la entrada en vigor de la Ley, en 1863. Si bien la Dirección General se mantuvo firme en esta interpretación restrictiva de tal disposición, los Registradores de la Propiedad actuaron de forma muy diferente, admitiendo como regla general la inscripción de posesiones iniciadas con posterioridad a 1863.

Esta actuación de los Registradores tenía un fundamento jurídico importante; la reforma de 1869 rehace el artículo 35, disponiendo lo siguiente: «La prescripción que no requiera justo título no perjudicará a tercero si no se halla inscrita la posesión que ha de producirla». Esta modificación del artículo 35 provocó que se «rebasase el carácter transitorio y excepcional» del título XIV y que la posesión «entrase, con plena carta de naturaleza, entre las disposiciones generales de la ley sobre los títulos sujetos a inscripción», lo que provocó que «quedara herida de muerte la pretensión de ceñir el reconocimiento de la posesión a las iniciadas antes de 1863»[161].

2.1. El Decreto de 10 de febrero de 1875

Esta discusión doctrinal y las diferentes soluciones dadas por los Registradores motivaron la intervención del Gobierno, dictando el Decreto de 10 de febrero de 1875[162], siendo ministro de Gracia y Justicia Don Francisco de Cárdenas. La norma se inicia aludiendo a la polémica y falta de uniformidad existente en cuanto a las

---

160. Art. 20 LH: «*El no hallarse inscrito el dominio de un bien inmueble o derecho real a favor de la persona que lo transfiera o grave, sin estar tampoco inscrito a favor de otra, no será motivo suficiente para suspender la inscripción o anotación preventiva si del título presentado o de otro documento fehaciente resulta probado que aquella persona adquirió el referido dominio antes del 1 de enero de 1863; pero en el asiento solicitado se expresarán las circunstancias esenciales de tal adquisición, tomándolas de los documentos necesarios al efecto. En el caso de no resultar la fecha de adquisición, o de ser posterior al expresado 1 de enero de 1863, se suspenderá la inscripción solicitada, tomándose anotación preventiva, si lo pidiere el que presente el título, cuya anotación subsistirá el tiempo designado en el art. 96; y en el caso de no tomarse dicha anotación, producirá el asiento de presentación el efecto designado en el art. 17*».

161. Martínez Pérez, F. *Posesión..., op. cit.*, pág. 96.

162. Gaceta de Madrid, número 44, de 13 de febrero de 1875. En el mismo se dispone lo siguiente: «*1°. Podrán inscribir en los Registros de la propiedad la posesión material o de hecho los dueños y poseedores de bienes inmuebles o derechos reales, a excepción del de hipoteca, adquiridos con posterioridad al 1° de enero de 1863, debiendo justificar aquel hecho por cualquiera de los medios establecidos en el título 14 de la ley hipotecaria, y con sujeción a lo que la misma dispone. 2°. También podrán inscribir el dominio adquirido después de la citada*

inscripciones posesorias, lo que «exige y justifica la necesidad de una declaración general que de una vez y para siempre fije la recta y genuina interpretación de la ley». Y concluye, a renglón seguido, en que la única interpretación válida es la que permite que se inscriba la posesión, cualquiera que fuese el tiempo o fecha en la que se hubiese iniciado o se hubiesen adquirido los bienes. Para ello se refiere a todas las disposiciones anteriores, entendiendo que en ninguna se limita el derecho de inscribir del poseedor, y que para que pudiese existir una limitación, esta debería establecerse por la propia Ley Hipotecaria.

El Decreto redunda en los dos motivos que han llevado al legislador a permitir el acceso de la posesión al Registro de la Propiedad: a) por un lado, la pérdida de títulos de dominio por los propietarios debida a las vicisitudes políticas o las incurias de sus antepasados; b) por otro, de mayor enjundia jurídica, por el carácter jurídico de la posesión, al constituir uno de los modos de adquirir el dominio y constituir un verdadero título de dicha propiedad con el transcurso del tiempo, según la doctrina de la ley 21, título 29 de la Partida 3ª sobre la prescripción extraordinaria. Y es aquí donde se fundamenta el criterio interpretativo en la reforma del artículo 35 de la Ley, porque para admitir que la posesión apta para permitir la adquisición del dominio por usucapión pueda perjudicar a tercero desde su inscripción, como reza el referido precepto, es del todo punto evidente que la posesión debía acceder al Registro y que ello era necesario para los poseedores posteriores a 1863 ya que, de lo contrario, no podrían hacer valer nunca contra tercero el derecho a prescribir que le otorgan Las Partidas.

La disposición termina su Exposición de Motivos alegando lo infundado del temor de que los particulares dejen de otorgar documentos públicos para inscribir el dominio y los derechos reales, entendiendo que solo se inscribirá la posesión por quienes carezcan de títulos inscritos y que quienes dispongan de ellos se decantarán por la inscripción del dominio permitida por el procedimiento del artículo 404, que era accesible a los propietarios que hubiesen adquirido los bienes con posterioridad a 1863.

2.2. La Ley de 17 de julio de 1877

La facultad concedida en la reforma de 1869 a los particulares para hacer uso de las certificaciones posesorias no tuvo un recorrido demasiado largo. Son suprimidas por el Decreto de 17 de julio de 1877[163], que deroga los artículos 400, 401 y cuarto párrafo del artículo 402 de la Ley Hipotecaria, volviéndose a lo establecido en la Ley de 1861. Además, para los expedientes de información posesoria, modifica la regla 4ª del artículo 398, requiriendo a los poseedores que aportasen certificación del alcalde del pueblo en que radicasen los bienes, con referencia a los amillaramientos,

fecha los propietarios que carezcan de título inscrito y justificaren su derecho con arreglo a lo prevenido en el art. 404 de la referida Ley».

163. Gaceta de Madrid, número 202, de 21 de julio de 1877.

catastros u otros datos que constasen en las oficinas municipales, haciendo constar que el interesado pagaba la contribución territorial a título de dueño; en los pueblos donde existiesen, se acudiría a estos efectos a las comisiones especiales para la evaluación de la riqueza inmueble. Y si no hubiese el interesado pagado ningún trimestre, por ser reciente la adquisición, el expediente se pondría en conocimiento del anterior titular, de quien procediese el bien, o a sus herederos, a fin de que manifestasen si tenían algo que oponer a la inscripción.

Este requisito creó un círculo vicioso que tardó en resolverse; como apunta MARTÍNEZ PÉREZ[164], la Administración de Hacienda exigía para el cambio de los contribuyentes y rectificación del amillaramiento que se exhibiera el título de adquisición correspondiente, «el cual no produciría efecto ninguno para el de anotación, y, por lo tanto, no se ejecutaría esta (la rectificación) si el mencionado título no estuviera registrado en el de propiedad del respectivo partido», según disponía el Reglamento de amillaramientos de 10 de diciembre de 1878. La solución solo se obtuvo en RO de 14 de junio de 1884, por la que se autorizó que pudiera acudirse al medio de la anotación preventiva en los expedientes posesorios, haciendo constar el Registrador que se suspendía la inscripción por la falta de certificado de amillaramiento y sirviendo esta anotación como medio para poder proceder a la modificación del referido amillaramiento.

En definitiva, según el propio autor, a partir de 1878 nos encontramos con dos regímenes diferentes para el acceso de la posesión al Registro de la Propiedad: uno, el de los expedientes posesorios del título XIV de la Ley, en sus artículos 397 y siguientes; un segundo, especial, establecido en los decretos de 1863 y 1864, mediante certificaciones posesorias[165].

3. LA LEY HIPOTECARIA DE 1909

La reforma hipotecaria de 1909 tiene varios antecedentes significativos en los que se comienza a plantear una posible solución al problema de las certificaciones posesorias, como el proyecto de 1888-1890. La Comisión del Senado que analizó el proyecto emitió un dictamen, de 11 de marzo de 1890, en el que establecía como idea fundamental la de favorecer la inscripción, con objeto de que los títulos no inscritos accediesen al Registro, permitiéndose la inscripción de posesión mediante la información de tres testigos ante Jueces municipales, Notarios o Registradores, acompañando el dueño el certificado de amillaramiento. Y se plantea la conversión de las inscripciones de posesión en inscripciones de dominio pasados veinte años desde de la publicación de anuncios en el Boletín Oficial de la Provincia, siempre que la prescripción no constase como interrumpida[166].

164. MARTÍNEZ PÉREZ, F. *Posesión..., op. cit.*, pág. 107.
165. MARTÍNEZ PÉREZ, F. *Posesión..., op. cit.*, págs. 109-110.
166. GARCÍA GARCÍA, J.M. *Derecho inmobiliario registral o hipotecario*, Editorial Civitas, Madrid 1988, Tomo I, págs. 229 y ss.

La Ley Hipotecaria de Ultramar, aprobada en Texto Refundido de 14 de julio de 1893[167], dispone también la idea de facilitar la inscripción mediante procedimientos especiales y regula la conversión de las inscripciones de posesión en dominio a los veinte años, tras ciertos trámites del Registrador. Idénticas disposiciones aparecen en el proyecto de reforma parcial de 3 de noviembre de 1903.

Como antecedente inmediato a la Ley de 1909, el Ministro de Gracia y Justicia, don Juan Armada Losada, presenta un proyecto de Ley en la sesión del Senado de 29 de febrero de 1908, del que extraemos las siguientes características fundamentales, en cuanto a las inscripciones de las fincas, citadas por García García: se regulan las inscripciones de títulos sin límite temporal, pudiendo tratarse de documentos fechados con posterioridad a 1861, incluso los otorgados ahora por quien hubiese adquirido el derecho, ya que la finalidad sigue siendo llevar al Registro la gran masa de propiedad inmueble sin inscribir; y para evitar el abuso que se producía en materia de informaciones posesorias, se propone la presentación de certificado del Registro en el expediente de información posesoria con el objeto de acreditar que no coincide la finca a inscribir en ningún detalle con los de algún inmueble que ya se encontrase inscrito. El dictamen de la Comisión del Senado avala las propuestas, haciendo constar que en las informaciones posesorias deberá alegarse la causa jurídica en cuya virtud se ha adquirido la posesión.

Finalmente, en 1909, y en aras de adaptar la legislación hipotecaria al Código Civil promulgado en 1889, se produce una gran reforma hipotecaria en dos fases[168]: a) la de la ley de 21 de abril, que establecía las líneas generales de la reforma en 43 artículos y autorizaba al Gobierno para publicar una nueva edición de la Ley en ocho meses, suprimiendo aquellos preceptos que habían sido derogados por el Código Civil o por la propia Ley de 21 de abril; b) la propia Ley Hipotecaria de 16 de diciembre, cuyo reglamento se aprueba en 1915.

Según Martínez Pérez[169], la Ley tuvo dos antecedentes legislativos que potenciaron la necesidad de reforma hipotecaria, una vez que los problemas a solucionar habían sido identificados a lo largo de la vida de la primitiva Ley de 1861: la primera, la Ley de Catastro Parcelario de marzo de 1906, que disponía la prescripción del estado posesorio de las parcelas a los 10 años de su recogida en el Catastro; la segunda, la Ley de Usura, promovida por Gumersindo Azcárate, de 1908, con la que se aspiraba a terminar con el préstamo usurario, uno de los orígenes de la legislación hipotecaria en la segunda mitad del XIX.

Con relación a la posesión, Barrachina y Pastor[170] nos dice que la prensa profesional demandaba una profunda reforma hipotecaria para que se desterrase de

167. En el texto se refunden las leyes hipotecarias de Puerto Rico, de 16 de noviembre de 1878; la de Cuba, de 14 de mayo de 1879; y la de Filipinas, de 10 de mayo de 1889.
168. Lacruz Berdejo, J.L. *Derecho inmobiliario..., op. cit.*, pág. 49.
169. Martínez Pérez, F. *Posesión..., op. cit.*, págs. 187-188.
170. Barrachina y Pastor, F. *Comentarios a la Ley Hipotecaria,* Imprenta José Armengol e Hijos, Castellón, 1911, Tomo IV, págs. 287-288.

los Registros la titulación posesoria por ser, nos dice, «engendro del artificio y nido de cuestiones»; señala el autor que se había producido un abuso en la formación de estos medios supletorios, llegando al paroxismo de que las inscripciones registrales de posesión alcanzaran el 85% del total de las practicadas en un año, consecuencia de un caciquismo rural; frente a esta práctica inadecuada, el Notariado abrigó la esperanza de una reforma que promoviera la titulación pública. Pero frente a esta demanda, vino la Ley de 1909 a producir un desencanto y decepción en los depositarios de la fe pública extrajudicial.

Por lo que respecta a esta materia posesoria, ROCA SASTRE[171] nos indica que las fundamentales novedades introducidas fueron las siguientes: el reforzamiento del valor de la legitimación de la inscripción, especialmente desde el punto de vista posesorio, en el art. 41; la modificación de la tramitación e inscripción de las informaciones posesorias en los arts. 392 y ss.; y la introducción de la conversión de las inscripciones de posesión en inscripciones de dominio (art. 399).

Para SANZ FERNÁNDEZ[172], tras la Ley de 1861 y el RD de 1875, con la Ley de 1909 se produce la tercera fase en la evolución de las inscripciones de la posesión, caracterizándose por convertirse en procedimientos de inmatriculación de las fincas, obteniéndose esas primeras inscripciones en el Registro de la Propiedad y determinándose los efectos de una manera amplia y exacta. Y para ello, se habilitan en la Ley tres medios para inscribir la posesión:

1) En primer lugar, los expedientes de información posesoria, regulados en los artículos 392 a 394 de la Ley y los artículos 490 a 500 del Reglamento. El primero de los preceptos permitía a los propietarios que no tuviesen título escrito de adquisición, o que, teniéndolo, fuese defectuoso o no pudiese inscribirse por cualquier razón, a que instasen un expediente judicial de jurisdicción voluntaria ante el Juez del lugar en el que radicasen los inmuebles, con audiencia del Ministerio Fiscal. Se produce una modificación sustancial, pues ya no se restringe el expediente a quienes carecieren de títulos de adquisición, permitiéndose también a quienes lo tuviesen defectuoso o no lo pudiesen inscribir por cualquier causa. Apunta BARRACHINA Y PASTOR[173] que el promotor del expediente podía tener título, pero no ser idóneo por resultar defectuoso en su fondo y en su forma; o puede que, siendo el título perfecto, concurriese alguna razón que impidiese que pudiese inscribirse por no tenerlo disponible.

   Para DE LA RICA Y ARENAL[174], este expediente de información posesoria no podía ser iniciado por cualquier detentador, por un mero poseedor de

171. ROCA SASTRE, J.M. *Derecho hipotecario, op. cit.*, Tomo II, vol. 2, págs. 507-508.
172. SANZ FERNÁNDEZ, Á. *Instituciones..., Tomo I, op. cit.*, pág. 509.
173. BARRACHINA Y PASTOR, F. *Comentarios..., op. cit.*, Tomo IV, pág. 290.
174. DE LA RICA Y ARENAL, R. *Comentarios a la Ley de reforma hipotecaria*, M. Aguilar-Editor, Madrid, 1945, pág. 51.

hecho; solo podía ser instado por aquel poseedor que poseyere a título de dueño, el denominado poseedor civil del art. 430 CC y al que se refiere el art. 447 CC.

En el escrito pidiendo la admisión del expediente debía realizarse la descripción de la finca (art. 393. Primera. 1º), la persona de quien se hubiese adquirido el inmueble y la causa de adquisición[175] (párrafo 3º), el tiempo que se llevara de posesión, determinando el día de comienzo, de ser posible (párrafo 4ª) y expresar la circunstancia de no existir el título escrito o de no poderse inscribir, para lo que se debía presentar certificación del Registro en la que constase si estaba o no inscrito el dominio o la posesión del inmueble, y a nombre de quien (apartado 5º). Si el Registrador, al hacer la búsqueda, encontrase algún asiento de posesión de finca o derecho real cuya descripción coincidiese en algunos detalles con el que fuese objeto del expediente, debía hacerlo constar en la certificación, copiando dicho asiento (art. 393. Primera, *in fine*).

Si de la investigación resultase la coincidencia en algunos detalles con la finca cuya posesión se pretendiese inscribir, citaría el Juez a las personas a cuyo nombre apareciese dicha inscripción, o a los dueños de la finca gravada y a los partícipes en el derecho real, a fin de que declarasen si se trataba de la misma finca o derecho; si no resultase coincidencia, continuaría el expediente de información admitiéndose el mismo; pero si resultase contradicción, el Juez declararía no haber lugar al expediente, pudiendo el interesado justificar su dominio mediante el procedimiento del expediente establecido en el art. 400 (art. 393. Segunda).

Antes de la Ley de 1909 se admitía la inscripción de la posesión, aun con asientos contradictorios, originando fuertes protestas con indiscutible fundamento, como apunta Sanz Fernández[176], lo que dio origen a este cambio absoluto de orientación, prohibiendo la inscripción de resultar alguna contradicción con relación a algún asiento registral sobre los mismos bienes. Es decir, que la posibilidad de acceso de la posesión al Registro se limitó, lo que no es poca cosa, a la inmatriculación.

175. Sobre este requisito, Campuzano y Horma cita la Resolución de la Dirección de Registros de 8 de julio de 1920, recaída sobre informaciones posesorias fundadas en la ocupación; para la Dirección, se cumplía el requisito de expresar nombre y apellidos de la persona de la que se adquiría la finca y la causa de la referida adquisición, pues la Ley de Mostrencos de 1835 no establecía la imposibilidad de que los particulares tomaran posesión de fincas abandonadas con efectos adquisitivos, al tener el Estado una simple facultad de apropiación protegida, mediante acción reivindicatoria, y tras la prueba de que el poseedor no era el dueño del inmueble. Campuzano y Horma, F. *Elementos de Derecho Hipotecario*, Volumen II, Editorial Reus, Madrid, 1931, pág. 338.

176. Sanz Fernández, Á. *Instituciones...*, Tomo I, *op. cit.*, pág. 511.

La información se completaba con las declaraciones de testigos del pueblo en el que radicasen los bienes, en el sentido de que los mismos estaban poseídos por el promotor del expediente, y presentando certificación del secretario del Ayuntamiento, con referencia a los amillaramientos, catastros u otros datos de las oficinas municipales, sobre el hecho de pagar el interesado la contribución a título de dueño. De ser reciente la adquisición, se citaría a la persona de quien procediese, o sus herederos, para que manifestasen si se oponían al expediente. Y si el solicitante fuese heredero del anterior poseedor, presentaría el último recibo que el causante hubiese satisfecho (art. 393. Cuarta a Sexta).

El expediente terminaba, si la información era suficiente, no existiendo oposición o siendo desestimada la que hubiese existido, con la aprobación y mandamiento al Registro para proceder a la inscripción de la posesión acreditada, sin perjuicio de tercero de mejor derecho (art. 394).

Y en orden a la conversión de las inscripciones posesorias en inscripciones de dominio, el art. 396 disponía que el tiempo de la posesión que se hiciese constar como transcurrido se contaría para verificar la prescripción adquisitiva en la que no se necesitase el justo título (la extraordinaria), a menos que la persona a quien le perjudicase lo contradijese, en cuyo caso el tiempo de la posesión debería probarse con arreglo a las normas para este menester establecidas en el derecho común. Por tanto, las inscripciones de posesión perjudicarán a terceros desde su fecha, pero solo a los efectos de la posesión publicada, y no impediría a quien se considerase con mejor derecho sobre la propiedad a ejercitar las acciones reivindicatorias procedentes, aun cuando su derecho de propiedad no constase inscrito.

Las inscripciones posesorias eran atacables por vía judicial por quien se considerase perjudicado por ellas, pudiendo deducir acción no solo contra los testigos que hubiesen declarado en el expediente, sino contra quienes hubiesen autorizado o firmado los certificados de amillaramiento o recibos de contribución, incluso con responsabilidad penal. De esta forma, asiente Barrachina y Pastor[177], podía lucharse contra la práctica habitual de preparación de testigos o influencias propias del caciquismo imperante en zonas rurales.

2) Las resoluciones dictadas en interdictos de adquirir, retener o recobrar la posesión, a tenor del artículo 17 del Reglamento.

Para este nuevo medio de inscribir la posesión, se estableció también la prohibición de inscripción de existir contradicción con alguno de los asientos del Registro, fuese de dominio o de posesión.

177. Barrachina y Pastor, F. *Comentarios..., op. cit.*, Tomo IV, pág. 311.

3) Las certificaciones posesorias sobre los bienes del Estado y corporaciones, o de la Iglesia.

El artículo 24 del Reglamento Hipotecario recogió el contenido establecido en el Real Decreto de 11 de noviembre de 1864, primera disposición que permitió el acceso de las fincas al Registro mediante certificaciones; según el precepto, en el caso de que no existiese título inscribible de propiedad de bienes del Estado o de las corporaciones, se pedirá la inscripción de la posesión, lo que se acreditaría mediante la certificación posesoria administrativa, sin necesidad de expediente posesorio[178].

Este medio fue tratado de forma excepcional por la Ley, pues no se le aplicó el mismo régimen establecido para expedientes de información e interdictos, no exigiendo el requisito de aportar la certificación negativa del Registrador en el sentido de que no existía contradicción con algún asiento o inscripción de dominio o posesión previa, manteniendo el artículo 29 del Reglamento una doctrina análoga a la de la legislación anterior[179].

Pero sí nos advierte Roca Sastre[180] de la circunstancia posible de que la certificación posesoria estuviese en contradicción con algún asiento del Registro no cancelado, o que se refiriese a fincas o derechos reales cuya descripción coincidiese en algunos de talles con fincas o derechos que ya se encontrasen inscritos; dándose estas circunstancias, el Registrador debía suspender la inscripción de posesión, extendiendo anotación preventiva si la pidiera el interesado, y se remitía copia de los asientos contradictorios a la autoridad certificadora. La autoridad, de estimarlo oportuno, comunicaba esta circunstancia al Juzgado de 1ª Instancia del partido en el que radicase el bien inmueble, con la información necesaria del inmueble y su poseedor, según el expediente administrativo, y acompañando copia del asiento contradictorio remitido por el Registrador; el Juez trasladaba esta información a la persona titular del asiento contradictorio, a quien se le daba audiencia y, a la vista de sus declaraciones, dictaba auto declarando o no inscribible la certificación administrativa de posesión (artículo 29 del Reglamento).

Por tanto, de estar la finca indudablemente inscrita o en el caso de que existiesen dudas, por encontrar coincidencias en la descripción en algunos detalles, el Registrador suspendía la inscripción de la certificación posesoria. Lo que no deja de ser un ejemplo de la preponderancia que la legislación hipotecaria otorgaba al dominio frente a la inscripción de posesión, a pesar de los distintos medios que se establecían para promover el acceso de esta al Registro de la Propiedad.

---

178. Roca Sastre, R.M. *Derecho hipotecario, op. cit.*, Tomo II, vol. 2, pág. 518.
179. Sanz Fernández, Á. *Instituciones...*, Tomo I, *op. cit.*, pág. 512.
180. Roca Sastre, R.M. *Derecho hipotecario, op. cit.*, Tomo II, vol. 2, pág. 519.

3.1. Tiempo de inscripción de la posesión

Como más arriba se indica, con anterioridad a la Ley de 1909 se permitían las inscripciones de posesión, aun existiendo asientos contradictorios con la posesión a inscribir, surgiendo una importante polémica sobre el particular y provocándose el cambio de orientación al respecto en la nueva legislación, a través de los artículos 392 y siguientes de la Ley. Como advierte Roca Sastre[181], tras el Decreto de 1875 que permitió la inscripción de la posesión de los bienes adquiridos con posterioridad a la entrada en vigor de la Ley Hipotecaria de 1861, «el éxito de la información posesoria fue alarmante, y el Registro de la propiedad peligraba transformarse en Registro de la posesión». La legislación de 1909 dispone unos requisitos más exigentes que la anterior, especialmente la necesidad de certificación negativa del Registro; como apunta el propio Roca Sastre[182], el mismo Preámbulo del proyecto nos habla de los grandes beneficios que la inscripción posesoria había producido, al ser el único idóneo para que accediese al Registro la gran masa de bienes que carecían de títulos; pero también de los excesos y abusos que se habían cometido por aplicarse a bienes que ya se encontraban inscritos, bien para evitar la titulación de las transmisiones con el fin de evitar la tributación, bien para encubrir verdaderas usurpaciones del dominio.

3.2. Efectos de las inscripciones de posesión

Con la Ley de 1909 se produjo un momento extraordinario en favor de la atribución de efectos a la posesión inscrita, alcanzando la inscripción de posesión «su punto álgido»[183]; y es que, si bien se hizo más dificultosa en cuanto a su acceso al Registro, dispuso, una vez se conseguía, de los efectos altamente generosos que concedía la nueva legislación hipotecaria[184]. Frente a la legislación anterior, que otorgaba gran facilidad para el acceso de la posesión al Registro siendo muy parca en cuanto a sus efectos, la Ley de 1909, según la generalidad de los autores, distingue tres efectos a la posesión inscrita, «paralelos a los que los civilistas distinguen en la posesión misma»[185], a saber: como derecho similar al dominio, como derecho subordinado al dominio y como derecho susceptible de convertirse en dominio por el transcurso del tiempo.

3.2.1. La inscripción de posesión como similar a la de dominio

El artículo 41, párrafo 2º LH disponía que «La posesión inscrita producirá iguales efectos que el dominio en favor del poseedor». Se producía la equiparación

181. Roca Sastre, R.M. *Derecho hipotecario, op. cit.*, Tomo II, vol. 2, pág. 505.
182. Roca Sastre, R.M. *Derecho hipotecario, op. cit.*, Tomo II, vol. 2, págs. 505-506. Comenta el autor que la exigencia de certificación negativa conllevó dos efectos: por un lado, el estancamiento de la vida hipotecaria de muchas fincas; y por el otro, la inscripción de numerosas inscripciones mediante la desfiguración de la descripción de su realidad física.
183. García García, J.M. *Derecho inmobiliario registral..., op. cit.*, Tomo I, pág. 252.
184. Roca Sastre, R.M. *Derecho hipotecario, op. cit.*, Tomo II, vol. 2, págs. 507-508.
185. Sanz Fernández, Á. *Instituciones..., Tomo I, op. cit.*, pág. 512.

entre propiedad y posesión, de modo que quien tenía su posesión inscrita «podía constituir, transmitir, modificar, reconocer y extinguir toda clase de derechos inscribibles» respecto de la finca poseída, como si del mismo dueño se tratase[186]. Esto debe matizarse, en el sentido indicado por ROCA SASTRE[187], de encontrarnos ante una situación provisoria, supeditada al dominio, en el que la inscripción siempre se va a referir a un poseedor que no es propietario. Por tanto, la posesión inscrita va a surtir los mismos efectos que el dominio inscrito con la sola excepción de encontrarse ante el verdadero dueño de la finca.

Por esta equiparación, se le aplicaban los artículos fundamentales de la Ley, en los que se establecen los efectos propios de las inscripciones de dominio: el de legitimación, fe pública registral, el principio de prioridad, el de tracto sucesivo, etc. Así, el art. 17 impedía que, inscrita la posesión, se pudiese inscribir un título de fecha anterior que transmitiese o gravase la propiedad del inmueble; y el art. 20 prohibía la inscripción de cualquier título de fecha posterior no otorgado por el poseedor que constase como tal en el Registro, o por sus legítimos representantes; estos preceptos empleaban la fórmula «el dominio o posesión de bienes inmuebles o derechos reales impuestos sobre los mismos».

No obstante, SANZ FERNÁNDEZ[188] hace alusión al hecho de que la doctrina aplicable a estos preceptos se desvió, en orden a evitar las rígidas consecuencias del art. 41, ampliando los efectos de la presunción legitimadora en unos casos, limitando dichos efectos en otros.

Se producía la ampliación de los efectos de la inscripción posesoria en dos concretos casos:

a) En relación con la presunción posesoria establecida por el art. 396, por la que se contaba el tiempo transcurrido desde la fecha que se hacía constar en las inscripciones de posesión, a los efectos de la prescripción sin necesidad de justo título, salvo está que a quien perjudicase lo contradijese.

b) La inscripción posesoria se consideraba título a los efectos del artículo 445 del Código Civil, en orden a resolver las contiendas sobre la posesión de existir más de una sobre la misma finca.

Por el contrario, se disminuyeron los efectos de la legitimación en un doble sentido:

a) No se aplicaba el art. 24 a las inscripciones de posesión respecto al ejercicio de acciones contradictorias del derecho inscrito.

b) En el supuesto de informaciones (expedientes) de dominio que conllevaran la cancelación de la inscripción contradictoria, la ley otorgaba un mayor

186. CAMPUZANO Y HORMA, F. *Elementos…, op. cit.*, Volumen II, pág. 343.
187. ROCA SASTRE, R.M. *Derecho hipotecario, op. cit.*, Tomo II, vol. 2, pág. 509.
188. SANZ FERNÁNDEZ, Á. *Instituciones...*, Tomo I, *op. cit.*, pág. 513.

valor a la inscripción dominical que a la posesoria; si la contradicción era una inscripción de posesión, bastaba con que el titular fuese citado; si era de dominio, en cambio, se establecía la necesidad de ser oído cuando la inscripción tuviese menos de 20 años de antigüedad.

3.3.2. *La inscripción de posesión como supeditada al dominio*

La equiparación de la posesión con el dominio en cuanto a los efectos tenía una excepción importantísima, la situación en la que la posesión inscrita se enfrentaba al verdadero dueño o propietario de la finca. Así, el art. 396 disponía que «las inscripciones de posesión favorecerán o perjudicarán a tercero desde su fecha, pero solamente en cuanto a los efectos que a la posesión se atribuye en esta Ley. La inscripción de posesión no impedirá a quien tuviera mejor derecho a la propiedad del inmueble, aunque su título no haya sido inscrito, el ejercicio de las acciones reivindicatorias procedentes para obtener la declaración de aquel». De ahí que el art. 394 estableciese que el Juzgado cuando aprobase un expediente posesorio, debía ordenar declarar su inscripción «sin perjuicio de tercero de mejor derecho».

Del precepto, apunta Sanz Fernández[189], pudiera desprenderse que las inscripciones de posesión quedaran al margen del principio de la fe pública registral; mas no debe entenderse así, sino que esta exclusión solo debe predicarse en el supuesto de que la posesión inscrita entrase en conflicto directo con el verdadero dueño de la finca. Porque, como dice Campuzano y Horma[190], dueño y poseedor no son terceros entre sí, rigiendo para ambos el Código Civil. Lo que se explica por la doctrina distinguiendo respecto a las inscripciones de posesión entre las siguientes situaciones:

a) Las relaciones entre quien inscribe su posesión y sus causahabientes, los sucesivos adquirentes de la posesión inscrita, con plena eficacia del principio de la fe pública registral. Aquí, nada tiene que ver el dueño; son relaciones extrañas e independientes de las que unen a los poseedores con el propietario. Como señala Roca Sastre[191], «la fe pública despliega sus efectos en una actuación circunscrita a la línea de poseedores sucesivos, pero no opera en contra de la acción reivindicatoria que corresponde al propietario no poseedor».

b) Las relaciones entre los titulares inscritos en posesión y el verdadero propietario del inmueble, dejando de tener vigencia la fe pública. En estos casos, el propietario no pierde la posibilidad de ejercitar la acción reivindicatoria, en orden a recuperar la posesión de la finca. En estos casos, la inscripción de posesión dejaba a salvo la *reivindicatio* del dueño. Y esta salvedad es de carácter temporal, mientras el poseedor inscrito no haya

189. Sanz Fernández, Á. *Instituciones...*, Tomo I, *op. cit.*, pág. 514.
190. Campuzano y Horma, F. *Elementos…*, *op. cit.*, Volumen II, pág. 343.
191. Roca Sastre, R.M. *Derecho hipotecario*, *op. cit.*, Tomo II, vol. 2, pág. 510.

transformado esa posesión en dominio por la entrada en juego de la prescripción, lo que anulará el ejercicio de dicha acción reivindicatoria, que ya no existirá al no ser ya titular del dominio el anterior dueño.

Por tanto, mientras la posesión no se haya transformado en dominio por la usucapión, mientras la inscripción posesoria no se convierta en inscripción de dominio, la acción reivindicatoria podrá interponerse contra el poseedor inscrito y contra la línea de poseedores-adquirentes sucesivos, «pues ya saben ellos que en virtud de su adquisición devienen simples poseedores»; por lo que la inscripción de posesión puede entenderse, en este caso, como de «efectos relativos»[192].

Y el ejercicio de la acción reivindicatoria debía acompañarse de la solicitud de cancelación de la posesión contradictoria con el dominio, lo que se deduce de una adecuada lectura del art. 24 en consonancia con lo dispuesto en el art. 41.

3.2.3. *La posesión inscrita como medio para alcanzar el dominio*

El art. 399 de la Ley disponía que «las inscripciones de posesión verificadas con anterioridad a la promulgación de la presente Ley y las que en lo sucesivo se hagan, se convertirán en inscripciones de dominio» en los siguientes casos:

a) Cuando así lo ordenara la sentencia judicial dictada en el juicio correspondiente.

Esto, apunta Roca Sastre[193], ocurrirá cuando el titular de la posesión inscrita haya vencido en un juicio reivindicatorio o de usucapión, dictándose sentencia cuya ejecución se pide. Aunque tal disposición no parece muy acertada al no saberse, en palabras de Campuzano y Horma[194], en qué casos puede darse esta sentencia; citando a Aragonés, en los juicios en los que se pretende reivindicar una finca, alegando el poseedor tener el dominio y declarándose este en su favor, la sentencia recaída no tendrá efectos más allá de las partes litigantes, no siendo factible una declaración general o absoluta del derecho declarado, por lo que no resulta defendible que el Juez tenga la facultad de convertir en dominio lo que estaba inscrito como mera posesión, pues de hacerse acarrearía consecuencias imprevisibles para todos aquellos posibles titulares que no hubiesen sido oídos en el juicio; por tanto, solo podrá darse este supuesto en el caso de interponerse una acción negatoria contra todos, declarando el Juez el dominio y ordenando la conversión.

b) Cuando recaiga resolución firme en el expediente de dominio conforme al artículo 400 de esta ley.

Nos encontraríamos ante el supuesto de que el titular de la posesión utilizase la vía del expediente de dominio para convertirse en titular registral dominical; para

192. Roca Sastre, R.M. *Derecho hipotecario, op. cit.*, Tomo II, vol. 2, pág. 510.
193. Roca Sastre, R.M. *Derecho hipotecario, op. cit.*, Tomo II, vol. 2, pág. 512.
194. Campuzano y Horma, F. *Elementos..., op. cit.*, Volumen II, pág. 349.

ello, siguiendo el procedimiento establecido en los arts. 496 y ss. del Reglamento de 1915, debía presentar escrito ante el Juzgado del partido en el que radicase el inmueble, con descripción del mismo, fecha de adquisición y nombre, apellidos y domicilio de la persona de quien se hubiese adquirido, relación de las pruebas de las que pretendiese valerse para acreditar la adquisición, bien documentales, bien testificales, relación de personas que previamente lo hubiesen poseído o lo tuviesen amirallado o inscrito, y datos de los dueños de las fincas colindantes o de los titulares de cualquier derecho sobre la finca.

El expediente continuaba con citación del Fiscal, de las personas de quienes procediera el inmueble o sus causahabientes, y de cuantas personas ignoradas pudiesen verse perjudicadas por la inscripción, citadas estas mediante edictos. Proveída la prueba, el Juez declararía o no justificado el dominio del bien, siendo título bastante para la inscripción en el Registro.

La Ley de 13 de junio de 1927 añadió un párrafo al artículo 400, disponiendo que las resoluciones recaídas en estos expedientes de dominio serían inscribibles aun en el caso de que existiesen asientos contradictorios con las mismas en el Registro, siempre que tales asientos contasen con más de veinte años de antigüedad, el titular hubiese sido citado en debida forma y no hubiese comparecido a formular oposición.

Y decíamos que nos encontrábamos ante el supuesto de que el expediente fuese iniciado por el titular de la posesión inscrita porque la alternativa es el expediente interpuesto por quien pretendiese inscribir el dominio contradictorio con dicha posesión; aquí, por exigencias del procedimiento, el promotor del expediente debía indicar que la posesión se encontraba inscrita y a nombre de quién, para que fuese citado y oído en el expediente, o sus causahabientes. Así, el Decreto Ley de 19 de julio de 1927 dispuso para el art. 503 del Reglamento que los Registradores podían denegar la inscripción de la resolución recaída en el expediente de no haberse oído en el mismo al titular de un derecho inscrito, como el titular de la posesión; pero sí podía inscribirse si tal titular hubiese sido citado con arreglo a la ley procesal civil y no compareciese a formular oposición.

c) Cuando hayan transcurrido treinta (diez) años desde la fecha de la inscripción, siempre que del Registro no aparezca asiento alguno posterior de información o certificación posesoria o demanda que la afecte o contradiga.

Esta forma de conversión ya había sido adelantada por la ley Hipotecaria para Ultramar, siendo el plazo de 30 años modificado por el de 10 en la reforma efectuada por el Decreto Ley de 13 de junio de 1927[195], mutando el plazo de la prescripción extraordinaria por el de la ordinaria. Nos encontramos ante un medio directo de conversión, calificando Roca Sastre a los dos anteriores de puramente indirectos, «en el que radica la trascendencia de la reforma hipotecaria de 1909» al introducir la

195. Gaceta de Madrid, número 165, de 14 de junio de 1927; págs. 1595-1596.

conversión mediante medios puramente registrales[196]. SANZ FERNÁNDEZ[197] entiende que su fundamento se encuentra en el principio de legitimación registral, como tal aplicado también al instituto de la posesión inscrita, lo que viene a convertir la conversión en una especie de usucapión tabular o registral a los efectos de terceros.

El funcionamiento de la conversión es sencillamente explicado por ROCA SASTRE[198]. Si existe un poseedor inscrito, dicha posesión tendrá a favor de su titular los mismos efectos que los que le daría el dominio; por tanto, el titular inscrito tendrá la posesión tabular, «la que vive solo en los libros»; y esa mera tenencia o posesión tabular se convertirá en usucapión tabular; para esta conversión solo necesitará el auxilio de un elemento externo a la institución registral, el tiempo. Porque, mientras ese tiempo llega, la posesión tabular supondrá que dispone de justo título, se le presumirá la buena fe, y tendrá la consideración de ser una posesión pública, pacífica, ininterrumpida. Por tanto, será una usucapión que se producirá «con datos materiales del Registro», poniendo la realidad tan solo el tiempo.

Transcurrido el tiempo necesario para que tuviese lugar, mediante una solicitud al Registrador por el interesado se producía la conversión de la posesión en dominio, mediante la extensión de un nuevo asiento y la nota de referencia oportuna al margen de la inscripción anterior posesoria (art. 495 del RH de 1915).

Una última cuestión sería la de determinar desde qué fecha tenía efectos la conversión respecto de terceros, dividiéndose la doctrina entre las dos posibilidades: a) que solo los produzca después de verificada, esto es, cuando era inscrita la propiedad, una vez transcurrido el plazo necesario para que tuviera lugar la conversión; b) o que pudieran surgir dichos efectos en una transmisión realizada a un tercero durante ese plazo necesario para que llegue a convertirse la posesión en dominio.

En cualquier caso, SANZ FERNÁNDEZ[199] apunta a que el efecto fundamental de la conversión es la de «dar a la inscripción de posesión el valor de una inscripción de dominio», analizando los tres supuestos en los que podemos distinguir dicha mutación:

a) En el supuesto de que no se produzca ninguna transmisión, el titular tabular de la posesión se convertirá en titular del dominio. Ambas titularidades se verán afectadas por la misma limitación, la posibilidad de que el verdadero propietario del inmueble pueda ejercitar la acción reivindicatoria. Porque la inscripción dominical, al igual que la posesoria, es una primera inscripción que no está protegida por la fe pública registral.

b) Un segundo supuesto es el de que el titular ya dominical tras la conversión transmita su derecho a un tercero. El adquirente quedará protegido por

196. ROCA SASTRE, R.M. *Derecho hipotecario, op. cit.*, Tomo II, vol. 2, pág. 499.
197. SANZ FERNÁNDEZ, Á *Instituciones...*, Tomo I, *op. cit.*, pág. 516.
198. ROCA SASTRE, R.M. *Derecho hipotecario*, Tomo I, Editorial Bosch, Barcelona, 1954, pág. 630.
199. SANZ FERNÁNDEZ, Á. *Instituciones...*, Tomo I, *op. cit.*, pág. 517.

el principio de fe pública si adquiere con los requisitos necesarios para tener la consideración de tercero, según el artículo 34 LH. Por tanto, estos adquirentes quedaban protegidos; y eso, aunque no se hubiese producido aún la usucapión puramente civil por el anterior titular registral, sino solamente la conversión de su posesión en dominio por medios tabulares con un plazo inferior al que requiere la prescripción extraordinaria.

c) El último supuesto es el de que un tercero adquiera del titular inscrito antes de que se produzca la conversión. En este caso cabría entender posibles las dos soluciones anteriores:

   a. Puede entenderse mero continuador del titular de la posesión anterior, esperando el plazo necesario para la conversión y no contando después con la condición de tercero y pudiendo ser objeto de acción reivindicatoria; porque no se adquiere de un titular dominical registrado, sino de quien tiene esa expectativa de conversión de la posesión en dominio. Como apuntaba ROCA SASTRE[200], «de bien poca cosa sirve la conversión *inter partes*, pues entre ellas rige la realidad jurídica».

   b. Y también cabría entender al adquirente como tercero, si bien dicha condición se adquiría en la fecha misma de la conversión. El fundamento para SANZ FERNÁNDEZ estaría en que la posesión inscrita contaba con los mismos efectos que el dominio, salvo la fe pública; en consecuencia, dicha posesión, al convertirse en dominio, debía producir los mismos efectos que este, incluida la protección de la fe pública registral. O sea, que quien adquiriese del titular posesorio con las características del art. 34, una vez producida la conversión de la posesión en dominio, pasaba a convertirse en tercero, inatacable por el posible verdadero titular extrarregistral.

4. DISPOSICIONES POSTERIORES A LA LEY DE 1909 Y REGLAMENTO DE 1915

El Reglamento Hipotecario de 6 de agosto de 1915 reguló las certificaciones posesorias en los mismos términos que los anteriores decretos. El art. 24 establecía que no existiendo título inscribible de la propiedad del Estado o de las Corporaciones territoriales se pedirá una inscripción de posesión, la cual se extenderá a favor del Estado, si este fuera quien lo poseyere como propio, o a favor de la entidad que actualmente lo hiciera. El art. 31 disponía que «En la misma forma se inscribirán los bienes que posea el clero, o se le devuelvan y deban quedar amortizados en su poder; pero las certificaciones de posesión que para ello fueren necesarias se expedirán por los diocesanos respectivos».

200. ROCA SASTRE, R.M. *Derecho hipotecario*, Tomo I, Editorial Bosch, Barcelona, 1954, pág. 631.

En definitiva, las citadas certificaciones tenían por objeto, «en su origen, garantizar que los bienes que en ella se indicaban por la autoridad competente, con referencia a sus archivos, podían ser enajenados libremente por la Iglesia, por estar incluidos en las relaciones triplicadas de los bienes no comprendidos en los inventarios de los sujetos a desamortización, extremo que se acreditaba también por medio del traslado de la Orden Ministerial correspondiente»[201]. Las Resoluciones de la DGRN de 19 de abril[202] y 30 de noviembre de 1928[203] estimaron inscribible una certificación de posesión de bienes de la Iglesia sin necesidad de aportar dicha Orden Ministerial que acreditaba que estaban exceptuados de la desamortización. Esto, en la práctica, equivalía a reconocer que por medio de las certificaciones podían acceder al Registro cualesquiera bienes de la Iglesia Católica, estuvieran o no exceptuados de la desamortización[204].

Pero en estas disposiciones se establecía un añadido muy importante en cuanto a los bienes públicos como a los de la Iglesia; el Registrador debía suspender la inscripción en el supuesto de que tuviese sospechas de que el bien ya estuviera inscrito; y en el supuesto de que la autoridad certificante insistiera en la inmatriculación, el expediente solo podía resolverse por la autoridad judicial.

Y en esto, debemos estar con lo expresado por Martín Martín[205], que entiende que esta previsión nos indica que no estuvo permitido a la Iglesia usar de las certificaciones para inscribir bienes que ya estuvieran inscritos, por lo que no puede

201. Ruano Espina, L. *Régimen jurídico registral..., op. cit.*, pág. 71.
202. En la RDGRN de 19 de abril de 1928 se dilucida la pretensión de inscripción de la posesión del Seminario de Logroño; y en cuanto a la necesidad o no de aportar la disposición legal concreta que declarase tal bien exceptuado de desamortización, el Centro Directivo dictamina lo siguiente en su FD Cuarto: «en lo atinente a este defecto de no acompañarse la Real Orden declarando exceptuado el edificio de la desamortización, que, según los términos del informe remitido a este Centro por la Dirección general de Propiedades, con fecha 22 del próximo pasado mes de Marzo: Por Real orden de hoy se declara suficientemente justificado, en principio, el derecho de la propiedad de la Iglesia sobre el Seminario conciliar de Logroño; y en su consecuencia, y dados los antecedentes legales del asunto y las disposiciones vigentes con él relacionadas, cuales son: el Concordato con la Santa Sede de 17 de Octubre de 1851, el Convenio adicional al mismo de 25 de Agosto de 1859 y la Ley de 4 de Abril de 1860 y el Real decreto del 21 de Agosto del mismo año, es indudable que el mencionado inmueble se halla exceptuado de la permutación general de los bienes del Clero; y también en su virtud procede la inscripción, una vez se presente el documento aludido en el Registro». Gaceta de Madrid, núm. 177, de 25 de junio de 1928.
203. En el mismo sentido que la anterior, con referencia a la solicitud de inscripción de posesión de un Hospital, a nombre de la Mitra de Tarragona. Gaceta de Madrid, núm. 30, de 30 de enero de 1929.
204. Ruano Espina, L. *Régimen jurídico registral..., op. cit.*, pág. 72.
205. Martín Martín, Á.J. Registrador Mercantil de Murcia, *Inmatriculaciones e Iglesia Católica: verdades, medias verdades y verdaderas mentiras*, 2019; (Consulta 12 de noviembre de 2022). Disponible en: www.notariosyregistradores.com/web/secciones/ofici-

argüirse que existió indefensión por los propietarios que estuvieran inscritos en el Registro de la Propiedad. A mayor abundamiento, en el caso de que determinados bienes pudieran acceder al Registro estando ya inscritos previamente solo estaríamos ante una consecuencia de la burla del sistema registral, produciéndose una doble inmatriculación, lo que forma parte de la patología registral y no es consecuencia sino violación de la legislación hipotecaria; porque esta legislación ha sido siempre «extraordinariamente rigurosa en la aplicación del principio de tracto sucesivo en cuanto trasunto de lo que hoy constituye derecho constitucional a la seguridad jurídica».

De las distintas disposiciones posteriores a la Ley de 1909 hay algunas que afectaron al régimen de la inmatriculación de inmuebles en el Registro. En primer lugar, la Ley de 3 de agosto de 1922[206], que modificó el art. 20 LH, párrafo 3º, permitiendo la inscripción de documentos anteriores al 1 de enero de 1922, lo que antes se permitía para los que tuvieran fecha anterior al 1 de enero de 1909, sin necesidad de que las fincas a las que se referían estuvieran inscritas previamente. Como señala García García[207], esta disposición abrió la posibilidad de ir retrasando la fecha límite de los documentos que podían acceder al Registro sin que las fincas estuvieran ya inmatriculadas con anterioridad.

Pocos años después se aprueba el Real Decreto Ley de 13 de junio de 1927[208]. Esta disposición reforma los arts. 41, 399 y 400 LH. La reforma del art. 41 LH (art. 38 LH actual, que establece el principio de legitimación registral) se contempla para evitar que la presunción de que el titular registral se considerara como poseedor de buena fe se entendiera como *iuris et de iure*, pues ello permitía a titulares registrales lanzar de las fincas a poseedores de hecho, con independencia de cuál fuese el tiempo y características de su posesión. Se establece así la presunción como *iuris tantum*, intentando evitar, como dice la Exposición de Motivos, que la inscripción, como investidura solemne, declare frente a todos quién se halla legitimado como propietario o titular, y ordena al Juez que, *prima facie*, le considere como poseedor de buena, fe; pero que si en los autos se acredita la existencia de un mejor derecho contradictorio del registrado o un señorío de hecho justificado, el juicio no debe terminar con una servil copia de la inscripción, sino con una sentencia que provea a todas las reclamaciones o excepciones alegadas y admisibles.

---

na-registral/estudios/inmatriculaciones-e-iglesia-catolica-verdades-medias-verdades-y-verdaderas-mentiras/. Admin, 04/12/2019.

206. Gaceta de Madrid, número 222, 10 de agosto de 1922; págs. 593-594. Art. 20, 3º LH: «No obstante, podrán inscribirse sin dicho requisito los documentos anteriores al 1º de Enero de 1922, y también los posteriores que se otorguen por quien justifique, con documentos fehacientes, la adquisición del derecho sobre los mismos bienes con anterioridad a esa fecha, si en ambos casos no estuviera inscrito el mismo derecho a favor de otra persona; pero en el asiento solicitado se expresarán las circunstancias esenciales de tal adquisición, tomándolas de los documentos necesarios al efecto».

207. García García, J.M. *Derecho inmobiliario registral..., op. cit.*, Tomo I, pág. 262.

208. Gaceta de Madrid, número 165, 14 de junio de 1927; págs. 1594-1596.

En lo que nos concierne, se reforma el art. 399 LH en el sentido de permitir que la posesión inscrita se transforme en inscripción de dominio pasados diez años, en lugar de los treinta previstos por la Ley de 1909. La Exposición de Motivos enlaza este cambio de plazo requerido con la anteriormente comentada presunción de posesión de buena fe para el titular registral, que se establece en el reformado art. 41, del siguiente modo: «Consecuencia de esta presunción, que reputa poseedor de buena fe al titular, debiera ser la posibilidad de transformar la posesión inscrita en dominio, transcurridos diez años desde la fecha de la inscripción. El número 3° del párrafo primero del artículo 399 exigía para estos efectos treinta años, y con ello olvida que el artículo 41 declara expresamente que quien tenga inscrito el dominio o cualquier derecho real gozará de los derechos consagrados en el Código Civil a favor del poseedor de buena fe, y uno de ellos es la prescripción del dominio y demás derechos reales por la posesión de diez años entre presentes con buena fe y justo título. Sin decidir si existe un derecho contradictorio que corresponda a un ausente ni otros particulares atinentes a la validez de la inscripción, bien puede admitirse, para proteger al tercero que contrate fiado en la inscripción, que esta, al transcurrir los diez años, significa algo más que la mera posesión del respectivo derecho».

Aunque parezca lejano, los efectos de esta reducción de plazo se tratan en alguna sentencia al resolver cuestiones de propiedad sobre bienes cuya posesión se inscribió al amparo de la LH de 1909. Así, la STS de 30 de abril de 1997[209] que dilucida la controversia sobre el dominio de un antiguo convento entre la Orden Franciscana y el Ministerio de Defensa, quien había inscrito su posesión sobre los inmuebles en litigio en 1905 y 1927. Sobre este particular, dice la Resolución: «*La posesión ha sido eliminada actualmente del Registro de la Propiedad, pero la disp. trans. 4ª LH vigente, de 8 febrero 1946 dispone que surtirán todos los efectos determinados por la legislación anterior las inscripciones de posesión existentes en 1 enero 1945, lo que implica que conservan el efecto concreto de poder ser convertidas dichas inscripciones de posesión en inscripciones de dominio. El art. 399 LH 1909, retocado por el RD Ley de 13 junio de 1927, disponía que tales inscripciones de posesión se convertirán en inscripciones de dominio, una vez transcurridos 10 años desde la fecha de la inscripción, siempre que no haya contradicción. Lo cual es recogido en el vigente Reglamento de la Ley Hipotecaria, último párrafo del art. 353, al ordenar que, cuando se extienda alguna inscripción relativa a las fincas o se expida una certificación a solicitud del titular de las mismas, se convertirán en inscripciones de dominio las de posesión, si no existiere asiento contradictorio. La conversión se produce, materialmente, con el transcurso de los 10 años "ipso iure" (así, STS 1 febrero 1949: "Las inscripciones de posesión han de entenderse convertidas en inscripciones de dominio por el transcurso de los 10 años fijados en el aludido articulo") y registralmente, cuando el Registrador advierte, oficialmente, la existencia de la inscripción de posesión*». Así, en el caso enjuiciado, la posesión se entendía como dominio desde 1915 y 1937, respectivamente.

Por último, se reforma el art. 400 añadiendo un párrafo para el caso de que una información de dominio (lo que hoy es el expediente de dominio) fuese con-

209. STS (Civil), de 30 de abril de 1997, núm. 335/1997, rec. 1217/1993.

tradictoria con un asiento del Registro. Para estos casos, dispone lo siguiente: «Las informaciones tramitadas con arreglo a este artículo serán inscribibles, aunque en el Registro apareciesen inscripciones contradictorias, siempre que estas contasen más de veinte años de antigüedad y el titular respectivo hubiera sido citado en debida forma y no hubiera comparecido a formular oposición». Para GARCÍA GARCÍA[210], se trata de un importante precedente de lo que hoy en día se establece para los expedientes de dominio sobre este concreto aspecto. El desarrollo reglamentario de este artículo se realiza dando nueva redacción al art. 503 del RH de 1915 en el Real Decreto de 19 de julio de 1927.

5. LA II REPÚBLICA

La caída del régimen monárquico tras las elecciones municipales de 12 de abril de 1931 fue seguida de la proclamación de la II República, aprobándose un nuevo texto constitucional el 9 de diciembre de ese mismo año.

Dentro de los problemas abordados por la Constitución tuvo una importancia relevante la de la cuestión religiosa; como nos dice TOMÁS VILLARROYA[211], la Iglesia española «tropezaba con la prevención y aun la declarada hostilidad de muchos políticos que trajeron la República», a lo que se unía la «clara animadversión de amplios sectores de las clases obreras». Esto hace comprensible la redacción dada a la cuestión religiosa, declarando que el Estado no tenía religión oficial, proclamando la libertad de cultos, la enseñanza laica y el divorcio. Pero estas concepciones, modernas y parangonables con las disposiciones de otras constituciones de la época, no impidieron que se introdujesen medidas que respondían más bien a razones de resentimiento que a las de conseguir una modernización constitucional de España[212]; así, se decretaba la disolución de la Compañía de Jesús en el art. 26 y se sometía a las órdenes religiosas a un trato discriminatorio y se exigía que las manifestaciones de culto público fuesen autorizadas por el Gobierno.

---

210. GARCÍA GARCÍA, J.M. *Derecho inmobiliario registral..., op. cit.,* Tomo I, pág. 264.
211. TOMÁS VILLARROYA, J. *Breve historia..., op. cit.,* pág. 125.
212. El denominado Pacto de San Sebastián participaban desde 1930 quienes después formarían el Gobierno Provisional de la República; según uno de sus miembros, Miguel Maura, miembro de la derecha liberal y católico, buena parte de los miembros del Pacto eran decisivos partidarios «de practicar, inmediatamente después del triunfo, una siega implacable de cuanto representara el signo de poder de los elementos sociales que predominaban en la Monarquía», en clara alusión a la Iglesia; una vez constituido el Gobierno Provisional de la República, decía de sus miembros que «eran ferozmente anticlericales y, por supuesto, agnósticos, cuando no ateos. Para ellos República era sinónimo de laicismo integral, ya dada la realidad española, ello equivalía a la persecución religiosa, puesto que habían de ser disueltas todas las órdenes monásticas y confiscados sus bienes en beneficio del Estado». GARCÍA PROUST, C. *Relaciones Iglesia-Estado en la Segunda República Española,* Publicaciones CajaSur, Córdoba 1996, págs. 21-24.

Ya antes de la aprobación de la Constitución, el Gobierno Provisional de la República aprobó en el mes de mayo de 1931 una serie de decretos que, desde luego, iban en contra de las disposiciones vigentes del Concordato suscrito con la Santa Sede en 1851. En estos decretos se suprimían las cuatro Órdenes Militares (29 de abril), se establecía la composición y funcionamiento del Consejo de Instrucción Pública (4 de mayo), desapareciendo como miembros los prelados y se establecía la voluntariedad de la enseñanza religiosa en las escuelas de educación primaria (6 de mayo).

En materia puramente patrimonial es de especial relevancia el Decreto de 22 de mayo de 1931 del Ministerio de Instrucción Pública y Bellas Artes[213]. Esta disposición es una muestra evidente de la animadversión que la Iglesia provocaba en los miembros del Gobierno Provisional, pudiéndose afirmar que se trata de una norma *ad hoc* para impedir la enajenación de bienes por las entidades eclesiásticas. La norma, tras establecer como loable fin de la misma el de procurar el disfrute de las obras de arte y de cultura legados por el pasado, no tiene reparo en poner en duda la propiedad de los bienes de la Iglesia, propiedad que, recordemos, había sido reconocida expresamente por el Concordato de 1851 y el Convenio-Ley de 1860; a estos efectos, realiza afirmaciones con respecto a los inmuebles como la de que «su guarda y conservación ha sido y es carga de España», añadiendo a continuación que «su aprecio se debe a estudios de críticos y eruditos, casi siempre a sueldo del Estado, sin dispendio ni auxilio de los poseedores y, hasta muchas veces, con su oposición tenaz», en una afirmación que acusaba de incuria a la Iglesia en la conservación de los bienes, amén de calificarla como mera poseedora de los mismos, esquilmando su pleno dominio por vía de decreto.

El contenido del Decreto en sí se concretaba en las siguientes disposiciones que podían entenderse pensadas con el fin de limitar la capacidad patrimonial de la Iglesia:

a) La prohibición para las entidades y personas jurídicas, así eclesiásticas como civiles, para enajenar inmuebles u objetos artísticos, de una antigüedad mayor a 100 años, sin permiso del Ministerio (art. 1º).

b) Para el caso de querer enajenar, se debía poner en conocimiento del Gobernador civil de la provincia, aportando noticias de su origen e historia y los títulos de posesión (art. 2º), sentando una nueva presunción legal acerca de la mera condición de poseedora de la Iglesia, al no preverse la aportación de títulos de propiedad.

c) Además, no se concedería ningún permiso de enajenación si se tratase de bienes que hayan sido declarados del Estado por las leyes desamortizadoras, aunque estuviesen al cuidado de las autoridades eclesiásticas (art. 5º). Como es sabido, la legislación desamortizadora fijó una clara división

213. Gaceta de Madrid, número 143; 23 de mayo de 1931; págs. 880-881.

entre los bienes que habían sido desamortizados y pasaban a propiedad del Estado de los que quedaban exceptuados de desamortización, quedando en manos de la Iglesia, a la que se reconocía en adelante su capacidad para adquirir bienes de toda clase. El precepto parece querer establecer una nueva calificación para estos bienes no desamortizados, afirmando que simplemente habían quedado al cuidado de las autoridades religiosas.

d) Podía el Gobernador civil llegar a incautarse de los bienes para custodiarlos, sin intervención de autoridades de otro orden (art. 7º), esto es, sin intervención judicial alguna.

e) Por último, termina el Decreto declarando nulos los contratos de enajenación, en caso de no ser públicos (art. 8º), debiendo extenderse ante Notario (art. 9º). Y, en caso de que el precio se pretendiese destinar a obras de mejora de otras propiedades del enajenante, dispone que el comprador podría pagar dicho precio realizando él mismo las obras proyectadas (art. 10º). La sospecha a lo eclesial llega hasta el límite de no permitir recibir el precio de una venta, presumiendo la falsedad de esa intención de emprender con la cantidad recibida unas obras.

No entendemos que deba descargarse toda la animadversión que rezuman las disposiciones del Decreto en la simple carga ideológica de sus autores; podemos decir que en ese mismo mes de mayo de 1931, los obispos españoles, reunidos en Toledo el día 9, habían formulado una serie de protestas por la «impronta laicista del régimen»[214], y el Cardenal Segura, arzobispo Primado de la Diócesis toledana, había dictado una Carta Pastoral el 1 de mayo, publicada en el Boletín del Arzobispado el día 7, expresando el camino que debían seguir los católicos, siguiendo en todo momento, eso sí, las directrices marcadas desde la Secretaría de Estado de la Santa Sede, a cargo del cardenal Pacelli (futuro Pío XII), que, en cualquier caso, eran de respeto al nuevo orden político instaurado. Pero lo cierto y verdad es que los días 11 de mayo y siguientes tuvieron lugar los acontecimientos denominados como «quema de conventos», ardiendo conventos, iglesias y colegios, incendiados por la turba, sin que la autoridad los impidiese, afectando primeramente a Madrid, y extendiéndose a ciudades como Sevilla, Málaga, Córdoba, Murcia, Valencia, Alicante, Huelva, Cádiz o Zaragoza.

En ese clima antieclesial, el Gobierno envía una Circular a la Dirección General de Registros pidiendo los datos de los bienes de la Iglesia, para que pasasen a la Subcomisión para las relaciones entre la Iglesia y el Estado, lo que, en palabras de García Proust[215], no puede entenderse sino como un «posible retorno a las desamortizaciones del siglo pasado». Además, el 20 de agosto se emite Decreto[216] por

214. Tuñón de Lara, M. *Historia de España*; Editorial Labor; 2ª edición, Barcelona 1983, tomo 9, pág. 126.
215. García Proust, C. *Relaciones Iglesia-Estado…*, *op. cit.*, pág. 37.
216. Gaceta de Madrid, número 233, 21 de agosto de 1931, págs. 1367-1368.

el que se suspende la facultad de vender, enajenar y gravar bienes por la Iglesia, Órdenes, Congregaciones e Institutos religiosos, incluyendo en general, cualesquiera que estuvieran adscritos a los fines religiosos, llegando a prohibir a los Notarios el autorizar instrumentos públicos en los que pudiesen constar negocios jurídicos relacionados con dichos bienes, y a los Registradores de la Propiedad su inscripción, advirtiendo a los bancos sobre no autorizar la retirada de depósitos por parte de dichas instituciones eclesiásticas, con excepción de las cuentas corrientes en dinero.

La introducción a los cuatro artículos del Decreto nos da información de la razón de tan extraordinaria disposición, al hablar de la actitud de determinados jerarcas de la Iglesia; la razón última de la prohibición, a todas luces contraria a Derecho, se encuentra en el conflicto generado por el cardenal Segura, quien, en secreto, había encargado un informe al abogado Martín Lázaro (miembro de la Acción Católica), disponiendo sobre la manera de poder vender, ocultar o sacar fuera de España los bienes y valores de las instituciones eclesiásticas, determinando el informe como necesario un simulacro de venta a personas de nacionalidad española o extranjera que no tengan aparente relación con la Iglesia y colocándose los capitales obtenidos en deuda pública de potencias extranjeras como Francia o Inglaterra[217]. La detención del Vicario General de Vitoria, Justo Echeguren, con esos ciertos documentos comprometedores, provocó la detención y expulsión de territorio nacional del Cardenal Segura[218].

El art. 26 de la Constitución tuvo su desarrollo mediante la Ley de Confesiones y Congregaciones Religiosas, de 2 de julio de 1933, basada en el art. 3 de la Constitución, que establecía que el Estado no tenía religión oficial. A los efectos que nos interesan debe destacarse el tratamiento que la referida Ley hacía de los bienes eclesiásticos; su art. 11 declaraba que pertenecían «a la propiedad pública nacional los templos de toda clase y sus edificios anexos; los palacios episcopales y casas rectorales, con sus huertas anexas o no; los seminarios, monasterios y demás edificaciones destinadas al servicio del culto católico o de sus ministros»[219], lo que extendía a los bienes muebles y ornamentos litúrgicos.

La opción elegida por los constituyentes fue la implantada en Francia mediante la Ley de Separación de 1905, completada y desarrollada por las leyes de 2 de enero y 28 de marzo de 1907. Siguiendo en todo punto a González Armendia[220], el sistema establecido consistía en lo siguiente:

---

217. Tuñón de Lara, M. *Historia de España*; Editorial Labor; 2ª edición, Barcelona 1983, tomo 9, pág. 126.
218. García Proust, C. *Relaciones Iglesia-Estado…, op. cit.*, págs. 65-66. La autora narra la historia en palabras de Miguel Maura, haciendo alusión a la posible carta del Cardenal Segura a los párrocos en la que se ordenaba dicha enajenación; pero no se tiene constancia de tal extremo y más bien parece ser un acto unilateral del Cardenal, de gran importancia, claro está, por el cargo ostentado.
219. González Armendia, J.R. *Sistemas históricos..., op. cit.*, pág. 129.
220. González Armendia, J.R. *Sistemas históricos..., op. cit.*, págs. 129-134.

a) Se nacionalizaban los bienes de la Iglesia Católica, si bien se le seguía permitiendo el uso, con la obligación de conservarlos, administrarlos y utilizarlos, pero sin facultad alguna de disposición. Entendía la disposición que la Iglesia podía seguir manteniendo el uso, pues dicho destino religioso era considerado como un servicio público. Entre los inmuebles cuya posesión mantenía la Iglesia, entiende Martínez Pérez que se incluían los templos, de los que afirma seguían siendo susceptibles de certificación de los diocesanos, si bien solo de posesión, quedando totalmente excluidos de la posibilidad de ser adquiridos por prescripción adquisitiva[221]. Esta disposición sobre los templos y otros inmuebles de propiedad eclesiástica chocaba de bruces con la consideración de bienes exceptuados de la desamortización en el Convenio-Ley de 1860, lo que no podía entenderse como un destino a un servicio público y sí como un reconocimiento total de su propiedad eclesiástica. La disposición del art. 11 de la Ley de Confesiones y Congregaciones estableció una nueva desamortización de bienes de la Iglesia, pero sin establecer compensación económica alguna, salvo el disponer que se mantuviese su posesión en manos de las personas eclesiásticas anteriormente propietarias.

b) El Estado se reservaba la facultad de disponer de esos bienes en caso de necesidad pública, y mediante una ley especial.

c) Los edificios que no se destinaban al culto quedaban sometidos a la tributación inherente a su uso (anexos a templos, palacios episcopales, viviendas parroquiales, etc.).

d) Los bienes no incluidos en el art. 11 de la Ley se consideraban de propiedad privada, reconociéndose a la Iglesia la capacidad de adquirir y poseer bienes de toda clase, aunque con importantísimas excepciones:

    i. Se prohibía la tenencia de valores mobiliarios (acciones, participaciones en empresas, etc.); los que tuviera debían enajenarse e invertirse en títulos deuda pública.

    ii. Solo podía conservar los bienes inmuebles y derechos reales que fueran imprescindibles para el servicio religioso; el resto, debían seguir la suerte de los valores mobiliarios. Hasta tal punto se sometía al control estatal este requisito de necesidad de los bienes inmuebles, que el art. 19 de la Ley habilitaba al Estado para limitar la adquisición de bienes cuando se entendiera por ley especial que excedían las necesidades normales de los servicios religiosos.

Similares disposiciones regían el patrimonio de órdenes y congregaciones religiosas, entrando incluso a regular el régimen de fundaciones e instituciones de bene-

---

221. Martínez Pérez, F. *Posesión..., op. cit.*, pág. 226.

ficencia cuyos patronatos u órganos de gobierno correspondiesen a autoridades, corporaciones, institutos o personas jurídicas religiosas, llegando hasta el posible extremo de permitir su adaptación a las nuevas necesidades sociales.

Finalmente, la reforma de 21 de junio de 1934 modificó ese sistema de fechas de los títulos, sustituyéndolo por la garantía de la publicación de edictos en el municipio donde radicaran las fincas, haciéndose constar documentalmente la adquisición anterior de quien en el título público figurase como transmitente[222], quedando redactado el párrafo tercero de la siguiente forma: «Podrán inscribirse igualmente sin dicho requisito los documentos públicos, siempre que tampoco estuvieren inscritos tales derechos a favor de otra persona y se publiquen edictos por espacio de un mes en el tablón de anuncios del Ayuntamiento donde radique la finca, expedidos por el Registrador con vista de dichos documentos, expresándose también necesariamente en el asiento que se practique las circunstancias esenciales de la adquisición anterior, tomándolas de los mismos documentos o de otros presentados al efecto».

La posterior Guerra Civil española fue seguida de la instauración del régimen franquista, que retrotrajo la situación legal a la vigente antes a la II República. Así, el 5 de julio de 1938 (BOE de 7 de julio), Franco dicta la denominada Ley de Reconstrucción de Registros, que intenta solucionar el problema de las inscripciones perdidas por la destrucción de Registros e incluso de títulos de propiedad como consecuencia de la contienda civil. Para esta reconstrucción, la nueva disposición no se basa en las soluciones posesorias que se acordaron en 1861, sino que opta por el acta notarial, al ser la destrucción mucho mayor y haber afectado no solo a los Registros, sino a archivos notariales, judiciales y hasta a particulares[223].

6. LA LEY HIPOTECARIA ACTUAL

Con independencia de la derogación franquista de la legislación republicana, no debemos obviar que, durante la década de los años 30, las inscripciones de posesión fueron perdiendo su importancia y siendo sustituidas por inscripciones de dominio. En primer lugar, por la prescripción de la Ley de 1909 que transformaba la posesión en dominio por el simple paso del tiempo (primero 30 años, más tarde solo 10); en segundo, por la reforma de la Ley que permitió los expedientes inmatriculadores para obtener la reanudación del tracto sucesivo, establecido en el art. 20 de la Ley, convirtiendo el título anterior a 1909 en suficiente para esa reanudación[224] (luego, los anteriores a 1922 o 1932, establecido así en sendas reformas), bastando incluso el documento privado, en base a lo prescrito por el art. 87 RH. Así que, concluye

---

222. Roca Sastre, R.M. *Derecho hipotecario, op. cit.*, Tomo I, pág. 229.
223. Martínez Pérez, F. *Posesión..., op. cit.*, pág. 235.
224. Advierte Roca Sastre que la introducción legal de esa fecha abrió las puertas del Registro a multitud de documentos, calificando esta reforma de indulto o amnistía. Roca Sastre, R.M. *Derecho hipotecario*, Tomo I, Editorial Bosch, Barcelona, 2008, pág. 228.

MARTÍNEZ PÉREZ[225], los interesados en reanudar el tracto de sus fincas, aunque fuese de forma fraudulenta, o en iniciar la vida registral de las mismas, ya no estaban necesitados del instrumento de la información posesoria. Como apunta el propio autor, la legislación reconstituyente se prolonga hasta 1941 y, a continuación, se abre paso la teoría de ROCA SASTRE y del colectivo notarial, en el sentido de que, si lo que se trata de acreditar es un hecho que sustituyera a la información posesoria, el siguiente paso a dar era el de expulsar a la posesión del Registro y sustituirla por el dominio.

Una primera disposición relacionada con los bienes eclesiásticos es la Ley de 11 de julio de 1941[226] que permitía inscribir a favor de la Iglesia, Órdenes y Congregaciones religiosas los bienes que se habían inscrito a nombre de personas interpuestas, con el fin de evitar los efectos de la legislación republicana. Fallecida o desaparecida la persona titular de la inscripción, se permitía un incidente judicial, con intervención del Ministerio Fiscal, en el que los Prelados o Superiores de las Órdenes debían aseverar que los bienes no habían salido nunca de su patrimonio.

La Ley Hipotecaria de 30 de diciembre de 1944[227] opera la modificación fundamental en materia de certificaciones posesorias; suprime casi en su totalidad el título XIV de la Ley, dedicado a los documentos no inscritos y a la inscripción de la posesión, manteniendo tan solo tres de sus artículos y suprimiendo los artículos 392 a 400, que se consagraban a las informaciones posesorias y expedientes de dominio[228]; se produce la transformación de las mismas en certificaciones de dominio. Según ROCA SASTRE[229], la referida transformación «se debió a la medida, adoptada por la propia ley, de expulsar la posesión del Registro de la Propiedad, unida a la consideración de querer evitar que el Estado y demás entes públicos tuvieren que acudir al expediente de dominio, como cualquier particular, cuando quisieren inmatricular sus bienes de los que carecieren de título inscribible de dominio»; dejaba de admitirse la inscripción de la posesión, «quedaban sin contenido para lo futuro dichas certificaciones»[230]. El art. 7 establecía que la primera inscripción de los bienes inmuebles en el Registro de la Propiedad habría de ser de dominio y el art. 23 declaraba que «el mero o simple hecho de poseer no puede ser objeto de inmatriculación registral». El Registro, nos dice DE LA RICA Y ARENAL[231], se

225. MARTÍNEZ PÉREZ, F. *Posesión..., op. cit.*, pág. 229.
226. BOE núm. 206, de 25 de julio de 1941.
227. La reforma de la LH se realizó en dos etapas; una primera, mediante la Ley de Reforma, de 30 de diciembre de 1944; y una posterior, mediante la que se elaboró el texto refundido, de fecha 8 de febrero de 1946.
228. DE LA RICA Y ARENAL, R. *Comentarios…, op. cit.*, pág. 52.
229. ROCA SASTRE, R.M. *Derecho Hipotecario, op. cit.*, Tomo IV, pág. 297. En el mismo sentido, CONCHEIRO DEL RÍO, J. *La inmatriculación de fincas en el Registro de la Propiedad. Su regulación actual,* Editorial Dijusa, Madrid 2000, pág. 779.
230. CORRAL DUEÑAS, F. «La certificación inmatriculadora del artículo 206», *Boletín del Colegio de Registradores de la Propiedad*, año XXXVII, número 86, septiembre 2002, pág. 2061.
231. DE LA RICA Y ARENAL, R. *Comentarios…, op. cit.*, págs. 54-55.

consagraba «a publicar y legitimar relaciones jurídicas completas y perfectas sobre bienes inmuebles», separándose en campos distintos la tutela de los derechos y la posesión de facto, que se desconecta del Registro. Solo se permitía, por la Disposición transitoria cuarta, que las inscripciones de posesión ya existentes a la publicación de la ley (1 de enero de 1945) y aquellos expedientes iniciados con anterioridad a la referida fecha surtieran todos los efectos previstos en la legislación anterior.

La Ley, nos dice Díez-Picazo[232], tiene como una de sus finalidades primordiales «tratar de conseguir el acceso al Registro de la propiedad no inscrita y luchar contra las corrientes desinscribitorias y contra la falta de concordancia entre el Registro y la realidad jurídica extrarregistral, para lo cual se articularon los medios de inmatriculación». Y ello, porque en 1944 aún se encontraba sin inscribir más del 60 por ciento de la propiedad.

Concretamente, el art. 347.III de la LH decía: «*Por excepción, el Estado, la Provincia, el Municipio y las Corporaciones de Derecho público, que formen parte de la organización política de aquél, y las de la Iglesia Católica, cuando carezcan de título escrito de dominio, podrán inscribir los bienes inmuebles que les pertenezcan mediante la oportuna certificación librada por el funcionario a cuyo cargo esté la administración de los mismos, y en los que se expresará el título de adquisición*». Este párrafo fue incluido en el texto definitivo de la Ley por iniciativa del cuerpo legislativo[233], quedando profundamente alterado con ocasión de su discusión en Cortes Generales, porque en el Proyecto elaborado por D. José María Porcioles, Director General de los Registros y el Notariado, no se habían reflejado las certificaciones inmatriculatorias debido a su carácter especial[234].

El TR de la Ley Hipotecaria, aprobado el 8 de febrero de 1946, regula la cuestión en los ya mencionados arts. 199, c) y 206. Y el art. 19 RH, remitiéndose al art. 18 que establece la posibilidad de que los bienes del Estado sean inmatriculados por certificación de dominio, dispone que en la misma forma se inscribirán los bienes que pertenezcan a la Iglesia o a las Entidades eclesiásticas, o se les devuelvan, y

232. Díez-Picazo, L. *Fundamentos de Derecho civil..., op. cit.*, Tomo III, págs. 367-368.

233. Ballarín Hernández, R. «Rectificaciones constitucionales a la vigencia actual de la certificación de dominio como medio inmatriculador», *Revista Crítica de Derecho Inmobiliario*, año 1984, número 563, pág. 844.

234. Según Arrieta Sevilla el hecho de que este párrafo no apareciera en el Proyecto de Porcioles no debe interpretarse como que dicho Proyecto pretendía erradicar la eficacia inmatriculadora de las certificaciones, sino que habría que interpretarlo en el sentido del actual art. 299 RH que otorga eficacia inmatriculadora a los títulos, cualquiera que sea su fecha, que fueren inscribibles directamente con arreglo a leyes o disposiciones especiales; entiende el autor que, de no haber sido incluida en el texto de la Ley de 1944, su hubieran podido seguir empleando porque la referida Ley no derogó la legislación especial previa que sí admitía el acceso de las fincas eclesiásticas al Registro por certificación del diocesano. Arrieta Sevilla, L.J., op. cit., pág. 525. Entendemos que esta postura no debe ser aceptada porque la Ley Hipotecaria suprimió la posibilidad de que la posesión accediera al Registro y era a esta posesión, y no al dominio, a la que se referían las certificaciones hasta esa fecha existentes.

deban quedar amortizados en su poder. Por tanto, aunque la reforma legislativa no haga referencia a ello, también quedaban suprimidas las certificaciones de posesión e inscripciones posesorias de bienes realizadas por corporaciones civiles y eclesiásticas, en virtud de las denominadas certificaciones de posesión. Según De la Rica y Arenal[235] esto responde a un doble motivo: en primer lugar, por ser de posesión, institución que es expulsada del Registro; en segundo, porque se admiten las certificaciones, pero referidas ya al dominio.

Según De la Haza Díaz[236] el referido precepto desatiende por completo el origen y la finalidad propia de las certificaciones de los Diocesanos, posibilitando la inmatriculación por este medio de todos los inmuebles eclesiásticos con independencia de la fecha en que fueran adquiridos o de cualquier otra circunstancia; más concretamente, entiende que la reforma de la legislación hipotecaria en materia de inmatriculación de bienes eclesiásticos que carecen de título escrito de dominio «introduce leves transformaciones en lo que al aspecto formal se refiere, pero que significan en el fondo profundas modificaciones si comparamos el estado de la cuestión con la regulación de la materia en la etapa precedente».

Las modificaciones que introduce la nueva legislación, según la autora citada, son las siguientes:

a) La certificación deja de ser un medio coyuntural y toma carta de naturaleza como uno de los medios de inmatriculación de los inmuebles recogidos por la legislación.

b) Se consolida la equiparación entre el Estado y la Iglesia Católica en orden a la inscripción registral de los mismos con la única diferencia, claro está, de la persona competente para emitir la certificación.

c) Desaparece la posibilidad de que la posesión acceda al Registro y, en consecuencia, las inmatriculaciones son de dominio.

En conclusión, nos dice Rodríguez Blanco[237] que en la reforma hipotecaria 1944-1946 se alza victorioso el espíritu del cambio legislativo «que hace primar el acceso de fincas al Registro por encima de la certeza jurídica». Según García García[238], «se prefiere regular con mayor flexibilidad el acceso de la propiedad al Registro que admitir la inscripción de la posesión como una forma de admitir el acceso al Registro de títulos defectuosos o de situaciones jurídicas no plenamente acreditadas».

---

235. De la Rica y Arenal, R. *Comentarios…, op. cit.*, pág. 53.

236. De la Haza Díaz, P. «Inmatriculación de bienes de la Iglesia mediante certificación expedida por el Diocesano», *Revista Crítica de Derecho Inmobiliario*, número 630, año 1995, págs. 1591-1592.

237. Rodríguez Blanco, M. *Las certificaciones de dominio de la Iglesia Católica. Análisis del artículo 206 de la Ley Hipotecaria,* Revista Jurídica del Notariado, número 34 (abril-junio 2000), pág. 277.

238. García García, J.M. *Derecho inmobiliario registral o inmobiliario,* vol. I, 1ª edición, Madrid, 1988, pág. 277.

SEGUNDA PARTE
La inmatriculación de bienes eclesiásticos por certificación de dominio

Capítulo I

La inmatriculación de fincas en el registro de la propiedad

I. EL PRINCIPIO DE ESPECIALIDAD

La creación del Registro de la Propiedad estuvo motivada por la necesidad de fomentar el crédito territorial y proteger a los titulares de los derechos frente al fraude y la usura; todo ello llevó a articular la reforma hipotecaria en función de tres ejes principales que pasaron de los proyectos de Código Civil de 1836 y 1851 a la Ley Hipotecaria de 1861 y que, como señala GÓMEZ GÁLLIGO[1], son:

a) El principio de publicidad, que pretendía acabar con la clandestinidad recibida por Las Partidas del Derecho Romano.

b) El principio de especialidad, con objeto de suprimir la tradicional vinculación de todo el patrimonio del deudor a la seguridad de la hipoteca.

c) El principio de legalidad y de calificación, con el que se pretendía cerrar el sistema mediante la exigencia de una titulación auténtica que fuese controlada por un jurista especializado, el Registrador, para conseguir la seguridad jurídica de la contratación que accedía al Registro.

MANZANO SOLANO[2] nos dice que para que la publicidad registral pueda producir la seguridad jurídica que se pretende es imprescindible que los elementos de la relación jurídica real objeto de publicidad sean precisos y determinados; por ello, ROCA SASTRE[3] entiende la especialidad como una escuela o complemento del principio de publicidad. La define GARCÍA GARCÍA[4] como «aquel principio

1. GÓMEZ GÁLLIGO, F.J. «El principio de especialidad registral», *Revista Crítica de Derecho Inmobiliario*, Número 625, Noviembre-Diciembre 1994, págs. 2398-2391.
2. MANZANO SOLANO, A. *Derecho registral inmobiliario para iniciación y uso de universitarios*, Centro de Estudios Registrales, Volumen II, Madrid 1991, pág. 405.
3. ROCA SASTRE, R.M. *Derecho Hipotecario*, Tomo III, Editorial Bosch, Barcelona 2008, pág. 158.
4. GARCÍA GARCÍA, J.M. *Derecho inmobiliario registral o hipotecario*, Tomo III, Calificación, tracto, especialidad y otros principios, Editorial Civitas, Madrid 2002, pág. 1471.

hipotecario en virtud del cual todos los elementos de la publicidad inmobiliaria, la finca, el derecho, el titular, el título y el asiento, están sujetos a la idea de claridad, de tal modo que han de estar perfectamente identificados y clarificados».

El principio de especialidad fue progresivamente extendiéndose por la doctrina del derecho de hipoteca al resto de los derechos reales, siendo también denominado como «principio de determinación», y surge en la Ley Hipotecaria de 1861 con el fin de superar el concepto de hipotecas generales, aquellas que vinculaban el patrimonio del deudor o hipotecante y que, si bien solo afectaban a los bienes presentes al tiempo de constitución y no a los que en adelante pudieran adquirirse, daban por resultado una gran falta de publicidad. Por ello, se puede hablar del principio de especialidad como aquella «regla de necesaria claridad o transparencia»[5]. No bastaba al acreedor con tener un mero conocimiento indiciario o superficial de cuáles eran las cargas que afectaban al patrimonio del vendedor o deudor, sino que se necesitaba un conocimiento exhaustivo de cuantas cargas y gravámenes recaían sobre los bienes, siendo este el único medio de conseguir plenamente la circulación de los inmuebles y el fomento del crédito territorial; lo que solo podía conseguirse dando publicidad a todos los derechos reales que, permaneciendo ocultos, eran un peligro constante y una dificultad insuperable para la seguridad del dominio y demás derechos que de él se desprenden[6].

Para Gordillo Cañas[7], el principio de especialidad puede proyectarse en una doble dirección: una sustantiva, en la caracterización de los derechos reales; y otra formal o instrumental, que incide en la organización del Registro y la determinación de la forma y contenidos de la publicidad registral. Dentro de esta segunda, es nota interna y necesaria de la publicidad e inspira la adopción del sistema del folio real, pues solo a través de un sistema ordenado de asientos a través de dicho sistema podrá estructurarse con claridad la publicidad[8]; servirá para determinar la forma y contenido de los asientos registrales. Citando a Gómez de la Serna, se refiere el autor a la especialidad diciendo que «imponía que las inscripciones sean claras, precisas y den noticia exacta de todo lo que pueda conducir para que los que acudan a consultar los Registros, formen una idea verdadera de la propiedad inmueble, de su extensión, de los títulos en que se funda, de las cargas, gravámenes y obligaciones a que está afecta, de la seguridad que ofrece a los que la adquieren y de las garantías con que pueden contar los que presten sobre ella capitales»[9].

5. Manzano Solano, A. *Derecho registral inmobiliario..., op. cit.*, Vol. II, pág. 405.
6. Gómez Gálligo, F.J. *El principio de especialidad..., op. cit.*, págs. 2391-2392.
7. Gordillo Cañas, A. «Bases del Derecho de cosas y principios Inmobiliario-Registrales: Sistema español», *Anuario de Derecho Civil*, 2º fascículo, abril-junio 1995, págs. 648-650.
8. García García, J.M. *Derecho inmobiliario registral..., op. cit.*, Tomo III, pág. 1473.
9. Gordillo Cañas, A. *Bases del Derecho de cosas..., op. cit.*, pág. 650. Hace referencia el autor a Gómez de la Serna, P. *La Ley Hipotecaria comentada y concordada con la legislación anterior española y extrajera.*

Por tanto, la implantación del principio de especialidad se puede considerar como uno de los pilares fundamentales de nuestro sistema registral y se hace, según García García[10], desde dos ideas fundamentales:

a) La llevanza del Registro por fincas, siguiendo el modelo germánico, mediante el llamado folio real, de modo que en cada folio se recoja el historial registral de los derechos reales recayentes sobre cada finca, dando claridad a todo el sistema.

b) La concreción de la responsabilidad hipotecaria sobre una determinada finca, con independencia del resto del patrimonio de la persona, eliminando las hipotecas generales. Si la responsabilidad recae sobre varias fincas, debe distribuirse entre cada una de ellas.

El mismo autor alude a las consecuencias lógicas que el principio de especialidad tiene para Jerónimo González[11] y que son:

a) La llevanza del Registro por fincas, esto es, el sistema del folio real.

b) La especificación de los derechos reales que recaen sobre dichas fincas, con expresión clara de su naturaleza, extensión, cargas, condiciones y cuantas limitaciones pudieran recaer sobre los mismos.

c) La atribución al titular de los derechos reales que recaen sobre la finca, con la necesidad de especificar la porción de cada partícipe en el derecho con datos matemáticos; así, por ejemplo, la cuota propiedad de cada comunero en la copropiedad o comunidad de bienes de un derecho real limitado.

d) La distribución del crédito hipotecario entre varias fincas, lo que denomina especialización pasiva.

e) La imposibilidad de gravar parte de una finca, sin la previa segregación. El gravamen solo podrá recaer sobre una finca, entendida como tal en sentido registral.

f) La exigencia de que el valor del derecho se determine, especialmente en el caso de la hipoteca.

En conclusión, el principio de especialidad va a exigir que los elementos que forman parte de la inscripción registral sean absolutamente claros, que las situaciones jurídicas estén perfectamente determinadas, pues solo así los asientos serán claros y podrán constituir la base de la publicidad registral[12]. Esos elementos fundamentales que van a conformar el contenido del asiento van a ser la finca, los derechos que se

10. García García, J.M. *Derecho inmobiliario..., op. cit.,* Tomo III, pág. 1474.
11. González y Martínez, J. *Estudios de Derecho hipotecario y Derecho civil,* Madrid 1948, págs. 248-249.
12. García García, J.M. *Derecho inmobiliario…, op. cit.,* pág. 552.

van a constituir, modificar o extinguir sobre la misma, la causa jurídica en virtud de la cual nacen, se modifican o extinguen esos derechos, el titular registral de esos derechos y el documento o título formal inscribible.

El principio de especialidad solo puede ser eficaz si lo ponemos en íntima relación con el de legalidad. Todos los elementos necesarios para obtener la claridad exigida por el principio de la publicidad registral, mediante la que el Registro despliega toda su eficacia mediante los principios hipotecarios de legitimación y fe pública, deben estar sometidos a la calificación del Registrador. Esto es propio de los sistemas registrales más avanzados, lo que, con igual o especial intensidad, deberá tener lugar en el caso de la inmatriculación de fincas; en esta, una determinada porción de terreno va a acceder a la vida registral, va a comenzar su historial registral de derechos.

1. LA FINCA

Como se ha indicado más arriba, el principio de especialidad se concreta en la adopción por nuestro Derecho Registral del sistema de folio real. La finca, pues, se posiciona como un elemento esencial del funcionamiento del Registro de la Propiedad, entendida como todo aquello que puede abrir folio en el Registro[13], lo que la doctrina denomina finca en sentido registral y que debe ser diferenciada de la finca en sentido material o superficie de terreno considerada en su aspecto puramente físico. Morales Moreno[14] nos dice que la finca registral es algo más que una entidad puramente tabular y su configuración puede no coincidir con la de la finca material. Así, cuando el Registro de la Propiedad es exacto, finca registral y material serán coincidentes; pero cuando el Registro es inexacto, existirá una discrepancia entre la realidad jurídica registral y la extrarregistral, entre lo que aparece en el Registro y la verdad jurídica que existe fuera de él, discrepancia que, de referirse solo a quién sea el titular, no conllevará diferencia entre finca registral y material; pero que sí conllevará discrepancia cuando el elemento no coincidente sea la propia configuración de la finca.

García García[15] distingue las distintas manifestaciones que el principio de especialidad tiene cuando lo ponemos en relación con el elemento finca:

a) El ser el fundamento del folio real, tal y como se dispone en el art. 8 LH, que exige que cada finca que se inscriba tendrá un número diferente y correlativo, teniendo las inscripciones relativas a la finca otra numeración correlativa y especial. Para ser ese elemento vertebrador sobre el que pivotan los demás principios registrales, debe producirse una perfecta

13. Lacruz Berdejo, J.L. *Derecho inmobiliario registral*, Editorial Aranzadi, Cizur Menor 2015, pág. 87.

14. Morales Moreno, A.M. *Publicidad Registral y Datos de Hecho*; Centro de Estudios Registrales, Madrid 2000, págs. 27-29.

15. García García, J.M. *Derecho inmobiliario..., op. cit.*, Tomo III, págs. 1480-1486.

identificación de la finca. La finca va a ser el soporte de los derechos que el Registro publica, lo que supone que asegurar su identificación es tanto como garantizar la seguridad jurídica de los derechos que sobre ella recaen[16]. Encontraremos elementos descriptivos de las fincas registrales, que podemos considerar como datos de hecho y no de derecho; pero son datos que, al incorporarse al Registro, forman parte de él; estos datos no se ven afectados por el principio de publicidad registral, ya que el Registro no publica hechos sino derechos. Su función es vital al determinar sobre qué finca registral van a recaer los derechos amparados por dicha publicidad[17].

b) El dominio o los derechos reales deben recaer sobre la totalidad de la finca o sobre una cuota indivisa, no pudiendo afectar solo a una parte de esta; en ese caso, con carácter previo o de manera simultánea, debería procederse a la segregación; lo contrario sería tanto como llevar a la confusión del objeto de los derechos y entraría en conflicto con la concepción de la unidad de la finca como base de los derechos.

Cuando nos referimos a la inmatriculación hablamos del derecho de propiedad, al exigirse que la primera inscripción de la finca lo sea del dominio. Por tanto, el objeto de la certificación de dominio debía ser la finca en su totalidad, si bien el derecho de dominio certificado podía ser pleno o solo atender a una cuota indivisa.

2. EL TITULAR REGISTRAL

El art. 51 RH dispone las reglas a que deben atenerse las inscripciones extensas, disponiendo la Regla Novena que deberá constar la persona a cuyo favor se practique la inscripción. Por tanto, al practicarse la inscripción debe expresarse quién es el titular del derecho inscrito (Regla Décima). Como aprecia Manzano Solano[18], si el Registro publica derechos en estado registral sobre el elemento finca antes tratado, la publicidad sería incompleta si no se precisara quién es la persona o sujeto a quien se atribuye el derecho. Por tanto, la inmatriculación debe hacerse solo en favor de algún titular. Nos encontramos en el ámbito del Derecho Registral Inmobiliario, sigue diciendo el autor, existiendo este sujeto activo de la relación jurídica registral[19], el titular del derecho real inscrito, frente a un sujeto pasivo, que tiene carácter universal, o frente a una obligación pasiva universal, el deber de respeto que los no titulares tienen con respecto al titular.

El derecho inscrito será, por tanto, un derecho real, definido por Díez-Picazo[20] como el «derecho subjetivo que protege con carácter absoluto el interés de una per-

16. Manzano Solano, A. *Derecho registral inmobiliario..., op. cit.*, pág. 415.
17. Morales Moreno, A.M. *Publicidad Registral..., op. cit.*, pág. 20.
18. Manzano Solano, A. *Derecho registral inmobiliario..., op. cit.*, pág. 467.
19. Manzano Solano, A. *Derecho registral inmobiliario..., op. cit.*, pág. 468.
20. Díez-Picazo, L. *Fundamentos de Derecho civil patrimonial*, Tomo III, Editorial Civitas-Thomson Aranzadi, 5ª edición, Cizur Menor 2008, pág. 81.

sona sobre una cosa, otorgándole un poder directo e inmediato sobre ella y al mismo tiempo una eficacia general en relación con terceros, entendiendo por terceros a los posibles adquirentes de la cosa y a las demás personas que se encuentren en relación con ella». Y como derecho subjetivo, su estructura vendrá determinada por un sujeto, un objeto y el contenido del derecho, siendo el sujeto a quien corresponda esa titularidad o pertenencia la persona que tenga una conexión actual con el derecho[21].

Interesa aquí determinar qué debemos entender por titular registral. Lacruz Berdejo[22] lo define como el «sujeto de derechos que, al constatarse en el Registro un acto jurídico, queda designado en los libros como portador de un derecho, facultad o expectativa sobre un inmueble». Esa titularidad tendrá como límite temporal el momento en el que se produzca la publicación por el Registro, y en el mismo folio, de una titularidad contradictoria. Roca Sastre[23] nos habla de titular registral en sentido amplio, como «toda persona a quien pertenece o corresponde, según el Registro, un derecho, facultad, ventaja o situación de trascendencia o afección real inmobiliaria», sin limitarse al titular de la finca o a quien corresponda un derecho real limitado, sino estando incluidos también quienes, por ejemplo, estén facultados por el testador para autorizar las enajenaciones que pretenda otorgar un heredero, o la persona que tiene a su favor una anotación preventiva.

El concepto de titular registral no es baladí, pues será lo habitual que dicho concepto coincida con el de titular civil del derecho inscrito, aunque no siempre es así. Podrá existir una discordancia entre la realidad jurídica registral y la que existe fuera de los libros, discrepancia que hará que exista un titular civil, verdadero titular, frente a quien conste como tal en el Registro, titular registral. El Derecho Civil y el Registral disponen las instituciones o procedimientos mediante los que se procura que esta situación anómala termine, bien mediante el instituto de la usucapión *secundum tabulas* o *contra tabulas*, bien mediante los procesos de adecuación del Registro a la realidad jurídica extrarregistral.

La importancia del titular registral radica, según Chico y Ortiz[24], en los caracteres que tal titularidad conlleva:

a) La titularidad registral es puramente formal pues, como se ha indicado antes, puede no coincidir con la realidad jurídica extrarregistral (art. 39 LH).

b) Tiene un carácter presuntivo, presumiéndose que el derecho inscrito existe y pertenece a quien aparece como titular en el Registro (principio de legitimidad del art. 38 LH), facultándose a quien conste como tal para

21. Espín Cánovas, D. *Manual de Derecho Civil Español;* Editorial Revista de Derecho Privado, Volumen I, Parte General, 8ª edición, Madrid 1982, pág. 239.
22. Lacruz Berdejo, J.L. *Derecho inmobiliario..., op. cit.*, pág. 128.
23. Roca Sastre, R.M. *Derecho Hipotecario,* Tomo IV, Editorial Bosch, Barcelona 2008, pág. 72.
24. Chico y Ortiz, J.M. *Estudios sobre Derecho hipotecario;* Marcial Pons, Madrid 2000, Tomo I, pág. 415.

emprender las acciones reales provenientes de los derechos inscritos frente a quienes se opongan o perturben el ejercicio de estos (art. 41 LH).

c) El titular registral quedará facultado para realizar actos dispositivos del derecho inscrito.

d) Por último, la titularidad registral, si deriva de un acto dispositivo que se realice con los requisitos exigidos por el art. 34 LH, se convertirá en inatacable, aun en el supuesto de que el transmitente no fuera verdadero titular. Se trata del principio de la buena fe registral del art. 34 LH.

e) Si existe una pluralidad de titulares deberá precisarse la porción ideal de cada condueño con datos matemáticos que permitan conocer la parte de cada condómino indudablemente (art. 54 RH)[25].

Tratándose de las certificaciones de dominio, estas debían hacer referencia a dicho titular, concretamente a la persona jurídica eclesiástica a cuyo favor de debía producir la primera inscripción. Esa persona, por exigirse así para las primeras inscripciones, solo podían ser titulares del derecho de propiedad. Los anteriores caracteres comenzaban a surtir los efectos registrales que de ellos se desprenden, pero no así la buena fe registral del art. 34 LH, ya que no nos encontramos ante una adquisición derivativa de quien ya constaba como titular registral y a título oneroso.

Debemos resaltar que es precisamente ese carácter propio del titular registral el que más puede ser objeto de crítica en las inmatriculaciones de fincas por la Iglesia Católica, pues es evidente que la inmatriculación por certificación de dominio no goza de las garantías de publicidad, también de escasa eficacia, de otros medios inmatriculadores como el expediente de dominio. El fin de las certificaciones fue conseguir que los bienes del ingente patrimonio eclesial accedieran al Registro. Y el acceso no ofrece dudas, pues de no corresponderse la titularidad registral con la realidad jurídica extrarregistral, y habiendo un verdadero titular no eclesial, siempre le corresponderán las acciones previstas en el ordenamiento jurídico para el reconocimiento de su derecho y la anulación de la inscripción en favor de la persona eclesiástica. No es esto, pese a que los críticos se hayan centrado en este aspecto, lo que suponía un riesgo para la defensa de la verdad jurídica. La falla verdadera estaba en la posibilidad de que el titular registral eclesiástico dispusiera del bien inmatriculado a título oneroso en favor de un tercero de buena fe, pues convertía al adquirente en inatacable e imposibilitaba el éxito de cualquier acción que emprendiese quien ostentara el dominio en la realidad jurídica extrarregistral.

El art. 51, Regla Novena, apartado b) RH permite la inscripción en favor de las personas jurídicas, debiéndose consignar su clase, denominación, número de identificación fiscal e inscripción, en su caso, en el Registro correspondiente, la nacionalidad, si fuere una entidad extranjera, y el domicilio con las circunstancias que

25. GÓMEZ GÁLLIGO, F.J. *El principio de especialidad...*, *op. cit.*, pág. 2405.

lo concreten. Por lo que cabe la titularidad registral en favor de personas jurídicas eclesiásticas, una vez se admite la personalidad jurídica y la capacidad patrimonial de la Iglesia Católica y las entidades jurídicas que forman parte de ella.

En definitiva, como señala García García[26], la perfecta determinación del titular registral es una consecuencia expresa del principio de especialidad; y eso aunque estemos ante situaciones o casos especiales en los que se pueda admitir una indeterminación provisional del titular del derecho, como puede ocurrir en las sustituciones fideicomisarias o en las reservas, donde la indeterminación transitoria se reconduce a una determinación futura automática; o en los casos de titulares mediatamente determinados, como ocurre en las servidumbres prediales, titularidades *ob rem* o hipotecas en garantía de títulos valores. Se excluye del acceso al Registro a todos los títulos de los que resulte una indeterminación absoluta del titular[27].

2.1. La titularidad registral de las personas jurídicas eclesiásticas

2.1.1. Qué entidades comprende la expresión «Iglesia»

El art. 206 LH, al establecer la certificación de dominio como medio de inmatriculación, citaba a la «Iglesia Católica» como una de las entidades legalmente facultadas para su utilización, junto con el Estado, el Municipio y las Corporaciones de Derecho público; en igual sentido se expresaba el art. 304 RH; pero más concreto es el art. 19 RH al disponer que podrán inscribirse en la misma forma (que los del Estado, citados en el artículo anterior) los bienes que pertenezcan a la «Iglesia» o a las «Entidades eclesiásticas».

A nuestro juicio, esta genérica alusión a la Iglesia Católica en general debe interpretarse poniéndola en consonancia con lo que se expresaba en el propio art. 206 LH. El precepto, al referirse al Estado, citaba a las corporaciones de Derecho público o servicios organizados que forman parte de la estructura política de aquel, para después referirse a «las de la Iglesia Católica». Por tanto, no parece que la legislación hipotecaria se refiriese solo a la Iglesia universal, a la Iglesia institución, sino más bien a todo el entramado de organismos y personas jurídicas que forman parte de la Iglesia Católica.

Debemos recordar que el canon 1258 CIC establece que *«En los cánones que siguen, con el nombre de Iglesia se designa, no solo la Iglesia universal o la Sede Apostólica, sino también cualquier persona jurídica pública en la Iglesia, a no ser que conste otra cosa por el contexto o por la naturaleza misma del asunto»*. Y esas tres realidades, Iglesia universal, Santa Sede y personas públicas son las que, como simplificación práctica, debemos entender por Iglesia[28].

26. García García, J.M. *Derecho inmobiliario..., op. cit.*, Tomo III, págs. 1486-1487.
27. Gómez Gálligo, F.J. *El principio de especialidad..., op. cit.*, pág. 2406.
28. Pérez de Heredia Valle, I. *Libro V del CIC. Bienes temporales de la Iglesia*, Instituto Diocesano de Estudios Canónicos, Valencia 2002, pág. 81.

La Iglesia universal, la Santa Sede y la Iglesia nacional no actúan en el tráfico jurídico, salvo casos auténticamente excepcionales, sino a través del conjunto de organizaciones que forman su organización o estructura interna. Su actuación tendrá lugar, principalmente, a través de las denominadas personas jurídicas públicas, esto es, las personas jurídicas a las que el Derecho Canónico atribuye *ipso iure* o por determinación de la autoridad competente personalidad jurídica pública y que, por esta razón, actúan en nombre de la misma Iglesia. Los bienes pertenecientes a esa clase de personas jurídicas tienen la consideración en el ámbito canónico de «bienes eclesiásticos». Y no será una cuestión baladí qué persona concreta consta como titular de una finca, como entiende la RDGRN de 14 de diciembre de 1999[29] en los siguientes términos: «*Por lo que se refiere a la capacidad de la Iglesia Católica para adquirir bienes de todas clases, ha de regir lo concordado entre aquélla y el Estado (artículo 38, párrafo segundo, del Código Civil). Esta norma presupone la personalidad jurídica de la Iglesia, como una realidad previa (cfr., también, el artículo 16.3 de la Constitución). Ahora bien, ello no significa que puedan inscribirse en el Registro de la Propiedad bienes a nombre de la "Iglesia Católica", sin más especificaciones, pues se trata esta de una expresión que se emplea para referirse compendiosamente a todas las diferentes entidades eclesiásticas (tanto a la Santa Sede, diócesis, parroquias, Conferencia Episcopal Española y circunscripciones territoriales propias de la organización jerárquica de la Iglesia, como a las órdenes, congregaciones, fundaciones, asociaciones y otras entidades nacidas en el seno de la Iglesia Católica, pero que no forman parte de la organización territorial de esta) Por otra parte, y con independencia de las previsiones que, a efectos internos, se contienen en la normativa canónica respecto a la personalidad jurídica y capacidad de adquirir bienes que se atribuye a la "Iglesia Católica", no es menos cierto que, en el orden civil, no resulta indiferente cuál sea la concreta persona jurídica eclesiástica que haya adquirido el bien de que se trate, lo que tendrá relevancia, también a efectos civiles, a la hora de cumplir los requisitos que para disponer del mismo establece la legislación canónica*».

La STS de 4 de junio de 1979[30], al resolver un caso de una ermita que había sido donada a una determinada advocación de la Virgen, establece lo siguiente en su FD Segundo: «*... porque, según el recurrente, la Sala sentenciadora atribuye la propiedad de la casa en litigio a un "ente inmaterial", el cual no puede disponer o gozar de las cosas, ni aceptar una donación, motivo que, como el anterior, ha de perecer, porque, contrariamente a lo que el recurrente manifiesta, dicho Tribunal de instancia no ha hecho tal declaración, sino que lo que afirma es que si en Derecho Canónico se puede atribuir un derecho de propiedad a entes inmateriales, como lo son las distintas advocaciones de la Virgen, entre las que se encuentra la de la Virgen del Castellar, ha de entenderse, en el Derecho Civil, que tales bienes con ese destino, que generalmente tienen su origen en alguna donación, pertenecen a la Iglesia Católica y dentro de ésta a la parroquia donde la advocación mariana a la que la donación se haya dedicado para el servicio del culto a la misma radique*».

Por todo lo anterior, es importante determinar qué entidades eclesiásticas podían constar como propietarias de la finca inmatriculada a través de la certificación de

29. RDGRN de 14 de diciembre de 1999. BOE de 11 de enero de 2000.
30. STS (Civil) de 4 de junio de 1979, rec. 213/1979.

dominio. La mayoría de la doctrina cree que cabía la utilización de la certificación para los inmuebles que son propiedad de las personas jurídicas públicas eclesiásticas o, lo que es lo mismo, solo podría utilizarse la certificación para inmatricular bienes eclesiásticos. Consideramos que este es el argumento más válido por varias razones:

- Los artículos 4 y 19 RH se refieren expresamente a la Iglesia y entidades eclesiásticas; es claro que, si el legislador hubiera querido referirse solo a la Iglesia universal, a la Santa Sede, a la Iglesia institución, no habría añadido el concepto «entidades eclesiásticas».
- El propio Código de Derecho Canónico distingue entre personas jurídicas públicas y privadas[31]; las primeras se asimilan a la Iglesia institución, actúan en nombre de la Iglesia y, en consecuencia, sus bienes son considerados eclesiásticos; por esta consideración están sometidos a un régimen de vigilancia y a unos requisitos en su administración y enajenación que no alcanza a los que pertenecen a las personas privadas, que se rigen por lo dispuesto en sus propios estatutos.
- El art. 38 CC remite a lo concordado entre la Iglesia y el Estado para todo lo concerniente con la capacidad patrimonial de aquella; el Estado reconoce la capacidad jurídica civil de las entidades eclesiásticas siempre y cuando la tengan canónica y se cumpla (en determinados supuestos no es necesario) la correspondiente inscripción en el Registro de Entidades Religiosas; por ello, el Derecho Canónico determina qué podemos considerar propiamente Iglesia a los efectos estudiados; ya hemos visto más arriba cómo el canon 1258 CIC equipara Iglesia con la Iglesia universal, la Sede Apostólica y las personas jurídicas públicas.

2.1.2. La titularidad de personas jurídicas privadas

Podría plantearse la duda sobre la posible inmatriculación de bienes pertenecientes a personas jurídicas privadas. El Derecho Canónico, al no prever que la tengan *ipso iure*, permite que la Autoridad eclesiástica le otorgue personalidad jurídica previa la aprobación de sus Estatutos (cfr. cc. 116 § 2 y 117 CIC). Por ello, estas entidades podrán obtener su inscripción en el Registro de Entidades Religiosas adquiriendo así personalidad jurídica en el orden civil; de este modo, bien podía el Ordinario respectivo emitir una certificación de dominio para inmatricular un bien perteneciente a una persona privada con personalidad jurídica, por ejemplo, a una asociación privada de fieles, cuyo régimen jurídico se encuentra recogido en los cánones 321 a 326 CIC.

---

31. Canon 1257 § 1: «*Todos los bienes temporales que pertenecen a la Iglesia universal, a la Sede Apostólica o a otras personas jurídicas públicas en la Iglesia, son bienes eclesiásticos y se rigen por los cánones que siguen, así como por sus propios estatutos*». Canon 1257 § 2: «*Los bienes temporales de una persona jurídica privada se rigen por sus estatutos propios, y no por estos cánones, si no se indica expresamente otra cosa*».

En nuestra opinión, es definitivo el hecho de que su régimen jurídico patrimonial se rija por las disposiciones de sus propios estatutos y que sus bienes sean administrados libremente por sus miembros, aunque la autoridad eclesiástica tenga el deber de vigilar que sean empleados en los fines de la asociación (cfr. canon 325 CIC). Entendemos que las personas jurídicas privadas de la Iglesia, siempre que tengan personalidad jurídica concedida por la Autoridad, debían y deben acudir al resto de procedimientos inmatriculatorios previstos por la legislación hipotecaria[32].

Así lo entiende también la DGRN al evacuar una consulta realizada por un instituto religioso; según el órgano directivo, el legislador de 1944, al referirse en el art. 206 de la LH a las entidades de la Iglesia Católica, quiso comprender a todo tipo de entidades, pues todas ellas podían encontrarse en la circunstancia de tener bienes inmuebles que no figuraran inscritos en el Registro de la Propiedad y adquiridos en tiempo inmemorial; pero, a su vez, entiende que la interpretación de la norma no puede desconocer la realidad social del tiempo en que ha de ser aplicada (art. 3 CC) y que esa realidad se ha transformado, incluso en el ámbito normativo, a través de los Acuerdos entre la Santa Sede y el Estado español de 3 de enero de 1979 y con la aprobación del Código de Derecho Canónico en 1983. De ambos textos se extrae la distinción radical entre personas jurídicas públicas y privadas, con el régimen patrimonial distinto que hemos analizado con anterioridad y, en consecuencia, concluye la Dirección General que «cabe sostener la no aplicación de la regla contenida en el artículo 206 de la Ley Hipotecaria a las personas jurídicas privadas porque el Derecho Canónico ofrece una interpretación del término Iglesia Católica en el ámbito patrimonial que las excluye»[33].

2.1.3. *Los bienes de órdenes y congregaciones religiosas*

Sentada la base de la utilización de la certificación solo para los denominados bienes eclesiásticos, propiedad de personas jurídicas públicas, se plantea la cuestión del alcance del uso del medio inmatriculador, que puede entenderse desde un punto de vista restrictivo u otros más amplios:

---

32. Rodríguez Blanco, M. «Las certificaciones de dominio de la Iglesia Católica. Análisis del artículo 206 de la Ley Hipotecaria», *Revista Jurídica del Notariado*, 34 (abril-junio 2000), pág. 288.
33. Consulta sobre la certificación de dominio como medio inmatriculador de bienes de la Iglesia Católica: aplicación a las entidades religiosas de la Iglesia Católica. Sección 3ª R. 327/2006-O, de 3 de septiembre de 2007. Según la respuesta, la DGRN entiende que esta solución está en consonancia, además, con lo que ya establecía el propio Derecho Canónico en el anterior Código de 1917, vigente al tiempo de entrar en vigor la LH de 1944, que empleaba el término «persona moral», en lugar del de persona jurídica, para referirse a las entidades de la organización oficial de la Iglesia o a las entidades cuyo fin era colaborar de manera inmediata con ella; el resto, esto es, las surgidas en el ejercicio de la autonomía privada, carentes entonces de personalidad jurídica en Derecho Canónico, quedaban relegadas a la categoría de los sujetos no personificados.

- Una interpretación restrictiva, mediante una lectura literal de lo establecido en el art. 304 RH, nos llevaría a afirmar que la certificación solo podría ser utilizada para inmatricular bienes pertenecientes a personas jurídicas dependientes del Obispo diocesano, ya que es él quien otorgaba la certificación[34], las que están sujetas a su jurisdicción[35]. Dicho de otro modo, solo podrían inscribirse bienes propiedad de las entidades que pertenecen a la Iglesia-institución, que forman parte de la estructura organizativa o jerárquica de la Iglesia[36]. Hablaríamos de la propia Diócesis y sus parroquias.
- Una posición intermedia avalaba la posibilidad de certificar a las entidades anteriormente citadas y a las personas jurídicas públicas que están bajo su jurisdicción y sobre las que tiene la obligación de vigilancia de la administración de sus bienes. En este caso, podrían inmatricularse los bienes pertenecientes a las asociaciones públicas de fieles dependientes del Obispo, los Institutos de Vida Consagrada que sean de Derecho diocesano[37] y los monasterios autónomos[38].
- La posición más amplia consideraba que la certificación podía extenderse a todos los bienes de la Iglesia, no solo a los incluidos en los apartados precedentes, sino a los propios de los Institutos de Vida Consagrada, sus provincias y sus casas, aun cuando estas entidades no dependan jerárquicamente del Obispo diocesano; así lo entiende, entre otros, Roca Sastre[39] al afirmar que bajo el concepto Iglesia deben comprenderse indistintamente todos los organismos de la religión católica, ya se trate de los propios del clero secular, ya los del regular, en aplicación de lo dispuesto en el propio CIC.

En nuestra opinión, esta tercera posición es la más adecuada al origen y finalidades propios de la certificación de dominio, por lo que a través de la misma se podían inmatricular bienes de las personas jurídicas eclesiásticas de naturaleza pública con independencia de que están bajo la jurisdicción del Obispo diocesano. En consecuencia, cabía la utilización de este medio para inmatricular bienes de

34. Arrieta Sevilla, L.J. «La inmatriculación de fincas de la Iglesia Católica por medio de certificación diocesana», *Ius Canonicum*, año 2010, pág. 538.
35. Ruano Espina, L. *Régimen jurídico registral de los bienes de las confesiones religiosas y su tratamiento jurisprudencial,* Editorial Thomson Aranzadi, Cizur Menor 2005, pág. 82.
36. González del Valle, J.M. *Régimen patrimonial de las confesiones religiosas en España,* Revista de Derecho Privado, LIX (diciembre 1975), pág. 1011.
37. Canon 594 CIC: «Un instituto de derecho diocesano, quedando en pie el canon 586, está bajo el cuidado especial del Obispo diocesano».
38. Canon 615 CIC: «Se encomienda a la vigilancia peculiar del Obispo diocesano, de acuerdo con la norma del derecho, el monasterio autónomo que, aparte de su propio Superior, no tiene otro Superior mayor, ni está asociado a un instituto de religiosos de manera que el Superior de éste tenga sobre dicho monasterio una verdadera potestad, determinada por las constituciones».
39. Roca Sastre, R.M. *Derecho hipotecario, op. cit.*, Tomo IV, pág. 304.

las órdenes religiosas, sus provincias y sus casas[40], sobre las que el Obispo no es superior, lo que podemos fundamentar en los siguientes motivos:

1. La norma fundamental de relación entre la Iglesia Católica y el Estado español son los Acuerdos, de diversa índole, de 3 de enero de 1979. El Acuerdo sobre Asuntos Económicos determina en sus arts. IV y V las exenciones y no sujeciones de las entidades eclesiásticas en materia fiscal y divide dichas entidades en dos clases: las que figuran en el art. IV, que gozan de varias exenciones directamente aplicables, y las del V, que las tendrán en la medida que las tengan las entidades sin ánimo de lucro con arreglo al ordenamiento jurídico tributario español. Esas entidades del art. IV, consideradas como parte de la organización jerárquica y fundamental de la Iglesia, son enumeradas expresamente por los Acuerdos: la Santa Sede, la Conferencia Episcopal, las diócesis, las parroquias y otras circunscripciones territoriales, las Órdenes y congregaciones religiosas y los Institutos de Vida Consagrada, sus provincias y sus casas. Entendemos que cualquier mención a la Iglesia que efectúe nuestro ordenamiento jurídico, sin expresa alusión a entidades concretas, debe entenderse sin duda referida a las entidades que se relacionan en este artículo IV.

---

40. Hemos utilizado la terminología que aparece en los Acuerdos entre el Estado español y la Santa Sede, de 3 de enero de 1979, si bien desde el punto de vista canónico la correcta expresión a utilizar para definir a estas personas jurídicas es la de Institutos de Vida Consagrada y Sociedades de Vida Apostólica. El CIC de 1983 establece una división en las formas de la vida religiosa que podemos esquematizar de la siguiente forma:
    1. Los Institutos de Vida Consagrada, cuyo denominador común es la profesión de los consejos evangélicos de pobreza, castidad y obediencia mediante votos o vínculos sagrados, y que abarcan dos especies distintas: los institutos religiosos (en los que estos votos se cumplen mediante un apartamento del mundo) y los institutos seculares (en los que se cumplen en medio del mundo, en el siglo). Ambas especies pueden ser, en virtud de la persona que los constituya, bien de Derecho pontificio (si lo hace la Santa Sede) bien de Derecho diocesano (si la persona que erige es el Obispo), dependiendo y estando sometidos a una u otra entidad, en consecuencia, para determinados actos de administración, enajenación y control económico. Los religiosos tienen personalidad jurídica canónica ex lege (canon 634 CIC) mientras que los seculares se configuran como personas jurídicas públicas con personalidad concedida por el decreto de erección.
    2. Las Sociedades de Vida Apostólica cuyos miembros no tienen votos religiosos y buscan un fin apostólico, propio de la misma sociedad, llevando vida fraterna en común, según el propio modo de vida, aspirando a la perfección de la caridad por la observancia de las constituciones, o abrazando los consejos evangélicos mediante un vínculo determinado en las propias constituciones. Pueden ser clericales (formadas por clérigos) o laicales (formadas por fieles laicos). Su personalidad jurídica proviene ex lege (canon 741 CIC) para sus circunscripciones y casas.

    Véase para el tema *Comentario Exegético al Código de Derecho Canónico*, Volumen II/2, EUNSA, Pamplona, 1997, págs. 1381 y ss.

2. En esos mismos Acuerdos, el de Asuntos Jurídicos[41], reconoce en su art. I. 4 la personalidad jurídica civil de las Órdenes y Congregaciones religiosas; este reconocimiento se concreta con posterioridad en la posibilidad de proceder a la inscripción de dichas entidades en el Registro de Entidades Religiosas[42]. No parece lógico que las Órdenes y Congregaciones religiosas se sitúen en un plano de igualdad con las diócesis y parroquias en los propios Acuerdos y se vean privadas de un medio de inscripción reconocido para los inmuebles de la Iglesia.

3. La propia legislación hipotecaria, en los términos ya analizados, se refiere a las entidades eclesiásticas, sin especial distinción entre las mismas.

4. El origen histórico de la certificación de dominio que, en palabras de Rodríguez Blanco[43], pretendía dar respuesta a una concreta situación

---

41. Art. I. 4 Acuerdo entre el Estado español y la Santa Sede sobre Asuntos Jurídicos: «El Estado reconoce la personalidad jurídica civil y la plena capacidad de obrar de las Órdenes, Congregaciones religiosas y otros Institutos de vida consagrada y sus Provincias y sus Casas, y de las Asociaciones y otras Entidades y Fundaciones religiosas que gocen de ella en la fecha de entrada en vigor del presente Acuerdo. Las Órdenes, Congregaciones Religiosas y otros Institutos de vida consagrada y sus Provincias y sus Casas que, estando erigidas canónicamente en esta fecha, no gocen de personalidad jurídica civil y las que se erijan canónicamente en el futuro, adquirirán la personalidad jurídica civil mediante la inscripción en el correspondiente Registro del Estado, la cual se practicará en virtud de documento auténtico en el que conste la erección, fines, datos de identificación, órganos representativos, régimen de funcionamiento y facultades de dichos órganos. A los efectos de determinar la extensión y límite de su capacidad de obrar, y, por tanto, de disponer de sus bienes, se estará a lo que disponga la legislación canónica, que actuará en este caso como derecho estatutario».

42. La Resolución de la Dirección General de Asuntos Religiosos de 11 de marzo de 1982 (BOE de 30 de marzo de 1982) establece en su punto segundo lo siguiente: «Respecto a las peticiones de inscripción en el Registro de Entidades Religiosas de las Ordenes, Congregaciones religiosas y otros Institutos de vida consagrada podrán formularse:
    a) Individualmente por cada una de las provincias o casas, siempre que esté acreditada la personalidad jurídica civil de la Orden, Congregación o Instituto a que pertenecen.
    b) Por la Orden o Congregación en petición global que se refiera conjuntamente a sus provincias y casas, remitiendo a tal efecto, junto con la petición, la documentación individualizada referente a todas y cada una de las Entidades menores de la Orden, Congregación o Instituto que pretendan adquirir personalidad jurídica civil propia.

    Tales peticiones serán acompañadas de documento auténtico visado por la CONFER, en el que consten la erección, fines, datos de identificación, órganos representativos, régimen de funcionamiento y facultad de dichos órganos.

    Los Monasterios femeninos de clausura se inscribirán en el Registro mediante documento auténtico expedido por el Ordinario diocesano».

43. Rodríguez Blanco, M. «Las certificaciones...», *op. cit*, pág. 289. Se refiere el autor a las expresiones utilizadas por el RD 6 de noviembre de 1863, entre ellas «bienes

de hecho, la existencia de ingentes patrimonios sin título escrito que acreditara su dominio, situación que afectaba tanto a los bienes de la Iglesia institución como a las comunidades religiosas.

5. El canon 635 CIC que dispone que los bienes temporales de los institutos religiosos, al ser «bienes eclesiásticos», se rigen por las prescripciones del libro V «De los bienes temporales de la Iglesia»; y dentro de este libro V, el canon 1284 CIC, que en su número 2. 2 impone como deber a los administradores de bienes eclesiásticos el de «cuidar que la propiedad de los bienes eclesiásticos se asegure por los modos civilmente válidos». Los administradores de los bienes de los institutos religiosos administran bienes eclesiásticos, lo que, en nuestra opinión, les permitía utilizar la certificación de dominio como medio para obtener dicha seguridad en la propiedad de los bienes. Cabría decir, no obstante, que es importante resaltar que la facultad de inscribir los bienes no es equivalente a la facultad para emitir las certificaciones de dominio; la segunda está reservada al Ordinario mientras que aquella corresponde al administrador de los bienes[44].

6. Por último, la propia opinión emitida por la DGRN en la consulta evacuada por un instituto religioso. Tras advertir que desconoce el carácter de la personalidad jurídico-canónica de la comunidad religiosa que realiza la consulta, dice que el nuevo Código de Derecho Canónico reconduce a la figura de los institutos religiosos a todas las asociaciones o sociedades de vida consagrada reconocidas en el anterior Código bajo diferentes denominaciones, tales como órdenes, congregaciones, fraternidades, etc. Estos institutos, antiguas órdenes, congregaciones, etc. tienen en el nuevo Código la consideración de personas jurídicas públicas porque persiguen el bien común de la Iglesia, actuando en nombre de ella (cfr. c. 116 CIC); si hubiesen sido erigidas con el anterior Código serían personas morales; en ambos casos, la Dirección General les reconoce legitimación para hacer uso de la certificación inmatriculadora[45].

---

de la Iglesia», «bienes del clero» o «bienes de las corporaciones eclesiásticas» y al manejo por la legislación y la jurisprudencia civil de dichas expresiones incluyendo los bienes de la mayor parte de los entes de la Iglesia; como ejemplo de ello, la sentencia del Tribunal contencioso-administrativo de 14 de junio de 1894 que dice que bajo el concepto de bienes eclesiásticos se deben entender todos los pertenecientes por cualquier título a la Iglesia y corporaciones eclesiásticas, sin otras excepciones que los bienes de capellanías y los gravados con cargas espirituales, según la Ley de 4 de abril de 1860.

44. Rodríguez Blanco, M. «Las certificaciones...», *op. cit*, pág. 288.

45. Consulta sobre la certificación de dominio como medio inmatriculador de bienes de la Iglesia Católica: aplicación a las entidades religiosas de la Iglesia Católica. Sección 3ª R. 327/2006-O, de 3 de septiembre de 2007.

2.1.4. *Las asociaciones públicas de fieles*

Por lo que respecta a los bienes de las asociaciones públicas de fieles, no debería existir duda acerca de la posibilidad de que podían inmatricular bienes de su propiedad a través de la certificación siguiendo el mismo hilo argumental. El canon 305.1 CIC establece que todas las asociaciones de fieles están bajo la vigilancia de la autoridad eclesiástica competente, a la que corresponde cuidar de que en ellas se conserve la integridad de la fe y de las costumbres, y evitar que se introduzcan abusos en la disciplina eclesiástica; por tanto, a ella compete el deber y el derecho de visitarlas a tenor del derecho y de los estatutos; y están también bajo el régimen de esa autoridad, de acuerdo con las prescripciones de los cánones que siguen; además, el canon 319. 1 dispone que «*a no ser que se prevea otra cosa, una asociación pública legítimamente erigida administra los bienes que posee conforme a la norma de los estatutos y bajo la superior dirección de la autoridad eclesiástica de la que se trata en el canon 312.1, a la que debe rendir cuentas de la administración todos los años*».

Estas asociaciones pueden inscribirse en el Registro de Entidades Religiosas del Ministerio de la Presidencia, gozando desde ese momento de personalidad jurídica civil a todos los efectos. Este hecho, unido al *ius ad vigilandi* que los obispos tienen sobre ellas, hace que fuera factible la utilización de la certificación. Ejemplos tenemos de que muchas de estas asociaciones tienen varios siglos de existencia y son propietarias desde tiempo inmemorial de inmuebles que no habían accedido al Registro de la Propiedad. Así, como se trata más adelante en este mismo Capítulo, en la inmatriculación de algunos templos situados en la ciudad de Sevilla, las certificaciones de dominio emitidas por el Ordinario de la Archidiócesis han incluido determinadas capillas o dependencias propiedad de cofradías, obteniéndose la inmatriculación de estas a nombre de dichas asociaciones públicas de fieles.

2.1.5. *La titularidad de fundaciones canónicas*

Por último, cabe preguntarse si podían acceder al Registro por medio de certificación los bienes de las fundaciones canónicas. Antes de abordar la cuestión, hay que especificar que nos referimos únicamente a las fundaciones pías autónomas, excluyendo las no autónomas por carecer estas últimas de personalidad jurídica. Las fundaciones autónomas son erigidas como personas jurídicas de la Iglesia por la autoridad competente (cánones 114, 116, 117 y 1303 CIC) y pueden ser públicas y privadas. Solo las públicas actúan en nombre de la Iglesia y sus bienes son considerados, en consecuencia, eclesiásticos.

Estas fundaciones pías autónomas de carácter público pueden ser inscritas en el Registro de Entidades Religiosas adquiriendo, desde el momento de la inscripción, la personalidad jurídica civil, en función de lo dispuesto por el Real Decreto 589/1984, de 8 de febrero, sobre Fundaciones Religiosas de la Iglesia Católica (BOE de 28 de marzo de 1984) que establece en su artículo 1 lo siguiente: «*Las fundaciones erigidas canónicamente por la competente autoridad de la Iglesia Católica podrán adquirir personali-*

dad jurídica civil mediante su inscripción en el Registro de Entidades Religiosas. Para ello se presentará la escritura de constitución acompañada de la certificación a que se refiere el párrafo segundo del apartado c) del número 2 del artículo tercero del Real Decreto 142/1981, de 9 de enero, sobre organización y funcionamiento del Registro de Entidades Religiosas». Tras el Real Decreto 594/2015, por el que se regula el Registro de Entidades Religiosas, y a tenor de su Disposición Transitoria Segunda, las Fundaciones canónicas siguen rigiéndose por ese Decreto de 1984[46].

Para las fundaciones ya existentes en el momento de creación del Registro en 1981, la Disposición Transitoria del referido Real Decreto determinaba que «*las fundaciones religiosas de la Iglesia Católica que gozan de personalidad jurídica sin hallarse inscritas en ningún Registro del Estado podrán solicitar su inscripción en cualquier momento, pero transcurrido el plazo de tres años desde la entrada en vigor del presente Real Decreto solo podrán acreditar su personalidad jurídica mediante la correspondiente certificación de hallarse inscritas en el Registro de Entidades Religiosas*».

Siguiendo el argumento mantenido para las asociaciones públicas, podría aceptarse la utilización de la certificación de dominio para inmatricular un bien de una fundación eclesiástica, ya que al Obispo corresponde vigilar la administración de sus bienes como los del resto de personas jurídicas públicas (canon 1276 CIC). Pero en este caso nos encontramos con la RDGRN de 21 de mayo de 1991[47] que se decanta por lo contrario. En el asunto debatido, el Ayuntamiento de Alfaro había inmatriculado una finca por medio de la certificación de dominio constando el titular registral del siguiente modo: «Ayuntamiento de Alfaro, en concepto de bien propio de la Fundación Hospital de Alfaro, con la finalidad precisa e ineludible de quedar adscrito al Santo Hospital y no poderse dedicar a fines distintos, ni confundirse con el patrimonio municipal». El Ayuntamiento intenta inscribir una declaración de obra nueva de un centro de salud construido sobre la finca y la Registradora deniega la inscripción por falta de tracto sucesivo, entendiendo el recurrente en sus alegaciones que la certificación de dominio es un medio excepcional, utilizable solo por el Ayuntamiento y que el resto solo son menciones registrales sin trascendencia real alguna. La DGRN, en el Fundamento de Derecho Segundo, dispone expresamente lo siguiente: «*El asiento se extiende —no hay que olvidarlo— en virtud de certificación de dominio —medio inmatriculador de carácter excepcional— que opera exclusivamente a favor de personas jurídicas determinadas, entre las que no cabe incluir a las fundaciones*».

La postura de la Dirección General no genera duda alguna. No obstante, no deja de ser cierto que la inmatriculación a nombre de la Fundación llegó a producirse y

46. La Disposición Transitoria Segunda establece lo siguiente: «Las fundaciones religiosas de la Iglesia Católica seguirán rigiéndose por el Real Decreto 589/1984, de 8 de febrero, de Fundaciones de la Iglesia Católica, en tanto no se regulen con carácter general las fundaciones de las entidades religiosas. Hasta entonces, el Registro mantendrá la Sección de Fundaciones prevista en dicho real decreto».
47. RDGRN de 21 de mayo de 1991. BOE núm. 168, de 15 de julio de 1991.

que es un hecho colateral —la declaración de obra nueva por parte de quien no es titular registral— lo que origina que el organismo se pronuncie; si la declaración hubiera sido formalizada por la Fundación, la inmatriculación habría producido todos sus efectos.

3. EL TÍTULO INSCRIBIBLE

Como nos dice MANZANO SOLANO[48], en el Registro de la Propiedad español se inscriben los derechos en su estado civil y se publican en un nuevo estado, el registral, una vez se ha cumplido el procedimiento de registración. Este proceso conlleva dos consecuencias: a) la primera, que una vez el derecho accede al Registro, los efectos van a estar vinculados a ese contenido, que no podrá ser desconocido o ignorado por las partes, como si se hace constar en una escritura que una finca está libre de cargas cuando pesa sobre la misma una hipoteca, pues la finca se adquirirá con el gravamen; b) la segunda, la adquisición por el derecho inscrito de un determinado rango registral, teniendo prioridad o preferencia sobre otros posibles derechos contradictorios de los que se pretenda *a posteriori* su inscripción; así, una hipoteca inscrita respecto de la segunda y ulteriores hipotecas sobre la misma finca que se inscriban posteriormente.

Entiende GÓMEZ GÁLLIGO[49] que la mención a los derechos reales que son objeto de inscripción constituye el aspecto material del principio de especialidad, señalando MANZANO SOLANO[50] que no pueden considerarse como entes abstractos o puros; tienen una causa jurídica, están avalados por el denominado título material o sustantivo, el acto o contrato concreto por el que un determinado derecho nace, se modifica o extingue. Otra cosa es que esa causa jurídica del derecho se manifieste en un vehículo o documento, el título formal, que será el que se presente en el Registro para la inscripción al estar nuestro sistema registral basado en el principio de publicidad y autenticidad o documentación pública. Pero la expresión en ellos de la causa jurídica, material o sustantiva será exigida por el Registrador al realizar su tarea calificadora. En esto, el Derecho Registral se aparta del Derecho Civil puro; este último es un sistema causal en la transmisión de derechos; pero admite casos de expresión abstracta de la causa en el art. 1277 CC, pudiendo no expresarse esta en el contrato transmisivo y presumiéndose que existe y es lícita. Pero el Derecho Registral sí exige esa expresión de la causa, pues serán distintas las consecuencias de una u otra causa en materia de fe pública registral[51]. Nuestro Registro de la Propiedad, advierte ROCA SASTRE[52], es un «Registro de títulos en su aspecto material. Luego la importancia del título material en nuestro sistema inmobiliario registral radica en constituir la materia prima inscribible».

---

48. MANZANO SOLANO, A. *Derecho registral inmobiliario..., op. cit.*, pág. 418.
49. GÓMEZ GÁLLIGO, F.J. *El principio de especialidad..., op. cit.*, pág. 2401.
50. MANZANO SOLANO, A. *Derecho registral inmobiliario..., op. cit.*, pág. 419.
51. GARCÍA GARCÍA, J.M. *Derecho inmobiliario…, op. cit.*, Tomo III, pág. 1493.
52. ROCA SASTRE, R.M. *Derecho Hipotecario*, Tomo I, Editorial Bosch, Barcelona 2008, pág. 349.

Por todo ello, considera Gómez Gálligo[53] que la exigencia de título material viene dada por la seguridad jurídica y necesidad de protección de la apariencia que dispensa el Registro de la Propiedad, lo que conlleva que no pueda existir la mínima duda respecto del alcance y efectos de los derechos inscritos, lo que se producirá desde una triple dimensión: en cuanto a su naturaleza, debiendo ser derechos reales oponibles *erga omnes*; en cuanto a su contenido, debiendo constar titular, duración, extensión, facultades y causa jurídico-económica del derecho; y en cuanto al título transmisivo, por la diferente trascendencia entre los otorgados a título oneroso o gratuito.

Chico y Ortiz[54] nos apunta que el título material es al que refiere el art. 2 LH y significa el aspecto estático y de resultado; los documentos, en cambio, títulos formales, son mencionados en el art. 3 LH como títulos inscribibles, teniendo una consideración procesal, dinámica, operativa, del fenómeno jurídico inscripción.

Por tanto, cuando el art. 1 LH hace referencia a los actos y contratos relativos al dominio y demás derechos reales sobre inmuebles no lo hace de forma superflua; está exigiendo la expresión de la causa jurídica que permite que el derecho acceda al Registro; lo que se combina con la forma de adquirir y transmitir la propiedad y los demás derechos reales dispuesta en el art. 609 CC, la de ciertos contratos seguidos de la tradición. Y esto tendrá una doble consecuencia, indicada por Manzano Solano[55]: la primera, que el título material debe ser llevado al Registro; la segunda, que el título formal deberá atemperarse a la exigencia del título material. Esto se expresa en el art. 2 LH cuando dispone que en el Registro se inscribirán los títulos traslativos o declarativos del dominio de los inmuebles o de los derechos reales impuestos sobre los mismos, títulos que solo pueden ser entendidos como materiales o sustantivos, causas jurídicas de la transmisión o declaración de derechos; porque al título formal se refiere el posterior art. 3 LH cuando dice que «para que puedan ser inscritos *los títulos* expresados en el artículo anterior, deberán estar consignados en escritura pública, ejecutoria, o documento auténtico expedido por autoridad judicial o por el Gobierno o sus agentes, en la forma que prescriban los reglamentos».

La expresión de la causa parece fuera de dudas en nuestra doctrina, resumiendo Chico y Ortiz[56] las razones que la hacen necesaria para obtener la inscripción:

a) La propia Exposición de Motivos de la LH, que disponía que no se seguía la vigorosa corriente científica que patrocinaba el contrato real, siendo necesaria la causa en los términos exigidos por los arts. 609 y 1261 CC, frente a la concepción del contrato puramente abstracto, propio del Derecho alemán, y que era patrocinado por Jerónimo González y los anotadores de Ennecerus, Pérez González y Alguer.

53. Gómez Gálligo, F.J. *El principio de especialidad..., op. cit.*, pág. 2402.
54. Chico y Ortiz, J.M. *Estudios..., op. cit.*, Tomo I, pág. 161.
55. Manzano Solano, A. *Derecho registral inmobiliario..., op. cit.*, pág. 422.
56. Chico y Ortiz, J.M. *Estudios..., op. cit.*, Tomo I, págs. 169-170.

b) Que el concepto de título inscribible es asimilable al de contrato transmisivo del Código Civil, esto es, un contrato con efectos puramente obligacionales.

c) La propia legislación hipotecaria establece los requisitos de las inscripciones extensas en el art. 51 RH, exigiendo en la regla décima que el acta de inscripción deberá expresar «el derecho que se inscribe».

d) Todos los caracteres del contrato inscribible deberán quedar perfectamente delimitados por exigencia del principio de especialidad; además, también se exigirá por el principio de calificación, pues esta debe abordar también el aspecto causal, comprobando la existencia y validez del título material inscribible.

e) Por último, el sistema registral tiene efectos diferentes según el título material, contrato o negocio inscribible tenga naturaleza onerosa o gratuita; afectará indudablemente a los efectos del principio de fe pública registral en cuanto a los terceros del art. 34 LH.

3.1. Títulos inscribibles

A la cuestión de qué derechos pueden inscribirse responde el art. 1 LH disponiendo que lo serán el dominio y todos los demás derechos reales sobre inmuebles. A esta sencilla y clara respuesta, ROCA SASTRE[57] intenta darle una mayor profundidad desde el punto de vista del Derecho Civil puro, entendiendo que deben concurrir una serie de circunstancias para que pueda producirse esta inscripción:

a) En primer lugar, debe tratarse auténticamente de un derecho real, esto es, un derecho subjetivo que reúna los requisitos o elementos propios de este tipo de derechos. Expone el autor esos elementos propios del derecho real, que debe ser un poder directo e inmediato sobre una cosa, que puede ejercitarse sin necesidad de intermediario ni de la colaboración de nadie, no resultando nadie obligado (inmediatividad); poder directo sobre la cosa que se impone a todas las demás personas (eficacia *erga omnes*), que deben abstenerse de perturbar o impedir el ejercicio del derecho por su titular (absolutividad). Por tanto, el título presentado a inscripción deberá tener trascendencia real, deberá crear, modificar, transmitir o extinguir un derecho real oponible *erga omnes*[58].

b) El dominio y los derechos reales deben recaer sobre bienes inmuebles o sobre derechos reales inmobiliarios inscribibles. Así se desprende del art. 1 LH cuando habla de inscripción o anotación de los actos y contratos relativos al dominio y demás derechos reales sobre bienes inmuebles.

---

57. ROCA SASTRE, R.M. *Derecho Hipotecario,* Tomo I, op. cit., págs. 273 y ss.
58. GÓMEZ GÁLLIGO, F.J. *El principio de especialidad..., op. cit.*, pág. 2403.

Nuestro Registro de la Propiedad es una institución encargada de registrar la propiedad inmueble, que se lleva por fincas, a cada una de las cuales se le abre folio y que tiene una numeración independiente, en el que se practicarán todas las inscripciones, anotaciones y cancelaciones posteriores relativas a la misma finca, sin dejar claros entre los asientos (art. 243 LH). Y solo podrán oponerse frente a terceros aquellos gravámenes que consten debidamente inscritos en la finca o derecho sobre el que recaiga (art. 13 LH).

c) Los bienes inmuebles sobre los que recaigan los derechos reales deben ser susceptibles de tráfico jurídico. Esto es así, recordemos, porque el Registro se crea para facilitar el tráfico jurídico y el crédito territorial, para garantizar la seguridad jurídica de la propiedad inmueble.

d) Por exigencias de ese principio de especialidad, los derechos reales deberán tener un grado mucho mayor de concreción que los derechos puramente obligacionales, siendo la concreción unos de los requisitos ineludibles del derecho real para ser susceptible de inscripción. Los derechos inscribibles tendrán que tener perfiles claros en su extensión y contenido, lo que vendrá fijado directamente por la Ley, en caso de derechos reales típicos, o será producto del acuerdo convencional entre particulares. En definitiva, todo ello deviene en la absoluta necesidad de que no existan dudas sobre los efectos y alcance del derecho inscrito[59].

La concreción de los títulos materiales inscribibles la ofrece el art. 2 LH y se desarrolla en los arts. 4 y ss. RH; dispone el precepto una relación de títulos inscribibles, que no es considerada por la doctrina y la Jurisprudencia como un *numerus clausus* de derechos inscribibles, pudiendo acceder a los libros tabulares nuevas figuras de derecho real que hayan sido creados por los particulares, si bien se requiere que dicho nuevo derecho tenga una serie de exigencias, expuestas por GÓMEZ GÁLLIGO: que respondan a una necesidad económica o social que no está satisfecha por otras figuras; que su contenido esté claramente determinado y definido; que exista una clara voluntad de configurarlos con eficacia *erga omnes*; que reúnan los requisitos de forma y publicidad de los derechos reales; y, por último, que no atenten contra el principio de libertad de tráfico.

El art. 2 LH establece que se inscribirán en el Registro los títulos traslativos o declarativos del dominio de los inmuebles o de los derechos reales impuestos sobre los mismos; los que constituyan, reconozcan, transmitan, modifiquen o extingan derechos de usufructo, uso, habitación, enfiteusis, hipoteca, censos, servidumbres y otros cualesquiera reales; aquellos actos y contratos en cuya virtud se adjudiquen a alguno bienes inmuebles o derechos reales, aunque sea con la obligación de transmitirlos a otro o de invertir su importe en objeto determinado; las reso-

59. GÓMEZ GÁLLIGO, F.J. *El principio de especialidad...*, *op. cit.*, pág. 2412.

luciones judiciales en que se declaren la ausencia o el fallecimiento o afecten a la libre disposición de bienes de una persona, y las del párrafo segundo del artículo 755 de la LEC; las inscripciones de resoluciones judiciales sobre medidas de apoyo que tengan relación con la administración y disposición de bienes inmuebles; y los contratos de arrendamiento de bienes inmuebles, y los subarriendos, cesiones y subrogaciones de los mismos.

Ahora bien, cuando nos referimos a la inmatriculación de fincas por parte de entidades eclesiásticas nos referimos únicamente a la inscripción de un título material concreto, el que sirve a la adquisición del dominio, al exigir la legislación hipotecaria que la primera inscripción lo sea de este derecho y no de otro. Por tanto, la inmatriculación deberá sostenerse en la expresión de una causa jurídica o material por la que se adquirió el dominio, causa que será cualquiera de las expresadas en el art. 609 CC:

a) Así, si la finca proviene de lo establecido en las distintas disposiciones legales que tuvieron lugar durante el desarrollo de las políticas desamortizadoras, especialmente lo dispuesto en el Convenio-Ley de 1860 por el que se declararon definitivamente exceptuados de desamortización una serie de inmuebles y se determinó que se considerasen propiedad de las diócesis, la razón jurídica la tendríamos en la Ley.

b) Puede el dominio provenir de una disposición a título gratuito, sea *inter vivos* o *mortis causa*, en favor de la entidad eclesiástica; claro está que no disponiendo del título formal o documento en los que esa donación o disposición testamentaria constase, pues de ser así debería haberse utilizado cualquiera otros de los medios inmatriculadores permitidos por la legislación hipotecaria.

c) En el mismo sentido que el anterior, si la causa de la adquisición fuese un contrato acompañado de la tradición del inmueble, no constando el título formal, pero conociéndose los datos por lo recogido en los archivos diocesanos o parroquiales; como, por ejemplo, en el caso de transmisiones de inmuebles vinculados a capellanías colativas o familiares, en las que es frecuente encontrar la documentación por la que se constituía la capellanía y la dotación de fincas que se realizaba para su cumplimiento, si bien no constaba documentación pública en la que dichas transmisiones se efectuaban en el orden puramente civil.

d) Por último, la frecuente posibilidad de que no constase documentación alguna sobre la adquisición, bien porque habiendo existido no se conservase, bien porque se trate de inmuebles que bien pudieron no ser adquiridos mediante un modo derivativo, sino que lo fueron de modo originario. Pensemos, así, en inmuebles que constituyen templos de siglos de existencia, construidos directamente por la Iglesia en tiempos pretéritos y sin que sea posible conocer si los terrenos donde se erigieron fueron o no adquiridos previamente. En todos estos supuestos solo cabe alegar como razón material de la adquisición la usucapión.

Cuando se habla de usucapión como causa material de adquisición debemos hacer una consideración: a nuestro entender, la referencia a la prescripción adquisitiva en las certificaciones de dominio no puede interpretarse de manera literal. Las entidades eclesiásticas incluyen dicha causa jurídica de adquisición en las certificaciones de dominio al exigir el principio de especialidad registral la constancia del título material de los derechos inscribibles, lo que se debe aplicar a las inmatriculaciones de nuevas fincas, como no puede ser de otro modo. Todo ello es mera consecuencia de la no tenencia de un título formal en el que dicha causa material quedase reflejada, normalmente por la extraordinaria antigüedad de dichas adquisiciones.

Decimos esto porque con frecuencia se ha argüido como fundamento de las reclamaciones de anulación de las inmatriculaciones realizadas por la Iglesia Católica el hecho de que se había apropiado indebidamente de esos bienes, bienes que no eran de su propiedad y que consigue que accedan al Registro haciendo referencia a la usucapión por no disponer de verdadero título material de adquisición. Y, además, aludiendo a que esa inscripción conseguida puede ser la base de una verdadera adquisición del derecho como consecuencia de la usucapión *secundum tabulas*, sirviendo la inscripción de título para que prescriba el derecho de propiedad por el transcurso de diez años y convirtiendo al que consta como titular registral, que no es verdadero dueño, en un propietario inatacable[60].

Entendemos que la inmatriculación de bienes de la Iglesia Católica amparada en el art. 206 LH con fundamento en la posesión pública, pacífica, ininterrumpida y en concepto de dueño desde tiempo inmaterial, con justos y legítimos títulos (materiales, que no formales), no significa que las entidades eclesiásticas hayan inscrito bienes que no eran de su propiedad y que pasaron a serlo por la entrada en juego de la prescripción. Al contrario, la certificación era la única forma de que accediesen al Registro un ingente número de inmuebles para los que estaba vedado el acceso por los medios habituales de inmatriculación, al exigirse en ellos la presencia del título formal. No habilitar ese medio hubiera supuesto la necesidad de iniciar procedimientos judiciales para obtener sentencias declarativas de dominio para cada bien. Es incuestionable que parece más lógico que se facilitara el acceso de los bienes al

60. Así, por ejemplo, en la web de «Laicismo.org», con relación a la polémica sobre la inmatriculación de la Mezquita de Córdoba se dice expresamente: «Hoy, según algunos juristas, se cumple el plazo para que alguna institución denuncie aquel acto y reclame el registro a su favor. Cumplido este plazo, según estos juristas, la Mezquita Catedral de Córdoba ya es propiedad de hecho de la Iglesia. No obstante, otros juristas se inclinan por que al tratarse de un supuesto bien público la usucapión (el modo de adquirir una cosa) no prescribe nunca y por tanto el aniversario de hoy no significa nada». https://laicismo.org/la-inmatriculacion-de-la-mezquita-cumple-diez-anos/142467 [Consulta 25 de febrero de 2023].

Registro, en este caso tan sumamente especial y basado en cuestiones históricas y legislativas de extraordinaria trascendencia, a quien aparecía como titular, a quien detentaba la posesión de esos bienes desde siempre. Y que fuera quien entendiese que tenía un mejor derecho el que obtuviese el amparo de los Tribunales, declarando su dominio y ordenando la cancelación de la inscripción practicada.

Lo que se hizo con la inmatriculación de los bienes de la Iglesia mediante la certificación de dominio fue que accedieran al Registro bienes que eran de su propiedad, no permitir una apropiación indebida de bienes ajenos, ni facilitar un título formal al amparo del art. 35 LH que permitiese una adquisición posterior por usucapión de quien no era el verdadero dueño.

El art. 51. 6ª RH dispone como regla para que se produzca una inscripción extensa la de hacer expresión circunstanciada de todo lo que, según el título, determine el mismo derecho o límite las facultades del adquirente, copiándose literalmente las condiciones suspensivas resolutorias, o de otro orden, establecidas en aquel. Por tanto, de constar en los archivos de la entidad eclesiástica que la adquisición del dominio se hizo en virtud de un título transmisivo en el que se incluyese alguna limitación a ese dominio o se hiciese depender su eficacia de algún modo o gravamen, debería haberse hecho constar tal circunstancia en la certificación y constar debidamente inscrito. Lo que no es sino el cumplimiento del art. 9, c) LH (antes art. 9, segunda LH), que dispone la necesidad de incluir en la inscripción la naturaleza, extensión y condiciones, suspensivas o resolutorias, si las hubiere, del derecho que se inscriba.

No debemos entender que pudieran ser objeto de esa inscripción los supuestos en los que la Iglesia hubiese recibido determinados inmuebles a título gratuito, bien *inter vivos* o *mortis causa*, disponiendo el donante o testador el deseo de que los mismos o sus rendimientos vayan destinados al cumplimiento de los fines caritativos y otros determinados por el transmitente. Porque de no constituir un auténtico modo o gravamen, se entenderá como una disposición sin trascendencia real, tal y como dispone el art. 51, Sexta RH.

También cabe la posibilidad de que el dominio de la persona jurídica eclesiástica no fuese exclusivo, estando en una situación de indivisión y existiendo otro u otros copropietarios del inmueble. Pensemos en la posibilidad de un templo destinado al culto, de una antigüedad secular, en el que la diócesis solo fuese propietaria de la mayor parte del edificio, existiendo capillas propias del templo que se construyeron con posterioridad y fueron añadidas, formando en su conjunto una sola finca. Como se analiza más adelante, es factible la inmatriculación de fincas por un copropietario, produciéndose dicha inmatriculación de forma plena, accediendo por primera vez la finca al Registro con todas las características exigidas por la legislación hipotecaria; si bien el primer asiento de inscripción de dominio, también legalmente exigido, no lo va a ser del pleno dominio sino de una cuota indivisa del mismo. El otro u otros copropietarios no tendrán ya posibilidad alguna de instar la inmatriculación, que se habrá producido, sino inscribir sus cuotas indivisas restantes sobre el inmueble que ya consta en los libros tabulares.

3.2. La propiedad de los templos como título material para la inscripción. La excepción o prohibición de inmatriculación hasta 1998

Debemos reparar aquí en la cuestión de si los templos destinados al culto debían considerarse o no como bienes *extra commercium* y estaban excluidos de la inscripción en el Registro.

El fundamento histórico de esta concepción se encuentra en el Derecho Romano, que distinguía las cosas que estaban excluidas del comercio, disponiendo Gayo que se consideraban tales las cosas comunes, las públicas y las cosas de las ciudades (*res comunes, res publicae* y *res universitatis*). Las primeras eran las que pertenecían a todos los ciudadanos (así, el mar, el litoral); las públicas pertenecían al pueblo (*res populi*), distinguiéndose entre ellas las que se destinaban al uso público (calles, plazas), de las que siendo patrimonio del pueblo podían ser objeto de negocio por parte de los magistrados; por último, las cosas de las ciudades o municipios (los mercados o el Foro). Y se asimilaban a todas ellas las llamadas *res sacrae*, cosas consagradas a la divinidad o al culto a los dioses, que adquirían ese carácter sagrado mediante la ceremonia de la consagración (*consagratio*)[61].

Entiende Vigil de Quiñones Otero[62] que el fundamento de la inmatriculación por el art. 206 LH debe buscarse en el Derecho Romano, precisamente en esta distinción entre las *res publicae* y *sacrae* y el resto de cosas susceptibles de tráfico jurídico; porque las primeras no son objeto de comercio, su propiedad no está discutida y, por ende, tienen la característica de carecer del más mínimo interés comercial.

En sentido contrario, comenta Rodríguez Blanco[63], la anterior exclusión de la inmatriculación de los templos no podía fundamentarse en su consideración como *res extracommercium*, entendiendo el autor que los templos nunca se han considerado cosas cuyo comercio no esté permitido por el Derecho Canónico. El Derecho Canónico no impide el comercio de las que denomina cosas sagradas, aunque establezca determinadas formalidades para garantizar que sigan teniendo un destino cultual. Lo que ha ocurrido es que la titularidad dominical de las entidades eclesiásticas se ha confundido, unas veces con el destino al culto de los inmuebles y otras con el hecho de tratarse de lugares abiertos a todos los fieles.

61. García Garrido, M.J. *Derecho Privado Romano;* Editorial Dykinson; Madrid 1989; pág. 160.
62. Vigil de Quiñones Otero, D. «Análisis actual de la enajenación, gravamen e inscripción de los bienes de las entidades eclesiásticas en el Registro de la Propiedad. Especial atención a los bienes de las Hermandades y otras entidades canónicas», *Jornada celebrada en el Colegio de Registradores de Andalucía Occidental*, 23 de marzo de 2023.
63. Rodríguez Blanco, M. *Libertad religiosa y confesiones. El régimen jurídico de los lugares de culto;* Centro de Estudios Políticos y Constitucionales; Madrid 2000; págs. 230 y ss.

En el primero de los casos, ese destino cultual hace evidente quién es el titular de la propiedad y hace innecesaria la publicidad registral por ser evidente y notorio, por la simple percepción de los sentidos; pero esto sería tanto como confundir la potestad eclesiástica con el dominio, siendo cierto que el destino de un inmueble al culto no prejuzga en absoluto quién puede ser su titular, ni mucho menos significa que la titularidad deba corresponder a una persona jurídica eclesiástica. Es perfectamente viable y usual que determinados bienes destinados al culto sean de propiedad particular, especialmente ermitas situadas en fincas rústicas apartadas de los núcleos de población y oratorios.

En el segundo de los casos, apunta el propio Rodríguez Blanco, su destino a la generalidad de los fieles se entendía como una función general o común, por el que gozaban de la suficiente publicidad y se hacía innecesaria su inscripción, aproximándose, en cierta medida, como apunta Palos Estaún[64], al régimen de los bienes de uso público.

También conviene añadir el hecho de que los edificios destinados al culto católico no siempre son de propiedad de la Iglesia Católica y pueden tener como titulares a otras personas físicas o jurídicas. Porque, sigue señalando Rodríguez Blanco[65], sobre un edificio destinado al culto pueden concurrir hasta tres potestades distintas: una primera, la estatal, al quedar el inmueble sometido a las disposiciones que limitan el ejercicio del derecho a la libertad religiosa; una segunda, la potestad eclesiástica, dado que es la propia Iglesia quien decide que un determinado inmueble se destine al culto y quien dispone cómo debe realizarse la función cultual; y, por último, en tercer lugar, la potestad puramente dominical, que hace referencia a quién es su propietario según las normas civiles, lo que es totalmente independiente de su destino cultual. Es este propietario, el titular de la potestad dominical, el que el Registro va a tener en cuenta, sin que se tenga en consideración que su destino cultual pueda o no tener consecuencias en el ámbito estrictamente canónico.

A lo largo del tiempo, la doctrina no ha sido unánime en cuanto al significado de la excepción de inscripción de los templos, entendiéndola bien como una prohibición legal o como una simple dispensa o no necesidad de inscripción, lo que se trasladó a las decisiones de los propios Registros de la Propiedad, que no fueron unánimes y permitieron, en algunos casos, la inmatriculación[66].

En este sentido, Camy Sánchez-Cañete[67] entiende que no se debía hacer una interpretación estricta en una materia en la que la calificación registral debía ser

64. Palos Estaún, A. «Inmatriculación en el Registro de la Propiedad de los bienes de la Iglesia», *Revista Española de Derecho Canónico*, número 58, 2011, pág. 804.

65. Rodríguez Blanco, M. *Libertad religiosa y confesiones. El régimen jurídico..., op. cit.*, págs. 106 y ss.

66. Fernández-Arrojo, M. «La inmatriculación de los bienes inmuebles de la Iglesia Católica en el Derecho español», *Ius Ecclesiae*, número XXXI, 1, 2019, pág. 72.

67. Camy Sánchez-Cañete, B. *Comentarios a la Legislación Hipotecaria*, Tercera edición, Volumen II, Editorial Aranzadi, Pamplona 1983, págs. 78-79.

muy laxa, dado que la inscripción que se solicitaba no causaba perjuicio alguno, mientras sí podía causarlo el negar el acceso al Registro de los inmuebles. Para sustentar esta opinión, expone a lo largo de sus Comentarios algunos ejemplos con relación a inmuebles destinados al culto:

a) En primer lugar, que el templo formara parte de una finca más extensa, entendiendo no debía plantearse la segregación para permitir el acceso de la parte no destinada al culto, dejando sin inscribir aquella.

b) Un segundo caso se produciría cuando un templo, exceptuado de inscripción por el art. 5, 4° RH, dejaba de estar destinado al fin cultual. Aquí, exactamente igual que en el supuesto de los bienes demaniales que pasasen a ser patrimoniales del Estado, no plantea ningún problema registral, debiéndose llevar a efecto la inscripción. El problema es más extrarregistral, el determinar cuándo y por qué procedimiento ha dejado el bien de considerarse destinado al culto, para lo que deberá atenderse a la legislación especial aplicable[68]. No haciendo referencia el autor al supuesto de la Iglesia Católica, debe entenderse que se estará a las normas propias del Derecho Canónico en cuanto a la desacralización y reducción al uso profano de los templos.

c) Un último caso sería el del solar inscrito en el que se construyese el templo, considerando que se producía el pase del bien de la categoría de inscribible a la de no inscribible. Y debía aplicarse lo dispuesto en el art. 6, 2° RH[69], haciéndose constar dicha circunstancia mediante nota marginal en el folio de la finca lo que, técnicamente, equivaldría a la desinmatriculación de la finca. En este supuesto, entiende CAMY-SÁNCHEZ-CAÑETE[70] que había que atender a lo dispuesto en la RDGRN de 24 de noviembre de 1964[71], en el sentido de considerar que el folio registral no debía quedar anulado para siempre, siendo necesario para poder inscribir en él un cambio de naturaleza en el inmueble (en nuestro caso, que volviese a ser destinado al culto), en aplicación de principios registrales tan esenciales como el de especialidad y el de tracto sucesivo, que la práctica del asiento de inscripción se hiciese en la misma hoja registral ya abierta, facilitando así la mecánica registral y que se tuviera todo el historial de la finca. Esta disposición del RH fue suprimida con la reforma del RD 1867/1998.

---

68. CAMY SÁNCHEZ-CAÑETE, B. *Comentarios…, op. cit.*, Volumen I, págs. 117-118.

69. El art. 6 RH disponía lo siguiente: «*1°. Si alguno de los bienes comprendidos en el artículo anterior, o una de sus partes, cambiare de destino y adquiriere el carácter de inscribible, se llevará a efecto su inscripción con arreglo a lo dispuesto en este Reglamento. 2°. Si un inmueble de propiedad privada, o parte del mismo, adquiere la naturaleza de alguno de los enumerados en el artículo anterior, se hará constar esta circunstancia por nota marginal*». En el precedente artículo 5 RH se incluían como bienes no inscribibles los templos destinados al culto católico.

70. CAMY SÁNCHEZ-CAÑETE, B. *Comentarios..., op. cit.*, Volumen I, págs. 119-120.

71. RDGRN de 24 de noviembre de 1964. BOE núm. 293, de 7 de diciembre de 1964.

3.2.1. *La exceptuación de inscripción de los templos en el Reglamento Hipotecario y en las Resoluciones de la DGRN*

El RH, tras establecer en su art. 4 que se consideraban inscribibles los bienes inmuebles de las entidades eclesiásticas, disponía en su art. 5, 4º que quedaban exceptuados de inscripción los templos destinados al culto católico[72]. Esta exceptuación venía dada por la asimilación de los templos a los bienes de dominio público, cuya inscripción también se contemplaba en los apartados 1º y 2º del precepto. Tal asimilación no debe entenderse como equiparación en cuanto a su naturaleza jurídica, esto es, a que estos bienes tengan las características de ser inembargables, inalienables e imprescriptibles como consecuencia de su titularidad pública. Más bien se debía a la circunstancia de que tanto los bienes de dominio público como los templos destinados al culto no necesitaban de la publicidad registral para estar protegidos, dado que quién era su titular o dueño constaba de forma notoria y estaba a la vista.

Ahora bien, a continuación del anterior precepto, el art. 6 RH decía lo siguiente: «*Si alguno de los bienes comprendidos en el artículo anterior, o una de sus partes, cambiare de destino, adquiriendo el carácter de propiedad privada, se llevará a efecto su inscripción con arreglo a los artículos quince y siguientes*». El texto, entendido en su literalidad, podía llevar a la conclusión de que los templos no eran inscribibles al tener la naturaleza de bienes de dominio público; solo se inscribirían en el supuesto de que su titular cambiase y, en consecuencia, pasasen a ser de propiedad privada. Este argumento es utilizado por quienes defienden que la Iglesia Católica no podía inmatricular los templos en el Registro por ser de naturaleza pública[73]. Claro está que los defensores de este criterio obvian en su explicación la reforma que del referido artículo hizo el Decreto 393/1959, de 17 de marzo, que exponía que entre las novedades de la reforma debía destacarse la de que se modificaban los artículos quinto, sexto, diecisiete y dieciocho, en los que se establecen normas para la inscripción de las bienes del Estado, disponiéndose la modificación del art. 6 en el sentido de indicar que el cambio de destino de los bienes exceptuados de inscripción no hacía que aquellos se convirtiesen en bienes de propiedad privada, en contraposición a su anterior naturaleza demanial, sino que se convertían en inscribibles. De lo que resulta evidente que el legislador solventó ese anterior error de identificación inscribibilidad-naturaleza demanial. Precepto cuya lectura solo puede hacerse tras la del art. 4 RH, que declaraba inscribibles el dominio y los derechos reales sobre inmuebles que pertenezcan tanto a las Administraciones Públicas como a las entidades

---

72. El art. 5 RH fue objeto de reforma por el Decreto 393/1959, de 17 de marzo; BOE número 72, págs. 4636 a 4647. La reforma afectó a la parte del precepto que regulaba la no inscripción de los bienes de dominio público, sin modificar la redacción del apartado 4º.
73. Como ejemplo de esta corriente de opinión, entre otros muchos en el mismo sentido, el artículo de 11 de julio de 2020 de Público. https://www.publico.es/sociedad/inmatriculaciones-iglesia-registradores-permitieron-iglesia-inmatricular-cientos-monumentos-ley-no-permitia.html

eclesiásticas. Se establece, de forma expresa, la distinción entre ambas potestades y la no asimilación de los derechos de ambos propietarios.

Para apoyar esta tesis podemos analizar la RDGRN de 31 de marzo de 1982[74] que resolvía el recurso interpuesto por el Ayuntamiento de Moncada frente a la negativa del Registrador de la Propiedad de dicha localidad a inscribir una Ermita que el Consistorio pretendía inmatricular a través de la certificación de dominio del art. 206 LH. El Registrador denegó la inmatriculación aludiendo a lo dispuesto en el art. 5, 4º RH, entendiendo que la prohibición afectaba a los templos con independencia de quién fuese su titular dominical, para lo que se remontaba a las disposiciones del Decreto de 11 de noviembre de 1864 y lo dispuesto en el RH de 1915. La Resolución, en su Fundamento de Derecho Primero, establecía que el fundamento de la exceptuación «*se ponía de manifiesto en que entre los bienes de la Iglesia, al igual que en los del Estado, Provincia o Municipio, cabía la distinción establecida para estos últimos bienes entre los destinados a un uso general de todos los fieles, y que por su misma naturaleza deberían de estar excluidos de la inscripción, y aquellos otros bienes de la propiedad privada que serían inscribibles*». Por lo que, no siendo propiedad de la Iglesia, entendía que cabía la inmatriculación, pero no sin antes haber distinguido, dentro de los bienes propiedad de las entidades eclesiásticas, entre los que por estar destinados al culto y ser de uso general de los fieles no necesitaban de la inscripción para que se conociera quién era su legítimo titular, de los otros, también de propiedad privada, que por no tener esos fines generales sí debían ser objeto de inscripción.

Sobre este particular redunda la RDGRN de 12 de enero de 2001[75]. Frente al intento de una parroquia de la Archidiócesis de Valencia de inmatricular una finca urbana destinada a templo mediante certificación de dominio librada en 1997, el Registrador la denegó por no ser susceptible de inscripción con arreglo al referido art. 5, 4º RH. La Parroquia recurrente alega en su escrito la infracción de preceptos constitucionales que no permiten discriminación entre confesiones religiosas. Nos interesa sobre todo destacar el fundamento que hace constar el Registrador en su nota de defensa de la calificación negativa efectuada del artículo 5, 4º RH cuando en el punto 4 dice textualmente: «*Que a la hora de encontrar la ratio del artículo 5 del Reglamento Hipotecario que exceptúa de inscripción a determinados bienes, confluyen dos datos distintos: de una parte, la titularidad de determinadas entidades (Estado, Provincia, Municipio, Iglesia Católica) e incluso la indefinida categoría de la "utilidad pública o comunal", tratándose de servidumbres; de otra, la fácil recognoscibilidad social de la titularidad de los bienes y derechos exceptuados de inscripción y su excepcional presencia en el tráfico inmobiliario. Este último dato tiene importancia, ya que no están exceptuados de inscripción todos los bienes de todas las Entidades Públicas (quedan fuera los bienes patrimoniales), ni tan siquiera todos los bienes de dominio público (no están exceptuados los bienes de servicio público municipal o provincial). El último motivo citado es el verdadero fundamento de la norma enjuiciada. Que la legislación hipotecaria no atribuye al Registro de la Propiedad la*

74. RDGRN de 31 de marzo de 1982. BOE núm. 107, de 5 de mayo de 1982.
75. RDGRN de 12 de enero de 2001. BOE núm. 40, de 15 de febrero de 2001.

función de ser un repertorio inerte de titularidades jurídico-reales, sino la de dar publicidad de estas en interés de terceros que contratan sobre bienes raíces; ahora bien, si esta es notoria por razón de las mismas características físicas del objeto, y si además el tráfico jurídico de este es reducidísimo, poco tiene que aportar la institución registral. Que los antecedentes del precepto apoyan esta conclusión. El preámbulo del Real Decreto de 6 de noviembre de 1863 justifica la innecesariedad de inscribir los bienes de uso público general que se mencionan en dicho Decreto (entre ellos los templos destinados al culto) porque "no es indispensable que estén señalados con un número en el Registro para que sea notorio su estado civil" (...) Que conviene recordar que la idea de uso público está reconocida en el Código de Derecho Canónico en el canon 1214 y el 1221. Que todo lo expuesto tiene aplicación en el caso debatido. Por tanto, siendo el fundamento del artículo 5 distinto de la "estatalidad" y confirmada la ratio en el caso concreto, debe desestimarse su supuesta inconstitucionalidad sobrevenida por infracción del artículo 16 de la Constitución».

Otro ejemplo de negativa a la inscripción más antigua la tenemos en el intento del Arzobispo de Zaragoza, D. Rigoberto Domenech, para obtener la inmatriculación de la Catedral de La Seo y de la Basílica del Pilar en los años 1929 a 1934, lo que le fue denegado[76].

También nos encontramos con el caso contrario, entendiendo los Registradores la disposición hipotecaria como una simple dispensa, no obligatoria, de la inscripción, entendiendo la decisión como puramente potestativa de su actividad calificadora. Y así, por ejemplo, encontramos como se permitió la inmatriculación de la Iglesia de Santa María de la Blanca, en Toledo, a nombre de la Parroquia de San Martín, con fecha 22 de octubre de 1930[77]. En nuestra tarea de inmatriculación de bienes de la Iglesia Católica en la Diócesis de Córdoba hemos comprobado la existencia de templos cuya inmatriculación se produjo durante la vigencia de lo establecido en el art. 5, 4 RH, como, por ejemplo, la Parroquia de Nuestro Padre Jesús Nazareno, en Puente Genil, o la Parroquia de San Mateo Apóstol, de Lucena.

3.2.2. *La exceptuación de inscripción en las resoluciones judiciales*

Señala Fernández-Arrojo[78] que ha existido una tendencia a considerar asimilables los conceptos de potestad eclesiástica y dominical, entendiéndose como propiedad de la Iglesia Católica los lugares que están destinados al culto, sin necesidad siquiera de tener que demostrar la existencia de un título material de adquisición de la propiedad ordinaria. En otros casos, al contrario, se expresa la total independencia entre el destino de un edificio al culto y su titularidad dominical. Ambas líneas jurisprudenciales constan, a título de ejemplo, en las siguientes sentencias:

76. Ruano Espina, L. «Titularidad e inscripción en el Registro de la Propiedad de los bienes inmuebles (culturales) de la Iglesia», *Revista General de Derecho Canónico y Derecho Eclesiástico*, número 14 (2007), pág. 22.
77. Fernández-Arrojo, M. *La inmatriculación de los bienes..., op. cit.*, pág. 72.
78. Fernández-Arrojo, M. *La inmatriculación de los bienes..., op. cit.*, pág. 73.

- La SAP Navarra, sección 3ª, de 4 de febrero de 2003[79], sustancia la pretensión de un particular, titular registral de una iglesia por título de donación, para que se reconozca su propiedad sobre el retablo existente en el templo, a lo que reconviene el Arzobispado de Pamplona pidiendo se declare su dominio y se cancele la inscripción registral a nombre del particular. En primer lugar, aclara la Sentencia que el principio de legitimación registral del art. 38 LH establece una presunción *iuris tantum* de titularidad y existencia del derecho, admitiéndose la prueba en contrario. Y en cuanto a lo que nos concierne, la asimilación entre el destino y la titularidad, el Fundamento de Derecho Tercero afirma: «*La amplia prueba practicada en la primera instancia permite afirmar, con absoluta rotundidad que la iglesia litigiosa fue un templo destinado al culto católico desde su construcción, datada en el siglo XIII, hasta el último cuarto del siglo XX. Así se desprende tanto de la documental obrante en autos como de las declaraciones testificales, muy particularmente las de quienes fueron párrocos de Eransus. Acreditado tal destino no puede inferirse otra conclusión que no sea la de afirmar la titularidad dominical de la Iglesia Católica sobre dicha construcción, a lo que no empece la ausencia de constancia documental ni la falta de inscripción registral. La antigüedad de la iglesia, datada, como hemos dicho, en el siglo XIII, convertiría en diabólica la exigencia de probar documentalmente el dominio sobre ella. La notoriedad de su destino, como templo destinado al culto católico, permite, no obstante, hacer la afirmación antedicha, esto es su pertenencia a la Iglesia Católica. Además, tal notoriedad se ve refrendada por la prueba documental practicada a instancias de la parte hoy recurrente que acredita tanto actos reveladores del dominio como la efectiva posesión sobre la iglesia. Tal notoriedad, por otra parte, determinaba que se exceptuara de inscripción los templos destinados al culto católico, artículo 5.4 del Reglamento Hipotecario, hasta la reforma operada en 1.998, en la que se suprimió tal excepción* ».

- La SAP Huesca, de 18 de noviembre de 2004[80], ventila un pleito entre el Ayuntamiento y la Diócesis de Jaca sobre la propiedad de la ermita de Osia, basando los litigantes sus argumentos en la distinta eficacia que atribuyen a la legislación desamortizadora. En su Fundamento de Derecho Cuarto se insiste en la asimilación de destino cultual y propiedad en los siguientes términos: «*En este punto, es difícil asumir jurídicamente, tal como parece sostener el consistorio municipal, que un bien esté dedicado al culto católico, como una ermita, y que, al mismo tiempo, sin concurrir ninguna circunstancia especial, no sea propiedad de la Iglesia, sino del Ayuntamiento del municipio en donde está situado o, como dice esta parte, del "núcleo rural" o del "común de los vecinos"*».

- También fue objeto de pleito la inmatriculación de un Oratorio, inscrito por certificación de dominio el 18 de mayo de 1987, no poniéndose en duda la posibilidad de esa inscripción en la SAP Baleares de 27 de septiembre

79. SAP Navarra, sección 3ª, de 4 de febrero de 2003, núm. 23/2003, rec. 155/2002.
80. SAP Huesca, de 18 de noviembre de 2004, núm. 231/2004, rec. 64/2004.

de 2010[81]. Y, por último, también podemos referirnos a lo dispuesto en la SAP Guadalajara de 27 de marzo de 2012[82] al referirse a templos inmatriculados en el año 1987, señalando que la excepción que se producía de su inscripción lo era por lo notorio de su posesión, notoriedad que suponía, no que no pudieran inscribirse, sino que no era necesario, lo que se prueba por el hecho de que el Registrador no advirtiera problema alguno cuando dicha inmatriculación se solicitó, accediendo a efectuarla.

- La SAP Navarra (secc. 2ª), de 26 de febrero de 2014[83], resuelve la pretensión del Ayuntamiento de Irañeta de ser propietario de la Ermita de San Gregorio, perteneciente al territorio de la parroquia de San Juan Bautista, y de la que había inscrito su propiedad en 2009. En el Fundamento de Derecho Tercero, al argumentar la decisión de entender como propietaria a la Iglesia, dice textualmente lo siguiente: «*La notoriedad se traduce en que es difícil pensar que un templo erigido en Navarra en fecha no determinada en el proceso, pero en todo caso anterior al s. XVI (constancia documental), con la advocación particular a un Santo Católico (San Gregorio), dedicada al culto católico desde el origen y de forma continuada, aunque no permanente, y hasta la actualidad, no pertenezca en origen a la Iglesia Católica. Todo ello, sin perjuicio de que se acredite lo contrario por quien discuta esta titularidad dominical*». Y nos habla la Sentencia de un hecho conectado con la anterior prohibición de inscribir los templos, conectándolo incluso con la innecesariedad de probar documentalmente la propiedad, dada la antigüedad extraordinaria del inmueble, lo que haría que el deber de demostrar la titularidad se convirtiera en una prueba diabólica, cuando dice: «*Es cierto, que no aporta la actora, tal como afirma el Ayuntamiento de Irañeta, justificación documental de dominio (documento público o privado), ni goza el mismo de la publicidad que da la inscripción registral; no obstante, acreditado el destino de la Ermita, y atendiendo a las circunstancias concurrentes, en particular, a la antigüedad de la edificación, al carácter originario de su adquisición, y a la prohibición de acceso al Registro de la Propiedad hasta el año 1998, convertiría en diabólica la exigencia de probar documentalmente el dominio sobre ella, no exigible la misma, operando el destino al culto católico como causa idónea del nacimiento del derecho*».

- Finalmente, la SAP Segovia, de 4 de febrero de 2015[84], resuelve la contienda entre el Ayuntamiento de Bernardos y la Diócesis segoviana sobre la propiedad de la Ermita de Nuestra Señora del Castillo, bien que había sido inmatriculado doblemente, primero por el Ayuntamiento en 1958, y en segundo lugar por la Diócesis en 2012. Y se separa de la asimilación culto-dominio en el Fundamento de Derecho Tercero, al disponer lo siguiente:

81. SAP Baleares, secc. 4ª, de 27 de septiembre de 2010, núm. 355/2010; rec. 222/2010.
82. SAP Guadalajara, secc. 1ª, de 27 de marzo de 2012, núm. 81/2012; rec. 328/2011.
83. SAP Navarra, sección 2ª, de 26 de febrero de 2014, núm. 51/2014, rec. 291/2012.
84. SAP Segovia, sección 1ª, de 4 de febrero de 2015, núm. 16/2015, rec. 16/2015.

«Queda acreditado y eso no se discute el uso religioso que se da a la Ermita y por lo tanto su utilización por la Parroquia, así como los donativos que hacían los vecinos a lo largo de siglos XVIII y XIX para el ornato y mantenimiento del culto en la misma, pero ese derecho de uso no atribuye el dominio».

3.2.3. *La supresión de la prohibición de inscripción de los templos*

La excepción a la inscripción de los templos terminó con la reforma del RH que se efectuó mediante el RD 1867/1998, de 4 de septiembre[85], que suprimió la prohibición de inscribir los templos por entenderla inconstitucional a la luz de las disposiciones de la Constitución. También permitía la inscripción de los bienes de dominio público a tenor de las leyes especiales. Además, para mayor claridad, reformaba el art. 4 RH, quedando redactado del siguiente modo: «*Serán inscribibles los bienes inmuebles y los derechos reales sobre los mismos, sin distinción de la persona física o jurídica a que pertenezcan, y, por tanto, los de las Administraciones públicas y los de las entidades civiles o eclesiásticas*».

No aclaraba el texto legal la razón alegada de inconstitucionalidad, preguntándose FERNÁNDEZ-ARROJO[86] si la razón debía buscarse en el privilegio que existía en favor de la Iglesia o en la imposibilidad de inscribir sus templos frente a la posibilidad de que otras confesiones religiosas sí pudieran inscribir.

El fundamento de esta reforma lo podemos ver en la RDGRN de 17 de febrero de 2016[87]. La resolución del Centro Directivo resuelve un recurso presentado por la Archidiócesis de Granada, que había presentado una certificación de dominio del art. 206 LH para inmatricular a nombre de una Cofradía la Basílica de Nuestra Señora de las Angustias de la capital granadina, justo antes de que entrara en vigor la reforma de la LH de 2015 que suprimiría esta vía de inmatriculación para la Iglesia Católica. No es materia de nuestro trabajo el fondo del asunto controvertido, en el que se ventilaba si el intento de inmatriculación había sido o no extemporáneo, pero sí interesa destacar la referencia que la Resolución hace de esa reforma llevada a cabo en 1998 en el punto 2 de los Hechos: «*La autorización para que la Iglesia Católica utilizara aquel procedimiento ha de situarse en un contexto socioeconómico muy diferente del actual, influenciado aún por los efectos de las Leyes Desamortizadoras, a las que el Reglamento Hipotecario dedica todavía cuatro artículos, y la posterior recuperación de parte de los bienes por la Iglesia Católica, en muchos casos sin una titulación auténtica. Pero la desaparición progresiva de las circunstancias históricas a las que respondió su inclusión, así como el transcurso de un tiempo suficiente desde la reforma del Reglamento Hipotecario de 1998 que ya permitió la inscripción de los templos destinados al culto católico, proscrita hasta entonces, unida a la facilidad y normalidad actual, en una sociedad desarrollada, con una conciencia exacta del valor de*

85. BOE núm. 233, de 29 de septiembre de 1998.
86. FERNÁNDEZ-ARROJO, M. *La inmatriculación de los bienes..., op. cit.*, pág. 74.
87. RDGRN de 17 de febrero de 2016. BOE núm. 61, de 11 de marzo de 2016.

los inmuebles y de su inscripción en el Registro de la Propiedad, que posibilita la obtención de una titulación adecuada para la inmatriculación de bienes, hacen que se considere que la utilización de este procedimiento especial por la Iglesia Católica, teniendo su razón de ser indiscutible en el pasado, sea hoy innecesaria».

Estas distintas Resoluciones manifiestan, sin lugar a dudas, que la prohibición de inscribir el dominio sobre los templos se basaba en la notoriedad evidente de dicha propiedad, de la titularidad eclesiástica de las fincas. Solo la entrada en vigor de la Constitución Española, tanto por la entrada en juego del principio de igualdad establecido en el art. 14 como el de aconfesionalidad del Estado del art. 16, llevaron a que el legislador se planteara la discriminación en que había quedado la Iglesia Católica en relación con el resto de confesiones al no poder inscribir sus templos. Y ello llevó a la reforma del RH en 1998.

Incluso podemos argüir otro razonamiento que avala la necesidad de que se procediese a la inscripción de los templos. Como bien apunta la profesora RUANO ESPINA, existen en manos de la Iglesia bienes destinados al culto que, además, tienen la consideración de bienes culturales, sometidos a un régimen jurídico de especial protección, hasta el punto de que tal característica debe ser objeto de inscripción. Y es que del destino cultual y la condición de bien cultural pueden derivarse importantes efectos de protección, hasta el punto de que la Administración puede promover la inscripción de un inmueble con la categoría de Monumento[88].

Por último, no es baladí considerar que la prohibición o exceptuación de inscribir los templos destinados al culto chocase frontalmente con una disposición del Derecho Canónico, el canon 1284. En su parágrafo 1, punto 2 exige a los administradores de bienes eclesiásticos el cuidar de que la propiedad de estos se asegure por los modos civilmente válidos, lo que solo puede hacerse mediante la inscripción registral. Y, como consta en el capítulo que aborda la capacidad patrimonial de la Iglesia, el art. 38 CC remite en cuanto a la capacidad patrimonial de las entidades eclesiásticas a lo acordado entre ambas potestades, en referencia a los Acuerdos entre el Estado y la Santa Sede sobre Asuntos Jurídicos, cuyo art. I.4 dispone a los efectos de determinar la extensión y límite de su capacidad de obrar que se estará a lo que disponga la legislación canónica, que actuará en este caso como derecho estatutario. Es decir, que el Estado reconoce la legislación canónica como derecho estatutario aplicable a las entidades eclesiásticas, exigiendo dicha legislación que se aseguren los bienes por los modos civilmente válidos, lo que entra en clara con-

88. Art. 12.3 de la Ley 16/1985, de 25 de junio, de Patrimonio Histórico Español. BOE núm. 155, de 29 de junio de 1985. En Andalucía, por ejemplo, el art. 12 de la Ley 14/2007, de 26 de noviembre, de Patrimonio Histórico de Andalucía establece lo siguiente: «*La Consejería competente en materia de patrimonio histórico instará la inclusión gratuita en el Registro de la Propiedad de la inscripción de los bienes inmuebles en el Catálogo General del Patrimonio Histórico Andaluz. Las personas responsables de este Registro adoptarán en todo caso las medidas oportunas para la efectividad de dicha inscripción*». BOJA núm. 248, de 19 de diciembre de 2007. BOE núm. 38, de 13 de febrero de 2008.

tradicción con la norma hipotecaria que impedía inscribir los templos destinados al culto. Solo esta disyuntiva legislativa bastaba para acabar con dicha prohibición y permitir el libre acceso de los templos a los libros tabulares.

Con todo lo anterior, coincidimos con lo expresado por el profesor Cano Montejano[89] cuando afirma con respecto a los templos que «cualquiera de buena fe puede constatar de inmediato que son bienes que ostenta una confesión religiosa, en este caso, la Iglesia Católica, por la notoriedad aneja a su singular posición», lo que llevaba a esa equivalencia registral con los bienes de dominio público. La prohibición que existía para inmatricular dichos bienes no puede ser entendida para «extrapolar ninguna otra significación», porque interpretar de otra manera el art. 5, 4º RH supondría «llevar la presunción a cualquier otro nivel, supondría una alteración torticera e inicua de la realidad y una extrapolación exorbitante, por ilegítima y antijurídica, por las consecuencias incluso anticonstitucionales que comportaría, ya que afectaría a las premisas del Estado aconfesional definido en el art. 16 apartado 3 de la Constitución Española».

4. EL DOCUMENTO EN EL QUE CONSTE EL DERECHO INSCRIBIBLE

Como señala Peña Bernaldo de Quirós[90], el carácter formal de nuestro Registro de la Propiedad impone el principio de escritura frente al de oralidad, lo que provoca, como apunta Manzano Solano[91], que «las vicisitudes o mutaciones jurídico-reales que hayan de inscribirse, los derechos que hayan de publicarse, han de constar en un título, en un documento escrito». Esta documentación, además, deberá ser pública y auténtica, estableciéndose así en nuestro sistema la preponderancia del principio de documentación pública sobre el de documentación privada, no bastando que el derecho inscribible conste en un documento formalizado por los interesados, sino que será necesaria la intervención de una persona que esté dotada de facultades legales para conferirles ese carácter público y auténtico.

El principio de titulación pública trae causa en una honda raigambre histórica que viene de las Contadurías de Hipotecas y pasó a la Ley de 1861, cuya Exposición de Motivos lo defendía entendiendo que no debía acceder al Registro sino aquello que no ofreciera duda sobre su legitimidad, títulos cuya autenticidad apareciera desde luego.

89. Cano Montejano, J.C. *La legitimidad de la reforma hipotecaria en que trajo causa la inmatriculación del monumento Mezquita-Catedral de Córdoba a favor de la Iglesia Católica,* en Fernández-Miranda, J. (Director) y otros, Estudio histórico y jurídico sobre la titularidad de la Mezquita-Catedral de Córdoba, Editorial Dykinson, Madrid 2019, pág. 57.

90. Peña Bernaldo de Quirós, M. *Derechos reales. Derecho hipotecario,* 4ª edición, Centro de Estudios Registrales, Madrid 2001, Tomo II, pág. 514.

91. Manzano Solano, A. *Derecho registral..., op. cit.,* Vol. II, pág. 439.

Y la actual LH, después de establecer en su art. 2 cuáles son los títulos, actos, contratos y demás títulos inscribibles, señala en el art. 3 lo siguiente: «*Para que puedan ser inscritos los títulos expresados en el artículo anterior, deberán estar consignados en escritura pública, ejecutoria, o documento auténtico expedido por autoridad judicial o por el Gobierno o sus agentes, en la forma que prescriban los reglamentos*». Lo que se completa con el art. 33 RH, que dispone que «*se entenderá por título, para los efectos de la inscripción, el documento o documentos públicos en que funde inmediatamente su derecho la persona a cuyo favor haya de practicarse aquélla y que hagan fe, en cuanto al contenido que sea objeto de la inscripción, por sí solos o con otros complementarios, o mediante formalidades cuyo cumplimiento se acredite*».

De los anteriores preceptos se deduce, como bien señala SANZ FERNÁNDEZ[92], que la legislación utiliza la palabra título en un doble sentido: unas veces lo utiliza para referirse al acto o contrato inscribible, acto o negocio jurídico por el que se constituyen, modifican, transmiten, reconocen o extinguen el dominio y los derechos reales; otras lo hace en referencia al documento inscribible en el que consta el acto o contrato, y que debe constar en él para poder ser inscrito en el Registro. En otras palabras, la doctrina distingue entre una acepción del título material y otra formal, siendo la primera la causa justificativa de adquisición del derecho, o de su modificación, transmisión o extinción, y la segunda el documento en el que dicha causa del pacto o contrato se ha hecho constar[93]. Concluye el propio autor entendiendo que desde un punto de vista adjetivo o formal «es evidente que el carácter rígidamente formalista del Derecho Hipotecario ha de exigir, como requisito inexcusable, que los actos y contratos inscribibles tengan su constatación formal adecuada en un documento que es medio necesario y esencial para obtener la inscripción»[94].

De la definición establecida en el art. 33 RH extrae SANZ FERNÁNDEZ[95] las notas características del título formal inscribible en el Registro:

a) Se tratará de uno o de varios documentos en los que conste el acto inscribible, bien porque sea necesario que el acto constitutivo o modificativo del derecho deba expresarse en más de un documento, bien porque se deba perfeccionar en distintos momentos atendiendo a su naturaleza. ROCA SASTRE[96] lo define como titulación originaria, al ser el documento o expresión documental del título material inscribible, lo que se produce, generalmente, de modo bilateral, autenticando el consentimiento o acuerdo entre el transferente y el adquirente del derecho[97]. Y podrán ser uno o varios documentos principales, como en el caso de una escritura de

92. SANZ FERNÁNDEZ, Á. *Instituciones de Derecho hipotecario*, Tomo II, Instituto Editorial Reus, Madrid 1955, pág. 296.
93. CHICO Y ORTIZ, J.M. *Estudios..., op. cit.*, Tomo I, pág. 436.
94. SANZ FERNÁNDEZ, Á. *Instituciones..., op. cit.*, Tomo II, pág. 299.
95. SANZ FERNÁNDEZ, Á. *Instituciones..., op. cit.*, Tomo II, págs. 301-303.
96. ROCA SASTRE, R.M. *Derecho Hipotecario*, Tomo I, pág. 352.
97. MANZANO SOLANO, A. *Derecho registral..., op. cit.*, Volumen II, pág. 441.

partición y adjudicación de herencia, que se acompañará del testamento del causante o de la declaración de herederos, certificado de defunción y del Registro General de Actos de Última Voluntad.

b) El documento ha de ser público, autorizado por Notario o por un funcionario público con las solemnidades requeridas por la Ley (art. 1216 CC), rigiéndose los otorgados por Notario por la legislación notarial (art. 1217 CC). Estos documentos, dice el art. 33 RH, deben hacer fe, por sí solos o con otros complementarios, del contenido que es objeto de inscripción. Por lo tanto, no son inscribibles los documentos privados de los que conste fehacientemente su fecha a tenor de lo dispuesto en el art. 1227 CC. No obstante, la legislación hipotecaria admite algunos casos concretos donde se admite la titulación privada como forma de acceso de los derechos al Registro.

c) El documento público inscribible delimita exactamente el derecho inscribible, contiene el acto objeto de inscripción y no es suficiente que haga referencia a otro documento como ya existente. Además, deberá inscribirse el documento mismo, no bastando reproducciones, salvo las copias notariales o los testimonios judiciales expedidos por autoridad competente.

d) El documento hará fe por sí mismo o en compañía de otros documentos complementarios; dichos documentos lo que harán es servir a la eficacia a efectos registrales, demostrando que el documento es inscribible, pero no le otorgarán mayor autenticidad. Deberán ser documentos públicos, como puede ser la escritura de elevación a público de operaciones particionales hechas de forma privada o la de elevación a público de un testamento ológrafo, casos en los que el título inscribible es la escritura de elevación a público y no los documentos privados previos.

e) Podemos añadir como característica que el valor del documento formal como elemento posibilitador del acceso al Registro del acto inscribible queda agotado por haber cumplido con su misión. Desde ese momento, lo que destaca es el acto inscrito, prevaleciendo el contenido registral que pasa a dominar definitivamente al amparo de los principios de fe pública y de legitimación.

4.1. Títulos formales en orden a la inscripción de los actos inscribibles

Dispone el art. 3 LH qué títulos tienen esta consideración de instrumentos formales para permitir la inscripción de los actos inscribibles, debiendo estar consignados en escritura pública, ejecutoria, o documento auténtico expedido por autoridad judicial o por el Gobierno o sus agentes, en la forma que prescriban los reglamentos. De la definición, la doctrina entiende que resultan las siguientes clases de documentos públicos o auténticos:

4.1.1. *Los documentos notariales*

El art. 1 de la Ley del Notariado de 28 de mayo de 1862 indica que el Notario es el funcionario público autorizado para dar fe, conforme a las leyes, de los contratos y demás actos extrajudiciales. La documentación notarial, nos dice MANZANO SOLANO, va a ser la más significativa e importante cuantitativamente para el Registro de la Propiedad y se regirá por la legislación notarial (art. 1217 CC), distinguiendo el Reglamento de la organización y régimen del Notariado, de 2 de junio de 1944, los siguientes tipos de documentos notariales:

- Las escrituras públicas, que tienen como contenido propio las declaraciones de voluntad, los actos jurídicos que impliquen prestación de consentimiento, los contratos y los negocios jurídicos de todas clases (art. 144 RN). Las escrituras hacen prueba del hecho que provoca su otorgamiento, incluso frente a tercero (art. 1218 CC), «constituyendo un presupuesto firme para la eficacia de la publicidad registral» y resultando de ellas una presunción de veracidad «en tanto no se impugne y se declare judicialmente su falsedad»[98]. Para obtener la inscripción, deberá presentarse, normalmente, la primera copia de la escritura, conservándose la matriz en el protocolo del Notario, si bien pueden presentarse segundas o ulteriores copias.

- Las actas notariales, que tienen como contenido la constatación de hechos o la percepción que de los mismos tenga el Notario, siempre que por su índole no puedan calificarse de actos y contratos, así como sus juicios o calificaciones (art. 144 RN). Ejemplos de actas notariales son la acreditativa del cumplimiento de condiciones suspensivas, rescisorias o resolutorias, la de notificación de vendedor a comprador de la resolución de venta, la de protocolización de operaciones particionales, de testamento ológrafo (art. 693 CC), de declaración de herederos abintestato, el acta de finalización de obra (art. 47 del Reglamento para la ejecución de la Ley hipotecaria sobre inscripción en el Registro de la Propiedad de actos de naturaleza urbanística —Real Decreto 1093/1997, de 4 de Julio—).

- Por último, los testimonios por exhibición, en cuya virtud los Notarios efectúan la reproducción auténtica de los documentos originales que les son exhibidos a tal fin o dan fe de la coincidencia de los soportes gráficos que les son entregados con la realidad que observen (art. 251 RN). Así, por ejemplo, de certificaciones del Registro Civil, acuerdos societarios, del Registro General de Actos de Última Voluntad, de testamento.

4.1.2. *Los documentos judiciales*

Dispone el art. 2, 4 LH la inscribibilidad de las resoluciones judiciales en que se declaren la ausencia o el fallecimiento o afecten a la libre disposición de bienes de

98. MANZANO SOLANO, A. *Derecho registral…, op. cit.*, Volumen II, pág. 451.

una persona, y las resoluciones a las que se refiere el párrafo segundo del artículo 755 de la Ley de Enjuiciamiento Civil, esto es, en los procesos sobre provisión de medidas judiciales de apoyo a las personas con discapacidad, filiación, matrimonio y menores. Las inscripciones de resoluciones judiciales sobre medidas de apoyo realizadas en virtud de este apartado se practicarán exclusivamente en el Libro sobre administración y disposición de bienes inmuebles Y no se inscribirán únicamente las que expresamente declaren la incapacidad de alguna persona para administrar sus bienes o modifiquen con igual expresión su capacidad civil en cuanto a la libre disposición de su caudal, sino también todas aquellas que produzcan legalmente una u otra incapacidad, aunque no la declaren de un modo terminante (art. 10 RH). Estos preceptos siempre deben ser examinados a la luz del art. 2 LH, entendiendo por tanto inscribibles las resoluciones que afecten al dominio y demás derechos reales recayentes sobre los bienes inmuebles.

El art. 42 RH dispone los diversos supuestos en los que puede solicitarse anotación preventiva, asientos provisionales y sujetos a un plazo de eficacia determinado, cuatro años prorrogables por otros cuatro (art. 86 LH); así, el que demandare en juicio la propiedad de bienes inmuebles o la constitución, declaración, modificación o extinción de cualquier derecho real; quien obtenga mandamiento de embargo que se haya hecho efectivo en bienes inmuebles del deudor; la sentencia ejecutoria condenando al demandado, que se deba llevar a efecto por los trámites establecidos en la Ley de Enjuiciamiento Civil; quien, siendo demandante en un juicio ordinario del cumplimiento de cualquier obligación, obtuviere providencia ordenando el secuestro o prohibiendo la enajenación de bienes inmuebles; quien instare ante el órgano judicial competente demanda de alguna de las resoluciones expresadas en el apartado cuarto del artículo 2, antes mencionado; los herederos respecto de su derecho hereditario, cuando no se haga especial adjudicación entre ellos de bienes concretos, cuotas o partes indivisas de los mismos; el legatario que no tenga derecho, según las leyes, a promover el juicio de testamentaría; o el acreedor refaccionario, mientras duren las obras que sean objeto de la refacción.

Dentro de los documentos judiciales podemos distinguir los siguientes tipos:

- Las sentencias, que se inscribirán mediante el traslado, certificación o testimonio que expida el Letrado de la Administración de Justicia. Deberán ser firmes, lo que deberá constar en las certificaciones que de ellas se expidan, como señala la RDGRN de 30 de diciembre de 1874[99]. Y se hará mediante ejecutoria, documento público y solemne en el que se consigna una sentencia firme y que se encabeza en nombre del Rey (art. 245.4 LOPJ). Así, las sentencias de nulidad, separación o divorcio, o las que aprueben el convenio regulador, en cuanto afecte a los bienes inmuebles (arts. 91 a 95 CC); las que resuelvan procedimientos en los que se declare la propiedad

99. Sanz Fernández, Á. *Instituciones..., op. cit.*, Tomo II, pág. 311. RDGRN de 30 de diciembre de 1874. Gaceta de Madrid, núm. 17, de 17 de enero de 1875.

o la constitución, declaración, modificación o extinción de algún derecho real.

- Las providencias, aunque tengan un efecto limitado a la ordenación material del proceso, pueden servir de base a los mandamientos y tener importancia en materia de ejecución de sentencias, aunque tienen un radio de acción más reducido en el Derecho hipotecario[100].

- Los autos, por los que se deciden aspectos importantes del procedimiento que no se reserva a las sentencias, y que se remiten al Registro mediante traslado, certificación o testimonio.

Sobre todos los documentos expedidos por la autoridad judicial que sean inscribibles hay que destacar cuál es la facultad de calificación del Registrador, que no podrá entrar en analizar el fondo de la resolución, limitándose sus funciones a las especificadas en el art. 100 RH, analizar la competencia del Juzgado o Tribunal, la congruencia del mandato con el procedimiento o juicio en que se hubiere dictado, las formalidades extrínsecas del documento presentado y los obstáculos que surjan del Registro.

4.1.3. Los documentos administrativos

El art. 3 LH hace referencia a los documentos auténticos expedidos por el Gobierno y sus agentes en la forma que prescriban los reglamentos. Pero esa referencia al Gobierno debe entenderse hecha a los documentos emanados de autoridades o funcionarios estrictamente administrativos, siendo competentes en cuanto se precisa un nombramiento legal, señala Roca Sastre[101], comprendiéndose, según Sanz Fernández[102] en el término a la autoridad o funcionario de cualquier clase o jerarquía. Pero siempre, claro está, que tal posibilidad de inscripción esté prevista en cualquier disposición legal, decreto, orden ministerial, decretos, órdenes o resoluciones de autoridades u organismos de la administración estatal, autonómica, provincial o local que, apunta Manzano Solano[103], acuden al Registro a través del correspondiente traslado, copia o certificación del acuerdo o acto susceptible de ser inscrito o anotado.

El art. 34 RH se refiere a estos documentos auténticos de la siguiente manera: *«Se considerarán documentos auténticos para los efectos de la Ley los que, sirviendo de títulos al dominio o derecho real o al asiento practicable, estén expedidos por el Gobierno o por Autoridad o funcionario competente para darlos y deban hacer fe por sí solos».*

Ejemplos de ellos los tenemos, entre otros: en el caso de quedar desierta la subasta en un procedimiento de apremio fiscal, adjudicándose el bien al Estado,

100. Sanz Fernández, Á. *Instituciones..., op. cit.*, Tomo II, pág. 311.
101. Roca Sastre, R.M. *Derecho Hipotecario,* Tomo I, pág. 485.
102. Sanz Fernández, Á. *Instituciones..., op. cit.*, Tomo II, pág. 313.
103. Manzano Solano, A. *Derecho registral..., op. cit.*, Volumen II, pág. 454.

Provincia, Municipio o Entidad con facultad de utilizar dicho procedimiento, en el que será título bastante la certificación expedida por el Tesorero de Hacienda, Presidente de la Diputación, Alcalde o funcionario a quien corresponda (art. 26 RH); o el de declaración de quiebra de una subasta por no haber abonado el rematante el precio en los plazos establecidos, en los que el asiento principal respectivo podrá verificarse mediante certificación de la oficina de Hacienda competente en que conste el acuerdo firme de nulidad (art. 28 RH); también en el caso de concesiones administrativas sobre inmuebles, cuando resulten parcelas o fincas sobrantes que no deban revertir al concedente, pudiendo el concesionario hacer constar en el Registro dicha circunstancia y su desafectación mediante certificación librada por el Organismo que otorgó la concesión (art. 31 RH); o las actas en las expropiaciones forzosas (art. 32 RH).

4.2. Los documentos eclesiásticos como posibles títulos formales para la inscripción

El requisito de la documentación formal es el fundamento de la existencia de algunos de los medios de inmatriculación y, especialmente, de la certificación de dominio del art. 206 LH. Como señala Roca Sastre[104], la necesidad de presentar o de disponer de un título documental presenta un problema para aquellas personas que, siendo titulares de un derecho o dueños de una finca, carecen de prueba directa de su adquisición, o bien les puede resultar excesivamente oneroso el obtenerla. Para estos supuestos se arbitra por el ordenamiento jurídico el proporcionarles una titulación nueva, llamada supletoria, considerada un sucedáneo de la ordinaria porque habilita a quien carezca de ella para poder disponer de un título inscribible sustitutivo del normal o corriente. La certificación, como el expediente de dominio para inmatricular o reanudar el tracto sucesivo interrumpido, es una prueba indirecta de la adquisición del dominio, provocada de forma unilateral, pero no es la causa de la adquisición, sino un reflejo de la situación estática del derecho[105].

Por ello, surgía la duda doctrinal de si los documentos eclesiásticos podían tener cabida dentro de la categoría de los documentos administrativos inscribibles en el Registro de la Propiedad. Si bien algunos autores así lo entendían, llegando Sanz Fernández[106] a tratar los documentos eclesiásticos como una cuarta categoría de documentos inscribibles, entendemos que tal hipótesis no puede considerarse acertada y que no pueden asimilarse a los funcionarios públicos quienes tengan la capacidad de emitir documentos en el seno de la Iglesia Católica. Lo que, a nuestro juicio, no es obstáculo para defender la posible inscripción de documentos eclesiásticos, siempre que tal posibilidad sea establecida por una disposición legal y responda a verdaderas necesidades de utilidad social.

104. Roca Sastre, R.M. *Derecho Hipotecario, op. cit.*, Tomo IV, pág. 297.
105. Manzano Solano, A. *Derecho registral…, op. cit.*, Volumen II, pág. 441.
106. Sanz Fernández, Á. *Instituciones…, op. cit.*, Tomo II, págs. 313-314.

A pesar de lo anteriormente dicho, se debe resaltar que el art. 35 RH hace referencia a un tipo de documentos eclesiásticos a los que otorga la categoría de documento auténtico: se trata de los documentos pontificios expedidos con el fin de acreditar el cumplimiento de requisitos prescritos en el Derecho Canónico para el otorgamiento de actos y contratos en que esté interesada la Iglesia, traducidos y testimoniados por los Ordinarios Diocesanos, sin necesidad de que estén legalizados. Estos documentos son los que emite la Santa Sede concediendo la licencia que se requiere para que las personas jurídicas eclesiásticas puedan realizar válidamente negocios jurídicos transmisivos, de enajenación o gravamen de inmuebles, siempre que el importe del bien enajenado o el gravamen superen el límite establecido por cada Conferencia Episcopal, estando fijado por la Conferencia Episcopal Española en 1.500.000 €. Son, apunta MANZANO SOLANO[107], de muy frecuente uso en los Registros.

Debemos defender la posibilidad de que documentos expedidos por la autoridad eclesiástica pueda servir de base a la inscripción por dos motivos:

1) En primer lugar, que ha habido en la historia legislativa hipotecaria española otros documentos que han sido considerados inscribibles aun estando expedidos por las autoridades eclesiásticas, a los que se refiere SANZ FERNÁNDEZ:

   a. Los requeridos por el art. 11 RH, antes de la reforma por RD 1867/1998, de 4 de septiembre, que se referían a las actas de la autoridad eclesiástica relativa a la conmutación de bienes de capellanías colativas extinguidas.

   b. Los testimonios de los notarios eclesiásticos con referencia a documentos de los Tribunales Diocesanos (Circular de 23 de septiembre de 1863).

   c. Las certificaciones del Secretario de Cámara de los obispados sobre expedientes tramitados en la Delegación de Capellanías (RDGRN de 9 de marzo de 1886[108]).

   d. Los certificados en los que consta la redención de cargas eclesiásticas (RDGRN de 11 de febrero de 1898[109]).

   e. Las certificaciones que se emitían para acreditar que los bienes estaban exceptuados de la desamortización, no incluyéndose en los bienes que habían sido nacionalizados y pasado al Estado (RD 21 de agosto de 1860, RO 12 de abril de 1871 y Resolución de 28 de septiembre de 1894).

107. MANZANO SOLANO, A. *Derecho registral..., op. cit.*, Volumen II, pág. 460.
108. RGDRN de 9 de marzo de 1986. Gaceta de Madrid, núm. 119, de 29 de abril de 1886.
109. RDGRN de 11 de febrero de 1898. Gaceta de Madrid, núm. 65, de 6 de marzo de 1898.

2) Por otro lado, el hecho de que se permita la inscripción de determinados documentos privados. Y es que, aunque el art. 3 LH exija escritura pública, ejecutoria o documento auténtico para que se pueda efectuar la inscripción, se ha aceptado la posibilidad de aceptar documentos privados, si bien como documentos meramente complementarios, como se establece en el art. 33 RH.

El art. 248. 1 LH dispone que el contenido de los Libros del Registro deberá ser actualizado en el mismo día en que se presenten los títulos a inscripción, sin distinguir entre documentos auténticos y privados; tampoco lo hace el art. 416 RH, que habla de títulos en general; pero el RH sí es taxativo en el art. 420. 1 al prohibir a los Registradores extender asiento de presentación de los documentos privados, salvo en los supuestos en que las disposiciones legales les atribuyan eficacia registral.

Admite la legislación hipotecaria algunos supuestos que permiten esta documentación privada como forma de acceso de los derechos al Registro de la Propiedad; así, se permite la inscripción mediante instancia puramente privada cuando se trata de herencia con un heredero único (art. 79 RH), siempre que presente los documentos exigidos por el art. 76 RH (disposiciones testamentarias pertinentes, fecha del fallecimiento del causante tomada de la certificación respectiva, contenido del certificado del Registro General de Actos de Ultima Voluntad, o declaración de herederos, si es intestada). Pero todo lo anterior se interpreta con arreglo a lo establecido por el art. 14 LH cuando dispone que el título de la sucesión hereditaria, a los efectos del Registro, es el testamento; o la declaración de herederos o contrato sucesorio, en su caso, como indica SANZ FERNÁNDEZ[110].

También cabe la inscripción de las operaciones particionales hechas por comisario o por contador-partidor, admitida en el art. 80.1.a) RH, formalizadas privadamente, si bien se requiere su protocolización mediante acta notarial; o la dispuesta en el art. 81.d) RH, para la inscripción en favor del legatario por medio de solicitud del mismo cuando toda la herencia se hubiere distribuido en legados y no existiere contador-partidor, ni se hubiere facultado al albacea para la entrega. En ambos casos, debe entenderse que el documento complementa la disposición testamentaria del causante.

Otros documentos o instancias puramente privadas se admiten con más frecuencia con el fin de proceder a anotaciones preventivas o cancelaciones. CHICO Y ORTIZ[111] hace referencia a algunos supuestos, como la anotación del crédito refaccionario (art. 59 LH), la del derecho hereditario (art. 46 LH) y la de acreedores por la adjudicación de bienes hereditarios para pago de deudas (art. 45 LH), entre otros.

Los dos argumentos anteriores nos permiten defender la posibilidad de que estos determinados documentos eclesiásticos en que consistían las certificaciones

110. SANZ FERNÁNDEZ, Á. *Instituciones…, op. cit.*, Tomo II, pág. 319.
111. CHICO Y ORTIZ, J.M. *Estudios…, op. cit.*, Tomo I, págs. 449-450.

de dominio hayan sido admitidos como títulos formales suficientes en orden a permitir la inscripción del dominio de bienes inmuebles. Y no solo podemos basarnos en los argumentos de tipo histórico y legislativo que las permitieron; podemos partir, además, de las exigencias del propio principio de especialidad registral, que requiere de un título formal público o auténtico en el que conste el derecho material inscribible, y que admite supuestos excepcionales en los que determinados documentos puramente privados son considerados complementarios de la titulación pública o auténtica.

Las certificaciones de dominio no deben ser interpretadas como documentos privados que vinieron a sustituir a la documentación pública. No son consecuencia de entender a la Iglesia como un ente situado en la misma jerarquía que el Estado y resto de Administraciones Públicas a los efectos de poder emitir esos certificados con efectos registrales de inmatriculación.

Nuestra interpretación parte de un origen concreto, el de las leyes desamortizadoras que establecieron una verdadera distinción entre propietarios, separando en listados realizados *ad hoc* entre bienes que habían sido nacionalizados y pasado a manos del Estado de bienes que quedaban en poder de la Iglesia; listados que habían sido exigidos por el Convenio-Ley de 1860 y que se realizaron y firmaron tanto por la Iglesia como por el Estado. Las certificaciones de dominio, y antes las de posesión permitidas por la LH de 1861, no dejan de ser documentos puramente complementarios de esas relaciones emitidas en ese período concreto decimonónico. Son el título formal complementario, y privado en el caso de la Iglesia, que complementa el verdadero título inscribible, la disposición efectuada por la propia Ley al establecer una aclaración sobre a quién correspondía la propiedad o dominio de cada uno de los bienes, lo que se concretó en las relaciones exhaustivas exigidas.

La defensa de este argumento no puede impedir que debamos reconocer que la dinámica de inmatriculación de bienes no se ajustó a esta lógica. Ni se exigió acompañar a cada certificación de dominio de un comprobante mediante certificado administrativo de su inclusión en los listados de bienes exceptuados de la desamortización, en el caso de bienes eclesiásticos, ni de la inclusión en los listados de bienes que fueron nacionalizados, cuando de inmatricular bienes públicos se trataba.

La legislación hipotecaria de 1944, al expulsar a la posesión del Registro y admitir la certificación de dominio, no fue lo suficientemente cautelosa para exigir esos requisitos de seguridad necesarios. Ahora bien, que el legislador no fuese precavido no puede servir de base para poner en almoneda la titularidad de todos los bienes de la Iglesia que han accedido al Registro por este medio. Porque, siempre debe recordarse, los asientos del Registro están bajo la salvaguarda de los Tribunales y, en esta materia más que en otras, quien considere tener un derecho de propiedad sobre algún bien así inmatriculado puede obtener la correspondiente resolución declarando ese derecho y ordenando la cancelación de la inscripción de dominio incierta (art. 1 LH).

También se ha formulado con frecuencia la idea de que no puede equipararse un Obispo o el ordinario del lugar con un funcionario. Y esto debe ser así en términos generales, pues lo contrario supondría confundir la potestad estatal (y pública) con la puramente eclesial (privada). Pero, como también resaltamos al tratar de la constitucionalidad del art. 206 LH, existen otros ámbitos en los que se ha aceptado plenamente el documento expedido por las autoridades de una confesión religiosa sin que haya existido polémica alguna sobre dicha potestad. Así, encontramos lo siguiente:

- En primer lugar, por el reconocimiento de efectos civiles a los matrimonios celebrados en forma religiosa por el art. 60.2 CC si la confesión tiene el reconocimiento de notorio arraigo en España, disponiendo el art. 63.1 CC para la inscripción del matrimonio celebrado en forma religiosa que se practique con la simple presentación de la certificación de la iglesia, o confesión, comunidad religiosa o federación respectiva, que habrá de expresar las circunstancias exigidas por la legislación del Registro Civil. Así consta en las leyes 24, 25 y 26/1992, de 10 de noviembre, de Acuerdo de Cooperación del Estado con la Federación de Entidades Religiosas Evangélicas de España, la Federación de Comunidades Israelitas en España y la Comisión Islámica de España, respectivamente[112]. Se han declarado, además, de notorio arraigo la Iglesia de Jesucristo de los Santos de los Últimos Días (Mormones), los Testigos de Jehová, el Budismo y la Iglesia Ortodoxa. Para todas ellas se establece un modelo de certificación de capacidad matrimonial y de certificación de la celebración del matrimonio por medio de la Orden JUS/577/2016, de 19 de abril[113].

- También en el ámbito del reconocimiento como cotizados a la Seguridad Social de periodos de actividad sacerdotal o religiosa de los sacerdotes, religiosos y religiosas de la Iglesia Católica secularizados, computándose dichos periodos como para acceder a una pensión de cuantía superior, para lo que el art. 2.2 del RD 487/1998, de 27 de marzo, permitía acreditar el tiempo de ejercicio sacerdotal o de profesión de religión, mediante certificación expedida por el Ordinario correspondiente. Lo que también se adopta para las Entidades Religiosas Evangélicas en el RD 369/1999, de 5 de marzo[114].

4.3. La certificación de dominio como título formal para obtener la inmatriculación de bienes de las entidades eclesiásticas

El procedimiento registral español establece el formalismo del Registro, impone la vigencia del principio de escritura[115], apuntando MANZANO SOLANO Y MANZANO

112. BOE número 272, de 12 de noviembre de 1992.
113. BOE número 97, de 22 de abril de 2016.
114. BOE número 64, de 16 de marzo de 2016.
115. PEÑA BERNALDO DE QUIRÓS, M. *Derechos reales…, op. cit.*, Tomo I, pág. 352.

FERNÁNDEZ[116] que «las vicisitudes o mutaciones jurídico-reales que hayan de inscribirse —los derechos que hayan de publicarse— han de constar en un título, en un documento escrito».

La certificación de dominio es uno de los títulos en sentido formal que permiten la inscripción de un determinado derecho, en nuestro caso la primera inscripción del dominio, en base a una determinada causa o razón jurídica (título en sentido material). Como nos dice ROCA SASTRE[117], el título formal o instrumental es la prueba gráfica o documental que constata o autentica la causa o razón de adquirir. En nuestro caso, se trata de una titulación de carácter supletorio, no originaria, dado que no constituye esa prueba directa del acto o negocio jurídico inscribible, sino que justifica la titularidad de la Iglesia sobre una determinada finca. La certificación «constituye el medio adecuado para el acceso de los títulos materiales inscribibles», es decir aparece en ella como reflejo de su situación estática, o sea en su tenencia o pertenencia. Es una prueba indirecta de la adquisición, provocada siempre de modo unilateral.

Este título formal ha de ser un documento público o auténtico, por lo que prevalece el principio de documentación pública frente a la privada[118], y se plasma en el art. 3 LH, que determina que para que puedan ser inscritos los títulos expresados en el art. 2 LH (los títulos en sentido material) deberán estar consignados en escritura pública, ejecutoria o documento auténtico expedido por Autoridad judicial o por el Gobierno y sus Agentes, en la forma que prescriban sus reglamentos.

La certificación de dominio no tiene la consideración de documento público[119], en el sentido estricto del término, sino que se trata de un documento auténtico, como lo establece el art. 34 RH, pues sirviendo de título al dominio de la entidad eclesiástica, está expedida por la Autoridad o funcionario competente para darla. Se otorgaba por el ordinario diocesano y hacía fe por sí misma. La diferenciación no deja de ser teórica pues, como dice ROCA SASTRE[120], «ambos conceptos son, en rigor, equivalentes: el documento público, según el art. 1218 CC, hace prueba o fe por sí mismo, y el documento auténtico, conforme indica el art. 34 RH, hace fe por sí solo. Documento público y documento auténtico son sinónimos. La única diferencia es

---

116. MANZANO SOLANO, A. Y MANZANO FERNÁNDEZ, M.M. *Instituciones de Derecho Registral Inmobiliario*, Centro de Estudios Registrales, Madrid 2008, pág. 172.
117. ROCA SASTRE, R.M. *Derecho Hipotecario, op. cit.*, Tomo I, pág. 352.
118. MANZANO SOLANO, A. Y MANZANO FERNÁNDEZ, M.M. *Instituciones..., op. cit.*, pág. 173.
119. Según dispone el art. 1216 CC: «Son documentos públicos los autorizados por un Notario o empleado público competente, con las solemnidades requeridas por la ley». No obstante MANZANO SOLANO Y MANZANO FERNÁNDEZ consideran que los documentos públicos pueden clasificarse en tres tipos: notariales (escrituras públicas, actas notariales, testimonios, certificaciones y legalizaciones notariales, pólizas intervenidas), judiciales y administrativos, dentro de los documentos públicos administrativos entienden se incluyen las certificaciones de dominio; op. cit., págs. 175-179.
120. ROCA SASTRE, R.M. *Derecho Hipotecario, op. cit.*, Tomo I, pág. 479.

que el primero alude más al origen o formalización pública y el segundo se refiere más al resultado de hacer fe o autenticidad».

4.3.1. *Características de la certificación de dominio*

Como tal medio inmatriculador, las certificaciones de dominio expedidas por la Iglesia Católica tenían una naturaleza jurídica marcada por unas características fundamentales:

A) Excepcionalidad

En palabras de Díez-Picazo y Gullón Ballesteros[121], la certificación de dominio es una forma privilegiada de acceso al Registro que, en algunos casos, es extraordinariamente peligrosa; de ahí que los autores le concedan un carácter excepcional. Para Roca Sastre[122] se podía entender la existencia de las certificaciones de posesión existentes antes de la actual Ley Hipotecaria, pero de ahí a acreditar el dominio hay notable diferencia; por ello calificaba al medio inmatriculador como especial.

Esta excepcionalidad se puede advertir en los siguientes fundamentos y efectos:

- Se debe realizar una interpretación restrictiva de las normas que lo regulan; por ello, según disponía el art. 199 LH, la inmatriculación de fincas no inscritas a favor de persona alguna se practicará mediante la certificación «solo en los casos que en el mismo se indican»; para Curiel Lorente[123], esta indicación debía referirse a los sujetos, al objeto y a la causa; y entendía De la Haza Díaz[124] que es natural su admisión en contadas ocasiones ante la

121. Díez-Picazo. L. y Gullón Ballesteros, A. *Sistema de Derecho civil, Volumen III (Tomo I), Derechos reales en general. Posesión. Propiedad. El registro de la propiedad*, Editorial Tecnos, 10ª edición, Madrid 2019, págs. 225 y ss.
122. Roca Sastre, R.M. *Derecho Hipotecario, op. cit.*, Tomo IV, pág. 298. Según el autor, no existe razón alguna para que el Estado y los entes públicos (también, entendemos, los eclesiásticos) dejen de estar sometidos a las normas generales del Derecho respecto a los bienes de su propiedad, no afectos al uso público. Y criticaba que las actuales (y anteriores para la Iglesia) certificaciones de dominio no vayan acompañadas de unas medidas o garantías o diferentes trámites que los existentes en las antiguas certificaciones posesorias, rigiendo, por lo contrario, normas semejantes. En las inscripciones de posesión siempre quedaba a salvo la acción reivindicatoria del *verus dominus*, cosa que no ocurre en las inscripciones de dominio. Y es que la inscripción seguida de una posterior enajenación (menos frecuente en las administraciones, pero bien posible en las entidades eclesiásticas) puede producir la existencia de un tercero hipotecario inatacable.
123. Curiel Lorente, F. *Inmatriculación, Reanudación del tracto sucesivo. Inscripción de los excesos de cabida*, Centro de Estudios Registrales, Madrid 2001, pág. 120.
124. De la Haza Díaz, P. «Inmatriculación de bienes de la Iglesia mediante certificación expedida por el Diocesano», *Revista Crítica de Derecho Inmobiliario*, número 630, año 1995, pág. 1593.

ausencia de constatación previa de la inscripción con la realidad, en contraposición con lo que ocurre, por ejemplo, en el expediente de dominio.

- El título que daba lugar a la inscripción, la certificación de dominio expedida por el Diocesano, no puede ser considerada técnicamente un «título inscribible» de adquisición de los bienes inmuebles y derechos reales que pertenecen a las corporaciones eclesiásticas (art. 2.6° LH), en virtud de lo dispuesto en el art. 3 LH ya que, según este precepto, solo pueden considerarse como tales los consignados en escritura pública, ejecutoria o documento auténtico expedido por Autoridad judicial o por el Gobierno o sus agentes[125].

- La única función de la certificación es inmatriculadora. No tenía carácter reanudador del tracto sucesivo, como se establece, por ejemplo, en la RDGRN de 19 de enero de 1960[126], ya que carece de virtualidad para cancelar asientos del Registro; o en la RDGRN de 10 de julio de 1991[127], que concreta la eficacia en el ámbito inmatriculador, y la RDGRN de 11 de noviembre de 1992[128]. En palabras de Corral Dueñas[129] «la certificación se ha concebido con una finalidad de inmatriculación únicamente, buscando una sustitución a las antiguas certificaciones posesorias desaparecidas».

- No podían ser utilizadas las certificaciones para la inscripción de excesos de cabida, pues implica una rectificación de la medida superficial de fincas ya inscritas; así se estableció, por ejemplo, en la RDGRN de 20 de noviembre de 1972[130].

- No cabía proceder a la inmatriculación por certificación de dominio de un *iura in re aliena*; ello a pesar la mención que el art. 303.2° RH hace de la necesidad de constancia en la certificación de la naturaleza, valor, condiciones y cargas del derecho real inmatriculable de que se trate. La RDGRN de 12 de diciembre de 1953[131] dispone que *«las repetidas certificaciones, en los casos a que se refiere el artículo 199, apartado c) de la Ley Hipotecaria (antes de la reforma), son aptas para inmatricular el dominio de las fincas, pero no son adecuadas para inscribir iura in re aliena»*; no otra cosa cabe deducir del art. 7 LH, que prescribe que la primera inscripción de cada finca en el Registro será de dominio.

---

125. De la Haza Díaz, P. «Inmatriculación de bienes…», op. cit., pág. 1593.
126. RDGRN de 19 de enero de 1960. BOE, núm. 33, de 8 de febrero de 1960.
127. RDGRN de 10 de julio de 1991. BOE, núm. 212, de 4 de septiembre de 1991.
128. RDGRN de 11 de noviembre de 1992. BOE, núm. 13, de 15 de enero de 1993.
129. Corral Dueñas, F. «La certificación inmatriculadora del artículo 206», *Boletín del Colegio de Registradores de la Propiedad*, año XXXVII, número 86, septiembre 2002, pág. 2067.
130. RDGRN de 20 de noviembre de 1972. BOE, núm. 290, de 4 de diciembre de 1972.
131. RDGRN de 12 de diciembre de 1953. BOE, núm. 116, de 26 de abril de 1954.

- El carácter excepcional de la certificación provocaba que la inscripción no produjera efectos frente a terceros hasta transcurridos dos años desde su fecha (art. 207 LH). El fundamento de esta limitación radica en que la facilidad con la que se accede al Registro provoca que el legislador haya dispuesto la suspensión del principio de fe pública registral durante ese período de tiempo. Y es esa la única garantía existente porque, como apuntan Vázquez Asenjo y Gómez Perals[132], «no existe garantía judicial alguna que asegure la verdadera titularidad dominical inmobiliaria de la entidad que pretende inmatricular. Tampoco exige que se acredite de modo fehaciente el título de propiedad de dicha entidad inmatriculante (solo la manifestación, en la certificación, del título de adquisición o el modo en que fueron adquiridos), ni la publicación de edictos».
- La Jurisprudencia ha catalogado reiteradamente la certificación de dominio como procedimiento excepcional de inmatriculación; así, por ejemplo, la SAP Pontevedra de 30 de junio de 2016[133] dice al respecto que «*no es ocioso recordar que la vía del art. 206 LH constituye un medio excepcional al servicio de la Administración pública para inmatricular fincas en el Registro. Dada la importancia que el acceso de una finca al Registro tiene para su titular y los graves perjuicios que puede entrañar para terceros interesados, sean dueños de todo o parte del predio, sean los titulares de derechos reales afectados, sean simplemente los colindantes, el carácter excepcional de esta posibilidad se traslada a la interpretación y aplicación de las normas que la regulan y, consecuentemente, al rigor con el que ha de abordarse la concurrencia de los requisitos legalmente exigidos*» (FD Segundo).

B) Supletoriedad

El art. 206 LH establecía como requisito para poder utilizar la certificación de dominio el hecho de carecer de título escrito de dominio, condición que se repite en el art. 303 RH al exigir que no exista título inscribible[134]. Roca Sastre[135] cree que se está refiriendo a la inexistencia de título inscribible, esto es, de título apto para la inmatriculación de fincas. De estos preceptos se desprende que la certificación administrativa era un medio supletorio, esto es, un medio inmatriculador solo utilizable en ausencia de un título escrito de dominio que permitiera la inmatriculación por algunos de los otros medios de acceder al Registro establecidos en la legislación hipotecaria.

---

132. Vázquez Asenjo, O. y Gómez Perals, M. *Aplicación de la teoría de las bases gráficas al procedimiento inmatriculador del artículo 206 de la Ley Hipotecaria*, Revista Crítica de Derecho Inmobiliario, número 707, año 2008, pág. 1324.
133. SAP Pontevedra de 30 de junio de 2016, núm. 348/2016, rec. 389/2016.
134. El art. 18 RH, declarado nulo por STS (Sala 3ª) de 31 de enero de 2001, en su párrafo 2º disponía que «*cuando no exista título inscribible para practicar la inscripción se estará a lo dispuesto en los arts. 206 de la Ley y concordantes de este Reglamento*».
135. Roca Sastre, R.M. *Derecho Hipotecario*, *op. cit.*, Tomo IV, pág. 296.

La inexistencia de este título debía constar en la certificación de una manera «clara y terminante»; así lo estimaba la RDGRN de 19 de octubre de 1955[136] al establecer la siguiente doctrina con relación a la utilización de la certificación por parte del Estado: «*Que, por lo excepcional del procedimiento de inmatriculación de inmuebles a favor del Estado, mediante certificación de dominio, es necesario que conste de una manera clara y terminante, en el certificado expedido, la formal afirmación de no existir título de dominio inscrito o inscribible*».

Sobre la ausencia o no de título es interesante lo que manifiesta Curiel Lorente[137] al decir que «teniendo en cuenta la finalidad de este procedimiento y su carácter excepcional, por cuanto supone de falta de garantía para terceros, debería exigirse la carencia de título escrito, cuya tenencia permitiría siempre acudir al expediente de dominio»; concluye diciendo que con lo expresado literalmente por el art. 303 RH «incluso disponiendo de título público podría acudirse a la certificación para evitar la documentación complementaria exigida por el art. 205 LH y 298 RH» (artículo 205 LH ya modificado). Y no deja de ser cierto que en muchas ocasiones las entidades eclesiásticas tenían el título escrito de dominio en su poder, en la mayoría de casos títulos antiguos, pero prefirieron utilizar el medio más sencillo y, sobre todo, más rápido de la certificación de dominio; esta vía evitaba la necesidad de incoar un expediente de dominio para inmatricular, con las citaciones que conlleva, o la utilización del antiguo art. 205 LH con la documentación complementaria necesaria. Porque, en palabras de Roca Sastre[138], es un requisito cuyo cumplimiento depende de la Autoridad o funcionario correspondiente.

Existiendo título hábil para inscribir el dominio de la finca, apunta Corral Dueñas[139], «lo procedente sería utilizarlo y conseguir la inmatriculación pretendida». Lo contrario, según Rodríguez Blanco[140], implicaba una desnaturalización del precepto, lo que hacía perder totalmente su función originaria y su justificación; lo justifica, además, en el sentido de que el procedimiento inmatriculatorio por medio de certificación adolecía de diversos defectos y que solo estaba justificado por unas concretas circunstancias de hecho.

Desde nuestro punto de vista, la utilización en estos supuestos de la certificación es contraria a la legislación hipotecaria, porque esta legislación establece los procesos inmatriculadores que deben ser utilizados en el supuesto de existencia de título formal. No deja de ser cierto que la legislación no estableció medios para que el Registrador pudiera comprobar la inexistencia de ese título formal bastando la constancia de dicha circunstancia en la certificación emitida por la autoridad competente para certificar.

136. RDGRN de 19 de octubre de 1955. BOE, núm. 327, de 23 de noviembre de 1955.
137. Curiel Lorente, F. *Inmatriculación..., op. cit.*, pág. 124.
138. Roca Sastre, R.M. *Derecho Hipotecario, op. cit.*, tomo IV, pág. 306.
139. Corral Dueñas, F. *La certificación inmatriculadora...*, op. cit., pág. 2065.
140. Rodríguez Blanco, M. *Las certificaciones..., op. cit.*, pág. 284.

La carencia de título debía entenderse en la ausencia de título formal, no así con la ausencia de título material; nos encontrábamos en el caso de que una determinada entidad eclesiástica era propietaria de una finca, pero carecía del título formal previsto en el art. 3 LH para poder acceder al Registro de la Propiedad. Resulta evidente que sí gozaba de título material, es decir, la propiedad que se pretendía inscribir fue adquirida en virtud de una causa o razón justificativa[141]. En muchas ocasiones, podemos decir que en la mayoría de ellas y casi siempre en el caso de templos destinados al culto, la entidad eclesiástica desconocía cuál fue el título material por el que adquirió el dominio (donación, compraventa, etc.); por ello, la Jurisprudencia ha considerado que la usucapión extraordinaria podía ser alegada como título material de adquisición. Así lo declara, entre otras, la SAP Baleares de 27 de septiembre de 2017[142] cuando dice que «*la certificación que al efecto expide solo es un título inscribible en sentido formal, en cuanto que permite la inmatriculación de la finca, pero no responde a la noción de título en sentido material, como justificación dominical, esto es, causa o fundamento del derecho que se quiere inscribir*» (FD Décimo).

En todo caso, algunos autores han señalado de forma correcta que la certificación no era «una pura afirmación escueta ni una mera declaración de voluntad del diocesano», pues debía expedirse por duplicado y contener todas las circunstancias requeridas por la legislación hipotecaria en el art. 303 RH, fundamentalmente de quién se había adquirido y el modo de adquisición[143].

Por último, cabe plantearse el valor de la certificación de dominio, en cuanto documento puramente eclesiástico, como análogo al documento emitido por un país extranjero; y ello porque el propio art. 36 RH permite la inscripción de documentos extranjeros, siempre que contengan la legalización y demás requisitos necesarios para su autenticidad en España, debiendo observarse las formas y solemnidades extranjeras y la aptitud y capacidad legal necesarias para el acto mediante acreditación efectuada por aseveración o informe de un Notario o Cónsul español o de Diplomático, Cónsul o funcionario competente del país de la legislación que sea aplicable. Pero el último párrafo dispone que tales requisitos no exigirán el conocimiento por parte del Registrador de la legislación aplicable.

Como posible justificación de esta teoría, Vigil de Quiñones Otero[144] alude al art. 60 de la Ley 29/2015, de 30 de julio, de cooperación jurídica internacional

141. A este título material se refería el art. 206 LH al exigir que en la certificación de dominio se exprese «el título de adquisición o el modo en que fueron adquiridos» los bienes inmuebles; de igual modo, el art. 303.4º RH.

142. SAP Baleares de 27 de septiembre de 2017, núm. 261/2017, rec. 129/2017.

143. Moreno Antón, M. «Luces y sombras en el acceso de los bienes eclesiásticos al Registro de la Propiedad», *Revista General de Derecho Canónico y Eclesiástico del Estado*, número 38, año 2015. Y Palos Estaún, A. «Inmatriculación…», op. cit., pág. 809.

144. Vigil de Quiñones Otero, D. Registrador de la Propiedad (núm. 4 de Manresa), «Análisis actual de la enajenación, gravamen e inscripción de los bienes de las entidades eclesiásticas en el Registro de la Propiedad. Especial atención a los bienes

en materia civil, que dice textualmente: «*La observancia de las formas y solemnidades extranjeras y la aptitud y capacidad legal necesarias para el acto podrán acreditarse, entre otros medios, mediante aseveración o informe de un Notario o Cónsul español o de Diplomático, Cónsul o funcionario competente del país de la legislación que sea aplicable. Por los mismos medios podrá acreditarse la capacidad civil de los extranjeros que otorguen en territorio español documentos inscribibles*». Se trataría, entendemos, de considerar que los obispos o autoridades eclesiásticas certificantes formaran parte de la estructura de un país extranjero, la Ciudad del Vaticano, entendiéndose como documentos extranjeros los que emitieran en el ejercicio de sus funciones. Pero se trataría de interpretar la norma hipotecaria de una manera extraordinariamente forzada y, a nuestro juicio, más allá de lo que se pretendió (*extra legis*). El RH se refiere únicamente a los actos emitidos por funcionarios extranjeros, realizado en territorio extranjero, que deban surtir efectos en España. Lo que no ocurre en nuestro caso. Si pudiese forzarse la consideración de la autoridad eclesiástica como miembro de un Estado extranjero, el requisito de la extraterritorialidad del documento haría la teoría totalmente inaplicable.

II. CONCEPTO DE INMATRICULACIÓN Y CARACTERES

El Registro de la Propiedad tiene como objeto la inscripción o anotación de los actos y contratos relativos al dominio y a los demás derechos reales sobre los bienes inmuebles (art. 1 LH). Nuestro Derecho opta por el sistema de folio real, esto es, se trata de un Registro organizado en función de las unidades reales o fincas sobre los que recaen los distintos derechos y no en función de la persona que ostenta la titularidad de algunos de esos derechos.

Como nos dice Sanz Fernández[145], los derechos reales pueden desarrollar su vida con relación a la institución registral de tres formas distintas:

a) Una primera, *secundum tabulas*, en la que se produce la concordancia, paralelismo o exactitud del Registro, coincidiendo la realidad jurídica registral con la extrarregistral; esto es, los derechos existen tal y como se proclaman en el Registro y no existen más derechos que los que se publican.

b) Un segunda, *contra tabulas*, produciéndose una discordancia entre la realidad y el Registro, que no recoge fielmente los derechos que existen, bien porque no consten inscritos, bien porque estando inscritos sean nulos o se hayan extinguido.

c) Por último, la situación *extra tabulas*, produciéndose una situación totalmente ajena al Registro con relación a las fincas de las que nunca se practicó

de las Hermandades y otras entidades canónicas», *Jornada celebrada en el Colegio de Registradores de Andalucía Occidental*, 23 de marzo de 2023.

145. Sanz Fernández, Á. *Instituciones…, op. cit.*, Tomo I, pág. 291.

inscripción alguna. Esta última situación, nos dice el autor, es la premisa inexcusable en los supuestos de inmatriculación.

Para que el sistema registral funcione de manera adecuada debe existir un momento en el que cada unidad real, cada finca, acceda por primera vez al Registro de la Propiedad, hecho que se produce con la inmatriculación. Con ella se inicia la vida registral de un inmueble, concluye su vida extrarregistral[146] y se obtiene el punto de arranque del historial jurídico de la finca[147]. En definición de Roca Sastre[148], la inmatriculación «es el ingreso o acceso de una finca en la vida registral de los libros del Registro, efectuado por una primera inscripción del dominio de la misma a favor del inmatriculante, mediante la presentación de los títulos o medios inmatriculadores legalmente admitidos, por la cual abre folio, hoja o registro particular a la finca correspondiente a los efectos jurídicos procedentes». O en palabras de García García[149], «es el ingreso por primera vez de una finca en el Registro de la Propiedad, sin proceder de otra inscrita, a través de una primera inscripción de dominio, mediante unos procedimientos con la finalidad de acreditar el dominio y la realidad física de la finca y la concordancia del Registro con la realidad física y jurídica extrarregistral y con unos requisitos y efectos específicos, según la clase de procedimientos y de bienes».

De las anteriores definiciones podemos extraer las principales características de la inmatriculación, siguiendo a grandes rasgos el esquema dispuesto por Roca Sastre:

1. LA INMATRICULACIÓN CONSISTE EN EL INGRESO, ENTRADA O INCORPORACIÓN DE UNA FINCA EN EL REGISTRO DE LA PROPIEDAD

Con la inmatriculación se abre un registro particular a la finca que accede al Registro en el libro correspondiente y en ese particular registro se practicarán por el Registrador cuantas inscripciones, anotaciones y cancelaciones se refieran a la finca concreta (art. 243 LH). La finca tendrá un número diferente y correlativo (arts. 8 LH y 42 RH), destinándose a cada una el número de hojas que se consideren necesarias (art. 378 RH).

Para ello, será condición necesaria la de que la finca no esté previamente inmatriculada, tal y como dispone el art. 198, 5º LH al establecer como medio para obtener la concordancia del Registro de la Propiedad con la realidad física y jurídica extrarregistral la inmatriculación de fincas que no estén inscritas a favor de persona alguna.

146. Curiel Lorente, F. *Inmatriculación…, op. cit.*, pág. 24.
147. Díez-Picazo, L. y Gullón Ballesteros, A. *Sistema…, Volumen III (Tomo I), op. cit.*, pág. 237.
148. Roca Sastre, R.M. *Derecho Hipotecario, op. cit.*, Tomo IV, pág. 181.
149. García García, J.M. *La finca registral y el Catastro. Inmatriculación, obra nueva, reanudación de tracto y restantes procedimientos de la Ley 13/2015, de 24 de junio*, Editorial Aranzadi, Cizur Menor 2016, pág. 775.

Y aquí debemos establecer claramente qué entendemos por finca, al tratarse de la base de nuestro sistema registral, dado que nuestro Registro no se basa en titularidades o personas. García García[150] advierte que no puede asimilarse ya el concepto de finca con la definición de bien inmueble del art. 334 CC; menos si se trata solo de inmuebles por naturaleza. No podemos asimilar la finca a un trozo de terreno poligonal cerrado. La doctrina y Jurisprudencia llegan así a la clasificación de la finca en tres posibles sentidos, material, funcional y registral, al que se puede añadir un cuarto, el catastral:

1) Indica Lacruz Berdejo[151] que la naturaleza solo nos ofrece una superficie continua. Una determinada parte de la superficie terrestre, en palabras de Schneider, solo se convierte en finca en sentido legal cuando sobre ella, entendida como unidad, recaen derechos reales. La finca material, por tanto, puede atribuirse a la «porción de superficie o a un espacio delimitado que forma una unidad en el tráfico jurídico»; este espacio físico delimitado debe ser creado en algún momento o circunstancia y sobre él podrá el propietario tener cierto arbitrio, si bien no podrá ir contra la propia realidad física o la naturaleza de las cosas. Y cabe recordar como autores y Jurisprudencia advierten de que para el Derecho sustantivo es este concepto material el que se tiene en cuenta; como, por ejemplo, en materia de retractos[152]. El propio Lacruz Berdejo[153] nos recuerda que debemos tener presente que la finca no siempre va a coincidir con esa parte concreta y determinada de superficie terrestre: bien porque en algunos casos carezca de esa conexión exacta con la superficie, como en el caso de la propiedad horizontal; bien porque su localización geográfica sea una simple relación, no abarcando el objeto inmatriculado, como en las concesiones administrativas; o bien cuando el objeto de inscripción sean superficies de terreno separadas unas de otras, como la finca discontinua.

2) La finca funcional atiende a la concepción económica de la finca, a su destino y función. Nace esta concepción como cauce para dar satisfacción a las funciones de orden social y económico exigidas por el derecho de propiedad moderno, establecidas por la Constitución Española en el art. 33, que consagra la función social[154]. Y esta concepción, apunta García García[155], puede llevarnos a una limitación del concepto de finca registral, al deber atenerse al rasgo de indivisibilidad exigido por las legislaciones agraria

150. García García, J.M. *La finca registral y el Catastro..., op. cit.*, págs. 55 y ss.
151. Lacruz Berdejo, J.L. *Derecho inmobiliario..., op. cit.*, pág. 85.
152. Díez-Picazo, L. y Gullón Ballesteros, A. *Sistema..., Volumen III (Tomo I), op. cit.*, págs. 225 y ss.
153. Lacruz Berdejo, J.L. *Derecho inmobiliario..., op. cit.*, pág. 86.
154. Manzano Solano, A. y Manzano Fernández, M.M. *Instituciones de Derecho Registral Inmobiliario,* Centro de Estudios Registrales, Madrid 2008, págs. 155-156.
155. García García, J.M. *La finca registral y el Catastro..., op. cit.*, pág. 53.

y urbanística; o a su posible ampliación, pues es relativamente frecuente que una finca, entendida desde el punto de vista funcional, comprenda varias fincas en sentido material, no unidas físicamente, lo que exigiría que la finca registral contenga esas distintas fincas materiales como una única entidad registral, como ocurre en el caso de las denominadas fincas discontinuas, formadas por parcelas separadas entre sí que forman parte de la misma explotación económica, en los términos establecidos en el art. 8 LH y el art. 44 RH[156].

Manzano Solano y Manzano Fernández[157] basan el origen de la finca funcional en un triple reformismo:

a) El reformismo agrario, estableciendo el Derecho Agrario conceptos nuevos para las fincas en sentido funcional, tales como el de fincas discontinuas, unidades orgánicas de explotación o unidad mínima de cultivo.

b) El reformismo industrial, que comenzó con el Código Civil, al enlazar la noción de inmueble con el de industria o explotación que se realice en un edificio o heredad en el art. 334, 5º, y el art. 8, 2º LH, que posibilita la inscripción como finca independiente de «*Toda explotación agrícola, con o sin casa de labor, que forme una unidad orgánica, aunque esté constituida por predios no colindantes, y las explotaciones industriales que formen un cuerpo de bienes unidos o dependientes entre sí*». Así, el RH permite que determinadas fincas, entendidas en un sentido funcional, puedan abrir el historial registral, tales como las concesiones administrativas de bienes, obras o servicios públicos, los aprovechamientos de aguas públicas, las minas o las explotaciones industriales destinadas a la producción o distribución de energía eléctrica.

c) El reformismo urbano, comenzado en el siglo XIX y acelerado exponencialmente en el XX, ha traído a colación una serie de nuevos conceptos consagrados por leyes como la del Suelo, la de Propiedad Horizontal o la de contratos de aprovechamiento por turno de bienes de uso turístico, de adquisición de productos vacacionales de larga

156. El art. 8. Segundo LH dispone que se inscribirán como una sola finca bajo un mismo número «*Toda explotación agrícola, con o sin casa de labor, que forme una unidad orgánica, aunque esté constituida por predios no colindantes, y las explotaciones industriales que formen un cuerpo de bienes unidos o dependientes entre sí*»; y el art. 44. Tercero RH lo desarrolla permitiendo esa inscripción como una sola registral a «*Las explotaciones agrícolas, aunque no tengan casa de labor y estén constituidas por predios no colindantes, siempre que formen una unidad orgánica, con nombre propio, que sirva para diferenciarlas y una organización económica que no sea la puramente individual, así como las explotaciones familiares agrarias*».

157. Manzano Solano, A. y Manzano Fernández, M.M. *Instituciones…, op. cit.*, págs. 156-157.

duración, de reventa y de intercambio y normas tributarias; así, nos encontramos con los elementos comunes y procomunales, la prehorizontalidad, las titularidades *ob rem*, los conjuntos inmobiliarios, la multipropiedad, las unidades de ejecución, el aprovechamiento urbanístico, el aprovechamiento por turno.

3) La finca catastral se presenta también como otro posible tipo de finca, en el entendido siempre de que Catastro y Registro son instituciones diferentes. El Catastro solo persigue la individualización física de las fincas, mientras que el Registro necesita la finca para determinar los derechos que recaen sobre cada una de ellas. Ambas tienen en común la finca, que es «jurídicamente, una unidad de dominio y delimitarla gráficamente es delimitar propiedades»[158].

Por ello, hay una referencia explícita al Registro de la Propiedad en la Exposición de Motivos del Real Decreto Legislativo 1/2004, de 5 de marzo, por el que se aprueba el Texto Refundido de la Ley del Catastro Inmobiliario, cuando indica lo siguiente: «*Sin embargo, junto a esta finalidad tributaria, las dos últimas décadas han sido testigos de una evolución en la que el Catastro Inmobiliario se ha convertido en una gran infraestructura de información territorial disponible para todas las Administraciones públicas, fedatarios, empresas y ciudadanos en general, puesta ante todo al servicio de los principios de generalidad y justicia tributaria, pero capacitada también para facilitar la asignación equitativa de los recursos públicos; en los comienzos de un nuevo siglo, es ya sin duda notable la colaboración del Catastro en la aplicación material de tales principios constitucionales, como lo prueba su utilización generalizada para la gestión o el control de subvenciones nacionales o comunitarias, o la paulatina incorporación de la información gráfica y de la identificación catastral de las fincas tanto a las actuaciones notariales como al Registro de la Propiedad*».

Esta referencia no nos puede llevar al error de considerar al Catastro como un ente superior al Registro; se trata de un órgano administrativo, con indudable finalidad tributaria, y que no socava las competencias propias ni los efectos jurídicos sustantivos de las inscripciones de fincas en el Registro (art. 2, 2 TRLCI)). Además, después de establecer que a cada finca se le asignará un código alfanumérico o identificador, la referencia catastral (art. 6, 3 TRLCI)), y de definir en el art. 9, 1 el concepto de titular catastral como persona natural o jurídica que ostenta la titularidad de alguno de los derechos relacionados (derecho de propiedad plena o menos plena, concesión administrativa sobre los bienes o sobre los servicios públicos a que se hallen afectos, derecho real de usufructo y derecho real de superficie), el Texto Refundido vuelve a dejar clara la prevalencia del Registro en el art. 9, 4, cuando dice que «*En caso de discrepancia entre el titular catastral y el del*

158. MANZANO SOLANO, A. Y MANZANO FERNÁNDEZ, M.M. *Instituciones…*, *op. cit.*, pág. 157.

correspondiente derecho según el Registro de la Propiedad sobre fincas respecto de las cuales conste la referencia catastral en dicho registro, se tomará en cuenta, a los efectos del Catastro, la titularidad que resulte de aquél, salvo que la fecha del documento por el que se produce la incorporación al Catastro sea posterior a la del título inscrito en el Registro de la Propiedad».

4) La finca registral, caracterizada únicamente por una cuestión de índole formal, la incorporación al Registro de la Propiedad mediante la apertura de folio registral con arreglo a las disposiciones de la legislación hipotecaria. «Es finca todo aquello a lo que se abre folio en el Registro», nos dicen Díez-Picazo y Gullón Ballesteros[159]. Comenta el autor que finca material y finca registral pueden coincidir, lo que será el caso más habitual; en este supuesto, las vicisitudes del derecho sustantivo recayente en la finca material tendrán su justa correspondencia con los distintos asientos registrales de la finca registral, si los titulares proceden a su adecuada inscripción.

También puede ocurrir, y no es infrecuente, que finca material y registral no coincidan; como si un edificio con planta baja y dos viviendas en planta primera y segunda conformaran una finca registral, siendo tres fincas materiales; o viceversa, varias fincas registrales forman una sola unidad material extrarregistral, con la misma funcionalidad económica, como si un complejo estuviese dividido en apartamentos que constituyen fincas registrales independientes estando todo el complejo destinado al alquiler de los distintos apartamentos por parte de su dueño y constituyendo una unidad económica. Nos dice Lacruz Berdejo[160] que para el Registro la finca no debe entenderse como una superficie concreta delimitada por sus cuatro puntos cardinales o concretada por sus caracteres físicos; el carácter registral se fundamenta única y exclusivamente en la posibilidad de apertura del folio registral. Por ello, para Manzano Solano y Manzano Fernández[161], la finca registral supone una noción superadora de los restantes conceptos de finca (material, funcional o catastral), por lo que se produce la diferenciación entre bienes registrables o no registrables, concretándose en su calidad de urbanos o no urbanos en aplicación del art. 51 RH, primera circunstancia que se hará constar en todo asiento.

La finca es el eje sobre el que se mueven todos los derechos inscritos en el Registro de la Propiedad; por ello, es fundamental que se recoja de forma indubitada su descripción; el art. 9 LH y art. 51 RH establecen cuáles deben ser las circunstancias que deba recoger toda inscripción: naturaleza, situación, linderos, medida superficial, nombre y número, si constaren del título. Lo que será objeto de inscripción junto con las demás circunstancias requeridas en dichos preceptos, ya relativas al derecho inscribible, ya al título en cuya virtud se produce la inscripción, ya a las personas a cuyo favor se realiza.

159. Díez-Picazo, L. y Gullón Ballesteros, A. *Sistema…, Volumen III (Tomo I), op. cit.*, pág. 226.
160. Lacruz Berdejo, J.L. *Derecho inmobiliario..., op. cit.*, pág. 65.
161. Manzano Solano, A. y Manzano Fernández, M.M. *Instituciones…, op. cit.*, pág. 159.

Concluye García García[162] que el concepto de finca ha sido tratado por distintas legislaciones, no solo la hipotecaria, sino la agraria, forestal, urbanística y otras de carácter sectorial, entendiendo que ha sido la urbanística la que ha dado una vuelta de tuerca a los conceptos de finca material y registral, definiendo la finca en el art. 26, 1, a) del Real Decreto Legislativo 7/2015, de 30 de octubre, por el que se aprueba el Texto Refundido de la Ley del Suelo y Rehabilitación Urbana, de la siguiente manera: «*la unidad de suelo o de edificación atribuida exclusiva y excluyentemente a un propietario o varios en proindiviso, que puede situarse en la rasante, en el vuelo o en el subsuelo. Cuando, conforme a la legislación hipotecaria, pueda abrir folio en el Registro de la Propiedad, tiene la consideración de finca registral*». De esta definición extrae el autor una serie de elementos del concepto de finca:

a) La finca es una unidad de suelo o de edificación, concepto que sustituye al tradicionalmente usado de «trozo de terreno», al contener no solo una determinada porción de la superficie, sino cualquiera que se encuentre en el vuelo o el subsuelo de cualquier edificación iniciada o terminada.

b) La finca no puede ser definida únicamente en función del concepto perimetral, al incluir también la edificabilidad, lo que se confirma por distintas Resoluciones de la DGRN, como la de 30 de mayo de 2009[163], entre otras. Ello no impide que se deba considerar que la finca siempre ha de estar cerrada por líneas, aunque sean ideales, en el suelo, subsuelo o vuelo; lo contrario sería permitir unidades indeterminadas o genéricas, cuando la finca es un bien específico y determinado.

c) La finca tiene una nota predominante de dominio; debe estar atribuida exclusiva y excluyentemente a un propietario o a varios en proindiviso; la propiedad da sentido jurídico, civil y registral a la finca, en contraposición a su concepto puramente urbanístico o catastral. El concepto de finca es inseparable al de dominio. Solo así se entiende que la primera inscripción registral, consecuencia de la inmatriculación, deba ser de dominio.

d) Existe una atribución exclusiva al propietario, lo que distingue la finca de supuestos en los que no existe esa exclusividad, como cuando en un terreno están los bienes de dominio público ajenos a la propiedad privada, o como cuando se produce la doble inmatriculación registral, situación que debe ser resuelta judicial o extrajudicialmente; y la atribución es excluyente, pudiendo el titular del dominio ejercitar cuantas acciones están previstas en el ordenamiento en defensa de su derecho frente a las perturbaciones de terceros, tales como la acción reivindicatoria, negatoria, del art. 41 LH, deslinde y amojonamiento, etc.

e) La finca debe pertenecer a un propietario o a varios proindiviso, supuestos en los que la propiedad no se desgaja sobre los posibles distintos trozos

162. García García, J.M. *La finca registral y el Catastro…, op. cit.*, págs. 53-61.
163. RDGRN de 30 de mayo de 2009. BOE, núm. 145/2009, de 16 de Junio de 2009.

de la finca, consistiendo el proindiviso en la titularidad de cuotas ideales sobre la totalidad del inmueble, manteniéndose la unidad jurídica del suelo o edificación.

f) Se define la finca en cuanto al concepto de volumen, espacios que se encuentren sobre o bajo rasante, pudiéndose diferenciar titularidades del suelo, vuelo o subsuelo, dando lugar a fincas distintas.

g) Por último, cuando una finca pueda abrir folio en el Registro de la Propiedad conforme a la legislación hipotecaria, la finca tendrá la consideración de finca registral. Porque la legislación urbanística no se inmiscuye en la hipotecaria, a la que se remite y respeta, nos dice el autor; solo cuando pueda abrir folio una determinada finca, en aplicación de las normas hipotecarias, la finca urbanística será, también, registral; por tanto, habrá fincas registrales que responderán a supuestos distintos de lo dispuesto en el art. 26, 1 de la Ley del Suelo y Rehabilitación Urbana.

2. EL INGRESO DE LA FINCA EN EL REGISTRO DE LA PROPIEDAD TIENE LUGAR MEDIANTE LA PRIMERA INSCRIPCIÓN DE DOMINIO DE LA FINCA A FAVOR DEL INMATRICULANTE

La apertura del folio registral correspondiente a la finca que accede al Registro por primera vez coincidirá en el tiempo, en la mayoría de los casos, con la primera inscripción de dominio sobre la misma; así lo dispone el art. 7 LH, al establecer que la primera inscripción de cada finca en el Registro de la Propiedad será de dominio; dominio que, según Manzano Solano y Manzano Fernández[164], puede ser el directo o el útil, el libre o el gravado con un derecho real limitado, el dominio total o el de cuotas o participaciones en el mismo.

Esto no nos puede llevar al error de confundir la inmatriculación con la primera inscripción de dominio, a pesar de la claridad con que lo expresa el art. 243 LH. La inmatriculación hace referencia a la finca y no al dominio sobre ella[165]. Así lo exponen Lacruz Berdejo y Sancho Rebullida[166] al decir que la inmatriculación y la primera inscripción en sentido ordinal tienen que coincidir necesariamente.

---

164. Manzano Solano, A. y Manzano Fernández, M.M. *Instituciones..., op. cit.*, pág. 451.
165. Roca Sastre, R.M. *Derecho Hipotecario, op. cit.*, Tomo IV, pág. 184.
166. Lacruz Berdejo, J.L. y Sancho Rebullida, F. *Elementos de Derecho Civil,* Tomo III bis, Editorial Bosch, Barcelona 1984, pág. 323. Los autores separan cuatro conceptos distintos: la «*inmatriculación*», que consiste en el ingreso de una finca en el Registro, de una finca en sentido registral; las «*operaciones inmatriculatorias*», aquellas que se practican en el Registro con ocasión de un asiento sustantivo que, sin incorporar una finca al Registro, se refieren a los caracteres fácticos de una ya incorporada, para su mejor identificabilidad; la «*primera inscripción en sentido ordinal*», o primer asiento de

Pero esa diferenciación entre inmatriculación y primera inscripción no es un tema pacífico entre los autores hipotecaristas españoles. Siguiendo a CONCHEIRO DEL RÍO[167], podemos ver las siguientes posturas:

1) Para SANZ FERNÁNDEZ, el concepto de inmatriculación solo es utilizable en aquellos sistemas registrales, como el alemán o el suizo, en los que las fincas acceden al Registro en virtud de los datos catastrales, practicándose la inscripción de oficio y limitando el asiento únicamente a la descripción de la finca. La primera inscripción es una operación posterior. En nuestro sistema, no habría auténtica inmatriculación al exigirse la acreditación del dominio sobre la finca objeto de inscripción. Es decir, no existiendo dominio sobre la finca, no cabe proceder a la inmatriculación.

2) DÍEZ-PICAZO[168] entiende que la inmatriculación se refiere a la finca, en su aspecto puramente físico, y al hecho de que no haya accedido con anterioridad al Registro; mientras que la primera inscripción hace referencia a los derechos existentes sobre la finca, que deberán verificarse. Técnicamente, por tanto, inmatriculación y primera inscripción son diferentes.

3) Para ROCA SASTRE el concepto de inmatriculación es menos amplio que el de primera inscripción; porque hay supuestos, como los de modificación de entidades hipotecarias, en los que se produce una primera inscripción sin que la finca acceda al Registro, pues ya accedió con anterioridad.

La diferenciación la establece con claridad LACRUZ BERDEJO[169] al entender que se trata de categorías heterogéneas y fenómenos registrales con diversa estructura jurídica:

a) La inmatriculación responde a la necesidad de llevar el Registro por fincas, a su organización; pretende acercar el Registro a la realidad, que exista concordancia entre la realidad registral y la extrarregistral, siendo una pura cuestión de hecho. El objeto es la finca.

b) La primera inscripción responde a una cuestión teleológica, la de dar publicidad a una situación jurídica, fin primordial del Registro; por ello, la primera inscripción es un problema del tracto sucesivo, una cuestión de Derecho. Su objeto es el dominio.

---

inscripción que se practica en el folio registral destinado a una finca, sencillamente el señalado con el número uno; y la «*primera inscripción en sentido registral*», esto es, el asiento que carece de soporte causal en otro anterior y que supone un límite inicial a la exigencia del tracto sucesivo.

167. CONCHEIRO DEL RÍO, J. *La inmatriculación de fincas en el Registro de la Propiedad. Su regulación actual*, Dijusa Editorial, Madrid 2000, págs. 25-26.

168. DÍEZ-PICAZO, L. *Fundamentos de Derecho..., op. cit. Tomo III*, pág. 405.

169. LACRUZ BERDEJO, J.L. *Derecho inmobiliario..., op. cit.*, págs. 408-409.

Para diferenciar ambos conceptos, podemos hacer referencia a la RDGRN de 16 de noviembre de 1956[170], que resolvía sobre la inscripción de una escritura de segregación de una finca no inscrita. En el FD Tercero señala que los preceptos del RH que regulan la segregación, división, agrupación de fincas y excesos de cabida, se refieren a las modificaciones de hecho y de derecho de fincas ya inscritas. Por lo que no son de aplicación a fincas aún no inscritas. Cuando esas fincas se inmatriculen, si hubieren formado parte de otras, no se requerirá la previa inscripción de la finca matriz de la que proceden, porque el asiento inmatriculador versa sobre fincas formadas fuera del Registro y que solo a partir de su ingreso quedan sometidas a los principios hipotecarios de tracto sucesivo y especialidad.

Roca Sastre[171] argumenta de forma clara cómo se trata de fenómenos registrales totalmente distintos con el ejemplo de la segregación o agrupación de fincas que ya constan inmatriculadas. No nos encontramos ante una nueva inmatriculación, sino ante una primera inscripción ordenada por los preceptos reglamentarios y que trae su causa del propio Registro, concretamente del folio registral en el que consten la finca matriz de la que se segrega una parte o las fincas ahora agrupadas. La primera inscripción no inmatriculadora no rompe el tracto sucesivo, si bien este contendrá un historial que comprende fincas registrales contenidas en distintos folios. Por tanto, la primera inscripción, que no es inmatriculación, mantiene la protección del tercero del art. 34 LH, lo que no cabría si de una inmatriculación se tratase.

2.1. Las cualidades de la primera inscripción de dominio

La primera inscripción de dominio deberá verificarse mediante un asiento registral que, siguiendo a Roca Sastre[172], deberá tener las siguientes cualidades:

2.1.1. Deberá ser un asiento de inscripción

El art. 7 LH establece que «*La primera inscripción de cada finca en el Registro de la Propiedad será de dominio y se practicará con arreglo a los procedimientos regulados en el Título VI de esta Ley*». La inmatriculación hace referencia al dominio de la finca, lo que exige un asiento «definitivo y principal»[173]. Por tanto, no puede usarse un asiento diferente, como una cancelación, nota marginal o anotación preventiva.

El art. 42, décimo, LH permite solicitar anotación preventiva a quien «*en cualquiera otro caso tuviese derecho a exigir anotación preventiva*», como, por ejemplo, una anotación preventiva de suspensión de anotación de embargo por falta de la previa inmatriculación del dominio. El art. 203 LH establece el procedimiento a seguir en el expediente de dominio como modo de proceder a la inmatriculación de fincas,

170. RDGRN de 16 de noviembre de 1956. BOE, núm. 357, de 22 de diciembre de 1956.
171. Roca Sastre, R.M. *Derecho Hipotecario,* Tomo IV, pág. 183.
172. Roca Sastre, R.M. *Derecho Hipotecario,* Tomo IV, págs. 184 y ss.
173. García García, J.M. *La finca registral y el Catastro…, op. cit.,* pág. 781.

disponiendo la posibilidad de que se efectúe una anotación preventiva en la regla Tercera: «*El Notario levantará acta a la que incorporará la documentación presentada, remitiendo copia de la misma al Registrador de la Propiedad competente solicitando la expedición de certificación acreditativa de que la finca no consta inscrita en el Registro y que, en su caso, practique anotación preventiva de la pretensión de inmatriculación*».

Cabría pensar que al producirse estas anotaciones preventivas se produce de facto la inmatriculación de la finca a la que dichas anotaciones se refieren. Más bien nos encontramos ante una inmatriculación interina o provisoria[174], ante una situación registral previa a la inmatriculación, con la que se pretende garantizar de forma provisional ciertos derechos susceptibles de protección, mientras se consigue la verdadera inmatriculación de la finca[175].

2.1.2. *Debe tratarse de una inscripción de dominio*

Si bien lo que se incorpora al Registro con la inmatriculación es una finca, dicha incorporación se realiza mediante la inscripción del dominio, haciendo constar la titularidad dominical del inmatriculante. La primera mención que el Registro haga en esa primera inscripción lo será del dominio[176]. Hablamos, pues, de lo que Lacruz Berdejo[177] denomina «primera inscripción en sentido sustantivo», es decir, un asiento que carece de todo soporte causal en uno anterior y al que no se le aplica un límite inicial, el de la exigencia del principio del tracto sucesivo.

Consecuencias de esta necesidad de inscripción dominical son: por un lado, la sabida expulsión de la posesión como medio de acceso de las fincas a los libros tabulares, permitida antes de la Ley Hipotecaria actual[178]; por otro, la imposibilidad de que ese primer asiento haga referencia a derechos reales limitados, a tenor de lo dispuesto en el art. 7 LH, que en su párrafo segundo dispone que «*El titular de cualquier derecho real impuesto sobre finca cuyo dueño no hubiere inscrito su dominio, podrá solicitar la inscripción de su derecho con sujeción a las normas prescritas en el Reglamento*». El procedimiento consta en el art. 312 RH que comienza estableciendo, para quien sea titular de un derecho real sobre una finca no inscrita, que pueda presentar su título en el Registro de la Propiedad, «*solicitando que se tome anotación preventiva por falta de previa inscripción*». Y es que el procedimiento del art. 312 RH finaliza con la inmatriculación de la finca y con la primera inscripción de dominio sobre la misma, no con la del derecho real de quien insta el procedimiento. Se llegará a la inscripción de dominio mediante alguno de los procedimientos establecidos para conseguir la inmatriculación, bien directamente por el dueño de la finca que aporta

174. Roca Sastre, R.M. *Derecho Hipotecario,* Tomo II, pág. 432.
175. García García, J.M. *La finca registral y el Catastro…, op. cit.,* pág. 781.
176. Díez-Picazo, L. *Fundamentos de Derecho..., op. cit.,* Tomo III, pág. 406.
177. Lacruz Berdejo, J.L. *Derecho inmobiliario..., op. cit.,* pág. 407.
178. Art. 5 LH: «Los títulos referentes al mero o simple hecho de poseer no serán inscribibles».

los títulos necesarios en los que conste el dominio inscribible, bien solicitando el anotante dichos documentos del Juez o Jueces donde radiquen los archivos en que se encuentran.

2.1.3. *Cabe la posibilidad de que la primera inscripción de dominio no sea del dominio pleno*

Cabe la posibilidad de inscribir el dominio útil o el directo, en el caso de una finca enfiteútica, al permitirlo el art. 377 RH en el caso de hallarse separados ambos dominios. La primera inscripción podrá ser de cualquiera de ellos; el otro dominio, al inscribirse, se practicará a continuación del primeramente inscrito. Y desde que se inscriba el primero quedará la finca inmatriculada.

Se pregunta García García si cabría la posibilidad de que hubiera inscripciones segundas que tuviesen la consideración de inmatriculatorias. Sería el caso de la inmatriculación producida por la inscripción de una cuota indivisa del dominio, cuando se produzcan las posteriores inscripciones del resto de cuotas; en este supuesto, la finca pertenece en proindiviso a varios comuneros y se pregunta el autor si cualquiera de ellos puede solicitar la inmatriculación, lo que tendrá lugar mediante la inscripción primera, como sabemos, de dominio. ¿Cabe esta posibilidad? Y, en caso afirmativo, las posteriores inscripciones de cuotas indivisas, ¿qué naturaleza jurídica tendrán?

Parece que los autores se inclinan por admitir la posibilidad de esa inmatriculación mediante la primera inscripción de una cuota indivisa del dominio, aunque nada dicen la Ley y el Reglamento al respecto. Si atendemos al art. 203 LH, se exige para la iniciación del expediente de dominio un escrito del titular dominical de la finca, pudiendo entenderse, de ser varios, que sea necesaria la participación de todos ellos. Pero el silencio al respecto de la LH nos debe llevar a procurar que el acceso de la finca al Registro cuente con las menores trabas posibles, siempre de acuerdo con los principios de legalidad y seguridad jurídica. Por tanto, no se debe descartar que el titular de la cuota indivisa proceda a la inmatriculación de la finca, al prevenir el art. 278 RH que «*cuando se pretenda inscribir participaciones o cuotas indivisas de fincas, será obligatoria la citación de los cotitulares*»; y el art. 205 LH, al regular el procedimiento de inmatriculación por título público traslativo, dispone que serán inscribibles «*siempre que no estuvieren inscritos los mismos derechos a favor de otra persona*».

La referencia en plural a los derechos inscritos del art. 205 LH hace pensar que no se agota la totalidad del pleno dominio de la finca, lo que parece permitir la RGDRN de 25 de septiembre de 2014[179]. En ella se resuelve el supuesto de una escritura de donación por la que se pretende inmatricular una finca rústica, resultando del Registro que la mitad indivisa del dominio ya constaba inscrito a nombre de un tercero, lo que hace inviable la inscripción de esa mitad por ir contra el principio

179. RDGRN de 25 de septiembre de 2014. BOE, núm. 270, de 7 de noviembre de 2014.

del tracto sucesivo. Respecto de la mitad no inscrita, exige se cumplan los requisitos establecidos en el art. 205 LH para la inscripción mediante título público.

En esta línea podemos concluir lo expuesto con Curiel Lorente[180] cuando señala que «cuando el dominio de una finca no inmatriculada pertenece a varias personas, no puede impedirse a cualquiera de ellas conseguir la inmatriculación de la finca mediante la sola inscripción de su cuota dominical, sin necesidad de contar con el consentimiento y concurrencia de los demás», porque ello, además, ayuda a poner en concordancia el Registro con la realidad jurídica extrarregistral, «uno de los fines capitales del sistema inmobiliario español».

En cuanto a la naturaleza de las segundas o posteriores inscripciones del resto de participaciones indivisas, no tendrán naturaleza inmatriculadora, según entiende la mayoría de la doctrina. Así, en base a lo prescrito en el artículo 243 LH al disponer que el Registro de la Propiedad se llevará abriendo uno particular a cada finca en el libro correspondiente y que todas las inscripciones, anotaciones y cancelaciones posteriores relativas a la misma finca se practicarán a continuación, Curiel Lorente[181] entiende que la posterior inscripción de cualquier otra cuota se deberá hacer en el folio ya abierto a la primera. Ello provoca una consecuencia inevitable, que la finca ya esté inmatriculada y que su descripción conste al realizarse la primera inscripción de la cuota indivisa inscrita y que tal descripción actúe como presupuesto para todas las demás inscripciones. Se podrá exigir la aplicación de los procedimientos inmatriculadores para esas inscripciones sucesivas de cuotas no inscritas, que ingresarán por primera vez en el Registro, pero no se podrá modificar la descripción física o gráfica de la finca, por lo que deberá acreditarse únicamente la propiedad de la cuota y hacerse cuantas notificaciones y trámites sean necesarios en lo que respecta al aspecto jurídico de la titularidad[182]. Por tanto, nos encontraremos ante inscripciones que no son primeras inscripciones en sentido formal, pues ya existe la primera, que tuvo lugar con la inmatriculación; estamos ante primeras inscripciones solo en sentido sustantivo, que no tienen soporte causal en otra inscripción anterior, tratándose del «primer acceso al Registro de un determinado dominio o cuota dominical, que debe quedar sujeto a los mismos requisitos y efectos que la Ley establece para las que denomina inscripciones de inmatriculación»[183].

García García[184], no obstante, se muestra contrario a esta postura, entendiendo que sí nos encontramos ante verdaderas inmatriculaciones, considerando como presupuesto esencial de la inmatriculación el que la inscripción sea primera en un sentido conceptual, relativo a no tener conexión ni antecedente en el Registro, dado que no proceden del cotitular que inscribió con anterioridad su cuota.

180. Curiel Lorente, F. *Inmatriculación..., op. cit.*, pág. 84.
181. Curiel Lorente, F. *Inmatriculación..., op. cit.*, pág. 85.
182. García García, J.M. *La finca registral y el Catastro..., op. cit.*, pág. 785.
183. Curiel Lorente, F. *Inmatriculación..., op. cit.*, pág. 89.
184. García García, F. *La finca registral y el Catastro..., op. cit.*, pág. 785.

Por último, cabe también la posibilidad de una primera inscripción de la nuda propiedad, estando gravado el pleno dominio con un usufructo. No existen aquí dudas acerca de la necesidad de que la primera inscripción a efectuar lo sea de esa nuda propiedad, pues el art. 7 LH veta la misma a los derechos reales, debiendo sus titulares solicitar al titular del dominio la inmatriculación de la finca en el modo establecido reglamentariamente. Y se deduce también del art. 8 Tercero LH cuando nos habla del dominio menos pleno al disponer que se inscribirán como una sola finca y bajo un mismo número «*Las fincas urbanas y edificios en general, aunque pertenezcan a diferentes dueños en dominio pleno o menos pleno*». No cabrá, por tanto, la inscripción del derecho real de usufructo, que sí aparecerá nombrado al inscribir la nuda propiedad, dado que no se inscribe el pleno dominio; sí constará el usufructo como mera mención, excepcionalmente reflejada en el Registro, pero carente de efectos en beneficio del usufructuario, quien no podrá gozar de los beneficios del principio de fe pública registral. Así lo expone en la RGDRN de 24 de mayo de 1983[185] cuando expresa que la existencia de ese derecho real limitado «*no puede suponer un obstáculo que impida el ingreso de una finca a favor de su legítimo dueño*».

Todos los anteriores supuestos permiten una inscripción que no sea del pleno dominio de la finca, si bien la inmatriculación debe entenderse total y plena, sin que podamos hablar de una inmatriculación parcial[186].

2.1.4. *Ha de tratarse de una primera inscripción*

Como sabemos, el art. 7 LH exige que la primera inscripción de cada finca en el Registro de la Propiedad lo sea de dominio, lo que quiere decir que esa primera inscripción será la que abra el historial registral de la finca. A partir de esta primera inscripción irán realizándose las posteriores inscripciones con una numeración correlativa y especial (art. 8 LH), que tendrán que atenerse siempre al principio del tracto sucesivo, debiendo constar previamente inscrito o anotado el derecho de la persona que otorgue o en cuyo nombre sean otorgados los actos referidos (art. 20 LH).

Chico y Ortiz[187] expone que existen dos posiciones doctrinales: una que asimila los conceptos de inmatriculación y primera inscripción; y otra que los diferencia claramente. El autor entiende que deben distinguirse, sin duda, y que lo que se trata

185. RDGRN de 24 de mayo de 1983. BOE, núm. 162, de 8 de julio de 1983. La Resolución dice expresamente: «*La circunstancia de que el derecho real que grava el inmueble, en este supuesto un derecho de usufructo al que se le yuxtapone una facultad de disponer, no aparezca inscrito en los libros del Registro, si no lo solicita su titular por los medios adecuados para ello, no puede suponer un obstáculo que impida el ingreso de una finca a favor de su legítimo dueño, aun cuando se pueda provocar, como ha señalado un sector doctrinal, una excepción al principio general contenido en el artículo 29 de la Ley por aparecer mencionado un derecho susceptible de inscripción separada e independiente, y en donde indudablemente la fe pública no se extenderá a esta mención, ya que no ha de gozar de los beneficios del sistema quien no ha querido acogerse al mismo*».

186. Sanz Fernández, Á. *Instituciones…, op. cit.*, Tomo II, pág. 509.

187. Chico y Ortiz, J.M. *Estudios..., op. cit.*, Tomo I, págs. 711 y ss.

de averiguar es si en nuestro Derecho existe o no verdadera inmatriculación; por lo que debemos seguir a LACRUZ BERDEJO[188] en el sentido de distinguir entre los conceptos de inmatriculación y primera inscripción; la inmatriculación de la finca estará siempre acompañada de un asiento de primera inscripción que lo será del dominio; la inmatriculación tiene por objeto la finca, mientras la primera inscripción se refiere a su titularidad dominical.

Por ello, la inmatriculación coincidirá siempre con una primera inscripción formal y con una primera inscripción en el sentido sustantivo. Porque nos encontraremos con supuestos en los que puede producirse una primera inscripción en sentido formal que no resulte de la inmatriculación.

2.1.5. *Casos con la diferencia entre inmatriculación y primera inscripción*

Concretamente, existen supuestos en los que se puede discernir claramente la diferenciación que existe entre inmatriculación y primera inscripción dominical o en sentido registral. Casos en los que la primera inscripción de un registro particular no es inmatriculatoria, sino que abre el registro particular en relación con inmuebles que ya han accedido previamente al Registro[189]. SANZ FERNÁNDEZ[190] denomina a estos asientos como «primeras inscripciones» en un sentido estricto, pues el inicio de la vida registral de la finca responde a una derivación o modificación de otras fincas ya inscritas; mientras que el ingreso de la finca por primera vez al Registro da lugar a la «inscripción de inmatriculación», al no existir conexión ni relación alguna con asientos anteriores.

Es el caso en el que se produce el acceso al Registro de las modificaciones de fincas previamente inmatriculadas; piénsese en los casos de agrupaciones de fincas, segregaciones o divisiones; en estos casos, las nuevas unidades registrales no acceden materialmente al Registro por primera vez; ya habían accedido con anterioridad y sus características físicas y los derechos recayentes sobre las mismas se encontraban en los libros tabulares; la nueva finca independiente que accede al Registro es una derivada de las que ya se encontraban inmatriculadas; no tendrá lugar una aparición originaria en el Registro de la Propiedad, sino una consecuencia de lo que ya constaba en el mismo como resultado de algún particular negocio jurídico con efectos registrales.

En definitiva, podemos concluir diciendo que la inmatriculación coincidirá siempre con una primera inscripción en sentido ordinal y con la primera inscripción en sentido registral. Y esa inscripción ordinal, en esos casos de nuevas unidades registrales, se halla sometida a las exigencias del tracto sucesivo y despliega desde el primer momento la normal eficacia defensiva y ofensiva[191]. Salvo los particulares

188. LACRUZ BERDEJO, J.L. *Derecho inmobiliario..., op. cit.*, pág. 409.
189. PEÑA BERNALDO DE QUIRÓS, M. *Derechos reales. Derecho hipotecario*, Tomo II, 4ª edición, Centro de Estudios Registrales, Madrid 2001, pág. 545.
190. SANZ FERNÁNDEZ, Á. *Instituciones..., op. cit.*, pág. 504.
191. LACRUZ BERDEJO, J.L. Y SANCHO REBULLIDA, F. *Elementos..., op. cit.*, Tomo III bis, pág. 324.

casos expresados, la inmatriculación y la primera inscripción en sentido registral pueden considerarse equivalentes[192].

Casos de primeras inscripciones ordinales que no lo son registrales o sustantivas son, por ejemplo: la de los pisos o locales de un edificio en régimen de propiedad horizontal, siempre que conste previamente en la inscripción del inmueble la constitución de dicho régimen (art. 8 Quinto LH); la inscripción de la transmisión de una cuota indivisa de finca destinada a garaje o estacionamiento de vehículos, que podrá practicarse en folio independiente que se abrirá con el número de la finca matriz (art. 68 RH); o el del comunero o copartícipe en aguas de uso privado consideradas bienes inmuebles, quien podrá inscribir a su nombre como finca independiente o, en su caso, en el folio de la finca que disfrute del riego, la cuota o cuotas que le correspondan en el agua y demás bienes afectos a la misma con referencia a la inscripción principal (art. 66, párrafo sexto RH).

Nos encontramos ante supuestos en los que se produce el acceso de una nueva finca registral al Registro, un primer asiento de la finca en sentido formal. Pero no se dará el presupuesto necesario de primer asiento sustantivo para poder considerar que ante una inmatriculación nos encontramos. Ese primer asiento formal tiene su soporte causal en uno anterior, si bien correspondiente a otra finca, de la que la nueva procede o forma parte.

García García[193] expone con claridad los tres supuestos en los que se produce esta circunstancia de la conexión entre las fincas nuevas y las denominadas matrices:

- En primer lugar, cuando se produce una conexión histórica entre las fincas matrices y las resultantes, no existiendo ya una unión actual. Son los casos de las «modificaciones de entidades hipotecarias», tales como la agrupación, segregación, agregación y división de fincas. Las nuevas entidades hipotecarias, entendidas como fincas desde su punto de vista físico, ya han accedido con anterioridad al Registro. Ahora se produce una modificación en sus características puramente físicas. Pero ese concreto trozo de terreno ya constaba debidamente inscrito. Las nuevas entidades y las antiguas mantendrán una conexión histórica, arrastrarán las mismas cargas que tenía la finca matriz y participarán con esta en cuanto a la titularidad y al título adquisitivo. Por ello, en las fincas nuevas se procederá en primer lugar a su descripción, en la que se hará constar que proceden de la finca matriz, con relación de las cargas de esta que les afecten. Y a partir de la inscripción de las nuevas fincas, actuarán ya como fincas independientes, con su propia historia registral. Cuando se produzca una modificación de su titularidad, la titularidad de la finca matriz antes conectada pasará a ser un dato registral histórico.
- En segundo lugar, está el caso de las fincas nuevas que mantienen una conexión permanente, y no solo histórica, con las anteriores. Se da esta

192. Roca Sastre, R.M. *Derecho Hipotecario,* Tomo IV, pág. 186.
193. García García, J.M. *La finca registral y el Catastro..., op. cit.,* págs. 123 y ss.

circunstancia en los casos de la propiedad horizontal y los complejos inmobiliarios. En un primer momento, existe una conexión con la finca matriz, sin perjuicio de las nuevas cargas y titularidades que las fincas nuevas puedan tener en adelante, siendo en estos aspectos fincas plenamente independientes. Pero sí mantienen una conexión con la finca matriz, al ser partes de ella, en cuanto a los elementos comunes y normas estatutarias, que lo son de la finca matriz y pasan ineludiblemente a serlo de cada una de las nuevas entidades procedentes de ella, con independencia de que consten en un folio registral distinto.

- Por último, se refiere el autor a los casos de las denominadas titularidades «*ob rem*», en los que la titularidad de una determinada finca se configura por referencia a quien sea el titular de otra u otras fincas. Esta circunstancia es posible tanto en fincas que se encuentran en la misma propiedad horizontal (como la titularidad de una plaza de garaje que pertenezca a quien conste como propietario de una determinada vivienda), como en fincas sitas en distintas propiedades horizontales o en fincas que no se encuentran incluidas en ninguna. El nacimiento registral de estas nuevas fincas procedentes de una matriz anterior conllevará, en este caso, a que la titularidad «*ob rem*» quede reflejada en ambas, lo que permitirá un control futuro de los actos de transmisión y gravamen, que deberán referirse conjuntamente a ambas entidades hipotecarias.

Apunta Sanz Fernández[194] que tampoco tendrán carácter de inmatriculación las inscripciones practicadas en virtud de expedientes de reanudación del tracto sucesivo, que suponen una abreviación o comprensión del tracto formal, pero no un ingreso nuevo de la finca en el Registro; ni las inscripciones que supongan modificación de la descripción de fincas ya inscritas, como la de dejar constancia de una nueva edificación en la misma, o plantaciones, cultivos o mejoras en general; ni, por último, las anotaciones preventivas practicadas respecto a fincas no inscritas, pues siendo primeras, no se refieren al dominio.

Como nos dice el autor, en todos los supuestos en los que se produce la inmatriculación nos encontramos ante una primera inscripción que no ha de guardar conexión alguna con asientos referentes a otras fincas. La que se inscribe lo es nueva en absoluto en los libros registrales, viviendo antes en régimen jurídico extrarregistral e incorporándose al régimen del Registro. Y en ello se encuentran las diferencias con esos otros supuestos en los que sí se produce una derivación de otras fincas ya inscritas[195]:

- En los casos de no inmatriculación, los títulos deberán ser adecuados a su naturaleza, en los términos previstos en el art. 50 RH[196]. Sin embargo, la inmatriculación requerirá de una titulación o procedimiento especial.

194. Sanz Fernández, Á. *Instituciones…, op. cit.*, Tomo II, págs. 507-508.
195. Sanz Fernández, Á. *Instituciones…, op. cit.*, Tomo II, págs. 510-511.
196. Art. 50 RH: «*Todas las operaciones de agrupación, división, agregación y segregación se practicarán en el Registro en virtud de escritura pública en que se describan las fincas a*

- En cuanto a los efectos, las inscripciones de dominio que tienen lugar como consecuencia de la inmatriculación tienen unos efectos restringidos, al no tener conexión alguna con asientos anteriores o con el régimen de las fincas a las que se refieren, no estando amparados sus titulares en el principio de la fe pública registral. Sí gozan de esa presunción los titulares de las primeras inscripciones formales, pero no sustantivas, que tengan lugar como consecuencias de las agrupaciones, divisiones, segregaciones o agrupaciones de fincas.
- Y por lo que respecta a los terceros adquirentes, cuya adquisición derive del titular del asiento de dominio procedente de la inmatriculación, no siempre estará amparado por la fe pública, sí estándolo los titulares de asientos derivativos de las primeras inscripciones formales consecuencia de modificaciones de entidades hipotecarias.

2.1.6. *La finca, en consecuencia, no podrá estar inscrita a nombre de persona alguna*

Es requisito esencial de la inmatriculación su no inscripción previa a favor de persona alguna, lo que conlleva la necesaria tarea calificadora registral en orden a determinar con verdadera exactitud que la finca no conste ya inscrita. Lo que ha sido extremadamente dificultoso antaño, si bien se facilita últimamente con las modernas técnicas de coordinación del Registro con el Catastro.

La tarea calificadora tendrá dos vertientes distintas: una, la de verificar que la finca no esté inscrita a favor de otra persona; otra, la de comprobar que no se encuentre inscrita la finca, bien lo sea totalmente, bien se encuentre ya inscrita alguna parte de la que pretende ser objeto de inmatriculación, por coincidir en algunos detalles descriptivos, lo que hace que el Registrador tenga dudas sobre el hecho de que se trate de la misma finca. Ambos supuestos darán lugar a la denegación de la inscripción solicitada. Así lo dispone, para las certificaciones de dominio, el art. 306 RH: «*Cuando las certificaciones expedidas con arreglo a los artículos anteriores estuvieren en contradicción con algún asiento no cancelado, o se refiriesen a fincas o derechos reales cuya descripción coincida en algunos detalles con la de fincas o derechos ya inscritos, los Registradores suspenderán la inscripción solicitada, extendiendo anotación preventiva si la pidiera el interesado, y remitirán copia de los asientos contradictorios a la Autoridad que haya firmado aquellas certificaciones*».

---

que afecten, así como las resultantes de cualquiera de dichas operaciones y las porciones restantes, cuando fuere posible, o, por lo menos, las modificaciones en la extensión y los linderos por donde se haya efectuado la segregación. Si no constare en el Registro la cabida total de las fincas, deberá expresarse en las notas marginales en que se indique la operación realizada».

2.2. Algunos ejemplos significativos de las cualidades exigidas a la certificación de dominio

Ejemplos de cómo se exigen esos requisitos anteriormente expuestos en las certificaciones de dominio los tenemos en algunas inmatriculaciones realizadas por la Archidiócesis de Sevilla y la Diócesis de Córdoba. El asunto llamó la atención tras salir en la prensa nacional, concretamente en una noticia del diario El País, de 21 de febrero de 2021[197], poco tiempo después de hacerse público el listado de bienes inmatriculados elaborado por el Gobierno.

La noticia hacía referencia a la labor inmatriculadora desarrollada por la Archidiócesis sevillana, que había consistido en la inscripción de 295 fincas, comprendiendo toda clase de bienes, templos, monasterios y otro tipo de edificios y bienes, con especial mención a la controversia que había surgido con algunas hermandades y cofradías al considerar estas tener determinados derechos sobre algunas capillas que forman parte de templos objeto de inmatriculación. De la documentación existente sobre los casos citados en la noticia y alguno particular ocurrido en Córdoba, podemos hacer referencia a los siguientes:

2.2.1. *La Parroquia de la Magdalena y la Hermandad de la Quinta Angustia, de Sevilla*

La Archidiócesis de Sevilla inmatricula la Parroquia de Santa María Magdalena a principios de 2012, mediante escritura de elevación a público de la certificación de dominio expedida por el Vicario General de la Diócesis, en la que se hace referencia a que el referido templo es propiedad de dicha institución eclesiástica desde tiempo inmemorial, según los antecedentes que obran en el Arzobispado y tal como consta en el Libro de Administración Principal de Derechos y Propiedades del Estado en la Provincia de Sevilla, de 10 de octubre de 1860. La inmatriculación se hace del pleno dominio de la finca.

Una vez realizada la inmatriculación, la Hermandad de la Quinta Angustia, con sede canónica en la Parroquia inscrita, debió plantear la existencia de derechos sobre la capilla en la que se veneran al culto sus sagrados titulares. Lo que, suponemos, llevó a buscar una solución que permitiera el reconocimiento sin afectar a la inmatriculación realizada, que lo fue del pleno dominio, recordamos, impidiendo así la existencia de otro titular si no se transmitiese una participación indivisa mediante un título derivativo.

Como solución, se formaliza escritura de reconocimiento de dominio a la Hermandad por parte de la Archidiócesis, haciendo referencia a que el pleno dominio anteriormente inscrito lo es sin perjuicio del reconocimiento de los derechos de

197. https://elpais.com/sociedad/2021-02-20/capillas-de-cofradias-campanarios-o-iglesias-en-cotos-privados-los-conflictos-por-las-inmatriculaciones.html?event_log=oklogin [Consulta 19 de diciembre de 2023].

uso perpetuo, capellanías o patronazgos, censos o afines, que pudieran acreditar cualesquiera personas físicas o jurídicas, públicas o privadas, pertenecientes a la Iglesia Católica, dentro del destino cultual del templo y de la indubitada propiedad plena que corresponde a la Archidiócesis. Y se hace constar el hecho de que la Hermandad tiene documentación antigua que le acredita como titular de un derecho de uso perpetuo de la capilla, que en el actual Derecho Civil solo puede asemejarse al derecho de propiedad.

A causa de lo anterior, en escritura pública se reconoce por la Archidiócesis ese derecho al uso y posesión definitivos y perpetuos por la Hermandad, similar al dominio, siempre que no vaya en contra del Derecho de la Iglesia, bajo la jurisdicción del Obispo y del párroco de Santa María Magdalena, revirtiendo esa propiedad en el Arzobispado de extinguirse la Cofradía. Lo que lleva a la inscripción registral de ese reconocimiento de dominio.

Por tanto, el ejemplo nos indica que la primera inscripción debe ser de dominio. Habiéndolo sido del dominio pleno, la solución a la titularidad posible de otra persona se debió hacer mediante un título distinto, el del reconocimiento de ese derecho de uso perpetuo, similar a la propiedad, dado que la simple posesión no es inscribible.

2.2.2. *La Parroquia de San Lorenzo y la Hermandad del Gran Poder, de Sevilla*

Otro caso singular de inmatriculación lo encontramos en el inmueble conocido como Parroquia de San Lorenzo de la capital hispalense. En el año 2009 se inmatricula en virtud de certificación de dominio, con una descripción de superficie y linderos en los términos coincidentes con la certificación catastral descriptiva y gráfica que se adjuntaba. En la descripción del templo constan detalladas las capillas que lo conforman, entre las que se encuentra la llamada Capilla del Dulce Nombre, situada en la primera nave a la izquierda, según se entra desde la Plaza de San Lorenzo.

La referida Capilla resulta ser propiedad de la Hermandad del Gran Poder, existiendo un error evidente en el Catastro por, suponemos, incluirla dentro del templo como parte del mismo. El error se corrige mediante la modificación catastral necesaria, pasando a existir dos fincas catastrales distintas.

La solución registral consistió en la modificación de la descripción y linderos descritos en la certificación de dominio, al no coincidir con la realidad jurídica extrarregistral ni con la catastral, una vez modificada. Por tanto, se modifica por el Registrador la superficie, descripción y linderos, lo que da pie a que se pueda emitir certificación de dominio sobre la Capilla. Al no formar parte de la finca anteriormente inmatriculada, una vez se había modificado su superficie, descripción y linderos, había dejado de constar inscrita, lo que permitía la inmatriculación de esa parte del templo que ya no constaba en los libros tabulares.

Por tanto, con la misma fecha se produce la rectificación de la descripción del templo parroquial, lo que deja sin constancia registral la parte de la Capilla que por error figuraba en Catastro como parte del mismo. La inmatriculación de la Capilla se produce en virtud del art. 206 LH, en base a los títulos de adquisición de la Hermandad que se remontan al siglo XVIII. De no haberse arbitrado la rectificación de la descripción del templo no habría sido posible la inmatriculación de la Capilla, pues la primera inscripción, necesariamente, debe ser de dominio. De haber continuado la anterior descripción, linderos y superficie, la titularidad de la Hermandad del Gran Poder sobre su capilla solo habría sido posible mediante título transmisivo de la Archidiócesis o mediante sentencia judicial ordenando la rectificación de la inscripción del templo y la inscripción posterior de la Capilla a nombre de su verdadero propietario.

2.2.3. *El caso del quiosco adyacente a la Iglesia de San Hipólito, en Córdoba*

Un caso parecido al anterior tuvo lugar en la Diócesis de Córdoba cuando se produjo la inmatriculación de la Iglesia de San Hipólito y sus dependencias. Junto a la referida Iglesia existe un pequeño quiosco de no más de 10 metros cuadrados. Cuando la Diócesis inmatricula el templo no lo hace incluyendo el referido quiosco, dado que este no constaba en el Catastro. En consecuencia, el quiosco no accedió en ningún caso al Registro.

Cuando se levanta la polémica por las inmatriculaciones se pone el foco, especialmente, en la Diócesis de Córdoba, con algunos casos que se desgranan a lo largo de todo nuestro trabajo. Uno de ellos es el de este quiosco, acusándose desde los medios de comunicación a la Diócesis de haber inmatriculado un espacio público. Entre otras cosas, se publicaron afirmaciones como las siguientes: «Otro pelotazo urbanístico por el que se apropió un antiguo estanco junto a una colegiata usando leyes franquistas»[198] o «Sólo se anuló la inmatriculación del quiosco de San Hipólito por un error reconocido por el Obispado»[199].

Cuando la Gerencia Municipal de Urbanismo de Córdoba advirtió al Obispado de esta posible inmatriculación indebida, aportando los documentos justificativos de la propiedad municipal, se respondió en los términos aludidos de no haberse producido la inmatriculación del quiosco, sino solo de lo que constaba en el Catastro y que correspondía a la Iglesia y dependencias, propiedad de la Diócesis. Así, se procedió por parte del Ayuntamiento de Córdoba a dar de alta catastral al referido quiosco, con el fin de poder proceder a su debida inscripción en el Registro de la Propiedad.

198. https://www.elplural.com/autonomias/andalucia/la-voracidad-del-obispado-de-cordoba-hace-que-inmatricule-hasta-un-kiosko-del-ayuntamiento_34413102 [Consulta 28 de diciembre de 2023].
199. https://sevilla.abc.es/andalucia/cordoba/sevi-ayuntamiento-cordoba-pierde-pugnas-propiedades-iglesia-201808282101_noticia.html [Consulta 28 de diciembre de 2023].

Al contrario que en el caso de la Iglesia de San Lorenzo de Sevilla, en el que dos inmuebles constaban catastrados como uno solo, motivando un error en la descripción del templo inscrito, en el caso de Córdoba solo existe un inmueble catastrado correctamente, no constando en Catastro el otro, motivando que la inmatriculación del templo fuese correcta en cuanto a descripción, superficie y linderos, con la salvedad de no hacer referencia a que en parte de uno de sus lados lindaba con el pequeño quiosco allí existente.

2.2.4. *La Parroquia de San Gil Abad, de Sevilla*

En el caso de San Gil, templo adyacente a la Basílica de la Macarena y anterior sede canónica de esa popular Hermandad de Penitencia, nos encontramos con otro supuesto que acredita la necesidad de inmatricular mediante una primera inscripción de dominio, con la particularidad de que existe más de un titular.

Dentro del templo parroquial se encuentra la denominada Capilla «Esperanza Nuestra» en la que residió la Hermandad de Nuestro Padre Jesús de la Sentencia y María Santísima de la Esperanza Macarena hasta su traslado a la Basílica de la Macarena en el año 1949. Dicha Capilla había sido adquirida por la Hermandad en escritura de compraventa de fecha 3 de julio de 1670.

La solución dada por la Archidiócesis de Sevilla a la existencia de dos titulares en un mismo espacio cultual, la Parroquia de San Gil Abad, fue la de emitir en 2015 certificación de dominio en la que se describen las partes propiedad de cada titular de manera exhaustiva, haciendo alusión a la superficie y linderos de cada una de ellas y a las del inmueble en su conjunto. Y como consecuencia de ello, se declara como titular a cada uno en proindiviso, con una participación proporcional a la superficie correspondiente a la Capilla y resto del templo, correspondiendo a la Hermandad un 5,25% y a la Archidiócesis un 94,75% del pleno dominio.

2.2.5. *La Parroquia de Santa Catalina y la Hermandad de la Exaltación, de Sevilla*

Supuesto similar al anteriormente descrito es el de la Iglesia parroquial de Santa Catalina, si bien coincide también en las características vistas al analizar el caso de la Iglesia de la Magdalena.

En el año 2009 se procede a la inmatriculación de la totalidad del templo por parte de la Archidiócesis de Sevilla por certificación de dominio expedida por el Vicario General, aludiendo a la falta de título escrito y a su adquisición en pleno dominio desde tiempo inmemorial, como consta en el Libro de Administración Principal de Propiedades y Derechos del Estado en la Provincia de Sevilla de 10 de octubre de 1860.

En el año 2015, la propia Archidiócesis solicita la rectificación del asiento en los siguientes términos: en primer lugar, se procede a una descripción más exhaustiva de todo el conjunto edificatorio, detallando las distintas dependencias y capillas que lo conforman; en segundo lugar, se hace constar que tanto la llamada Capilla Sacramental como la Sala Capitular son propiedad de la Hermandad de la Exaltación, en virtud de escritura de 20 de enero de 1746 otorgada ante escribano público, procediéndose a su descripción y constancia de su superficie; en tercer lugar, se hace referencia a la existencia de un derecho real de censo sobre la llamada Capilla de la Exaltación, por escritura formalizada ante escribano público el 19 de abril de 1702, correspondiendo el dominio directo a la Archidiócesis de Sevilla y el útil a la Hermandad de la Exaltación.

De la anterior rectificación se solicita del Registrador inscriba que la Archidiócesis es titular del dominio en una cuota del 88,90% y la Hermandad de la Exaltación del 11,10%, lo que así queda inscrito, junto con el derecho real de censo enfitéutico, en virtud de lo establecido en los arts. 40 LH y 377 RH.

2.2.6. *El templo colegial del Divino Salvador, de Sevilla*

La misma situación de proindiviso nos encontramos en el caso de la Iglesia del Divino Salvador. El edificio es descrito de forma exhaustiva diferenciando dos partes: una parte, la Capilla y dependencia propias de la Hermandad de Pasión, cuyo título adquisitivo se remonta a una escritura de dación y permuta otorgada por el colegio de canónigos de la Iglesia Colegial en 1726, y otra de cesión de un solar por el mismo Colegio en 1726; otra parte, la propia Iglesia Colegial del Divino Salvador y sus dependencias, de las que es dueña la Archidiócesis desde tiempo inmemorial, como consta en el Libro de Administración Principal de Propiedades y Derechos del Estado de la Provincia de Sevilla de 10 de octubre de 1860.

De los datos descriptivos aportados, la certificación de dominio dispone que el edificio en su totalidad pertenece a la Archidiócesis y la Archicofradía de Nuestro Padre Jesús de la Pasión con unas cuotas del 91% y 9%, respectivamente.

3. LA INMATRICULACIÓN ABRE FOLIO, HOJA O REGISTRO PARTICULAR A LA FINCA CORRESPONDIENTE

El art. 243 LH dice que «*El Registro de la propiedad se llevará por fincas, abriendo un folio real en soporte electrónico particular a cada una de ellas. La calificación de los títulos referentes a una finca, la gestión, modificación y publicidad formal del contenido de dicho folio real se realizará por el registrador competente en cada caso, en función de la ubicación de la finca y la demarcación del Registro de la Propiedad correspondiente, conforme a las normas vigentes. Todas las inscripciones, anotaciones y cancelaciones posteriores relativas a la misma finca se practicarán a continuación en el folio real correspondiente a aquella*». Cada finca tendrá un número diferente y correlativo (art. 8 LH y art. 42 RH).

Pero desde la modificación de la LH por la Ley 13/2015, la inmatriculación de nuevas fincas y la consiguiente apertura de folio registral requerirá únicamente que la finca se identifique con el Código Registral Único (CRU) (art. 9 LH). Este código pretende ser como el DNI de las fincas registrales. A estos efectos, se seguirá el modelo implantado por los propios Registradores de la Propiedad en el año 2008 con el denominado Idufir, que consta de 14 caracteres numéricos.

La Resolución-Circular de 3 de noviembre de 2015 de la DGRN dispone en su apartado Quinto, artículo 1 lo siguiente: «*Se utilizará como código registral único de finca contemplado en el artículo 9 y otros de la Ley Hipotecaria, el actual sistema de identificador único de finca registral diseñado por el Colegio de Registradores y utilizado en los registros de la propiedad y será aplicable tanto a las fincas registrales preexistentes al 1 de noviembre de 2015 como a las que abran folio real a partir de dicha fecha, incluidas las participaciones indivisas que determinen la apertura de folio registral*».

Y el mismo punto 1 establece para las fincas que se inmatriculen en adelante lo siguiente: «*A partir de la fecha de la resolución por la que se apruebe la homologación de la aplicación a que se refiere el artículo 9 de la Ley Hipotecaria, a las nuevas fincas registrales y demás supuestos que conforme a la legislación hipotecaria abran folio real propio, sólo se les asignará el código único de finca registral especificado en esta resolución-circular, y, para evitar duplicidades y disfunciones, no se les asignará el número de finca o subfinca particular dentro de cada registro, término municipal y sección que procedía conforme a la normativa reglamentaria anterior a la implantación legal del código registral único.*

Una finca registral, en tanto mantenga su individualidad jurídica través de su propio folio real, no podrá tener más que un código registral único, que en todo caso permanecerá invariable, y ello con independencia de las alteraciones que se produzcan en la demarcación geográfica de los distritos hipotecarios. A una nueva finca no se le podrá asignar el mismo código registral único de finca que hubiera tenido ninguna otra con anterioridad».

Para las fincas ya inmatriculadas y que no contengan este Código, el punto 3 de la Resolución-Circular dispone que los Registradores hagan constar la asignación del nuevo código mediante nota marginal, cuando se produzca un asiento relacionado con la finca en cuestión.

No obstante, la RDGRN de 2 de septiembre de 2016[200] matiza lo dispuesto en la reforma del art. 9 LH y la Resolución-Circular para las fincas que acceden por primera vez al Registro, cuando dice lo siguiente: «*Así, a las nuevas fincas registrales y demás supuestos que conforme a la legislación hipotecaria abran folio real propio (como el presente caso de segregación), sólo se les asignará este código registral único, cuya composición se define en dicha Resolución, y para evitar duplicidades y disfunciones, no se les asignará el número de finca o subfinca particular dentro de cada registro, término municipal y sección que procedía conforme a la normativa reglamentaria anterior a la implantación legal del código registral único, sin perjuicio de que pueda continuar utilizándose la numeración tradicional únicamente a efectos meramente internos o para facilitar el trabajo de la oficina*». La DGRN permite seguir utilizando la asignación tradicional de número,

200. RDGRN de 2 de septiembre de 2016. BOE, núm. 233, de 27 de septiembre de 2016.

pero solo con carácter facultativo y únicamente a efectos internos de la Oficina Registral; en cuantas actuaciones tengan lugar de cara al exterior, el Registrador utilizará solamente el Código Registral Único (CRU).

Con independencia de la forma de asignar un número o código determinado, la inmatriculación conlleva necesariamente la apertura de un folio registral a la finca que accede por primera vez al Registro. Y aquí no cabe la identificación exacta de inmatriculación y apertura de folio, pues existen supuestos en los que la apertura del folio no supone que se haya producido la inmatriculación. Así, ambos términos no son plenamente coincidentes, siendo un concepto más amplio el de apertura de folio[201]. Ejemplos ya vistos de supuestos en los que la apertura del folio no conlleva una inmatriculación son los de inscripción de pisos o locales en la propiedad horizontal, las distintas formas de modificación de entidades hipotecarias y los casos de subrogación real derivada de reparcelaciones y compensaciones urbanísticas.

4. LA INMATRICULACIÓN TIENE LUGAR COMO CONSECUENCIA DE DETERMINADOS MEDIOS ESPECIALES

Los medios para que una finca acceda por primera vez al Registro y se produzca la primera inscripción en sentido registral se encuentran recogidos por la LH en su título VI, al regular la concordancia entre el Registro y la realidad jurídica. Después de disponer el art. 198 LH que esta concordancia se llevará a cabo por la primera inscripción de las fincas que no estén inscritas a favor de persona alguna, el art. 199 LH enumera dichos medios de inmatriculación: el expediente de dominio, el título público de adquisición y la certificación de dominio.

Y es el art. 206 LH el que recogía la facultad de la Iglesia Católica de poder inmatricular en el Registro sus bienes al establecer que «*El Estado, la Provincia, el Municipio y las Corporaciones de Derecho Público o servicios organizados que forman parte de la estructura política de aquél y las de la Iglesia Católica, cuando carezcan de título escrito de dominio, podrán inscribir el de los inmuebles que les pertenezcan mediante la oportuna certificación librada por el funcionario a cuyo cargo esté la administración de los mismos, en la que se expresará el título de adquisición o el modo en que fueron adquiridos*».

Roca Sastre[202] enumera los distintos medios inmatriculadores existentes en nuestra legislación hipotecaria histórica, hasta diez; así, el expediente posesorio (art. 392 y ss. LH 1909), la certificación posesoria de bienes del Estado y corporaciones civiles y eclesiásticas (art. 26 y ss. RH 1915), las resoluciones definitivas recaídas en interdictos de adquirir, retener y recobrar la posesión (art. 17 RH 1915), el expediente de dominio (art. 400 LH 1909), el documento público de transmisión con determinados requisitos (art. 20 LH 1909), los títulos de concesiones adminis-

201. García García, J.M. *La finca registral y el Catastro..., op. cit.*, pág. 780.
202. Roca Sastre, R.M. *Derecho Hipotecario, op. cit.*, Tomo IV, págs. 194-195.

trativas (por distintas resoluciones, 9 de julio de 1863, 12 de diciembre de 1864, 8 de julio de 1878, 10 de abril de 1894, entre otras), certificaciones de los Tesoreros de Hacienda adjudicando bienes al Estado por débitos fiscales (art. 204 Estatutos de Recaudación de 18 de diciembre de 1928), resoluciones judiciales en materia de capellanías colativo-familiares extinguidas (RD 17 de abril de 1925), resoluciones judiciales declarando la propiedad de bienes inmuebles, y, en los Registros destruidos, las actas de notoriedad y los títulos anteriormente inscritos.

La actual LH redujo sensiblemente los medios inmatriculadores en el título VI, disponiendo que se realizará por expediente de dominio, título público de adquisición, complementado por acta de notoriedad cuando no se pueda acreditar de modo fehaciente el título de adquisición del transmitente o enajenante, y mediante las certificaciones de dominio. Y con la reforma 13/2015, de 24 de junio, la inmatriculación se recoge en el art. 198, 5° LH, dentro de los distintos procedimientos establecidos para concordar el Registro de la Propiedad y la realidad física y jurídica extrarregistral. El articulado del título VI desgrana los distintos medios inmatriculadores vigentes: el expediente de dominio (art. 206 LH), el título público traslativo (art. 205 LH), en determinados supuestos relacionados con distintas operaciones de naturaleza urbanística y de sentencias declarativas del dominio (art. 204 LH) y las certificaciones de dominio en favor de las Administraciones públicas y entidades de Derecho público (art. 206 LH).

III. DIFERENCIA ENTRE INMATRICULACIÓN Y DERECHO DE PROPIEDAD

En la polémica suscitada con relación a la facultad concedida por la Ley Hipotecaria a la Iglesia Católica para poder inmatricular sus bienes mediante certificación de dominio siempre está latente la confusión de dos instituciones jurídicas totalmente distintas, pero que se quieren asimilar con el fin de imputar a la Iglesia un comportamiento contrario al ordenamiento jurídico. En la gran mayoría de informaciones sobre el particular, se afirma que la Iglesia se ha apropiado de los bienes inmuebles al inmatricularlos en el Registro, confundiendo inmatriculación con derecho de propiedad[203].

Frente a esta pretendida confusión, nuestro Derecho es claro. Como apunta Campuzano y Horma[204], el Registro «por sí solo, no crea, modifica ni extingue los derechos. La inscripción es requisito indispensable, mas no suficiente para la adqui-

203. (Consulta 19 de noviembre de 2022) https://www.lasexta.com/noticias/nacional/los-beneficios-de-las-inmatriculaciones-la-mezquita-de-cordoba-le-costo-a-la-iglesia-30-euros-y-ahora-cobran-las-entradas-a-10_201808215b7c1a630cf271b0ab83521c.html. Lo expuesto en esta noticia se repite insistentemente en cuantas búsquedas puedan realizarse en torno a la polémica de las inmatriculaciones.

204. Campuzano y Horma, F. *Elementos de Derecho Hipotecario*, Volumen II, Editorial Reus, Madrid 1931, pág. 356.

sición de esos mismos derechos. Estos viven y mueren en virtud de actos y contratos que se producen fuera del Registro». La existencia de esos derechos deberá constar en algún tipo de documento; pero puede suceder, y sucede con más frecuencia de la deseada, que no exista título formal en el que consten esos derechos existentes en la realidad jurídica extrarregistral. Por esta posible inexistencia de títulos escritos, formales, existiendo verdaderos títulos materiales sobre los derechos inscribibles, la legislación hipotecaria ha debido prever medios que permitan el acceso de esos derechos al Registro de la Propiedad. De ahí que «haya habido necesidad de buscar medios y procedimientos para que el propietario que carezca de documento o título justificativo de su dominio pueda obtener otro supletorio que le permita acogerse al régimen de inscripción»[205].

Surgen así los procedimientos de inmatriculación mediante los que se prevé el ingreso de las fincas por primera vez al Registro de la Propiedad. Ingreso que estará fundamentado en un título escrito de dominio o que lo será de derechos que no constan en dichos títulos escritos. Por esta razón, nuestra legislación se ha caracterizado por una multiplicidad de medios para obtener la inmatriculación[206]. En cualquier caso, no cualquier título servirá o podrá provocar el acceso de una finca al Registro; tan solo accederán aquellas que se basen en determinados medios o títulos *ad hoc*.

El mismo término «inmatriculación», nos dice SANZ FERNÁNDEZ[207], aparece en nuestra doctrina hipotecaria importado de la técnica germánica; porque se trata de la incorporación de la finca al Registro, lo que es perfectamente aplicable a sistemas registrales como el alemán o el suizo, al conllevar las siguientes características fundamentales: 1.ª Que no supone la inscripción de derecho alguno en el Registro, sino el acceso de la finca a los folios registrales, con su descripción y características físicas; 2.ª Que la inmatriculación se practica de oficio, no necesitando petición de parte interesada; 3.ª Se pretende una correspondencia exacta con los datos del Catastro. Ello es difícilmente transportable a nuestro sistema hipotecario. En los sistemas alemán y suizo es el Registro el que crea el derecho real, bien unido al simple consentimiento abstracto de los interesados, bien mediante su unión a un título jurídico; los derechos reales no existen sino a través del Registro, cuyos asientos dan vida al derecho que antes no existía; y para ese nacimiento del derecho, la finca sobre la que recae debe estar previamente inmatriculada.

205. CAMPUZANO Y HORMA, F. *Elementos…, op. cit.*, Volumen II, pág. 356.

206. SANZ FERNÁNDEZ, Á. *Comentarios a la nueva Ley Hipotecaria*, Academia Matritense del Notariado, Madrid 1945, pág. 452. Afirma el autor que, en materia de medios de inmatriculación, la Ley Hipotecaria de 1944-1946 significó una importante evolución; porque en el Anteproyecto de PORCIOLES se trató de arbitrar un procedimiento único de inmatriculación, el de las actas de notoriedad, pero a instancias de notarios y registradores se mantuvieron los expedientes de dominio. La discusión en Cortes suprimió las actas de notoriedad, dejándolas como complementarias a los títulos públicos, y se añadieron las certificaciones administrativas de dominio.

207. SANZ FERNÁNDEZ, Á. *Instituciones…, op. cit.*, Tomo II, pág. 505.

En el sistema hipotecario español, el Registro se limita a robustecer los derechos o situaciones jurídicas que existen fuera de él; los derechos reales sobre inmuebles nacen en virtud de un título, causa fundamental de su adquisición, transmisión, modificación o extinción; y ese título, tratándose de derechos reales que conllevan la facultad de posesión de la cosa sobre la que recae, necesitará además de la entrega o *traditio* del inmueble, en alguna de las distintas formas que se admiten en el ordenamiento jurídico civil.

En definitiva, la adquisición del dominio y los demás derechos reales se fundamentan en la denominada teoría del título y el modo, explicitada en los artículos 609 y 1095 CC. Porque, como expone Giménez Roig[208], el Libro III del Código Civil ordena las maneras o modos de adquirir el derecho de propiedad y los derechos reales parciales, o no plenos, en terminología usada por la doctrina; y el art. 609 CC designa tres clases de esos modos de adquisición: un modo originario, la ocupación, toma de posesión como dueño de la cosa *nullius*, que antes no se poseía; los modos derivativos, de transmisión o enajenación, por disposición de aquel a quien pertenece la propiedad o el derecho real limitado; y, por último, el llamado modo cuasi originario, la usucapión o adquisición de la cosa poseída en concepto de dueño por el plazo ordenado por la ley, por la posesión duradera y con unas determinadas características. Solo con el cumplimiento de esos requisitos se produce la adquisición de la propiedad o los derechos reales; no se exige la inscripción en el Registro de la Propiedad de estos, no se exige que la finca sobre la que recaen los derechos conste en el Registro. La inmatriculación podrá ser, pero siempre con posterioridad al dominio, que nace previamente, que ya existía.

El Registro de la Propiedad no va a recoger directamente derechos, sino los medios por los que esos derechos han llegado a adquirir vida, de los títulos de los que esos derechos nacen, unidos a la tradición. Y la inmatriculación va a servir para recoger esos supuestos en los que se produce una discordancia entre el Registro y la realidad jurídica extrarregistral, por haber nacido derechos dominicales sobre una finca que no se encuentra aún inscrita[209].

En el Registro de la Propiedad español se presentan documentos, los títulos formales en los que se ha hecho constar algún negocio jurídico dispositivo o traslativo de la propiedad o algún derecho real limitado; se inscriben actos, los títulos materiales, las causas o razones jurídicas de la adquisición, modificación, transmisión o extinción de los derechos; y se publican esos derechos. Es decir, nos dice Chico y Ortiz[210], «la inscripción, posibilitada por el título formal, se verifica extrayendo de él el título material y trasplantándolo —previa calificación— al asiento registral, en el cual, con una particular eficacia, queda constatado el derecho real y su corres-

208. Giménez Roig, E. *Tráfico jurídico, compraventa, escritura e inscripción,* Centro de Estudios Registrales, Madrid 1998, pág. 83.
209. Sanz Fernández, Á. *Instituciones..., op. cit.*, Tomos I y II, págs. 242 y ss. y 505-507, respectivamente.
210. Chico y Ortiz, J.M. *Estudios..., op. cit.*, Tomo I, pág. 162.

pondiente titularidad, tal como aparecen configurados por el título material». Las modificaciones reales se producen fuera del Registro y con independencia de este, salvo el derecho de hipoteca, por lo que la inscripción es meramente declarativa, absolutamente innecesaria para la constitución del derecho correspondiente, lo que LACRUZ BERDEJO denomina «principio de no inscripción»[211]. Como indica el mismo autor, «la inmatriculación hace referencia al acercamiento del Registro a la realidad (a su concordancia, dice propiamente la ley); la primera inscripción es un problema referente al tracto sucesivo. La primera supone una cuestión de hecho; la segunda, de Derecho. Por ello, mientras la una no está sujeta a control ni ofrece seguridad, la otra está controlada primero y protegida después»[212].

Es cierto, señalan MANZANO SOLANO Y MANZANO FERNÁNDEZ[213], que los derechos inscribibles son perfectos ya en los títulos; y cuentan con las facultades, acciones y ventajas que el ordenamiento jurídico les proporciona; pero que el Registro de la Propiedad, la inscripción, mejora la condición de tales derechos; por lo que se evidencia que es diferente la creación y perfección del derecho y su publicidad registral; lo primero se sitúa en el campo puramente civil, mientras que la inscripción, realizada en función de una nueva declaración de voluntad del titular del derecho extrarregistral, sitúa dicho derecho dentro del ámbito del Derecho Registral, disciplina jurídica sometida a sus propias normas. Por tanto, concluyen, «la legitimación nacida del título se mueve en el terreno de la autenticación del derecho; la legitimación registral, en el de la publicidad jurídica».

Todo ello tiene reflejo en la legislación positiva hipotecaria. El art. 2 LH dispone, entre otros, que tienen acceso al Registro de la Propiedad: los títulos traslativos o declarativos del dominio de los inmuebles o de los derechos reales impuestos sobre los mismos; en los que se constituyan, reconozcan, transmitan, modifiquen o extingan derechos de usufructo, uso, habitación, enfiteusis, hipoteca, censos, servidumbres y otros cualesquiera reales; los actos y contratos en cuya virtud se adjudiquen a alguno bienes inmuebles o derechos reales; los títulos de adquisición de los bienes inmuebles y derechos reales que pertenezcan al Estado, o a las corporaciones civiles o eclesiásticas, con sujeción a lo establecido en las leyes o reglamentos.

Lo que hace el art. 2 LH es determinar qué derechos, por afectar a bienes inmuebles, pueden pasar de la vida puramente civil a la registral; y lo tendrán que hacer como títulos puramente materiales, causas o razones jurídicas que han dado lugar al nacimiento, modificación, transmisión o extinción de esos derechos. Si bien, para permitir el acceso a los libros tabulares, esos derechos deberán constar en títulos formales o documentos; así lo exige el art. 3 LH al exigir que los títulos del art. 2 LH «*deberán estar consignados en escritura pública, ejecutoria, o documento auténtico expedido por autoridad judicial o por el Gobierno o sus agentes, en la forma que prescriban*

211. LACRUZ BERDEJO, J.L. *Derecho inmobiliario..., op. cit.*, pág. 61.
212. LACRUZ BERDEJO, J.L. *Derecho inmobiliario..., op. cit.*, págs. 408-409.
213. MANZANO SOLANO, A. Y MANZANO FERNÁNDEZ, M.M. *Instituciones..., op. cit.*, págs. 118-119.

los reglamentos». Distingue así nuestra LH los títulos materiales de la forma que tienen que cumplir para acceder al Registro, lo que puntualiza perfectamente el art. 51 RH al indicar, entre las circunstancias de las inscripciones extensas, la siguiente regla Décima: «*En todo caso se hará constar el acta de inscripción, que expresará: El hecho de practicarse la inscripción, la persona a cuyo favor se practica, el título genérico de su adquisición y el derecho que se inscribe*».

Distingue, pues, derecho inscribible de título, derecho material de título formal. Lo que corrobora el art. 33 RH, al decir que «*se entenderá por título, para los efectos de la inscripción, el documento o documentos públicos en que funde inmediatamente su derecho la persona a cuyo favor haya de practicarse aquélla y que hagan fe, en cuanto al contenido que sea objeto de la inscripción, por sí solos o con otros complementarios, o mediante formalidades cuyo cumplimiento se acredite*». Lo expresa muy claramente el profesor ARRIETA SEVILLA[214] cuando nos dice que con la inmatriculación se pretende expresar cuál es la finca, el continente, y no el contenido, el derecho de propiedad que recae sobre la misma y que es un concepto completamente distinto.

En definitiva, el acceso al Registro mediante la certificación de dominio no prejuzga la titularidad dominical de la finca; como nos dice MORENO ANTÓN[215], lo que se genera es una simple presunción *iuris tantum* de que el derecho existe y pertenece a quien ha obtenido la inscripción, pero pudiendo ser esa titularidad dominical atacada jurídicamente y desvirtuada por quien considere tener mejor derecho sobre la finca; por tanto, la inscripción obtenida desplegará los efectos propios de la legitimación registral, sin impedir una contienda judicial sobre la titularidad inscrita, y sin que se produzcan los efectos de la fe pública registral hasta pasados dos años de la inscripción[216].

La STS 7 de diciembre de 1988[217], al igual que otras muchas, expresa con claridad la diferencia cuando dice que la inscripción «*no es un modo de adquirir sino de asegurar los derechos adquiridos, según la vieja y mantenida doctrina iniciada ya en sentencias de 26 de octubre de 1899, 9 de octubre de 1929 y mantenida en la actualidad. Por ello, es preciso analizar si el derecho inscrito existía en la forma que consta en el asiento discutido, y, según se ha dicho ya en el motivo anterior, la propiedad singular a favor del Ayuntamiento demandado no existía, por lo que ni la inscripción de la posesión ni su conversión en inscripción de dominio puede alterar la realidad jurídica de los bienes de los interesados para quienes en realidad posee quien posee y es propietario quien lo es, a pesar de los asientos registrales*».

Por tanto, la inmatriculación efectuada conforme al art. 206 LH no podrá confundirse con la existencia del derecho de propiedad, que habrá nacido siempre con carácter previo y en virtud de un título válido, justo, legítimo y eficaz. Así lo vemos

---

214. ARRIETA SEVILLA, L.J. «La inmatriculación de fincas de la Iglesia Católica por medio de certificación diocesana», *Ius Canonicum*, número 50, 2010, pág. 524.
215. MORENO ANTÓN, M. Luces y sombras…, op. cit.
216. MORENO ANTÓN, M. Luces y sombras…, op. cit.
217. STS (Civil) de 7 de diciembre de 1988, núm. 8627/1988.

reflejado en la ST del Juzgado de 1ª Instancia e Instrucción núm. 1 de Boltaña[218] cuando se refiere a la inmatriculación de la Iglesia de Plan por parte del Ayuntamiento, cuando dice lo siguiente: «*Conforme a dicho procedimiento el Ayuntamiento de Plan ha podido registrar la Iglesia de Plan, lo cual no significa que haya demostrado fehacientemente el dominio de la Iglesia inscrita*».

IV. EL PRINCIPIO DE VOLUNTARIEDAD DE LA INSCRIPCIÓN EN EL DERECHO ESPAÑOL

Los sistemas registrales se distinguen, entre otras causas, por el valor que atribuyen a los asientos del Registro, pudiendo entenderlos como una parte esencial del *iter* negocial o del supuesto de hecho que da lugar a la mutación jurídico-real.

Existen sistemas en los que la inscripción será elemento esencial para que se produzca la constitución, modificación o extinción del derecho real[219]; en este caso, hablamos de que la inscripción es constitutiva, no siéndolo cuando el derecho real, su transformación o extinción suceden al margen del Registro y con independencia de que llegue a tener lugar o no dicha inscripción. Nos encontraremos así, señala Lacruz Berdejo[220], con las inscripciones que producen un cambio real y que publican ese cambio producido, las constitutivas. Por otro lado, podremos encontrar inscripciones que tan solo publican el cambio real, sin intervenir en que dicho cambio se produzca.

En palabras de Jerónimo González[221], serán constitutivas las inscripciones que sirvan de complemento a los supuestos extrahipotecarios, constituyendo con ellos el derecho real; y declarativas las que sirvan para reconocer o declarar un estado jurídico que ya se había generado y que contaba con acciones reales para su defensa. Ahora bien, el carácter constitutivo de una inscripción no significa la obligatoriedad de realizarla por parte de los interesados; siempre tendrán libertad para hacerla o no, si bien deberán hacerla si quieren que la mutación jurídico-real se produzca.

La voluntariedad de la inscripción aparece en la misma Exposición de Motivos de la Ley Hipotecaria, rechazando la inscripción constitutiva y abogando por esa voluntariedad que ya aparecía en la primera Ley de 1861. No apuesta por la inscripción constitutiva, a pesar de sus evidentes ventajas prácticas, según Díez-Picazo[222],

218. ST Juzgado de 1ª Instancia e Instrucción núm. 1 de Boltaña, de 6 de febrero de 2018, núm. 4/2018.
219. Díez-Picazo, L. *Fundamentos de Derecho civil…, op. cit.*, Tomo III, págs. 491-492.
220. Lacruz Berdejo, J.L. *Derecho inmobiliario..., op. cit.*, pág. 148.
221. González y Martínez, J. *Estudios de Derecho…, op. cit.*; Tomo I; págs. 367 y ss.
222. Entiende el autor que la inscripción constitutiva conlleva la equiparación entre el Registro y la realidad jurídica; pero que ello conlleva la exigencia de una mayor perfección de los títulos inscribibles, lo que necesita de un mayor control por parte de los funcionarios; lo que, unido a la falta de documentación auténtica y la evasión del

adquiriéndose el dominio y los demás derechos reales por las causas establecidas en el art. 609 CC, fundamentalmente mediante los contratos, acompañados de la tradición, en aplicación de la denominada teoría del título y el modo. Por lo que podremos tener derechos, no solamente formados fuera del Registro, que será la regla general, sino que tengan una vida plenamente eficaz fuera del Registro e, incluso, en total contradicción con lo que el Registro diga. En nuestro Derecho, la inscripción es una forma de valer y no una forma de ser[223]. Lo que se hace es fomentar la inscripción, otorgando a los derechos inscritos una serie de ventajas frente a los que no lo estén. Es lo que CHICO Y ORTIZ[224] llama «inscripción estimulada», por los efectos favorables que produce y las consecuencias negativas que se pueden derivar del no realizarla. Como apunta DÍEZ-PICAZO[225], lo que se hace es fomentar la inscripción otorgando a los derechos inscritos una más vigorosa protección.

Este principio hipotecario de voluntariedad es definido por GARCÍA GARCÍA[226] como aquel «en virtud del cual la inscripción de los derechos en el Registro de la Propiedad es voluntaria, correspondiendo a los interesados decidir si se acogen o no a los efectos favorables del sistema, de tal modo que la publicidad registral no es una obligación, pero sí una carga, pues es un requisito para que se produzcan tales efectos».

Conviene destacar entre los autores la postura de SANZ FERNÁNDEZ[227], quien afirma que la adopción de la inscripción declarativa en nuestro sistema no puede limitarse a recoger los elementos jurídicos que dan vida al derecho real sin añadirles un valor especial. Esto es propio de sistemas que no exigen forma alguna para el nacimiento de los derechos reales (como el francés), o que la exigen solo con carácter extrarregistral (sistema español anterior a la actual Ley Hipotecaria). En ellos, la inscripción dota de publicidad a los derechos inscritos y produce la rectificación del Registro, pues el nacimiento del derecho extrarregistralmente significa, automáticamente, el que el Registro devenga inexacto, lo que se rectifica mediante la inscripción.

Frente a ellos, el autor nos habla de la que denomina «inscripción convalidante», la que «siendo en principio de simple eficacia declarativa, tiene en cierto aspecto valor para dar vida al derecho real». No se limita el Registro a fines de mera publicidad y a rectificar el contenido de este, sino que se adentra en el problema mismo de la vida del derecho real, exigiendo su validez para sujetarle al régimen registral (mediante

---

pago de gastos y de diversos impuestos, hubiera conllevado a que se produjera una discordancia entre el Derecho y la realidad, sobre todo la realidad posesoria, quedando numerosas transacciones relegadas al mundo de lo meramente obligatorio, con efectos simplemente *inter partes*, ocasionando abusos y fraudes. DÍEZ-PICAZO, L. *Fundamentos de Derecho civil…, op. cit.*, Tomo III, pág. 492.

223. LACRUZ BERDEJO, J.L. *Derecho inmobiliario..., op. cit.*, pág. 149.
224. CHICO Y ORTIZ, J.M. *Estudios..., op. cit.*, Tomo I, pág. 144.
225. DÍEZ-PICAZO, L. *Fundamentos de Derecho civil…, op. cit.*, Tomo III, pág. 493.
226. GARCÍA GARCÍA, J.M. *Derecho inmobiliario..., op. cit.*, Tomo III, pág. 219.
227. SANZ FERNÁNDEZ, Á. *Instituciones…, op. cit.*, Tomo I, pág. 239.

la calificación del Registrador), presumiendo que el derecho existe tal y como el Registro lo publica (principio de legitimación) y dotándolo de eficacia real en ciertos supuestos, aunque careciera de ella (principio de fe pública registral)[228]. Por tanto, nuestro sistema hipotecario no modifica en absoluto el sistema civil de adquisición de los derechos reales, en el que se necesita el título y el modo o tradición, ni sustituye esta última por la inscripción. Lo que hace es añadir un nuevo requisito para la que denomina «adquisición perfecta del dominio»: el derecho real nacerá con el título y la tradición, pero la adquisición será perfecta cuando a los anteriores elementos se una la inscripción, que será declarativa en cuanto al nacimiento del derecho real, pero tendrá un carácter constitutivo en cuanto a la seguridad del tráfico jurídico[229].

Este carácter convalidante de la inscripción es el que García García[230] denomina «inscripción conformadora, configuradora, constitutiva respecto a terceros o cuasiconstitutiva». No debemos basar este carácter solo en la protección que la inscripción puede otorgar a los terceros, porque la inscripción del derecho va a otorgar protección a su titular en dos planos, tanto al titular inscrito como a los terceros, tanto en un plano de eficacia ofensiva como de eficacia defensiva. Así, se habla de eficacia ofensiva de la inscripción para definir la que se otorga al titular inscrito con el fin de defender esa titularidad frente a quien adquirió también del anterior titular inscrito, pero sin llegar a inscribir su adquisición; se trata del conflicto entre el título inscrito y el no inscrito del art. 32 LH. La eficacia defensiva atribuye la defensa a quien inscribió «una titularidad firme e inalterable» cuando al adquirir no tenía dichos caracteres; el titular inscrito podrá reaccionar frente al ataque de otra persona, ejercitando la acción reivindicatoria, o podrá ejercitar una acción puramente ofensiva ejercitando la acción real procedente del derecho inscrito[231]. Así, el titular registral tendrá la posibilidad de defenderse del ataque de un tercero que, por ejemplo, ejercite una acción reivindicatoria; y tendrá un derecho ofensivo ejercitando la denominada acción real procedente del derecho inscrito[232].

Siguiendo a Chico y Ortiz[233], debemos hacer alusión a que la voluntariedad de la inscripción ha llevado a la doctrina a examinar el papel que esa voluntad puede jugar en el proceso de inscripción de los derechos en el Registro, destacando cinco aspectos diferentes:

1. VALIDEZ DEL EJERCICIO DE NO INSCRIBIR

Como más arriba exponíamos, la adquisición y transmisión de derechos reales en el Derecho Civil español se rige por la teoría del título y el modo, regulada en

228. Sanz Fernández, Á. *Instituciones…, op. cit.*, Tomo I, pág. 241.
229. Sanz Fernández, Á. *Instituciones…, op. cit.*, Tomo I, pág. 243.
230. García García, J.M. *Derecho inmobiliario…, op. cit.*, pág. 565.
231. Chico y Ortiz, J.M. *Estudios..., op. cit.*, Tomo I, pág. 153.
232. Díez-Picazo, L. *Fundamentos de Derecho..., op. cit.* Tomo III, pág. 496.
233. Chico y Ortiz, J.M. *Estudios..., op. cit.*, Tomo I, págs. 145 y ss.

los arts. 609 y 1095 CC. Por tanto, la relación jurídica-real tiene lugar con independencia del Registro, quedando en manos del adquirente o constituyente la decisión de inscribir o no su derecho. Esto, siempre que no estemos en presencia de uno de los casos en los que la inscripción registral sea constitutiva y sea requisito necesario para el nacimiento del derecho.

Este ejercicio de no inscribir debe ser puesto en el contexto de la diferenciación existente entre el principio de voluntariedad y el de rogación; este segundo es meramente procedimental, significando la iniciación de los trámites del procedimiento registral a solicitud del interesado en que se produzca la inscripción del derecho. Por el contrario, nos dice García García[234], el principio de voluntariedad no tiene un carácter procedimental, estando íntimamente ligado con el de autonomía de la voluntad, en virtud del cual deciden los interesados llevar a cabo la celebración de actos o negocios jurídicos (autodecisión), establecer el contenido de estos (autorregulación), quedando vinculados a lo determinado en el negocio jurídico (autovinculación), eligiendo el tipo de negocio que tengan por conveniente, la forma y el documento que mejor convenga a sus intereses (libertad o autoelección de forma) y decidir si actúan por sí o a través de representante. Dentro de este ámbito de decisiones se inserta, además, la de decidir dar o no publicidad al derecho resultante del negocio jurídico otorgado, añadiéndole a sus efectos normales los propios de la publicidad de los asientos registrales.

2. RENUNCIA UNILATERAL A LA INSCRIPCIÓN

La decisión de no inscribir no deja de ser un comportamiento consistente en un no hacer, el no iniciar el procedimiento registral de forma voluntaria, sin ser necesaria declaración formal alguna. Encontramos un precepto, el del art. 49 LH, en el que se produce una renuncia expresa a la inscripción. Se trata del supuesto en el que el heredero gravado con legados pretende inscribir a su favor los bienes inmuebles o el derecho hereditario sobre los mismos. Para conseguirlo, deberá contar con la renuncia a la anotación preventiva de los legatarios con carácter previo y en escritura pública. Se trata de la renuncia por los legatarios al derecho a la inscripción que dispone el art. 48 LH en los siguientes términos: «*El legatario de género o cantidad podrá pedir la anotación preventiva de su valor, dentro de los ciento ochenta días siguientes a la muerte del testador, sobre cualesquiera bienes inmuebles de la herencia, bastantes para cubrirlo, siempre que no hubieren sido legados especialmente a otros*». Se trata de una renuncia a la garantía que supone obtener la anotación preventiva, no al derecho mismo al legado.

Fuera del caso anterior, la renuncia a inscribir solo podría tener lugar si se ajustase a lo prevenido por el art. 6, 2 CC, no contraviniendo el interés o el orden público, ni perjudicando a terceros.

---

234. García García, J.M. *Derecho inmobiliario..., op. cit.*, Tomo III, pág. 220.

3. EL PACTO DE NO INSCRIBIR

Consiste en el acuerdo de los contratantes para no proceder o instar la inscripción del derecho real constituido, transmitido o modificado, bien por requerirse la inscripción por primera vez, bien para completar el historial registral de la finca. Chico y Ortiz hace una exposición de las diferentes posturas doctrinales sobre la validez o no de este pacto. Sobre el particular, hay autores que lo consideran válido en función del principio de la autonomía de la voluntad, mientras que la mayoría considera que la solicitud de inscripción forma parte de la publicidad registral y, en consecuencia, está encaminada a tutelar intereses públicos o generales, lo que entraría dentro del ámbito establecido en el art. 6, 2 CC para entender que un derecho no es renunciable, al afectar, además, a la seguridad jurídica propia del tráfico jurídico que el Registro de la Propiedad pretende conseguir.

4. LA RENUNCIA AL ASIENTO PRACTICADO

El párrafo 12° del art. 206 RH permite la renuncia a la anotación preventiva practicada cuando la persona a cuyo favor estuviere constituida la anotación renunciare a la misma o al derecho garantizado. Fuera de este supuesto, que supone la renuncia a la garantía que la anotación supone para el renunciante, debe seguirse el criterio de la importancia que el Registro tiene para la seguridad jurídica, no pudiéndose dejar al arbitrio de los particulares el desenvolvimiento de este. Las anotaciones preventivas suponen un paso previo y no definitivo de la futura inscripción; como apunta Cossío y Corral, se trata de asientos especiales que tienen como finalidad reflejar situaciones transitorias, que pugnan con la nota de permanencia inherente a la inscripción; o hacer referencia a estado reales imperfectos, que aspiran a perfeccionarse en el futuro; o a realidades que, una vez declaradas, pueden conllevar inexactitudes en el Registro que deben corregirse[235].

Los particulares podrán voluntariamente optar por inscribir sus títulos o no hacerlo, pero una vez inscritos, culminado el procedimiento de inscripción, no podrán por su voluntad dejarlo sin sus efectos. Y ello, concluye Chico y Ortiz, porque el art. 1 LH dispone que los asientos están bajo la salvaguarda de los Tribunales, no permitiendo que se cancelen por la sola voluntad del interesado, lo que sería una burla de todo el sistema registral.

5. LA VALIDEZ DEL DESISTIMIENTO

Sí permite el art. 433 RH, durante la vigencia del asiento de presentación, que el presentante o los interesados puedan desistir, total o parcialmente, de su solicitud de inscripción. Lo que se fundamenta en el que se trata de una cuestión puramente procedimental, consecuencia de la voluntariedad de la inscripción. Si esta aún no se ha producido, estando pendiente, la voluntariedad del interesado se extiende a poner fin al proceso de inscripción, lo que ya no podrá hacer si esta ya haya tenido lugar.

235. De Cossío y Corral, A. *Instituciones..., op. cit.*, pág. 261.

6. LOS SUPUESTOS DE NO VOLUNTARIEDAD

Para concluir, debemos hacer referencia a la existencia de supuestos en los que no rige la voluntariedad de la inscripción, siendo esta constitutiva del derecho real. Son los siguientes casos, excepcionales en nuestro Derecho:

1) Las inscripciones de hipoteca, como se dispone en los arts. 1875 CC, 145, 2º y 159 LH.

2) El derecho de superficie, señalando el art. 53. 2 del Real Decreto Legislativo 7/2015, de 30 de octubre, por el que se aprueba el Texto Refundido de la Ley de Suelo y Rehabilitación Urbana, que para que el derecho de superficie quede válidamente constituido se requiere su formalización en escritura pública y la inscripción de esta en el Registro de la Propiedad.

La voluntariedad de la inscripción, fuera de los anteriores casos en los que es constitutiva, solo puede explicarse partiendo de la premisa fundamental de la existencia del derecho con independencia del Registro. La confusión de la inmatriculación con el derecho inscrito supone desconocer el sistema español de adquisición y transmisión de derechos reales, en el que el derecho nace, se modifica, se transmite o se extingue con independencia del Registro. Nuestro sistema registral ha llegado a establecer unos adecuados efectos de la publicidad registral, sirviendo de estímulo a los particulares para que soliciten la inscripción. Nos dice García García[236] que los sistemas que no han llegado a este principio de inscripción voluntaria incurren en una curiosa paradoja, necesitando la obligatoriedad de la inscripción para que pueda tener lugar la eficacia limitada de la publicidad registral, aún incipiente y rudimentaria. Pero no es el caso del sistema español, sigue diciendo el autor, que otorga mayores efectos a la publicidad registral por razones de seguridad jurídica del tráfico y del crédito, no imponiendo la obligatoriedad de la inscripción, sino asignándole un carácter «conformador» de la plena eficacia del derecho real, dejando a la libre voluntad de las partes verificar o cumplir ese requisito de la inscripción, al igual que se hace con el resto de requisitos del negocio jurídico.

Cuando la Iglesia Católica ha inmatriculado sus bienes, en definitiva, no ha adquirido derecho alguno. Ha procedido a conseguir que accedieran al Registro los bienes de los que ya era titular. Confundir inmatriculación con adquisición de los derechos reales solo puede realizarse con la torticera intención de provocar un anómalo conocimiento del funcionamiento del Registro de la Propiedad. Así lo expresa Roca Sastre[237] cuando afirma que la inscripción no puede hacer por sí sola las veces de un modo de adquirir la propiedad, ya que nuestro Registro recibe tan solo derechos reales ya formados.

236. García García, J.M. *Derecho inmobiliario..., op. cit.*, Tomo III, pág. 225.

237. Roca Sastre, R.M. *Derecho Hipotecario, op. cit.*, Tomo III, pág. 62.

Capítulo II

Discusiones sobre la posible inconstitucionalidad de la certificación de dominio

I. LAS DIFERENTES POSICIONES DOCTRINALES EN TORNO A LA CONSTITUCIONALIDAD DEL ART. 206 LH

La facultad de la Iglesia Católica para inmatricular sus bienes por medio de la certificación de dominio dio lugar a una serie de discusiones en la doctrina en defensa o crítica de la constitucionalidad del precepto a raíz de la promulgación de la Constitución Española de 1978. Analizaremos las tesis que abogaron por la inconstitucionalidad del precepto y aquellas otras que, por el contrario, entendieron que la facultad de inmatricular era plenamente constitucional. Es la mejor manera de «llegar a comprender por qué subsistió hasta hace unos años una regla tan excepcional y, a primera vista, tan difícilmente compatible con la seguridad y medidas de cautela que de común exige el Derecho Inmobiliario para inscribir bienes»[1].

1. POSICIONES QUE CONSIDERAN LA INCONSTITUCIONALIDAD DEL PRECEPTO

Parte de la doctrina entendió que el art. 206 LH era inconstitucional porque chocaba frontalmente con dos principios constitucionales: el de igualdad ante la Ley y el de aconfesionalidad del Estado, recogidos respectivamente en los arts. 14 y 16.3 CE, lo que hace que dicho precepto fuese un privilegio, en su momento de escasa justificación y aplicación[2]. Para estos autores, el art. 206 LH establecía un marco legal contrario al diseño constitucional establecido en 1978 que, desde ese

1. De la Haza Díaz, P. «Inmatriculación de bienes de la Iglesia mediante certificación expedida por el Diocesano», *Revista Crítica de Derecho Inmobiliario*, número 630, año 1995, pág. 1588.
2. Así lo entienden, entre otros, Curiel Lorente, F. *Inmatriculación, Reanudación del tracto sucesivo. Inscripción de los excesos de cabida*, Centro de Estudios Registrales; Madrid 2001,

momento, deviene anacrónico y no quedaba justificado por una posible utilidad o interés general[3].

1.1. La vulneración del principio de aconfesionalidad del Estado

Señala el profesor Agudo Zamora[4] que no existe Estado Constitucional, en el último sentido axiológico del término, si en el mismo no se produce una clara separación entre Religión y Estado. Por esta razón, parte de la doctrina entendía que la posibilidad de que las certificaciones de dominio fuesen expedidas por los diocesanos suponía un choque frontal con la referida separación, otorgando funciones reservadas a los funcionarios públicos a quienes no lo eran.

En primer lugar, se argumentaba que el art. 206 LH equiparaba la posición de la Iglesia Católica con la del Estado o la Administración Pública y, en consecuencia, al Diocesano con un funcionario público, al otorgarle idéntica prerrogativa inmatriculadora, no siendo posible esta circunstancia en un Estado aconfesional, dado que el art. 16.3 CE establece que ninguna confesión tendrá carácter estatal[5]. El art. 206 LH efectuaba una equiparación entre la Iglesia y los entes públicos y planteaba, en palabras de De la Haza Díaz[6], el tema de la confesionalidad y de la posible contravención del art. 16.3 CE por dos razones: porque dicha norma surge a consecuencia de un Estado confesional (el Estado franquista) y porque el acceso de los bienes de la Iglesia al Registro de la Propiedad con esa facilidad no es sino una consecuencia indirecta de la protección a la Iglesia Católica.

Según Ballarín Hernández[7], el contexto legislativo axiológico de la Ley Hipotecaria de 1944 es el de las Leyes Fundamentales del Régimen Político anterior; la extensa e intensa influencia de la Iglesia hicieron que el proyecto fuera modificado en Cortes y se incluyera la inmatriculación por las Corporaciones eclesiásticas. Entiende el autor que, con arreglo al art. 3.1 CC, las normas deben ser interpretadas en relación con el contexto en el que fueron dictadas y ponerlo en relación con la rea-

---

pág. 120; y Peña Bernaldo de Quirós, M. *Derechos Reales. Derecho Hipotecario*, Tomo II, Centro de Estudios Registrales, Madrid, año 2001, pág. 549.

3. Maluquer de Motes Benet, C.J. «Titularidad de los montes vecinales y constitucionalidad o no del artículo 206 de la Ley Hipotecaria por lo que toca a los bienes de la Iglesia Católica. Comentario a la Sentencia del Tribunal Supremo (Sala 1ª) de 18 de noviembre de 1996», *Revista de Derecho Privado*, febrero de 1993, pág. 136.
4. Agudo Zamora, M. «Privilegio inmatriculador de la Iglesia Católica y vulneración de principios constitucionales a la luz de la STEDH Sociedad Anónima del Ucieza contra España», *Revista Crítica de Derecho Inmobiliario*, Número 751, pág. 2639.
5. Goñi Rodríguez de Almeida, M. «Cuestiones controvertidas sobre el artículo 206 LH»; *Revista Crítica de Derecho inmobiliario*, número 719, año 2010, pág. 1278.
6. De la Haza Díaz, P. «Inmatriculación de bienes…», op. cit., pág. 1596.
7. Ballarín Hernández, R. «Rectificaciones constitucionales a la vigencia actual de la certificación de dominio como medio inmatriculador», *Revista Crítica de Derecho Inmobiliario*, año 1984, número 563, págs. 845 y ss.

lidad social del tiempo presente, esto es, con el contexto, hoy en día, constitucional. Y esta realidad no es hoy la misma, la estructura estatal ha cambiado profundamente y la Iglesia, las personas jurídicas eclesiásticas de esta confesión, reciben desde el punto de vista constitucional un tratamiento y valoración en el orden sociopolítico muy distintos al que recibían en el régimen anterior. La Constitución posiciona al Estado y a la Iglesia como realidades y estructuras distintas y con funciones diferentes. Por todo ello, considera la inclusión de la Iglesia en el ámbito del art. 206 LH como constitucionalmente gris. En resumen, la LH surgió en el seno de un Estado confesional católico del que se benefició la Iglesia[8].

Como fundamentación de la vulneración del principio de aconfesionalidad, los autores se basan en la STC 340/1993, de 16 de noviembre[9], en la que se debatía sobre la constitucionalidad del artículo 76.1 de la LAU de 24 de diciembre de 1964, que dispensaba a la Iglesia y entidades eclesiásticas de justificar la necesidad de ocupar sus viviendas o establecimientos arrendados cuando lo necesitaren para sus fines, obligación indispensable para el resto de los arrendadores. Aunque el TC no se refiere al art. 206 LH, la sentencia tuvo «el efecto de disparar las acusaciones de inconstitucionalidad contra la facultad de la Iglesia de inmatricular bienes en el Registro de la Propiedad»[10].

Como apunta Goñi rodríguez de Almeida[11], el TC afirma que el precepto de la LAU no tiene acomodo en nuestro sistema constitucional encontrándose su justificación en el carácter confesional del Estado anterior a la Constitución, lo que es contrario al art. 16.3 de la Norma Fundamental; la misma Sentencia entiende que el deber de cooperación del Estado con las confesiones religiosas no puede dar cobertura a dicho precepto porque las referidas confesiones no pueden trascender los fines que les son propios y ser equiparadas a la posición del Estado, ocupando igual posición jurídica. De igual modo, la STC 24/1982 ya había establecido que el art. 16.3 CE «veda cualquier tipo de confusión entre funciones religiosas y funciones estatales». Para Agudo Zamora[12], el precepto de la LAU no podía encontrar acomodo en un Estado aconfesional y era, en el fondo, un resquicio de un modelo de relaciones Iglesia-Estado de corte confesional. Lo que debía trasladarse al art. 206 LH, incompatible con el art. 16.3 CE por el que «en ningún caso las confesiones religiosas pueden trascender los fines que les son propios y ser equiparables al Estado ocupando una igual posición jurídica».

8. Rodríguez Blanco, M. «Las certificaciones de dominio de la Iglesia Católica. Análisis del artículo 206 de la Ley Hipotecaria», *Revista Jurídica del Notariado*, número 34 (abril-junio 2000), pág. 269.
9. STC 340/1993, de 16 de noviembre de 1993, recursos núms. 340/1993, 1658/1988, 1254/1990, 1329/1990, 1270/1990.
10. Rodríguez Blanco, M. *«Las certificaciones de dominio...»*, op. cit., pág. 267.
11. Goñi Rodríguez de Almeida, M. «Cuestiones controvertidas...», op. cit., págs. 1278-1279.
12. Agudo Zamora, M. «Privilegio inmatriculador...», op. cit., pág. 2642.

Concluye De la Haza Díaz que el art. 206 LH atenta contra el principio de aconfesionalidad del art. 16.3 CE por las siguientes razones:

a) La equiparación de la Iglesia con el Estado a los efectos de la inmatriculación supone un privilegio para la Iglesia de imposible justificación constitucional, pues la inmatriculación de bienes del Estado supone un beneficio para la comunidad española que se beneficia por entero de la misma. Por el contrario, con la inscripción de los bienes eclesiásticos solo se beneficia un grupo mayor o menor que pertenece a la comunidad católica.

b) No se puede equiparar la función certificadora del Diocesano con la de un funcionario o agente del Estado; estos últimos son los facultados para certificar el dominio de los bienes del Estado, cumplen funciones estatales, con arreglo a lo dispuesto en el art. 3 LH, que limita la legitimación para expedir títulos aptos para la inscripción registral al Notariado, a la Autoridad judicial, al Gobierno o a sus agentes. Al facultar a los Diocesanos se les están atribuyendo unas funciones estatales y no religiosas, únicas que les son propias.

1.2. La vulneración del principio de igualdad ante la Ley

En segundo lugar, la posibilidad que se ofrecía a la Iglesia de inmatricular sus bienes conforme a lo dispuesto en el art. 206 LH chocaba de bruces con el principio de igualdad proclamado por el art. 14 CE. La facultad certificadora no es aplicable al resto de confesiones que tendrán que inscribir sus bienes a través del resto de procedimientos previstos en la legislación hipotecaria. Según esta posición doctrinal, se vulnera flagrantemente dicho principio de igualdad lo que, para Rodríguez Blanco[13], produciría una inconstitucionalidad *per accidens* del precepto y traería como consecuencia la equiparación del resto de confesiones y la extensión a las mismas de la facultad de inmatricular por este procedimiento, bien sobre la propia base del principio de igualdad o con apoyo en la libertad religiosa y la no confesionalidad del Estado.

Los autores que entienden que se vulnera este principio consideran que la posibilidad de inmatricular por el art. 206 LH por la Iglesia Católica significaba un privilegio. Porque, como apunta De la Haza Díaz[14], el TC ha establecido que el principio de igualdad exige no solo que la diferencia de trato resulte objetivamente justificada, sino que exista una proporcionalidad entre la medida adoptada, el resultado producido y la finalidad pretendida por el legislador. Por ello, estima que el trato desigual solo estaría justificado cuando la aplicación rigurosa del principio de igualdad tuviera consecuencias injustas y cuando el trato desigual pretenda una

13. Rodríguez Blanco, M. «Las certificaciones de dominio…», op. cit., pág. 269. En contraposición, el autor considera que la vulneración del art. 16.3 CE provoca una inconstitucionalidad *in radice* de la norma y su radical expulsión del ordenamiento jurídico.
14. De la Haza Díaz, P. «Inmatriculación de bienes…», op. cit., pág. 1598.

protección justificada constitucionalmente. Ninguna de estas dos circunstancias se daba en nuestro caso, según la misma autora, porque ni la Iglesia se encontraba en una situación especial que justificara un tratamiento desigual ni tampoco en una situación de debilidad que determinase que debía ser objeto de especial protección.

Abunda en esta postura AGUDO ZAMORA[15] al afirmar que el art. 14 CE establece el principio general de que los españoles son iguales ante la ley, esto es, que tienen un derecho subjetivo a obtener un trato igual, imponiendo a los poderes públicos la obligación de llevar a cabo ese trato igual, limitando el poder legislativo y los poderes encargados de la aplicación de las normas jurídicas. El trato igual significa iguales consecuencias jurídicas para supuestos de hecho también iguales y solo podrán admitirse diferentes tratos cuando haya una justificación objetiva y razonable por cualquier circunstancia personal o social.

El autor, analizando el concreto caso de la inmatriculación de la Mezquita-Catedral de Córdoba por certificación de dominio, aprecia el trato discriminatorio que se separa de las elementales notas caracterizadoras de la igualdad formal y argumenta las condiciones que la Jurisprudencia del Tribunal Constitucional ha fijado para que pueda existir una diferenciación admisible: una desigualdad en los supuestos de hecho, que la misma tenga una finalidad razonable, que el trato diferenciador sea racional y que exista proporcionalidad entre el trato desigual y la finalidad perseguida.

En el caso concreto de la facultad de la Iglesia Católica para inmatricular fincas mediante certificación de dominio, la conclusión a la que llega es que, habiendo pasado más de un siglo desde la desamortización, no puede entenderse que la Iglesia se encuentre en una situación especial y que el contexto en el que surgió «no puede equipararse a la actualidad, ni justifica una posible situación de utilidad o interés general a su favor».

Concluye el autor defendiendo la falta de relación existente entre la medida adoptada por el art. 206 LH, el resultado producido y la finalidad pretendida por el legislador, porque un trato desigual solo sería posible y estaría justificado:

a) Si respondiera a circunstancias objetivamente desiguales, teniendo consecuencias justas el trato desigual, lo que ya no ocurre con la Iglesia dado el tiempo transcurrido desde la desamortización de sus bienes.

b) Cuando la Ley persiga una finalidad protectora, constitucionalmente justificada; esto no puede deducirse de la mención a la Iglesia Católica que hace el art. 16.3 CE, que la equipara al resto de confesiones y dispone que ninguna confesión tendrá carácter estatal. Además, el trato desigual no

15. AGUDO ZAMORA. M. «La inmatriculación de la Mezquita-Catedral de Córdoba: tutela del patrimonio y relevancia constitucional», *Estudios de Deusto*, Volumen 63, Número 2 (2015), págs. 15-45.

solo supondría una quiebra del principio de igualdad con el resto de las confesiones, sino también con respecto al resto de personas jurídicas no religiosas y a las naturales[16].

Sobre la posible inconstitucionalidad del art. 206 LH tuvo ocasión de pronunciarse el Tribunal Supremo en su Sentencia de 18 de noviembre de 1996[17]. En el pleito suscitado se solicitaba la cancelación de unas inscripciones realizadas por la Iglesia Católica al amparo de dicho artículo, cuya nulidad se postulaba. Aunque el Tribunal expresa que la petición no tiene otro alcance que una mera enunciación y no un efectivo planteamiento de cuestión de inconstitucionalidad, con lo que carece de intensidad casacional, el estudio de dicha posible inconstitucionalidad resulta sugerente. El Tribunal continúa diciendo que la inmatriculación de bienes de la Iglesia Católica cuando no existe título inscribible puede suponer un desajuste con el principio de aconfesionalidad del Estado para, a renglón seguido, referirse a la posible contravención del art. 14 CE en los siguientes términos en su Fundamento de Derecho Tercero: «*El precepto registral 206 se presenta poco conciliable con la igualdad proclamada en el artículo 14 de la Constitución, ya que puede representar un privilegio para la Iglesia Católica, en cuanto no se aplica a las demás confesiones inscritas y reconocidas en España, dado que en la actualidad la Iglesia Católica no se encuentra en ningún sitial especial o de preferencia que justifique objetivamente su posición registral y tratamiento desigual respecto a las otras confesiones, consecuencia del principio de libertad religiosa establecido en el artículo 16.1 de la Constitución*».

Con relación a esta referencia a la posición de igualdad de la Iglesia Católica con el resto de confesiones nos parece muy interesante la reflexión de Torres Gutiérrez[18] en el sentido de entender que no hubiera sido una solución la extensión de la facultad inmatriculadora al resto de confesiones; en primer lugar, porque surgió para resolver un problema concreto que solo afectaba a los bienes de la Iglesia; en segundo lugar, por el problema que hubiese sido determinar hasta dónde se concedía el privilegio inmatriculador, si a las confesiones con acuerdos con el Estado o también a las declaradas de notorio arraigo o, incluso, a todas las inscritas, aplicando un café para todos que, sin duda, afectaría al principio de laicidad del Estado (para nosotros el de aconfesionalidad), y al de igualdad, por discriminar a otras personas jurídicas no religiosas.

Asimismo, la RDGRN de 12 de enero de 2001[19], aunque no entraba en la idoneidad o no del título inscribible por no ser el objeto del recurso, realizaba una

16. Agudo Zamora, M. «Privilegio inmatriculador…», op. cit., pág. 2646.
17. Tribunal Supremo (Civil); Sentencia 18 de noviembre de 1996; núm. 955/1996; rec. 3818/1992.
18. Torres Gutiérrez, A. «Problemas jurídicos planteados a raíz de la inmatriculación de bienes por la Iglesia Católica: dilemas surgidos y reflexiones a propósito del Informe del Gobierno de 16 de febrero de 2021», *Anuario de Derecho Eclesiástico del Estado*, volumen XXXVIII, año 2022, págs. 467-468.
19. RDGRN de 12 de enero de 2001. BOE, núm. 40, de 15 de febrero de 2001.

afirmación que, según GOÑI RODRÍGUEZ DE ALMEIDA[20], no se mostraba muy partidaria del medio inmatriculador: «*debe omitirse ahora cualquier pronunciamiento sobre la idoneidad de la certificación expedida ex artículo 206 LH por las autoridades de la Iglesia Católica para la inmatriculación de fincas que les pertenezcan*». A nuestro juicio no cabe sacar tal conclusión de la afirmación que hace la DGRN quien, como expondremos más adelante, no se ha pronunciado nunca en favor de la posible inconstitucionalidad de dicho precepto.

El «Estudio sobre la inmatriculación de bienes inmuebles de la Iglesia Católica en el Registro de la Propiedad desde el año 1998 en virtud de certificación del diocesano respectivo»[21] dedica uno de sus apartados a la posible inconstitucionalidad del art. 206 LH. Hace referencia a la discusión doctrinal que se suscitó en los autores, dado el origen preconstitucional del precepto, entendiendo podían los Tribunales ordinarios haber hecho uso de dos posibles vías:

a) La primera, entender derogado el artículo 206 LH por ser contrario a la CE y no aplicarlo. No optaron por esta vía los Tribunales, manteniendo el Tribunal Supremo su plena vigencia en la sentencia de 16 de noviembre de 2006, citando el informe otras, como la de 18 de diciembre de 2000 o la de la Audiencia Provincial de Baleares de 27 de septiembre de 2017.

b) Otra, plantear una cuestión de inconstitucionalidad al Tribunal Constitucional para que dictase su constitucionalidad o no, con efectos *erga omnes* (art. 164 CE). Lo que tampoco se produjo, si bien aclara el Estudio que de haberse declarado la inconstitucionalidad nunca hubiera tenido efectos retroactivos, en virtud de lo dispuesto en los arts. 38.1 y 40.1 LOTC.

Y también se refiere el Estudio a la STS de 16 de noviembre de 2006[22], que se analiza más adelante, al estudiar las posturas en favor de la constitucionalidad del art. 206 LH, en la que el Tribunal Supremo no ponía en duda dicha constitucionalidad; entiende el Gobierno que dicha sentencia está basada en una argumentación insuficiente y en una discutible interpretación de la STC 340/1993. Como antes se expuso, entendió el Constitucional que la diferencia de trato en la LAU de 1964 tenía como fundamento el tratarse de una norma preconstitucional, dictada en un estado confesional; pero que no toda diferencia de trato podía entenderse como inconstitucional si era objetiva y razonable. Y, además, argüía que el carácter preconstitucional de un precepto no impide que pueda incardinarse y encontrar su justificación en una norma de la Constitución. Lo que no obsta a entender que, en ningún caso, las funciones de una confesión religiosa puedan ser confundidas con funciones estatales, estando en una igual posición jurídica.

20. GOÑI RODRÍGUEZ DE ALMEIDA, M. «Cuestiones controvertidas...», op. cit., pág. 1279.
21. Puede consultarse el Informe en: https://www.mpr.gob.es/mpr/subse/libertad-religiosa/Documents/InformacioninmatriculacionIC/INMATRICULACION.PDF
22. STS (Civil), sección 1ª, de 16 de noviembre de 2006, núm. 1176/2006, rec. 486/2000.

Frente a la postura del Tribunal Supremo de no entender conculcado el principio de igualdad por tratarse de un pleito entre un ayuntamiento y un obispado, teniendo ambos a su alcance la certificación de dominio como medio inmatriculador, el Estudio del Gobierno cuestiona la interpretación que hace la Sentencia de 16 de noviembre de 2006 por las siguientes razones: en primer lugar, porque la inconstitucionalidad del precepto no debe tener en cuenta la posición de la Iglesia con respecto a un ayuntamiento, sino que el principio de igualdad se ve comprometido con el hecho de que se trascienden los fines propios de la Iglesia, equiparándose con el Estado, ocupando una igual posición jurídica; en segundo lugar, porque la sentencia no valora la diferencia de la Iglesia con respecto a otras confesiones, en el sentido de gozar de un procedimiento de inmatriculación que no está al alcance de las demás; por último, que la reforma del art. 206 LH realizada por la Ley 13/1996, que no afectó la facultad de utilización de la certificación de dominio por la Iglesia, no es un argumento para entender que el párrafo primero no afectado era plenamente constitucional y que las dudas sobre dicha constitucionalidad debieron llevar a plantear una cuestión de inconstitucionalidad.

2. POSICIONES A FAVOR DE LA CONSTITUCIONALIDAD

En contraposición a las posturas que se decantaban claramente por la inconstitucionalidad del art. 206 LH, son muy variados los argumentos que, por el contrario, eran defensores de su adecuación a la Constitución.

2.1. La Exposición de Motivos de la LH

Ruano Espina[23] se refiere a la misma para explicar la finalidad que persiguió el legislador cuando transformó las certificaciones de posesión en certificaciones de dominio. La reforma hipotecaria tendió a dar mayor valor a las inscripciones y compaginar la triple finalidad que debe reunir todo expediente inmatriculador: la seguridad en la adquisición del derecho que trata de inscribirse, la perfecta identificación del inmueble que deba inmatricularse y una sustanciación breve y económica que permita el ingreso de los derechos en el Registro. La propia Exposición de Motivos dice que el establecimiento de medidas menos asequibles, si bien más perfectas, de inmatriculación podría dificultar el acceso al Registro de innumerables fincas que permanecen ajenas al mismo.

El TC no se ha pronunciado expresamente sobre esta cuestión. Ninguna sentencia declara la inconstitucionalidad del precepto, a lo que se une la presunción de constitucionalidad existente a favor de las normas que integran el ordenamiento jurídico. Como dice Rodríguez Blanco[24], hay que procurar salvar la subsistencia de las leyes y limitar al mínimo las declaraciones de inconstitucionalidad.

23. Ruano Espina, L. *Régimen jurídico registral de los bienes de las confesiones religiosas y su tratamiento jurisprudencial,* Editorial Aranzadi, año 2005, pág. 94.
24. Rodríguez Blanco, M. «Las certificaciones de dominio...», op. cit., pág. 272.

Para apoyar esta afirmación, el autor cita algunas sentencias de nuestro TC. En la primera de ellas, la STC 1/1981, de 26 de enero[25], publicada en el BOE de 24 de febrero de 1981, se dilucidaba un recurso de amparo interpuesto por un padre contra la ejecución que un Juzgado de 1ª Instancia realizaba sobre lo dispuesto en una sentencia de separación dictada por un Tribunal Eclesiástico respecto al régimen de visitas de los hijos, entendiendo que se vulneraban los arts. 14 y 16 CE y arguyendo que la 2ª instancia civil había alegado la posible inconstitucionalidad de que los Tribunales Eclesiásticos se ocuparan de cuestiones puramente civiles, como ocurría hasta la firma de los Acuerdos entre el Estado español y la Santa Sede de 3 de enero de 1979; en su Fundamento de Derecho Décimo, el Tribunal dice: «*El art 73, y con él, el 82, tenemos que interpretarlos en nuestro tiempo, marginando soluciones fáciles apoyadas en la efectividad de la disposición derogatoria de la Constitución, y evitando, sin daño para el sistema y, desde luego, para la armonía en las relaciones institucionales que dice el art. 16.3 de aquélla, vacíos normativos, a la espera de las nuevas regulaciones en la materia. Ciertamente aquellos preceptos, en un conjunto normativo que obedeció a una redacción que tiene en el Concordato de 1953 su directa inspiración, tienen en la base la confesionalidad del Estado y una concepción de la jurisdicción, como uno de los poderes del Estado, que no padecía por el ejercicio por los Tribunales Eclesiásticos de funciones que, en cuanto se proyectan en el orden jurídico civil, podrían entenderse propias de la jurisdicción estatal. Pero los principios son, ahora, el de aconfesionalidad y el de exclusividad jurisdiccional, y a ellos se ha respondido en materia concordataria por el Acuerdo con la Santa Sede que hemos dicho*».

Asimismo, la STC 4/1981, de 2 de febrero[26], publicada en el BOE 24 de febrero de 1981, que analizaba la posible inconstitucionalidad o derogación con arreglo a la Constitución de determinadas disposiciones reguladoras del régimen local, se expresa en su Fundamento de Derecho Primero en unos términos que pueden ser aplicados a nuestro caso. El Tribunal entiende que «*los principios generales del Derecho incluidos en la Constitución tienen carácter informador de todo el Ordenamiento jurídico —como afirma el art. 1.4 del Título Preliminar del Código Civil— que debe así ser interpretado de acuerdo con los mismos. Pero es también claro que allí donde la oposición entre las Leyes anteriores y los principios generales plasmados en la Constitución sea irreductible, tales principios, en cuanto forman parte de la Constitución, participan de la fuerza derogatoria de la misma, como no puede ser de otro modo. El hecho de que nuestra norma fundamental prevea, en su art. 53.2, un sistema especial de tutela de las libertades y derechos reconocidos —entre otros— en el art. 14 que se refiere al principio de igualdad, no es sino una confirmación de carácter específico del valor aplicativo —y no meramente programático— de los principios generales plasmados en la Constitución*». En consecuencia, solo en el supuesto de que la contradicción u oposición entre lo preceptuado en el art. 206 LH y los principios constitucionales fuere irreductible entraría en juego la disposición derogatoria de la Constitución. Y en nuestro caso, al no ser de una claridad evidente por las circunstancias históricas que dieron lugar a su aparición,

25. STC (Segunda) de 26 de enero de 1981, núm. 1/1981, rec. 65/1980.
26. STC (Pleno) de 2 de febrero de 1981, núm. 4/1981, rec. 186/1980.

puede aplicarse lo que la misma Sentencia añade más adelante, esto es, que «*sea necesario apurar las posibilidades de interpretación de los preceptos impugnados conforme a la Constitución y declarar tan solo la inconstitucionalidad sobrevenida y consiguiente derogación de aquéllos cuya incompatibilidad con la misma resulte indudable por ser imposible el llevar a cabo tal interpretación*».

Agudo Zamora[27] alude a la STC 343/1993 para destacar que el juicio de proporcionalidad necesario para que pueda existir una diferencia de trato que rompa el principio de igualdad requiere la existencia de tres elementos, entendiendo que ninguno se cumple en el caso de la posibilidad que la Iglesia tenía para inmatricular bienes. En primer lugar, la medida adoptada, que considera trato de favor al surgir de un estado confesional; el resultado producido, que dice ser la vulneración del principio de aconfesionalidad del estado; y, por último, la finalidad pretendida por el legislador, que no es asumible por el Estado ya que no cabe equiparar fines religiosos con fines públicos, ni emitir juicios de valor favorables al hecho religioso en cuanto tal.

No consideramos que el precepto del art. 206 LH careciera de alguno de estos elementos requeridos por la Jurisprudencia constitucional: en cuanto a la medida adoptada, porque su origen no radicaba en un estado confesional, sino que nació en el siglo XIX como consecuencia de las políticas desamortizadoras; por el resultado producido, descartando que pueda entenderse violado el principio de aconfesionalidad del Estado, pues la existencia de este medio inmatriculador no suponía la prohibición de acceso al Registro de la Propiedad de los bienes de otras confesiones religiosas, dado que este acceso, y no otra cosa, es el fin de los medios de inmatriculación; en cuanto a la finalidad pretendida por la norma, no puede entenderse que fuese el otorgar un trato de favor a la Iglesia con ese medio especial de inmatriculación, sino la búsqueda de que los inmuebles accedieran de manera definitiva a los libros registrales.

2.2. Pronunciamientos del Tribunal Supremo

El TS no se ha pronunciado en contra de la constitucionalidad del art. 206 LH. Si bien parte de la doctrina alude a la STS de 18 de noviembre de 1996 para interpretar que el Tribunal ve de dudosa constitucionalidad dicho precepto, la STS de 16 de noviembre de 2006[28] parece cambiar de criterio y defenderla; en el caso ventilado por esta última Sentencia, el Ayuntamiento de Alzira interpuso acción reivindicatoria contra el Arzobispado de Valencia por entender que una Ermita se encontraba dentro de un monte de su propiedad que había inmatriculado mediante certificación de posesión, posteriormente convertida en dominio; el Arzobispado demandado inmatriculó también la Ermita mediante certificación de dominio en

27. Agudo Zamora, M. «La inmatriculación de la Mezquita-Catedral…», op. cit., págs. 15-45.

28. STS (Civil), sección 1ª, de 16 de noviembre de 2006, núm. 1176/2006, rec. 486/2000.

1997; por ello, el Ayuntamiento solicita se declare la inconstitucionalidad de la certificación de dominio como medio inmatriculador de bienes de la Iglesia; en su Fundamento de Derecho Tercero, el Tribunal Supremo se expresa con las siguientes palabras: «*Procede, pues, en primer lugar, tratar del tema de la constitucionalidad de la atribución a las corporaciones o servicios de la Iglesia católica de la posibilidad de inscribir bienes inmuebles en el Registro de la Propiedad, cuando carezcan de título escrito de dominio, mediante la certificación que contempla el artículo 206 de la Ley Hipotecaria. No se estima inconstitucional este precepto ni procede plantear la cuestión de inconstitucionalidad, porque el Ayuntamiento demandante, recurrente en casación, no puede alegar discriminación ni atentado al principio de igualdad, siendo así que también el mismo goza de idéntica atribución, ni puede como tal mantener el principio de igualdad respecto a otras Iglesias, ni, por último, puede obviarse que el párrafo segundo de aquella norma ha sido introducido por el artículo 144 de la Ley 13/1996, de 30 de diciembre, de medidas fiscales, administrativas y de orden social, sin que se haya cuestionado nunca la posible inconstitucionalidad de todo el precepto. Por otra parte, la alegada inconstitucionalidad tampoco afectaría a una situación jurídica ya consolidada, ya que en el presente caso la inscripción se ha producido tiempo ha. Por último, no es argumento lo resuelto por la sentencia del Tribunal Constitucional 340/1993, de 16 de noviembre, que declaró inconstitucional la mención de la Iglesia en un tema de arrendamiento urbano que sí atentaba al principio de igualdad en relación con la otra parte contendiente. Por ello, se rechaza el motivo undécimo del recurso de casación que, formulado al amparo del artículo 5.4 de la Ley Orgánica del Poder Judicial denunciaba la infracción de los artículos 14 y 16 de la Constitución Española respecto al artículo 206 de la Ley Hipotecaria*».

A pesar de que el Tribunal se decanta claramente por la constitucionalidad, lo hace bajo la argumentación de que el demandante goza de la misma situación jurídica que la Iglesia en cuanto a la posibilidad de inmatricular por este medio. Por ello, «la alusión a la igualdad *inter partes* no es suficiente para demostrar la vigencia del artículo 206 LH»[29]. En nuestro criterio, también es evidente que el TS podía haber declarado sus dudas sobre la constitucionalidad del precepto respecto de las dos instituciones, Iglesia y Ayuntamiento, o solo con relación a la Iglesia cuando el conflicto dominical hubiera tenido lugar no con una corporación pública sino con un particular, y no lo hace.

2.3. Postura de la DGRN

La DGRN tampoco se ha pronunciado expresamente sobre la posible inconstitucionalidad del medio con relación a la Iglesia; como advierte Goñi Rodríguez de Almeida[30] «lo más que encontramos son vagas suposiciones o interpretaciones, de las que se deduce el rechazo a este artículo, pero en ninguna de ellas se afirma claramente la inconstitucionalidad»; coincidimos con la autora cuando afirma que,

29. Arrieta Sevilla, L.J. «La inmatriculación de fincas de la Iglesia Católica por medio de certificación diocesana», *Ius Canonicum*, año 2010, pág. 532.
30. Goñi Rodríguez de Almeida, M. «Cuestiones controvertidas...», op. cit., pág. 1280.

de haber atisbado ciertamente una posible inconstitucionalidad, el órgano directivo se hubiera pronunciado expresamente en contra del medio inmatriculador.

2.4. La anterior reforma del art. 206 LH

Otro argumento recurrente consiste en la reforma que la Ley 13/1996, de 30 de diciembre, de medidas fiscales, administrativas y del orden social, en su art. 144, efectuó del art. 206 LH, al que añadió un segundo párrafo que establece la posibilidad de inscribir las declaraciones de obra nueva, mejoras y división horizontal que no afecten a terceros, agrupaciones, divisiones, agregaciones y segregaciones, mediante las certificaciones administrativas, pero circunscribiendo tales facultades a las fincas del Estado y de los demás entes públicos estatales certificantes. Aunque se utiliza el mismo precepto para argumentar que la reforma de la LH deja fuera de tal posibilidad a las fincas de la Iglesia Católica, que sí aparecen en el primer párrafo, no deja de ser menos cierto que el legislador tuvo en su mano la posibilidad de reformar también dicho párrafo para que desapareciera la mención a la Iglesia y no lo hizo.

Este nuevo párrafo es fruto de una reforma postconstitucional del legislador por lo que debe entenderse que el primer párrafo (objeto de la controversia) «está en vigor y, por tanto, debemos interpretar que quiso expresamente que permaneciera ese medio inmatriculador a favor de la Iglesia»[31].

A pesar de que la reforma del precepto no afectaba a la facultad de la Iglesia de utilizar el procedimiento del art. 206 LH, siguen las voces alegando su inconstitucionalidad sobrevenida, como nos recuerda Nieva García[32]. Los Servicios Jurídicos del Parlamento de Andalucía emiten informe, con fecha 18 de septiembre de 2014, respondiendo a la propuesta de interposición de recurso de inconstitucionalidad contra el art. 206 LH y art. 304 RH, con las siguientes conclusiones:

> «*1. El plazo de interposición del recurso de inconstitucionalidad contra leyes y disposiciones con fuerza de ley anteriores a la Constitución debe entenderse concluido el 15 de octubre de 1980. En consecuencia, un recurso de inconstitucionalidad contra el apartado primero del vigente artículo 206 de la Ley Hipotecaria, anterior a la Constitución, debería ser inadmitido a trámite por el Tribunal Constitucional por extemporaneidad manifiesta (disposición transitoria, apartado 1 de la LOTC).*
>
> *2. Un recurso de inconstitucionalidad contra el apartado segundo del citado art. 206, añadido por el art. 144 de la Ley 13/1996, de 30 de diciembre, de Medidas Fiscales, administrativas y del orden social, debería ser igualmente inadmitido a trámite por el Tribunal Constitucional por extemporaneidad manifiesta, tras haber superado ampliamente el plazo de tres meses desde su publicación oficial (art. 33.1 LOTC).*

31. Goñi Rodríguez de Almeida, M. «Cuestiones controvertidas...», op. cit., pág. 1281.
32. Nieva García, J.A. *Marco jurídico de la Mezquita-Catedral de Córdoba; Titularidad, gestión y uso cultual y cultural*, Editorial Dykinson, Madrid, 2022, págs. 47-48.

3. Un recurso de inconstitucionalidad contra el art. 304 del Reglamento Hipotecario debería ser inadmitido a trámite por el Tribunal Constitucional, además de por el motivo anterior, por carecer de la fuerza o rango de ley constitucionalmente exigida para ser objeto del mismo (art. 161 a) CE y 31 LOTC).

4. Conforme a lo expuesto, la Mesa de la Cámara no debería admitir a trámite la propuesta de interposición de recurso de inconstitucionalidad contra el art. 206 de la Ley Hipotecaria y el art. 304 del Reglamento Hipotecario, al incumplir la misma presupuestos procesales básicos o insubsanables para su admisión a trámite por el Tribunal Constitucional».

2.5. Los preceptos constitucionales y la cooperación entre el Estado y la Iglesia Católica

El art. 16.3 CE establece que ninguna confesión tendrá carácter estatal pero que el Estado, teniendo en cuenta las creencias de la sociedad española, mantendrá las consiguientes relaciones de cooperación con la Iglesia Católica y las demás confesiones. En el marco de esta cooperación ordenada por la Constitución se basa la constitucionalidad del medio inmatriculador a favor de la Iglesia, ya que, en base a la realidad social de nuestro país, esta es expresamente mencionada entre el resto de confesiones por el precepto constitucional.

Frente a esta postura, ARRIETA SEVILLA[33], que defiende la constitucionalidad, no cree que sea suficiente la cláusula de cooperación para amparar el procedimiento de intabulación de los bienes de la Iglesia. Según el autor, las relaciones de cooperación entre el Estado y la Iglesia se recogen en los Acuerdos suscritos el 3 de enero de 1979, que tienen valor de Tratado Internacional. Por ello, con arreglo al art. 10.2 CE, podría interpretarse el principio de cooperación del Estado con la Iglesia conforme a lo dispuesto en los Acuerdos, aunque nada se diga en los mismos de los medios de inscripción de los bienes de la Iglesia Católica.

Para algunos autores, la determinación de que la Iglesia pudiera inmatricular mediante certificación de dominio no estaba en contra del principio de igualdad consagrado en nuestro art. 14 CE. Para esta parte de la doctrina, el fundamento de esta adecuación al principio constitucional radica en que el precepto no tenía un origen confesional, sino que radicaba en la necesidad de buscar un medio sencillo para que los bienes de la Iglesia pudieran acceder al Registro de la Propiedad[34]. En palabras de RODRÍGUEZ BLANCO[35], «la Iglesia Católica, a diferencia de las demás confesiones, posee desde tiempo inmemorial un enorme patrimonio carente de

33. ARRIETA SEVILLA, L.J. «La inmatriculación de fincas...», op. cit., págs. 519-520. En el mismo sentido considera el autor que tampoco puede justificarse la existencia de las certificaciones en las presuntas raíces cristianas de la cultura española y europea o en el posible carácter injusto y desproporcionado de la desamortización.

34. Así lo entienden, entre otros, DE LA HAZA DÍAZ, P. «Inmatriculación de bienes...», op. cit., pág. 1590; y RUANO ESPINA, L. ·*Régimen jurídico registral..., op. cit.*, pág. 71.

35. RODRÍGUEZ BLANCO, M. «Las certificaciones de dominio...», op. cit., pág. 281.

títulos escritos de dominio. Si a esto se añade que la intención del legislador era facilitar la inscripción de bienes en el Registro, se debe concluir que el artículo supera el juicio de proporcionalidad demandado por la jurisprudencia constitucional, referido a la relación entre la medida adoptada, el resultado obtenido y la finalidad pretendida por el legislador».

Por ello, no puede entenderse ni justificar una presunta analogía entre lo dispuesto por el TC para el art. 76.1 de la LAU de 1964 y el art. 206 LH. A nuestro juicio no existe una identidad de razón entre los dos artículos, fundamentalmente por su distinto origen histórico. Como expresa Torres Gutiérrez[36], la inconstitucionalidad del precepto de la LAU radica en la asimilación del *status* de la Iglesia con el de las corporaciones de derecho público y la equiparación de los fines estatales con los religiosos.

Sobre este argumento, expone Goñi Rodríguez de Almeida[37] que no puede obviarse el hecho de que la Iglesia tiene un arraigo y una presencia en la sociedad mucho mayor que el resto de las confesiones y que es propietaria desde tiempo inmemorial de templos e inmuebles que debe defender, en algunos casos, frente a las reivindicaciones de ayuntamientos y otras corporaciones, cosa que no ocurre con otras confesiones, entendiendo que este problema, de por sí, justificaría el trato desigual. En concreto, existe una diferencia objetiva entre los propietarios y no puede predicarse un trato igualitario para circunstancias objetivamente desiguales porque una «equiparación teórica y legal incurriría en un vicio de inconstitucionalidad»[38].

Entendemos que estos argumentos bastan por sí solos para demostrar que el medio inmatriculador en relación con la Iglesia Católica era plenamente constitucional, con especial énfasis en el criterio de entender que esta postura debe ser mantenida por no haberse pronunciado nuestro Tribunal Constitucional sobre el asunto, lo que no impide que puedan enunciarse otros hechos y argumentos para defender la constitucionalidad del precepto.

2.6. El Código Civil

Según el art. 3.1 CC las normas jurídicas se interpretarán atendiendo, fundamentalmente, al espíritu y finalidad de aquellas. Coincidimos con lo expresado por Arrieta Sevilla[39] al afirmar que existen razones históricas y teleológicas para

36. Torres Gutiérrez, A. «Comentario a la Sentencia del Tribunal Constitucional 340/1993, de 13 de mayo», en Martínez Torrejón, J. (ed.), *Libertad religiosa y de conciencia ante la justicia constitucional*, Granada 1998, pág. 850.
37. Goñi Rodríguez de Almeida, M. «Cuestiones controvertidas…», op. cit., pág. 1281. Para el supuesto de que se entendiera infringido el principio de igualdad, entiende la autora que podría excluirse el medio inmatriculador, o bien extender el mismo al resto de confesiones, aunque, en este caso, fallaría claramente la notoriedad que atribuye una posesión inmemorial a favor de la confesión religiosa, lo que sí puede predicarse de los templos o bienes de la Iglesia Católica.
38. Arrieta Sevilla, L.J. «La inmatriculación de fincas…», op. cit., pág. 533.
39. Arrieta Sevilla, L.J. «La inmatriculación de fincas…», op. cit., págs. 528 y ss.

afirmar que la posibilidad de inmatricular de la Iglesia por certificación de dominio no atentaba contra el art. 14 CE; la intención que el legislador tuvo en su día para incluir la posibilidad de que los bienes de la Iglesia Católica accedieran al Registro mediante los expedientes posesorios no era otra que la de posibilitar que su ingente patrimonio no quedara fuera del mismo (al igual que los de las distintas administraciones), esto es, el legislador «se inclinó por una posición benévola y favorecedora de la intabulación»[40].

La existencia de este medio para la Iglesia buscaba una triple finalidad: posibilitar el acceso al Registro de grandes patrimonios poseídos desde tiempo inmemorial y carentes de titulación escrita de dominio; proteger los bienes eclesiásticos exceptuados en su día de la desamortización; y determinar la condición legal en que se encontraban los bienes a los efectos de proteger también a los terceros adquirentes de bienes desamortizados. La equiparación del Estado y la Iglesia no se hizo por razón del origen de esta última, ni por reconocerle una naturaleza pública, ni como fruto de un privilegio por la confesionalidad del Estado, sino para permitir ese acceso de los bienes al Registro; para ello se le concedió al Ordinario la posibilidad de certificar la posesión de los bienes[41].

En definitiva, las certificaciones no tenían un origen confesional sino la concreta política legislativa favorecedora de la inmatriculación que no apareció en la reforma hipotecaria de 1944-1946 (en plena Dictadura) sino mucho antes, concretamente a mediados del siglo XIX.

2.7. El Reglamento Hipotecario

El art. 5 RH, con anterioridad a la reforma efectuada por el RD 1867/1998, exceptuaba de inscripción los bienes de dominio público, las servidumbres impuestas por Ley que tuvieran por objeto la utilidad pública o comunal y los templos destinados al culto católico. El artículo del RH de 1947 era plenamente coincidente con el art. 12 del RH de 1915 y el art. 3 del RD de 6 de noviembre de 1863, que excluían a los templos católicos de la inscripción por considerarlos *res extra commercium*, lugares sagrados que no formaban parte del comercio de los hombres. La razón de su no inscribibilidad, afirma Goñi Rodríguez de Almeida[42], radicaba en que se trataba de bienes cuya titularidad dominical era notoria y conocida por todos y no necesitaban de inscripción para obtener publicidad; esta era evidente por la mera percepción de los sentidos[43] o, en palabras de la DGRN, por la fácil recognoscibilidad social de la

40. Arrieta Sevilla, L.J. «La inmatriculación de fincas...», op. cit., pág. 530. Según el propio autor, la falta de títulos escritos de dominio justificó la admisión de los expedientes posesorios y la imposibilidad de que las administraciones y la Iglesia pudieran usar este medio, ante el riesgo de colapsar los Juzgados, dio lugar a que se permitiera la inscripción por certificaciones.
41. Ruano Espina, L. *Régimen jurídico registral..., op. cit.*, págs. 70-71.
42. Goñi Rodríguez de Almeida, M. «Cuestiones controvertidas...», op. cit., pág. 1276.
43. Arrieta Sevilla, L.J. «La inmatriculación de fincas...», op. cit., pág. 534.

titularidad de los bienes o derechos exceptuados de inscripción y su excepcional presencia en el tráfico inmobiliario[44].

Como apunta Peña Bernaldo de Quirós[45], ya antes de la Constitución de 1978 la exclusión registral de los templos católicos no se entendía en términos absolutos; de hecho, se entendía que estaban sujetos al régimen registral ordinario las ermitas de propiedad particular (STS 28 de diciembre de 1959[46]) o los templos cuya titularidad no pertenecía a la Iglesia sino a cualquier otra entidad, por ejemplo, los ayuntamientos (RDGRN 31 de marzo de 1982[47]).

Antes de la modificación del RH la cuestión ofrecía dudas que se ventilaron, ya realizada la reforma, en la DGRN. En 1997 el Arzobispado de Valencia emitió una certificación de dominio en la que certificaba que la Parroquia de la Asunción de Nuestra Señora de Navarrés era propietaria desde hacía más de 30 años, y sin título escrito de dominio, de varios inmuebles, entre ellos un templo destinado al culto católico. La Registradora de la Propiedad denegó la inscripción basándose en la prohibición que se establecía en el referido art. 5.4 RH, formulándose el correspondiente recurso gubernativo que alegaba la derogación de tal precepto por la CE al ir contra lo dispuesto por los arts. 16.3 y 14 de la misma y el art. 1.3 LOLR, por suponer una discriminación con respecto a las demás confesiones; se aludía, además, a la RDGRN de 31 de marzo de 1982 que permitió la inmatriculación de un templo propiedad de un Ayuntamiento mediante certificación de dominio expedida por el mismo.

El TSJCV argumentó que el art. 5.4 RH no establecía una prohibición sino una excepción a la inscripción. Y la DGRN, después de argumentar que la norma prohibitiva debía entenderse como un todo en el conjunto de normas favorecedoras en determinados aspectos jurídicos para la Iglesia (el art. 206 LH), concluye, a pesar de que el artículo ya había sido derogado, en términos coincidentes a los del Tribunal Superior, entendiendo que no puede equipararse a la Iglesia con el Estado (art. 16.3 CE) y que no permitir la inscripción supondría un trato discriminatorio de la Iglesia con respecto al resto de confesiones (contrario al art. 14 CE).

Lo importante de la argumentación radica en resaltar que, hasta el año 1998, las entidades eclesiásticas se vieron privadas de la posibilidad de que los templos destinados al culto católico accedieran al Registro de la Propiedad. Lo que no es un tema baladí, dado que en España existen alrededor de 22.000 templos parroquiales destinados al culto propiedad de la Iglesia Católica; solo a partir de ese año comenzaron las distintas diócesis españolas la tarea de proceder a la inscripción de los templos; solo este hecho justificaría la existencia de este medio inmatriculador excepcional para la Iglesia, al menos, con relación a los lugares cultuales: en primer

44. RDGRN de 21 de enero de 2001. BOE, núm. 40, de 15 de febrero de 2001.
45. Peña Bernaldo de Quirós, M. *Derechos Reales…*, *op. cit.*, pág. 507.
46. STS (Civil) de 28 de diciembre de 1959, núm. 1945/1959.
47. RDGRN de 31 de marzo de 1982. BOE, núm. 107, de 5 de mayo de 1982.

lugar, en orden a evitar la necesidad de formalizar innumerables expedientes de dominio o, incluso, acciones declarativas de dominio, que podrían suponer una carga excesiva para los Juzgados; en segundo y principal lugar, por la importancia de otorgar protección registral a esa gran cantidad de inmuebles, finalidad principal del Registro, como ya la tienen el resto de fincas[48].

2.8. La necesidad de acceso al Registro de los bienes

Como bien apunta Rodríguez Blanco[49], nos encontramos con una cuestión que no debe ser entendida en el ámbito de las relaciones Iglesia-Estado, sino en el trasfondo de las relaciones Registro de la Propiedad-título. El origen y evolución histórica de nuestra legislación dan pie a pensar que las certificaciones de dominio tienen su punto de partida en un hecho concreto, la posesión de numerosas fincas sin título acreditativo de dominio por parte de una serie de propietarios —entre ellos la Iglesia— que dio lugar a una política legislativa favorecedora del acceso de las fincas al Registro; *a sensu contrario*, las certificaciones no se basaban en un origen confesional, lo que determina que acogerse al art. 16.3 CE y a una sentencia del TC simplifica en exceso el análisis del precepto.

2.9. Otras disposiciones normativas

Sin entrar en los argumentos a favor o en contra de que el medio de inmatriculación pudiera acogerse al principio de cooperación entre el Estado y la Iglesia Católica recogido en nuestro art. 16.3 CE, no podemos obviar que existen numerosas disposiciones legales en las que se vislumbran determinadas fórmulas de reconocimiento de esa realidad social existente en España, de mayoría católica, y, por ende, reconocimientos expresos de la particularidad de la Iglesia. El Acuerdo Estado español-Santa Sede sobre Asuntos Económicos, reconoce en su art. I.1 a la Iglesia su capacidad para organizarse libremente y la personalidad jurídica civil de las diócesis, parroquias y otras circunscripciones en cuanto la tengan canónica y esta sea notificada a los órganos del Estado; el art. 5 LOLR establece que gozarán de personalidad jurídica civil las entidades religiosas que se inscriban en un registro creado al efecto en el Ministerio de Justicia (hoy Ministerio de la Presidencia); en desarrollo de este precepto, el RD 142/1981, de 7 de enero, sobre Organización y Funcionamiento del Registro de Entidades Religiosas (que creaba dicho Registro estatal) en su Disposición Transitoria Primera establecía que las entidades que gozaban de personalidad jurídica sin hallarse inscritas en ningún registro del Estado podían solicitar su inscripción en cualquier momento; solo transcurridos tres años debían acreditar su personalidad con la correspondiente certificación de encontrarse inscritas; por lo tanto, se reconocía por el RD una preexistencia y personalidad jurídica civil anterior a la Constitución de las entidades eclesiásticas.

48. Que esto pueda dar lugar a la utilización torticera del medio inmatriculador por su facilidad, no deja de quedar en segundo plano, porque los asientos siempre quedan bajo la salvaguarda de los Tribunales.
49. Rodríguez Blanco, M. «Las certificaciones de dominio...», op. cit., págs. 278 y ss.

La Resolución de 11 de marzo de 1982 de la Dirección General de Asuntos Religiosos (BOE 30 de marzo de 1982) aclara, a nuestro entender, dicho reconocimiento de la preexistencia al excluir a las circunscripciones territoriales de la Iglesia Católica del trámite de la inscripción en el Registro. Para la inscripción de todas estas entidades preexistentes, se disponía que bastaba con la notificación efectuada por la autoridad eclesiástica competente; así se hizo en las distintas diócesis que enviaron al Ministerio una relación de todas las circunscripciones territoriales (diócesis, parroquias) que quedaron inscritas en el Registro sin la asignación de un número determinado; y en el punto Primero, apartado c), se dispone que las diócesis, parroquias y otras circunscripciones territoriales existentes en España antes del 4 de diciembre de 1979 pueden acreditar su personalidad jurídica no solo por la certificación de la inscripción de la Dirección General, sino por cualquiera de los medios de prueba admitidos en derecho, «*incluida la certificación de la competente autoridad eclesiástica, en la que se acredite que se ha procedido a la citada notificación*».

Existen otros ejemplos de certificaciones expedidas por las autoridades eclesiásticas con efectos civiles, por ejemplo:

a) El Reglamento del Registro Civil que, en su art. 256, permite la inscripción del matrimonio canónico en virtud de la certificación expedida por el ministro autorizante.

b) El RD 487/1998, de 27 de marzo, sobre reconocimiento como cotizados a la Seguridad Social de periodos de actividad sacerdotal o religiosa de los sacerdotes, religiosos y religiosas de la Iglesia Católica secularizados, permitía computar dichos periodos de servicio religioso, ya que no les era permitido cotizar por su anterior falta de inclusión en el sistema de la Seguridad Social o para poder acceder a una pensión de cuantía superior; para ello, el art. 2.2 dispone expresamente: «*A los efectos previstos en el apartado anterior, los interesados deberán acreditar el tiempo de ejercicio sacerdotal o de profesión de religión, mediante certificación expedida, en el caso de los sacerdotes, por el Ordinario correspondiente*».

c) La Orden del Ministerio de Economía y Hacienda de 29 de febrero de 1988 (BOE de 12 de marzo de 1988) por la que se aclara el alcance de la no sujeción y las exenciones establecidas en los artículos III y IV del Acuerdo entre el Estado Español y la Santa Sede, de 3 de enero de 1979, respecto al IVA de los objetos destinados al culto católico (exención que ya no existe en nuestro ordenamiento tributario), dispuso en su punto tercero lo siguiente: «*La no sujeción quedará condicionada a que el adquirente aporte al sujeto pasivo que realice las entregas un documento justificativo de la naturaleza y el destino al culto de los objetos adquiridos expedido, según proceda, por el Ordinario del lugar, o el superior o superiora provincial correspondiente*».

Por todo ello, «en el caso de las confesiones religiosas, al ser instituciones que cuentan con una organización y un ordenamiento propio, las certificaciones son reclamadas por la legislación estatal para acreditar aspectos de exclusiva competencia confesional, actos jurídicos confesionales o simples hechos o circunstancias conocidos por las autoridades confesionales que han de ser probados para tener relevancia en el ámbito civil»[50]. Y es esa misma relevancia que en determinados aspectos civiles se les da a las certificaciones la que hay que tener en cuenta para buscar el fundamento de las certificaciones de dominio; no se trataba de un privilegio, sino de la única vía factible que posibilitaba el acceso rápido y eficaz del patrimonio eclesiástico al Registro de la Propiedad.

En conclusión, bien pensando que el medio certificador era anacrónico por haber desaparecido las circunstancias de hecho que motivaron dicha opción legislativa[51], bien argumentando que tal conclusión era excesivamente simplista y poco fundamentada[52], lo que es evidente es el hecho de que bastantes diócesis han tenido una gran parte de sus bienes inmuebles pendientes de inscribir en el Registro de la Propiedad, en su mayor parte carentes de título escrito de dominio; por esta razón, estimamos que la certificación de dominio tenía, hasta su derogación, pleno sentido.

Todo ello, pensamos, con la base misma de la propia LH que, en su art. 2 Sexto, dice que los títulos de adquisición de los bienes inmuebles y derechos reales que pertenezcan a las corporaciones eclesiásticas se inscribirán en el Registro con sujeción a lo establecido en las leyes o reglamentos; es la misma LH la que establecía en su art. 206 el medio certificador, que no fue declarado inconstitucional por quien tenía la competencia para hacerlo; estas disposiciones «dan base bien clara y suficiente para considerar título idóneo inmatriculador la certificación de dominio y amparan una práctica generalmente admitida en los Registros españoles, sin que haya duda por tanto de esta facultad certificante a estos efectos»[53].

En materia de inmatriculaciones no se ha producido una equiparación de la Iglesia con una Corporación de Derecho Público, como señala Cano Montejano[54]. La certificación de dominio consistió simplemente en un instrumento que dio respuesta jurídica al problema del acceso al Registro de los bienes de los que se carecía de título escrito, por su antigüedad y los avatares históricos que habían concurrido. Distingue el autor claramente laicidad de laicismo. La laicidad supone distinguir la Iglesia del Estado, como aspecto negativo, y una neutralidad con relación a la libertad de conciencia y el fomento de la igualdad, como aspecto positivo. España superó el laicismo militante de la Segunda República, en la que se valoraba nega-

50. Rodríguez Blanco, M. «Las certificaciones de dominio...», op. cit., pág. 279.
51. Rodríguez Blanco, M. «Las certificaciones de dominio...», op. cit., pág. 301.
52. Ruano Espina, L. *Régimen jurídico registral..., op. cit.*, pág. 78.
53. Corral Dueñas, F. «La certificación inmatriculadora del artículo 206», *Boletín del Colegio de Registradores de la Propiedad*, año XXXVII, número 86, septiembre 2002, pág. 2067.
54. Cano Montejano, J.C. «La legitimidad de la reforma hipotecaria en que trajo causa la inmatriculación de la Mezquita-Catedral de Córdoba a favor de la Iglesia Católica», *en* Fernández-Miranda, J. (Director) y otros, *Estudio histórico y jurídico sobre la titularidad de la Mezquita-Catedral de Córdoba*, Editorial Dykinson, Madrid 2019, págs. 72-76.

tivamente el hecho religioso, así como la confesionalidad del Estado franquista, que confundía Estado e Iglesia Católica. Frente a esas dos posturas extremas, la Constitución Española parte de la neutralidad y la laicidad positiva, cuyo parámetro debe ser la igualdad, que no debe confundirse con el laicismo. Por ello, el modelo que inaugura la Constitución con respecto a las confesiones «necesita de actuaciones positivas para hacer posible su ejercicio y pleno desarrollo, es decir, para que puedan desplegar aquellas facetas que hacen reconocible al derecho a la libertad religiosa». Con arreglo al principio de neutralidad positiva, concepto dinámico, el Estado no puede conformarse con posturas abstencionistas, sino que debe buscar la realización de la igualdad material, en los términos expresados por el art. 9.2 CE, lo que ha llevado a cabo mediante la modificación legislativa que tuvo lugar mediante el RD 1867/1998, con la que se dio solución específica a la preterición ilegítima que la Iglesia Católica sufría frente al resto de confesiones en cuanto a la inscripción en el Registro de la Propiedad de sus templos y edificios de culto.

Cuando el art. 206 LH permitió a la Iglesia inmatricular sus bienes inmuebles mediante la certificación de dominio no estaba confundiendo las funciones puramente religiosas con las estatales; simplemente estaba arbitrando un procedimiento especial de inscripción, que en este caso sí era similar al que podía utilizar el Estado, no por pretender asimilar ambas potestades, sino por dar una misma solución a situaciones similares que concurrían en ambas instituciones por razones puramente históricas.

En defensa de la inconstitucionalidad del precepto se esgrimían su oposición a los principios de igualdad y a la laicidad del Estado, que no puede valorar positiva o favorablemente lo religioso en cuanto tal, por ser incompatible con la referida igualdad entre creyentes y no creyentes[55]. Pero, insistimos, el art. 206 LH no resolvía ninguna cuestión religiosa o de conciencia de los creyentes de una determinada confesión frente a los de otra, o frente a los no creyentes. El problema que intentó solucionar fue puramente material, la llegada al Registro de la Propiedad de unos bienes concretos y determinados.

Un argumento justificado de extraordinaria lucidez lo aporta Palos Estaún[56] al señalar que no se puede pensar que el beneficio de la inscripción por la vía de la certificación de dominio era solo justificable para el Estado al favorecer así a la comunidad, lo que no puede predicarse plenamente para otras instituciones sociales no estatales. Sin embargo, los bienes de otras entidades estaban (y siguen estando) marcados por una función o proyección social. Por esta razón, señala el autor, «una visión de la sociedad cerrada sobre la representatividad del Estado y no una sociedad abierta a todos sus fenómenos sociales termina por identificar bien social

55. Torres Gutiérrez, A. «Problemas jurídicos planteados a raíz de la inmatriculación de bienes por la Iglesia Católica: dilemas surgidos y reflexiones a propósito del Informe del Gobierno de 16 de febrero de 2021», *Anuario de Derecho Eclesiástico del Estado*, volumen XXXVIII, año 2022, pág. 469.

56. Palos Estaún, A. «Inmatriculación en el Registro de la Propiedad de los bienes de la Iglesia», *Revista Española de Derecho Canónico*, número 58, año 2011, pág. 809.

con bien estatal, reduciendo todo lo demás al ámbito privado». Que solo el Estado tenga ese privilegio no significa que su uso esté ya exento de riesgos, pues el uso estatal indiscriminado del art. 206 LH puede también ser dañino para la sociedad, como es el caso de inscripciones de templos o ermitas que, por su naturaleza, se identifican claramente con otras instituciones eclesiásticas y con otro tipo de funciones sociales no estatales.

II. LA SENTENCIA DEL TEDH EN EL CASO DEL UCIEZA CONTRA ESPAÑA

Uno de los argumentos más usados para promover la supresión del art. 206 LH con respecto a la Iglesia Católica fue el de invocar la STEDH de 4 de noviembre de 2014[57] porque, se señalaba, había declarado contrario al ordenamiento jurídico dicho procedimiento especial de inmatriculación. Torres Gutiérrez[58] llega a decir que la contundencia de los argumentos de la sentencia del Tribunal de Estrasburgo fueron el detonante para dicha reforma legislativa inaplazable y que tuvieron unas consecuencias inmediatas en nuestro ordenamiento jurídico interno. Nosotros consideramos que la interpretación dada por parte de la doctrina no se corresponde con el verdadero pronunciamiento del Tribunal, además de no entender la Sentencia como el detonante de la reforma de la LH en 2015. De hecho, las iniciativas parlamentarias solicitando la supresión de la certificación de dominio se remontan a varios años antes.

La Sentencia resuelve el contencioso existente entre una sociedad mercantil española, la Sociedad Anónima del Ucieza, y el Obispado de Palencia. La primera adquirió por compraventa un terreno en Ribas de Campos (Palencia) en 1978, remontándose el tracto sucesivo del título al 23 de diciembre de 1841; en la escritura de compraventa, además de los linderos y la superficie de la finca, se hacía expresa mención a que en la finca «estaban enclavadas una Iglesia, una casa, unas norias, un corral y un molino», lo que se inscribió en el Registro de la Propiedad de Astudillo. Es importante para el caso saber que la finca había sido propiedad de la Orden Prematritense, consistiendo en el monasterio de Santa Cruz de la Zarza, perteneciente al Priorato de Santa Cruz, fundado en el siglo XII, siendo suprimida la Orden a principios del siglo XIX, por los Reales Decretos de 11 de octubre de 1835 y 19 de febrero de 1836, saliendo a subasta sus bienes, entre ellos el monasterio, y produciéndose sucesivas transmisiones en el tiempo hasta la adquisición de la finca por la Sociedad del Ucieza. En todas las transmisiones se hace constar al inscribirlas que existe un edificio que era antiguamente la iglesia del Priorato de Santa Cruz.

En 1994, el Obispado de Palencia procede a inmatricular en el Registro un terreno con una iglesia de estilo cisterciense de principios del siglo XII, sacristía y sala capitular que antaño formaron el monasterio prematritense de Santa Cruz de la Zarza.

57. STEDH, sección 3ª, de 4 de noviembre de 2014; núm. 38963/2008.

58. Torres Gutiérrez, A. «Problemas jurídicos...», op. cit., págs. 479-486.

La sociedad demandante reclama al Obispado, quien responde alegando que el inmueble quedó exceptuado de la desamortización de 2 de septiembre de 1841, tras lo que interpone una demanda ante la jurisdicción civil, pronunciándose el Juzgado de 1ª Instancia de Palencia con fecha 28 de marzo de 2000. Según la Sentencia, la iglesia no había sido desamortizada por tener la condición de parroquia, no siendo afectada por las ventas posteriores y rigiéndose por el Derecho Canónico, impidiéndose la adquisición por usucapión por parte de la demandante, ya que esta solo podía operar en favor de personas jurídicas eclesiásticas, y entendiendo que la sociedad no gozaba de la posesión del inmueble, pues la tenencia de las llaves no acreditaba tal extremo.

Tras recurso de apelación, la Audiencia Provincial de Palencia ratificó la Sentencia de la 1ª Instancia en el sentido de que el edificio no había formado parte de la cadena de transmisiones que se habían producido sucesivamente desde la salida a pública subasta de la finca. La Sentencia hace una reconstrucción histórica de la Orden Prematritense y del edificio, que tenía la consideración de parroquia antes de las leyes desamortizadoras, que se administraron sacramentos hasta 1981 y que se hicieron varias reparaciones a costa del Obispado de Palencia. Además, en el inventario que se hizo para la adquisición en 1841 por parte del primero de los dueños de la línea de propietarios sucesivos hasta la adquisición por la Sociedad del Ucieza, no se incluyó la iglesia en cuestión. Por lo que, concluye, nunca formó parte la iglesia de esa finca registral y nunca ha podido ser transmitida.

Recurrida en casación, el Tribunal Supremo inadmite el recurso mediante decisión de 14 de junio de 2005, al no concurrir las exigencias del art. 477 § 2.2º LEC para la apertura del pleito por la cuantía económica del litigio. Esta decisión procedimental de inadmisión dejó el pleito sin la decisión de nuestro Alto Tribunal, interponiendo la demandante recurso de amparo que fue inadmitido por el Tribunal Constitucional, al carecer manifiestamente de contenido que justificara una decisión sobre el fondo.

Para una correcta exposición de lo ventilado en la STEDH, consideramos procedente exponer los argumentos de cada una de las partes, sociedad demandante y Estado español, los criterios establecidos por el Tribunal para fundamentar su decisión condenatoria para el Estado, terminando con nuestra postura sobre el fondo del asunto y de la errónea interpretación que, entendemos, se le ha dado por algún sector de nuestra doctrina. Nos centramos en el fondo del asunto, al no ser objeto de nuestro trabajo la cuestión meramente procedimental y de violación de un derecho fundamental que se planteó por la inadmisión del recurso de casación por el Tribunal Supremo; entendemos, además, que el Tribunal de Estrasburgo expresa de forma categórica que la interpretación de la inadmisión del recurso de casación fue excesivamente rigurosa y privó a la demandante del derecho a la tutela judicial efectiva.

1. POSICIÓN DE LA DEMANDANTE

La sociedad demandante alega el privilegio que para la Iglesia supone la posibilidad de inscribir sus bienes por el art. 206 LH, cauce que no se aplica al resto de confesiones religiosas; entiende que ningún conflicto habría surgido de haberse respetado su inscripción, que ya tenía más de 50 años cuando adquirió el inmueble, y que contenía esa referencia expresa a la iglesia; que 16 años después se permite a la Iglesia inscribir por la certificación prevista en el art. 206 LH, lo que ha provocado una usurpación que le ha obligado a entablar este procedimiento tan largo y costoso (§ 60).

A continuación, expone lo que entiende son los efectos de la inscripción en el Registro de los inmuebles, instrumento de publicidad destinado a garantizar la propiedad y su tráfico, lo que no tiene por objeto inventariar los bienes en propiedad de la Iglesia (mano muerta, le llama), al carecer de mercado para sus bienes (§ 63). Señala que no se pueden ignorar las importantes ventajas de orden sustancial o procedimental que tiene el ingreso de un bien en el Registro, especialmente las derivadas del art. 38.1 LH y la presunción de propiedad que supone (§ 64). Y concluye afirmando que el procedimiento del art. 206 LH es dudosamente constitucional, que la inmatriculación por el Obispado se hizo en contra de la legalidad, pues no podían acceder al Registro bienes que ya se encontraban inscritos (§ 68) y cuyo acceso a los libros tabulares se base en una simple declaración de intenciones o sucinta afirmación, lo que no entiende haya sido validado por el Registrador (§ 67).

2. POSICIÓN DEL ESTADO ESPAÑOL

El Gobierno defiende su postura afirmando que el art. 206 LH debe ser entendido en su contexto, el de facilitar el acceso al Registro de bienes de los que no existe título escrito, siendo un procedimiento de acceso junto con otros que se regulan en el art. 199 LH; la certificación de dominio no constituye un título de propiedad, sino solo un título de inscripción, porque la titularidad dominical es preexistente, si bien no existe un título o documento escrito que lo acredite; solo en ausencia de ese título escrito se permite la utilización de este medio supletorio (§ 48).

La inmatriculación producida en favor del Obispado de Palencia no crea una situación jurídica definitiva; la pérdida de la propiedad por la demandante no es una consecuencia de dicha inmatriculación, sino que las jurisdicciones internas españolas han declarado que la iglesia nunca perteneció a la demandante; por lo que no puede establecerse una conexión entre inmatriculación y pérdida del dominio (§ 50). Para el Gobierno, la demandante instrumentaliza el art. 206 LH atribuyendo a la inmatriculación un falso efecto constitutivo de propiedad en favor del Obispado y lo denuncia como si fuera una expropiación. Pero han sido los Tribunales quienes han decidido, con argumentos que no contemplaban la inmatriculación, que la propiedad no correspondía a la demandante, estando ambas partes en una misma situación ante el Juez para defender sus posturas (§ 52). La inmatriculación por el art. 206 no produce unos efectos irremediables para terceros, quienes pueden acudir a los órganos jurisdiccionales en defensa de sus derechos (§ 55).

3. ARGUMENTOS DE LA SENTENCIA

La argumentación del Tribunal comienza estableciendo que para que haya una medida que prive a una persona de su propiedad debe existir una relación razonable de proporcionalidad entre los medios empleados y el fin que se pretende alcanzar (§ 73). Y que, si existe una injerencia en el derecho del demandante en el respeto de sus bienes, los procedimientos deben otorgarle una oportunidad adecuada para exponer su causa con el fin de impugnar las medidas que entienda vulneran sus derechos (§ 74).

Con relación al fondo, estima el Tribunal que la legislación española reputa como titular al que inscribe un bien en el Registro de la Propiedad, a tenor del art. 38 LH (§ 79), ofreciendo la Ley a los terceros cuyos derechos pudiesen haber sido ignorados una acción contra el propietario del bien inscrito tras un cambio de propiedad de dos años a partir de la inscripción (§ 80), lo que no hizo el Obispado de Palencia que, al contrario, procedió a inmatricular el mismo inmueble en el Registro por un medio reservado para bienes que no estuvieran inscritos. Como consecuencia, esta nueva inscripción privó a la demandante de los derechos resultantes de su previa inscripción, lo que ha constituido una injerencia en sus bienes (§ 81). Por tanto, debe entrarse a valorar si existió una justa ponderación entre la seguridad en el tráfico de los bienes inmuebles por la inscripción en el Registro de la Propiedad y los imperativos de la protección del derecho fundamental de la demandante (§ 87).

Entrando a valorar el hecho de la inmatriculación del bien por parte del Obispado de Palencia, el Tribunal termina desgranando una serie de conclusiones:

a) Que la falta de inscripción previa exigida por el art. 199 LH para la inmatriculación de fincas era en este caso, por lo menos, controvertida. Y entiende que, aunque la descripción de la iglesia en la inscripción de la demandante era ambigua, el Registrador no debió admitir inmatricular a nombre del Obispado (§ 91).

b) Realizada la inmatriculación a favor del Obispado, la demandante no pudo alegar sus motivos de oposición, cuando la inscripción le acarreaba efectos perjudiciales (§ 92); la inscripción de un bien ya mencionado en otra inscripción anterior no es legítima en ausencia de un debate contradictorio y respetuoso del principio de igualdad de armas; el demandante se ha encontrado en la imposibilidad de defenderse (§ 96) en el ámbito administrativo, ante el responsable del Registro, viéndose obligada a acudir a los Tribunales[59].

c) Las instancias judiciales españolas han estimado razones históricas para entender que la iglesia no formaba parte de la propiedad inscrita de la

59. Moreno Antón, M. «Luces y sombras en el acceso de los bienes eclesiásticos al Registro de la Propiedad», *Revista General de Derecho Canónico y Eclesiástico del Estado*, número 38, año 2015, págs. 34 y ss.

demandante (§§ 93 y 97), no existiendo, además, un título de propiedad en poder de la parte contraria (§ 101).

d) Se pregunta el Tribunal por qué las instancias jurisdiccionales no han entrado a valorar la legalidad de la inscripción del Obispado de Palencia (§ 94), cuando la inscripción se ha llevado a cabo de forma arbitraria e imprevisible, sin garantías procesales elementales para la demandante, no satisfaciendo el procedimiento del art. 206 LH las exigencias de precisión y previsibilidad que implica el concepto de Ley, en el sentido en que lo entiende el Convenio Europeo de Derechos Humanos (§ 95), por qué las inmatriculaciones pueden hacerse sin ningún límite, en cualquier tiempo y en base a un medio de inmatriculación que pueden utilizar los obispos diocesanos, excluyendo a los representantes de otras confesiones, resultando sorprendente pueda tener el mismo valor que los certificados expedidos por funcionarios públicos investidos de prerrogativas de poder público (§ 99).

Todas las conclusiones anteriores llevan al Tribunal a decidir que se ha producido una traba al derecho de propiedad de la demandante con ausencia de indemnización, siendo víctima del ejercicio del derecho de inmatriculación reconocido a la Iglesia Católica por la legislación española sin justificación aparente (§ 101). En consecuencia, termina, se ha producido una violación del derecho a la igualdad ante la Ley, existiendo diferencias de trato carentes de justificación objetiva y razonable (§ 111).

Para Moreno Antón[60], el TEDH reprueba la actuación de los distintos intervinientes en todo el procedimiento:

- La del Tribunal Supremo, por ser excesivamente riguroso en la exigencia de las formalidades necesarias para admitir el recurso de casación, dejando a la demandante sin el derecho a la tutela judicial efectiva.

- La del Registrador, al realizar la inscripción de un bien que ya se encontraba inmatriculado, admitiendo la certificación de dominio cuando no concurrían las circunstancias necesarias para hacerlo. La autora comenta, a nuestro entender con gran acierto, que el caso del Ucieza contra España «muestra las taras de este procedimiento inmatriculador, especialmente la falta de un control real y exhaustivo sobre los datos de la certificación y su contraste con los asientos del Registro por parte de sus responsables»[61].

- La de los Tribunales de instancia, al basarse en cuestiones puramente históricas y no plantearse si era posible en el caso estudiado utilizar el procedimiento del art. 206 LH.

60. Moreno Antón, M. «Luces y sombras...», op. cit., págs. 34 y ss.
61. Moreno Antón, M. «Luces y sombras...», op. cit., págs. 34 y ss.

- Por último, la del propio legislador, a quien achaca que el procedimiento de inmatriculación del art. 206 LH no esté sometido a plazo alguno, pudiendo realizar la inscripción de forma totalmente extemporánea, lo que choca de bruces con el principio de seguridad jurídica.

4. INTERPRETACIÓN DE LO VENTILADO EN EL CONFLICTO

Para una buena parte de la doctrina, como Agudo Zamora[62], la STEDH es tomada como prueba fehaciente de la inconstitucionalidad del procedimiento inmatriculador del art. 206 LH con respecto a la Iglesia Católica. Así, Torres Gutiérrez[63] afirma que desnuda de contenido el principio de seguridad jurídica y que su contundencia no pasó desapercibida para los Tribunales españoles, como la Sala de lo Civil y Penal del TSJ Navarra que, en la Sentencia de 20 de enero de 2015[64], y en la que resolvía un pleito sobre una iglesia entre la Archidiócesis de Pamplona-Tudela y el Ayuntamiento de Huarte, se hizo eco del cuestionamiento de las inmatriculaciones por parte del Tribunal de Estrasburgo.

Pero entendemos que la STEDH no puede entenderse en el sentido que apunta esta parte de la doctrina, sino que trata de resolver un contencioso que debe ser interpretado desde dos puntos de vista: el fondo del pleito en cuestión y la institución que verdaderamente está siendo objeto de reparo por el Tribunal.

a) En cuanto al fondo del asunto debatido:

   En primer lugar, debemos referirnos a lo que se ventilaba concretamente en el pleito, que no era otra cosa que a quién correspondía la propiedad de la iglesia. Y, como nos dice Moreno Antón[65], los Tribunales españoles atienden al *petitum* de la de la demanda y resuelven a quién pertenece la finca en cuestión; para ello, se remontan a la legislación desamortizadora del siglo XIX, concretamente a la ley de 2 de septiembre de 1841 por la que se declaraban bienes nacionales todas las propiedades del clero secular, disponiendo como no sujetos a la desamortización los edificios de las iglesias catedrales, parroquiales, anejos o ayuda de parroquia (art. 6. Cuarto)[66]. En la Instrucción para la ejecución de esta Ley, el art. 12 disponía que se tomaría por las autoridades posesión de los bienes, con excepción de esos señalados en el art. 6. Y el Juzgado de Instancia[67] ya declara que

62. Agudo Zamora, M. «Privilegio inmatriculador...», op. cit., pág. 2657.
63. Torres Gutiérrez, A. «Problemas jurídicos planteados...», op. cit., págs. 485-486. La Sentencia pasa de largo después sobre el cuestionamiento, al entender que la forma de acceso al Registro de la iglesia no era lo cuestionado en el pleito, siendo relevante qué había ocurrido en la realidad extrarregistral.
64. STSJ Navarra (Civil y Penal), secc. 1ª, de 20 de enero de 2015, núm. 2/2015, rec. 22/2014.
65. Moreno Antón, M. «Luces y sombras...», op. cit., págs. 34 y ss.
66. Gaceta de Madrid; número 2515, 5 de septiembre de 1841.
67. Sentencia del Juzgado de 1ª Instancia número 5 de Palencia, de 28 de marzo de 2000, recurso 341/1999.

la iglesia en cuestión era parroquial y no quedó afectada por las tareas desamortizadoras, que se siguió celebrando culto ininterrumpidamente por un párroco, que se hicieron obras de reparación en los años 20, 60 y 70 del siglo XX costeadas por el Obispado de Palencia (FD Primero), y que el Estado excluyó la iglesia enclavada en el convento de la venta por la que adquirió la finca la demandante (FD Tercero). En consecuencia, la iglesia permaneció como bien del Obispado, actuando este en todo momento como titular dominical del templo (FD Quinto). Por tanto, la demandante nunca adquirió el dominio, porque nunca fue objeto de subasta y no se ha podido transmitir por los anteriores transmitentes lo que no les pertenecía, pues era propiedad del Obispado de Palencia.

El TEDH no entra nunca a valorar que los Tribunales españoles trataron a fondo el asunto y que aplicaron el Derecho Civil español para su resolución. Lo que hace es centrarse en el modo o procedimiento por el que la propiedad del Obispado de Palencia accedió al Registro; se centra en el cómo cuando lo importante y central es el por qué; no deja de ser secundario que la iglesia se inscribiera por certificación de dominio; lo relevante, a nuestro juicio, es que dicha inscripción correspondía a un derecho de propiedad del Obispado por disposición de la ley desamortizadora de 1841, anterior a la adquisición en pública subasta por el primer adquirente en la sucesiva cadena de titulares que desemboca en la adquisición de la mercantil Sociedad del Ucieza.

Acertadamente lo expresa Martín Martín[68] cuando dice que los Tribunales españoles desestimaron la acción reivindicatoria porque la demandante no pudo demostrar que ella y sus antecesores, desde 1841, hubieran adquirido, poseído y disfrutado la iglesia y sus anejos; porque, es importante resaltar, en ningún momento se dice que el mejor derecho de la Iglesia provenga de la inmatriculación de la finca a su favor. El derecho de propiedad del Obispado nace fuera del Registro, que ni existía en el momento de la adquisición. No hay causalidad alguna entre la inmatriculación de la iglesia y el perjuicio sufrido por la sociedad demandante que, en cualquier caso, puede provenir de haber adquirido de un *non domino* o, en el peor de los casos, por la entrada en juego de la doble inmatriculación de fincas.

Afirma Fernández-Arrojo[69] que la STEDH no implica una toma de postura del Tribunal sobre el fenómeno de las inmatriculaciones de bienes por la Iglesia Católica, como algunos pretendieron, sino que condenó a España por no haber aplicado correctamente la legislación hipotecaria. Pero consideramos que los Tribunales españoles actuaron siempre con arreglo a lo dispuesto en el Derecho Civil aplicable al caso. Tal y como dice

68. Martín Martín, Á.J. «Inmatriculaciones e Iglesia Católica: verdades, medias verdades y verdaderas mentiras». [Consulta 12 de noviembre de 2022].
69. Fernández-Arrojo, M. «La inmatriculación de los bienes inmuebles de la Iglesia Católica en el Derecho español», *Ius Ecclesiae*, número XXXI, 1, 2019, págs. 92-93.

la misma autora, «del análisis de los conflictos jurídicos surgidos a raíz de las inmatriculaciones realizadas por la Iglesia, se deduce que en cada caso el órgano jurisdiccional ha aplicado el derecho civil sustantivo para determinar quién tenía la potestad dominical» y que «el procedimiento utilizado para inmatricular es instrumental respecto a la cuestión de fondo, que es la determinación del derecho de propiedad»[70].

b) En cuanto a que el TEDH considera que vulnera derechos constitucionales:

El TEDH basa su argumentación en una premisa que consideramos errónea, que el acceso al Registro de la iglesia a nombre del Obispado de Palencia produjo un perjuicio a la sociedad demandante; lo que, además, es más grave por haberse utilizado un procedimiento que no reúne las suficientes garantías para asegurar el respeto a la seguridad jurídica. Establece una relación de causalidad entre la inmatriculación por certificación de dominio y el perjuicio. Y, además, se alude a una posible desigualdad en el tratamiento de las distintas confesiones, al no disponer las otras de esta forma especial de acceso de sus bienes al Registro.

Nuestro parecer es que el Tribunal de Estrasburgo obvia un análisis correcto de la doble inmatriculación registral para poder resolver la cuestión planteada. Confunde el hecho de que una finca acceda doblemente al Registro con el particular medio por el que en el caso concreto se ha producido la doble intabulación. Y lo que tendría que haber subrayado el Tribunal como perjudicial para los derechos de la demandante no es quién ni cómo se inscribió una finca, sino que esta hubiera accedido doblemente al Registro.

La doble inmatriculación se produce cuando una misma finca o parte de ella se encuentra inmatriculada en dos o más folios diferentes e independientes entre sí[71]. Su causa principal, apunta Díez-Picazo[72], se encuentra en el hecho de que existen medios de inmatriculación bastante sencillos, que se carezca de un sólido soporte catastral y que no se lleve a cabo un riguroso control de la existencia y características de las fincas, que se limita solo al examen de los propios libros del Registro, lo que no ha hecho difícil que, en reiteradas ocasiones, se haya burlado la vigilancia de los Registradores. Nos encontramos, en palabras de Arrieta Sevilla[73], ante la mayor patología que puede afectar al Registro y la que más afecta al prestigio de esta institución, porque se crean «dos historias registrales distintas, independientes y verosímiles e implica un riesgo para los ter-

70. Fernández-Arrojo, M. «La inmatriculación de los bienes...», op. cit., pág. 91.
71. Arrieta Sevilla, L.J. *La doble inmatriculación registral,* Editorial Aranzadi, Cizur Menor (Navarra), 2009, pág. 23.
72. Díez-Picazo, L. *Fundamentos de Derecho civil patrimonial,* Editorial Civitas-Thomson Aranzadi, 5ª edición, Cizur Menor (Navarra) 2008, Tomo III, págs. 414-415.
73. Arrieta Sevilla, L.J. *La doble inmatriculación…, op. cit.,* págs. 25-26.

ceros que pueden ver defraudados sus derechos sobre una finca». Ahora bien, que la doble inmatriculación haya sido facilitada por el legislador no ha impedido que los sencillos sistemas de inmatriculación hayan conseguido una amplitud de la base de fincas registrales, lo que ha sido decisivo para el desarrollo económico general y la dinamización del tráfico inmobiliario, pudiendo considerarse esta patología como la excepción que confirma la regla. Especialmente crítica se ha mostrado la doctrina con el concreto procedimiento de las certificaciones del art. 206 LH, por la falta de control real y exhaustivo de los datos que en ellas se contenían, lo que dio lugar a abusos por parte de las Administraciones; en palabras de Álvarez Caperochipi[74], «en repetidas ocasiones se observa que las entidades públicas inmatriculan a su favor bienes que en todo o en parte ya estaban inmatriculados».

En primer lugar, no queremos dejar de citar una argumentación que Martín Martín[75] ofrece sobre el asunto; y es la de considerar que no existe la doble inmatriculación porque la iglesia objeto de debate solo accedió al Registro una vez; el autor entiende que el Registrador acertó plenamente al admitir la certificación de dominio del Obispado, pues la iglesia no formaba parte de la finca registral adquirida por Ucieza S.A. En la descripción registral de la finca de la demandante se dice que dentro de la misma se halla enclavada una iglesia, una casa, norias, corrales y un molino; y el término enclave debe ser entendido como partes que están rodeadas por la finca inscrita, pero que no forman parte de ella. Este criterio, que es muy frecuente en la vida registral, no nos parece adecuado al citarse otros elementos junto a la iglesia que no formaron parte del pleito posterior, lo que deja el argumento algo desvalido, al no proceder el Obispado de Palencia a defender esas otras supuestas partes de su propiedad.

Sostiene así el autor la teoría plausible de que el Registrador de Palencia interpretó adecuadamente que la finca no se encontraba inscrita, pues las leyes desamortizadoras entregaron la propiedad al Obispado en 1841. Por tanto, cumplió escrupulosamente las disposiciones hipotecarias admitiendo la inmatriculación por certificación de dominio. No tenía que suspender la inscripción, pues no le cupieron dudas al respecto, para que se iniciara el procedimiento establecido en el art. 306 RH y se dejara la decisión en manos del Juez. De haberlo hecho así, entiende que habría demorado indebidamente la inscripción solicitada por el Obispado, con el consiguiente perjuicio que se le podría haber ocasionado.

74. Álvarez Caperochipi, J.A. *Derecho inmobiliario registral*, Editorial Comares, 2ª edición; 2006, pág. 123.

75. Martín Martín, Á.J. «Inmatriculaciones e Iglesia Católica...», op. cit. [Consulta 12 de noviembre de 2022].
https://www.notariosyregistradores.com/web/secciones/oficina-registral/estudios/inmatriculaciones-e-iglesia-catolica-verdades-medias-verdades-y-verdaderas-mentiras/

Entendemos este criterio como posible, al ser perfectamente defendible que el Registrador no tuviese dudas al tratarse de una finca que consistía en una iglesia; no obstante, a tenor de la descripción de la finca de la sociedad del Ucieza, en la que se hablaba de esa iglesia enclavada, nos parece que hubiera sido más correcto el suspender la inmatriculación solicitada, teniendo en cuenta dicho contenido existente en los libros del Registro, y que se hubiera procedido conforme al art. 306 RH[76] con la intervención, en último término, del Juez de 1ª Instancia. Esto hubiera producido al Obispado de Palencia un menor perjuicio, en caso de llegarse a la inscripción, que el que se ha comprobado después se produjo a la sociedad demandante y que el TEDH valoró en 600.000 €; pues para la Diócesis se trata de un inmueble destinado al culto, cuyo fin principal es ese y no, salvo supuestos excepcionales, el ser objeto de tráfico jurídico inmobiliario.

Así lo entiende Fernández-Arrojo[77] al señalar que el Registrador privó a la demandante de los derechos derivados de la inscripción a su favor en el Registro, no dándole oportunidad de formular objeciones, ni hacer valer sus motivos para oponerse, entendiendo que la nueva inscripción no fue legítima al no haber existido un debate contradictorio en el que se abriera un debate sobre la propiedad. Pero consideramos que, de seguirse el camino expuesto por la autora, el resultado habría llegado a ser el mismo; si el Registrador hubiese suspendido la inmatriculación, no creemos que hubiese habido acuerdo por ambas partes y finalmente se habría llegado a la interposición de una acción declarativa de dominio; lo único a considerar como relevante es que el demandante habría tenido que ser el Obispado, cuya inmatriculación se denegaba, para que se declarase su derecho de propiedad y se cancelase la inscripción en favor de la Sociedad del Ucieza.

La STEDH, coincidimos con Martín Martín, incurre en un profundo desconocimiento de la legislación civil e hipotecaria española. Afirma que «*el que inscribe un bien en el Registro de la Propiedad es reputado como titular de un derecho real sobre dicho bien*» (§ 79), principio de legitimación registral del art. 38 LH. Pero, a continuación, dice que «*el título del que se prevalía la*

76. Art. 306 RH: «*Cuando las certificaciones expedidas con arreglo a los artículos anteriores estuvieren en contradicción con algún asiento no cancelado, o se refiriesen a fincas o derechos reales cuya descripción coincida en algunos detalles con la de fincas o derechos ya inscritos, los Registradores suspenderán la inscripción solicitada, extendiendo anotación preventiva si la pidiera el interesado, y remitirán copia de los asientos contradictorios a la Autoridad que haya firmado aquellas certificaciones. Dicha Autoridad si lo estimare procedente, comunicará al Juez de Primera Instancia del partido en que radique el inmueble, cuanto acerca de éste y de su titular arroje el expediente administrativo, acompañando la copia del asiento remitida por el Registrador. El Juez de Primera Instancia dará vista de estos antecedentes a la persona que, según dicho asiento, pueda tener algún derecho sobre el inmueble, y, con su audiencia, dictará auto declarando o no inscribible el documento de que se trate*».

77. Fernández-Arrojo, M. «La inmatriculación de los bienes...», op. cit., pág. 87.

demandante ha sido reducido a la nada por las jurisdicciones internas», que la Ley *«ofrece a terceros, cuyos derechos hubieran sido ignorados, una acción contra el propietario de un bien inscrito tras un cambio de propiedad en el plazo de dos años a partir de tal inscripción»* (§ 80); para terminar subrayando que la nueva inscripción por el Obispado de la iglesia en cuestión, *«ha privado a la demandante de los derechos resultantes de la previa inscripción a su nombre»*, lo que *«ha constituido por tanto una injerencia en el respeto a sus bienes»* (§ 81) y que *«la inmatriculación de la iglesia a nombre del Obispado de Palencia ha restado todo efecto útil al título de propiedad de la demandante»* (§ 84).

El Tribunal se limita a deducir una injerencia en el derecho de propiedad por el simple hecho de haberse producido la doble inmatriculación de la finca, entendiendo que la perjudicada es la sociedad del Ucieza. Y llega a esta conclusión sin ni siquiera apuntar cuál es la solución que el derecho interno da a los supuestos de la doble inmatriculación. Cuando afirma que la inscripción del Obispado priva a la demandante de los derechos de la inscripción a su nombre, se ignora que en el Derecho Registral español «la inmatriculación no supone una declaración incontrovertible de la situación jurídica inscrita, por lo que es posible proceder a su rectificación cuando se demuestre la discordancia entre lo publicado y la realidad jurídica», pues «los límites de la calificación hacen que la inmatriculación no suponga un control real, absoluto y efectivo de la titularidad jurídica del solicitante», por lo que cuando el Registrador inmatricula «no podrá declarar *erga omnes* la propiedad del titular registral»[78].

Lo que el Tribunal olvida es que el fenómeno de la doble inmatriculación conlleva la neutralización de los principios registrales que juegan en favor del titular inscrito. Lo explica Arrieta Sevilla[79] con las siguientes palabras: «Cuando dos personas aparecen como titulares registrales de la misma finca, la protección estática de la inscripción ampara a dos personas distintas. Aunque civilmente no es posible que dos personas sean propietarias exclusivas de un mismo bien en un mismo momento, el Registro puede proteger a dos personas si aparecen como titulares de la misma finca. Esta protección contradictoria de los titulares registrales implicados en la doble inmatriculación conlleva la neutralización recíproca de todas las presunciones que nacen de la inscripción».

Por tanto, cuando una misma finca accede al Registro doblemente, las presunciones hipotecarias que benefician al titular registral dejan de tener efecto entre ambos titulares. El conflicto de titularidades, a falta de criterios hipotecarios con los que poder obtener una solución, debe ser atendido aplicando las normas del Derecho Civil puro. Este es el criterio que sigue

78. Arrieta Sevilla, L.J. *La doble inmatriculación..., op. cit.*, págs. 120-121.
79. Arrieta Sevilla, L.J. *La doble inmatriculación..., op. cit.*, pág. 163.

nuestro Tribunal Supremo[80] en su Sentencia de 13 de mayo de 2011. Y en el mismo sentido se pronuncia el nuestro Alto Tribunal en Sentencia de 1 de marzo de 2016[81], por ejemplo.

La Jurisprudencia, concluye Arrieta Sevilla[82], reconduce la doble inmatriculación a un problema de titularidad dominical, examinando la realidad jurídica extrarregistral mediante la confrontación de los títulos materiales de dominio presentados por los titulares inscritos, determinando quién es el verdadero propietario y quién, a pesar de ser titular registral, ostenta un título ineficaz para la adquisición de la propiedad, dando prevalencia a la prioridad en la adquisición, no en la inscripción.

El TEDH no atiende en absoluto a estos criterios del Derecho Civil español. No se refiere a que se ha cumplido escrupulosamente lo dispuesto en el Derecho interno, habiéndose producido juicio contradictorio en dos instancias en las que los Tribunales, a resultas del estudio de las pruebas practicadas y de los documentos en los que los litigantes basaban su derecho, han decidido quién era el legítimo propietario de la iglesia. Al contrario, el Tribunal atiende únicamente a la prevalencia de la primera inscripción, otorgándole una posición prácticamente inatacable; lo que no

80. STS (Civil), secc. 1ª, de 13 de mayo de 2011, núm. 2900/2011, rec. 1028/2008. En su FD Primero, la Sala señala expresamente lo siguiente: «*El criterio que, a falta de una normativa sobre ello, se ha mantenido por doctrina y jurisprudencia es el de prevalencia de la inscripción de la finca, cuyo dominio sea de mejor condición conforme al Derecho civil puro, con omisión de las normas de índole hipotecaria contenida en la Ley de esa materia, ya que la coexistencia de dos asientos registrales de igual rango y naturaleza, contradictorios e incompatibles entre sí, origina la quiebra de los principios rectores del mecanismo tabular, porque la protección a uno de los titulares supondría para el otro el desconocimiento de los mismos principios básicos de la publicidad, legitimación y prioridad. En el campo del derecho civil, son dos los criterios sentados por la doctrina de esta Sala: a) el de la prevalencia de la hoja registral de la finca cuyo dominio sea de mejor condición atendiendo al Derecho Civil pero, es decir abstracción hecha de las normas inmobiliarias registrales; b) el de la prevalencia de la hoja registral de finca cuya inmatriculación sea más antigua por ser la primera que acudió al Registro en orden al tiempo; ahora bien, del examen de dicha doctrina fácilmente se deduce que la regla general la constituye el primero de los criterios jurisprudenciales, y solo para ciertos casos en los que concurran circunstancias particulares será en los que se puede aplicar el segundo criterio; y esto es así por lo simple de la cuestión, puesto que de atenernos a este segundo criterio hubiese bastado que el legislador así lo hubiere sancionado y de no hacerlo lo que no cabe pensar es que lo remitiera a un juicio ordinario declarativo, cuando la cuestión estaba resuelta con el mero examen de las hojas registrales*».

81. Tribunal Supremo (Civil), sección 1ª; Sentencia 1 de marzo de 2016; rec. 436/2014. La Sentencia hace referencia a otras como las de 31 de octubre de 1978, 16 de mayo de 1980, 12 de mayo de 1983, 8 de febrero de 1991, 30 de diciembre de 1993, 18 de diciembre de 2000, 11 de octubre de 2004, 30 de abril de 2008, 18 de mayo de 2012, 31 de mayo de 2013, entre otras.

82. Arrieta Sevilla, L.J. *La doble inmatriculación…, op. cit.*, pág. 163.

> se corresponde con los principios del Derecho Hipotecario que presumen (*iuris tantum*) la propiedad del titular inscrito (art. 38 LH) mientras no se demuestre que hay otro titular con mejor derecho.
>
> Sobre la resolución de los pleitos en los Tribunales de instancia, apunta Martín Martín[83] que el verdadero mérito de la Iglesia en el caso en cuestión fue el de no ampararse en su inscripción registral, sino en los documentos que justificaban su derecho de propiedad. Ahí estuvo, también, la falta de acertada defensa de la demandante, que no apoyó sus pretensiones en la aplicación de los principios hipotecarios, en comparar los dos folios registrales; porque, de haberse aplicado, los Jueces deberían haber tenido en consideración la existencia de un tercero hipotecario, en nuestro caso la Sociedad del Ucieza, frente a otro titular registral sin esa consideración. En estos supuestos, el Tribunal Supremo, en Sentencia de 19 de mayo de 2015, dispuso que no se produce la neutralización de los principios hipotecarios[84].

Por todo lo expuesto, entendemos que el TEDH actuó con un gran desconocimiento de lo establecido en nuestro Derecho Civil. No podemos sino coincidir en los reparos que pone a la certificación de dominio como medio inmatriculador, por la falta de contradicción que se produce en un medio tan sencillo de acceso al Registro. Pero esa sencillez no puede ser la palanca utilizada para poner en duda los legítimos derechos de propiedad que trascienden a la inscripción, que no hace otra cosa que darles publicidad. Si eso conlleva la contradicción con otros asientos, previos o posteriores, la doble inmatriculación no deja de ser una patología que termina mediante la decisión de las instancias judiciales sobre quién de los titulares inscritos es el verdadero dueño.

---

83. Martín Martín, Á.J. «Inmatriculaciones e Iglesia Católica...», op. cit. [Consulta 12 de noviembre de 2022].
https://www.notariosyregistradores.com/web/secciones/oficina-registral/estudios/inmatriculaciones-e-iglesia-catolica-verdades-medias-verdades-y-verdaderas-mentiras/
84. Tribunal Supremo (Civil), sección 1ª; Sentencia 19 de mayo de 2015; núm. 144/2015; rec. 530/2013. Dispone la Sentencia lo siguiente: «*De acuerdo con esta base conceptual, se comprende que la doctrina de la neutralización recíproca de los principios registrales no pueda ser aplicada de un modo absoluto o dogmático, esto es, como condicionante "ab initio" (desde el inicio) de la vigencia del propio principio de la fe pública registral, sino sólo en atención a las limitaciones que presente su desarrollo lógico-jurídico en el curso o recurrido que se proyecte, de acuerdo con las circunstancias y datos registrales del caso objeto de examen. Cuestión que, entre otros extremos, podrá llevar a que en determinados casos su recorrido resulte agotado cuando la doble inmatriculación dé lugar a la confrontación de varios titulares registrales que ostenten la condición de tercero de acuerdo con lo dispuesto en el artículo 34 LH. Pero igualmente, su curso o recorrido no quedará agotado en aquellos supuestos, como el caso que nos ocupa, en donde la doble inmatriculación dé lugar a la confrontación de un titular registral frente a otro que ostente la condición de tercero hipotecario, resultando preferido éste último*»

No se puede olvidar, cuando se habla de la doble inmatriculación, de los precarios medios con los que los Registradores han contado hasta fechas recientes para poder realizar un juicio acerca de la previa inscripción de las fincas y la deficiente coordinación que ha habido entre el Registro y el Catastro. Así lo señala Fabre Lafuente[85] cuando nos habla de la complejidad de la búsqueda a realizar por los Registradores, a los efectos de la expedición de la publicidad formal, cuando de fincas inscritas que no consten identificadas gráficamente se trata. Nos encontramos ante un ejercicio laborioso, «difícilmente asumible y que limita la posibilidad de afirmar categóricamente que dicha porción de terreno no se encuentra inmatriculada previamente». Todo ello ha llevado a las recientes reformas de la legislación hipotecaria y catastral en orden a mejorar la coordinación entre ambas instituciones y poder terminar con la patología que la doble inmatriculación supone. Esa patología es la que produjo un perjuicio a la Sociedad del Ucieza, no la inscripción del Obispado. El mal funcionamiento registral permitió que inscribiera como suya una finca que no lo era.

Por último, consideramos curioso que la Sentencia sirva de ejemplo para ofrecer todo tipo de argumentaciones sobre la iniquidad de las certificaciones de dominio en manos de la Iglesia Católica, pero que no se ponga en cuestionamiento que por ese mismo medio tienen las Administraciones una vía de acceso al Registro al que, siendo justos, deben atribuírseles los mismos reparos en cuanto a la indefensión de posibles titulares de derechos de propiedad sobre los bienes que se inmatriculan.

85. Fabre Lafuente, I. «El tratamiento de la doble inmatriculación en la actual normativa hipotecaria española. Nuevas perspectivas: la coordinación Catastro-Registro de la Propiedad», *Revista Crítica de Derecho Inmobiliario*, núm. 788, pág. 3342.

Capítulo III

La desaparición de la certificación de dominio como medio inmatriculador de bienes de la Iglesia Católica

I. LA SUPRESIÓN DE LA PROHIBICIÓN DE INMATRICULAR LOS TEMPLOS DESTINADOS AL CULTO POR EL RD 1867/1998

Los templos destinados al culto católico, como ya se ha visto, estaban exceptuados de inscripción en el Registro de la Propiedad, a tenor de lo dispuesto en el art. 5, 4º RH, junto con los bienes de dominio público, los municipales y provinciales de dominio y uso público y las servidumbres impuestas por la ley de utilidad pública o comunal. Esta exceptuación, como se analiza en otra parte de este trabajo[1], tuvo un origen meramente histórico, fundamentado en la existencia de bienes pertenecientes al Estado, las Administraciones Públicas y también a la Iglesia Católica cuya inscripción se aventuraba innecesaria por entenderse que la evidencia de la titularidad dominical sobre esa clase de bienes otorgaba una publicidad más que suficiente, sin que debiera exigirse la inscripción para que el titular quedase debidamente protegido por los principios registrales.

Esta situación dio un vuelco sustancial con la reforma del RH que se llevó a cabo mediante el RD 1867/1998, de 4 de septiembre (BOE de 29 de septiembre de 1998), por el que se reformaban determinados artículos del referido Reglamento. El anterior artículo 5 quedó redactado de la siguiente manera: «*Los bienes inmuebles de dominio público también podrán ser objeto de inscripción, conforme a su legislación especial*». Por tanto, se eliminaba la exceptuación de inscripción establecida con anterioridad, haciéndose solo mención ahora a la posibilidad de inscribir los bienes de dominio público y soslayando cualquier alusión a los templos, entendiéndose así que dejaban de estar afectados por la anterior exceptuación.

La Exposición de Motivos del RD es tremendamente parca y solo dice lo siguiente: «*Por otro lado, se suprime por inconstitucional la prohibición de inscripción de*

1. La exceptuación de inscripción de los templos destinados al culto por el anterior art. 5.4º RH se trata en el Capítulo V, apartado 3.2.1 del presente trabajo.

los templos destinados al culto católico, y se admite, siguiendo las legislaciones especiales sobre Patrimonio del Estado y de las entidades locales, la posibilidad de inscripción de los bienes públicos con arreglo a su legislación especial». Pero no aclaraba en ningún momento cuál era la razón de esa inconstitucionalidad alegada; así, Fernández-Arrojo[2] se pregunta si obedecía a la existencia previa de un privilegio a la Iglesia o si lo que constituía era un perjuicio, al impedirle poder inscribir los templos cuando el resto de confesiones sí contaba con esta posibilidad, gozando de la seguridad jurídica y la posibilidad de acceder al crédito hipotecario, lo que estaba vedado a la Iglesia[3]. La prohibición de inscribir, desde luego, no estuvo exenta de críticas, entendiendo Camy Sánchez-Cañete[4] que resultaba muy perjudicial a la Iglesia al impedirle beneficiarse de los principios del sistema registral, lo que también apunta Agudo Zamora[5] al calificar la prohibición de inscribir como «anómala normativa», entendiendo clara su inconstitucionalidad y manifestando la sorpresa que produce el hecho de que la supresión tardase en producirse casi veinte años desde la entrada en vigor del texto constitucional. Por ello, Moreno Antón[6] afirma que la reforma de 1998 no hizo otra cosa que propiciar el retorno a la situación fáctica que justificó la aparición del procedimiento inmatriculador de las certificaciones de dominio, al posibilitar que mediante dicho mecanismo pudieran acceder al Registro de la Propiedad un gran número de inmuebles que estaban poseídos desde tiempos pretéritos por la Iglesia sin contar con título escrito de dominio y de los que convenía agilizar su inscripción. Para Goñi Rodríguez de Almeida[7], en definitiva, lo que antes parecía un privilegio, el no tener la carga de inscribir los templos, se convirtió en una discriminación al no estar en situación de igualdad con el resto de confesiones, lo que ponía a la Iglesia en clara desventaja y sin posibilidad de hacer oponible *erga omnes* su titularidad dominical.

2. Fernández-Arrojo, M. «La inmatriculación de los bienes inmuebles de la Iglesia Católica en el Derecho español», *Ius Ecclesiae*, número XXXI, 1, 2019, pág. 74.
3. Fernández Díaz, A. «La inmatriculación por certificación eclesiástica», *Revista Española de Derecho Canónico*, número 79, año 2022, pág. 130.
4. Camy Sánchez-Cañete, B. *Comentarios a la Legislación Hipotecaria*, Volumen II, Pamplona 1983, pág. 78.
5. Agudo Zamora, M. «Privilegio inmatriculador de la Iglesia Católica y vulneración de principios constitucionales a la luz de la STEDH Sociedad Anónima del Ucieza contra España», *Revista Crítica de Derecho Inmobiliario*, Número 751, pág. 2368. El autor entiende que la prohibición de inscribir era claramente inconstitucional, si bien debemos aclarar que la tesis que defiende entiende que la posibilidad de que los diocesanos pudieran emitir certificaciones de dominio también debía entenderse como contraria a la Constitución.
6. Moreno Antón, M. «Luces y sombras en el acceso de los bienes eclesiásticos al Registro de la Propiedad», *Revista General de Derecho Canónico y Eclesiástico del Estado*, número 38, año 2015.
7. Goñi Rodríguez de Almeida, M. «La inscripción de los lugares de culto en el Registro de la Propiedad», en AA.VV. Otaduy, J. (ed.), *Régimen legal de los lugares de culto. Nueva frontera de la libertad religiosa*, Pamplona 2013, pág. 277-279.

En términos elocuentes se manifiesta el Registrador MARTÍN MARTÍN[8] cuando se refiere a ese cierre registral existente antes de 1998 para los bienes de dominio público y los templos destinados al culto. Con fundamento en la legislación histórica en la que se basaba la prohibición afirma que se hizo evidente que «la exclusión de los bienes públicos del Registro era un error clamoroso que estaba favoreciendo su expolio (usurpaciones de Dominio Público Marítimo-Terrestre, de Vías Pecuarias, del Dominio Público Hidráulico, etc.)», lo que provocó la reforma y el cambio de sentido del art. 5 RH. Y señala, además, que no hubiera podido entenderse que el cambio de criterio del legislador no se hubiese extendido a los templos, dado que estos compartieron con los bienes de dominio público el mismo origen en su régimen de exclusión registral, lo que no podía sino provocar que también ambos salieran del mismo de forma conjunta. Termina diciendo el autor, no puede entenderse como causa de la reforma la de facilitar que templos y catedrales se inscribieran, como atestigua la posterior aprobación de legislación estatal y autonómica que optaba por la inscripción obligatoria de todo tipo de bienes de dominio público, fijando para ello plazos perentorios, como en el caso de la legislación de costas.

Con respecto a la reforma realizada, entendemos que pueden hacerse dos consideraciones previas:

- En primer lugar, que la reforma de 1998 simplemente suprime la excepción o prohibición de acceso al Registro de la Propiedad de los templos destinados al culto. No afecta al medio inmatriculador de la certificación de dominio expedida por los diocesanos, que existía desde la aprobación de la LH en 1944 para la propiedad y, con anterioridad, para inscribir la posesión. Evidentemente, consecuencia del levantamiento de la excepción es el acceso de los templos al Registro, con independencia del medio utilizado. Y, claro está, las diócesis españolas utilizaron la certificación de dominio en los casos en los que carecían de título escrito de la propiedad.
- La reforma de 1998 no parece suscitar ninguna polémica, ni iniciativas legislativas en los primeros años desde su entrada en vigor. Podemos afirmar, con CANO MONTEJANO[9], que la reforma de 1998 fue constitucional, legítima y conforme a Derecho. En el plazo determinado legalmente no se interpuso por los legitimados para ello (grupos parlamentarios incluidos) recurso de inconstitucionalidad alguno.

---

8. MARTÍN MARTÍN, Á.J. «Inmatriculaciones e Iglesia Católica: verdades, medias verdades y verdaderas mentiras». https://www.notariosyregistradores.com/web/secciones/oficina-registral/estudios/inmatriculaciones-e-iglesia-catolica-verdades-medias-verdades-y-verdaderas-mentiras/. [Consulta de 12 de noviembre de 2022].
9. CANO MONTEJANO, J.C. «La legitimidad de la reforma hipotecaria en que trajo causa la inmatriculación del monumento Mezquita-Catedral de Córdoba a favor de la Iglesia Católica», en FERNÁNDEZ-MIRANDA, J. (Director) y otros, *Estudio histórico y jurídico sobre la titularidad de la Mezquita-Catedral de Córdoba*, Editorial Dykinson, Madrid 2019, pág. 61.

Pero a partir de 2008 se inicia una polémica sobre las inmatriculaciones de bienes por parte de la Iglesia, que comienza en Navarra. El 8 de enero de 2008, el parlamentario Ion Erro solicita en el Parlamento Foral la relación de bienes inmatriculados. El 7 de febrero, la Presidenta del Parlamento, Elena Torres, solicita esta información al Ministerio de Justicia. Tras debate en Pleno de 14 de marzo[10] en el que se hace referencia a la privatización de bienes por parte de la Iglesia y a los más de cien ayuntamientos que han aprobado acuerdos solicitando algún tipo de medidas, el 26 de dicho mes el Parlamento Foral aprueba una Resolución instando al Gobierno autonómico a mediar en el conflicto entre municipios y Arzobispado por la inscripción de inmuebles, realizada con falta de información, según se apunta[11]. El 18 de abril de 2008, la Directora General de los Registros y del Notariado, Pilar Blanco Morales, remite a la Presidenta del Parlamento de Navarra la información relativa a las 1.087 inmatriculaciones, mediante notas simples, excepto los datos de los Registros 3 y 8 de Pamplona, que remiten listados[12]. Desde este momento se inicia un continuo de denuncias en los medios de comunicación sobre el supuesto expolio y apropiación de bienes que la Iglesia ha venido realizado desde la reforma de 1998, fundamentalmente en Navarra; aparecen o participan organizaciones que centran sus actividades en este tipo de iniciativas, como Europa laica o la Coordinadora Recuperando[13].

II. LA FASE DE INICIATIVAS PARLAMENTARIAS PARA LA SUPRESIÓN DE LA CERTIFICACIÓN DE DOMINIO Y SU ARGUMENTACIÓN

1. LAS DISTINTAS INICIATIVAS PARLAMENTARIAS

Comienza desde entonces, señala Fernández-Arrojo[14], la actividad de determinados grupos, movimientos y partidos políticos de la izquierda de tendencia más

10. Diario de Sesiones del Parlamento de Navarra, VII Legislatura, Número 21, 14 de marzo de 2008.
11. Boletín Oficial del Parlamento de Navarra, VII Legislatura, Número 27, 26 de marzo de 2008, pág. 14.
12. https://www.plataforma-ekimena.org/listado-de-inmatriculaciones/ [Consulta 3 de mayo de 2023]. Ion Erro era en la fecha de la iniciativa parlamentario en el Parlamento Foral de Navarra por el grupo político Izquierda Unida.
13. La Coordinadora Recuperando anuncia en su web que aglutina diversos movimientos en todo el territorio nacional, entre otros muchos, los siguientes: Mezquita Catedral de Córdoba, patrimonio de tod@s; Plataforma Laicista de Jerez; Granada Laica; Grupo de inmatriculaciones de Asturias; Plataforma ciudadana recuperando León; Plataforma por la Recuperación del Patrimonio de Madrid; Plataforma de Defensa del Patrimonio Navarro; Plataforma por la Recuperación del Patrimonio del País Valenciá; Plataforma Berrezkuratuz Recuperando. https://www.recuperando.es/coordinadora-recuperando/ [Consulta 4 de junio de 2023].
14. Fernández-Arrojo, M. «La inmatriculación de los bienes...», op. cit., pág. 75.

laicista. A partir de 2011 encontramos la polémica instalada en las Cortes Generales, produciéndose determinadas iniciativas legislativas en orden a la supresión de la certificación de dominio para la inmatriculación de bienes de la Iglesia Católica, a lo que se unen otro tipo de argumentaciones. La polémica surge en un momento político muy determinado, la última fase del Gobierno de José Luis Rodríguez Zapatero, existiendo un ambiente de importante polarización de las posiciones políticas de los partidos mayoritarios y en un entorno económico marcado por las consecuencias tremendas de la crisis financiera que comenzó en el año 2008.

1.1. En las Cortes Generales

El 12 de julio de 2011 se presenta una Proposición no de Ley por el Grupo Parlamentario de ER-IU-ICV sobre apropiación abusiva de bienes inmuebles por la Iglesia Católica[15]. La proposición hace alusión a la eliminación en 1998 de la prohibición de inscribir los templos destinados al culto, lo que ha provocado una operación planificada de saqueo, una desamortización al revés de la llevada a cabo por Mendizábal, con el fin de que la Iglesia incremente exponencialmente su patrimonio. Y esto, dice, mediante la utilización del art. 206 LH, medio que califican de extraordinario y sin publicidad, lo que ha provocado la apropiación de innumerables catedrales, templos, ermitas, casas parroquiales, cementerios, fincas, frontones, garajes, huertos, olivares, pastos y prados, de los que se aseguraba habían sido costeados con fondos públicos. Todo ello tiene su fundamento en la LH, de la que se dice fue dictada en pleno franquismo, siendo el Estado confesional y la Iglesia Católica considerada como ente público, lo que se une al argumento de que esos bienes deben ser considerados de dominio público por disposición de la Ley de Confesiones y Congregaciones Religiosas de 1933, abolida durante la Dictadura.

Bajo el argumento de que la propiedad pública de los edificios es la mejor garantía para garantizar su uso vecinal, termina la iniciativa solicitando la revisión del art. 206 LH para suprimir el anacrónico privilegio de la Iglesia, solicitando se devuelvan los bienes al estado en el que estaban antes de la reforma practicada en la LH en 1998. Y, de no hacerse, solicitan que se proceda a su desamortización.

Como fundamento de la necesidad de realizar esta iniciativa, la Proposición alude a la actividad emprendida por distintos Ayuntamientos y plataformas ciudadanas: el de Huarte (Navarra), sobre la propiedad de la Iglesia de San Juan; el de Ochagavía (Navarra), por el dominio de la casa parroquial de Undiano-San Martín; el contencioso por los muros de la iglesia fortaleza de San Bartolomé, en Xabia (Alicante); el de la casa de la maestra en el municipio de Ciriza (Navarra); el pleito entre Obispado de Lugo y vecinos de la localidad de Ribadulla de Santiso por la propiedad de un terreno; y, por último, la sentencia favorable que ya había obtenido el concejo de Garisoaín (Navarra) por la propiedad de la ermita del Pilar,

15. BOCCGG. Congreso de los Diputados, IX Legislatura, Serie D: General, 26 de julio de 2011, págs. 3 y ss.

frente al Arzobispado de Pamplona. En todos los casos, se dice, la utilidad de los edificios no es únicamente religiosa, sino que tenían otras muchas funciones (elección del Ayuntamiento, reuniones vecinales), llegándose a afirmar que sacristanes y clérigos eran elegidos por el pueblo.

A finales de 2011 comienza la X Legislatura y el Gobierno del Partido Popular, multiplicándose distintas iniciativas en el sentido de la anteriormente citada. La primera, el 13 de marzo de 2012, en la que vuelve a tratarse en el Congreso una Proposición no de Ley del Grupo Parlamentario Izquierda Plural, en los mismos términos teóricos que la de 2011[16]. Como curiosidad, se añade un nuevo caso de apropiación de bienes por parte de la Iglesia, el producido con la ermita de Pardesivil, en Curueño (León).

En la sesión del Pleno del Senado de 6 de junio de 2012[17] se debate una Proposición de Ley, instada por el Grupo Parlamentario Entesa pel Progrés de Catalunya, para la modificación del art. 206 LH. El senador defensor de la propuesta (Sr. Saura Laporta) hace alusión a la equiparación entre la Iglesia y el Estado con relación a las certificaciones de dominio, entre un funcionario público y el diocesano, lo que entraría en contradicción con el principio de aconfesionalidad del art. 16.3 CE; utiliza para defender su postura la Sentencia del Tribunal Constitucional que resolvió la cuestión del precepto de la LAU que equiparaba a la Iglesia con las Administraciones Públicas, y se pregunta cuántas apropiaciones se habrán producido por parte de la Iglesia, concluyendo que no puede ser que la Iglesia decida, al margen del Estado, qué propiedades son suyas, simplemente con un certificado registral, cuando dichos bienes son propiedad de todo el mundo y, especialmente, del Estado español.

Se oponen a la iniciativa los grupos Convergencia i Unió y Popular, alegando que la proposición está poniendo en duda la labor de los Registradores, que nuestro sistema registral está catalogado como uno de los más seguros del mundo, y se termina diciendo que la certificación administrativa ha demostrado ser especialmente útil para que accedieran al Registro bienes inmuebles del Estado y de la Iglesia, pues es muy infrecuente que dichos bienes sean enajenados y, en consecuencia, no existirá la figura del tercero del art. 34 LH. Lo que se ha pretendido con el art. 206 LH es que no haya bienes fuera del Registro, buscando la coordinación de lo que consta en este con la realidad jurídica extrarregistral. Quien en algún caso se pueda sentir perjudicado siempre tendrá a su disposición la acción declarativa de dominio, en la jurisdicción civil, solicitándose la cancelación del asiento de inscripción; por tanto, no cabría indefensión en los casos alegados. La proposición resultó rechazada.

Pero no se tarda mucho en volver a tratar el asunto, apareciendo en el Diario de Sesiones del Senado del 8 de octubre de 2012[18], solo tres meses después, en la

16. BOCCGG. Congreso de los Diputados. X Legislatura, Serie D: General, 13 de marzo de 2012, Núm. 54, págs. 16-18.
17. Diario de Sesiones del Senado. Pleno, Núm. 21, 6 de junio de 2012, págs. 1087-1092.
18. Diario de Sesiones del Senado. Comisión de Justicia, Núm. 85, 8 de octubre de 2012, págs. 2-11.

Comisión de Justicia. El Grupo Entesa del Progrés plantea la misma propuesta, con idénticos argumentos a los esgrimidos en junio. En las respuestas dadas también se repite el argumentario. Pero queremos resaltar un argumento esgrimido por el Sr. Saura Laporta en defensa de la necesidad de reforma del art. 206 LH porque, a nuestro juicio, refleja fielmente la clara carga ideológica y no jurídica de la propuesta. En su intervención hace alusión al ejemplo que aparece en todas las intervenciones en defensa de la supresión de la certificación de dominio, el caso de la Mezquita de Córdoba de la que, se repite una y otra vez, la Iglesia se ha apropiado por la suma de 30 €. Y textualmente dice: «¿Cómo es posible que la Iglesia católica decida quedarse con la Mezquita de Córdoba? ¿Cómo es posible esto? ¿Esto qué es, el feudalismo o qué? *Y no discuto, insisto, que la propiedad sea suya, pero la pregunta es: ¿quién decide de quién es la Mezquita de Córdoba?*» (el cursivo es nuestro).

En el resto del debate se alude a la posible inconstitucionalidad del precepto, a la necesidad de interpretar las normas con arreglo a lo establecido en el art. 3.1 CC y a la necesidad de dilucidar si esos poderes concedidos por la LH a los diocesanos son correctos o no. La representante del Grupo Popular alega las razones históricas que motivaron la aparición de las certificaciones, que comenzaron como inscripciones de la posesión y que fueron puramente prácticas y no motivadas por cuestiones o razones religiosas; plantea que las certificaciones no son títulos del dominio, sino meros títulos para favorecer la inscripción, lo que supone una garantía para los terceros, al igual que el plazo de dos años establecido en el art. 207 LH. Termina la senadora con, a nuestro juicio, un argumento que lleva a confusión; entiende como un obstáculo para que se produzca el expolio de bienes por la Iglesia (lo que consideran los promotores de la reforma de la Ley se ha producido) la presunción de posesión del titular inscrito del art. 447 CC, así como la posibilidad de usucapión *secundum tabulas* del art. 35 LH. Entendemos que el argumento esgrimido por la senadora tiene el efecto exactamente contrario al que alega; el art. 35 LH permite que el titular registral, que no es dueño, que no es *verus dominus*, adquiera el dominio por el instituto de la usucapión ordinaria, entendiendo para ello que la inscripción equivale al título. Porque lo que consigue el art. 35 LH es convertir un Registro inexacto en exacto. O sea, que para defender su posición la interviniente dice que la Iglesia o el tercero que adquiera de ella a título gratuito podrá usucapir el dominio por dicha inscripción; es decir, que la Iglesia no era la propietaria de los bienes que inmatriculó y que los adquiere luego por concurso de la usucapión *secundum tabulas*.

La Proposición no de Ley de marzo de 2012 es rechazada con fecha 26 de junio de 2013, haciéndose una enmienda por el Grupo Parlamentario UPyD relacionada la exención del Impuesto sobre Bienes Inmuebles[19].

Por último, el Grupo Izquierda Plural dirige una serie de preguntas sobre el particular caso de la Mezquita de Córdoba en marzo de 2014[20].

19. BOCCGG. Congreso de los Diputados. X Legislatura, Serie D: General, Núm. 306, 10 de julio de 2013, pág. 9.
20. BOCCGG. Congreso de los Diputados, X Legislatura, Serie D: General, Núm. 419, 11 de marzo de 2014, págs. 278-279.

1.2. Parlamento Foral de Navarra

Paralelamente a las iniciativas en el Congreso, en el Parlamento Navarro los Grupos Parlamentarios Nafarroa Bai, Bildu-Nafarroa e Izquierda-Ezquerra Unida presentan el 15 de marzo de 2012[21] una Moción para que se realice un inventario de los bienes inmuebles inmatriculados por la Iglesia y se inste al Gobierno de España para derogar los arts. 206 LH y 304 RH, resultando aprobada en Pleno de 14 de junio de 2012[22]. Además, el 26 de marzo de 2015[23] se propone en Pleno la interposición de un recurso de inconstitucionalidad contra el art. 206 LH que no prosperó, señala Torres Gutiérrez[24], por no alcanzarse la mayoría necesaria. No apunta el autor que en el Pleno se expone que los servicios jurídicos del Parlamento avisaban de que el recurso de inconstitucionalidad no era una vía posible en orden a declarar la inconstitucionalidad de la disposición.

1.3. Parlamento de Andalucía

También en Andalucía se debatió durante este período sobre las inmatriculaciones de la Iglesia, con alusión explícita al siempre traído ejemplo de la Mezquita-Catedral de Córdoba. En el Debate sobre el estado de la Comunidad se aprobó una resolución por la que se mostraba la posición favorable del Parlamento para que se procediese a declarar la inconstitucionalidad del art. 206 LH mediante los mecanismos oportunos[25]. Y el 3 de octubre de 2014, la Diputada de IU Alba Doblas Miranda pregunta al Consejero de Presidencia por las actuaciones realizadas con este fin, dado que las inmatriculaciones realizadas han supuesto «la apropiación por la Iglesia del patrimonio de todo el pueblo andaluz, en muchos casos sin conocimiento de los poderes públicos, pero en otros contando con la pasividad de los mismos»[26], no admitiendo a trámite la Mesa del Parlamento la propuesta de IU para la interposición de dicho recurso de inconstitucionalidad contra el art. 206 LH.

El 9 de julio de 2015, la diputada del mismo Grupo, Elena Cortés Jiménez, vuelve a preguntar al Gobierno por las acciones llevadas a cabo con relación a las inmatriculaciones, especialmente con relación a la Mezquita de Córdoba[27]. La

21. Boletín Oficial del Parlamento de Navarra. VIII Legislatura, Número 29, 22 de marzo de 2012, págs. 6-7.
22. Diario de Sesiones del Parlamento de Navarra. VIII Legislatura, Número 26, 14 de junio de 2012, págs. 75-83.
23. Diario de Sesiones del Parlamento de Navarra. VIII Legislatura, Número 109, 26 de marzo de 2015, págs. 100-104.
24. Torres Gutiérrez, A. «Problemas jurídicos planteados a raíz de la inmatriculación de bienes por la Iglesia Católica: dilemas surgidos y reflexiones a propósito del Informe del Gobierno de 16 de febrero de 2021», *Anuario de Derecho Eclesiástico del Estado*, volumen XXXVIII, año 2022, pág. 495.
25. Torres Gutiérrez, A. «Problemas jurídicos planteados…», op. cit., pág. 496.
26. Boletín Oficial del Parlamento de Andalucía. Número 4, X Legislatura, 29 de julio de 2015, págs. 29-30.
27. Boletín Oficial del Parlamento de Andalucía. Número 534, IX Legislatura, 3 de octubre de 2014, pág. 22.

Consejera de Cultura responde el 16 de septiembre de 2015 en el sentido de que el Gobierno andaluz «apuesta por el diálogo y la colaboración para superar cualquier diferencia o disparidad de criterio sobre la titularidad de cualquier bien de interés patrimonial», que seguirá actuando «en los bienes del patrimonio histórico titularidad de la Junta de Andalucía con acciones dirigidas a mantener su integridad física», terminando con la alusión al deber de conservación, mantenimiento y custodia que tienen los propietarios de bienes integrantes del Patrimonio Histórico Andaluz, entre los que se encuentra la Mezquita-Catedral de Córdoba[28]. Esto es, la Consejera no responde a la pregunta, respondiendo con generalidades relacionadas con la legislación de patrimonio histórico.

En el Pleno de 11 de febrero de 2016[29] se va ya más lejos, aprobándose una Proposición no de Ley por la que se instaba al Gobierno autonómico a elaborar en seis meses un estudio del impacto que las inmatriculaciones por parte de la Iglesia Católica han podido provocar en la gestión, conservación y difusión de los bienes incluidos en el Catálogo General del Patrimonio Histórico Andaluz. Pero la proposición añade un segundo punto que es muy interesante y que exige que el estudio solicitado recoja expresamente las «Líneas directrices para una correcta presentación y difusión del significado cultural e histórico de estos bienes, entendida como parte integrante y fundamental de la propia actividad de conservación y protección, incluyendo los mecanismos necesarios para la supervisión de las mismas». Aquí subyace escondido uno de los mensajes lanzados a la opinión pública por los activistas contra las inmatriculaciones, basado exclusivamente en el caso de la Mezquita-Catedral de Córdoba, como es el hecho de que la Iglesia no solo ha inmatriculado el inmueble, sino que está despojando al mismo de su pasado islámico; consecuencia de ello, como no podía suponerse otra cosa, es la necesidad de que la gestión del edificio pase a manos públicas, lo que se hace constar en la Proposición en los oscuros términos de «mecanismos necesarios para la supervisión»[30]. Sobre este estudio pregunta un año después, el 23 de marzo de 2017[31], la diputada de Podemos Lucía Ayala Asensio, lo que se reitera el 25 de junio de 2018[32].

Además de esta actividad parlamentaria, el propio Ejecutivo andaluz no dejó pasar la oportunidad de sumarse a la «supuesta ola» de protestas contra las inma-

28. Boletín Oficial del Parlamento de Andalucía. Número 81, X Legislatura, 1 de octubre de 2015, pág. 93.
29. Boletín Oficial del Parlamento de Andalucía. Número 183, X Legislatura, 8 de marzo de 2016, pág. 9.
30. Sobre esta cuestión, sirvan de ejemplos los siguientes artículos: https://www.publico.es/sociedad/quiere-borrar-iglesia-legado-islamico-mezquita-cordoba.html; https://www.upo.es/patio-colorado/2023/05/08/la-desislamizacion-de-la-mezquita-de-cordoba-a-manos-de-la-iglesia-catolica; https://www.elmundo.es/cronica/2018/09/25/5ba76c6c22601d4f228b4602.html [Consulta 1 de julio de 2023].
31. Boletín Oficial del Parlamento de Andalucía. Número 437, X Legislatura, 4 de abril de 2017, págs. 102-103.
32. Boletín Oficial del Parlamento de Andalucía. Número 837, X Legislatura, 10 de julio de 2018, págs. 47-48.

triculaciones, si bien centrándose única y exclusivamente en un inmueble, el de la Mezquita-Catedral de Córdoba. En febrero de 2014, la por entonces Delegada del Gobierno de la Junta de Andalucía en Córdoba, D.ª Isabel Ambrosio, y que luego fuera Alcaldesa de Córdoba, anunció a los medios que la Junta había encargado un informe a sus servicios jurídicos sobre la titularidad de la Mezquita-Catedral, así como las posibilidades para reclamar dicha titularidad o la gestión del edificio. Desde ese momento, el informe estuvo en boca de los políticos de la Junta de Andalucía durante años. Solo con el cambio de gobierno, preguntado el nuevo por la cuestión, se pudo saber que el informe solicitado no existía y que los responsables jurídicos de la Junta advirtieron de forma oral de que el único resultado posible del informe sería el de su titularidad eclesiástica[33].

2. LA ACTIVIDAD DE LAS DIÓCESIS EN EL PERÍODO 1998-2015

Como consecuencia de la eliminación de la exceptuación o prohibición de inmatricular los templos destinados al culto mediante el RD 1867/1998, Fernández-Arrojo[34] nos dice que las Diócesis españolas comenzaron un proceso de regularización de su patrimonio inmueble destinado al culto, utilizando el mecanismo del art. 206 LH cuando se daban los requisitos legales.

III. EL PROYECTO DE LEY DE REFORMA DE LA LEY HIPOTECARIA

1. EL PROCESO DE REFORMA DE LA LEY

El 23 de junio de 2014 se publica en el Boletín Oficial de las Cortes Generales[35] el Proyecto de Ley de Reforma de la Ley Hipotecaria y del Texto Refundido de la Ley de Catastro Inmobiliario. Intenta la modificación legal buscar una mejor coordinación Catastro-Registro de la Propiedad, diciendo su Exposición de Motivos lo siguiente: «Esta necesidad ha sido sentida desde tiempos pretéritos y numerosos han sido los intentos realizados para conseguirlo. Pero no es hasta la publicación de la Ley 13/1996, de 30 de diciembre, sobre medidas fiscales, administrativas y de orden social cuando se comenzaron a asentar los primeros pilares para la efectiva coordinación, introduciendo la referencia catastral como elemento de identificación e intercambio de información y al incorporar la certificación catastral descriptiva y gráfica como requisito indispensable para la inmatriculación de fincas en el Registro». La mejora de la coordinación llevó a la aprobación de la Ley 48/2002,

33. Sobre el informe en cuestión, puede verse, entre otros: https://sevilla.abc.es/andalucia/cordoba/sevi-junta-no-plasmo-escrito-informe-propiedad-mezquita-catedral-cordoba-201904252345_noticia.html.
34. Fernández-Arrojo, M. «La inmatriculación de los bienes...», op. cit., pág. 74.
35. BOCCGG. Congreso de los Diputados. X Legislatura, Serie A: Proyectos de Ley, Núm. 100-1, 23 de junio de 2014, págs. 1-19.

de 23 de diciembre, del Catastro Inmobiliario, que fue objeto de refundición en el Texto Refundido de la Ley del Catastro Inmobiliario, aprobado por el Real Decreto Legislativo 1/2004, de 5 de marzo.

Con motivo de la necesidad de coordinación anteriormente citada, el Proyecto pretende modificar sustancialmente los procedimientos de acceso de las fincas al Registro de la Propiedad, reforzando sobremanera el papel del expediente de dominio, que pasa a realizarse ante Notario y que sustituye al anterior judicial y a la inmatriculación mediante título público de adquisición. Así, dispone que «las modificaciones que se introducen en los procedimientos regulados en los artículos 198 a 210 de la Ley Hipotecaria tienen como objeto, por una parte, la desjudicialización de los mismos eliminando la intervención de los órganos judiciales sin merma alguna de los derechos de los ciudadanos a la tutela judicial efectiva, que siempre cabrá por la vía del recurso, y por otra parte, su modernización, sobre todo en las relaciones que han de existir entre Notarios y Registradores y en la publicidad que de ellos deba darse».

Por lo que respecta a las antiguas certificaciones de dominio del art. 206 LH, expone lo siguiente: «Es destacable la desaparición de la posibilidad que la legislación de 1944-1946 otorgó a la Iglesia Católica de utilizar el procedimiento especial que regulaba aquel artículo. La autorización para que la Iglesia Católica utilizara aquel procedimiento ha de situarse en un contexto socioeconómico muy diferente del actual, influenciado aún por los efectos de las Leyes Desamortizadoras —a las que el Reglamento Hipotecario dedica todavía cuatro artículos— y la posterior recuperación de parte de los bienes por la Iglesia Católica, en muchos casos sin una titulación auténtica. Pero la desaparición progresiva de las circunstancias históricas a las que respondió su inclusión; el transcurso de un tiempo suficiente desde la reforma del Reglamento Hipotecario de 1998 que ya permitió la inscripción de los templos destinados al culto católico, proscrita hasta entonces, unida a la facilidad y normalidad actual, en una sociedad desarrollada, con una conciencia exacta del valor de los inmuebles y de su inscripción en el Registro de la Propiedad, que posibilita la obtención de una titulación adecuada para la inmatriculación de bienes, hace que se considere que la utilización de este procedimiento especial por la Iglesia Católica, teniendo su razón de ser indiscutible en el pasado, sea hoy innecesaria».

El Gobierno pretende la desaparición de la inmatriculación de bienes eclesiásticos mediante la certificación de dominio, vista la campaña permanente de presión ejercitada por los grupos de izquierda laicista y determinados medios de comunicación. Y para justificar la supresión alude tanto al origen histórico de las certificaciones, vinculado a la legislación desamortizadora, como a la existencia de un tiempo más que prudencial para que los templos excluidos de la inscripción pudieran haber ya accedido al Registro; no hace referencia, como apunta FERNÁNDEZ-ARROJO[36], a cuestiones como la laicidad del Estado o la inconstitucionalidad del art. 206 LH.

36. FERNÁNDEZ-ARROJO, M. «La inmatriculación de los bienes...», op. cit., pág. 76.

La cuestión no iba a seguir unos derroteros pacíficos en la tramitación del Proyecto. Con fecha 9 de marzo de 2015[37] se publican las enmiendas al articulado de la Ley, siendo el tema abordado en varias de ellas:

- En una enmienda a la totalidad del Partido Socialista se hace alusión al art. 206 LH diciendo que su reforma se hace de manera insultante al referirse a circunstancias históricas y a que ya se han podido inscribir los templos, cuando en verdad se está produciendo un ataque frontal al art. 16.3 CE y art. 3 LOLR que determinan que ninguna religión tendrá carácter oficial, así como al principio de igualdad reconocido en el art. 14 CE.
- El Grupo Parlamentario Amaiur propone incorporar un número 3 a la Disposición derogatoria única, entendiendo que no se hace referencia a las miles de inmatriculaciones efectuadas por la Iglesia en el tiempo transcurrido desde la reforma del RH de 1998, solicitando se incluya la nulidad de todas las inmatriculaciones efectuadas por la Iglesia desde la entrada en vigor de la Constitución.
- En la misma línea se sitúa el Grupo IU- ICV-EUiA, CHA (Izquierda Plural), proponiendo una Disposición adicional cuarta con el siguiente texto: «A la entrada en vigor de la presente ley todas aquellas inmatriculaciones de bienes inmuebles que la iglesia católica hubiera realizado en el conjunto del Estado español, como consecuencia de lo estipulado en el artículo 206 de la ley anterior y su reglamento, habrán de considerarse nulos a todos los efectos registrales». Y en cuanto a la Disposición derogatoria única, se referencian las decenas de miles de inmatriculaciones efectuadas, especialmente la de la Mezquita de Córdoba o la Giralda de Sevilla, realizadas en un ámbito de tiempos concordatarios y de nacional catolicismo franquista, que lleva a proponer la nulidad de todas las inscripciones de inmatriculación desde la entrada en vigor de la Constitución.
- El Grupo Socialista propone añadir a la Disposición derogatoria el art. 206 en todo lo concerniente a la Iglesia Católica. Y propone una Disposición final tercera que introduce en el panorama de las inmatriculaciones una nueva vuelta de tuerca a la polémica, el de la revisión de las inmatriculaciones realizadas. Concretamente, se solicita lo siguiente: « El Gobierno, en el plazo improrrogable de seis meses desde la aprobación de esta ley, elaborará un estudio en el que se recojan todos aquellos bienes que desde 1998 han sido inmatriculados a favor de la iglesia católica, procediendo reclamar la titularidad del dominio o de otros derechos reales inmatriculados a favor de la misma, si dicha inmatriculación se hizo sin la necesaria existencia de un título material y previo que justifique la titularidad del derecho real sobre el bien inmueble de que se trate, o cuando el mismo sea o

37. BOCCGG. Congreso de los Diputados. X Legislatura, Serie A: Proyectos de Ley, Núm. 100-2, 9 de marzo de 2015, págs. 1-111.

haya sido un bien no susceptible de propiedad privada por ser de dominio público, aun en el supuesto de que no esté catalogado formalmente como tal, si históricamente gozó de esa presunción o tratamiento». Se argumenta que los templos no se inscribieron por ser de dominio público, porque los bienes de dominio público no se adquieren en propiedad por la posesión, y que la reforma de 1998 permitió la rapacería de la Iglesia de un ingente número de inmuebles, por los que además no paga tributo alguno (otro de los mantras usados en la polémica mediática), entendiendo finalmente que se ha hecho un ejercicio abusivo del derecho por parte de las entidades eclesiásticas, lo que lleva a concluir que el art. 206 LH es inconstitucional. Se observa ya nítidamente el giro en la postura del Partido Socialista sobre la cuestión, por razones de táctica política, frente a la más o menos pacífica que había mantenido desde 1998, no debiéndose olvidar el hecho de que estuvo en el Gobierno desde 2004 a 2011.

- También el Grupo Socialista propone la modificación de la Disposición final quinta, no permitiéndose las inmatriculaciones a la Iglesia durante el período de un año de *vacatio legis* previsto. El Partido Popular admite esta pretensión haciendo referencia a ello en la enmienda 77, disponiendo en la enmienda 106 que solo serán válidas las inmatriculaciones solicitadas mediante la presentación del título inmatriculador con anterioridad a la fecha de entrada en vigor de la ley, que será inmediata para la Iglesia Católica (enmienda 108). Sobre este particular, Torres Gutiérrez[38] señala que la *vacatio* de un año había suscitado un «pequeño clamor social de rechazo», lo que no deja de ser un oxímoron; y entiende el cambio de postura del Grupo Popular, en cuanto a considerar excesivo el plazo y aprobar la entrada inmediata en vigor, como un indicio de que el Partido Popular era consciente «de que algo olía a podrido en Dinamarca». No podemos compartir esta suposición que, desde luego, no tiene fundamento jurídico alguno. El tiempo, que es un juez implacable, ha dictado y dictará cuántas de esas inmatriculaciones no tenían sustento material.

El Proyecto de Ley recibe la aprobación por la Ponencia el 16 de marzo de 2015[39] y el de la Comisión con competencia legislativa plena el 26 de marzo de 2015[40]. El 11 de junio, el Pleno del Congreso aprueba el texto definitivo de la Ley[41]. En el apartado IV del Preámbulo se dice que la reforma tiene un contenido global y alcanza a las relaciones entre Catastro y Registro y a todos los procedimientos en los que estas existen. Ello explica que se incorporen a la reforma los procedimien-

38. Torres Gutiérrez, A. «Problemas jurídicos planteados...», op. cit., pág. 493.
39. BOCCGG. Congreso de los Diputados. X Legislatura, Serie A: Proyectos de Ley, Núm. 100-3, 20 de marzo de 2015, págs. 1-28.
40. BOCCGG. Congreso de los Diputados. X Legislatura, Serie A: Proyectos de Ley, Núm. 100-4, 7 de abril de 2015, págs. 1-29.
41. BOCCGG. Congreso de los Diputados. X Legislatura, Serie A: Proyectos de Ley, Núm. 100-6, 19 de junio de 2015, págs. 1-29.

tos registrales que puedan afectar a las realidades físicas de las fincas, como los de inmatriculación, buscando su desjudicialización, sin merma de la tutela judicial efectiva, una mejor coordinación y modernización de las relaciones entre Notarios y Registradores y de la publicidad que de ellos se deba dar. La reforma incluye en el artículo 199 el procedimiento para incorporar la representación gráfica catastral a la descripción de la finca, así como la puesta de manifiesto y rectificación de la representación catastral en caso de que no haya correspondencia con la de la finca registral; en el 201 se regula el procedimiento para la rectificación de la descripción, superficie y linderos de las fincas, amén del propio expediente de dominio como medio inmatriculador en el art. 203, y el acceso de las fincas al Registro mediante título público de adquisición, sustituyendo el procedimiento que anteriormente aparecía en el art. 205 LH.

Con relación a la inmatriculación de los bienes de la Iglesia, aparecen en el texto los resultados del procedimiento legislativo que más arriba se han desgranado y que se resumen del siguiente modo:

a) Desaparece la certificación de dominio como medio inmatriculador de bienes eclesiásticos en el art. 206 LH, exponiéndose como motivo justificativo el ya señalado del cambio del contexto socioeconómico y el tiempo más que prudencial que ha pasado desde la reforma por RD 1867/1998 del RH para que se hubiesen podido inscribir los templos destinados al culto católico.

b) La Disposición transitoria única dispone que los procedimientos inmatriculadores ya iniciados continuarán tramitándose hasta su resolución definitiva conforme a la normativa anterior, entendiéndose iniciados si el título público inmatriculador estuviese presentado en el Registro de la Propiedad.

c) La Disposición final quinta establece la entrada en vigor de la Ley el 1 de noviembre de 2015, exceptuando el apartado Doce del artículo primero que da nueva redacción al artículo 206 de la Ley Hipotecaria, que entrará en vigor el mismo día de su publicación.

Como apunta Fernández-Arrojo[42], las razones aludidas en la reforma de la Ley para proceder a la eliminación de las certificaciones de dominio son plenamente justificadas y hacen totalmente innecesaria la retroactividad de la medida derogatoria y el plantear la revisión de las inmatriculaciones ya realizadas. Por ello, entiende Ruano Espina[43] plenamente justificada la supresión del medio inmatriculador, al haber sido considerado como respuesta a una problemática histórica concreta que el RD 1867/1998 intentó resolver, circunstancias ya desaparecidas y que hacen carente de sentido mantener ese medio excepcional y subsidiario de inmatriculación.

42. Fernández-Arrojo, M. «La inmatriculación de los bienes...», op. cit., pág. 91.
43. Ruano Espina, L. «Zanjada la polémica en torno a la titularidad de los bienes de la Iglesia Católica», *Revista Española de Derecho Canónico*, Número 78, año 2021, pág. 1347.

2. EL ALCANCE Y EFECTOS DE LA REFORMA. LA NO RETROACTIVIDAD PRETENDIDA

La aprobación de la Ley suscita no pocos dilemas, en palabras de TORRES GUTIÉRREZ[44], para que su aprobación fuera compatible con los requisitos elementales derivados del principio de seguridad jurídica. Y es que, como se ha analizado al abordar el proceso parlamentario de aprobación de la reforma, los grupos promotores de la misma (Amaiur y La Izquierda Plural) abogaron por su retroactividad, de tal manera que se declarase la nulidad de todas las inmatriculaciones realizadas por la Iglesia. Y lo hacían en base a dos argumentos principales:

a) Desde un punto de vista cuantitativo, por haber inmatriculado la Iglesia miles de bienes que no eran solo templos, sino viviendas, huertas, plazas públicas, solares, frontones, rústicas, e incluso, decían, bienes declarados Patrimonio de la Humanidad, como la Giralda de Sevilla o la Mezquita de Córdoba.

b) Con una perspectiva mucho más ideológica, desde un punto de vista cualitativo, esgrimían que el artículo 206 LH provenía de tiempos concordatarios y del nacionalcatolicismo franquista, lo que chocaba con el precepto constitucional que establecía que ninguna confesión puede tener carácter estatal, alegando lo dispuesto en la Sentencia del Tribunal Constitucional 340/1993, que proclamaba la no confusión de funciones religiosas y estatales.

Frente a la propuesta radical de retroactividad legal y nulidad de las inmatriculaciones, vimos que el Grupo Socialista introdujo en el debate la necesidad de un estudio casuístico de los templos inmatriculados desde 1998 para poder reclamar los que hubieran accedido al Registro en ausencia de título material. Entiende el propio TORRES GUTIÉRREZ[45] que esta propuesta estaba más elaborada técnicamente y era más respetuosa con la seguridad jurídica, pretendiendo atribuir cada inmueble a su legítimo propietario, haciendo así realidad el principio de justicia material. Y lo es porque la pretensión de anular las inmatriculaciones atentaría gravemente al principio de seguridad jurídica y a la presunción de exactitud del Registro establecida en el art. 38 LH, correspondiendo la carga de la prueba de la inexactitud a quien afirme lo contrario; la imposición *manu militari* por parte del legislador de una nulidad universal de las inscripciones conllevaría un gravísimo problema de inseguridad jurídica.

Por esta razón, termina diciendo el autor, el legislador dio por buenas las inmatriculaciones, a pesar de las dudas existentes respecto a su posible inconstitucionalidad. Y añade una referencia a la usucapión *secundum tabulas*, por la que para el titular inscrito se considera justo título la inscripción a efectos de la prescripción adquisitiva.

44. TORRES GUTIÉRREZ, A. «Problemas jurídicos planteados...», op. cit., págs. 489 y ss.
45. TORRES GUTIÉRREZ, A. «Problemas jurídicos planteados...», op. cit., págs. 491-492.

No podemos dejar de mostrar nuestro desacuerdo con esta alusión a la usucapión *secundum tabulas*; hacer referencia a esta institución es tanto como afirmar que la Iglesia no era dueña de los inmuebles y que habiendo inscrito bienes de los que no era titular, podía adquirirlos, no en virtud de un título material, sino por la entrada en juego de la presunción establecida en el art. 35 LH. Porque la usucapión *secundum tabulas* convierte a un no dueño en dueño del inmueble.

IV. LAS ACCIONES EXTRAPARLAMENTARIAS EN CONTRA DE LA INMATRICULACIÓN DE BIENES POR LA IGLESIA CATÓLICA. EL PARTICULAR CASO DE CÓRDOBA

En este período que se sitúa entre el año 1998 y 2015 se produce la extraordinaria polémica mediática en torno a las inmatriculaciones de la Iglesia. Las opiniones contrarias aparecen constantemente en los medios de comunicación, especialmente a partir del cambio de Gobierno en 2011. Y llegan a producirse casos singulares del que tenemos un claro ejemplo en la Diócesis de Córdoba, aparte la cuestión de la Mezquita-Catedral. La necesidad de suprimir la certificación de dominio del art. 206 LH para la Iglesia Católica se fundamentaba en la existencia de un clamor popular en contra de ese supuesto privilegio y se abogaba, no solo por su desaparición, sino por la anulación de las inmatriculaciones ya realizadas al amparo de dicho precepto. Si esto respondía o no a una verdadera situación de despojo de bienes públicos por parte de la Iglesia Católica trataremos de responderlo analizando los casos que sirvieron de ejemplo a la reivindicación política de la reforma hipotecaria de 2015.

1. UN CASO PARTICULAR EN CÓRDOBA

Con fecha 10 de octubre de 2014, el concejal del grupo independiente Unión Cordobesa, D. Carlos Baquerín, interpone denuncia ante el Juzgado de Instrucción de Córdoba por el hecho de haber tenido noticias de la comisión de delitos. En su escrito alega el denunciante el sorprendente descubrimiento de nuevas y diversas iniciativas de inmatriculación de inmuebles de aparente naturaleza pública llevadas a cabo en beneficio propio, de forma aparentemente alevosa y en diferentes momentos, por representantes diocesanos e instancias provinciales de la Iglesia Católica, la total ausencia de transparencia acreditada por los actores, su negativa a proporcionar información y la continua aparición de nuevos hechos de parecida naturaleza, lo que crea una sensación de inseguridad jurídica y una confusión crecientes entre la población cordobesa[46]. Y entiende el denunciante que pueden haberse cometido los delitos de estafa, apropiación indebida, usurpación, prevaricación, dejación de funciones y falsedad documental, entre otros.

46. Juzgado de Instrucción número 6 de Córdoba, Diligencias Previas 4904/2014, Número Registro General: 5198/2014.

Como consecuencia de lo expresado, formula denuncia contra el obispo de Córdoba y el, por entonces, alcalde de Córdoba, D. José Antonio Nieto Ballesteros, por la inmatriculación de una serie de bienes, a saber:

- Con relación a la Mezquita-Catedral de Córdoba, el denunciante manifiesta no poner en duda el medio inmatriculador existente en el art. 206 LH. Pero hace alusión a la existencia de una imagen de San Rafael que corona la torre campanario del referido monumento, cuya propiedad aparece registrada como bien demanial en el último Inventario de Bienes Inmuebles del Ayuntamiento. Esta inclusión en el Inventario Municipal significa que la Iglesia pudo apropiarse de la estatua de forma ilegítima y sórdida, debiendo haber tenido que verificar su propiedad antes de proceder a la inmatriculación. Entiende que la Iglesia actuó con voracidad y con la pasividad del Ayuntamiento, considerando que el inmueble, como el resto que constan en la denuncia, tiene naturaleza pública y ha sido sostenido, dice, con ingentes ayudas públicas del propio Ayuntamiento, de la Junta de Andalucía y del Estado.
- El Triunfo de San Rafael de la Puerta del Puente y su plaza. Se trata de un recinto cerrado, situado junto al edificio conocido como San Pelagio, en el que se sitúa un monumento al arcángel San Rafael, y que la Diócesis de Córdoba inmatriculó en el año 2011. El denunciante alega que se trata de un inmueble registrado también en el Inventario Municipal y que ha sido tradicionalmente atendido y saneado por los servicios municipales[47].
- En tercer lugar, denuncia sobre la Iglesia de la Fuensanta, su plaza y el llamado Pocito, sito en la referida plaza, que inmatriculó el Cabildo de la Catedral en 1987, acusando al Ayuntamiento de inacción, tratándose de una plaza de dominio público, y al Cabildo Catedral de actuar de mala fe.
- Por último, hace referencia a la Ermita de Nuestra Señora del Socorro, inmatriculada por la Diócesis el 12 de enero de 2005, cuando todo parece indicar que el monumento pudo ser reconfigurado y sufragado por el Cabildo Municipal en el siglo XVII.

Como fundamento de la denuncia, expone que se está generando una situación de absoluta y general inseguridad jurídica con relación a una innumerable cantidad de bienes que pudieran haber sido sustraídos del dominio público, pidiendo se requiera al Obispado que acredite las inmatriculaciones realizadas sobre inmuebles de la provincia de Córdoba y que se adoptaran las medidas adecuadas para que no perseverase en dicha actuación y se protegieran adecuadamente tanto el interés público como los terceros interesados.

---

47. Ejemplos de la atención mediática que tuvo la noticia las tenemos, entre otros, en los siguientes medios: https://elpais.com/ccaa/2014/10/04/andalucia/1412435852_000565.html; https://www.diariocordoba.com/cordoba-ciudad/2014/09/27/iglesia-registro-nombre-ano-2011-37185901.html. [Consulta 24/06/2023].

La Diócesis de Córdoba contesta a la denuncia, una vez se le traslada, alegando que todas las actuaciones llevadas a cabo por la Diócesis de Córdoba se han realizado con absoluta transparencia y cumpliendo de manera estricta la legalidad vigente, y que al inscribir un bien en el Registro de la Propiedad no se adquiere la propiedad, sino que lo que busca es adecuar la realidad física y la jurídico formal. Además, expone que los organismos públicos competentes en cada caso han puesto en marcha los correspondientes expedientes para la comprobación de la legalidad en referencia a las inscripciones. La Diócesis termina haciendo referencia a los distintos títulos de adquisición de los inmuebles referidos en la denuncia.

El Juzgado de Instrucción número 6 de Córdoba resuelve mediante el Auto 315/2015, de 8 de junio de 2015, uniéndose a la Resolución otras denuncias en las que se ampliaba la lista de inmuebles inmatriculados a otros, como la Ermita de Nuestra Señora de la Salud o la de los Santos Mártires, o el quiosco colindante a la Iglesia de San Hipólito, todos ellos en la capital cordobesa[48]. Concluye el Juzgado diciendo que los hechos denunciados carecen de trascendencia penal alguna. Y en el Razonamiento Jurídico Tercero expone la siguiente tesis: «Hay que partir de la base de que en nuestro ordenamiento jurídico la inscripción de bienes inmuebles en el registro de la propiedad no tiene un carácter plenamente constitutivo, frente al denominado sistema australiano o del "Acta Torrens", sino que adopta un sistema intermedio en la vía de adquisición de la propiedad que, como es sabido, es de título y modo (art. 609 y 1095 del Código Civil); o dicho de otra manera, la inscripción en el registro de la propiedad no supone necesariamente la titularidad real del inmueble sino tan solo la formal en la mayoría de los casos y frente a terceros (sistema de inoponibilidad) que adquieren en virtud de la fe pública registral». Y en el Razonamiento Jurídico Cuarto expone que «los terceros a quien va dirijan la publicidad del registro, tienen medios a su alcance para modificar esa realidad formal acudiendo a los procedimientos declarativos u ordinarios correspondientes (bien sea la vía civil o administrativa) para adecuar el registro a la realidad jurídica».

El Auto indica que el Ayuntamiento de Córdoba ha iniciado expedientes de comprobación de dichas inmatriculaciones, no existiendo una actitud pasiva en defensa del patrimonio municipal. Asume íntegramente las alegaciones de la Diócesis en el Razonamiento Jurídico Sexto «por cuanto efectivamente se trata de una cuestión de

48. A la denuncia interpuesta por D. Carlos Baquerín se unieron otras; el escrito/denuncia presentado ante el Juzgado de Instrucción número 8 de Córdoba por D. Julio Anguita González (anteriormente Alcalde de Córdoba) y 205 firmas más, con fecha 16 de marzo de 2015, así como las diligencias previas acumuladas 1020/15 del Juzgado de Instrucción número 3 de Córdoba por inhibición y un segundo escrito de ampliación de denuncia del Sr. Baquerín presentado en el Juzgado de Instrucción número 6 con fecha 28 de abril de 2015, la denuncia ante el Juzgado de Guardia de D. José Larios Martón de fecha 7 de mayo de 2015, y la de D. Aureliano Sainz Martín de fecha 7 de mayo de 2015, que por turno de reparto correspondió al Juzgado de Instrucción número 3 de Córdoba, que incoó las diligencias previas 1962/15 con inhibición a las diligencias previas originales del Juzgado conocedor de la primera denuncia comentada.

legalidad ordinaria o en su caso constitucional o de normativa europea, que tienen sus cauces específicos en nuestro ordenamiento jurídico, alguno de los cuales ya se han utilizado o están pendientes de hacerlo por parte de las distintas administraciones, pero en ningún caso ello implica o supone la comisión de delitos como los denunciados, tanto en la denuncia inicial como en sus ampliaciones, por parte de las Autoridades, funcionarios o la Diócesis de Córdoba», decretando el archivo de las Diligencias.

Interpuesto Recurso de Apelación, la Sección Segunda de la Audiencia Provincial de Córdoba dicta Auto 890/2015, el 19 de noviembre de 2015, por el que rechaza el recurso por cuestiones meramente procesales.

El caso referido sirve de perfecto ejemplo del clima de denuncia permanente al que se llegó en el período final de la aplicación de la reforma del artículo 5,4º RH. A nuestro entender, creando una sombra de sospecha sobre las actuaciones de la Iglesia en el proceso de inmatriculación de sus bienes, de forma más acusada en la Diócesis de Córdoba, al servir de estandarte de la polémica la inmatriculación de la Mezquita-Catedral de Córdoba.

Es muy esclarecedor para entender lo ocurrido el caso expuesto en la denuncia del conocido como Monumento y recinto de San Rafael de la Puerta del Puente. Y es que sobre el particular se emite un informe de la Asesoría Jurídica Municipal del Ayuntamiento de Córdoba, con fecha 14 de octubre de 2014[49]. En el mismo se hace referencia a la fundación de un Hospital por el Obispo de Córdoba Don Pascual, en 1274, que se trasladó a otro lugar, quedando el solar como cementerio en 1470; desde 1593 se destina el solar a las tareas de fundición de campanas y otros usos propios de la Iglesia. En 1736 el Cabildo Catedral de Córdoba aprueba erigir un monumento a San Rafael, lo que promueve definitivamente el Obispo Martín de Barcia en 1765, terminándose las obras por el Obispo Baltasar de Yusta y Navarro en 1781, financiadas con los fondos del espolio del referido Obispo Barcia. El mantenimiento del recinto, desde esa fecha, se realizaba con las rentas de unas fincas adquiridas por la Diócesis de Córdoba, que fueron desamortizadas en 1841, por lo que la Diócesis dejó de abonar los honorarios que percibía el guarda del recinto. Fue entonces cuando el Ayuntamiento pretendió la cesión de los derechos sobre el recinto del Obispo, cosa que no se consiguió. Desde mediados del siglo XIX es cierto que el Ayuntamiento sufraga algunas obras de reparación, y se incluye el inmueble en el Inventario Municipal en 1984, aunque solo el monumento y no el recinto, constando como forma de adquisición la compra, lo que no se acredita documentalmente en los archivos municipales. En 2011, el Triunfo no aparece ya reflejado en el Inventario. Un dato muy significativo tiene lugar en 2002, cuando el propio Ayuntamiento solicita autorización al Obispado para poder usar el recinto.

49. Informe que emite la Asesoría Jurídica Municipal en relación a la titularidad del denominado «Triunfo de San Rafael» de la Puerta del Puente. Código RAEL JA01140214. Ntra. Rfª. IN-2014/144. Firmado por Miguel Aguilar Jiménez, Letrado Titular de la Asesoría Jurídica.

El Informe concluye que el Ayuntamiento de Córdoba carece de título alguno que permita afirmar su dominio sobre el Triunfo de San Rafael o sobre la parcela en la que está erigido, careciendo de fundamento para poder iniciar una acción reivindicatoria. Además, entiende que la inclusión del inmueble en el Inventario Municipal fue totalmente arbitraria, pues no se acreditó ni tan siquiera el título, ni la signatura del archivo en el que dicho título debía constar; y que se catalogó como bien mueble cuando, a tenor de lo dispuesto en el art. 334 CC, debe entenderse como bien inmueble.

Como se puede comprobar, un caso en el que la propiedad eclesiástica de un bien está acreditada desde 1274 da lugar a la interposición de denuncias de todo tipo ante la jurisdicción penal y a la intervención de varios Juzgados y de los organismos municipales. Y no es un asunto baladí esa elección de la jurisdicción penal, a sabiendas los denunciantes de que una actuación en el orden civil, único competente, acabaría con una sentencia que declarase quién era el propietario de los bienes. Y tal cosa no convenía al fin pretendido, que no podía ser otro que el de crear una polémica artificial, no basada en argumentos jurídicos de peso, ni mucho menos en una demanda social de los ciudadanos, para conseguir que el procedimiento del artículo 206 LH fuese eliminado.

2. LOS CASOS DE INMATRICULACIONES DE BIENES PÚBLICOS. EN ESPECIAL, LAS DEMANDAS INTERPUESTAS EN NAVARRA

Como hemos señalado con anterioridad, en el proceso parlamentario iniciado en 2011 en orden a suprimir el art. 206 LH para la Iglesia Católica, las distintas iniciativas realizadas por los grupos políticos de izquierda iban jalonadas de ejemplos en los que se afirmaba que las entidades eclesiásticas habían procedido a inmatricular bienes que tenían la categoría de dominio público. Especial énfasis se hizo en Navarra, donde distintas plataformas, como la Plataforma de Defensa del Patrimonio Navarro[50], se encargaban de denunciar la apropiación por la Iglesia de distintos bienes, advirtiendo de la inmatriculación de más de 1.000 solo en la Archidiócesis de Pamplona-Tudela.

La actividad de estas plataformas estaba en conexión con las iniciativas parlamentarias que tuvieron lugar tanto en el Congreso de los Diputados como en el Parlamento Foral de Navarra. En ambos órganos se exponían ejemplos significativos de inmatriculaciones realizadas sobre bienes de dominio público en localidades como Huarte, Ochagavía, Garisoain o Ciriza, todos ellos en la Comunidad Foral. Y se hace referencia a inmatriculaciones efectuadas en otras diócesis como la de los muros de la Iglesia de San Bartolomé, en Xabia (Alicante), el contencioso entre el Obispado de Lugo y los vecinos de Ribadulla de Santiso o el de la Ermita de Pardesivil, en Curcueño (León).

50. https://www.plataforma-ekimena.org/

A la luz de lo expuesto en las iniciativas, podríamos pensar que nuestros legisladores estaban atendiendo a la realidad social del tiempo en el que las leyes deben ser aplicadas, velando por la integridad del patrimonio público, que se encontraba amenazado, cuando no ya había sido objeto de apropiación indebida por la Iglesia Católica, como consecuencia de la indebida aplicación de una norma hipotecaria vigente.

Frente al anterior planteamiento, mantenemos que no existía polémica real alguna en torno a las inmatriculaciones de bienes por parte de la Iglesia. Las iniciativas parlamentarias respondieron únicamente a intereses de grupos políticos concretos muy ideologizados y con un fuerte componente anticlerical. Dichas iniciativas surgen de partidos de extrema izquierda, como IU, Podemos, Amaiur, de claro componente nacionalista *abertzale*, como EH Bildu, en Navarra. Curiosamente, las reivindicaciones efectuadas sobre inmuebles se hacen en localidades navarras gobernadas por partidos de esa tendencia[51].

No podemos negar en absoluto la legitimidad de las propuestas e iniciativas parlamentarias que llevaron a la derogación del art. 206 LH para la Iglesia; pero sí debemos resaltar que, a nuestro entender, no respondían a ninguna reclamación de la ciudadanía en su conjunto, ni a un clamor en contra de las inmatriculaciones, ni fueron consecuencia de apropiaciones de bienes de dominio público. Para ello nos basamos en el recorrido estrictamente jurídico-civil que los casos expuestos por los grupos políticos han tenido cuando han llegado a los Tribunales.

a) Huarte. Templo parroquial de San Juan Evangelista.

   El Ayuntamiento de Huarte interpone acción declarativa de dominio ante el Juzgado de 1ª Instancia de Aoiz por entender que la Iglesia parroquial de San Juan pertenecía al Ayuntamiento desde tiempo inmemorial, considerando que su gestión estaba en manos de un Patronato que siempre reconoció la propiedad municipal del edificio. La Archidiócesis de Pamplona inmatriculó el inmueble en el año 2003 y alegó en su defensa que un Patronato no es titular de inmuebles, sino que tiene capacidades y obligaciones con respecto al mismo; además, manifestó que el templo es propiedad de la Iglesia desde el siglo XI, por donación de D.ª Sancha de Huarte a la Catedral de Pamplona y al Obispo D. Pedro de Rodez.

   El Juzgado de 1ª Instancia número 1 de Aoiz dictó sentencia en fecha 19 de junio de 2013, confirmada por la Sección Primera de la Audiencia Provincial de Navarra, el 29 de abril de 2014, denegando la pretensión del Ayuntamiento, quien recurrió en casación ante el TSJ Navarra.

   El Tribunal dicta Sentencia, de fecha 20 de enero de 2015[52], en la que afirma que no cabe confundir derecho de patronato con derecho de propiedad,

51. En el año 2011 gobernaba el Ayuntamiento de Huarte el GIH (Grupo Independiente de Huarte), siendo gobernado por EH Bildu en 2015.
52. TSJ Navarra (Civil y Penal); sec. 1ª; Sentencia 20 de enero de 2015; núm. 2/2015; rec. 22/2014.

con los siguientes términos: «la prueba de la propiedad corresponde al demandante en una acción declarativa del dominio y en el presente caso el reconocido patronato que históricamente detenta la Villa de Huarte sobre la Iglesia parroquial, y que aparece descrito y relatado en el dictamen referido, presenta singularidades notorias por la amplitud de las facultades que se le reconocen a la Villa de Huarte —lo que se acredita también en las actas y acuerdos del Patronato que se aportan como documentos 5 y 6 de la demanda—, pero ni el bien aparece catalogado entre los bienes patrimoniales del Ayuntamiento, ni se acredita un acto de adquisición derivativa, ni una posesión publica e ininterrumpida del Ayuntamiento sobre la Iglesia» (FD 2º).

Sobre el fondo del asunto, a quién corresponde la propiedad del templo, la SAP Navarra[53] recurrida declara que en la controversia «no se trata de debatir en principio el título de la parte demandada, sino que en primer lugar debe acreditarse la validez y eficacia del título invocado por la parte actora para amparar el dominio, cuya declaración insta», y que el demandado «no tiene obligación de probar que a él le corresponde la finca que se le reclama y por tanto no precisa acreditar que posee la titularidad del inmueble» (FD 4º). No obstante, la Diócesis de Pamplona, además de poseer con justo título de propiedad, ha tenido durante más de nueve siglos la quieta y pacífica posesión de la misma.

Comenta Fornés[54] un aspecto importante de esta Sentencia al referirse al principio de legitimación registral del art. 38 LH que, junto con los arts. 1 y 97 LH, establece una presunción *iuris tantum* de titularidad que admite prueba en contrario en el supuesto de discordancia entre lo publicado en el Registro y la realidad jurídica extrarregistral, predominando siempre esta última en el caso de acreditarse debidamente el dominio.

b) Ochagavía. Ermita de Nuestra Señora de Muskilda.

El Ayuntamiento de Ochagavía interpuso demanda contra la Diócesis de Pamplona para que se declarase su propiedad sobre la Ermita de Nuestra Señora de Muskilda, la casa habitación y las ollarceguías (fincas rústicas de secano), que constituían siete fincas registrales del Registro de la Propiedad de Aoiz, obteniendo Sentencia favorable del Juzgado de 1ª Instancia de fecha 23 de junio de 2017[55]. Interpuesto recurso de apelación, se dictó Sentencia por la Audiencia Provincial de Navarra el 10 de noviembre de 2021[56]. Por el Ayuntamiento se alegaba el carácter comunal del monte,

53. SAP Navarra, secc. 1ª, S 29 de abril de 2014; núm. 23/2014; rec. 216/2013.
54. Fornés, J. «Inscripción de los lugares de culto en el Registro de la Propiedad. Comentario jurisprudencial», *Revista General de Derecho Canónico y Derecho Eclesiástico del Estado*, 38 (2015).
55. ST Juzgado de 1ª Instancia de Aoiz de 23 de junio de 2017, núm. 81/2013.
56. SAP Navarra, sec. 3ª, de 10 de noviembre de 2021, núm. 1450/2021, rec. 779/2017.

en cuya virtud fue objeto de expediente de información posesoria que se inscribió en el año 1930 y se convirtió en inscripción de dominio en 2002, entendiendo había sido construida la ermita por los habitantes del pueblo y que la posesión había correspondido ininterrumpidamente al Ayuntamiento a través del denominado Patronato Mere Lego. Como afirma el FD 3º, «además de haber construido y mantenido la ermita el pueblo de Ochagavía, también sufragó su destino que no fue otro que el culto a la Virgen el cual se ha desarrollado mediante actos religiosos y culturales».

La Diócesis de Pamplona inmatriculó ermita y casa en el año 2009 mediante certificación de dominio, siendo de 1981 la de las fincas rústicas, impugnando la figura del Patronato alegada por el Ayuntamiento al considerar que no puede confundirse con el propietario.

La Sentencia estima las razones del Arzobispado y establece unos criterios que consideramos muy relevantes con relación al fondo del asunto, en cuanto a la consideración del derecho de patronato, al decir que «se reconoció, en ciertos casos, fundamentalmente a los laicos, un conjunto de derechos y cargas que dieron lugar a la aparición de lo que se denominó luego derecho de patronato, tanto en la legislación canónica como luego en la civil que la recibió» (FD 5º).

Sobre el carácter comunal de las fincas rústicas defendido por el Ayuntamiento la resolución es contundente cuando afirma lo siguiente: «*...el carácter comunal del Monte Muskilda y de las ollarceguías poco aporta en orden a la titularidad de la ermita, casa-habitación y las huertas, puesto que lo definitivo es que las mismas se encuentran enclavadas en el Monte, lo que no significa, con arreglo al derecho de patronato, que tal enclavamiento suponga la titularidad dominical de tales bienes*» (FD 6º). Y abunda diciendo que la inclusión de bienes en el inventario municipal tampoco puede ser entendido como sinónimo de derecho de propiedad (FD 6º), pues ni constituye ni crea derecho alguno frente a terceros (STS 3 de octubre de 1988)[57], ni es acreditativa de una posesión ininterrumpida en concepto de dueño que permita la adquisición del bien por usucapión (STS 26 de mayo de 2000)[58].

La conclusión de la Sentencia es meridiana en su FD 8º al resaltar un elemento que entendemos muy significativo, el de entender como indicio más que esclarecedor de la controversia el hecho demostrado de que la Ermita ha sido destinada al culto religioso católico sin interrupción: «*La posesión de una ermita erigida como templo del culto religioso se exterioriza y revela objetiva e inequívocamente a través del uso y dedicación al fin propio de su destino, al que incuestionablemente han servido y estado adscritos desde su erección los cuatro*

57. STS (Civil) de 3 de octubre de 1988, núm. 6758/1988.
58. Tribunal Supremo (Civil), Sentencia de 26 de mayo de 2000, núm. 525/2000, rec. 2311/1995.

edificios objeto de la litis. No consta la realización en ellos de otros usos ajenos a la actividad propiamente eclesial y a la competencia y supervisión de sus autoridades, no obstante, su disfrute inmediato, alieno nomine y compatible con el culto, por agrupaciones de laicos o seglares auspiciadas por la parroquia y dependientes de ella. La tenencia y el goce de las ermitas ha correspondido pues a la Iglesia».

También se debatía en el pleito la cuestión de que tanto la Ermita como la casa habitación del párroco o capellán fueron objeto de desamortización y pasaron a manos del Estado. Sobre este particular decide el Tribunal en favor de la Iglesia al considerar que templos y casas para viviendas de sacerdotes fueron excluidos de la desamortización, aplicándose plenamente lo dispuesto en el Convenio de 1859 y posterior Convenio-Ley de 4 de abril de 1860 (FD 11º).

c) La ermita del Pilar en la iglesia parroquial de Santa María de Garisoain.

En el caso que nos ocupa, el Concejo de Garisoain, en el valle de Guesalaz, procedió a inmatricular la ermita de Nuestra Señora del Pilar mediante certificación de dominio del art. 206 LH, en el año 2008. La Diócesis de Pamplona, que también había inmatriculado los terrenos circundantes a la ermita para la parroquia de Garisoain en 1981, interpuso declarativa de dominio y de nulidad de la inscripción, dictándose sentencia por el Juzgado de 1ª Instancia de Estella, con fecha 31 de enero de 2011[59], no admitiendo las pretensiones de la actora y entendiendo que la propiedad era municipal al estar incluida la parcela de la ermita en la concentración parcelaria realizada en la zona.

Interpuesto recurso de apelación, la Audiencia Provincial de Navarra dicta Sentencia el 16 de noviembre de 2012[60] dando la razón al Arzobispado apelante. Entiende que el Arzobispado de Pamplona es el propietario del inmueble y que no es requisito indispensable que tal propiedad deba ampararse en un documento o título formal escrito, ya sea público o privado, sino que basta un título material para amparar el dominio; título material que consiste en las distintas disposiciones legislativas desamortizadoras del siglo XIX, no constando el inmueble en ningún inventario municipal.

Resaltamos un hecho significativo de la Sentencia en cuanto a la concreción del modo de adquisición de la ermita por parte de la Iglesia; como no puede ser de otra forma, no constando título formal que acredite la adquisición, entiende el Tribunal que el único posible en el caso es el de la usucapión, acreditándose para ello la posesión ininterrumpida durante más de 40 años. Es suficiente que la posesión puramente material no sea directamente del Obispado, sino de una cofradía carente de personalidad jurídica, pero que tiene una relación de dependencia clara con la autoridad diocesana,

59. ST Juzgado de 1ª Instancia de Estella de 31 de enero de 2011, núm. 238/2010.

60. SAP Navarra, sec. 2ª, de 16 de noviembre de 2012, núm. 234/2012, rec. 174/2011.

cuyo presidente es el único que tiene las llaves de acceso al recinto (FD Quinto).

Tan importante es esa posesión mediata que sirve para justificar la usucapión, aunque, como dice la propia Sentencia, no se acredite que la ermita haya tenido finalidad religiosa, pues «*no existe ningún cementerio al lado y no se tiene constancia de que se hayan celebrado bodas, bautizos o cualesquiera actos litúrgicos y ni siquiera se aporta ningún supuesto de renovación de la Ermita, que pueda hacer pensar en algún tipo de relación económica entre la Iglesia y el Concejo como expresión de una voluntad de la Iglesia de mantener ese edificio, frente a las inclemencias o frente a cualquier otro tipo de acontecimientos, pues ello indicaría es verdad la poca preocupación que ha tenido la Iglesia con relación a esa labor de mantenimiento del edificio, pero ello puede ser debido a diferentes circunstancias ajenas a su voluntad que no impiden tal posesión ni tal voluntad demanial*».

Resalta Fornés la importancia que la inscripción de los terrenos de la ermita por parte del Arzobispado tiene en el caso, aportando la presunción de posesión de los derechos inscritos del art. 38 LH, lo que no se puede desvirtuar por la inmatriculación del Ayuntamiento al no haber transcurrido los dos años establecidos en el art. 207 LH para poder tener efectos frente a terceros entre la inscripción y la interposición de la demanda[61].

El Ayuntamiento interpuso recurso de casación ante el TSJ Navarra, inadmitido por Auto de 3 de octubre de 2013, al carecer de interés casacional. Es muy interesante resaltar que el Concejo entendía que el interés radicaba en la especial naturaleza del pleito, pues se ventilaba entre un organismo público y la Iglesia Católica; sobre el particular, el Auto entiende que «*En lo concerniente a la Iglesia Católica, su especial configuración jurídica no conlleva un régimen de excepcionalidad en la aplicación del ordenamiento jurídico, que justifique una interpretación diferente de las normas que sean aplicables. La Diócesis demandante ha ejercitado una acción declarativa del dominio sobre un bien inmueble, una ermita en concreto, lo que sitúa la cuestión litigiosa en el ámbito de las leyes 346 y siguientes del Fuero Nuevo, cuya infracción se denuncia en el recurso*».

V. UN PASO MÁS ALLÁ: EL LISTADO DE BIENES INMATRICULADOS POR LA IGLESIA CATÓLICA

1. LA FASE PARLAMENTARIA PARA LA ELABORACIÓN DE UN LISTADO DE BIENES INMATRICULADOS

En las enmiendas al Proyecto de Ley de reforma de la LH se introdujo por el Grupo Socialista una que incluía una Disposición Final tercera por la que se obli-

61. Fornés, J. «Inscripción de los lugares de culto...», op. cit.

gaba al Gobierno a realizar un estudio de cuáles habían sido los bienes inmuebles que la Iglesia había inmatriculado a través del procedimiento de la certificación de dominio entre los años 1998 y 2015. Se trata del período en el que se permitió el acceso de los templos destinados al culto a los libros registrales. Esta propuesta no pasó el texto definitivo de la Ley 13/2015.

No pasan ni dos años desde la entrada en vigor de la reforma cuando el Grupo Socialista presenta una Proposición no de Ley en el Congreso de los Diputados, con fecha 17 de febrero de 2017[62], para su debate en la Comisión de Justicia, con el fin de que la Cámara inste al Gobierno «a que, en el plazo improrrogable de seis meses desde la aprobación de esta Proposición no de Ley, elabore un estudio en el que se recojan todos aquellos bienes que desde 1998 han sido inmatriculados a favor de la Iglesia Católica, y proceda a reclamar la titularidad del dominio o de otros derechos reales inmatriculados a favor de la misma, si dicha inmatriculación se hizo sin la necesaria existencia de un título material y previo que justifique la titularidad del derecho real sobre el bien inmueble de que se trate, o cuando el mismo sea o haya sido un bien no susceptible de propiedad privada por ser de dominio público, aun en el supuesto de que no esté catalogado formalmente como tal, si históricamente gozó de esa presunción o tratamiento». En la proposición vuelve a calificarse la inmatriculación de bienes por parte de la Iglesia como rapacería, se sigue aludiendo a la condición de los templos como bienes de dominio público y, por tanto, como cosas imprescriptibles por su posesión, y se termina solicitando que se reclame el dominio sobre los mismos siempre que la Iglesia, su titular registral, no pruebe tener a su disposición un título material y previo con el que se pueda justificar su titularidad.

El 4 de abril se trata la Proposición en la Comisión de Justicia del Congreso[63], siendo defendida por el diputado D. Antonio Hurtado Zurera, quien hace referencia a la posible existencia de unos 4.000 bienes inmatriculados por la Iglesia Católica en el período 1998-2015, pretendiendo conseguir tres objetivos: 1) conocer con exactitud el número de bienes inscritos a través del procedimiento de la certificación de dominio mediante el listado que el Gobierno haga en seis meses; lo que, expone, considera fruto de una auténtica intriga entre el Gobierno de José María Aznar y la Iglesia; 2) que el Gobierno analice qué títulos de propiedad o valedores de ese derecho se aportaron a los Registros para conseguir las inmatriculaciones, dado que la DGRN no dio instrucciones a los Registradores para realizar tales inscripciones; 3) por último, si los títulos no son válidos, o no son suficientes, o recaen sobre bienes que deben considerarse de dominio público, debe reclamarse su recuperación.

La propuesta es apoyada por el Grupo Mixto (Sr. Sixto Iglesias), quien reprocha al Grupo Socialista no haber atendido este tema en el período 2004-2011, en el

62. BOCCGG. Congreso de los Diputados. Número 112, Serie D: General, 28 de febrero de 2017, págs. 13-14.

63. Diario de Sesiones del Congreso de los Diputados. Comisiones, Número 183, año 2017, Sesión celebrada el 4 de abril de 2017, págs. 24-29.

que estuvo en el Gobierno; y por la Diputada Bataller i Ruiz, que fija una postura más jurídica entendiendo que la inscripción en el Registro no otorga la propiedad, naciendo los derechos al margen de la institución registral, y echando en falta que no se hubiese incluido en la reforma la necesidad de practicar notas marginales en estas inscripciones para eliminar los efectos perversos que podía provocar la aplicación del principio de la fe pública registral del art. 34 LH en caso de enajenación de los bienes.

El Grupo Vasco, a través del diputado Legarda Uriarte, tiene una intervención que, a nuestro juicio, pone el dedo en uno de los puntos clave de esta controversia. Argumenta que las inscripciones se han realizado conforme a la Ley, que los Registradores han inscrito atendiendo a las normas hipotecarias, con independencia de que se pueda estar más o menos de acuerdo en el medio de inmatriculación, y que el problema radica en la opacidad del procedimiento, al no tener conocimiento de las inscripciones quienes pudieran tener algún derecho sobre los inmuebles, lo que podía provocar que transcurriese el plazo para reclamar.

Sobre este particular, debemos aclarar que solo dejaría de existir un medio de defensa de un titular legítimo si el bien inscrito fuese enajenado y hubiesen pasado los dos años del art. 207 LH. No existiendo enajenación, como es norma general en los bienes eclesiásticos, no entraría en juego el tercero hipotecario inatacable y, en consecuencia, quien tuviese un mejor derecho sobre el bien podría reclamar su titularidad por medio de alguna de las acciones previstas en el ordenamiento jurídico, con la consecuente cancelación de la inscripción registral a favor de la entidad eclesiástica inmatriculante.

La intervención del Grupo Parlamentario Ciudadanos, por boca del diputado Gómez Balsera, es de una claridad jurídica impecable. Señala que las inmatriculaciones se han hecho con arreglo a la Ley y que los Registradores han actuado de forma escrupulosamente legal, pues lo contrario sería tanto como acusarles de cómplices de la comisión de un delito. Y, como argumento principal, concluye diciendo que el Gobierno no puede erigirse en órgano decisor de qué inscripciones son correctas o no, ni de qué bienes son o no de dominio público; eso es competencia de los Tribunales de Justicia «después de un procedimiento donde haya garantías, contradicción de parte y donde se practiquen pruebas».

La Proposición es aprobada por 19 votos a favor, 17 en contra y 1 abstención. Como señala Torres Gutiérrez[64], la Exposición de Motivos hace referencia a que la norma del art. 206 LH es claramente inconstitucional, al vulnerar los arts. 14 y 16 CE, recordando las sentencias del TEDH sobre el caso Sociedad Anónima del Ucieza contra España, de 4 de noviembre de 2014 y 20 de diciembre de 2016, en las que, dice el autor, el Tribunal mostraba «incredulidad ante el silencio sobre la cuestión de las instancias judiciales españolas, y declara que los actos realizados a

64. Torres Gutiérrez, A. «Problemas jurídicos planteados...», op. cit., pág. 499.

su amparo vulneran la Convención Europea de los Derechos Humanos», y termina entendiendo que se trata de una norma «arbitraria y difícilmente predecible al privar a otros interesados de las garantías procesales básicas para la protección de sus derechos». Todo lo cual aconsejaba exigir el listado de bienes y que se procediese a reclamar la titularidad cuando la inmatriculación se hubiese efectuado sin la necesaria existencia de un título material y previo que justificase la titularidad del derecho sobre el inmueble, o cuando se trate de un bien de dominio público.

El Gobierno solicita al Colegio de Registradores una relación de todas las inmatriculaciones efectuadas al amparo del art. 206 LH en el período 1998-2015. En una respuesta a la pregunta escrita, realizada en el Congreso por el diputado Hurtado Zurera, el Gobierno declara que las inmatriculaciones se han realizado al amparo de la Ley, cumpliendo la legalidad, y siendo plenamente válidas; desde 2015, a consecuencia de la reforma de la LH, la Iglesia deberá acudir a los procedimientos ordinarios para poder inmatricular sus bienes inmuebles[65].

2. LA ELABORACIÓN DEL INFORME

Desde la Proposición no de Ley hasta el Informe pasan cuatro años. El profesor Torres Gutiérrez[66] nos dice que ya disponía el Ministerio de Justicia de una documentación muy detallada que le había sido remitida por el Colegio de Registradores en febrero de 2018. Se muestra muy atinado el autor al hacer referencia al hecho de que el Gobierno había cambiado de color, siendo investido Presidente D. Pedro Sánchez Pérez-Castejón el 1 de junio de 2018, formándose un gobierno de coalición con el Grupo Unidos Podemos, muy beligerante en el asunto de las inmatriculaciones y que había llegado a registrar una Proposición no de Ley, el 30 de octubre de 2018[67], proponiendo que el Ministerio de Justicia dictase una orden por la que se

65. Respuesta a la pregunta 184/16090, con fecha 19 de octubre de 2017.
66. Torres Gutiérrez, A. «Problemas jurídicos planteados…», op. cit., págs. 500-501. El autor hace referencia al contencioso surgido entre el Gobierno y el portal de internet «maldita.es», que solicitó dicho listado al Gobierno, negándose a facilitarlo aduciendo el art. 18.1.a) de la Ley 19/2013, de transparencia, acceso a la información pública y buen gobierno, que dispone no se atiendan las solicitudes de información cuando esta esté en curso de elaboración o de publicación; el Consejo de Transparencia y Buen Gobierno, en Resolución 498/2019, de 9 de octubre, estimó la reclamación, dando un plazo de 10 días para la entrega; el Gobierno recurrió la Resolución y el Juzgado Central de lo Contencioso Administrativo número 4 de la Audiencia Nacional estimó el recurso, entendiendo que aún se estaba recabando información (Sentencia 86/2020, de 31 de julio de 2020). Puede verse información sobre el particular en: https://maldita.es/malditodato/20191128/el-gobierno-recurre-a-los-tribunales-para-ocultar-los-bienes-inmatriculados-por-la-iglesia-despues-de-que-maldita-es-pidiera-el-listado/
67. BOCCGG. Congreso de los Diputados. Número 452, Serie D: General, 16 de noviembre de 2018, págs. 8-10. Lo expuesto en la Exposición de Motivos de la Proposición es la prueba evidente de la conexión entre la actividad legislativa de los partidos políticos

promotores de la desaparición de la certificación de dominio y las organizaciones civiles y medios de comunicación que se mostraban beligerantes con la Iglesia, existiendo una plena coincidencia en los argumentos en los que fundamentaban esa realidad social que la Ley debía atender. La Exposición de Motivos era del siguiente tenor: «La inmatriculación de fincas es la inscripción de una finca en el Registro de la propiedad por primera vez. Para llevar a cabo una inmatriculación por parte de cualquier persona física o jurídica se necesitan; un expediente de dominio para inmatriculación de fincas no inscritas a favor de persona alguna, la presentación de un título público de adquisición (escritura pública) y/o la presentación de una sentencia que declare el dominio que se quiere inmatricular. No existe un inventario de los bienes inmuebles inmatriculados por la Iglesia Católica desde la firma del Acuerdo entre el Estado español y la Santa Sede el 3 de enero de 1979, mediante el que se regulan las relaciones económicas entre ambas partes, y que fue ratificado en Cortes Generales el 4 de diciembre de 1979. Dicho acuerdo implicaba la exención de impuestos en determinadas actividades (culto, actividad pastoral, sacralización, apostolado, etc.) de la Iglesia Católica, siendo "total y permanente" en la exención de impuestos "sobre la renta y el patrimonio". El Impuesto de Bienes Inmuebles (IBI), es un impuesto de carácter municipal y, por tanto, fundamental para la hacienda local. Es necesario conocer el número de bienes inmuebles de la Iglesia Católica que se acogen a la exención de este impuesto y determinar si su uso se ajusta a actividades propiamente religiosas o a aquellas reconocidas por los acuerdos. Por otro lado, respecto a la capacidad de inmatriculación, tenemos que retrotraernos hasta la dictadura franquista: La Ley Hipotecaria que se aprobó el 8 de febrero de 1946 (arrastrando causa de su homólogo anterior en el Reglamento Hipotecario de 1915) estableció la posibilidad de inmatricular los bienes de la Iglesia Católica a través de un certificado de dominio emitido por un diocesano que podía inscribir los bienes eclesiásticos (entendidos en el derecho canónico como los bienes que usa la Iglesia Católica para sus fines) que quedaban circunscritos a inmuebles no destinados al culto católico, tal como establecía el artículo 52 Cuarto del Reglamento Hipotecario, según su redacción de 1959. En 1998 el Gobierno del Partido Popular presidido por José María Aznar modificó el Reglamento Hipotecario para permitir la inscripción de templos de culto en el registro de la propiedad, recuperando los artículos 206 de la Ley Hipotecaria y 304 del Reglamento Hipotecario. El primero equipara a la Iglesia con la Administración Pública, otorgándole el privilegio de acceder al registro de la propiedad sin aportar título. El segundo artículo equipara a los diocesanos con notarios, de forma que un obispo puede certificarse a sí mismo que es el propietario de un inmueble, atendiendo a los argumentos que él mismo exponga. La presión ciudadana y política, arropada por colectivos de cristianos de base, desveló numerosos escándalos, llegando incluso al Tribunal europeo de Derechos Humanos, provocando así la aprobación de la Ley 13/2015, que modificó la Ley Hipotecaria para eliminar el privilegio registra] mencionado. Pero lo hizo sin efectos retroactivos, por lo que se produjo una amnistía registral sobre los miles de bienes inscritos por la Iglesia Católica sin presentar título de propiedad. Ambos artículos fueron incluso reprobados por el Tribunal Europeo de Derechos Humanos. A día de hoy se desconoce qué inmuebles accedieron al registro de la propiedad por la vía de estos artículos hoy derogados. La historia de cooperación entre el Estado y la Iglesia no puede suponer el menoscabo de la capacidad del Estado para censar y tributar las actividades de determinadas instituciones. Carecer de un registro de bienes de la Iglesia Católica impide determinar el

instase al Colegio de Registradores a cancelar todas las inmatriculaciones efectuadas desde 1979 por la Iglesia, al ser nulas de pleno derecho por inconstitucionales.

La propuesta presentada interpelaba al Gobierno a lo siguiente: 1) Dictar una orden ministerial del Ministerio de Justicia, dirigida al Colegio de Registradores

---

uso dado al inmueble registrado y, por consiguiente, evaluar la pertinencia de tributar cada inmueble, así como las actividades y obras realizadas en dichos espacios. La Justicia Europea ha fallado contra la Iglesia Católica por el uso indiscriminado de las exenciones de impuestos (sentencia del Tribunal de Justicia de la Unión Europea del 27 de junio de 2017), que conlleva una desigualdad de trato con otras organizaciones sociales, o empresariales. En este sentido, se constata que puede haber irregularidades en la aplicación de exenciones a la Iglesia Católica en el impuesto de Bienes e Inmuebles (IBI) y el Impuesto sobre Construcciones, Instalaciones y Obras (ICI0). Es necesario resaltar que el IBI es la principal fuente de financiación de los municipios y representa más de la mitad de sus ingresos. Finalmente, es necesario recordar que las exenciones impositivas aplicadas a espacios inmatriculados por la Iglesia Católica y que no son destinados a uso religioso supone vulnerar el principio constitucional que establece que «todos contribuirán al sostenimiento de los gastos públicos de acuerdo con su capacidad económica mediante un sistema tributario justo inspirado en los principios de igualdad y progresividad que, en ningún caso, tendrá alcance confiscatorio» (artículo 31 de la Constitución Española). Para garantizar e] cumplimiento de la Constitución y el principio de igualdad tributaria es necesario un registro de bienes de la Iglesia Católica para su efectiva catalogación. Debe quedar claro que el posible uso litúrgico no condiciona en absoluto la propiedad, que muchos de ellos han sido construidos y restaurados con dinero público o del pueblo y que sobre la inmensa mayoría de los mismos pesa la responsabilidad pública de su tutela cultural y patrimonial. Este registro podrá comprobar, al igual que se ha hecho en iniciativas similares promovidas ya por algunos ayuntamientos, si la inmatriculación de miles de bienes de culto supone un manifiesto abuso de derecho y fraude de ley, tanto por la fecha de su inmatriculación (antes de la reforma de 1998), como por no haber sido poseídos nunca por la jerarquía católica (solares, viviendas, caminos, cementerios, jardines, frontones, locales comerciales o plazas públicas), ni, en todo caso, haber documentado de forma acreditada su propiedad. Organizaciones como la Coordinadora recuperando, que trabaja en la recuperación del patrimonio inmatriculado por la Iglesia, han pedido la nulidad de las inmatriculaciones realizadas hasta el momento, debido a que "sin ser de dominio público, fueron inscritos sin garantías, de forma arbitraria y prevaliéndose de un subterfugio jurídico que atribuía al obispo funciones de fedatario público". Por otro lado, el Tribunal de Derechos Humanos de Estrasburgo ha condenó en 2016 al Estado español a indemnizar a la empresa afectada (Sociedad Anónima del Ucieza c. España, n.º 38963/08, del 4 de noviembre de 2014) como "víctima del ejercicio del derecho de inmatriculación reconocido a la Iglesia Católica por la legislación interna sin justificación aparente", por la inmatriculación por parte del Obispo de Palencia de terrenos de su propiedad. Hasta hoy día, en los inventarios de los bienes de dominio público han quedado fuera los más evidentes y es una de las causas de la inmatriculación ilícita. Por ello, se hace necesario incluir una categoría de bien común a partir del concepto jurídico de "bien de dominio público eminente" en relación a los inmuebles de extraordinario valor histórico y cultural vinculados al uso religioso».

de la Propiedad, para que cancelen las inmatriculaciones realizadas por la Iglesia Católica desde 1979, bajo la fórmula del artículo 206 LH y el 304 del RH, que son nulas de pleno derecho por inconstitucionalidad sobrevenida y porque la Sentencia del TEDH de Estrasburgo, de 20/12/2016, declara esta forma de inmatriculación contraria a la Convención Europea de los Derechos Humanos. 2) Reforma de la Ley 16/1985 de Patrimonio Histórico Español para incluir la categoría de «bien de dominio público eminente» en relación a los inmuebles de extraordinario valor histórico y cultural vinculados al uso religioso, sobre los que jamás se cuestionó su naturaleza inembargable, inalienable e imprescriptible, y poner en marcha su respectiva catalogación. 3) Que el Vaticano reconozca que los bienes de dominio público eminente pertenecen al Estado, del mismo modo que lo hizo en Portugal mediante convenio en 1940. 4) Una vez sean declaradas nulas todas las inmatriculaciones desde 1978, realizadas con la fórmula del artículo 206 de la Ley Hipotecaria y el artículo 304 del Reglamento Hipotecario, la Iglesia Católica podrá, si se diera el caso, inmatricular aquellas propiedades que acreditadamente le pertenezcan y pagar los impuestos correspondientes en el caso de inmuebles y actividades no sujetas a las exenciones que marca la Ley.

El profesor Torres Gutiérrez[68] califica la propuesta como pintoresca, de imposible conciliación con el art. 1.1 CE, que dispone que España se constituye como un Estado de Derecho, y de imposible conciliación con el principio de seguridad jurídica del art. 9.3 CE; porque una cosa es entender un precepto como inconstitucional y otra ejercitar el poder ejecutivo para declarar unilateralmente la inconstitucionalidad de una norma y anular las inscripciones realizadas con anterioridad. En nuestra opinión, la Proposición es absolutamente contraria al ordenamiento jurídico, sorteando sin rubor algunos otros derechos constitucionales como la tutela judicial efectiva o la irretroactividad de las disposiciones sancionadoras no favorables, pues no otra cosa puede entenderse que es la anulación unilateral de una inscripción registral efectuada por un Registrador de la Propiedad en base al principio de calificación. Y resultaba tremendamente peligrosa para un Estado de Derecho la propuesta de crear una nueva categoría jurídica denominada «dominio público eminente», eufemismo técnico utilizado por los promotores para denominar lo que realmente podría considerarse como una expropiación sin justiprecio de bienes de propiedad privada.

La demora que se produce en la realización del Informe es tratada con detalle por Gómez Hidalgo[69] al estudiar en su Tesis Doctoral la repercusión que la realización del Informe tuvo en el ámbito de la transparencia, a consecuencia de la solicitud de acceso a la información para obtener el listado de bienes inmatriculados que efectuó

68. Torres Gutiérrez, A. «Problemas jurídicos planteados...», op. cit., págs. 502-503.
69. Gómez Hidalgo, A. *Hacia un sistema integral de transparencia para la Iglesia Católica en España. Una propuesta en clave práctica,* Tesis doctoral dirigida por Isaac Martín Delgado, Universidad de Castilla-La Mancha, Facultad de Ciencias Jurídicas y Sociales (Programa 1410), Toledo 2021, págs. 431-462.

un particular conforme a lo dispuesto en el art. 12 de la Ley de Transparencia, acceso a la información pública y buen gobierno (en adelante LTAIPBG)[70].

Desglosa el autor los diversos ítems sufridos en el proceso de elaboración del Informe, que comienza el 25 de abril de 2017 mediante solicitud del Director General de los Registros y el Notariado al Decano-Presidente del Colegio de Registradores, que se reitera con fecha el 19 de octubre y 11 de diciembre del mismo año. El 21 de diciembre se remite el Informe por el Colegio de Registradores, destacándose que solo incluye información de 829 registros, faltando la correspondiente a otros 254, y resultando inscritas 30.593 fincas registrales, de las que 17.534 son templos o dependencias complementarias, y 13.059 fincas con otros destinos. La falta de datos de muchos Registros provoca nuevo requerimiento de la DGRN el 9 de enero de 2018, entregando la información completa el 6 de febrero, siendo ya incluidos los datos de todos y situándose las fincas inmatriculadas en 34.984, correspondiendo a templos 18.535 y a otras fincas 15.171.

Ante la solicitud de información por un particular, el Ministerio de Justicia denegó el acceso, lo que provocó recurso y la correspondiente Resolución del Consejo de Transparencia y Buen Gobierno (CTBG), de fecha 25 de enero de 2019 (R/0635/2018), basada en la aplicación del art. 18, a) LTAIPBG, que establece como causa de inadmisión las solicitudes que se refieran a información que esté en curso de elaboración o de publicación general, todo ello fundamentado en el hecho de que la publicación de la información estaba previsto se hiciera con carácter general.

3. EXÉGESIS DEL INFORME SOBRE BIENES INMATRICULADOS POR LA IGLESIA CATÓLICA

Finalmente, con fecha 16 de febrero de 2021, sale a la luz el Informe sobre bienes inmatriculados, emitido por el Ministerio de la Presidencia, Relaciones con las Cortes y Memoria Democrática[71], denominado «Estudio sobre la inmatriculación de bienes inmuebles de la Iglesia Católica en el Registro de la Propiedad desde el año 1998 en virtud de certificación del diocesano respectivo».

El Informe comienza con una Introducción, haciendo referencia al art. 206 LH existente en la regulación de 1946, mencionando la reforma llevada a cabo por la Ley 13/1996, de 30 de diciembre, que posibilitó las declaraciones de obra nueva, mejoras y división horizontal, así como las modificaciones de entidades hipotecarias, en fincas del Estado y demás entes públicos por certificación administrativa, y la reforma por la Ley 13/2015, de 24 de junio, que eliminó la certificación como medio

70. Art. 12 LTAIPBG: «Todas las personas tienen derecho a acceder a la información pública, en los términos previstos en el artículo 105.b) de la Constitución Española, desarrollados por esta Ley».

71. Puede consultarse el Informe en: https://www.mpr.gob.es/mpr/subse/libertad-religiosa/Documents/InformacioninmatriculacionIC/INMATRICULACION.PDF

para poder inmatricular bienes de la Iglesia. En respuesta a la Proposición no de Ley presentada en las Cortes en el año 2017, se realiza el estudio para dar cumplida respuesta a lo reclamado por la misma, incluyendo los siguientes apartados: a) un análisis de los antecedentes históricos y legislativos aplicables; b) el régimen jurídico de la inmatriculación de fincas vigente hasta 2015, con la particularidad de la certificación de dominio; c) las dudas sobre la inconstitucionalidad que planteó el art. 206 LH; d) el proceso de acceso al Registro de los bienes de la Iglesia Católica; e) las posibilidades de recuperación de los bienes de dominio público que pudieran haber sido inmatriculados por la Iglesia; y f) la diferenciación entre los conceptos de bienes de dominio público y bienes integrantes del Patrimonio Histórico Español.

a) Los antecedentes históricos y legislativos.

El Estudio se remonta al origen en 1861 del proceso especial y subsidiario de inmatriculación de bienes públicos y eclesiásticos, lo que llegó hasta la actual LH, respondiendo a una concreta política legislativa favorecedora de la inscripción de los bienes de grandes patrimonios poseídos desde tiempo inmemorial, carentes de títulos inscritos y objeto de procesos de desamortización. Y dispone que la legislación de 1944-46 no puede entenderse al margen de la declaración de confesionalidad del Estado, equiparando a la Iglesia con el Estado, lo que «podría haberse arbitrado con soluciones específicas para la Iglesia Católica sin que hubiera que equiparar su posición jurídica a la del Estado y otras corporaciones públicas». Posteriormente se produjeron las reformas de las leyes 13/1996 y RD 1867/1998, que no derogaron el procedimiento y posibilitaron la inmatriculación de los templos, al considerarse su prohibición inconstitucional, lo que, se cuestiona el Estudio, debería haberse extendido también al propio procedimiento de inmatriculación. La solución debería haber sido un procedimiento especial que contemplara las peculiaridades de la Iglesia y garantizase los derechos de posibles terceros para no dar pie, continúa, «a una impresión equívoca de adquirir la propiedad de bienes mediante una simple certificación eclesiástica, siendo que la inmatriculación no es equivalente a propiedad y con el perjuicio que ello ha causado a la propia imagen de la Iglesia Católica». La reforma de 2015 viene a solucionar este problema eliminando la posibilidad de usar el art. 206 LH por parte de la Iglesia, lo que debía haberse planteado en la reforma de 1998, dado que las circunstancias históricas que motivaron el nacimiento de la certificación de dominio por los diocesanos ya habían desaparecido en esa fecha, tal y como se justifica en la reforma de 2015 como una de las causas de la eliminación.

Comienza el Estudio, por tanto, poniendo en duda el procedimiento de inmatriculación por su origen, en plena Dictadura; obvia que las certificaciones nacen en 1861 y que se establece la posibilidad de uso por la Iglesia poco después, respondiendo a criterios puramente prácticos y no el de procurar beneficiarla; nadie podrá poner en duda que el siglo XIX fue precisamente el período en el que la Iglesia fue privada de la casi totalidad de su patrimonio.

Resulta llamativo que se haga alusión al hecho de que en la reforma hipotecaria de 1998 ya habían desaparecido las circunstancias históricas alegadas como justificantes de la reforma de 2015 y que habían permitido el uso por parte de la Iglesia del art. 206 LH. La reforma de 1998 soluciona precisamente la incongruencia de permitirse a la Iglesia inmatricular sus bienes por certificación de dominio y paralelamente impedir el acceso al Registro de la mayor parte de ellos; los bienes que, con total seguridad, son los de mayor importancia para sus fines propios, los templos destinados al culto. Si se hubiese suprimido la inmatriculación de bienes por el 206 LH en la reforma de 1998, los templos no podrían haber accedido al Registro; los edificios destinados al culto son, por lo general, los más antiguos y los que, en su mayoría, carecen de título escrito.

Finalmente, se plantea el Estudio que no parece razonable que se considerase inconstitucional la prohibición de inscribir los templos por la reforma de 1998, y que no se plantease la inconstitucionalidad de que solo la Iglesia pudiese hacer uso del art. 206 LH y no el resto de confesiones, pues solo pueden producirse desigualdades por causas objetivas y razonables. Lo que, desde luego, no entendemos sea aceptable, pues solo la Iglesia Católica estaba afectada por la desamortización y la imposibilidad de inmatricular sus templos. El resto de confesiones, con limitadas excepciones, han adquirido sus inmuebles por títulos modernos y provenientes de titulares ya inscritos, lo que deja fuera de lugar plantear que puedan hacer uso de medios excepcionales para la inmatriculación de sus bienes.

Además, se cuestiona que hubiera sido una solución establecer un procedimiento que protegiera los derechos de la Iglesia y de los posibles terceros con derechos sobre los inmuebles. Bien podría haberse planteado esta solución como respuesta al problema que habían ocasionado las inmatriculaciones por parte de la Iglesia; pero en lugar de esa solución, que el mismo Estudio plantea, se optó por la radical respuesta de su salida de la legislación hipotecaria. Desde luego que una solución de ese tipo hubiera sido la más ajustada a la realidad social existente, en los términos establecidos por el art. 3.1 CC. Pero el asunto de las inmatriculaciones de la Iglesia ha tenido un componente político e ideológico que ha sustraído la posibilidad de que fuese resuelto mediante una alternativa a la inmatriculación mediante la certificación del art. 206 LH o mediante la misma, incluyendo garantías o mejoras en el propio procedimiento de inmatriculación. La presión mediática y política llevó al Gobierno a aprobar la salida de la mención a la Iglesia en el precepto hipotecario.

En definitiva, como señala Ruano Espina[72], «la equiparación del régimen registral arbitrado para la Iglesia al existente para el Estado no fue debido, por tanto, a su origen, a la posición que esta ocupaba, ni al reconocimiento

72. Ruano Espina, L. «Zanjada la polémica...», op. cit., págs. 1343 y 1353.

de su personalidad jurídica de naturaleza pública, ni mucho menos constituía un privilegio producto del sistema de confesionalidad católica, como sugiere el Estudio». Las certificaciones «se insertaban en el marco de una política legislativa que lo que pretendía era favorecer especialmente el acceso de las fincas al Registro», posibilitando el acceso de los bienes que la Iglesia tenía desde tiempo inmemorial y sin título escrito de dominio, «bien porque nunca lo tuvo o bien porque lo perdió como consecuencia de la legislación desamortizadora del siglo XIX». Los argumentos esgrimidos por el Estudio para analizar el origen de las certificaciones no son, entendemos, los correctos.

b) El régimen jurídico de la inmatriculación de fincas hasta 2015.

Analiza el Estudio cuál era la situación en el momento de la reforma de la Ley Hipotecaria en 2015 en cuanto a los mecanismos legales para proceder a la inmatriculación de fincas. Los procedimientos se establecían en el art. 199 LH y eran tres:

- El expediente de dominio, regulado en los arts. 201 y ss., que se tramitaba ante el Juzgado de 1ª Instancia del lugar en el que radicase la finca; mediante el mismo, se trataba de acreditar la adquisición del dominio por el actor del procedimiento de jurisdicción voluntaria, declarando el Juez, en caso de acreditarse, dicho dominio y ordenando la inmatriculación de la finca en el Registro. El expediente debía tramitarse cuando no se contaba con título suficiente para obtener la inscripción por otro medio.
- El título público de adquisición, regulado en el art. 205 LH, que se fundamentaba en dos documentos, el propio título público de la adquisición realizada por el promotor y otro documento anterior que acreditase de forma fehaciente la adquisición por parte de quien transmitía al promotor del expediente; en el supuesto de que este título anterior no acreditase de forma fehaciente esa adquisición del transmitente, debía complementarse con la denominada «acta de notoriedad», tramitada ante Notario en los términos del art. 203 LH, que consistía en la declaración del transmitente acerca de su adquisición, lo que se comunicaba a posibles titulares de derechos sobre la finca, colindantes y se publicaba mediante edictos, otorgando publicidad a la pretensión.
- Por último, la certificación de dominio del art. 206 LH, permitida solo al Estado, provincia, municipios y corporaciones de Derecho público, así como a las estructuras de la Iglesia Católica. La certificación debía contener las circunstancias expresadas en el art. 303 RH[73], si bien de

73. Art. 303 RH: «Para obtener la inscripción con arreglo al artículo doscientos seis de la Ley, cuando no exista título inscribible, el Jefe de la dependencia a cuyo cargo esté la

no poder recogerse alguna de ellas se debía hacer constar en la propia certificación.

La no mención de algún requisito solo podía referirse a las circunstancias contenidas en el art. 303 RH; no podía extenderse a la necesidad de hacer referencia a la inexistencia de título escrito de adquisición o la ineludible referencia a la constancia del bien inmatriculado en el inventario, sin los cuales no podía procederse a la inscripción. Así se deduce del supuesto de denegación de la inmatriculación pretendida por un Ayuntamiento en Salamanca, procediéndose a la denegación de la inscripción por la Registradora de la Propiedad de Ledesma; planteado recurso ante la DGRN, se emite Resolución de 12 de diciembre de 2006[74] en la que el órgano directivo entiende que «*la simple manifestación en la certificación de la inexistencia de un Inventario de Bienes, y la declaración de que los mismos han pertenecido, desde que recuerdan los más antiguos del lugar, al Ayuntamiento de Espadaña, sin presentar ningún documento oficial que acredite este extremo, no son suficientes para entender cumplidos los requisitos que, en relación con el inventario, exigen los arts. 303 del Reglamento Hipotecario y 36 del Reglamento de Bienes de Entidades Locales*» (FD Tercero).

El último párrafo del art. 303 RH indica que la falta de alguna de las circunstancias se debe expresar en la certificación de dominio; ello no significa, como nos indica Curiel Lorente[75], que se pueda prescindir de cualquiera de esas circunstancias para la inscripción;

---

administración o custodia de la fincas que hayan de inscribirse expedirá por duplicado, siempre que por su cargo ejerza autoridad pública o tenga facultad de certificar, una certificación en que, con referencia a los inventarios o documentos oficiales que obren en su poder y sin perjuicio de los demás extremos exigidos por la legislación administrativa aplicable, se haga constar:
Primero.—La naturaleza, situación, medida superficial, linderos denominación y número, en su caso y cargas reales de la finca que se trate de inscribir.
Segundo.—La naturaleza, valor, condiciones y cargas del derecho real inmatriculable de que se trate y las de la finca a que se refiere la regla anterior.
Tercero.—El nombre de la persona o corporación de quien se hubiere adquirido el inmueble o derecho, cuando constare.
Cuarto.—El título de adquisición o el modo como fueron adquiridos.
Quinto.—El servicio público u objeto a que estuviere destinada la finca.
Si no pudiera hacerse constar alguna de estas circunstancias, se expresará así en la certificación, y se indicarán las que sean.
Las certificaciones se extenderán en papel del sello de oficio, y quedará minuta rubricada en el expediente respectivo».

74. RDGRN de 12 de diciembre de 2006. BOE 17/2007, de 19 de enero de 2007.

75. Curiel Lorente, F. *Inmatriculación, Reanudación del tracto sucesivo. Inscripción de los excesos de cabida*, Centro de Estudios Registrales, Madrid 2001, pág. 127.

el autor entiende que algunas de ellas son imprescindibles, como la descripción de la finca, la naturaleza del derecho, la carencia de título escrito o inscribible y la identificación de la entidad a la que la finca pertenezca; asimismo, considera imprescindible la necesaria expresión de la no tenencia de datos para cumplimentar el resto de circunstancias exigidas reglamentariamente y no incluidas en la certificación.

c) El proceso de acceso al Registro de los bienes de la Iglesia.

El Estudio hace referencia a la dificultad de acceso al Registro de la Propiedad que han tenido en nuestro sistema los bienes no susceptibles de propiedad privada, al ser de dominio público, incluso cuando no estuviesen formalmente catalogados como tales y solo gozasen de dicha presunción o tratamiento, dadas sus características esenciales de inalienabilidad, inembargabilidad e imprescriptibilidad, consagradas por el art. 132.1 CE. Estos bienes, en consecuencia, no podían ser objeto de apropiación por entidades privadas, entre ellas, la Iglesia Católica.

Esta alusión a los bienes de dominio público se hace para asimilar su régimen registral de inmatriculación al de los bienes de la Iglesia Católica, fundamentalmente en cuanto a la imperiosa necesidad de que en la certificación de dominio se hiciese constar el título material de adquisición, a falta de título escrito en el que este modo de adquisición constase. Y que la referencia obligatoria a dicho título material es premisa fundamental para que el Registrador pueda ejercitar su función calificadora en atención al principio de legalidad.

Esta función calificadora, unida al requisito introducido por la Ley 13/1996 (art. 53.7) por el que las fincas solo podrían inmatricularse en términos totalmente coincidentes con los recogidos en la certificación catastral descriptiva y gráfica, hacen que el Estudio concluya que la Iglesia Católica procedió a inmatricular sus bienes «con el necesario título material a su favor», siendo calificados por los Registradores de la Propiedad para que «no accedan al Registro actos que supongan sustracción del dominio público».

d) Las posibilidades de recuperación de los bienes de dominio público.

El Informe termina haciendo referencia al supuesto de que existan bienes inmatriculados por la Iglesia que sean de titularidad pública. El art. 45 de la Ley 33/2003, de 3 de noviembre, del Patrimonio de las Administraciones Públicas, dispone que «*Las Administraciones públicas tienen la facultad de investigar la situación de los bienes y derechos que presumiblemente formen parte de su patrimonio, a fin de determinar la titularidad de los mismos cuando ésta no les conste de modo cierto*», lo que se podrá iniciar de oficio o en virtud de denuncia de particulares. Incoado el procedimiento con los trámites establecidos en la referida Ley y en el Reglamento de desarrollo de la misma (Real Decreto 1373/2009, de 28 de agosto) se dictará resolución en la que se haga constar si el bien en cuestión se entiende pertenece o no a la Administración.

Advierte el Informe con buen juicio sobre una de las cuestiones que deben analizarse durante la instrucción del expediente de investigación de la titularidad, la posibilidad de que bienes que tengan la consideración de patrimoniales, no demaniales, hayan podido ser adquiridos por la Iglesia Católica al entrar en juego la institución de la usucapión o prescripción adquisitiva.

Si de la investigación resultara la conclusión de pertenecer el bien a la Administración, estando inmatriculado en favor de una entidad eclesiástica, surgiría una controversia que debería ventilarse en la jurisdicción civil mediante el ejercicio de la acción reivindicatoria, si de recuperar la posesión del inmueble se tratase, o de la acción declarativa de dominio, cuando no se hiciese necesaria la recuperación de la posesión; debiendo instarse, además, la solicitud de cancelación de la inscripción registral contradictoria, a tenor de lo dispuesto en el art. 38.2º LH.

Sobre el ejercicio de las acciones pertinentes por parte de las Administraciones Públicas da el Informe una serie de orientaciones genéricas de común conocimiento en la esfera civil:

1) Que quien emprenda la acción debe ser propietario del bien, no teniendo legitimidad activa quien no pueda demostrar la titularidad o cuando la misma corresponda a un tercero, según dispone el art. 10 LEC.

2) Que ante la inmatriculación de fincas por la Iglesia corresponderá la carga de probar el dominio a quien reclame ser el propietario, pudiendo oponer la entidad eclesiástica demandada la adquisición de la titularidad por vía de la usucapión, entrando a definir de modo general el concepto de prescripción adquisitiva, la posesión a título de dueño y los demás requisitos necesarios para usucapir el dominio.

VI. LAS DEFICIENCIAS DEL LISTADO. LA RESPUESTA DE LA IGLESIA A LA RELACIÓN DE BIENES INMATRICULADOS. EL PARTICULAR CASO DE CÓRDOBA

1. LOS DATOS DEL LISTADO DE BIENES INMATRICULADOS

El listado de bienes inmatriculados, una vez hecho público, arroja los datos de todos los bienes inmatriculados en el período 1998-2015 por medio del procedimiento de la certificación de dominio. Extraemos del total los números correspondientes a la Comunidad Autónoma de Andalucía y, dentro de esta, los de los bienes inmatriculados en la diócesis de Córdoba.

1. Datos de España:
   - Notas simples: 34.961.
   - Templos y dependencias complementarias: 20.014.
   - Otros destinos: 14.947.
   - Inmatriculados con título de certificación: 30.335.
   - Inmatriculados por otro título: 4.626.
2. Datos de la Comunidad Autónoma de Andalucía:
   - Notas simples: 2.111.
   - Templos y dependencias complementarias: 1.554.
   - Otros destinos: 557.
   - Inmatriculados con título de certificación: 1.759.
   - Inmatriculados por otro título: 352.
3. Datos de la diócesis de Córdoba:
   - Notas simples: 399.
   - Inmatriculados con título de certificación: 392.
   - Inmatriculados por otro título: 7.

Del informe puede desprenderse, a primera vista, que las diócesis y entidades eclesiásticas españolas inmatricularon por el art. 206 LH un total de 34.961 inmuebles entre 1998 y 2015, correspondiendo 20.014 a templos destinados al culto católico. Pero eso no se corresponde con la realidad porque, de la cifra total, el propio informe indica que 4.626 fincas han sido inscritas en virtud de un título distinto a la certificación de dominio. Es decir, que, tras años de elaboración, el informe incluye un 13,35% de inmuebles que han accedido al Registro de la Propiedad en virtud de un procedimiento inmatriculador distinto a la certificación de dominio o por la normal inscripción derivada de un título adquisitivo en base al principio registral del tracto sucesivo.

2. LOS ERRORES DEL LISTADO DE BIENES INMATRICULADOS

En el mes de febrero de 2021 el Congreso de los Diputados hizo llegar a la CEE un listado de los bienes inmatriculados por las diócesis españolas a través de certificación de dominio del art. 206 LH en el período 1998-2015, con los datos provenientes de los Registros de la Propiedad. El listado llevaba anexo un informe del Ministerio de Justicia que dejaba clara la legalidad de estas inmatriculaciones. Pero, a pesar de ello, la CEE quiso revisar minuciosamente el listado recibido[76], para lo que trasladó el listado a las diócesis con el fin de que se emitiera un informe sobre las incongruencias encontradas, lo que hizo salir a la luz la existencia de una serie de errores que afectaban a 2575 inmuebles:

1. Se atribuían a las diócesis bienes que, en realidad, pertenecían a comunidades religiosas o incluso a alguna otra confesión religiosa (84 inmuebles).

2. Aparecían registros duplicados (111 inmuebles).

3. Aparecían bienes imposibles de identificar por parte de las diócesis por falta de datos (608 inmuebles).

4. Aparecían bienes inmatriculados con anterioridad a 1998 o adquiridos por otros títulos anteriores al período 1998-2015 (746 inmuebles).

5. Aparecían bienes sobre los que las diócesis no tenían constancia de su inmatriculación (31 inmuebles).

6. Aparecían bienes que no existen en la realidad (28 inmuebles).

7. Se atribuían a las diócesis bienes que pertenecían a otros titulares por haber sido vendidos, donados o expropiados (276 inmuebles).

8. Aparecían bienes que son propiedad de las diócesis y han sido adquiridos por métodos diferentes a la certificación de dominio, como la compraventa, donación, permuta, herencias, etc., durante el período 1998-2015 (691 inmuebles).

Los datos aportados por las diócesis fueron trasladados al Gobierno y ello provocó la Nota conjunta entre el Ministerio de la Presidencia, Relaciones con las Cortes y Memoria Democrática y la Conferencia Episcopal Española, dentro del contexto de las conversaciones mantenidas entre ambas instancias con respecto a la cuestión de los bienes inmatriculados, que fue objeto de publicación en la denominada «Remisión de información a las entidades locales y registros de la propiedad» de 27 de enero de 2022.

La nota decía que, a partir del listado remitido por el Gobierno al Congreso de los Diputados en cumplimiento de la PNL de 17 de febrero de 2017, y tras el informe exhaustivo realizado por las diócesis españolas, estas han procedido a la catalogación de los bienes, su división por diócesis y verificación de los procesos de inmatriculación en cada uno de los bienes mencionados. La conclusión del análisis

76. https://www.conferenciaepiscopal.es/wp-content/uploads/2022/01/Informe-completo-gobierno-inmatriculaciones.pdf

era que «... ha revelado un conjunto de bienes que la Iglesia considera que pertenecen a un tercero o no le consta su titularidad sobre el mismo», en un número aproximado al millar y que la CEE había facilitado al Gobierno. La consecuencia de todo, terminaba, era la siguiente: «*La previsión es que el Gobierno ponga en conocimiento de las entidades locales y de los registros esta información y se puedan, de este modo, iniciar los procesos de regularización que, en su caso, pudieran corresponder. A estos efectos, la Iglesia manifiesta su compromiso de colaboración a fin de facilitar tales procesos*».

El resultado arrojó una cifra de 1.027 inmuebles que eran atribuidos a las distintas diócesis y que, por distintas circunstancias, se entendía que no debían formar parte de la relación de inmuebles publicada. Así, la relación de bienes quedó establecida de forma definitiva tras excluir esos inmuebles por alguna de las siguientes razones:

1) Bienes pertenecientes a comunidades religiosas.

   Un total de 84 inmuebles cuya propiedad correspondía a diversas congregaciones y órdenes religiosas. Cabe decir que en el listado aparecen bienes de toda naturaleza, iglesias, templos, conventos, fincas urbanas residenciales, rústicas, etc.

   Es importante resaltar que en el propio listado se distingue para cada finca si ha sido inscrita en virtud de certificación de dominio o por título distinto, correspondiendo más o menos la mitad de la relación a cada caso. Es decir, en esta primera lista de bienes excluidos de la relación (y que sí habían formado parte de la inicial) se incluyen muchos inmuebles que accedieron al Registro por un procedimiento distinto al 206 LH, lo que no deja de ser un dato relevante sobre la poca minuciosidad con la que la masiva información de los Registros fue analizada. Sirva de ejemplo la inclusión en la lista de inmuebles pertenecientes a religiones no católicas como la comunidad judía (en Madrid), la comunidad evangélica (en Almansa) o a la Iglesia bíblica (en Tarragona).

   No obstante, debemos hacer referencia a que la certificación de dominio no fue usada exclusivamente para inmatricular bienes propiedad de las diócesis, sino que por este procedimiento accedieron al Registro bienes propiedad de las congregaciones y órdenes religiosas, mediante el oportuno certificado que emitía la autoridad certificante de las diócesis en los términos exigidos por el art. 303 RH.

2) Bienes con falta de datos para poder hacer una correcta identificación.

   La mayor cantidad de bienes excluidos del listado definitivo (608) tienen como característica común el carecer de datos que permitan a las diócesis poder identificarlos. A nuestro juicio, esto no significa que no existan tales bienes; más bien consideramos que se trata de bienes que no son ya de titularidad eclesiástica en la realidad jurídica extrarregistral por haber sido transmitidos en su día y no tener constancia las distintas diócesis de la inmatriculación y posterior transmisión. La gran mayoría de fincas de la relación tienen naturaleza rústica y puede ser factible considerar que nos encontramos en presencia de inmuebles provenientes de las antiguas capellanías que, siendo propiedad de las diócesis, no se encontraban inmatriculadas[77]. De hecho, de la relación de fincas hay 170 que se corresponden con rústicas de la diócesis de Osma-Soria, y aparecen números importantes de otras concretas diócesis, lo que hace pensar en territorios en los que no se produjo la conmutación total de bienes de capellanías colativo-familiares.

77. Las capellanías colativo-familiares, nos recuerda VÁZQUEZ PEÑUELAS, eran verdaderamente beneficios eclesiásticos, cuyos bienes formaban parte del patrimonio eclesiástico. La presencia de un inmenso interés patrimonial en esos bienes por parte del fundador y sus descendientes hizo que los bienes de capellanías quedaran exceptuados de la legislación general desamortizadora y sujetos a un procedimiento especial tendente a que retornaran al tráfico jurídico civil sin seguir el usual desamortizador de venta en subasta pública. Confluían en ellos el tener naturaleza eclesiástica y que sobre los mismos recayeran una serie de derechos de laicos. Como señala el autor, la importancia de estos bienes fue no menor, pues en ellos se basaba el sistema de retribución del clero, que solo tras el Código de Derecho Canónico de 1983 pasa a ser un sistema salarial, en función de las rentas o beneficios que los bienes tenían para el sacerdote que ejercía el oficio propio de la capellanía. La legislación desamortizadora intentó afectar también a los bienes de estas capellanías, comenzando con la Ley de 19 de agosto de 1841, que permitía la recuperación de los bienes por los familiares del fundador. Pero las vicisitudes políticas hicieron que esta ley se aplicara o no, como ocurrió mediante el RD de 30 de abril de 1852, que estableció que no se aplicara, reinstaurándose por RD de 6 de febrero de 1855, hasta la llegada del Concordato de 1851 y el Convenio-Ley de 4 de abril de 1860, que dieron lugar a un convenio particular sobre capellanías de fecha 16 de junio de 1867. El Convenio permitía retomar los procesos iniciados conforme a la Ley de 1841; pero con respecto a los bienes sin solicitud de familiares, se permitía a estos pedirlos a cambio de entregar a las diócesis propietarias títulos de deuda pública al 3%, lo que permitiría a los obispados constituir un "acervo pío" con lo recibido por los bienes de capellanías cuyos rendimientos habían dejado de ser congruos o suficientes para el sostenimiento de los capellanes. La I República trae consigo más disposiciones que derogan y vuelven a poner en juego las normas anteriores. El Decreto de 12 de agosto de 1871 estableció el requisito de aportar con la solicitud de bienes de capellanías la orden ministerial declarativa de estar tales bienes exceptuados de la legislación desamortizadora, lo que provocó que muchos de ellos quedaran definitivamente en manos de la Iglesia, o que, habiéndose solicitado y no habiendo aportado la orden ministerial, los registradores denegasen su inscripción. El Real Decreto de 17 de abril de 1925 dispone una solución a las conmutaciones no inscritas mediante un procedimiento con intervención del abogado del Estado. Pero lo cierto es que muchos bienes no fueron conmutados. Así se llega al Concordato de 1953 que, en su artículo XII, incluyó la siguiente previsión: «La Santa Sede y el Gobierno español regularán, en Acuerdo aparte y lo antes posible, cuanto se refiere al régimen de Capellanías y Fundaciones pías en España». Pero tal Acuerdo, nos indica VÁZQUEZ

Sobre este particular, aunque no pueda ser extrapolable de forma general, sí podemos referirnos al caso de la diócesis de Córdoba; según hemos comprobado en sus archivos, era práctica habitual proceder a la inmatriculación por certificación de dominio de fincas rústicas procedentes de capellanías que eran inmediatamente enajenadas por compraventa, al exigir la previa inscripción los adquirentes. Por tanto, nos encontramos con supuestos en los que se procedía a inscribir varios inmuebles rústicos en una misma certificación de dominio, poniéndose por el Registrador el cajetín correspondiente a cada finca junto a su descripción. No podemos extrañarnos de que buena parte de este listado de 604 fincas se corresponda con fincas incluidas en las listas remitidas por los Registradores de la Propiedad, por haberse ceñido a disponer en un listado las fincas inmatriculadas mediante la certificación de dominio, con independencia del hecho de su posterior enajenación o no. Eso nos lleva a la situación expuesta por las diócesis de ser fincas de imposible identificación.

3) Bienes no inmatriculados.

Respecto de 31 inmuebles, se dispone que no están inmatriculados, lo que no deja de ser sorprendente al tratarse de una relación de inmuebles obtenida con la información suministrada por los Registradores de la Propiedad. En la lista constan inmuebles de los que se dice no están inscritos, o lo han sido por otro procedimiento de acceso al Registro, constando tanto bienes cuyo título es la certificación de dominio como otros con título distinto.

4) Otros errores en los inmuebles.

Muy similar al listado anterior es este otro de 28 inmuebles, en su mayoría templos y ermitas, de los que las diócesis afirman que no existen o que hay algún error en la identificación del templo o del municipio que impide saber a qué se corresponden.

5) Bienes con otros titulares.

Por último, respecto a 276 bienes se informa que su titular es una persona jurídica o física distinta, bien fundaciones o cofradías. También, en gran medida, inmuebles cuya propiedad corresponde a ayuntamientos, a los que se ha transmitido el dominio por título oneroso o gratuito. Lo que nuevamente demuestra la falta de rigor del estudio, que incluye bienes

---

PEÑUELAS, nunca llegó a suscribirse. VÁZQUEZ PEÑUELAS, J.M., *La legislación del XIX sobre capellanías*.
https://revolucion-liberal.unican.es/index.php-option=com_phocadownload&view=category&download=60-jose-maria-vazquez-garcia-penuela-la-legislacion-del-xix-sobre-capellanias&id=13-xii-congreso-de-historia-contemporanea&Itemid=541.pdf

sin distinguir si fueron inmatriculados por el 206 LH o no, si son aún de las diócesis o si han sido transmitidos.

3. EN PARTICULAR, EL CONCRETO CASO DE LA DIÓCESIS DE CÓRDOBA

Sobre la relación de bienes incluidos en el primitivo listado que no pertenecen a las diócesis, podemos hacer expresa referencia al emitido por la Diócesis de Córdoba sobre los que se encontraban dentro del territorio de esta. Dice lo siguiente: *Por lo que respecta a los bienes inmatriculados por la Diócesis de Córdoba conforme a la Ley Hipotecaria en el período 1998-2015, debemos aclarar diez errores que constan en el listado del Gobierno recibido por la Conferencia Episcopal:*

A. BIENES DE LA DIÓCESIS DE CÓRDOBA QUE APARECEN EN EL LISTADO DEL GOBIERNO, PERO QUE EN REALIDAD FUERON INMATRICULADOS CON ANTERIORIDAD A LA LEY HIPOTECARIA

Fincas rústicas sitas en Aguilar de la Frontera, conocidas como Paraje Jojina, Paraje Atalaya y Paraje Las Minas*. Estas fincas, propiedad de la Diócesis de Córdoba, provienen de una antigua capellanía.*	*Fueron inmatriculadas en el año 1995.*
Finca rústica en Espiel*. Corresponde a los terrenos de la Ermita de la Virgen de la Estrella, destinada al culto católico y propiedad de la Diócesis de Córdoba.*	*Fue inmatriculada en el año 1980.*
Vivienda en Montalbán de Córdoba*. Se trata de la casa del santero, adyacente a la Ermita Madre de Dios. Se encuentra cedida en uso gratuito al Ayuntamiento de Montalbán para su destino como museo etnográfico.*	*Fue inmatriculada en el año 1981.*

B. BIENES DE LA DIÓCESIS DE CÓRDOBA QUE APARECEN EN EL LISTADO DEL GOBIERNO, PERO QUE EN REALIDAD FUERON ADQUIRIDOS POR MODOS DIFERENTES A LA CERTIFICACIÓN DE DOMINIO (LEY HIPOTECARIA 1998-2015)

Vivienda en Montemayor*. Sita en la Calle Médico Antonio Rodríguez, actualmente cedida en uso gratuito a la Peña Flamenca Antonio Porras para uso cultural.*	*Fue adquirida por la Diócesis de Córdoba en escritura de* ***compraventa*** *en el año 1962.*

Terreno rústico en Peñarroya-Pueblonuevo. *Corresponde a los terrenos de la Ermita de San Isidro, destinada al culto católico.*	*Fue adquirido en escritura de* ***donación*** *a la Diócesis de Córdoba en el año 1995.*
Iglesia del Convento de Ntra. Sra. de la Concepción, en Pedroche.	*Fue adquirida en escritura de* ***donación*** *a la Diócesis de Córdoba en el año 2003.*
Terreno en Pedro Abad. *Corresponde a la Ermita de Santiago.*	*Fue adquirido en escritura de* ***donación*** *a la Diócesis de Córdoba en el año 2001.*

C. Bienes que aparecen en el listado del Gobierno y sobre los que la diócesis de Córdoba no tiene constancia de su inmatriculación

Solar en Pedro Abad.	*Sobre este solar, incluido en la lista del Gobierno, la Diócesis de Córdoba no tiene datos, no conoce su situación, ni ha procedido a su inmatriculación en el Registro de la Propiedad.*

4. CONCLUSIONES ACERCA DEL LISTADO DE BIENES

Del informe de todas las diócesis, en los términos del expuesto que emitió la diócesis cordobesa, resultaron 1.072 inmuebles que debían ser extraídos de la primitiva lista. Lo que deja muchas dudas sobre el procedimiento que se siguió para sistematizar la ingente información que debieron enviar los Registros de la Propiedad. Basándonos solo en los 10 inmuebles a los que se refiere el informe particular de Córdoba, aparecen fincas que se inmatricularon por el art. 206 LH antes de 1998, lo que nos lleva deducir que habrá cientos iguales en el resto de diócesis. Pero es aún más llamativo que constaran en el listado inmuebles adquiridos en virtud de título de adquisición derivativo procedente del anterior titular registral.

Desde luego, no podría decirse que hubo falta de colaboración de la Iglesia, que elaboró esa relación exhaustiva de bienes, bien no inscritos, bien de los que no constaban datos suficientes, o que habían sido adquiridos de forma derivativa, y que, en definitiva, no se habían sido inmatriculados por certificación de dominio. Una visión aséptica de la cuestión fácilmente concluiría en el hecho de que la Iglesia, tras recibir ese listado sin depurar de manos del Gobierno, realizó cuanto estuvo en sus manos para tratar de llegar al fin pretendido de elaborar una lista de bienes inscritos por el art. 206 LH.

El tratamiento dado a esta colaboración fue distinto y, cuando menos, algo tendencioso en los medios de comunicación más alineados con la tesis de la supuesta apropiación indebida de bienes por parte de la Iglesia. Tres días antes de que se publicara la nota conjunta de 27 de enero de 2022, se produjo la visita del Presidente del Gobierno al Presidente de la CEE para tratar, entre otros asuntos, el referente a las inmatriculaciones, acordándose la emisión de esa nota a consecuencia de la tarea realizada por las diócesis con el listado facilitado por el Gobierno.

La conclusión mediática de la reunión fue la de que la Iglesia «devolvía» o «estaba dispuesta a devolver» esos inmuebles que podríamos llamar «expurgados» de la lista. Basta poner algunos ejemplos de cómo fue tratado el asunto en los distintos periódicos, todos ellos de fecha 24 de enero de 2022:

- El diario El País afirmaba lo siguiente: «*... el Gobierno ha logrado que la Iglesia española admita que al menos un millar de los 35.000 bienes (20.000 de ellos lugares de culto) que inmatriculó de forma extraordinaria a partir de 1998 aprovechando la reforma de José María Aznar no son suyos. Esto es, un 2,8% del total de las inmatriculaciones son irregulares, aunque la Iglesia en ningún momento utiliza este término y en su informe se limita a señalar que ese millar son bienes que pertenecen a otras personas o no les consta que sean suyos, aunque estén inmatriculados a su nombre*»[78] (el subrayado es nuestro).
- La teoría de la indebida inmatriculación es promovida desde el propio Gobierno de España. Así, el Ministro de la Presidencia, Relaciones con las Cortes y Memoria Democrática, D. Félix Bolaños, se refirió a la polémica señalando, según Europa Press, que «*se trata de un primer acuerdo en torno a un millar de bienes que fueron inmatriculados de forma indebida sin título, sin causa, por parte de la Iglesia y sobre los que ahora van a iniciar el proceso de regularización*»[79].
- No menos contundente al referirse a la indebida apropiación masiva por parte de la Iglesia es el independentista diario catalán Ara, que comienza su artículo sobre el asunto con la siguiente sentencia: «*La Iglesia ha admitido que se ha apropiado de un millar de bienes e inmuebles durante 17 años*»[80].
- El diario El Mundo, por su parte, publica que «*La Iglesia Católica española ha aceptado devolver un millar de bienes que inmatriculó entre 1998 y 2015 y que en realidad no le pertenecían, pues eran propiedad de un tercero o no le constaba que era su titular*»[81].
- El Periódico no deja atrás que las inmatriculaciones lo fueron gracias al anterior presidente José María Aznar: «*La Iglesia española considera que 912*

78. https://elpais.com/sociedad/2022-01-24/la-iglesia-admite-que-tiene-un-millar-de-inmuebles-que-no-son-suyos.html [Consulta 23 de noviembre de 2023].
79. https://www.europapress.es/sociedad/noticia-gobierno-asegura-1000-bienes-fueron-inmatriculados-indebidamente-iglesia-dice-son-errores-20220125174204.html [Consulta 23 de noviembre de 2023].
80. https://es.ara.cat/sociedad/iglesia-admite-apropio-millar-bienes-e-inmuebles-no_1_4249687.html [Consulta 23 de noviembre de 2023].
81. https://www.elmundo.es/espana/2022/01/24/61eea3a7fc6c83b7038b45a3.html [Consulta 23 de noviembre de 2023].

bienes que están a su nombre gracias a una ley que aprobó José María Aznar no son suyos»[82].

La lectura de los artículos, de los que los citados son una mínima muestra, no podría conllevar otra consecuencia jurídica que la imputación de delitos a quienes realizaron los hechos señalados. Se habla de inscribir bienes que no son suyos, inmatriculaciones llamadas irregulares, realizadas de forma indebida, sin título, sin causa, de los que se ha apropiado, que ha aceptado devolver porque no le pertenecían, etc.

Tres días después, el 27 de enero, se publica la Nota conjunta Gobierno-CEE en la que se concluye lo siguiente: «*El análisis realizado por la Iglesia de dicho listado, en el marco de la mencionada Comisión, ha revelado un conjunto de bienes que la Iglesia considera que pertenecen a un tercero o no le consta su titularidad sobre los mismos. Se trata, concretamente, de un millar aproximado de bienes, cuyos datos han sido facilitados al Gobierno por parte de la Conferencia Episcopal Española. La previsión es que el Gobierno ponga en conocimiento de las entidades locales y de los registros esta información y se puedan, de este modo, iniciar los procesos de regularización que, en su caso, pudieran corresponder. A estos efectos, la Iglesia manifiesta su compromiso de colaboración a fin de facilitar tales procesos*».

Que se haya puesto esta información en manos de los ayuntamientos y Registros de la Propiedad es algo que debemos suponer. Hasta donde sabemos, no nos consta que se haya iniciado algún procedimiento con relación a estos inmuebles que aparecían indebidamente en el listado de bienes inmatriculados para que consten inscritos a nombre de quien sea su verdadero propietario.

VII. LAS ÚLTIMAS INICIATIVAS SOBRE INMATRICULACIONES

La elaboración del listado y la aclaración de los bienes que estaban incluidos en el mismo de forma errónea no ha acabado con el discurso esgrimido por las fuerzas de la izquierda más extrema de nuestro panorama político.

El 14 de diciembre de 2023 de planteaba iniciativa por una diputada de GEH Bildu, D.ª Isabel Pozueta Fernández, para realizar una pregunta oral en el Pleno del Congreso[83]: ¿Abordará el Gobierno la reversión de las inmatriculaciones de la Iglesia aún pendiente? En el Pleno de 20 de diciembre de 2023, dirigiéndose al Ministro de la Presidencia, Justicia y Relaciones con las Cortes, la diputada hace referencia a la recuperación de mil propiedades inmatriculadas de manera indebida, al expolio de bienes que se ha realizado y a la actividad de las asociaciones memorialistas, particulares y ayuntamientos en orden a recuperar los cientos de propiedades que la Iglesia inmatriculó de forma irregular, a los que se ha abandonado a su suerte por tener que interponer largos procesos judiciales para la recuperación

82. https://www.elperiodico.com/es/politica/20220124/iglesia-ofrece-devolver-965-inmuebles-no-son-suyos-13141997 [Consulta 23 de noviembre de 2023].
83. Iniciativa 180/000021.

de los bienes. Por todo ello, termina preguntando qué pretende hacer el Gobierno al respecto.

El Ministro contesta esgrimiendo la necesidad que hubo de realizar el listado de bienes, por exigirlo así unas orientaciones del TEDH y una Proposición No de Ley, lo que llevó a crear una Comisión con la Iglesia Católica que culminó en la relación de bienes publicada. Y sobre el concreto Listado, son muy interesantes las palabras del Ministro cuando distingue entre los tipos de bienes, al decir lo siguiente: «... de ese listado de 34.000 inmuebles del que usted habla, en realidad 20.000 son lugares de culto, son iglesias, ermitas, catedrales, y, por tanto, nos tenemos que centrar en los 14.000 restantes, que no son lugares de culto».

Por tanto, los trabajos se centraron en el resto de bienes, unos 14.000, de los que 1.000 se recuperaron para el dominio público o los particulares; y concluye haciendo referencia al Listado de bienes del siguiente modo: «Y ese listado se envió a todos los municipios de nuestro país para que nos dijeran si ellos entendían que había algún otro inmueble, alguna propiedad, algún terreno que también pudiera estar inmatriculado de manera indebida por la Iglesia católica, y lo cierto es que no ha habido prácticamente ninguna reclamación. Cuando se detectaron esos mil bienes y se pusieron a disposición de sus legítimos dueños, por supuesto que esa comisión no se cerró, sigue trabajando. Pero lo cierto es que los municipios, los particulares, no se están dirigiendo al Gobierno de España para decir que haya más bienes que esos mil. Y, por supuesto, si se dirigieran con algún bien, en particular —Usted se refería a algunos municipios—, estudiaremos la situación de ese bien»[84].

El Ministro es claro al responder, si bien utiliza los argumentos que entendemos falsos, como el de que se han recuperado 1.000 bienes, cuando en realidad ha sido la Iglesia la que ha sido la responsable de hacer saber que en el Listado había 1.000 bienes que no eran suyos, luego nada puede devolver. No obstante, dice lo que es más importante, que el Listado se ha enviado a los municipios y que no existen reclamaciones más allá de esos famosos 1.000 inmuebles. Hasta donde hemos podido comprobar, tampoco las hay de alguno de esos concretos 1.000 inmuebles.

No queremos dejar de referirnos a los argumentos de la diputada de GEH Bildu, que alude a que se deja a los particulares y asociaciones al albur de largos y costosos procesos judiciales. Parece pretender la diputada que en España las cuestiones sobre la propiedad de los bienes se ventilen directamente por una decisión del ejecutivo o el legislativo, algo que no parece muy en consonancia con los principios propios de un Estado de Derecho. Claro está que la diputada no hace referencia, como debía, al hecho de que los casos denunciados por las asociaciones memorialistas (como la plataforma Recuperando) llevaron a los ayuntamientos a ejercitar acciones legales que supusieron, en todos los casos, la declaración de propiedad de la Iglesia Católica.

84. https://www.congreso.es/docu/tramit/LegXV/AT/ATCD_15_PL_20231220.pdf. Acta taquigráfica sesión plenaria miércoles 20 de diciembre de 2023 [Consulta 25 de diciembre de 2023].

El último caso, el de la Ermita de Santa María la Blanca, de Ujué, cuya sentencia no fue ya ni recurrida en apelación por el Ayuntamiento de dicha localidad.

Pocos días más tarde se vuelve a formular pregunta al Gobierno por los diputados Juan Antonio Valero Morales y Enrique Fernando Santiago Romero (Grupo Parlamentario Sumar) sobre las fechas previstas para publicar el listado completo de inmatriculaciones de la Iglesia Católica entre los años 1945-1998 y para que se declaren nulas de pleno derecho las inmatriculaciones al amparo de la LH. Además, se pregunta por las medidas previstas en relación con la titularidad de la Mezquita de Córdoba y para garantizar la conservación del carácter singular de la misma[85].

El 12 de febrero de 2024[86] se produce la respuesta del Gobierno que recae sobre tres puntos distintos:

- Sobre el listado de inmuebles, alega que ya se remitió el listado completo de inmatriculaciones que dispuso la Proposición no de Ley de 4 de abril de 2017, cumpliendo así con la obligación impuesta por el Congreso de los Diputados. Y recuerda que esa Proposición exigía emitir relación de inmuebles inmatriculados entre la reforma de la LH llevada a cabo bajo el Gobierno Aznar y la reforma de 2015 que suprimió la certificación de dominio para poder inmatricular bienes propiedad de la Iglesia.
- En cuanto a la declaración de nulidad de las inmatriculaciones, recuerda que «*la inconstitucionalidad de las normas debe producirse con arreglo a los procedimientos que establece el ordenamiento jurídico y ni el Tribunal Constitucional declaró la inconstitucionalidad del artículo 206 y concordantes de la Ley Hipotecaria, respecto de la inmatriculación de bienes mediante certificación eclesiástica, ni se planteó cuestión al respecto por parte de alguno de los Tribunales que conoció de causas en la que se aplicó dicha norma*».
- Por último, alude a la STEDH sobre el caso Ucieza, tratada en este trabajo, señalando que la misma dictaminó la satisfacción equitativa para la Sociedad Anónima del Ucieza, que había obtenido pronunciamiento a su favor, fijando una cuantía indemnizatoria ante la imposibilidad de la *restitutio in integrum*.

Aún más reciente es la pregunta de un diputado del grupo Sumar, D. Alberto Ibáñez Mezquita, sobre la situación en la que se encuentra la subcomisión sobre inmatriculaciones entre el Gobierno de España y la Iglesia Católica y sobre si está prevista alguna ley específica para favorecer la recuperación de los bienes sustraídos[87].

85. BOCCGG. Congreso de los Diputados, XV Legislatura, Serie D: General, núm. 64, de 15 de enero de 2024, pág. 3.
86. BOCCGG. Congreso de los Diputados, XV Legislatura, Serie D: General, núm. 93, de 26 de febrero de 2024, pág. 82.
87. BOCCGG. Congreso de los Diputados, XV Legislatura, Serie D: General, núm. 214, de 14 de octubre de 2024.

La respuesta del Gobierno indica que el grupo de trabajo continuará con sus trabajos en el marco de las relaciones con la Iglesia Católica, en los términos de la nota conjunta de fecha 24 de enero de 2022. En este sentido, informa del hecho de haber puesto en conocimiento de la Federación Española de Municipios y Provincias (FEMP) la relación de bienes de los que la Iglesia ha afirmado no ser de su propiedad o bien tener constancia de que su propiedad pertenece a un tercero, a fin de que se trasladen a los consistorios interesados con el fin de poder realizar las acciones oportunas para poner dichos bienes a disposición de quien resulte ser su titular[88].

Finalmente, vuelve a promoverse una Proposición no de Ley por el Grupo Parlamentario Sumar para que se debata en la Comisión de Justicia del Congreso de los Diputados la elaboración de una lista más detallada de los bienes inmatriculados, ya que muchos de ellos no son identificable, que el listado actual solo abarca el período comprendido entre 1998 y 2015, así como el hecho de que algunos bienes inmatriculados oculten la existencia de otros, como el particular caso de la Catedral de Sevilla, que incluye otros como el denominado Patio de los Naranjos o La Giralda[89].

88. BOCCGG. Congreso de los Diputados, XV Legislatura, Serie D: General, núm. 237, de 18 de noviembre de 2024.

89. BOCCGG. Congreso de los Diputados, XV Legislatura, Serie D: General, núm. 279, de 11 de febrero de 2025, iniciativa 161/001672.

TERCERA PARTE
Las controversias sobre la propiedad de los bienes inmatriculados por la Iglesia Católica

Capítulo I

Los conflictos surgidos a raíz de la inmatriculación de bienes por el art. 206 LH. Análisis jurisprudencial

I. INTRODUCCIÓN

Desde la reforma del RH efectuada por el RD 1867/1998 comenzó el proceso de inmatriculación de gran parte de sus bienes por la Iglesia Católica. Como apunta RUANO ESPINA[1], la no inscripción de sus bienes «podía conllevar a la postre un grave perjuicio para la Iglesia, que de hecho se ha visto inmersa en no pocos litigios (como parte actora o demandada) en controversias debidas a razones distintas pero todas ellas derivadas de la situación de los bienes en el Registro». Lo que, *mutatis mutandis*, debe ser dicho en iguales términos de los perjuicios que pudiera haber sufrido cualquier entidad o tercero afectado en su dominio por una inmatriculación indebida realizada por la Iglesia.

CAMY SÁNCHEZ-CAÑETE[2] realizaba una feroz crítica al certificado de dominio del art. 206 LH, del que predicaba que debía limitarse solo a los bienes del Estado, diciendo que la práctica había demostrado que cuando se trataba de bienes de ayuntamientos, diputaciones y de la Iglesia, su utilización «ha servido en ocasiones más a la pasión que a la ecuanimidad», pretendiendo su uso resolver unilateralmente «complejas cuestiones de propiedad, de las que podíamos decir que, si bien puede que no existiera mala fe en cuanto a la socorrida frase de ellas "posesión inmemorial", sí la había respecto a en qué momento debía de tenerse esa posesión para que ella justificare la inmatriculación por este medio».

Los conflictos surgidos por la inmatriculación de bienes a través del art. 206 LH han sido muy numerosos, si bien se trata de un número testimonial en comparación con la cantidad de bienes que accedieron al Registro por la vía de la certificación

---

1. RUANO ESPINA, L. «Zanjada la polémica en torno a la titularidad de los bienes de la Iglesia Católica», *Revista Española de Derecho Canónico*, Número 78, año 2021, pág. 1336.
2. CAMY SÁNCHEZ-CAÑETE, B. *Comentarios a la Legislación Hipotecaria*, Tercera edición, Editorial Aranzadi, Pamplona 1983, Tomo VII, pág. 135.

de dominio. Esos conflictos, en su gran mayoría, se deben a la controversia entre dos personas sobre el dominio de un bien y no del hecho de que hayan accedido al Registro por la vía del 206 LH. Por tanto, la inscripción de los bienes permite a quien se considere titular de alguno, una vez conocida la inscripción, que pueda ejercitar la oportuna acción en defensa de su propiedad y la cancelación del asiento indebidamente realizado. Se trata, en definitiva, de procedimientos en los que se ventila a quién corresponde el derecho de propiedad.

Estas controversias surgidas en torno a la propiedad han sido clasificadas por la profesora Ruano Espina[3] de la siguiente manera: casos en los que un templo, capilla o ermita ha sido inscrito a favor del Ayuntamiento, que figura como titular dominical; supuestos en los que es el Ayuntamiento el que reclama la propiedad de una templo, terreno o finca inscrito a nombre de la Iglesia; los conflictos derivados de la existencia de una doble inmatriculación del mismo inmueble a favor de dos personas distintas, generalmente una entidad eclesiástica y el ayuntamiento; por último, el supuesto de lugares de culto enclavados en fincas de propiedad particular, ejercitando la Iglesia la jurisdicción canónica sobre el templo, existiendo la controversia en cuanto a quién es el titular dominical del espacio cultual. A todo ello podemos unir otros casos en los que los Tribunales han apreciado que se ha realizado un uso indebido de la certificación de dominio.

Para el análisis de las abundantes sentencias recaídas en los procedimientos surgidos a consecuencia de la inscripción de inmuebles por el art. 206 LH, distinguiremos en función de las distintas categorías arriba expresadas. Cada Sentencia tiene uno o varios criterios que se destacarán como principales argumentos para la toma de la decisión correspondiente, siendo muy diversos. Moreno Antón[4] hace alusión a cuáles han sido los motivos más alegados y tratados por las resoluciones judiciales:

- El hecho de que la finca objeto de discusión conste catastrada a nombre de uno de los litigantes. En términos generales se entiende que la inclusión de un inmueble en el Catastro supone un mero indicio de propiedad en favor del titular catastral, indicio que deberá ser acompañado de otra serie de pruebas para poder demostrar la efectiva existencia del derecho de propiedad en su favor.

- La constancia del inmueble en el inventario al que hace referencia la certificación de dominio. No es una prueba concluyente de propiedad el hecho de estar el bien en cuestión incluido en el inventario o registro municipal,

3. Ruano Espina, L. «Titularidad e inscripción en el Registro de la Propiedad de los bienes inmuebles (culturales) de la Iglesia», *Revista General de Derecho Canónico y Derecho Eclesiástico*, número 14 (2007).

4. Moreno Antón, L. «Luces y sombras en el acceso de los bienes eclesiásticos al Registro de la Propiedad», *Revista General de Derecho Canónico y Eclesiástico del Estado*, número 38, año 2015; págs. 34 y ss.

como tampoco va a ser indicativo de la no existencia de propiedad la ausencia de tales registros o que el inmueble no se encuentre inscrito en el mismo. Lo que se debe predicar de la inclusión o no de los bienes en los inventarios diocesanos.

- Otro criterio es el de no confusión entre destino al culto de un inmueble y derecho de propiedad. Sobre este criterio señala Rodríguez Blanco que existía una creencia de que la *deputatio ad cultum* canónica suponía la traslación de la titularidad dominical, lo que ha sido superado por la propia doctrina canónica y avalado por numerosas sentencias que distinguen con claridad la afectación a un destino de un bien y la alteración de su titularidad. El destino cultual o el uso religioso no da lugar a la adquisición del derecho de propiedad sobre la cosa.

- Tampoco presupone el derecho de propiedad el hecho de haber sido financiado el inmueble por el ayuntamiento, por particulares o por los vecinos de una determinada localidad. Sobre este criterio, distingue Moreno Antón tres tipos de controversias resueltas por los Tribunales: una, la de no confundir propiedad con los denominados derechos de patronato, que se concedían a quienes donaban un terreno para construcción de una iglesia o a quien sufragaba los gastos de su construcción o reparación; sobre este supuesto, apunta Palos Estaún[5] que, por el pasado confesional, los ayuntamientos son más bien patronos que dueños de ermitas y santuarios; en segundo lugar, el entender que las ayudas aportadas por vecinos de una determinada localidad, por ayuntamientos o instituciones para la construcción de templos no suponen que la propiedad de lo construido pertenezca a los donantes, no produciéndose merma en el dominio de la Iglesia; por último, el que una determinada institución o ayuntamiento corra con los costes de mantenimiento o suministros de un edificio destinado al culto tampoco puede ser interpretado, *a priori*, como actos propios del dominio, ni como actos posesorios a título de dueño, que permitan servir a la adquisición de la propiedad por usucapión.

- La ubicación física de la finca dentro de la localidad tampoco podrá ser tratada como garantía de la propiedad municipal de un determinado edificio, pues existen otros, como colegios o establecimientos de beneficencia, situados dentro de las ciudades cuya titularidad privada no es puesta en discusión.

---

5. Palos Estaún, A. «Inmatriculación en el Registro de la Propiedad de los bienes de la Iglesia», *Revista Española de Derecho Canónico*, número 58, año 2011, pág. 812. Nos dice el autor que el derecho de patronato consistía en la presentación de un clérigo que se hacía cargo de una determinada iglesia y que se concedía a quien había donado el terreno para la construcción del templo, o a quien sufragaba su construcción o arreglo. Por tanto, por las características propias del derecho de patronato y por el origen del mismo, se presume la incompatibilidad entre la titularidad del referido derecho y el de propiedad del lugar de culto. Y, de afirmar tal compatibilidad, debe probarse.

II. ANÁLISIS DE LAS CONTROVERSIAS SOBRE LA PROPIEDAD

1. EL USO INDEBIDO DE LA CERTIFICACIÓN DE DOMINIO

MORENO ANTÓN[6] hace referencia a los peligros que se derivan de un uso indebido de las certificaciones de dominio, a pesar de las garantías que pueda ofrecer la calificación del Registrador. Las razones en las que se funda la certificación deben ser atendibles, suficientemente acreditadas y con la habilidad probatoria suficiente para poder ratificar la veracidad de lo que en ella se certifica. De este uso indebido tenemos algunas resoluciones.

- SAP Madrid de 9 de enero de 2001[7].

  En el pleito se ventila la inmatriculación por el Arzobispado de Madrid de una finca en virtud de certificación de dominio, siendo la finca inscrita la resultante de dos fincas, una de las cuales había sido inscrita en virtud de contrato de compraventa en 1916. Destruidos los libros del Registro por un incendio, el Arzobispado inmatricula en 1975 una finca que comprendía tanto la anteriormente inscrita en 1916 como otra, sin realizar respecto a la primera el procedimiento establecido para la rehabilitación o reinscripción que debiera haberse usado para las fincas cuyos asientos registrales quedaron destruidos. Este uso indebido del art. 206 LH merece el reproche del Tribunal, que dice de las fincas que «*no podría haberse inmatriculado como una sola finca y utilizando la certificación diocesana lo que en realidad eran dos fincas distintas y para una de ellas existía título de dominio, en cuanto en poder del certificante estaba el contrato de compraventa*» (FJ 4º). El art. 206 LH exige para su utilización que no exista título escrito de dominio, lo que debe hacerse constar expresamente en la certificación, y que esta contenga una serie de circunstancias que, de no cumplirse, conllevan la suspensión de la inscripción por el Registrador. Entre ellas está la de hacer referencia al modo o título de adquisición. Lo que no hizo el Arzobispado, haciendo constar que la finca le pertenecía desde tiempo inmemorial. Por tanto, de manera deliberada ocultó la existencia del título para utilizar un sistema de inmatriculación privilegiado, actuando de mala fe y aprovechándose de esa circunstancia (FJ 5º). En vista de todo ello, el Tribunal declaró nula la inscripción al estar basada en un título esencialmente nulo.

- SAP Toledo de 28 de enero de 2004[8].

  Resuelve el litigio existente entre el Arzobispado de Toledo y el Ayuntamiento de La Estrella sobre la propiedad de un terreno conocido

6. MORENO ANTÓN, M. «Luces y sombras…», op. cit., págs. 34 y ss.
7. SAP Madrid, secc. 25ª, 9 de enero de 2001, rec. 1420/2000.
8. SAP Toledo, secc. 2ª, 28 de enero de 2004, rec. 268/2003.

como Atrio o Prado de la Iglesia, junto al templo parroquial de Ntra. Sra. de la Asunción. El Arzobispado inmatriculó en 1980 el terreno como propiedad de la parroquia de La Estrella, alegando el Ayuntamiento que se trataba de un terreno de uso público, por lo que interpuso demanda que desestimó el Juzgado de 1ª Instancia de Talavera de la Reina.

Tratándose de una cuestión de fondo sobre la propiedad del terreno inmatriculado, nos concierne hacer referencia a lo que la Audiencia estimó sobre el uso indebido de la certificación por parte del Arzobispado, en este caso por haber incumplido el requisito establecido de hacer referencia a los inventarios. La Sentencia dispone que la certificación de dominio tiene entre sus excepcionalidades, a diferencia de lo establecido en el art. 205 de la misma LH, el no exigir la publicación de edictos para dar efectividad a la inmatriculación realizada. Esta circunstancia tiene su importancia en cuanto a la imposibilidad de que se conozca el deseo inmatriculador por parte de terceros (FJ 2º). Y valora en la prueba que el inventario al que se refiere la certificación «no existe ni nunca se ha llevado por no exigirlo el Código de Derecho Canónico (Certificación del Pro-Vicario General del Arzobispado de Toledo)», por lo que concluye que la certificación emitida y en base a la cual se procedió a la inscripción del inmueble cuestionado es radicalmente nula. Es especialmente revelador el criterio expresado en la Sentencia al calificar el uso de la certificación del siguiente modo: «*...no cabe duda de que carece de validez una certificación que se emite con unos fines y requisitos concretos para producir un efecto jurídico, y no se asienta en una veracidad ni material ni formal, y por lo tanto contraria a lo legalmente previsto en la norma, y con la que se origina la inexactitud entre la realidad y el Registro relativa, cuando menos, al título de adquisición*» (FJ 2º).

A la falta de esos requisitos inexcusables en la certificación se hizo alusión en el capítulo correspondiente a la desaparición de la certificación de dominio[9], concretamente en cuanto a que la posible no mención de algún requisito solo podía referirse a las circunstancias del art. 303 RH, sin que la inexistencia de título escrito de adquisición o de inventario de bienes a cargo de la autoridad certificante pudieran soslayarse mediante la simple referencia a su ausencia en la certificación emitida para obtener la inmatriculación. Lo que dejó clara la RDGRN de 12 de diciembre de 2006[10] en el supuesto de denegación de la inmatriculación pretendida por el Ayuntamiento de Espadaña, que denegó la Registradora de la Propiedad de Ledesma por no existir dicho inventario de bienes municipal, habiendo alegado el Ayuntamiento su inexistencia y el inasumible coste que le supondría elaborarlo. Planteado recurso ante la DGRN, la citada Resolución afirma que «*la simple manifestación en la certificación de la*

9. Segunda Parte, Capítulo III, apartado 3.
10. RDGRN de 12 de diciembre de 2006, BOE núm. 17, de 19 de enero de 2007.

inexistencia de un Inventario de Bienes, y la declaración de que los mismos han pertenecido, desde que recuerdan los más antiguos del lugar, al Ayuntamiento de Espadaña, sin presentar ningún documento oficial que acredite este extremo, no son suficientes para entender cumplidos los requisitos que, en relación con el inventario, exigen los arts. 303 del Reglamento Hipotecario y 36 del Reglamento de Bienes de Entidades Locales» (FD Tercero). Además, entiende el órgano directivo que el Ayuntamiento podía haber hecho referencia a los documentos oficiales existentes, como los que habían servido para declarar los bienes como patrimoniales del Consistorio, pues a ellos también se refería el art. 303 RH, y no solo al inventario.

- La DGRN se pronunció también en contra del uso indebido de la certificación de dominio por parte del Estado, por ejemplo, en las Resoluciones de 20[11] y 23 de noviembre de 1972[12]. Declaran que no puede procederse a una inscripción de exceso de cabida de una finca ya inscrita mediante el art. 206 LH pues, aunque se trate del acceso al Registro por primera vez de una determinada porción de terreno, no es el medio legalmente previsto para ello el de la certificación de dominio, sino el de la ampliación de la superficie de una finca registral que sí ha accedido con anterioridad a los libros.

- STS de 20 de febrero de 1979[13].

  El pleito en cuestión se fundamenta en la doble inmatriculación de una finca, pretendiendo el actor que se produzca la cancelación de la inscripción registral de los demandados por ser su título adquisitivo el de compra al Arzobispado de Tarragona, quien inmatriculó la finca por certificación del art. 206 LH, entendiendo esta radicalmente nula al hacer referencia a un bien que fue objeto de desamortización y que, en consecuencia, no podía estar inventariado a nombre del Arzobispado.

  El Tribunal entiende que la finca no fue objeto de desamortización y que era propiedad de la Iglesia desde los siglos XI o XII, no habiendo sido subastada ni retenido su dominio por parte del Estado. Alegaba el actor que la finca había sido desamortizada, pero sin ser enajenada por el Estado y habiendo vuelto a manos de la Iglesia, lo que produjo la nulidad de la certificación de dominio por aplicación de lo dispuesto en el art. 14 del RD de 12 de agosto de 1871, que ordenaba a los Registradores suspender la inscripción de bienes de la Iglesia no amortizados mientras no se presentase el traslado de la Orden ministerial declarativa de haber sido exceptuado de dicha desamortización de conformidad con el artículo tercero de la Ley de 11 de julio de 1856, lo que no se había producido en este caso.

11. RDGRN de 20 de noviembre de 1972. BOE, núm. 290, de 4 de diciembre de 1972.
12. RDGRN de 23 de noviembre de 1972. BOE, núm. 295, de 9 de diciembre de 1972.
13. STS (Civil), de 20 de febrero de 1979, núm. 53/1979.

Frente a dicha postura, el TS declara que el caso en cuestión solo exigía del Arzobispado la aportación de la oportuna certificación librada por el funcionario a cuyo cargo esté la administración de los mismos, en la que se expresara el título de adquisición o el modo en que los bienes fueron adquiridos, lo que se reconoce cumplido en el presente caso, por lo que a su amparo no puede generarse la nulidad pretendida de dicha inscripción (FD Quinto). Además, no entiende de aplicación lo dispuesto en el RD de 1871, que establecía la suspensión de las inscripciones solicitadas, no prescribiendo la nulidad de los asientos, cosa totalmente distinta.

- También se refieren los Tribunales en alguna ocasión al uso indebido de la certificación por parte de los ayuntamientos. Así lo vemos en la SAP Teruel de 3 de marzo de 1999[14], que resuelve la demanda interpuesta por la Parroquia de Arens de Lledó contra el Ayuntamiento por la propiedad de la casa abadía parroquial, inmatriculada por el Consistorio mediante certificación del art. 206 LH en el año 1944.

  Con respecto al uso de la certificación, dispone la Sentencia la necesidad de que el Ayuntamiento haga constar la causa o título de la adquisición, no bastando una referencia genérica a la posesión, en los siguientes términos: «*La inscripción en el Registro de la Propiedad a favor de la entidad local tuvo lugar en virtud de una certificación expedida por el Secretario de dicho ente el día 22 de marzo de 1944 haciendo constar su posesión "pacífica desde hace muchos años destinada al servicio público como Abadía Parroquial"; es decir, el Ayuntamiento no sólo no hace constar el título o modo de adquisición sino que le atribuye un destino que no ha sido nunca competencia municipal pues el alojamiento de los párrocos no puede considerarse como servicio público a cargo del municipio*» (FD Sexto).

2. LOS CONFLICTOS DE PROPIEDAD ENTRE LA IGLESIA Y LOS AYUNTAMIENTOS

Como acertadamente apunta Moreno Antón[15], la mayoría de pleitos en torno al derecho de propiedad que han tenido lugar como consecuencia de la inmatriculación de fincas por el art. 206 LH han dirimido controversias entre instituciones eclesiásticas y ayuntamientos. La causa está en que ambas instituciones tenían la posibilidad de inscribir por este procedimiento especial y han sido conscientes de la importancia de proceder a la inmatriculación para gozar de las presunciones registrales en favor del titular inscrito, entre ellas la del principio de prioridad (*prior tempore potior iure*).

Adelantarse en la inscripción no es un asunto menor, pues quien se arrogue el derecho de propiedad sobre una finca inscrita a nombre de otro queda obligado

14. SAP Teruel de 3 de marzo de 1999, núm. 33/1999, rec. 256/1998.
15. Moreno Antón, M. «Luces y sombras...», op. cit., págs. 34 y ss.

a ejercitar la correspondiente acción declarativa de dominio (cuando no reivindicatoria), acompañada de la solicitud de cancelación de la inscripción realizada en favor del titular registral no dueño. Como señala González Poveda[16], la acción declarativa es «una forma de las llamadas acciones merodeclarativas, caracterizada por el derecho a que se contrae, cuya finalidad es la de hacer cesar una situación de inseguridad jurídica». Los requisitos establecidos por nuestra Jurisprudencia para que pueda interponerse la acción declarativa son estrictos: deberá demostrarse la propiedad del actor e identificarse de forma perfecta la finca. Por tanto, el actor de la acción declarativa deberá demostrar, correspondiéndole en principio la carga de la prueba[17], que es el titular del derecho de propiedad, lo que conllevará acreditar que ha adquirido el dominio por alguno de los modos establecidos en el art. 609 CC.

Estando ante fincas de las que no consta el título formal de adquisición, lo que los sitúa en el grupo de bienes inmatriculables a través del art. 206 LH, será normalmente la prescripción adquisitiva o usucapión el modo que se alegará para obtener el éxito de la pretensión procesal. Quien pretende obtener una sentencia favorable va a verse obligado a demostrar que ha poseído la finca en concepto de dueño, pública, pacífica e ininterrumpidamente, durante el tiempo necesario para prescribir adquisitivamente de forma ordinaria o extraordinaria.

En la mayoría de los pleitos surgidos con relación a los bienes inmatriculados, el demandante va a tener que demostrar su dominio, bien basado en la existencia de un título material que legalmente baste para transferir la propiedad (art. 1952 CC), si bien no consta de forma escrita, bien demostrando su posesión apta para usucapir durante el tiempo necesario para ello.

Sobre cuál va a ser el título alegado en cada ocasión, indica González Poveda[18] que no podrá entenderse como título suficiente para el ejercicio de la acción la inscripción de la finca en el Registro de la Propiedad a favor del actor. El principio de legitimación registral establecido en el art. 38 LH dispone una presunción *iuris tantum* de exactitud registral que queda sin efecto si se prueba o acredita el dominio a favor de una tercera persona, tal y como señala la STS de 24 de abril de 1991 al decir que «*es doctrina jurisprudencial que no juega el principio de legitimación registral si la sentencia se funda en datos y prueba extrarregistrales de derecho sustantivo, sin cuestionar el Registro, así como que no justificado el dominio, desaparece el hecho básico de la presunción "iuris tantum" de exactitud del asiento registral, susceptible de ser desvirtuada*

16. González Poveda, P. *Acciones protectoras del dominio y de la posesión*, Editorial Bosch, Barcelona 2002, pág. 48.
17. Art. 217 LEC: «*2. Corresponde al actor y al demandado reconviniente la carga de probar la certeza de los hechos de los que ordinariamente se desprenda, según las normas jurídicas a ellos aplicables, el efecto jurídico correspondiente a las pretensiones de la demanda y de la reconvención. 3. Incumbe al demandado y al actor reconvenido la carga de probar los hechos que le sean aplicables, impidan, extingan o enerven la eficacia jurídica de los hechos a que se refiere el apartado anterior*».
18. González Poveda, P. *Acciones protectoras…*, *op. cit.*, pág. 23.

por prueba en contrario». Así lo dispone también la STS de 18 de junio de 1992[19] en los siguientes términos: «*...el hecho de aparecer registralmente inscrita a nombre de otra persona la propiedad, no envuelve justo título para usucapir, existiendo tan sólo una presunción "juris tantum" a su favor, que cede al producirse una colisión entre la situación real y la registral, por la prueba en contrario. De cuya doctrina se deduce la aplicación de los preceptos sustantivos civiles en esta materia*» (FD Cuarto).

En conclusión, como señala la STS de 20 de febrero de 1995[20], la gran mayoría de controversias a analizar se basarán en la demostración por parte del actor de que es titular del derecho de propiedad en base a un título material. Porque ejercitada en la demanda una acción declarativa del dominio de la finca «*es requisito ineludible para su éxito que el actor pruebe el título de dominio en que se apoya su pretensión*», como declara el propio TS en la Sentencia de 19 de febrero de 1992[21]. «*El término técnico "título de dominio" no equivale a documentos preconstituidos, sino a la justificación dominical*» (STS de 4 de diciembre de 1931[22]). En ese sentido de justificar el dominio, ha de tenerse en cuenta que cuando se trata de una adquisición derivativa nuestro derecho positivo sigue el sistema fundado en la teoría del título y el modo (art. 609 CC), de tal forma que, faltando uno de esos requisitos, faltará la prueba del dominio que se alega.

Demostrada la propiedad y obtenida sentencia favorable, nos indica CAMY SÁNCHEZ-CAÑETE[23] que, desde los primeros tiempos de la legislación hipotecaria, dichas sentencias declarativas de dominio, siempre que fueren firmes, eran suficientes para abrir folio sin la necesidad de la previa inscripción del derecho, con mucha más razón que la prevista para el expediente de dominio, que no tiene la consideración de juicio contradictorio. Así, por efecto de lo dispuesto en el art. 299 RH, con relación a los arts. 517 y 521 LEC.

Otros autores, como PEÑA BERNALDO DE QUIRÓS[24], alegan de contrario que la condición de título inmatriculador de la sentencia podría olvidar la eficacia relativa de las sentencias dictadas en juicio[25] (art. 222.3 LEC), en ausencia de trámites

19. STS de 18 de junio de 1992, núm. 620/1992, rec. 991/1990.
20. STS de 20 de febrero de 1995, núm. 107/1995, rec. 228/1992.
21. STS (Civil) de 19 de febrero de 1992, núm. 129/1992, rec. 1945/1989.
22. STS (Civil) de 4 de diciembre de 1931, núm. 1747/1931.
23. CAMY SÁNCHEZ-CAÑETE, B. *Comentarios..., op. cit.*, Volumen VII, pág. 131.
24. PEÑA BERNALDO DE QUIRÓS, M. *Derechos reales. Derecho hipotecario*, 4ª edición, Centro de Estudios Registrales, Madrid 2001, Tomo II, pág. 550.
25. Art. 222.3 LEC: «*La cosa juzgada afectará a las partes del proceso en que se dicte y a sus herederos y causahabientes, así como a los sujetos, no litigantes, titulares de los derechos que fundamenten la legitimación de las partes conforme a lo previsto en los artículos 11 y 11 bis de esta ley. En las sentencias sobre estado civil, matrimonio, filiación, paternidad, maternidad e incapacitación y reintegración de la capacidad, la cosa juzgada tendrá efectos frente a terceros a partir de su inscripción o anotación en el Registro Civil. Las sentencias que se dicten sobre impugnación de acuerdos societarios afectarán a todos los socios, aunque no hubieren litigado*».

propios del expediente de dominio que garantizan el interés de otras personas, señaladamente la intervención del Ministerio Fiscal. Esta intervención del Ministerio Fiscal era predicable de los expedientes judiciales existentes antes de la reforma de 2015; pero bien pueden asimilarse a las salvaguardas establecidas para el expediente de dominio notarial en el actual art. 203 LH, como la notificación del Registrador a las Administraciones Públicas en el caso de entender que la finca pueda coincidir total o parcialmente con otra u otras de dominio público, o la notificación del Notario al Ayuntamiento en que esté situada la finca y a la Administración titular del dominio público que pudiera verse afectado, para que puedan comparecer en el expediente y hacer valer sus derechos.

2.1. Templos y otros recintos inscritos a nombre de los ayuntamientos

Como se trató al estudiar la desaparición de la certificación de dominio, la reforma de la Ley Hipotecaria en 2015 suprimió este medio de inmatriculación de fincas solo con respecto a la Iglesia Católica, continuando vigente para las entidades públicas. El fundamento de esa reforma, ya sabemos, se estableció en que había habido tiempo más que suficiente para que la Iglesia inmatriculara sus bienes, aunque tal circunstancia no se entendió predicable de los ayuntamientos. Es más que evidente que la politización y trasfondo ideológico de la reforma estaban barnizados de la sospecha, ni siquiera velada, tanto en intervenciones en sede legislativa como en el tratamiento de la cuestión en determinados medios de comunicación, de que se había producido un aprovechamiento del procedimiento del art. 206 LH para que accedieran al Registro de la Propiedad bienes que no eran propiedad de la Iglesia.

Frente a esta tesis, la tozuda realidad nos presenta también no pocos casos en los que se producen inmatriculaciones de bienes por parte de los ayuntamientos utilizando la certificación de dominio, dándose dispares resultados en la resolución de las controversias judiciales que han tenido lugar, encontrándonos con resoluciones que declaran el dominio de la Iglesia sobre bienes que no eran propiedad de los consistorios. Analizamos a continuación los casos encontrados sobre este particular:

- STS de 17 de julio de 1995[26].

  El Obispado de Mondoñedo interpone acción por la propiedad de la Iglesia de San Pedro de Alcántara, inscrita a nombre del Ayuntamiento de Mondoñedo en virtud de cesión que se hizo por el Estado como consecuencia de las leyes desamortizadoras en el año 1843. Según el argumento esgrimido por la Diócesis, la iglesia, que pertenecía a un antiguo convento, no fue desamortizada y se cedió al Ayuntamiento con el fin de que se destinase a teatro, finalidad que incumplió el Consistorio. Por su parte, el Ayuntamiento alega la adquisición del templo junto con el resto de dependencias del antiguo convento de Alcántara o Casa Consistorial

26. STS (Civil), de 17 de julio de 1995, núm. 728/1995, rec. 1008/1992.

de Alcántara, para destinarlo a ese uso de teatro, destino que no se dio a la finca y que no tuvo como consecuencia la reclamación del bien por parte del Estado.

El TS considera, en la misma línea que las Sentencias de 1ª y 2ª Instancia, que la Diócesis no impugnó en su día la cesión de la iglesia por parte del Estado, para el supuesto de entenderse había quedado excluida de las leyes desamortizadoras, por lo que no puede ahora, siglo y medio después, negar que esa desamortización tuvo lugar con respecto a ese concreto inmueble.

Además, en el año 1859 se produce la cesión del Ayuntamiento a la Diócesis de la iglesia, pero entiende que solo se trata de una cesión del simple uso, para su destino al culto, sin que la entrega de las llaves signifique transmisión de propiedad. Así, el Convenio Ley de 1860 que ordenaba la devolución a la Iglesia de los bienes desamortizados que no habían sido objeto de enajenación, no es de aplicación al caso ya, pues el Ayuntamiento ya había devenido propietario con anterioridad. Además, el Obispado no demuestra que haya poseído el inmueble en concepto de dueño, lo que impide aceptar su adquisición por usucapión extraordinaria.

- SAP de Guadalajara de 8 de julio de 1996[27].

  El Ayuntamiento de Checa había inmatriculado el cementerio de la localidad en 1966, entendiendo ser de su propiedad; además, habiendo inscrito en el año 1966, alegaba en el pleito la posible adquisición por prescripción; en la demanda interpuesta, el Obispado de Sigüenza-Guadalajara y la Parroquia de Checa entendían ser propietarios desde 1837, aportando diversa documentación acreditativa de ese dominio.

  La Sala entiende, en primer lugar, que la legitimación registral del art. 38 LH admite prueba en contrario y puede impugnarse. Concluye que la propiedad del cementerio pertenece a la Parroquia, no obstante, la formalidad registral de la inscripción a nombre del Ayuntamiento, siendo necesario para la adquisición de este que el dominio se haya transmitido mediante título y modo, «*siendo así que ninguna prueba ha verificado la entidad demandada de que en ningún momento se le haya hecho entrega del mencionado recinto mortuorio por quien ha continuado realizando fundamentales actos posesorios y dominicales*» (FD Segundo).

  Resulta curioso que en el recurso interpuesto por el Obispado se alegue que la inscripción por el art. 206 LH tenga un carácter clandestino, por no exigir publicación de edictos, verificándose los trámites casi en secreto y sin más intervención que el funcionario certificante, el órgano que solicita la inscripción y el Registrador. Pone de manifiesto los defectos evidentes del procedimiento inmatriculador, lo que se utilizaría con los años para

27. SAP de Guadalajara de 8 de julio de 1996, núm. 149/1996, rec. 13/1996.

iniciar el proceso contra las inmatriculaciones que había realizado la Iglesia Católica tras la reforma hipotecaria de 1998.

- SAP A Coruña de 22 de diciembre de 2001[28].

  Se debate en este pleito sobre quién es el propietario de la iglesia del antiguo Monasterio de Santo Domingo de Bonaval, alegando el Obispado y el Ayuntamiento de Santiago que su dominio se fundamenta en la legislación desamortizadora del siglo XIX.

  El Arzobispado admite que los bienes del Monasterio fueron objeto de desamortización y pasaron al Estado, pero no así el templo, que pasó a posesión de la Iglesia por Real Decreto de 27 de junio de 1835. Frente a esta postura, el Ayuntamiento entiende se le entregó el templo, junto con el resto del Monasterio, por Orden de 12 de agosto de 1840, sin que se excluyera la parte destinada al culto. La cesión por parte del Estado se llevó a cabo con la concreta y expresa finalidad de construir en lo cedido una casa hospicio, una escuela de instrucción primaria y un jardín botánico, lógicamente, obras totalmente ajenas y sin relación alguna con la iglesia allí existente Por esta razón, además, procedió a la inmatriculación conforme al art. 206 LH con fecha 12 de febrero de 1959.

  La Sala concluye que la transmisión de la finca no se realizó conforme a un principio de unidad predial indisoluble de la finca, en sentido registral, urbanístico, o funcional, sino que se entregó al Obispado la iglesia y al Ayuntamiento todo lo demás que formaba parte del Monasterio, para atender determinados fines públicos de interés general. Así, en el FD Cuarto se dice que «*la comunicación al ordinario de que mantuviese la Iglesia bajo su cuidado, o la autorización al arzobispo para que, bajo su inspección, subsista la cofradía, no es compatible, en principio, con la noción de enajenación o disposición definitiva, y, más bien, hay que referirlas a la idea de transmisión de posesión o disfrute, en este caso, además, en perfecta y comprensible armonía con la naturaleza eclesiástica del bien de que se trataba, que no admitía otra finalidad o destino que el propio del culto católico*», sirviendo esa posesión para la posterior adquisición del dominio por prescripción adquisitiva. Porque el bien, al ser desamortizado y no enajenado, quedó como patrimonial del Estado; solo se transmitió al Ayuntamiento el resto del Monasterio, sin incluir lo que había sido cedido en posesión al Obispado. De hecho, al recibir el inmueble en 1840 no se hace alusión alguna a la parte destinada a iglesia.

  Por tanto, la clave del pleito se situó en probar que la posesión recibida por el Obispado antes de 1840 había reunido los requisitos necesarios para que tal posesión sirviese a los efectos de adquirir por prescripción. Y constan en la prueba varias solicitudes de organismos públicos para hacer uso de la iglesia, el Obispado dispone de las llaves del recinto y las obras

28. SAP A Coruña, secc. 5ª, de 22 de diciembre de 2001, rec. 265/1998.

ejecutadas en el templo siempre se gestionaron por parte de la autoridad eclesiástica.

Es de singular interés la conclusión que la Sala hace de que la adquisición por prescripción del Obispado tuvo lugar antes de la inscripción realizada por el Ayuntamiento en el Registro de la Propiedad. Y por ello, concluye en el siguiente sentido en el FD Octavo: «*no cabe conceder al hecho de la inscripción en el Registro de la Propiedad obtenido por el Ayuntamiento en el año 1959, ningún valor relevante en contra del derecho de propiedad del Arzobispado sobre la iglesia, porque la actora ya lo había adquirido, nada menos que en el siglo anterior, por su posesión continuada, en concepto de dueño, durante un prolongadísimo período de tiempo, y frente a eso, ningún efecto contrario a tal titularidad tiene la inscripción obtenida por el Ayuntamiento, pues ésta no tiene carácter constitutivo ni podía convalidar actos nulos en su origen, al faltarle el amparo de la norma del artículo 34 de la Ley Hipotecaria, y las posibles presunciones a su favor, tanto de su derecho como de su posesión derivadas del principio de fe pública registral, han sido debidamente desvirtuadas por el conjunto de las pruebas de que se disponen demostrativas de que, en la realidad, el dominio de la iglesia lo había adquirido, mucho antes*».

Resuelve la Audiencia cancelando la inscripción del Ayuntamiento sobre el templo y declarando el dominio del Obispado de Santiago, adquirido por usucapión extraordinaria.

- SAP Navarra de 16 de noviembre de 2012[29].

Esta Sentencia ya citada en el estudio sobre la desaparición de la certificación de dominio, resuelve sobre la inmatriculación por el art. 206 de la Ermita de Nuestra Señora del Pilar a nombre del Concejo de Guesalaz, lo que lleva al Obispado de Pamplona, en nombre de la Parroquia de Santa María de Garisoain, a interponer acción declarativa de dominio y a solicitar la cancelación de la referida inscripción.

La Sala se centra en determinar si el Obispado tenía un título de adquisición del templo, entendido en sentido material y no formal, pues, según Jurisprudencia del Tribunal Supremo, «*no es imprescindible que el titulo conste en un instrumento público o documento privado, tal y como también la Juzgadora a quo se cuida de mencionar, ya que el derecho del actor puede justificarse por cualquier medio probatorio, admitido en derecho e incluso a través de una posesión continuada en las condiciones establecidas para la adquisición por usucapión*» (FD Tercero). El argumento, además, se refuerza con el hecho de que el Obispado tuviera inscrito el terreno en el que se enclavaba la Ermita, lo que le permite gozar de las presunciones registrales del art. 38 LH, que no pueden ser destruidas por la inscripción en favor del Ayuntamiento al no haber transcurrido los dos años establecidos por el art. 207 LH.

29. SAP Navarra, secc. 2ª, de 16 de noviembre de 2012, núm. 234/2012, rec. 174/2011.

- SAP Navarra de 26 de febrero de 2014[30].

  Habiéndose inmatriculado la Ermita de San Gregorio por el Ayuntamiento de Irañeta, se interpone demanda por el Arzobispado de Pamplona, en nombre de la Parroquia de San Juan Bautista de dicha localidad, para que se declare ser el propietario del templo y se cancele la inscripción registral en favor del Ayuntamiento. La Diócesis alegaba que el templo era propiedad por adquisición originaria de la Iglesia desde tiempo inmemorial y, subsidiariamente, por prescripción adquisitiva extraordinaria, al tener la posesión ininterrumpida desde hace siglos. El Ayuntamiento, por su parte, entendiendo ser de su propiedad, había inmatriculado el templo por certificación de dominio del art. 206 LH.

  La Sala considera que el pleito debe ceñirse a demostrar si la Diócesis tiene o no un título que acredite su dominio, entendiéndolo como título material, cuando dice que «*no es indispensable la presentación de un título escrito que acredite el derecho de propiedad del actor, sino que basta que se demuestre por los distintos medios de prueba que la Ley admite, la existencia de un título justo, legítimo y eficaz, lo que, desde luego, no equivale a título de dominio formado por documento preconstituido o no autosuficiente ya que el término técnico "título de dominio" equivale a justificación dominical o causa idónea para su adquisición*» (FD Segundo). Existe la propiedad del Obispado por ser titularidad del mismo desde su inicio, si bien no consta título escrito, lo que lleva a admitir que, en todo caso, es titular por su posesión ininterrumpida; lo que no puede predicarse del Ayuntamiento quien, en cualquier caso y a tenor de esa propiedad originaria de la Iglesia, debería haber adquirido por cualquiera de los modos derivativos, lo que no se demuestra en el caso, aun cuando la finca se encuentra catastrada (con uso religioso, eso sí) e inscrita en el Registro de la Propiedad a su nombre.

  Insiste la Sentencia en el argumento de que el destino al culto es indicio más que importante para presumir la titularidad eclesiástica del templo. Cita para ello otra de las Sentencias estudiadas, la de la misma Sala de 4 de febrero de 2003, que afirmaba que «*La notoriedad de su destino, como templo destinado al culto católico, permite, no obstante, hacer la afirmación antedicha, esto es su pertenencia a la Iglesia Católica*».

- SAP Palencia de 23 de diciembre de 2015[31].

  El Ayuntamiento de Congosto de Valdavia inmatricula la Ermita del Otero en virtud del art. 206 LH, interponiendo acción declarativa de dominio la Parroquia de la citada localidad, solicitando cancelación de la inscripción registral a tenor del art. 40 LH, obteniéndose Sentencia favorable del Juzgado de 1ª Instancia de Carrión de los Condes, al acreditarse el dominio de la Parroquia. La misma demandante interpone recurso de apelación

30. SAP Navarra, secc. 2ª, de 26 de febrero de 2014, núm. 51/2014, rec. 291/2012.
31. SAP Palencia, secc. 1ª, de 23 de diciembre de 2015, núm. 215/2015, rec. 307/2015.

al no haberse incluido en la Sentencia de instancia la cancelación de la inscripción a nombre del Consistorio y la inscripción a nombre del titular declarado en la resolución.

La Audiencia acepta en parte el recurso, ordenando la cancelación e inscripción solicitadas. Pero queremos hacer referencia a una parte de la Sentencia que entendemos es bastante significativa en cuanto a un problema relativamente frecuente en las diócesis españolas, el de las asociaciones de fieles que no tienen personalidad jurídica civil al no constar inscritas en el Registro de Entidades Religiosas.

En el caso expuesto, además de quién es el propietario de la Ermita, se ventila una reclamación de la Parroquia demandante sobre una cantidad de dinero que constaba en una cuenta bancaria cuya titularidad correspondía a la referida Parroquia y a dos personas, concretamente mayordomas de la Hermandad radicada en el templo y que rinde culto a la Virgen del Otero, carente de personalidad jurídica civil. En la cuenta se recibían donativos y aportaciones de los fieles de la Virgen, que se entregaron al Ayuntamiento, cuando aún era titular registral del templo, para la ejecución de unas obras de mejora en el edificio.

La Parroquia reclama esos importes al entender ser la cuenta bancaria de su titularidad; frente a la pretensión, la Sala esgrime el argumento de no poder identificarse ser cotitular de una cuenta y poder disponer de los fondos depositados con ser el titular de la cantidad depositada; porque entiende que los fondos pertenecen a esa Hermandad, carente de personalidad, pero que bien puede entenderse como un ente sin tal personalidad y posible sujeto de derechos y obligaciones (como una comunidad de propietarios); y concluye diciendo que la Diócesis (el Obispo diocesano) tiene un deber de vigilancia sobre las asociaciones, para que se preserve la disciplina eclesiástica, lo que no puede servir de argumento para intentar que una cuenta bancaria pueda entenderse de titularidad del Obispado o de la Parroquia en la que la Hermandad tiene su sede. Así lo dispone en el FD Segundo cuando dice textualmente que «*el mero hecho de apertura de una cuenta corriente bancaria, en forma indistinta, a nombre de dos o más personas, lo único que significa, prima facie, es que cualquiera de los titulares tendrá frente al Banco depositario facultades dispositivas del saldo que arroje la cuenta, pero no determina por sí sólo la existencia de un condominio que vendrá determinado únicamente por las relaciones internas y, más concretamente, por la propiedad originaria de los fondos o numerario de que se nutre dicha cuenta*».

- SAP Burgos de 20 de junio de 2016[32].

El Ayuntamiento de Fuentespina inmatricula por el art. 206 la Ermita de la Santísima Trinidad o del Padre Eterno, interponiendo declarativa de dominio la Parroquia de San Miguel de la referida localidad al entender

32. SAP Burgos, secc. 2ª, de 20 de junio de 2016, núm. 248/2016, rec. 384/2015.

que la propiedad le pertenecía, obteniéndose sentencia favorable en la instancia (2 de enero de 2015) que es recurrida por el Consistorio ante la Audiencia Provincial.

En el FD Primero se desglosan los distintos motivos esgrimidos por el Ayuntamiento en defensa de su propiedad y de la inscripción efectuada de la Ermita: que la Sentencia de instancia confundía el templo en cuestión con otra ermita desaparecida; que el Obispado nunca había sido dueño ni costeado obras del templo, construido y mantenido por el Ayuntamiento, constando así documentalmente en distintas épocas; que el uso religioso no significa que la Parroquia sea la propietaria por no atribuir el dominio; y que el Ayuntamiento es el titular catastral y registral del inmueble, habiéndolo incluido en el Inventario Municipal sin que se haya producido oposición por parte de la Parroquia.

Sin embargo, señala la Sentencia que la ermita se encontraba catastrada a nombre de la Iglesia desde el Catastro de Ensenada en 1754, no del Ayuntamiento, lo que es un signo de propiedad de la misma, constando en los bienes propiedad de la Parroquia en sus inventarios históricos y manteniéndose catastrada a su nombre hasta que se produce la modificación catastral a instancias del Ayuntamiento. No se destruye esta presunción por el hecho de que en algunos documentos se diga que la ermita fue construida a expensas del concejo y los vecinos, pues no demuestra esto la titularidad.

Nos parece de interés resaltar el argumento empleado por la Sala cuando se refiere a las distintas intervenciones que el Ayuntamiento ha realizado en la ermita y la zona adyacente, entendiendo que se trata de una preocupación muy frecuente de las administraciones en cuanto a la mejora del patrimonio cultural o artístico, sin que tales actuaciones puedan derivar en una identificación con la titularidad dominical de los bienes (FD Tercero). A lo que debe unirse la dedicación ininterrumpida al culto y el criterio de entender que la inclusión del bien en el Inventario Municipal por parte del Ayuntamiento no permite considerar que haya adquirido el dominio (FD Cuarto).

- SAP Huesca de 22 de noviembre de 2021[33].

El Ayuntamiento de Plan inscribió en el Registro de la Propiedad la iglesia parroquial de dicha localidad. Ante este hecho, interpuso demanda declarativa de dominio el Obispado de Barbastro-Monzón. El Ayuntamiento alega en su defensa el estar el inmueble catastrado a su nombre, haber realizado obras de conservación, celebración de conciertos en el recinto, etc., lo que acreditaba su posesión a título de dueño desde tiempo inmemorial. Entiende que es un bien de dominio público desde siempre.

33. SAP Huesca de 22 de noviembre de 2021, núm. 386/2021, rec. 217/2018.

Para la Sala, no acredita el Consistorio título legítimo de adquisición alguno de los que constan en el art. 609 CC. Lo que sí consta es la posesión ininterrumpida de la Diócesis sobre el templo, con un continuo destino al culto católico. Por lo que, entiende el Tribunal, tal posesión identifica por sí solo al sujeto poseedor, la Iglesia, a través de sus parroquias y sus fieles, y acredita que lo es en concepto de dueño. Que el Ayuntamiento hubiera ejecutado obras solo serviría a efectos de tener un derecho de crédito frente a la Diócesis, pero no serviría para haber adquirido el dominio, porque estas obras son comunes cuando de bienes de interés cultural se trata. No deja de ser llamativo que se haga referencia a un acta del Pleno del Ayuntamiento de Plan en el que la Secretaria hace constar la intención de inscribir el inmueble, cuando los servicios jurídicos de la Diputación Provincial habían advertido de la propiedad eclesiástica de las iglesias parroquiales.

La Sentencia no considera relevante que la finca hubiese sido inscrita por el Ayuntamiento cuando dice lo siguiente: «*Ninguna presunción puede derivarse de la inscripción de la titularidad registral a favor del ayuntamiento recurrente pues tal tuvo lugar cuando se había sustanciado ya el conflicto que ahora nos ocupa*» (FD Segundo). Lo que puede decirse, también, de que conste en el Catastro o en el Inventario Municipal y que se hayan realizado obras en el templo por parte del Ayuntamiento, al entender que son actos meramente tolerados por su verdadero dueño.

En este pleito consideramos oportuno hacer referencia a un argumento que se esgrime en la Sentencia dictada por el Juzgado de 1ª Instancia e Instrucción de Boltaña[34]. La Iglesia de Plan constaba catastrada a nombre del Ayuntamiento, hecho que motivó la remisión de una carta por la Diócesis de Barbastro-Monzón alegando que el templo era de su propiedad desde tiempo inmemorial. El Ayuntamiento responde a esa misiva inmatriculando el templo por el art. 206 LH, incluso en contra de un informe de los servicios jurídicos de la Diputación de Huesca que concluía que la propiedad de los bienes destinados al culto católico pertenecía a la Iglesia. Pero el Ayuntamiento defiende su postura dado que era el sentir popular del pueblo que la Iglesia era del pueblo. La Sentencia, ante este argumento, señala que «*En cualquier caso, el sentir popular no es título de adquisición de bienes*» (FD Tercero).

- Sentencia Juzgado de 1ª Instancia e Instrucción núm. 2 de Tafalla de 17 de enero de 2022[35].

El contencioso que desgranamos ahora es un claro ejemplo de que el peligro de la inmatriculación por el art. 206 LH es más que evidente cuando su uso parte de los ayuntamientos. En el caso, interpone acción declara-

34. ST Juzgado 1ª Instancia e Instrucción núm. 1 de Boltaña de 6 de febrero de 2018, núm. 4/2018.
35. ST Juzgado 1ª Instancia e Instrucción núm. 2 de Tafalla de 17 de enero de 2022, núm. 5/2022, rec. 108/2021.

tiva de dominio la Parroquia de Santa María la Real, de Ujué, contra el Ayuntamiento de dicha localidad, por la propiedad de la ermita de Santa María la Blanca, inmatriculada por el Consistorio en 2019 por certificación del art. 206 LH.

El Ayuntamiento demandado considera que la Parroquia demandante no cumple los requisitos necesarios de la acción ejercitada, especialmente el de no aportar título de dominio. Entiende que la ermita está en un terreno comunal, que el uso religioso no significa propiedad de la Iglesia y que las obras realizadas en la ermita eran sufragadas por el Ayuntamiento. Además, la defensa del Consistorio esgrime un argumento que llama especialmente la atención al alegar que la celebración de una romería en la ermita no puede concebirse como una fiesta cristiana, sino popular, pues con anterioridad al cristianismo los habitantes ya profesaban otros cultos no cristianos a dioses romanos (Júpiter) o autóctonos (Lakubegi).

La Sentencia es demoledora con las pretensiones municipales. Entiende que la Ermita es propiedad de la Iglesia, que es titular del dominio desde tiempo inmemorial; que la celebración de la romería tiene un origen eminentemente religioso, como es la devoción a un Santo o a una Virgen, realizándose el día de la festividad religiosa, con independencia de que hayan surgido de forma accesoria a la celebración religiosa otros actos populares, como la comida o almuerzo. Para acreditar el dominio de la Parroquia se hace alusión a la constancia en el Archivo Diocesano de Pamplona de la lista de bienes exceptuados de la desamortización en Ujué, entre los que consta la Ermita, que no aparece en el Inventario Municipal de 1911 y sí en el de la Parroquia de 1928, así como que solo consta en el Catastro a nombre del Ayuntamiento cuando se cambió la titularidad de la Parroquia al Consistorio en 1987. Hasta existe un certificado del Secretario del Ayuntamiento haciendo constar la propiedad parroquial del templo.

En definitiva, la Juez considera que es notoria la propiedad de la Ermita, lo que queda corroborado por actos demostrativos del dominio, al igual que su posesión, como la realización de obras, a las que ha coadyuvado el Ayuntamiento sin que eso signifique titularidad alguna, y, especialmente, el hecho de haber autorizado el provisor de la Diócesis en 1892 un permiso para ensanchar el edificio, entendiendo que «*carece de todo sentido que alguien deba dar su autorización para ensanchar un edificio si no le pertenece*» (FD Tercero). Y en nada obsta a ello la inmatriculación en favor del Ayuntamiento porque, dice la sentencia, «*En definitiva la posesión inmemorial por parte de la Iglesia, la vigencia hasta 1.998 del art. 5.4 del Reglamento Hipotecario, que impedía a la Iglesia que sus bienes accedieran al Registro de la Propiedad, y la interposición de la demanda antes de dos años de la inmatriculación excepcional del artículo 206 LH, priva de toda eficacia a la mención registral invocada, obligando a quien alega su titularidad dominical a probar bien la existencia de un acto traslativo, o bien su adquisición por usucapión*».

2.2. Reclamaciones de propiedad de los ayuntamientos

Supuesto frecuente es el de fincas inmatriculadas por las entidades eclesiásticas y de las que los ayuntamientos reclaman la propiedad, normalmente alegando que se trata de bienes de dominio público. Las fincas reclamadas no solo son edificios destinados al culto, sino terrenos adyacentes o partes no destinadas a ese fin cultual. En esta categoría de controversias, analizamos la variada jurisprudencia recaída en los pleitos según la naturaleza cultual o no del objeto del pleito.

2.2.1. Reclamaciones de terrenos no destinados al uso religioso

- STS de 17 de marzo de 1986[36].

  El Ayuntamiento de Motilla de Palancar interpone recurso de casación por considerarse propietario de un terreno, adyacente a una ermita, que dice fue adquirido por compraventa en 1956 e incluido en el Inventario Municipal en 1960. El Obispado de Cuenca, frente a dicha pretensión, alega no existir tal compraventa, haberse opuesto el párroco al inventariado del bien y, principalmente, considerarse titular del dominio por formar parte de la ermita dicho terreno adyacente. Además, en 1981 se inmatricula por el art. 206 LH, solicitando el Ayuntamiento se declare la nulidad de esta certificación.

  La Sala no admite la adquisición de dominio por el Ayuntamiento, por entender que no se acredita la adquisición por título de compraventa y posterior entrega o tradición del terreno; además, considera que la inclusión del terreno en el Inventario Municipal de bienes no puede considerarse, en ningún caso, como un medio para adquirir el dominio.

- STS de 26 de mayo de 2000[37].

  Se dilucida la acción emprendida por el Ayuntamiento de La Pobla de Farnals contra la Parroquia de San José, de la citada localidad, por el dominio del cementerio, habiéndose denegado la petición por el Juzgado de 1ª Instancia y por la SAP Valencia (sección 9ª) de 17 de junio de 1995.

  El Alto Tribunal considera que el Ayuntamiento no prueba su dominio, requisito fundamental para el éxito de una acción reivindicatoria, pues la inclusión del bien a su nombre en el Catastro de Riqueza Rústica desde 1930, en el de Contribución Urbana desde 1985, y en el Inventario Municipal de Bienes, no dejan de ser meros indicios que no son prueba alguna del derecho de propiedad.

  La Parroquia prueba adecuadamente su adquisición, entendiendo las sentencias de instancia, además y a mayor abundamiento, que prescindiendo

36. STS (Civil) de 17 de marzo de 1986, Roj: STS 1330/1986 — ECLI:ES:TS:1986:1330.
37. STS (Civil) de 26 de mayo de 2000, núm. 525/2000, rec. 2311/1995.

de esa prueba habría devenido en titular del dominio por usucapión, al poseer a título de dueño durante el tiempo necesario. Y ello porque la existencia de un acuerdo del Pleno del Ayuntamiento acordando la cesión en la administración del cementerio no puede tampoco ser considerado como un acto de dominio.

- SAP Zamora, de 21 de noviembre de 2011[38].

  El Ayuntamiento de Almaraz de Duero interpuso demanda contra el Obispado de Zamora reclamando la propiedad de la denominada Plaza Mayor, terreno que había sido inmatriculado por el Obispado en virtud de certificación de dominio del art. 206 LH. El Ayuntamiento entendía que el terreno era una vía pública y, en consecuencia, bien de dominio público en virtud de lo dispuesto en el art. 344 CC. El pleito dilucida qué entidad es considerada titular del dominio, pues ambas se consideran propietarias por prescripción, sin que ninguna tenga título escrito de propiedad. El Obispado de Zamora considera el espacio como una parte aledaña al templo, mientras el Ayuntamiento alegaba tratarse de una plaza pública, solicitando la cancelación de la inscripción en favor de la Diócesis y la inscripción a su nombre.

  La Sentencia determina que los bienes que son de uso público no pueden entenderse por este motivo como bienes de dominio público; además, hasta la entrada en vigor de la Ley Reguladora de Bases del Régimen Local en 1985 no quedaron obligados los ayuntamientos a hacer inventario de sus bienes de dominio público no edificados, como el espacio objeto del pleito; su inclusión en el inventario municipal tampoco prueba, ni constituye derecho de propiedad alguno; no obstante, «*los arts. 339.1 y 344 CC establecen una presunción iuris tantum de la titularidad municipal de estos espacios*» (FD Sexto).

  Frente a la pretensión del Ayuntamiento, la Audiencia considera que la Diócesis de Zamora tampoco cuenta con título formal y que la inmatriculación del terreno no implica que se convierta en titular del dominio, al no ser una inscripción constitutiva, no significar un modo de adquirir, sino de asegurar los derechos adquiridos (STS 7 de diciembre de 1988, que cita la doctrina iniciada con las Sentencias de 26 de octubre de 1899 y 9 de octubre de 1929). Por tanto, y aquí se encuentra la clave de la controversia, «*aunque el Arzobispado demandado, pueda, en cuanto inmatriculante de la finca litigiosa, verse protegido por el art. 38 LH contra el demandante, pues han transcurrido los dos años previstos en el artículo 207 de la LH, esta eficacia deberá ceder ante realidades extrarregistrales que la contradigan. Si en general la inscripción en el Registro sienta simplemente una presunción "iuris tantum" a favor de quien la practicó, en estos supuestos en los que se lleva a cabo sin aportar el título, susti-*

38. SAP Zamora, secc. 1ª, de 21 de noviembre de 2011, núm. 319/2011, rec. 237/2011.

tuyéndolo por una certificación, con más razón» (FD Séptimo). La certificación de dominio tiene el carácter de título formal, nunca el de título material de adquisición (FD Octavo), lo que lleva a acudir a la prueba de quién de las dos partes ha realizado actos de dominio sobre el terreno que lleven a la conclusión de que es de su propiedad.

Sobre este fondo del asunto, la Audiencia considera que el terreno fue propiedad de la Iglesia, como parte del templo para atender a necesidades accesorias, al igual que el cementerio existente junto a dicha parcela; pero llegó el momento en el que el Ayuntamiento comenzó a realizar actos de dominio, como la pavimentación, con ayuda de los vecinos, costeada por el Consistorio, así como la colocación de farolas, mobiliario urbano y arbolado, lo que hace pensar que consideró la plaza como propia, sin que la Iglesia ni la comunidad parroquial hicieran objeción alguna. Por tanto, aun habiendo sido anteriormente de la Iglesia, nada impide que *«con el transcurso del tiempo la naturaleza del bien haya tornado a público»*.

- SAP Baleares de 13 de junio de 2018[39].

El Ayuntamiento de Artá interpone acción declarativa de dominio contra la Parroquia de la Transfiguración del Sr. con relación a la propiedad de las murallas colindantes con la Iglesia del Salvador, de Artá, sin poner en duda el dominio parroquial sobre el edificio destinado al culto, habiéndose inmatriculado por certificación de dominio en favor de la Parroquia tanto el templo como la casa aneja.

Para el Ayuntamiento, la cuestión se fundamenta en una mala interpretación de la Ley de Madoz, de 1855, así como del Convenio de 1865 por el que, en aplicación de lo dispuesto en el Convenio-Ley de 4 de abril de 1860, se devolvían a las diócesis los bienes que no habían sido objeto de desamortización o que, siendo desamortizados, no habían sido enajenados y debían ser devueltos. Entendía el Consistorio que templo y murallas no son el mismo inmueble, que las murallas eran bienes comunes, que también habían sido exceptuados de la desamortización, en este caso como propiedad de las entidades locales, y que nunca había dejado de pertenecer al Ayuntamiento. Por ello, la inscripción a nombre de la Parroquia era nula y debía cancelarse, pues solo era propiedad eclesiástica el templo y la denominada Casa del donat. El Juzgado de 1ª Instancia de Manacor da la razón a la Parroquia, interponiéndose recurso de apelación en los términos anteriormente señalados.

La Sentencia nos parece muy ilustrativa sobre los efectos de las leyes desamortizadoras y, sobre todo, de las consecuencias que el Convenio-Ley de 4 de abril de 1860 tuvo con respecto a la propiedad de los inmuebles.

39. SAP Baleares, secc. 3ª, de 13 de junio de 2018, núm. 265/2018, rec. 155/2018.

En primer lugar, porque analiza la identificación del inmueble, requisito indispensable para el ejercicio de la acción declarativa de dominio, concluyendo que las murallas no formaban parte del mismo inmueble que el templo y la casa adyacente; por tanto, se trata de unos inmuebles divisibles que, entiende, han tenido un camino dominical diferenciado. Considera que son inmuebles distintos analizando el Convenio de devolución de bienes a la Iglesia de 1865 en el que, en casos similares, se procede a la exhaustiva descripción de las distintas partes de las fincas, lo que no ocurre en el caso enjuiciado en el que las murallas no son mencionadas en ningún momento.

En segundo lugar, distinguiendo claramente el camino recorrido por los bienes en función de a quién pertenecían antes de las leyes desamortizadoras. Así, templo y casa vivienda eran propiedad eclesiástica y quedaban exceptuadas de la desamortización, no saliendo del patrimonio diocesano; o, siendo objeto de desamortización, y no siendo enajenados, eran devueltos a las diócesis; porque el Convenio «*consolida las subastas ya producidas, y ordena la restitución a la autoridad eclesiástica de todos aquellos bienes de los que anteriormente había sido propietaria, pero no se extiende a otros que nunca lo fueron, aun cuando su titular hubiera sido privado de ellos*» (FD Sexto). Por tanto, las murallas nunca fueron propiedad de la Iglesia.

Por último, y no menos importante, la Sala hace hincapié en el hecho de no identificar que la Iglesia no hubiese sido propietaria con el dominio del Ayuntamiento. Porque la acción declarativa de dominio requiere que el demandante pruebe ser el titular del derecho de propiedad por algunos de los modos válidos para adquirirlo. No basta con demostrar que la parte demandada no ostenta el dominio si no se acompaña de la prueba del dominio propio. De igual forma que la parte demandada solo debe probar que la demandante no es la propietaria, no teniendo la carga de probar su propio dominio porque, para este fin, debe interponer demanda reconvencional.

Concluye la Sentencia entendiendo que las murallas eran un bien del común. Como tal bien fue objeto de desamortización, al entenderse que la Ley Madoz excluía los bienes de dominio público y sí incluía los denominados comunes o patrimoniales. Por tanto, el bien fue objeto de desamortización, al entenderse que era patrimonial, pero no siendo objeto de subasta volvió a su anterior titular.

Cabe comentar que la Sala entiende como hecho probado que ambas partes realizan actos posesorios de las murallas. Por esta razón, la Parroquia podía entender que había adquirido el dominio por prescripción, una vez se resuelve no haberlo adquirido por el Convenio de devolución de bienes de 1865. Pero no interpone demanda reconvencional en la que poder alegar esta adquisición, por lo que esta circunstancia no puede ser valorada en la

Sentencia. En consecuencia, resuelve cancelar la inscripción en favor de la Parroquia de las murallas y patios interiores del recinto amurallado.

- SAP Barcelona de 5 de diciembre de 2019[40].

  Se dirime pleito entre el Obispado de Terrasa y el Ayuntamiento de Caldes de Monbui sobre la propiedad de la denominada Plaza Surell, que el Obispado inmatriculó por certificación de dominio, al entender que se trataba del antiguo cementerio parroquial; al solicitar la expropiación por ministerio de la ley del terreno, el Ayuntamiento interpone demanda declarativa de dominio solicitando la cancelación de la inscripción en favor de la Iglesia.

  Nos encontramos ante otro conflicto con relación a terrenos no destinados al culto, que fueron propiedad indubitada de la Iglesia, pero que dejan de ser destinados a fin religioso, destinándose a un uso público que hace, con el paso del tiempo, que se conviertan en propiedad de los ayuntamientos por la entrada en juego de la prescripción adquisitiva. Por ello, la inscripción en favor del Obispado no se entiende como generadora del derecho de propiedad; existiendo la presunción a favor del Ayuntamiento de tratarse de un bien de dominio público (art. 344 CC) y la de legitimidad registral en favor del Obispado (art. 38 LH), debe resolverse la controversia atendiendo a las normas de derecho civil puro, concretamente determinando quién de los contendientes realiza actos a título de dueño.

  La contienda se resuelve en favor del Ayuntamiento, al haberse destinado a uso público el terreno desde el año 1955, en que se urbanizó. No atiende la Audiencia la pretensión de que la posesión del Ayuntamiento es meramente tolerada por parte del Obispado, lo que no se admite al entender que el hecho de que el terreno estuviese destinado a cementerio parroquial tampoco presupone la titularidad dominical de la Diócesis.

- SAP Santa Cruz de Tenerife de 22 de marzo de 2021[41].

  El Ayuntamiento de San Andrés y Sauces interpone declarativa de dominio sobre dos parcelas adyacentes a sendas ermitas, que habían sido inmatriculadas por el Obispado junto a los templos por el art. 206 LH en el año 2015, pero que hoy se destinan a plazas. El Ayuntamiento, que no cuestiona la titularidad de los templos, sí lo hace respecto de los terrenos anexos, al entender que son de dominio público al estar destinados a ese uso, lo que se acredita por haber sido así clasificados en las normas urbanísticas de planeamiento aplicables y por estar incluidas en el Inventario de Bienes del Municipio. El Obispado alega ser titular catastral y registral de los terrenos y que su propiedad lo es desde tiempo inmemorial, si bien no

40. SAP Barcelona, secc. 17ª, de 5 de diciembre de 2019, núm. 594/2019, rec. 107/2019.
41. SAP Santa Cruz de Tenerife, sec. 3ª, S 22-03-2021, núm. 94/2021, rec. 48/2020.

tiene título escrito de dominio, entre otras cosas por el incendio que tuvo lugar en el edificio del mismo. La Sentencia entra a valorar los posibles títulos de adquisición alegados por ambas partes.

Por lo que respecta al Ayuntamiento, entiende que el uso público no significa que el bien pueda ser considerado demanial; así lo dispone cuando, apoyándose en la Sentencia de instancia, dice que «*cuando la parte actora entiende, en el folio 14 de su demanda que la afección, real y efectiva, de las plazas litigiosas a un uso público determina una causa de adquisición por ministerio de ley, no está en lo cierto. Pero lo que no ha sido admitido, ni jurisprudencial ni tampoco dogmáticamente, es que sea justamente el uso público que otorga el carácter de bien demanial frente a bien patrimonial, la circunstancia que a su vez suponga título de adquisición del bien por atribución directa de la Ley*». Lo que ocurre, con más motivo, cuando esa presunción posible va en contra de una inscripción registral como la del Obispado (FD Tercero).

Por tanto, se trata de probar si el Ayuntamiento ha adquirido las denominadas plazas por alguno de los modos establecidos en el art. 609 CC, que se complementa con los medios de adquisición del dominio por parte de las Corporaciones Locales, que establece el art. 10 del Reglamento de Bienes de las Entidades Locales, y que son: a) Por atribución de la Ley; b) A título oneroso con ejercicio o no de la facultad de expropiación; c) Por herencia, legado o donación; d) Por prescripción; e) Por ocupación; f) Por cualquier otro modo legítimo conforme al ordenamiento jurídico.

En el caso se trataría de una adquisición por expresa atribución de la ley, en virtud de la normativa urbanística. Y entiende la Sala que las normas subsidiarias de planeamiento «*no tienen, por sí, más valor que el de la clasificación y calificación del suelo, siendo que sólo en los procedimientos de desarrollo de las mismas pudiera la entidad local adquirir por los medios previstos en la normativa administrativa las plazas que vienen siendo usadas por el público, y de los que, al parecer, obviamente no ha hecho uso, más allá de la inclusión en el inventario o de la realización de algún proyecto de rehabilitación de las plazas*». Solo la declaración de utilidad pública y una posterior expropiación pueden conllevar la privación del dominio de su anterior titular.

Igualmente, con relación a la inclusión de las plazas en el Inventario Municipal no tienen efecto alguno declarativo de la propiedad, resaltando lo que disponía la STS de 9 de junio de 1978[42] cuando decía que «*el Inventario Municipal es un mero registro administrativo que, por sí solo, ni prueba, ni crea, ni constituye derecho alguno a favor de las Corporaciones, siendo más bien un libro que sirve de recordatorio constante para que la Corporación ejercite oportunamente las facultades que le correspondan*». En este mismo sentido se pronuncian otras resoluciones judiciales, como la SAP Valencia de

42. STS (Contencioso) de 9 de junio de 1978, núm. 2620/1978.

20 de junio de 2017 (núm. 256/2017) o la STSJ Extremadura, Sala de lo Contencioso (sección 1ª), de 16 de septiembre de 2010 (núm. 288/2010).

Concluye la Sala entendiendo que la inmatriculación realizada por el Obispado fue correcta, cumpliéndose cuantos requisitos existían para las certificaciones de dominio, y que el Ayuntamiento no ha podido probar una posesión en concepto de dueño durante el tiempo necesario para poder adquirir por usucapión alguna de las dos plazas.

Los argumentos esgrimidos por la AP son confirmados mediante ATS de 22 de noviembre de 2023[43] al resolver el recurso de casación interpuesto por el Ayuntamiento: el uso público de un terreno o plaza no le atribuye carácter demanial, pues el art. 344 CC solo establece una presunción; el Ayuntamiento no prueba ser titular en ningún momento, ni siquiera el hecho de haber tenido la posesión, lo que impide poder considerar que haya podido adquirir el dominio por prescripción adquisitiva.

- Un caso particular en Córdoba: la plaza del Santuario de Nuestra Señora de la Fuensanta.

Interesa incluir en la casuística surgida entre obispados y ayuntamientos una controversia entre el Ayuntamiento de Córdoba y el Cabildo Catedral en torno a la propiedad de la explanada situada delante del Santuario de la Virgen de la Fuensanta, al estar muy en conexión con los términos estudiados en las resoluciones anteriormente citadas, especialmente en lo referente a la creencia, a nuestro juicio errónea, de que la inclusión de un determinado espacio en las normas urbanísticas como de uso público conllevan aparejada su titularidad pública o municipal.

El terreno en cuestión era conocido como Huerta de Albacete y sobre el mismo se construyó en el siglo XV el actual Santuario, dependencias y un pocito o humilladero exento del templo en medio de la huerta. El Cabildo Catedral procede a su inmatriculación al amparo del art. 206 LH en 1987, como porción de terreno sobre la que existen edificaciones en su fondo, entre ellas la capilla, casa del capellán, pequeño jardín y otras dependencias.

El Ayuntamiento de Córdoba, conocida la inmatriculación casi 30 años después, efectúa investigación sobre la posible titularidad municipal de la parte de terreno que hoy en día es destinada a plaza, sin incluir las edificaciones, concluyendo ser de titularidad municipal, entre otras cuestiones, por haber sido calificada como Plaza de la Fuensanta en las Normas Urbanísticas de 1958 y 1986 con la categoría de «Equipamiento Comunitario de Servicio de Interés Público y Social», además de haber requerido informe de los distintos departamentos municipales de los

43. ATS (Civil), secc. 1ª, de 22 de noviembre de 2023, rec. 3635/2021.

que resulta la intervención municipal en el espacio (alumbrado, saneamientos, etc.).

No ofrece dudas la potestad administrativa para investigar la titularidad de los bienes que puedan formar parte de su patrimonio, a lo que hacía referencia el punto VI del Informe sobre la inmatriculación de bienes de la Iglesia elaborado por el Gobierno. Así se dispone en el art. 45 Ley de Patrimonio de las Administraciones Públicas (LPAP), que regula la llamada Facultad de Investigación: «*Las Administraciones públicas tienen la facultad de investigar la situación de los bienes y derechos que presumiblemente formen parte de su patrimonio, a fin de determinar la titularidad de los mismos cuando ésta no les conste de modo cierto*». Y se reitera en el art. 54.1 del Reglamento General del Patrimonio de las Administraciones Públicas (RGPAP) cuando señala que «*La acción investigadora a que se refieren los artículos 45 y siguientes de la Ley, se dirigirá a acreditar que un inmueble carece de dueño y, por tanto, pertenece a la Administración General del Estado conforme al artículo 17.1 de la misma; o bien, a constatar o a acreditar que un bien o derecho pertenece a la Administración General del Estado o a organismos públicos dependientes de ella, cuando no conste su situación de modo cierto*», recogiéndose de igual modo en la legislación autonómica de Andalucía, en el art. 64 de la Ley de Bienes de las Entidades Locales de Andalucía (LBELA) y el art. 124 de su Reglamento[44].

No deja de ser llamativo que en todas las disposiciones citadas existe un factor común, el de que la titularidad del bien no conste de modo cierto; se hace referencia a investigar bienes para acreditar que carecen de dueño, o que su titularidad no consta inequívocamente. Frente a ello, no podemos soslayar que las distintas disposiciones aluden expresamente al supuesto de que pueda existir controversia en los títulos de dominio.

Los requisitos exigidos por las normas citadas nos llevan a hacer una reflexión, la de cuestionarnos si la investigación de una administración pública (en nuestro caso, el Ayuntamiento de Córdoba) puede llegar a concluir que la titularidad es pública cuando consta debidamente inscrito el dominio sobre el inmueble en cuestión en favor de otra persona. Entendemos que no puede existir una declaración de titularidad pública

44. Art. 64 Ley 7/1999, de 29 de septiembre, de Bienes de las Entidades Locales de Andalucía: «Las entidades locales tienen la obligación de investigar la situación de los bienes y derechos que presuman de su propiedad, siempre que ésta no conste inequívocamente, a fin de determinar la titularidad de los mismos o cuando exista controversia en los títulos de dominio. Dicha obligación se extenderá en todo caso a los bienes demaniales». Art. 124 Decreto 18/2006, de 24 de enero, por el que se aprueba el Reglamento de Bienes de las Entidades Locales de Andalucía: «Las Entidades Locales tienen la obligación de investigar la situación física y jurídica de los bienes y derechos que presuman de su propiedad a fin de determinar su titularidad cuando no conste inequívocamente o cuando exista controversia en los títulos de dominio. Esta obligación se extenderá en todo caso a los bienes demaniales».

por parte de la Administración si entra en contradicción con los derechos inscritos, no pudiendo ser preterido el art. 38 LH y la presunción de legitimación registral que establece. Por tanto, si un inmueble consta inscrito en el Registro de la Propiedad, la Administración competente podrá iniciar un procedimiento de investigación a fin de determinar la posible existencia de derechos que provoquen la necesidad de instar un procedimiento civil para declarar dicho dominio, reivindicar la posesión, en su caso, e, ineludiblemente, instar la cancelación de los derechos contradictorios con el dominio público, demanial o patrimonial, al ser exigida legalmente la inscripción registral a nombre de la administración titular (art. 28 LPAP).

Así se expresó la Sentencia del Juzgado de lo Contencioso-Administrativo núm. 2 de León de 27 de septiembre de 2007[45], al pronunciarse sobre un caso de deslinde administrativo y recuperación administrativa de la posesión frente al titular de una finca inscrita, lo que podemos extrapolar a la declaración de titularidad pública frente al titular registral. En el FD Tercero, después de aludir a la presunción de legitimación registral del art. 38 LH, señala expresamente lo siguiente: «*En atención a lo expuesto la Administración demandada no podía desconocer tal presunción, sino que debía respetar esta presunción de legalidad en favor de la titular registral que sólo puede ser destruida por sentencia mediante el ejercicio de las acciones oportunas en la jurisdicción civil*». Y, citando lo referido por las SSTS de 29 de noviembre de 1982 y 1 de marzo de 1983, se afirma rotundamente la imposibilidad de declaración administrativa contraria a la inscripción registral en estos contundentes términos: «*Las Sentencias citadas del Tribunal Supremo entendieron que la inscripción registral produce la legitimación prevenida en el art. 38 de la Ley Hipotecaria y, consiguientemente, el deslinde administrativo —en este caso la recuperación— no puede desconocer, sino que ha de respetar, esta presunción de legalidad en favor de la titular registral que sólo puede ser destruida por sentencia mediante el ejercicio de las acciones, no sólo en el orden de la titularidad registral sino también en el de la posesión legal, de ahí que la delimitación haya de hacerse con respeto de esas situaciones de propiedad y posesión. Aparte de las situaciones surgidas al amparo del art. 34 de la Ley Hipotecaria existen otras en base a la simple inmatriculación (arts. 200, 205, 206 y 207 de la Ley Hipotecaria) que no pueden ser ignoradas y que se verían contradichas si la Administración pudiese hacer declaraciones posesorias, aun con el carácter de provisionales, en contra de tales situaciones jurídicas por la vía del deslinde administrativo*».

En idénticos términos se expresó la STSJ de Castilla y León (Burgos) de 14 de junio de 2002[46], al concluir que la titularidad de un derecho de propiedad sobre fincas inscritas en el Registro de la Propiedad hace que entren

45. ST Juzgado Contencioso-Administrativo núm. 2 de León de 27 de septiembre de 2007, núm. 180/2007, rec. 20/2007.
46. STSJ Castilla y León (Burgos) (Contencioso) de 14 de junio de 2002, núm. 103/2002, rec. 103/2001.

en juego los principios de fe pública y legitimación registral, que impiden a la Administración hacer una declaración provisional de posesión que contradiga la declaración o presunción legal del art. 38 LH, por cuanto, en nuestro Derecho, la posesión, como hecho, no puede reconocerse a dos personalidades distintas fuera de los casos de indivisión (art. 445 CC) e independientemente de la preferencia del poseedor actual. De modo que tal *status*, como reflejo de la presunción legal nacida de documento inscrito, se encuentra bajo la salvaguarda de los Tribunales y produce todos sus efectos mientras no se declare su inexactitud en los términos establecidos en el art. 1.3 LH.

De lo que podría colegirse que para que pueda ejercitarse la potestad de investigación de la Administración se entienda requisito previo e indispensable la existencia de una indeterminación de la titularidad del bien investigado, lo que no tiene lugar cuando el inmueble consta inscrito a nombre de un tercero en el Registro de la Propiedad.

A nuestro juicio, esta interpretación sería excesiva; admitir la declaración de titularidad pública de un bien como consecuencia de la actividad investigadora supondría aceptar una actuación arbitraria, lo que chocaría frontalmente con el principio de interdicción de la arbitrariedad de la Administración proclamado por el art. 9.3 CE; pero tampoco puede privarse a la Administración de la posibilidad de actuar conforme a los fines que la justifican (art. 106.1 CE), entre los que se encuentran la defensa del patrimonio público, a sabiendas de que sus actuaciones estarán siempre sometidas al control de los Tribunales (arts. 106.1 y 153, c) CE). Como nos dice Entrena Cuesta[47], citando a Merikoski, nos encontramos ante un supuesto encuadrable en la lucha eterna en el seno de la Administración entre la eficacia administrativa y la seguridad de los ciudadanos, entre la existencia de un cierto margen de libertad en la Administración y los postulados del Estado de Derecho, debiéndonos decantar por las exigencias de este último si de la protección de los derechos de los titulares inscritos en el Registro de la Propiedad se trata.

Que la potestad de investigación de la Administración no puede afectar a las titularidades existentes e inscritas se expresa, por ejemplo, en la STSJ Castilla y León de 5 de mayo de 2008[48] cuando se refiere a esas facultades de investigación de la Administración del siguiente modo: «*Estas potestades exorbitantes del régimen jurídico de los bienes de la Administración caracterizado por el Principio de Autotutela no puede alterar ni el derecho de propiedad ni tampoco la posesión definitiva de los bienes*». Y describe esa potestad de

47. Entrena Cuesta, R. *Curso de Derecho Administrativo,* 13ª edición, Editorial Tecnos, Madrid 1999, pág. 147.

48. STSJ Castilla y León (Valladolid) (Contencioso), secc. 3ª, de 5 de mayo de 2008, núm. 824/2008, rec. 1012/2003.

investigación como la que «*tiene por objeto averiguar la situación de aquellos bienes cuya titularidad no consta pero respecto de los que existen indicios de que pudieran corresponder a la entidad local y que suponen un conjunto de actuaciones encaminadas a esclarecer, en la esfera interna de la propia Administración, la eventual titularidad pública de determinados bienes como trámite o presupuesto previo al ejercicio del resto de potestades (deslinde, recuperación de oficio, etc.). Sin embargo, y como se ha dicho, el límite se halla en el surgimiento de cuestiones de índole civil*» (FD Tercero).

También se pronunció sobre el particular la STS de 6 de octubre de 1999[49] en una controversia entre un particular, que había obtenido una licencia para realizar una edificación, y el Ayuntamiento que impugnaba la misma por incluir una calle que entendía era de dominio público y que se encontraba inscrita en el Registro de la Propiedad a nombre del administrado. En su FD Sexto se refiere a los efectos de la inscripción en el contencioso-administrativo en los siguientes términos: «*... la estimación de la pretensión equivale a que se prescinda de unos asientos registrales, amparados por el principio de legitimación, el cual atribuye al titular registral competencia exclusiva respecto de una cosa o un derecho inscrito, dotando, al mismo tiempo al contenido del Registro de una apariencia de verdad y de una presunción de exactitud, mientras no se demuestre la inexactitud, lo que obliga a mantener la titularidad de quien aparezca inscrito. Esto y no otra cosa es lo que resulta de la relación entre los arts. 38.1 y 97, en relación con el art. 1.3, todos ellos de la Ley Hipotecaria, según el último de los cuales los asientos del Registro "... en cuanto se refieren a los derechos inscribibles están bajo la salvaguardia de los Tribunales y producirán todos los efectos mientras no se declare su inexactitud...", lo que significa que debe darse por existente el derecho real que figura inscrito mientras no exista contradicción, en cuyo caso prevalecerá el título o la causa de adquirir eficaz. Ciertamente, nos hallamos ante una presunción "iuris tantum", que puede ser destruida, pero no en un recurso contencioso-administrativo, sino en un proceso civil donde se ventile el derecho de las partes y éstas obtengan, en su caso, una sentencia contradictoria a la inscripción o asiento registral; mientras ésta no se produzca, y no se obtenga una sentencia que declare la inexactitud del asiento, esta Sala no puede desconocer la presunción de exactitud del asiento, y debe de mantenerlo*».

Que la Administración no pueda en absoluto declarar unilateralmente su propiedad no impide, en ejercicio del principio de autotutela, que pueda ejercitar la potestad de investigación cuando puedan existir indicios de que algún bien sea de su propiedad. Así, la STSJ Andalucía de 26 de febrero de 2003[50] resuelve la controversia surgida entre el Ayuntamiento de San Roque, que mediante acuerdo del Pleno declaraba la titularidad municipal de unos terrenos y ordenaba dar traslado del mismo al Registro de la

49. STS (Contencioso), secc. 5ª, de 6 de octubre de 1999, núm. 6148/1999, rec. 6516/1993.
50. STSJ Andalucía (Sevilla) (Contencioso), secc. 1ª, de 26 de febrero de 2003, rec. 1070/1999.

Propiedad para su inscripción registral, a lo que recurrió el particular que consideraba ser titular registral de parte de los referidos terrenos. La Sala admite el ejercicio de la potestad investigadora de la Administración en el supuesto de que el bien esté inscrito a nombre de un particular, lo que no obsta a que la cuestión sobre la propiedad solo pueda ser ventilada ante la jurisdicción civil, tal y como determinaba el art. 12 de la Ley de Patrimonio del Estado de 1964 (LPE), que hoy recoge el art. 41.2 LPEP y el art. 55 RBEL[51].

2.2.2. *Reclamaciones del dominio sobre edificios destinados al culto*

- SAP Teruel de 18 de noviembre de 1995.

  La profesora Ruano Espina[52] se refiere a esta controversia suscitada por la propiedad del templo de Nuestra Señora del Pilar o del Milagro, en el municipio de Calanda, que fue inmatriculado por el Arzobispado de Zaragoza en 1984. El Ayuntamiento interpone demanda por considerar ser el titular del dominio, desestimando la Audiencia la pretensión por entender, en primer lugar, que debe presumirse que el titular registral es el titular dominical, por el principio de legitimación registral del art. 38 LH. Además, debe ser reputado poseedor a los efectos del art. 447 CC, en relación con los arts. 1940 y ss. CC y el art. 35 LH, que instituye la usucapión *secundum tabulas*. Y es que el Ayuntamiento interpone la demanda más de 10 años después de la inmatriculación, sin que se haya interrumpido la posesión del templo por parte de la Iglesia en ningún momento, lo que lleva a la conclusión de que, incluso en el supuesto de que el Ayuntamiento hubiera sido titular del inmueble, el Arzobispado habría devenido en propietario del mismo por la prescripción adquisitiva. El Arzobispado acredita la posesión de buena fe y a título de dueño, considerándose propietario del templo desde sus orígenes, en 1650.

- SAP Burgos de 23 de octubre de 2007[53].

  El Ayuntamiento de San Juan del Monte y la Cofradía de Nuestra Señora de la Vega demandan a la Parroquia de San Juan del Monte por la propiedad de la ermita de la Virgen de la Vega y la denominada campa procesional, que había sido inmatriculado por el Arzobispado de Burgos por certificación de dominio del art. 206 LH. El Ayuntamiento alega ser el propietario

---

51. Art. 41.2 LPEP: «*El conocimiento de las cuestiones de naturaleza civil que se susciten con ocasión del ejercicio por la Administración de estas potestades corresponderá a los órganos de este orden jurisdiccional*». Art. 55 RBEL: «*El conocimiento de las cuestiones de naturaleza civil que se susciten con ocasión de la investigación practicada corresponderá a la jurisdicción ordinaria*».
52. Ruano Espina, L. *Régimen jurídico registral de los bienes de las confesiones religiosas y su tratamiento jurisprudencial*, Editorial Aranzadi, Cizur Menor 2005, págs. 113-114.
53. SAP Burgos, secc. 2ª, de 23 de octubre de 2007, núm. 397/2007, rec. 549/2005.

del terreno y de la ermita, esta por accesión, pidiendo la cancelación de las inscripciones realizadas, entendiendo ser nulas las certificaciones de dominio, entre otras cosas, por no ser el titular catastral la Parroquia sino el propio Consistorio y por no haberse cumplido los requisitos exigidos por el art. 303 RH, existiendo certificaciones municipales en relación al inventario de bienes del Ayuntamiento de San Juan del Monte, las continuas y reiteradas obras en la ermita, el pago de oficios religiosos y, en definitiva, la consideración de que las ermitas no son de la Iglesia sino de los lugareños, quienes las construyeron. Además, subsidiariamente, se refiere a la prescripción como modo de adquisición, ya que la Iglesia no ha hecho acto de posesión alguno.

La Sala entiende que en una acción declarativa es requisito indispensable que el demandante pruebe el dominio sobre el bien reclamado, lo que no hace el Ayuntamiento. El ser titular catastral no es prueba de tal dominio, ni la inclusión del bien en inventarios municipales, siendo esto último un acto unilateral sin trascendencia en cuanto a la adquisición del dominio (FD Séptimo).

En cuanto a la pretensión municipal de haber adquirido el dominio por usucapión en virtud de algún título adecuado para ello, el Tribunal considera que la ermita fue en su día templo parroquial, pasando a la jurisdicción de otra parroquia cuando se despobló la localidad, habiéndose celebrado ininterrumpidamente, desde el siglo XVII hasta 1930, actos de culto (misas, vía crucis), y teniendo lugar actos de jurisdicción eclesiástica por parte de la diócesis.

Desde 1930 se encarga de las funciones religiosas la Cofradía de Nuestra Señora de la Vega, habiendo actuado la misma como demandante en defensa de la propiedad municipal. Y es en este punto especialmente interesante la conclusión a la que llega la Sala cuando entiende que la Cofradía es una entidad eclesiástica «*para cuyo nacimiento se exigía la aprobación por el Obispo de Osma, a cuya Diócesis pertenecía la Parroquia de San Juan del Monte, de su Reglamento o Estatutos, lo que así se hizo en el caso de autos, no cabe sino entender que la cesión de la gestión de sostenimiento y conservación de la Ermita, se realiza no por el Ayuntamiento de San Juan del Monte, que ni era el dueño de la Ermita, ni ninguna intervención tiene en la Constitución de la Cofradía sino por la Iglesia, a través de la Autoridad competente, el Obispo de Osma, que aprueba el nacimiento o erección de la Cofradía y sus Estatutos y Reglamento*».

Estando la conservación y mantenimiento de la ermita en manos de la referida Cofradía, la Sentencia considera que «*se trata de actos de mera administración, en cumplimiento de sus obligaciones reglamentarias, que ninguna incidencia tienen en la propiedad; propiedad que ha seguido conservando su legítima dueña la Iglesia; que, además a través de los mismos, dado que fue quién cedió el uso de la misma, ha mantenido la posesión mediata*». Que el representante de la Cofradía entienda ser el inmueble de propiedad municipal carece de eficacia jurídica alguna y no deja de ser una creencia errónea (FD Noveno).

- SAP Guadalajara de 27 de marzo de 2012[54].

Se resuelve por la Audiencia el recurso de apelación interpuesto por la Entidad de Ámbito Territorial Inferior al Municipio de Gualda contra la Sentencia del Juzgado de 1ª Instancia número 6 de Guadalajara que resolvía la acción de restitución emprendida por dicha entidad contra la Parroquia de Gualda y la Diócesis de Sigüenza-Guadalajara por haber inmatriculado conforme al art. 206 LH cuatro fincas, la correspondiente al templo parroquial de Nuestra Señora de la Asunción, la Ermita de la Purísima, la Ermita de San Roque y el Cementerio Parroquial, resolución que denegaba la pretensión objeto de la demanda.

La inmatriculación de los inmuebles se produce por la Diócesis en el año 1987, mucho antes de la reforma de 1998 que permite la inscripción de los templos destinados al culto católico, lo que es motivo de impugnación por el recurrente. La Sala advierte que la reforma estableció como una de las causas de esta la inconstitucionalidad de esa excepción, por lo que a la inmatriculación producida años antes se le daba carta de naturaleza. En el supuesto objeto de pleito, la posible nulidad de dichas inmatriculaciones, si se entienden como no posibles por dicha prohibición antes de 1998, no debe afectar al fondo de la cuestión, ya que la entidad municipal no acredita el dominio sobre los inmuebles.

Hecho importante para la conclusión a la que llega el juzgador es el hecho de que el municipio de Gualda se incluyera en el de Cifuentes en el año 1974, sin que en el inventario de bienes que se realizó para este menester figurara ninguno de los inmuebles objeto del pleito. Además, el propio Ayuntamiento reconocía la propiedad cuando resolvía expedientes de exención de IBI interpuestos por la parroquia.

La Sala resuelve con referencia a cada uno de los inmuebles, indicando respecto al templo parroquial y ermitas que su destino al culto es un indicio del dominio de la Iglesia, lo que se corrobora con la inclusión de los edificios en los inventarios de la Diócesis, la existencia de libros de fábrica, la tenencia de las llaves por la responsable de su limpieza y el que las obras siempre se trataran por los vecinos con el párroco, llegándose a ingresar los donativos en una cuenta bancaria del Obispado.

Más dudas podría ofrecer el caso del Cementerio, al disponer el art. 4 del Reglamento de Bienes de las Entidades Locales que deben ser considerados de dominio público. Pero no puede olvidarse que el Derecho Canónico

54. SAP Guadalajara, secc. 1ª, de 27 de marzo de 2012, núm. 81/2012, rec. 328/2011.

permite la existencia de cementerios parroquiales, habiendo reconocido la propia alcaldesa que los servicios son prestados por la parroquia, que el párroco es el encargado de la llave, concede los permisos, recibe los cobros y que el Ayuntamiento solo aporta los servicios del operario encargado de la apertura y cierre de los nichos.

- STSJ Navarra de 20 de enero de 2015[55].

  El objeto del pleito, comentado al tratar la desaparición de la certificación de dominio, consistió en la reclamación del Ayuntamiento de Huarte sobre la propiedad de la Iglesia de San Juan, basándose en la existencia de un derecho de patronato sobre la misma, no siendo atendida su pretensión ni por el Juzgado de 1ª Instancia (19 de junio de 2013), ni por la Audiencia Provincial de Navarra (29 de abril de 2014). La Iglesia había sido previamente inmatriculada por el Arzobispado de Pamplona.

  Sin entrar en las honduras con las que la Sentencia analiza el derecho de patronato, al que no concede virtualidad alguna para conceder el dominio sobre el bien, dispone que «*la prueba de la propiedad corresponde al demandante en una acción declarativa del dominio y en el presente caso el reconocido patronato que históricamente detenta la Villa de Huarte sobre la Iglesia parroquial, y que aparece descrito y relatado en el dictamen referido, presenta singularidades notorias por la amplitud de las facultades que se le reconocen a la Villa de Huarte —lo que se acredita también en las actas y acuerdos del Patronato que se aportan como documentos 5 y 6 de la demanda—, pero ni el bien aparece catalogado entre los bienes patrimoniales del Ayuntamiento, ni se acredita un acto de adquisición derivativa, ni una posesión publica e ininterrumpida del Ayuntamiento sobre la Iglesia*» (FD Cuarto).

- SAP Burgos de 20 de junio de 2016[56].

  Con relación a la propiedad de la Ermita de San Isidro, el Ayuntamiento de Aranda de Duero interpuso acción declarativa de dominio frente a la Parroquia de San Juan de la Vera Cruz, que se había inmatriculado por la referida Parroquia al amparo del art. 206 LH.

  En la 1ª Instancia se dicta Sentencia por el Juzgado de 1ª Instancia e Instrucción número 1 de Aranda de Duero accediendo a la pretensión municipal y declarando ser el Ayuntamiento el propietario de la edificación. La Parroquia recurre en apelación, confirmando el criterio de la instancia la Sentencia de la Audiencia al entender que el Ayuntamiento ha sido siempre el propietario de la ermita, que se ordenó construir por los regidores del municipio y habiendo corrido siempre el Consistorio con los costes de su mantenimiento y reparación. A todo lo que se unen otros

55. TSJ Navarra (Civil y Penal), secc. 1ª, Sentencia 20 de enero de 2015, núm. 2/2015, rec. 22/2014.
56. SAP Burgos, secc. 2ª, de 20 de junio de 2016, núm. 249/2016, rec. 162/2016.

hechos considerados probados, como que las llaves estuvieran siempre en poder de un empleado del Ayuntamiento o de una cofradía que no tenía carácter canónico, sino civil, y que se dirigían al ente municipal para cualquier cuestión relacionada con el inmueble.

Confirma la Sala el criterio mantenido por el Juzgado de 1ª Instancia de considerar que la celebración de actos religiosos en la Ermita, concretamente la romería en honor a San Isidro, no podían entenderse como indicativos del dominio sobre el inmueble.

- STSJ Navarra de 19 de mayo de 2021[57].

Especialmente interesante es el caso suscitado entre el Ayuntamiento de Sangüesa y la Diócesis de Pamplona por el dominio de las ermitas de San Babil, Virgen del Camino, Virgen del Socorro y Nuestra Señora de la Nora, de la referida localidad, solicitando se declare el dominio del Ayuntamiento cuando este conoce la inmatriculación de las mismas por parte del Obispado.

La pretensión del Ayuntamiento es un compendio de todos los motivos alegados por los consistorios en pleitos de similar naturaleza: que ha sido propietario desde tiempo inmemorial, que tiene documentos que acreditan un derecho de patronato sobre las mismas (este motivo solo predicable de controversias suscitadas en la Comunidad Foral), que ha corrido con los gastos de conservación y mantenimiento, que dispone de las llaves y que las ermitas se encuentran incluidas en el inventario municipal de bienes, así como catastradas a su nombre.

El Obispado entiende que las ermitas son de su propiedad desde su construcción y que, en caso de duda, debe entenderse que no fueron objeto de la legislación desamortizadora del siglo XIX. El uso por parte del Ayuntamiento se fundamenta en el derecho de patronato, institución totalmente distinta al derecho de propiedad.

Tras una serie de decisiones sobre aspectos casacionales, la Sentencia entiende que el Ayuntamiento no prueba el dominio sobre las ermitas, no consiguiendo levantar la carga de la prueba que le correspondía. Porque «*la prueba practicada demuestra el destino de las ermitas al culto católico, así como el mantenimiento de la posesión de estas por el Arzobispado, a través de las parroquias, sobre todo la de Santa María, y a través de las entidades que las usan, siempre bajo la supervisión y dependencia del párroco*» (FD Décimo). Tampoco es motivo para atribuir el dominio su inclusión en el inventario municipal, pues «*el carácter público del inventario municipal y la inclusión en él de las ermitas como inmuebles no acredita —tal como el recurso reconoce— la propiedad del Ayuntamiento, pero tampoco la pacífica posesión municipal de las*

57. STSJ Navarra (Civil y Penal), secc. 1ª, de 19 de mayo de 2021, núm. 2/2021, rec. 2/2021.

mismas a título de dueño», lo que es predicable igualmente de la inclusión en el Catastro, que no prueba la propiedad y es tan solo un indicio de la posible existencia de esta por el titular catastral.

Sí se insiste en la importancia del destino al uso religioso en el FD Décimo Tercero, con independencia de las concretas personas o entidades que, eventualmente, puedan poseer los bienes de forma inmediata: «*La posesión de una ermita erigida como templo del culto religioso se exterioriza y revela objetiva e inequívocamente a través del uso y dedicación al fin propio de su destino, al que incuestionablemente han servido y estado adscritos desde su erección los cuatro edificios objeto de la litis. No consta la realización en ellos de otros usos ajenos a la actividad propiamente eclesial y a la competencia y supervisión de sus autoridades, no obstante, su disfrute inmediato, alieno nomine (art. 431 CC) y compatible con el culto, por agrupaciones de laicos o seglares auspiciadas por la parroquia y dependientes de ella. La tenencia y el goce de las ermitas ha correspondido pues a la Iglesia*». La percepción se completa con la afirmación de que el uso por los vecinos o miembros de asociaciones vecinales no puede entenderse como uso vecinal o comunal a los efectos de considerar el edificio como de dominio público.

- SAP Castellón de 3 de octubre de 2022[58].

  Un reciente litigio que ha sido objeto de resolución es el concerniente a la propiedad del Campanario de la Iglesia de San Bartolomé, de Benicarló. El Ayuntamiento entendía que el bien era de su propiedad, al tener acceso al mismo, hacer uso para toque de campanas en fechas civiles señaladas y haber instalado en la torre un reloj. Esgrimía como fundamento de su pretensión, además, el dato físico de estar la torre-campanario exenta del edificio destinado al culto.

  Se dictó Sentencia en 1ª Instancia contraria a los intereses del Obispado de Tortosa, que había inmatriculado el inmueble, ordenando la cancelación de la inscripción y determinando ser de propiedad municipal por haberla adquirido por la carta puebla del Rey Jaime I en 1236, otorgada a los seis primeros pobladores de Benicarló, que construyeron la iglesia, derrumbada y vuelta a construir en el siglo XVIII.

  Contra la Sentencia, recurre el Obispado en apelación obteniendo sentencia favorable, entendiendo el Tribunal que lo que otorgó el Rey fue un derecho de patronato, que no transmite la propiedad, no habiendo demostrado el Ayuntamiento tener título de adquisición alguno. Con respecto al uso, entiende que siempre se ha destinado la torre al servicio del culto de la Iglesia de Benicarló. Tampoco considera que el derecho de patronato sea título adquisitivo, al suponer solo que el rey, los nobles o el municipio patrono eran los encargados de sufragar el coste de las construcciones.

58. SAP Castellón (sección 4ª) de 3 de octubre de 2022, núm. 197/2022, rec. 652/2018.

En definitiva, los costes que asume el Ayuntamiento no son acreditativos del dominio, como tampoco lo es que el bien conste en el inventario municipal de bienes. Los actos de posesión alegados por el Consistorio (pago de facturas, reparaciones, instalación eléctrica, pago de suministros y toque de campanas para festejos civiles) no significan tener una posesión en concepto de dueño, apta para adquirir por usucapión, tratándose de actos meramente tolerados por la Iglesia y que tuvieron su origen en ese derecho de patronato.

- SAP de Huesca de 30 de marzo de 2024[59].

Más reciente ha sido la resolución de la discusión sobre la propiedad de la Ermita de Nuestra Señora del Castillo, en Alberuela de Tubo (Huesca). Estando la Ermita junto al Castillo sito en esa localidad, entendía el Ayuntamiento ser de su propiedad, mientras el Obispado de Huesca procedió a su inmatriculación por certificación de dominio en el año 2015.

La demanda interpuesta por el Ayuntamiento dio lugar a sentencia favorable en 1ª Instancia, con fecha 28 de septiembre de 2021. El Juzgado entiende que ni Ayuntamiento ni Obispado consiguen acreditar título de dominio sobre la Ermita, considerando al Consistorio como poseedor de mejor derecho en aplicación de la acción publiciana, lo que es objeto de recurso de apelación por parte del Obispado.

Entiende el Ayuntamiento que, aunque no cuente con título escrito del dominio, ha adquirido la Ermita por usucapión, ya que ha venido actuando como dueño desde hace más de treinta años, especialmente con la realización de obras de reparación y conservación, solicitando incluso subvenciones a estos efectos. Además, alega que la inscripción registral a nombre del Obispado no resulta suficiente frente a quien no es titular registral, pero posee a título de dueño, no gozando de la protección del art. 36 LH frente al usucapiente.

Por su parte, la Diócesis entiende ser titular del dominio desde tiempo inmemorial, haciendo constar varias referencias documentales para su prueba, así como el hecho de que la Ermita conste catastrada a su nombre, formando una finca distinta del Castillo junto al que se ubica.

La Sala entiende que el Ayuntamiento no prueba ser el titular del dominio. La inmatriculación por el art. 206 LH fue notificada al Ayuntamiento, que interpuso la demanda transcurridos más de dos años desde la inscripción. En consecuencia, el Obispado cuenta con la legitimación registral del art. 38 LH, se presume que tiene título y que posee en concepto de dueño, presunción que puede y debe destruir quien entienda que no se corresponde con la realidad jurídica extrarregistral.

59. SAP de Huesca de 30 de marzo de 2024, núm. 99/2024, rec. 516/2021.

La Sentencia considera que el Ayuntamiento no prueba el dominio pues la primera actuación demostrada en cuanto a una posible posesión del inmueble data de 1992, no habiendo transcurrido 30 años entre dicha fecha y la de la inscripción registral en favor del Obispado.

Esgrime la Sala varios argumentos en defensa de la propiedad de la Diócesis: en primer lugar, que el inmueble siempre se ha destinado al culto católico y no han tenido lugar actos civiles del Ayuntamiento; en segundo lugar, la existencia de documentos que justifican la propiedad de la Diócesis de antiguo, especialmente las Reales Órdenes de 1854 y 1865 que la acreditaban como bien eclesiástico del Obispado de Huesca y que en el Catastro conste como finca distinta del Castillo y a nombre del referido Obispado; en tercer lugar, entender que las obras realizadas por el Ayuntamiento, y por los vecinos del pueblo, en modo alguno pueden afectar a la posesión, ni ser consideradas como actos de dominio sobre la Ermita; por último, que la tenencia de las llaves por un vecino debe entenderse como hecho que permite tener acceso al templo sin depender de la presencia puntual del sacerdote o párroco, siendo más bien un acto meramente tolerado que no afecta a la posesión.

En definitiva, concluye la Sala que una declaración de propiedad, como la que pretende el Ayuntamiento, «*requiere otra clase de pruebas más contundentes*»; los actos esgrimidos por la defensa del Ayuntamiento no son suficientes para probar la adquisición por usucapión, pues entiende que «*dichos actos no son un referente inequívoco de su posesión en concepto de dueño*» (FD Segundo).

2.3. Supuestos de doble inmatriculación de fincas

2.3.1. La doble inmatriculación en el Derecho español

Se produce la doble inmatriculación, señala Díez-Picazo[60] con definición más o menos unánime de la doctrina, cuando una misma finca se encuentra inmatriculada en dos folios registrales independientes y diferentes el uno del otro, pudiendo ser plural si se ha producido más de dos veces. Lo que podrá tener lugar, en palabras del mismo autor, cuando las dos fincas sean absolutamente idénticas entre sí, aunque sus descripciones y linderos estén hechos de forma distinta, o cuando una finca coincide solo parcialmente o se encuentra superpuesta con respecto a la otra. No existirá, por el contrario, cuando las inscripciones de ambos folios se refieran a derechos distintos, pues en estos casos los asientos no son contradictorios o incompatibles[61].

60. Díez-Picazo, L. *Fundamentos de Derecho civil patrimonial,* Editorial Civitas-Thomson Aranzadi, 5ª edición, Cizur Menor (Navarra) 2008, Tomo III, pág. 414.
61. Clemente Meoro, M.E. *Doble inmatriculación de fincas en el Registro de la Propiedad,* Tirant lo Blanch, Valencia 2007, págs. 17-18.

Como es sabido, indica Arrieta Sevilla[62], sigue nuestro Derecho Registral el sistema de folio real, abriendo uno particular a cada finca que accede al Registro, inscribiéndose en el mismo todas las inscripciones, anotaciones y cancelaciones que correspondan a la misma finca (art. 243 LH). Esta importancia de la finca en nuestro Derecho se concreta en el principio de especialidad, en cuya virtud debe procederse a una determinación precisa de las fincas, en los términos señalados en el art. 9 LH.

Constituye la doble inmatriculación un grave y frecuente defecto de nuestro ordenamiento jurídico inmobiliario, siendo considerada como la mayor patología que puede afectar al Registro y la que más desprestigia a la institución. Con ella, dice Fabre Lafuente[63], «se origina una situación de inestabilidad contraviniendo el principio registral de la existencia de un único folio para cada finca». Por tanto, se evita que su funcionamiento sea coherente, lo que ha sido facilitado por la simpleza de los medios de inmatriculación de fincas, la falta de una adecuada coordinación entre el Registro y el Catastro, por falta de fiabilidad de este último, así como por la facilidad histórica en cuanto a la descripción que definía y describía las fincas. Sobre este último particular, se refiere Roca Sastre[64] al hecho de que los linderos de las fincas se eternicen en los nombres de los propietarios colindantes, o la inutilidad individualizadora de la referencia al pago o partida de situación de la finca, que se modifica con el tiempo, que han facilitado sobremanera esta deficiencia de la doble inmatriculación.

Con todo, la existencia de casos de doble inmatriculación no ha sido sino «la excepción que confirma la regla», habiéndose facilitado con los medios inmatriculatorios el acceso de una amplitud de la base de las fincas registrales a los libros, permitiendo así un extraordinario desarrollo del tráfico inmobiliario[65].

Cuando una misma finca accede al Registro de la Propiedad por duplicado se produce la quiebra de la protección registral al titular inscrito. Las presunciones registrales van a defender y amparar a dos personas distintas que van a ser considerados como los verdaderos titulares del derecho inscrito, que van a ser considerados como poseedores de la finca inscrita y cuyas inscripciones van a ser consideradas

62. Arrieta Sevilla, L.J. *La doble inmatriculación registral,* Editorial Aranzadi, Cizur Menor (Navarra) 2009, pág. 23. El autor contrapone la importancia de la descripción de la finca en el sistema de folio real con lo que ocurre en el sistema de folio personal, donde la doble inmatriculación es frecuente cuando una finca es objeto de transmisión, constando en dos folios diferentes, el del *tradens* y el del *accipiens*, siendo tenido por propietario el que haya adquirido en virtud del título que más tarde hubiese accedido al Registro.

63. Fabre Lafuente, I. «El tratamiento de la doble inmatriculación en la actual normativa hipotecaria española. Nuevas perspectivas: la coordinación Catastro-Registro de la Propiedad», *Revista Crítica de Derecho Inmobiliario*, núm. 788, pág. 3308.

64. Roca Sastre, R.M., Roca Sastre Muncunill, L. y Berná i Xirgo, J. *Derecho Hipotecario,* Editorial Bosch, Barcelona, 2008, Tomo IV, pág. 316.

65. Arrieta Sevilla, L.J. *La doble inmatriculación..., op. cit.,* págs. 25-26 y 85.

como títulos en orden a la prescripción adquisitiva. ARRIETA SEVILLA[66] entiende que la doble inmatriculación contradice los principios básicos en los que se asienta la legislación hipotecaria:

- En primer lugar, el principio de especialidad, al aparecer la misma realidad física en dos o más folios tabulares, lo que no es sino consecuencia de que alguna de las inscripciones se ha producido de forma irregular. A nuestro juicio, incluso puede que la irregularidad en la inscripción se pueda haber producido en ambas, pues la irregularidad de una no significa que la inscripción contradictoria sea exactamente coincidente con la realidad física.

- En segundo lugar, los principios de prioridad y cierre registral, al conculcarse la imposibilidad de que un título pueda ser inscrito si ya consta en el Registro otro título contradictorio o incompatible, pues la existencia de un folio registral veta o cierra la entrada a cualquiera que pretenda volver a inmatricular la misma finca en un nuevo folio.

- En tercer lugar, queda vulnerado el principio de tracto sucesivo, según el cual solo se permite la inscripción de títulos otorgados por el *tradens* que tenga la condición de último titular registral inscrito, no pudiendo inscribir el *accipiens* si previamente no se ha inscrito el título de su transmitente.

- En cuarto lugar, el principio de publicidad registral, dando el Registro una información contradictoria de la finca, poniéndose en duda la presunción de exactitud que emana del Registro al facilitarse que puedan existir dos situaciones jurídico-registrales distintas con relación a una misma finca, con la existencia de folios opuestos que recogen derechos distintos, complementarios o contradictorios.

- Por último, en quinto lugar, se produce un atentado al principio de no contradicción, cuando en cada folio registral figura un titular distinto, contradiciéndose así lo dispuesto en el art. 7.1 LH que exige que la primera inscripción de cada finca lo sea del dominio. Ese dominio que va a ser objeto de la primera inscripción va a tener la consideración de derecho absoluto sobre un inmueble concreto y específico, por lo que la existencia de un segundo folio registral va a suponer una contradicción *in terminis* al no caber en nuestro Derecho que puedan existir dos personas propietarias exclusivas de la misma finca, fuera de los casos de copropiedad.

De la definición de la doble inmatriculación se deduce que puede ser tanto parcial como total, en función de que lo que haya accedido por duplicado al Registro sea una parte o la totalidad de una finca. La Jurisprudencia ha estado reticente a la hora de admitir la existencia de casos de doble inmatriculación parcial, ya que fácil-

66. ARRIETA SEVILLA, L.J. *La doble inmatriculación..., op. cit.*, págs. 26-28.

mente pueden confundirse con los supuestos de indeterminación de los linderos de dos fincas inscritas pero que sí sean distintas en la realidad jurídica extrarregistral. Siendo lo más frecuente el encontrarnos ante supuestos de doble inmatriculación total, podremos distinguir los casos en los que la misma se haya producido en favor de un mismo titular (que son poco usuales) de los supuestos en los que las fincas están inscritas a nombre de personas distintas.

En cuanto al posible origen de la doble inmatriculación, el profesor ARRIETA SEVILLA[67] distingue dos tipos: en primer lugar, la que es consecuencia de una actuación negligente de alguno de los contratantes quien, con desconocimiento de la previa existencia de un folio registral sobre la misma finca, causa la segunda inmatriculación o inmatricula parte de un terreno colindante ya inscrito; por otro lado, la inmatriculación segunda que se produce a sabiendas de la previa inscripción del mismo terreno o de que se está invadiendo un terreno ajeno ya inscrito sobre el que no se tiene ningún derecho. El autor nos indica que esta diferenciación entre doble inmatriculación negligente y dolosa ninguna relevancia tiene desde una perspectiva puramente civil, lo que no descarta que pueda tenerla penalmente.

Sobre el origen se pronuncia también DÍEZ-PICAZO[68] cuando nos dice que puede basarse en «una documentación falsa, producida con específicos fines dolosos o de fraude», si bien también puede deberse a orígenes «muy difíciles de esclarecer, o que obedezca a errores en anteriores descripciones, en especial en los casos de segregación o división de una finca en diferentes parcelas». Como veremos en los casos analizados, los conflictos surgidos con relación a bienes de la Iglesia Católica han tenido su causa habitual en el acceso doble al Registro de la misma finca por la certificación de dominio, siendo menores los supuestos en los que una de las inscripciones provenía de finca inscrita con anterioridad por otros títulos.

El Tribunal Supremo ha establecido constante jurisprudencia sobre la doble inmatriculación, entendiéndola como una situación patológica que se produce en el Registro de la Propiedad cuando una misma finca consta inmatriculada dos veces en folios diferentes y con distinto número, lo que genera una situación irregular que, al ser contraria a la exigencia de folio único para cada finca, determina la neutralización de cualquier efecto positivo de la publicidad registral que pudiera derivar de los respectivos asientos[69].

¿Cómo puede solucionarse esta patología registral? El criterio que, a falta de una normativa sobre ello, se ha mantenido por doctrina y Jurisprudencia es el de

---

67. ARRIETA SEVILLA, L.J. *La doble inmatriculación..., op. cit.*, pág. 59.
68. DÍEZ-PICAZO, L. *Fundamentos..., op. cit.*, Tomo III, pág. 415.
69. CLEMENTE MEORO cita, entre las muchas existentes, las SSTS 18 mayo 1953, 17 de junio 1963, 13 marzo 1964, 22 junio 1967, 22 junio 1972, 23 enero 1974, 27 febrero 1975, 31 octubre 1978, 16 mayo 1980, 13 junio 1981, 12 mayo 1983, 30 noviembre 1989, 17 febrero 1992, 16 diciembre 1993, 30 diciembre 1993, 28 enero 1997. CLEMENTE MEORO, M.E. *Doble inmatriculación de fincas..., op. cit.*, pág. 37.

la prevalencia de la inscripción de la finca cuyo dominio sea de mejor condición conforme al Derecho civil puro, con omisión de las normas de índole hipotecaria contenidas en la Ley en esa materia, pues la coexistencia de dos asientos registrales de igual rango y naturaleza, contradictorios e incompatibles entre sí, origina la quiebra de los principios rectores del mecanismo tabular, porque la protección a uno de los titulares supondría para el otro el desconocimiento de los mismos principios básicos de la publicidad, legitimación y prioridad.

En el campo del Derecho Civil los criterios sentados por la doctrina del Tribunal Supremo, entre en las Sentencias de 25 de mayo de 1995[70], 12 de febrero de 2008[71] y 1 de marzo de 2016[72] son los siguientes:

a) Que no pueden darse fórmulas genéricas aplicables a todos los casos.

b) El de la prevalencia de la hoja registral de la finca cuyo dominio sea de mejor condición atendiendo al Derecho Civil; es decir, abstracción hecha de las normas inmobiliarias registrales y dando preferencia a la titulación material sobre la formal.

c) La preferencia entre dos títulos inscritos deberá buscarse en el título civil originario de la adquisición, esto es, alguno de los enumerados en el art. 609 CC.

d) En defecto de lo anterior, se acudirá a las normas propias del Derecho Hipotecario.

Partiendo de esa base, se han consolidado dos criterios principales, el de la prevalencia de la hoja registral de la finca cuyo dominio sea de mejor condición según el Derecho Civil puro, o el de la prevalencia de la finca cuya inmatriculación sea más antigua por ser la primera que acudió al Registro en orden al tiempo.

Del examen de dicha doctrina fácilmente se deduce que la regla general la constituye el primero de los criterios jurisprudenciales. Solo en ciertos casos en los que concurran circunstancias particulares se puede aplicar el segundo criterio. Esto es así por lo simple de la cuestión, puesto que de atenernos a este segundo criterio hubiese bastado que el legislador así lo hubiere sancionado. Al no hacerlo, no cabe pensar que lo remitiera a un juicio ordinario declarativo, cuando la cuestión estaba resuelta con el mero examen de las hojas registrales.

La aplicación de las normas del Derecho Civil puro conllevará que el dominio sobre una cosa se pierde cuando otro lo gana en virtud de prescripción adquisitiva o usucapión (art. 609 CC) con cumplimiento de los requisitos establecidos en el propio Código. Y esto como consecuencia de la denominada neutralización de los principios

70. STS (Civil) de 25 de mayo de 1995, núm. 481/1995, rec. 539/1992.
71. STS (Civil), secc. 1ª, de 12 de febrero de 2008, núm. 100/2008, rec. 5334/2000.
72. STS (Civil), secc. 1ª, de 1 de marzo de 2016, núm. 117/2016, rec. 436/2014.

registrales, que explica el Tribunal Supremo en la Sentencia de 19 de mayo de 2015[73] en su FD Tercero y que reproducimos por su importancia: «*En primer lugar, conviene señalar que el único precepto de nuestro ordenamiento jurídico que se refiere, de manera explícita, al supuesto de la doble inmatriculación, el artículo 313 RH*[74]*, no contempla un criterio de solución del conflicto, sino que se dirige a facilitar un medio de publicidad o toma de razón del propio hecho de la irregularidad de la doble inmatriculación de la finca en dos folios diferentes e independientes uno del otro; limitándose, en consecuencia, a interesar el auto judicial que ordene la nota suficientemente expresiva de la doble inscripción al margen de ambas inscripciones, y reservar a los interesados las pertinentes acciones en orden del mejor derecho al inmueble que podrán ejercitar en el juicio declarativo correspondiente*».

Respecto a la neutralización de los principios registrales, dispone que «*debe señalarse que la denominada tesis de la neutralización recíproca de los principios registrales responde, conceptualmente, a las propias limitaciones que presenta el principio de fe pública registral en el desarrollo lógico-jurídico de la protección que dispensa tanto a favor del titular inscrito, con la presunción de exactitud y la legitimación registral, como en la protección a terceros, mediante la inoponibilidad de lo no inscrito (32 LH) y la plena eficacia del principio, conforme al artículo 34 de la citada Ley. De acuerdo con esta base conceptual, se comprende que la doctrina de la neutralización recíproca de los principios registrales no pueda ser aplicada de un modo absoluto o dogmático, esto es, como condicionante "ab initio" (desde el inicio) de la vigencia del propio principio de la fe pública registral, sino sólo en atención a las limitaciones que presente su desarrollo lógico-jurídico en el curso o recurrido que se proyecte, de acuerdo con las circunstancias y datos registrales del caso objeto de examen. Cuestión que, entre otros extremos, podrá llevar a que en determinados casos su recorrido resulte agotado cuando la doble inmatriculación dé lugar a la confrontación de varios titulares registrales que ostenten la condición de tercero de acuerdo con lo dispuesto en el artículo 34 LH. Pero igualmente, su curso o recorrido no quedará agotado en aquellos supuestos, como el caso que nos ocupa, en donde la doble inmatriculación dé lugar a la confrontación de un titular registral frente a otro que ostente la condición de tercero hipotecario, resultando preferido este último*».

Termina el TS entendiendo que «*debe precisarse el alcance de la doctrina de la neutralización de los principios registrales a raíz de la doble inmatriculación pues, en la línea conceptual expuesta, su aplicación tampoco supone una ruptura o total separación del Derecho registral y el Derecho civil "puro", como a veces se alude; sino más bien lo contrario, si se tiene en cuenta que para la determinación del titular dominical con mejor derecho no parece que puedan excluirse las normas hipotecarias de contenido material que, como tales, deben considerarse desarrollos del Derecho civil, casos, entre otros, del citado artículo 34 o de los artículos 35 y 36 de la LH, que regulan la adquisición del dominio y de derechos reales a través de la prescripción adquisitiva (usucapión) en relación con el Registro de la Propiedad*».

---

73. STS (Civil), secc. 1ª, de 19 de mayo de 2015, núm. 144/2015, rec. 530/2013.
74. El art. 313 RH se entiende derogado, según la doctrina, al haberse introducido el art. 209 LH en la reforma de 2015, precepto que regula el procedimiento para resolver registralmente los supuestos de doble inmatriculación.

Como veremos en los casos en los que ha existido esta doble inmatriculación con presencia de entidades eclesiásticas, siempre aparecerá la diferencia que tan atinadamente expresó LACRUZ BERDEJO[75] cuando distinguió, basándose en RAMDHOR, entre el folio legítimo y el pseudofolio:

A. El folio legítimo, que podrá serlo con legitimidad inicial o adquirida, será el que haga constar como titular a quien verdaderamente es titular del dominio en la realidad extrarregistral. Lo que podrá suceder de forma originaria o inicial porque el folio legítimo inicial ha seguido expresando en los sucesivos titulares al verdadero propietario, pues nunca han perdido su derecho por un modo originario, por el concurso de la usucapión. O de forma adquirida, cuando quien no era verdadero titular extrarregistral ha obtenido por modo originario el derecho que ya figuraba inscrito con anterioridad a su favor, por haberlo adquirido por el concurso de la usucapión.

   En estos casos, la inmatriculación conforme al art. 206 LH habrá conseguido que acceda al Registro una finca propiedad del titular registral; o bien, habiendo accedido la finca al Registro por el art. 206 LH de forma indebida, por no corresponder la propiedad al inmatriculante, habrá devenido este propietario por el concurso de la usucapión.

B. El pseudofolio o folio ilegítimo, en el que se ha cometido la irregularidad que lleva a la doble inmatriculación, sin que se haya enmendado posteriormente mediante una adquisición originaria.

   Nos encontraremos con el caso de que la inmatriculación por certificación de dominio sea inexacta, por no corresponder el dominio a la entidad promotora de la inscripción. También, al supuesto de inmatriculación correcta por el propietario, pero que pierde su dominio por la adquisición posterior de otro de modo originario, por el concurso de la usucapión.

2.3.2. *Casos de doble inmatriculación*

- STS de 25 de enero de 1991[76].

  La cuestión debatida trata de la propiedad de una Capilla enclavada dentro de una finca objeto de desamortización, enajenada según las disposiciones desamortizadoras de 1841, inscrita en la Contaduría de Hipotecas y, posteriormente, en el Registro de la Propiedad, cuyo tracto sucesivo es ininterrumpido hasta llegar al titular actual. En 1977, la Parroquia de Estartit, perteneciente a la Diócesis de Gerona, inmatricula la Capilla por certificación de dominio.

75. LACRUZ BERDEJO, J.L. *Derecho inmobiliario registral*, Editorial Aranzadi, Cizur Menor 2015, pág. 287.
76. STS (Civil) de 25 de enero de 1991, núm. 13039/1991.

La *litis* se centra en el hecho de quedar o no incluida la Capilla en la subasta pública efectuada en 1843, por entenderse o no exceptuada de la desamortización. Concluye la Sala en que debe entenderse que la Capilla fue objeto de enajenación y desamortización, pues debidamente se hizo constar que en la finca se encontraba enclavada una capilla; que no obstaculiza este criterio el hecho de que esporádicamente se celebren en la misma actos de culto, pues todo se hace previa autorización del dueño de la finca. Además, la venta judicial debe entenderse como una resolución que ya es firme y que no puede ser impugnada. No se entiende la nulidad de la enajenación en cuanto a la capilla dada su lejanía histórica, lo que debió impugnarse en su momento, por lo que no cabe en el caso aplicar el principio general del Derecho «*quod ab initio vitiosum est non potest tractu tempore convalescere*» (FD Sexto).

- STS de 18 de noviembre de 1996[77].

Se produce disputa judicial entre el Arzobispado de Santiago y unos vecinos con relación a la propiedad de unas ermitas que se encuentran situadas en el monte vecinal en mano común de San Jorge de Sacos y de Fentazes. Entienden los vecinos que tales inmuebles tienen las notas inseparables de ser indivisibles, inalienables e imprescriptibles. Con posterioridad a la inscripción registral en favor de los vecinos, la Iglesia inmatricula las ermitas por el art. 206 LH.

La Sentencia concluye en la propiedad de los vecinos, pues la Iglesia no demuestra una posesión de los templos apta para adquirir por usucapión. Y en el FD Cuarto hace una afirmación que conviene resaltar, la de la posible coexistencia de derechos canónicos y eclesiásticos sobre las ermitas y capillas con la propiedad de particulares, en los siguientes términos: «*La inviolabilidad y respeto que nuestro Ordenamiento Jurídico mantiene, en ejecución de los Acuerdos con la Santa Sede, para los lugares y edificios dedicados al culto de la Iglesia Católica —sobre los cuales mantiene su jurisdicción específica— es totalmente compatible con la propiedad que corresponda de los terrenos a otras personas jurídicas o físicas, como sucede en la presente controversia y quedó ya considerado*».

Por tanto, el destino al culto no implica titularidad dominical, como se declara taxativamente cuando dice: «*La existencia de ermitas en los montes del pleito, resulta perfectamente compatible con la titularidad vecinal sobre los mismos, ya que aquellas al estar destinadas al culto católico, sujeto a la disciplina del Derecho Canónico, no lo obstaculiza ni menoscaba precisamente, sino que incluso lo ampara y fomenta la referida titularidad dominical vecinal, y dentro de las circunstancias que concurren en los lugares litigiosos para no entorpecer el uso y acceso a las ermitas existentes en los mismos, ya que la inviolabilidad del*

77. STS (Civil) de 18 de noviembre de 1996, núm. 955/1996, rec. 3818/1992.

culto en lugares sagrados está incluido en el Acuerdo de diciembre de 1.979, con la verificación de ceremonias y procesiones, conforme reconoce la sentencia de 13 de mayo de 1.994, debiendo de practicarse por tanto el culto tanto intramuros, como extramuros» (FD Segundo).

- STS de 18 de diciembre de 2000[78].

  En este caso, la doble inmatriculación recaía sobre el antiguo convento de Agustinos, de Rocafort (Valencia), y la casa del párroco adyacente, que había sido desamortizado e inscrito en la Contaduría de Hipotecas en 1842 a nombre del Ayuntamiento, y que también había accedido al Registro de la Propiedad mediante certificado de posesión en 1929, a nombre de la Parroquia de San Sebastián Mártir, y a través de certificación de dominio del art. 206 en el año 1974, en favor del Consistorio.

  El inmueble se adquiere por el Ayuntamiento en virtud de la Ley de 26 de julio de 1842, de la Administración de bienes nacionales de Valencia, para su destino a casas consistoriales y casa-habitación del cura párroco, destinos a los que se dedica sin solución de continuidad desde esa fecha. Pero la recurrente entiende que la adquisición por donación del Ayuntamiento quedó anulada por el Concordato de 1851 y la posterior Ley de 1 de junio de 1869 que, en su artículo 35, establecía la devolución a los diocesanos de los conventos y bienes de su pertenencia que estuvieran en poder del Gobierno y que no hubieran sido enajenados. La Sala entiende que el Ayuntamiento adquirió mediante escritura de donación condicional y que se produjo la pérdida de la propiedad por parte de la Iglesia, lo que podía ser consecuencia de *«venta en pública subasta y subsiguiente adquisición por los particulares o la adquisición directa a título gratuito por corporaciones»*, como ocurre en el caso estudiado (FD Segundo).

- STS de 16 de noviembre de 2006[79].

  Ejercita el Ayuntamiento de Alzira una acción reivindicatoria frente al Arzobispado de Valencia por la propiedad de la Ermita de Nuestra Señora del Lluch, inscrita en posesión a nombre del Consistorio en 1944 y convertida en inscripción de dominio en 1987, y también inmatriculada por la Diócesis en 1997 por certificación del art. 206 LH. Anuladas las presunciones que la inscripción produce a cada uno de los titulares registrales, la cuestión se centra en determinar quién es el verdadero propietario del inmueble, entendiendo que es el Arzobispado quien demuestra ser el dueño de la Ermita y del terreno sobre el que está construida. Lo que lleva a la Sala, además, a desestimar la pretensión del Ayuntamiento de adquirir el dominio por accesión, por entender ser dueño del terreno sobre el que el edificio destinado al culto se construyó, entendiendo la Sentencia que

78. STS (Civil) de 18 de diciembre de 2000, núm. 1191/2000, rec. 3637/1995.
79. STS (Civil) de 16 de noviembre de 2006, núm. 1176/2006, rec. 486/2000.

habiendo demostrado la Diócesis ser dueña del terreno, lo es también de lo construido sobre él.

- SAP Palencia de 7 de octubre de 2008[80].

  Este caso enfrenta la pretensión sobre la propiedad de una Ermita de una Cofradía, titular registral de una rústica, en virtud de título de concentración parcelaria, en el que dice encontrarse la edificación. Frente a ella, la Diócesis de Palencia inmatricula el templo en virtud del art. 206 LH. La Sala considera que la concentración parcelaria es título insuficiente para atribuir la propiedad y que de las pruebas practicadas se deduce la propiedad de la ermita por parte de la Diócesis palentina en estos términos: «... *frente a la inscripción registral del terreno rústico a favor de la cofradía actora, siempre ha de prevalecer la realidad extrarregistral y que es totalmente compatible el reconocimiento de la titularidad de la finca rústica a favor de la actora, con el hecho de que la propiedad de la ermita no corresponda a dicha cofradía al no haberse probado su titularidad dominical, concurriendo sólo actuaciones eventuales y manifestaciones no consolidadas como demostrativas de un efectivo, claro y decidido, del dominio de la ermita, que sea superior y preferente al de la entidad demandada. En resumen, ni consta que la cofradía actora construyese la ermita en cuestión, ni que haya adquirido con posterioridad la propiedad de la misma por cualquiera de los medios reconocidos en las leyes, ni tan siquiera consta que la haya poseído en concepto de dueña desde su construcción, con independencia de las labores de mantenimiento y uso de la misma en los términos que indican las propias reglas de la repetida cofradía lo que, en modo alguno, puede significar prueba alguna que acredite su dominio*» (FD Sexto).

- SAP Segovia de 4 de febrero de 2015[81].

  Se produce la controversia entre el Ayuntamiento de Bernardos y la Diócesis de Segovia sobre la propiedad de la Ermita de Nuestra Señora del Castillo, que se inmatricularon en el Registro tanto por el Consistorio (en 1958) como por el Obispado (en 2012). Conocida esta última, el Ayuntamiento interpuso la oportuna demanda declarativa de dominio con petición de cancelación de la inscripción efectuada.

  La Sala deniega la petición del Ayuntamiento de ser titular originario de la Ermita por haber ordenado y ejecutado su construcción, ante la falta de documentos y elementos probatorios de tal hecho. Lo que sí admite es la adquisición por usucapión extraordinaria, entendiendo que la posesión se inicia cuando se inscribe la Ermita, en 1958, y que no hay ningún acto de oposición del Obispado hasta que realiza la inscripción de la finca en el Catastro, 49 años después, por lo que transcurre el tiempo más que sufi-

80. SAP Palencia, secc. 1ª, de 7 de octubre de 2008, núm. 199/2008, rec. 221/2008.
81. SAP Segovia, secc. 1ª, de 4 de febrero de 2015, núm. 16/2015, rec. 16/2015.

ciente para que se produzca la usucapión *secundum tabulas*. De las pruebas practicadas se deduce que la posesión lo fue a título de dueño, como la solicitud de declaración de interés cultural o la realización de obras a través de la asociación de vecinos.

En contra de la propiedad de la Diócesis, la Sala entiende que no es suficiente el destino del bien al culto religioso cuando expone: «*Queda acreditado y eso no se discute el uso religioso que se da a la Ermita y por lo tanto su utilización por la Parroquia, así como los donativos que hacían los vecinos a lo largo de siglos XVIII y XIX para el ornato y mantenimiento del culto en la misma, pero ese derecho de uso no atribuye el dominio*» (FD Tercero). Frente a la alegación del Obispado de no poder inmatricular el templo hasta la reforma de la LH de 1998, la Sala esgrime que el hecho de que el templo no se pudiese inscribir no puede significar que la propiedad perteneciese a la Iglesia. Lo que se impedía era la inscripción de los edificios destinados al culto, pero con total independencia de quién fuese su propietario o titular. Además, el hecho de no poder inmatricular el inmueble no supuso impedimento alguno para que el Obispado hubiese interpuesto una acción declarativa de dominio, impugnando de este modo la inmatriculación realizada por el Ayuntamiento.

Para nuestro trabajo, lo que entendemos relevante es que de la Sentencia se deduce el hecho de que la Ermita fue propiedad de la Iglesia o, al menos, no lo fue del Ayuntamiento. Solo eso permite la entrada en juego de la usucapión del art. 35 LH, conforme al Registro; es decir, la usucapión tiene la virtualidad de convertir al titular inscrito, el Ayuntamiento, que no era el propietario extrarregistral, en verdadero propietario.

- SAP Navarra de 10 de noviembre de 2021[82].

Caso ya comentado al analizar la desaparición de la certificación de dominio es el de la reclamación que el Ayuntamiento de Ochagavía interpuso contra la Diócesis de Pamplona por la propiedad de la Ermita de Nuestra Señora de Muskilda, la casa habitación y las ollarceguías (fincas rústicas de secano), sobre lo que recayó sentencia favorable a los intereses municipales del Juzgado de 1ª Instancia de fecha 23 de junio de 2017.

El Ayuntamiento consideraba que el monte tenía carácter comunal, siendo objeto de expediente de información posesoria en 1930 y convirtiéndose en inscripción de dominio en 2002. Alegaba haber sido construida la ermita por los habitantes del pueblo, así como una posesión ininterrumpida a través del denominado Patronato Mere Lego, junto con el hecho de haber soportado los costes de su destino al culto a la Virgen, con actos religiosos y culturales.

---

82. SAP Navarra, sec. 3ª, de 10 de noviembre de 2021, núm. 1450/2021, rec. 779/2017.

Por su parte, la Diócesis de Pamplona inmatriculó ermita y casa en el año 2009 mediante certificación de dominio, y en 1981 las fincas rústicas, impugnando la figura del patronato alegada por el Ayuntamiento al considerar que no puede confundirse con el derecho de propiedad.

Como ya advertimos, la Sentencia establece unos criterios muy relevantes con relación al fondo del asunto. Así, con relación al derecho de patronato lo entiende como un derecho que se reconocía a los laicos, fundamentalmente consistente en un conjunto de derechos y cargas con relación a un determinado lugar de culto, lo que se disponía tanto en la legislación canónica como luego en la civil que la recibió (FD 5º). En cuanto a la naturaleza comunal de las fincas rústicas, la Sentencia es clara cuando afirma que «*el carácter comunal del Monte Muskilda y de las ollarceguías poco aporta en orden a la titularidad de la ermita, casa-habitación y las huertas, puesto que lo definitivo es que las mismas se encuentran enclavadas en el Monte, lo que no significa, con arreglo al derecho de patronato, que tal enclavamiento suponga la titularidad dominical de tales bienes*» (FD 6º).

Entendemos como una afirmación relevante la de que «*la inclusión de bienes en el inventario municipal no puede ser entendida como sinónimo de derecho de propiedad*» (FD 6º), al no crear derecho alguno frente a terceros (STS 3 de octubre de 1988), ni acreditar posesión ininterrumpida en concepto de dueño que permita la adquisición del bien por usucapión (STS 26 de mayo de 2000)[83].

Aporta la Sentencia un criterio para presumir la titularidad eclesial del edificio, el del *uso o destino religioso*. Así, en su FD 8º dispone como indicio esclarecedor el que la Ermita se haya destinado al culto religioso católico sin interrupción: «*La posesión de una ermita erigida como templo del culto religioso se exterioriza y revela objetiva e inequívocamente a través del uso y dedicación al fin propio de su destino, al que incuestionablemente han servido y estado adscritos desde su erección los cuatro edificios objeto de la litis. No consta la realización en ellos de otros usos ajenos a la actividad propiamente eclesial y a la competencia y supervisión de sus autoridades, no obstante, su disfrute inmediato, alieno nomine y compatible con el culto, por agrupaciones de laicos o seglares auspiciadas por la parroquia y dependientes de ella. La tenencia y el goce de las ermitas ha correspondido pues a la Iglesia*».

También analiza la Audiencia la posible incidencia sobre el pleito de la legislación desamortizadora, debatiendo si la Ermita y la casa habitación del párroco o capellán habían sido a no desamortizadas y pasado a manos del Estado. Sobre esto último, entiende que templos y viviendas de sacerdotes fueron excluidos de la desamortización, aplicándose plenamente lo dispuesto en el Convenio de 1859 y posterior Convenio-Ley de 4 de abril de 1860 (FD 11º).

83. STS (Civil) de 26 de mayo de 2000, núm. 525/2000, rec. 2311/1995.

- SAP Almería de 29 de noviembre de 2022[84].

  En este interesante pleito se produce la controversia sobre la propiedad del cementerio de la localidad de Tíjola entre el Ayuntamiento y la Diócesis almeriense. El cementerio se encuentra dentro de una inmensa finca inscrita en posesión para el común de los vecinos de Tíjola con fecha 16 de diciembre de 1872, en aplicación de lo establecido en el RD de 11 de noviembre de 1864 sobre fincas del Estado y ayuntamientos que no hubiesen sido objeto de la desamortización. Además, entiende el Consistorio que forma parte de un Monte Público, objeto de deslinde y amojonamiento administrativo con fecha 1991, alegando que la gestión del cementerio le corresponde desde la inscripción en 1872.

  Frente a lo anterior, el Obispado alega tener la titularidad desde tiempo inmemorial, que las concesiones sobre panteones se pueden remontar al siglo XIX y que fue la Diócesis quien solicitó y a quien se concedió la exención de la contribución urbana. La finca había sido inmatriculada por certificación del art. 206 LH expedida por el Secretario General-Canciller.

  Los argumentos de la Sentencia son muy interesantes, al estimar que entiende que la inscripción de posesión se realizó en favor del común de los vecinos cuando ya estaban constituidos los ayuntamientos desde 1833, no demostrando el Ayuntamiento la posesión pública, pacífica e ininterrumpida del cementerio en ningún caso. El hecho de que la finca esté catalogada como bien del Ayuntamiento no sirve para demostrar que existe un derecho de propiedad al no haber probado el título de adquisición conforme al Reglamento de Bienes de las Entidades Locales. Cuando se inscribe la posesión a nombre del común de los vecinos ya se habían constituido los ayuntamientos en el año 1833.

  Por el contrario, la Sala considera probada la posesión desde tiempo inmemorial por el Obispado, lo que se destaca con las siguientes palabras referidas al uso inmemorial de la STS de 28 de marzo de 1963: «*...la posesión "cuius memoriam non extat", es aquello que se integra por un lapso de tiempo al que no alcanza la memoria de los hombres, sin noticia alguna de hechos que la contraríe (sentencias de 21 de junio de 1864, 15 de octubre de 1866, 24 de octubre de 1864, 17 de enero de 1895 y 28 de febrero de 1898) y por su larga duración constituye un estado de hecho al que se le ha conferido el valor jurídico de servir de título para usucapir respecto de las cosas que no tengan el carácter de imprescriptibles*» (FD Segundo, punto 14).

- SAP Barcelona de 24 de febrero de 2023[85].

  Unos particulares y la Parroquia de Santa Eulalia y el Obispado de Vic tenían inscrita la ermita de San Sebastián, los primeros como parte de

84. SAP Almería de 29 de noviembre de 2022, núm. 1305/2022, rec. 1552/2021.
85. SAP Barcelona (secc. 17ª) de 24 de febrero de 2023, núm. 133/2023, rec. 690/2021.

unos terrenos. Es el Obispado quien puede demostrar que ha tenido la posesión, al menos desde el siglo XVIII, existiendo referencia a la casa de la ermita desde 1589, contando con números documentos de los últimos 30 años que así lo acreditan, como pago de impuestos, realización de obras y, especialmente, el expediente de declaración de la ermita como BIC, en el que la Generalitat se entiende con quien considera ser el dueño, el referido Obispado.

Existiendo dos inscripciones que hacen que se anulen las presunciones registrales, según concluye la sentencia, «*Debe acudirse a las normas del Derecho Civil, dándose preferencia a la titulación material sobre la formal, de manera que la preferencia entre los títulos inscritos debe buscarse en el título civil originario de adquisición, es decir, en alguno de los enumerados en el artículo 609 del Código Civil. La parte actora no ha acreditado mejor título dominical respecto de las construcciones anexas quedando acreditado el mejor derecho de la parte demandada respecto de la Ermita y de las construcciones anexas a ella. La parte actora, en fecha 11 de abril de 2003 otorga escritura de declaración de obra nueva según consta en el documento; pero no interviene la parte demandada*» (FD Quinto).

- El contencioso que derivó en STEDH.

Sin seguir el orden cronológico empleado en el análisis de las resoluciones, queremos hacer especial referencia, en el final del estudio de los casos de doble inmatriculación, a la Sentencia de 1ª Instancia que puso fin al conflicto entre el Obispado de Palencia y la Sociedad Anónima del Ucieza sobre un templo destinado al culto. Como se comentó en el estudio pormenorizado de la posible inconstitucionalidad del art. 206 LH[86], las sentencias recaídas sobre el asunto dieron pie a una reclamación ante el TEDH, que dictó Sentencia por la que condenó al Estado Español a indemnizar a la sociedad demandante, al entender que había sido perjudicada como consecuencia de la doble inmatriculación que se había dado en el caso.

Recordamos que el caso se fundamentaba en la doble inmatriculación de la iglesia de San Norberto, perteneciente en su día al Monasterio del Priorato Prematritense de Santa Cruz de la Zarza. Como consecuencia de las leyes desamortizadoras de 1820 y 1835, los bienes del Priorato fueron vendidos en pública subasta, con excepción de la casa convento o edificio prioral, con fecha 23 de diciembre de 1841, siendo adquiridos por D. Valentín, llegando la cadena sucesiva de adquirentes a la Sociedad Anónima del Ucieza, quien dice tener la iglesia inscrita al decirse en su título que dentro de la finca se halla «enclavada» una iglesia, una casa, dos norias, un corral y un molino, dentro de sus linderos. Frente a esta inscripción, la Diócesis de Palencia inmatricula la iglesia por certificación de dominio del art. 206 LH.

86. Segunda Parte, Capítulo II.

Según se dispone en la Sentencia (FD Tercero), la sociedad demandante basaba su pretensión en tres aspectos concretos: el origen de su adquisición (la desamortización), la forma de adquirir el dominio (una pública subasta) y la posesión del edificio (al disponer de la llave que permite el acceso a su interior). Sobre estas pretensiones, el Juzgado emite sentencia en sentido negativo.

En primer lugar, en cuanto a la desamortización, no se pone en duda que el Priorato de Santa Cruz de la Orden Prematritense fuera suprimido por las leyes desamortizadoras del primer tercio del siglo XIX. Pero no supone esta supresión que dentro de sus bienes se encontrase el templo objeto de litigio, pues al tener la condición de parroquia quedó fuera del listado de bienes de la Orden que fueron objeto de enajenación. Así, se dice expresamente que la iglesia nunca figuró en el estadillo realizado a instancia del Estado, en ningún momento se describe la iglesia, que además no es objeto de valoración como el resto de los bienes, lo que no deja de resultar llamativo. A ello se une el hecho de seguir siendo destinada al culto después de la venta de la finca en la que se encuentra, continuándose con la administración de los sacramentos en ella, con la actividad habitual de cualquier parroquia (FD Cuarto), y permaneciendo como bien propio del Obispado de Palencia, único que ha acometido obras para su conservación, «*actuando y asumiendo en todo momento la titularidad dominical del templo*» (FD Quinto).

En cuanto a la causa de adquisición (venta en pública subasta) por la sociedad demandante, la Sentencia concluye en la imposibilidad de haber sido adquirida al tener dicha condición parroquial que impedía ser afectada por las leyes desamortizadoras y que, en consecuencia, «*permaneció como bien propio de la Iglesia y en tal condición ha sido esta y en concreto el Obispado de Palencia el único que ha acometido obras para su conservación, actuando y asumiendo en todo momento la titularidad dominical del templo*» (FD Quinto).

2.3.3. *La subsanación de la doble inmatriculación en la legislación hipotecaria*

Con anterioridad a la reforma de la LH de 2015, afirma Roca Sastre[87] que nuestra legislación hipotecaria no se ocupó tradicionalmente de establecer medios represivos o correctores del anormal fenómeno de la doble inmatriculación.

El art. 313 RH disponía lo siguiente: «*Si el que tuviere inscrita a su favor una finca creyere que otra inscripción de finca señalada bajo número diferente se refiere al mismo inmueble podrá pedir al Juez de Primera Instancia del lugar en que radique el Registro que, con citación de los interesados y siempre que se pruebe la identidad de la finca, dicte auto ordenando que se extienda nota suficiente expresiva de la doble inmatriculación al margen*

87. Roca Sastre, R.M., Roca Sastre Muncunill, L. y Berná i Xirgo, J. *Derecho Hipotecario*, op. cit., Tomo IV, págs. 318 y ss.

de ambas inscripciones. En el auto se reservarán a los interesados las acciones de que se consideren asistidos sobre declaración del mejor derecho al inmueble, que podrán ejercitar en el juicio declarativo correspondiente». Se limitaba, por tanto, a introducir la nota marginal de tipo cautelar como advertencia a terceros, en espera de que se dictara la resolución pertinente en procedimiento declarativo sobre a quién correspondía el dominio sobre la finca.

El RD 1867/1998, de 4 de septiembre, modificó el texto del precepto contemplando tres posibles situaciones de doble inmatriculación y las vías de solución:

1) La doble inmatriculación más aparente que efectiva, distinta de la verdadera doble inmatriculación, en la que las fincas inscritas en diferentes folios estuvieran inscritas a nombre de la misma persona. El titular debía solicitar al Registrador el traslado de las inscripciones o asientos posteriores al folio registral más antiguo, necesitándose el consentimiento de los titulares de los asientos posteriores, si los hubiere.

2) La doble inmatriculación propia o antagónica, estando inscritas las fincas a nombre de personas distintas, existiendo acuerdo entre ellas en escritura pública solicitando la cancelación o rectificación del folio convenido.

3) Por último, la doble inmatriculación antagónica y contenciosa, en la que no existe acuerdo de los interesados, pudiendo cualquiera de ellos solicitar del Juez de 1ª Instancia del lugar donde radicaba la finca se dictara auto ordenando nota de la posible existencia de la doble inmatriculación al margen de ambas inscripciones, en espera de resolución sobre el dominio, nota marginal con un plazo de caducidad de un año.

La Ley 13/2015, de 24 de junio, supone un cambio sustancial en las relaciones entre los interesados y el Registro de la Propiedad, produciéndose una actualización de las normas reglamentarias establecidas en cuanto al tratamiento de la doble inmatriculación[88]. La regulación actual se establece en el art. 209 LH, disponiéndose un expediente ante el Registrador de la Propiedad en orden a la subsanación con

88. Fabre Lafuente, I. «El tratamiento de la doble inmatriculación...», *Revista Crítica de Derecho Inmobiliario*, op. cit., pág. 3311. Con la aprobación de la reforma se produce una derogación tácita del art. 313 RH, o cuando menos, falta la aplicabilidad inmediata del mismo. No existe una derogación expresa, más allá de lo dispuesto en la disposición derogatoria de la propia Ley 13/2015 cuando dice que «*Quedan derogadas cuantas normas se opongan a lo previsto en la presente Ley*». Así lo señala la RDGRN de 22 de noviembre de 2016 cuando dice que «*... el régimen jurídico del tratamiento de la doble inmatriculación entre dos fincas o más fincas o partes de ellas cambia sustancialmente tras la entrada en vigor de la reforma de la Ley Hipotecaria operada por la Ley 13/2015, pues ahora es objeto de una novedosa regulación, y además, con rango de ley, debiendo por tanto entenderse tácitamente derogado el* artículo 313 del Reglamento Hipotecario» (RDGRN de 22 de noviembre de 2016. BOE núm. 302/2016, de 15 de diciembre de 2016).

carácter de norma legal y no reglamentaria. Sus principales características, siguiendo a García García[89], son las que se exponen a continuación:

- La competencia para tramitar y resolver el expediente corresponde al Registrador del distrito hipotecario en el que radique la finca. La novedad es que el Registrador es competente para resolver, y no solo para incoar y tramitar el expediente.

- El expediente puede iniciarse de oficio por el Registrador o a instancia del titular de cualquier derecho inscrito en alguno de los distintos folios registrales. La incoación de oficio supone una excepción al principio de rogación, algo lógico cuando de resolver un defecto tan grave como el de la doble inmatriculación se trata. El Registrador, por tanto, incoará el expediente cuando detecte por sí mismo la posible existencia del doble folio o cuando sea consecuencia de la inscripción de un título solicitada por algún interesado.

- El Registrador realizará todas las investigaciones pertinentes en su propio archivo, incluidas las representaciones gráficas que tenga, y podrá recabar los datos que necesite del Catastro.

- Si de los datos y pruebas recabadas apreciara la posible existencia de la doble inmatriculación, notificará esta circunstancia a todos los titulares de los derechos inscritos, y a sus causahabientes, si los hubiere, dejando constancia mediante nota marginal en la última inscripción del dominio extendida en el folio de cada uno de los historiales coincidentes.

A partir de la incoación del expediente se abren las distintas posibilidades en cuanto a la resolución del mismo, en términos parecidos a los que se disponían anteriormente en el art. 313 RH:

1) La inscripción en los folios registrales en favor de la misma persona.

   En este caso, estando las fincas libres de cargas o existiendo las mismas y con el mismo orden, no produciéndose perjuicio para terceros, «*la contradicción se salvará con el consentimiento de los interesados, practicando al final del historial registral más reciente un asiento de cierre o cancelación del mismo, haciendo referencia a este hecho, mediante la oportuna nota al margen en el historial más antiguo*» (art. 209, 4º LH).

   Se mantiene el principio de rogación y se entiende que puede perfectamente solicitarse por el interesado o interesados que se mantenga el folio más moderno por tener un título que convenga más a su titular, por ejemplo.

89. García García, J.M. *La finca registral y el Catastro. Inmatriculación, obra nueva, reanudación de tracto y restantes procedimientos de la Ley 13/2015, de 24 de junio*, Editorial Aranzadi, Cizur Menor, 2016, págs. 995-1013.

2) Inscripción a nombre de titulares distintos con acuerdo de los interesados.

Los titulares inscritos son distintos o, siendo el mismo, no existe coincidencia en el orden de las cargas que gravan cada una de las fincas inscritas. En estos supuestos, el Registrador «*convocará a los interesados a fin de lograr el acuerdo que determine las titularidades que han de recaer sobre la finca y la prelación registral entre ellas*» (art. 209, 5º LH). En caso de que todos los interesados comparezcan y convengan unánimemente en las rectificaciones a realizar, el Registrador lo hará constar documentalmente y procederá a cancelar el historial de la finca registral más moderna y a rectificar el de la más antigua. Todo ello, claro está, si entiende que las operaciones son adecuadas legalmente.

3) Falta de comparecencia de algunos de los interesados o existencia de oposición por cualquiera de ellos.

En estos casos, el Registrador debe dar por concluido el expediente, dejando constancia documental de este extremo, mediante nota marginal, en la última inscripción de dominio de cada uno de los folios afectados.

El promotor del expediente puede entablar demanda ante el Juzgado de 1ª Instancia en el que radica la finca contra quienes no hubieren comparecido o se hubiesen opuesto en el expediente.

4) Denegación por parte del Registrador del hecho de la doble inmatriculación.

En caso de denegación por parte del Registrador de la pretensión de subsanación de la doble inmatriculación, el interesado puede interponer los recursos hipotecarios previstos en la Ley contra la calificación negativa, sin perjuicio de la facultad que le asiste de acudir al procedimiento judicial correspondiente en defensa de su derecho a la propiedad del inmueble.

5) Sentencia judicial.

Fuera de los casos previstos en el art. 209 LH, cualquier interesado puede interponer una acción declarativa por la que solicite sea tenido por titular del dominio de la finca doblemente inscrita, lo que conllevará, necesariamente, la cancelación de la inscripción a nombre de quien no tenga la condición de dueño a resultas del procedimiento judicial.

García García advierte que la paralización del expediente no ocurrirá solo cuando sea uno de los interesados quien interponga la demanda. También tendrá lugar de ser un tercero quien emprenda la acción sobre el dominio u otro derecho real inscribible sobre la finca, incluso si no hace referencia a la existencia de la doble inmatriculación, ya que existiría una discusión en vía judicial sobre los derechos recayentes sobre la finca que impedirían la resolución del conflicto en vía de jurisdicción voluntaria.

2.4. Otros conflictos de propiedad entre Iglesia y Ayuntamientos

- SAP Huesca de 18 de noviembre de 2004[90].

Se resuelve en el pleito la controversia entre el Ayuntamiento y la Diócesis de Jaca sobre la propiedad de la Ermita de la Virgen del Rosario, en Osia. La Diócesis interpone una acción declarativa de dominio al entender que el inmueble es de su propiedad por prescripción. Para ello, tras alegar que es propiedad de la Iglesia desde el siglo XII, utiliza como argumento que la Ermita, como bien destinado al culto, no quedó afectada por la legislación desamortizadora; que, en caso de entenderse fue desamortizada, no fue enajenada por el Estado y volvió a la Diócesis por las disposiciones del Concordato de 1851 y Convenio Ley de 4 de abril de 1860, normas que servirían de título para adquirir el inmueble de nuevo por usucapión ordinaria. El Ayuntamiento, por el contrario, entiende que la Iglesia pertenece al común de los vecinos, siendo uno de ellos quien tiene las llaves de la misma.

Al analizar el fondo del asunto y los hechos y documentos relevantes en el caso, establece el Tribunal un criterio que entendemos muy significativo, el de que «*la ermita ha tenido que pertenecer a la Iglesia desde su construcción en el siglo XII, al haber sido destinada al culto religioso*». Asimila, por tanto, uso religioso a titularidad del dominio; lo que, consideramos que debe entenderse de forma no literal; debe ponerse en cuestión esta asimilación si no va acompañada, como en el caso que nos ocupa, de documentos, actos y testimonios que no dejan lugar a duda de la propiedad eclesiástica (las obras se ejecutaron siempre por el Obispado, las llaves las tiene un vecino porque el párroco no reside en la localidad y se las entrega a él, etc.).

Entiende también la Sala que el hecho de figurar catastrada la finca a nombre del Ayuntamiento no puede entenderse como acto capaz de enervar derechos sustantivos civiles, pues se trata de un registro meramente administrativo. Por todo lo que declara el dominio de la Diócesis y ordena su inscripción en el Registro de la Propiedad.

- Sentencia Juzgado de 1ª Instancia número 3 de Toledo de 23 de mayo de 2005[91].

Muy interesante resulta la controversia resuelta en Toledo, que no enfrenta al Ayuntamiento sino al Estado. La Parroquia de Santo Tomé interpone acción declarativa frente al Estado por la propiedad de la Sinagoga del Tránsito, que había sido inscrita en posesión en 1930 y convertida en inscripción de dominio, alegando ser la dueña en virtud de la usucapión *secundum tabulas*. El inmueble había pasado a la Iglesia con la expulsión de los judíos por los

---

90. SAP Huesca, secc. 1ª, de 18 de noviembre de 2004, núm. 231/2004, rec. 64/2004.
91. ST Juzgado de 1ª Instancia número 3 de Toledo, de 23 de mayo de 2005, núm. 62/2005, rec. 213/2004.

Reyes Católicos, en primer lugar, a la Orden de Calatrava, destinándose al culto hasta la desamortización. No quedando claro si había o no sido objeto de desamortización, entiende el Obispado que viene estando en posesión de la Iglesia desde, al menos, 1930 (año en el que se inscribe la posesión), siendo regida desde 1979 por una fundación o por el Estado, sin que ello impida que se entienda a la Diócesis como legítima titular de la finca.

El Estado se opone entendiendo que la ermita pasó efectivamente a manos de la Orden de Calatrava tras la expulsión de los judíos, pero que nunca pasó a la Iglesia. Tras la desamortización de los bienes de las órdenes militares, la propiedad pasó al Estado en calidad de bien nacional, quien ha tenido la posesión ininterrumpida desde entonces y se ha hecho cargo de su mantenimiento y conservación, teniendo el carácter de bien de dominio público. La inscripción posesoria realizada en su día solo puede demostrar que la posesión pudo estar en manos de la Iglesia, no estándolo ya, lo que no sirve en absoluto para poder demostrar el dominio. En todo caso, termina, el Estado habría adquirido por usucapión por tener la posesión en concepto de dueño.

La Sentencia se fundamenta en el título dominical alegado por el Arzobispado en su demanda. Y concluye en el hecho indiscutible de que las distintas leyes desamortizadoras tuvieron un efecto parcial sobre los bienes de la Iglesia, pero total en cuanto a los de la Órdenes Militares, que pasaron en su totalidad a considerarse bienes nacionales, resultando documentalmente probado respecto a la Sinagoga objeto del pleito.

La cuestión que nos parece más interesante es la que hace referencia a la inscripción de posesión realizada en 1930. Al amparo de la LH de 1909, estas inscripciones podían pasar a ser de dominio transcurridos 10 años, a instancias de parte interesada. Pero entiende el juzgador que en nada afectan al propietario no poseedor. Y que la mutación de posesión inscrita en dominio solo serviría para proteger a terceros adquirentes de buena fe. Así, dispone la Sentencia que «*cuando una finca esté inscrita en posesión a favor del poseedor no propietario, mientras ésta no consolide su derecho mediante la usucapión, con acomodo a las normas que con relación a ella establece el CC, o la inscripción no se convierta registralmente en dominio para terceros que adquieran, la fe pública despliega sus efectos en una actuación circunscrita a la línea de poseedores sucesivos, pero no opera en contra de acción dominical que corresponda al propietario no poseedor, quien puede actuar contra los adquirientes sucesivos del poseedor inscrito, sin que en lo referente a la misma queden protegidos por la presunción de exactitud del contenido del Registro, pues ya saben ellos que, en virtud de su adquisición, devienen simples poseedores, y que por lo tanto quedan expuestos a las actividades dominicales que puedan plantear los propietarios no inscritos, por lo que, en definitiva, las inscripciones de posesión deben calificarse de inscripciones de efectos relativos*» (FD Cuarto).

Por último, en cuanto a la posible adquisición por usucapión *secundum tabulas* por la Iglesia, considera no haber lugar a esta por no bastar la mera inscripción de dominio para ello, debiéndose acompañar de la posesión a título de dueño y de la buena fe para que entren en vigor las presunciones establecidas por los arts. 35 y 38 LH. Además, la Sinagoga es un bien de dominio público imprescriptible, a lo que se une que la posesión siempre ha estado en manos del Estado desde hace más de un siglo. En conclusión, el principio de legitimación registral del art. 38 LH no es oponible a la titularidad de dominio público, inatacable aun cuando no conste en el Registro. El dominio público no surge del tráfico jurídico derivado del Registro de la Propiedad, sino que surge de la propia ley y es protegible frente a los asientos registrales (FD Quinto).

- SAP Zaragoza de 18 de febrero de 2014[92].

De muy interesante lectura es también la Sentencia que resuelve el litigio entre la Parroquia de San Mateo de Gállego y el Ayuntamiento de dicha localidad por la propiedad de una ermita, pues en ella se traza la relativa importancia que la legislación desamortizadora puede tener en orden a determinar quién es el propietario de un edificio destinado al culto.

En la cuestión debatida, la Parroquia alega ser la propietaria del inmueble por haber sido exceptuado de la desamortización por las diversas leyes desamortizadoras, especialmente la Ley de 1 de mayo de 1855 y el Convenio Ley de 4 de abril de 1860. Pero entiende la Sala que no ha acreditado este extremo documentalmente, no bastando la referencia los certificados emitidos por el Obispado, al ser una de las partes en el juicio. Frente a ello, el Ayuntamiento sí demuestra una permanente actuación sobre el edificio, actos que pueden ser considerados como realizados en concepto de dueño (obras, denegación del uso al párroco, por ejemplo), sin que conste la participación directa de la Iglesia, que se remontan a la mitad del siglo XIX, sin que cesen en momento alguno ni sean desvirtuados por prueba alguna de la Parroquia demandante.

De especial interés es la referencia que hace la Sala a la STS de 30 de abril de 1997 en cuanto a la posesión en concepto de dueño necesaria para demostrar el dominio con las siguientes palabras: «*Además, el artículo 1941 del Código Civil exige que la posesión ha de ser en concepto de dueño, lo que significa que posee con la apariencia, la conducta externa y el convencimiento externo de que es titular y no reconoce el dominio en otra persona. No es suficiente la intención (aspecto subjetivo) para poseer en concepto de dueño, sino que se requiere un elemento causal o precedente objetivo que revele que el poseedor no es mero detentador, dice la sentencia de 18 de octubre de 1994; y añade la de 30 de diciembre de 1994 que ha de basarse en actos inequívocos, con clara manifestación externa*

92. SAP Zaragoza, secc. 5ª, de 18 de febrero de 2014, núm. 42/2014, rec. 424/2013.

en el tráfico, por lo que no es suficiente la simple tenencia material o simple, sino que a ella ha de añadirse el "plus" dominical de actuar y presentarse en el mundo exterior como efectivo dueño y propietario de la cosa» (FD Segundo).

Por ello, frente al criterio generalizado en la Jurisprudencia de que el destino al culto es un indicio de la posible titularidad eclesial, la Sala estima que, en el presente caso, el uso religioso del templo ha sido muy limitado en el tiempo y con carácter siempre muy esporádico.

- SAP Segovia de 30 de diciembre de 2020[93].

Se entabla demanda declarativa de dominio por parte del Obispado de Segovia frente al Ayuntamiento de Santa María la Real de Nieva para que se declare ser propietario de la Iglesia de Santa María y, además, del resto de partes que conforman el conjunto monumental de Santa María la Real, el claustro, solar de la antigua sacristía, portería, sala capitular, refectorio, salón de cortes y sala de la reina, todo lo que formaba un antiguo convento de Dominicos. El Juzgado de 1ª Instancia declara la propiedad del Obispado solo del templo y del Ayuntamiento sobre el resto, ordenando la inscripción a favor de los declarados propietarios y ordenando la cancelación de las inscripciones en favor del Obispado de las estancias no destinadas a iglesia.

La controversia recae sobre el recurrente supuesto de considerar si determinados bienes fueron o no objeto de desamortización, entendiendo que el templo no lo fue y, en consecuencia, es propiedad del Obispado, mientras que el resto de inmuebles fueron incautados y enajenados. Además, estos últimos se entienden han sido adquiridos por el Ayuntamiento por prescripción extraordinaria al ser poseídos a título de dueño por más de 30 años. El Obispado no prueba acto de dominio alguno posterior a 1980, fecha desde la que es el Ayuntamiento quien corre con los gastos de mantenimiento y reparación de la parte no destinada al culto.

Es digno de mención el criterio que la Sentencia establece respecto al argumento esgrimido por el Obispado sobre una de las partes del edificio, el claustro, del que dice estar destinado al culto al celebrarse en el mismo procesiones y otros actos litúrgicos. Para la Sala, esos actos no denotan posesión en concepto de dueño y deben entenderse como actos tolerados por el Ayuntamiento (FD Cuarto).

- SAP Zamora de 29 de septiembre de 2022[94].

La Parroquia de Santa María Magdalena de Corrales del Vino interpone acción reivindicatoria contra el Ayuntamiento de dicha localidad solici-

93. SAP Segovia, secc. 1ª, de 30 de diciembre de 2020, núm. 421/2020, rec. 412/2019.
94. SAP Zamora, secc. 1ª, de 29 de septiembre de 2022, núm. 304/2022, rec. 346/2021.

tando recuperar la posesión de la Ermita de la Virgen de las Angustias, que había sido inmatriculada por la Parroquia en virtud de certificación de dominio. Previamente, el Ayuntamiento había iniciado un expediente de investigación de la titularidad del bien, adoptando acuerdo declarando su titularidad municipal, lo que fue impugnado por la Parroquia, obteniéndose la declaración de nulidad del acuerdo por Sentencia del Juzgado de lo Contencioso-Administrativo.

El conflicto sobre la titularidad nace cuando la Junta de Castilla y León, en un expediente para la rehabilitación de la Ermita, solicita del Obispado de Zamora la puesta a disposición de la misma; pero, terminadas las obras, entrega las llaves al Ayuntamiento, al constar por error este como titular en la información técnica.

La Parroquia alega que su titularidad procede de tiempo inmemorial, hace siglos, además de la inscripción a su nombre en el Registro de la Propiedad. Frente a esta pretensión, el Ayuntamiento reconviene y aduce que la certificación de dominio es nula, por haber sido firmada por el Vicario General, quien no tenía la custodia y administración de los bienes, además de que no se presenta por el Obispado el original del inventario de bienes; la Ermita, defienden, pertenecía a una Cofradía que se disolvió en 1910, por esta razón se incoó expediente de investigación sobre su titularidad, tras cuyo conocimiento el Obispado inmatriculó la finca; por último, los gastos de limpieza, mantenimiento, conservación y reparación han corrido a cargo del Ayuntamiento y las llaves de la Ermita estaban en poder de un agente municipal.

La Sala estima las pretensiones de la Iglesia y declara ser la propietaria de la Ermita, que ha sido reconocida por los alcaldes de la localidad, la última vez en 2002, además de que la inscripción en el Registro opera en su favor con las presunciones del art. 38 LH. Por ello, el Ayuntamiento no ha probado haber adquirido por alguno de los modos establecidos en el art. 609 CC, ni por usucapión, al no poder iniciarse la posesión necesaria para ello sino desde el año 2002 en que se reconoce la titularidad eclesial.

La parte que conviene resaltar de la Sentencia es la que resuelve con relación a la posesión de la Ermita, al tener las llaves un agente municipal. La Sala argumenta que podría entenderse que la tenencia de las llaves podía haber conllevado la adquisición del dominio por usucapión extraordinaria por el Ayuntamiento. Pero la Parroquia también seguía ejecutando actos posesorios, como actos litúrgicos, responsos, si bien pocos por su estado ruinoso, no habiéndose destinado nunca el recinto a actos civiles. Por tanto, estaríamos en presencia de la coincidencia de la posesión sobre la Ermita de dos personas distintas, debiendo ser preferido el poseedor más antiguo, según el art. 445 CC (FD Tercero).

- SAP Huesca de 30 de octubre de 2024[95].

  Recientemente se ha resuelto la controversia suscitada entre el Ayuntamiento de Isábena y la Diócesis de Barbastro-Monzón sobre la propiedad de un inmueble situado junto a la llamada Catedral de Roda de Isábena. La Iglesia había poseído el inmueble en el siglo XVIII, alegando el Ayuntamiento que fue desamortizado y que, desde entonces, pasó a su propiedad, lo que permitió su inmatriculación por el Consistorio en 1999. Por el contrario, el Obispado alegaba que la Iglesia lo había poseído ininterrumpidamente, al menos, desde 1979, por lo que se había producido su adquisición por usucapión.

  La Sala estima la pretensión del Obispado, indicando que la inscripción registral a favor del Ayuntamiento en 1999 no interrumpía la posesión *ad usucapionem*, pues la misma recaía sobre otra finca, no formando parte de la inscripción el terreno discutido, sobre el que el Ayuntamiento había determinado no poseer documentación justificativa del dominio, esperando a encontrarla para proceder luego a su inmatriculación, lo que sí había podido acreditar respecto a la finca colindante.

3. OTROS SUPUESTOS: LUGARES DE CULTO ENCLAVADOS EN FINCAS PARTICULARES, CONTROVERSIAS CON OTRO TIPO DE ENTIDADES Y CON OTRAS PERSONAS FÍSICAS O JURÍDICAS

- STS de 29 de octubre de 1992[96].

  Aunque en la cuestión ventilada por el Tribunal Supremo no aparezca la inmatriculación a través del art. 206 LH, sí consta una inmatriculación en virtud de título público de adquisición del art. 205 LH por el que unos particulares habían inscrito un terreno adyacente a su vivienda y que la Parroquia de Castillo-Siete Villas, en Santander, entendía formaba parte del templo parroquial desde tiempo inmemorial.

  La Sala concluye en que el terreno es propiedad de la parroquia, pues así se ha acreditado en la instancia, aun cuando no se haya aportado título escrito de dominio, ya que «*el título de dominio equivale a justificación dominical, que puede acreditarse por cualquiera de los distintos medios de prueba*». Entiende que la referencia al terreno objeto de debate en el título de los inmatriculantes es errónea y, por tanto, su constancia registral no queda amparada en la presunción de titularidad del art. 38 LH, que es *iuris tantum* y admite prueba en contrario.

95. SAP Huesca, secc. 1ª, de 30 de octubre de 2024, núm. 362/2024, rec. 350/2024.
96. STS (Civil) de 29 de octubre de 1992, rec. 1798/1990.

Lo más destacado, a nuestro juicio, de lo resuelto por la Sentencia es la referencia a que la inclusión en el título inmatriculador de un hecho erróneo o falso con respecto a los datos de hecho de la finca inmatriculada hace decaer la presunción de titularidad del art. 38 LH, porque la inscripción no convalida los actos o contratos nulos, a tenor del art. 33 LH.

Lo establecido por la Sentencia es aplicable a los datos incluidos en cualquier título inmatriculador, también en las certificaciones de dominio del art. 206 LH. Como señala la propia Resolución, «*la inscripción opera sólo respecto a la existencia y extensión del derecho, no abarcando, por implicar una presunción de derechos, a los datos registrales que sean meramente de hechos (existencia de la finca, circunstancias físicas, etc.); todo ello implica que las presunciones del artículo actúan mientras los Tribunales no declaren la inexactitud del asiento (Sentencia de 23 de noviembre de 1961), entendiendo el art. 39 como inexactitud la discordancia entre el Registro y la realidad jurídica extrarregistral*».

- STS de 13 de mayo de 1994[97].

  El Obispado de Gerona fue demandado por la sociedad propietaria de unas fincas con relación a la propiedad de la denominada Ermita de Bell-Lloch, situada o enclavada dentro de la misma, obteniendo sentencia contraria en 1ª Instancia y favorable en parte por la SAP Barcelona de 9 de octubre de 1990, lo que le llevó a interponer recurso de casación.

  En el pleito se ventiló la discusión acerca del dominio de la referida Ermita, sita en una finca de propiedad particular, entendiendo el titular del terreno que el templo era de su propiedad, por lo que no podían acceder los fieles cuando lo deseasen sin contar con permiso del propietario, así como que la ermita no se regía por el Derecho Canónico en cuanto a la propiedad, posesión y dominio. Por ello, no existía obligación de entregar ninguna llave al Obispado y el culto católico solo podría tener lugar previa autorización del titular registral de la finca.

  Frente a estas alegaciones, el Obispado de Gerona entendía ser propietario de la ermita en cuestión, solicitando se cancelase la referencia a la misma en la inscripción registral de la finca en que se enclava, además de que se declarase que dicha finca se encontraba limitada por el uso y práctica del culto católico en la ermita, tanto público como privado, no teniendo derecho alguno el dueño de la finca a tener llave del templo. Subsidiariamente solicitaba, de entenderse no ser propietario, se declarase tener un derecho de uso o usufructo sobre la edificación cultual.

  Mientras la Sentencia de 1ª Instancia otorgó la razón a la sociedad propietaria de la finca, si bien con la declaración de que la ermita de su propiedad estaba destinada al culto católico y regida por el Derecho Canónico, la

97. STS (Civil) de 13 de mayo de 1994, núm. 457/1994, rec. 2751/1991.

Audiencia Provincial declaró el dominio del Obispado y ordenó la cancelación de la referencia a la ermita en la inscripción registral de la finca.

El TS confirma el criterio de la apelación al entender que la ermita data de 1273, siendo su construcción actual de 1758, y que tras la desamortización siguió estando destinada al culto católico, solo interrumpido durante la II República. Solo cuando los actuales propietarios adquieren la finca, constando en el título adquisitivo que dentro de la finca existe la ermita debidamente habilitada y destinada al culto católico, se inician una serie de entorpecimientos y obstáculos para el acceso a la misma. Se declara por la Sala que la ermita es propiedad de la Iglesia, un templo público al que pueden acceder todos los fieles sin autorización de la sociedad propietaria de la finca, rigiéndose por el culto católico y sin necesidad de autorización alguna para su utilización, lo que se fundamenta en la inviolabilidad del culto en los lugares sagrados establecido en los Acuerdos entre el Estado Español y la Santa Sede, de 3 de enero de 1979, como en la garantía a la libertad de culto que ofrece el art. 16.1 CE.

- STS de 30 de abril de 1997[98].

  La Orden de Franciscanos ejercita acción reivindicatoria sobre el conocido como Convento de San Francisco y la huerta adyacente, sitos en la ciudad de Orense, que constaban inscritos a nombre del Ministerio de Defensa en virtud de certificaciones de posesión, convertidas luego en inscripciones de dominio, pidiendo se cancelen las mismas y se orden la inscripción a su nombre.

  Los inmuebles habían sido objeto de desamortización por las leyes de 1836 y 1845, pasando al Estado, que los cedió primero al Ayuntamiento de Orense, pasando de este al Ministerio de Defensa. La Sentencia entiende que no cabe reconocer el dominio de la Orden al no tener lugar la aplicación de lo establecido en el Convenio-Ley de 1860, que desarrollaba lo acordado entre la Iglesia y el Estado en el Concordato de 1851, ordenando la devolución de los bienes que no hubieran sido enajenados. Lo que, resuelve, no cabe en el caso al haber sido los bienes transferidos al Estado en 1843, cuyo dominio se considera indiscutible. Señala la Sentencia que lo que hace la Orden Franciscana no es probar su propiedad, sino el modo como perdió el dominio, con la desamortización, no habiéndolo recuperado en ningún momento.

- SAP Alicante de 31 de julio de 2001[99].

  Se ventila en el pleito la cuestión de la titularidad de una ermita y su terreno adyacente, enfrentando al Obispado de Orihuela-Alicante con

98. STS (Civil) de 30 de abril de 1997, núm. 335/1997, rec. 1217/1993.
99. SAP Alicante, secc. 6ª, de 31 de julio de 2001, núm. 412/2001, rec. 798/1998.

unos particulares que tenían inscrita a su favor la finca en la que ermita y terreno se encuentran enclavados, por título de compraventa, inscribiendo posteriormente la ermita en virtud de una declaración de obra nueva. El Obispado alega que en el título de adquisición de los dueños del terreno no se incluyen templo y terreno, solicitando, subsidiariamente para no entenderse así por la Sala, se declare su adquisición por usucapión extraordinaria.

Con relación al primero de los pedimentos, la Sala entiende que no puede entenderse excluida la ermita del inmueble objeto de compraventa e inscripción en el Registro, pues la finca consta delimitada por unos linderos claros y se enajena como cuerpo cierto, siendo los linderos los elementos esenciales identificadores de la finca y no la superficie o cabida, según establecen las SSTS de 12 de marzo de 1948, 9 de noviembre de 1949 y 5 de diciembre de 1980. A lo que debe unirse la presunción del art. 350 CC que considera al dueño de un terreno como propietario de todo lo que esté debajo y encima del mismo, presunción *iuris tantum* que admite prueba en contrario de quien se considere titular de alguna construcción existente.

En cuanto a la adquisición por prescripción, la Sala corrige el criterio del Juzgado de instancia y entiende que el Obispado ha poseído la ermita y el terreno adyacente durante el tiempo necesario para usucapir y con los requisitos exigidos; porque, dice en el FD Cuarto, «*se ha demostrado que la Ermita objeto de litis es un templo idóneamente dedicado al culto católico y que, conforme a esa intrínseca finalidad para la que fue erigido, la institución para la que se demanda ha mantenido sobre el mismo una posesión periódica (con lo que debe entenderse cumplido en este caso el requisito de la continuidad en el uso o la tenencia y desde una época que sobradamente excede de la treintena exigida por el artículo 1959 para la apreciación de la usucapión extraordinaria*». Todo ello en función de la prueba aportada, como la testifical, la constancia catastral a nombre del Obispado, la existencia de una ermitaña al cuidado de la ermita y la conservación de la misma por la Diócesis. En virtud de lo anterior, resuelve la nulidad de la inscripción y ordena su cancelación.

- SAP Navarra de 4 de febrero de 2003[100].

Consiste el caso en la demanda interpuesta por un particular frente al Arzobispado de Pamplona en la que solicita se declare su propiedad sobre un retablo existente en la iglesia del Señorío de Eransus, pidiendo también se declare la propiedad sobre el referido templo por usucapión al haberlo adquirido en virtud de título de donación y encontrarse inscrito en el Registro de la Propiedad. El Arzobispado reconviene a la demanda solicitando declaración de su dominio y cancelación de la inscripción contraria, dada la posesión de la iglesia que mantiene desde tiempo inmemorial.

100. SAP Navarra de 4 de febrero de 2003, núm. 23/2003, rec. 155/2002.

La Sentencia, después de afirmar que el titular registral no está protegido por el art. 34 LH al ser su título adquisitivo a título gratuito, entra a valorar la prueba practicada entendiendo la propiedad de la Iglesia y realiza una afirmación muy relevante en cuanto a la necesidad de tener que probar el concreto título adquisitivo que debió formalizarse en tiempo inmemorial con las siguientes palabras: «*... no puede inferirse otra conclusión que no sea la de afirmar la titularidad dominical de la Iglesia Católica sobre dicha construcción, a lo que no empece la ausencia de constancia documental ni la falta de inscripción registral. La antigüedad de la iglesia, datada, como hemos dicho, en el siglo XIII, convertiría en diabólica la exigencia de probar documentalmente el dominio sobre ella. La notoriedad de su destino, como templo destinado al culto católico, permite, no obstante, hacer la afirmación antedicha, esto es su pertenencia a la Iglesia Católica. Además, tal notoriedad se ve refrendada por la prueba documental practicada a instancias de la parte hoy recurrente que acredita tanto actos reveladores del dominio como la efectiva posesión sobre la iglesia*» (FD Tercero).

- SAP Murcia de 9 de noviembre de 2006[101].

  Se resuelve en el caso una demanda declarativa de dominio interpuesta por la Asociación de Vecinos La Alberca frente al Obispado de Cartagena-Murcia, por la propiedad del denominado cementerio parroquial de la citada localidad que entendía la Asociación era propiedad del Ayuntamiento de Murcia y, en consecuencia, bien de dominio público.

  De la prueba practicada, la Sala deduce que el bien pertenece al Obispado por título de adquisición fechado a primeros del siglo XX, habiéndose adquirido por la denominada Junta parroquial, cuyo tesorero era, a la sazón, alcalde pedáneo, lo que podía llevar a la confusión sobre qué entidad había sido la verdadera adquirente de la finca. Pero se demuestra que la construcción se efectuó con donativos de los particulares, no con fondos de la administración municipal, lo que resalta especialmente la Sentencia al advertir que «*Esta impronta de ayuda y cooperación, alejada de cualquier designio de demanialidad, está presente en la propia forma en la que la comunidad de vecinos canaliza aquí sus aportaciones*» (FD Quinto). Todo ello supone la plena validez de la inmatriculación efectuada por el Obispado y la denegación de la pretensión de nulidad de la misma.

- SAP Baleares de 27 de septiembre de 2010[102].

  Ejercita un particular acción reivindicatoria frente al Obispado de Mallorca para que se declare ser propietario y se le restituya en la posesión de un Oratorio y hospedería existentes en el monte conocido como Castillo de Alaró, que la Diócesis inmatriculó por el art. 206 LH. La Sentencia es concluyente al no haber demostrado el recurrente ser el titular del dominio

101. SAP Murcia, secc. 2ª, de 9 de noviembre de 2006, núm. 286/2006, rec. 91/2006.
102. SAP Baleares, secc. 4ª, de 27 de septiembre de 2010, núm. 355/2010, rec. 222/2010.

de lo reivindicado, pues es esto lo que se ventila en el juicio, y no si el Obispado no es el propietario de los edificios.

Sin conocer la prueba aportada, parece poco defendible la postura del demandante, dado que en su título de propiedad constaba que su finca lindaba con el Oratorio propiedad de la Iglesia Católica. Frente a la alegación de ser titular catastral, recuerda la Sala la STS de 26 de octubre de 2000 que determinaba que la titularidad catastral era solo un indicio y que debía apoyarse en otras pruebas para probar la propiedad, no siendo suficiente por sí misma para este fin. Lo que unido a las pruebas aportadas que justifican la titularidad del Obispado sobre el conocido Santuario de la Virgen del Refugio, sirvieron a la Sala para rechazar la acción reivindicatoria y declarar la validez de la inmatriculación efectuada por la Diócesis.

- SAP A Coruña de 31 de octubre de 2012[103].

En el asunto abordado no se produce la inmatriculación por el art. 206 LH, sino por el título público de adquisición (art. 205 LH antes de la reforma de 2015). Pero resulta interesante abordar lo acontecido porque arroja luz sobre la posesión necesaria para adquirir por usucapión frente a quien aparece como titular registral.

El pleito se ventila entre la parroquia de Ribadulla, del municipio de Santiso, y la Asociación de vecinos «A Veseña», con relación al dominio de una parcela situada junto al templo parroquial. Alega la Diócesis de Lugo que el terreno había sido adquirido, junto con parroquia, casa del párroco y cementerio, por escritura de permuta con una compañía hidroeléctrica, y a cambio de la antigua parroquia y terrenos que iban a ser inundados por la construcción de un pantano. Frente a esta pretensión, los vecinos alegaban haber adquirido el terreno por prescripción adquisitiva al estar haciendo uso como dueños del terreno desde hacía más de 35 años para la celebración de sus fiestas, habiendo llegado a instalar un palco.

La Sala, después de resolver sobre la validez del título de permuta que los vecinos discutían, entra a valorar el carácter de la posesión de los vecinos, entendiendo no es apto para adquirir por usucapión en los siguientes términos: «*en los actos de los vecinos no se aprecia conducta propia de los dueños de la finca, ni siquiera a partir de 1978, fecha en que algunos de ellos solicitan autorización del Obispado para celebrar allí las fiestas, sin discutir en absoluto el derecho de propiedad de aquél*». Y continúa la Sentencia haciendo referencia a un aspecto importante de la posesión necesaria para usucapir que es necesario resaltar: «*Verdaderamente, los vecinos ocupan la finca para jugar al fútbol, celebrar magostos y otro tipo de celebraciones, pero puede razonablemente entenderse que ello es en virtud de pura tolerancia del verdadero dueño, que no es, desde 1968, sino el Obispado de Lugo demandante y ahora apelante, por lo*

103. SAP A Coruña, secc. 5ª, de 31 de octubre de 2012, núm. 545/2012, rec. 343/2011.

que tales actos posesorios, aun continuados, públicos e ininterrumpidos, en modo alguno pueden afectar a su derecho de propiedad. Son numerosísimos los casos en que el atrio de una iglesia o parte de la finca rústica posterior a ésta son utilizados en Galicia por los vecinos para usos semejantes a los aquí referidos y probados, sin que ello pueda significar, por sí mismo, la adquisición del dominio por usucapión» (FD Sexto).

- SAP León de 27 de septiembre de 2013[104].

  Se suscita el pleito cuando la Junta vecinal de Quintanilla de Losada realiza obras de construcción de un parque infantil en terrenos adyacentes al templo parroquial de la localidad, lo que entiende el Obispado de Astorga está dentro del inmueble de su propiedad, en el que se incluye la franja afectada y el propio edificio destinado al culto, inmatriculado por certificación de dominio. La Junta vecinal alega falta de identificación de la finca, al entender que la inscrita se corresponde con el templo del vecino pueblo de Ambasaguas y que, por tanto, la presunción registral del art. 38 LH no podía entenderse con relación al inmueble objeto de la controversia.

  No lo entiende así la Sala, que considera existen pruebas suficientes de que la finca inscrita es el templo parroquial de Quintanilla de Losada y, en consecuencia, confirma lo resuelto en 1ª Instancia en orden a devolver el terreno al Obispado, cesar en los actos perturbadores y eliminar los elementos colocados para el pretendido parque infantil.

- SAP Baleares de 27 de septiembre de 2017[105].

  Se resuelve un conflicto surgido entre dos entidades eclesiásticas, la Diócesis de Mallorca y las Religiosas Jerónimas sobre la propiedad del Monasterio de Santa Isabel. Según los hechos transcritos en la Sentencia, las Religiosas Jerónimas pretenden inmatricular el Monasterio, para lo que contactan con el Obispado de Mallorca con el fin de que se emita certificación de dominio del art. 206 LH, respondiendo negativamente el Obispo por no tener la conformidad de sus órganos internos. Ante esta negativa, las religiosas interponen expediente de dominio para obtener dicha inmatriculación, siendo citado el Obispado al mismo y oponiéndose a su tramitación por entenderse propietario del inmueble y haberlo ya inmatriculado a su nombre por el referido art. 206 LH.

  La Diócesis de Mallorca inmatricula el Monasterio expresando como título de adquisición el Convenio otorgado entre la Administración Principal de Propiedades y Derechos del Estado de la Provincia de Baleares y el Obispado de Mallorca, de fecha 30 de noviembre de 1865, intitulado Relación de fincas pertenecientes a la Iglesia que no se incluyen en los

104. SAP León, secc. 2ª, de 27 de septiembre de 2013, núm. 279/2013, rec. 174/2013.
105. SAP Baleares, secc. 5ª, de 27 de septiembre de 2017, núm. 261/2017, rec. 129/2017.

inventarios de permutación, por estar exceptuados de esta, con arreglo al convenio celebrado con la Santa Sede en 1860.

Entendiendo las Jerónimas ser las titulares del Monasterio, interponen demanda solicitando la cancelación de la inscripción por ser nula la certificación de dominio al no ser el inmueble titularidad de la Diócesis, no hacer referencia al inventario y, además, por estar el bien catastrado a nombre de las religiosas y no del Obispado inmatriculante, todo ello a tenor de lo dispuesto en el art. 40 LH.

La Sentencia no entra a valorar a quién pertenece el dominio estudiando los títulos alegados en la demanda. El argumento esgrimido es que «*como primer requisito que debe concurrir para que pueda prosperar la pretensión de la actora, es necesario determinar si tiene o no el dominio que invoca pues, insistimos, el artículo 40 LH confiere la acción al titular del dominio, y sucede que, en el caso, dicha acción declarativa, conforme se manifestó por las partes en el acto de la Audiencia Previa, quedó al margen del presente procedimiento*» (FD Séptimo).

Por lo anterior, la Sala se limita a resolver la validez de las certificaciones de dominio expedidas por el Obispado de Mallorca, al basarse en un título cierto (el Convenio de 1865) y ser indiferente que las fincas estuvieran catastradas a nombre de las Religiosas Jerónimas, para lo que trae a colación la Resolución de la DGRN de 9 de junio de 2014, que exige la titularidad registral a nombre de adquirente o transmitente solo para las inmatriculaciones realizadas conforme al art. 205 LH, no siendo extrapolable al expediente de dominio ni a las certificaciones del art. 206 LH; todo lo cual se basaba en que la finalidad pretendida era evitar que se produjera la doble inmatriculación de fincas. Así, la RDGRN de 4 de agosto de 2014[106] disponía no ser requisitos el que «*quien sea previamente titular catastral y sólo él hubiera de ser necesariamente titular registral, o que las edificaciones que aparezcan en la descripción catastral hubieran de ser necesariamente inscritas en el Registro de la Propiedad*» (FD Cuarto).

Que la acción emprendida en base al art. 40 LH no entrase en declarar a quién correspondía el dominio permitió a las religiosas interponer con posterioridad esa acción, lo que dio lugar a la Sentencia del Juzgado de 1ª Instancia núm. 9 de Palma de Mallorca de 30 de junio de 2022[107], que sí entró a valorar la cuestión dominical litigiosa. Y resulta una decisión bastante interesante.

La importancia que vemos en el pleito radica en la decisión que toma el Juzgador en orden a entender si un bien desamortizado y que no se enajenase, siendo posteriormente incluido en el listado de bienes que se

106. RDGRN de 4 de agosto de 2014. BOE, núm. 242, de 6 de octubre de 2014.
107. ST Juzgado de 1ª Instancia núm. 9 de Palma de Mallorca de 30 de junio de 2022, núm. 169/2022.

devolvían a la Iglesia, pasaba directamente a la diócesis de turno o volvía a manos de la orden religiosa anteriormente propietaria, como consecuencia de lo dispuesto en el Convenio-Ley de 4 de abril de 1860.

Se separa el Juzgado de lo expresado en la anterior Sentencia dictada sobre el asunto, entendiendo que el Convenio de 1860 se refería a la Iglesia en contraposición al Estado, para aclarar qué bienes quedaban en manos de aquella y no debían ser enajenados. El sentido dado al concepto Iglesia incluía a las órdenes religiosas, que seguirían siendo legítimas propietarias de los bienes, actuando los prelados únicamente como sus legítimos representantes.

Con independencia de esta cuestión, no menor, el sentido del fallo se basa en la propia actuación de la Diócesis de Mallorca, que en el año 1913 emite una certificación para la inscripción de la posesión «a nombre del Convento» de una de las casas que forma parte del inmueble discutido. Este importante hecho, unido a la posesión de las monjas (que se demuestra mediante el pago de impuestos, titularidad en el catastro y ejecución de obras), lleva al juzgador a considerar que «*No estamos ante una posesión por precario, por mera tolerancia o licencia del dueño, la Congregación ha venido afirmándose desde siempre como propietaria de las fincas, afrontando su conservación, ampliación y reforma. Se trata de una posesión, pacífica, pública e ininterrumpida muy superior a los 30 años que son exigidos en el artículo 1959 del CC. Nunca han dejado de poseerlas desde 1485, y siempre lo ha hecho en concepto de dueña, pese a las leyes desamortizadoras*» (FD Quinto).

La Audiencia Provincial de Baleares ha confirmado el sentido del fallo estando la cuestión pendiente de la interposición de recurso de casación ante el TS.

- SAP Barcelona de 23 de diciembre de 2019[108].

Se ventila controversia entre unos particulares y el Obispado de San Feliú sobre la propiedad de la ermita de Castellbisbal, que aquellos entendían suya por haberla adquirido un antepasado, junto con el terreno circundante, en virtud de la desamortización efectuada por Espartero en el año 1841, existiendo título adquisitivo de fecha 1846. Los actos religiosos, a los que está destinada la ermita, estiman se realizan como actos meramente tolerados por el dueño.

Frente a ello, la Diócesis interpone acción en base a considerarse titular del dominio por prescripción adquisitiva, con independencia de que fuese propietaria con anterioridad a la desamortización y el templo quedara exceptuado de la misma por las distintas disposiciones desamortizadoras.

La Sala entiende que ambas partes realizan actos posesorios, concurriendo ambas posesiones, lo que lleva a concluir que la posesión del Obispado

108. SAP Barcelona de 23 de diciembre de 2019, núm. 463/2019, rec. 947/2017.

no es exclusiva ni excluyente y, en consecuencia, no es apta para usucapir. Por esta razón, dice, «*no concurre razón alguna para hacer preponderante el derecho de la actora sobre el de los demandados cuando consta que una y otros han poseído a título de dueño a lo largo de amplios lapsos temporales, y además los demandados gozan de la presunción de titularidad que les reconoce el artículo 38 de la Ley Hipotecaria, por contar con la inscripción registral a su favor*».

- SAP Ávila de 6 de julio de 2020[109].

  La Diócesis de Ávila y la Parroquia de Santo Domingo, de Arévalo, demandan a una particular por el dominio de la Iglesia de Santa María de Gómez Román o Ermita de La Lugareja, alegando ser propiedad de la Iglesia por no haber sido objeto de desamortización al estar destinada al culto católico como parroquia. Frente a dicha pretensión, la demandada alegaba ser propietaria al encontrarse la iglesia dentro de la finca La Lugareja, que fue objeto de desamortización y enajenada en su momento.

  De la Sentencia queda claro que iglesia y finca fueron propiedad de la Iglesia hasta 1840, lo que ninguna parte discute; la cuestión se centra en probar si la parte destinada a templo fue o no desamortizada. Y se concluye la cuestión diciendo «*que lo verdaderamente decisorio es si la iglesia de Santa María de Gómez Román era una iglesia parroquial y por ello, aunque la finca El Lugarejo fuese objeto de desamortización y posterior venta, lo cual no es discutido en este juicio por ninguna de las dos partes procesales, no fue objeto ni de desamortización ni de posterior venta conservando su propiedad el Obispado de Ávila*». El templo, concluye, tuvo la categoría de parroquia, según queda probado documentalmente y, en consecuencia, no quedó afectado por las disposiciones desamortizadoras de 1841 (FD Cuarto).

  La demandada alega haber adquirido el templo por prescripción adquisitiva por haber adquirido su difunto padre la finca, con el templo incluido en ella, en el año 1955. Pero, dice la Sala, no consta descripción de la capilla en la inscripción de la finca, siendo que en la descripción de dos pajares existentes en la finca se alude a su delimitación con la referida ermita. Por ello, el FD Sexto concluye diciendo que «*si en tal título de propiedad (escritura pública de compraventa) y si en la descripción registral de la finca, no se incluye la descripción de la iglesia de Santa María de Gómez Román o de la ermita de La Lugareja pese a ser la edificación de mayores dimensiones y pese a ser la edificación de mayor valor al haber sido declarada monumento histórico-artístico desde el día tres del mes de junio del año 1.931, si por el contrario expresamente se reconoce que dentro de la finca rustica existen diversas enclavados de propiedades particulares y si la edificación de la letra i consistente en dos pajares unidos linda por su lado este con la iglesia de la Lugareja, pero tal iglesia no es incluida dentro de la descripción de las diferentes edificaciones, es porque tal iglesia o tal ermita no era objeto del contrato de compraventa*».

109. SAP Ávila, secc. 1ª, de 6 de julio de 2020, núm. 301/2020, rec. 182/2020.

También alega la demandada como título suficiente para prescribir de forma ordinaria una escritura de declaración de obra nueva de 1996, en la que se incluye la iglesia en base a una certificación administrativa de Hacienda para el pago de impuestos, pero no se aporta la inscripción registral, lo que sirve de base a la Sala para no admitir dicho título. La iglesia estuvo en el Catastro a nombre del Obispado hasta el año 1971, en el que se modifica por los titulares anteriores de la finca, en base a la certificación de Hacienda; pero la Sentencia esgrime que tras la emisión de una certificación de la delegación de hacienda de Ávila a los efectos del pago de la contribución territorial, su incorporación a una escritura pública de declaración de obra nueva terminada para conseguir su inscripción en el Registro de la Propiedad de Arévalo (Ávila) dentro de una finca registral ya inscrita o inmatriculada previamente sin tal iglesia o ermita y con enclavados de propiedades particulares dentro de ella, *no puede suponer la obtención de ningún título jurídico válido para la prescripción adquisitiva o usucapión ordinaria* (FD Décimo).

Por último, deniega la Sala la posible usucapión extraordinaria por no acreditar la dueña de la finca la posesión necesaria para prescribir por un plazo superior a 30 años y al hecho de que en la ermita se siguen celebrando actos religiosos, fundamentalmente una romería a cargo de una hermandad.

- SAP Pontevedra de 28 de diciembre de 2021[110].

  La Asociación de Vecinos San Martiño de Lalín de Arriba interpone demanda declarativa de dominio sobre la Iglesia de San Martiño, solicitando se cancele la inscripción realizada en favor de la Diócesis de Lugo, mediante certificación del art. 206 LH.

  El argumento esgrimido por los vecinos para entenderse dueños del templo se fundamenta en la continuada posesión de este, además de estar atendida por tres vecinas que se han sucedido en las esenciales labores de cuidado del edificio. Son los vecinos con sus aportaciones económicas los que sufragan los gastos ordinarios y extraordinarios (obras de conservación).

  La línea argumental de la Sala establece que esa posesión vecinal no puede ser entendida como a título de dueño. Así, dispone que «*es bien conocido que pequeñas iglesias como la litigiosa que ni siquiera son parroquias necesitan colaboraciones como las expresadas para su adecuado funcionamiento, limitándose la presencia del sacerdote al ejercicio de los oficios religiosos*», que la ermita solo se ha destinado a esa funciones religiosas, haciendo especial mención a la cuestión de las aportaciones económicas de los vecinos del siguiente modo: «*Más claro es que el mantenimiento material de la iglesia lo realizan los vecinos mediante sus aportaciones económicas y hasta es creíble que sin ellos el*

110. SAP Pontevedra (secc. 3ª), de 28 de diciembre de 2021, núm. 584/2021, rec. 429/2020.

inmueble habría sufrido un gran deterioro. Pero por grande que sea esta aportación no convierte a la Asociación en dueña como reclama, pues es una actividad que se realiza en interés y en beneficio del conjunto de los vecinos, por cuenta y riesgo de la actora, pero no judicialmente a título de dueño» (FD Cuarto).

- SAP Santander de 16 de diciembre de 2022[111].

  En este conflicto se ventila la controversia entre la Junta Vecinal de Yuso y el Obispado de Santander sobre la propiedad de una casa rectoral, habiéndose obtenido por los vecinos sentencia favorable en 1ª Instancia, recurrida en apelación por la Diócesis santanderina, que había inmatriculado la casa por certificación del art. 206 LH a nombre de la Parroquia de Yuso. La Sentencia de instancia ordenaba la cancelación de la inscripción practicada en favor de la Diócesis.

  La cuestión debatida se centra en la construcción por la Confederación Hidrográfica del Ebro de una casa rectoral en un terreno comunal en Yuso, en sustitución de la existente en La Población, que quedaba afectada por la construcción de un embalse. La Sala entiende que la casa fue entregada al Obispado de Burgos y desde entonces la posee, con independencia de que el terreno sobre el que se construyese fuese vecinal, por lo que la entidad vecinal actora carece de todo título posesorio y de título de dominio sobre la misma.

- El caso del Centro social de Topares. Sentencia del Juzgado de 1ª Instancia e Instrucción único de Vélez Rubio (Almería) de 11 de diciembre de 2023[112].

  Un reciente y mediático caso se ha producido con relación a la propiedad del llamado Centro social de Topares, en Almería, cuyas características llaman poderosamente la atención.

  La controversia se fundamenta en la acción declarativa de dominio interpuesta por la llamada «Asociación de la Hermandad de Ánimas de Topares» para que se declare haber adquirido dos inmuebles por usucapión extraordinaria, cuando ambos habían sido inmatriculados por el art. 206 LH a nombre del Obispado de Almería. La Asociación demandante alega ser continuadora de la precedente «Hermandad de Ánimas» y estar en posesión de las fincas desde hace más de 30 años, habiendo construido con aportaciones de los vecinos de la localidad.

  Es especialmente llamativo como el propio Juez hace constar en la Sentencia lo mediático del asunto y que la resolución solo se centra en resolver si la actual Asociación es la dueña de las fincas por usucapión extraordinaria, lo que no resulta probado.

111. SAP Cantabria, secc. 2ª, de 16 de diciembre de 2022, núm. 564/2022, rec. 612/2021.
112. ST Juzgado de 1ª Instancia e Instrucción Único de Vélez Rubio, de 11 de diciembre de 2023, núm. 66/2023.

Resulta sorprendente cómo la Sentencia considera que la Asociación no es continuadora de la antigua Hermandad, no presentando prueba documental alguna de ello, ni actas, ni estatutos. La demandante es creada el 1 de julio de 2021 y pretende ser considerada poseedora de las fincas desde hace más de 30 años y ejecutora de unas obras en 2002, cuando los albaranes y facturas de la misma se giran a nombre de la «Iglesia de Topares». Además, sobre una de las fincas consta contrato de arrendamiento del que existen dos versiones, ambas firmadas por las partes, uno de los cuales, firmado por el entonces Presidente de la Hermandad, dice que la referida Hermandad es mera administradora, correspondiéndole la propiedad al Obispado de Almería, no constando tal referencia en el otro contrato de la misma fecha. En cualquier caso, siendo fechado en 2007, no habría transcurrido el tiempo necesario para adquirir por usucapión.

La Sentencia declara no resultar probada la posesión en concepto de dueño por el tiempo necesario, dado que no se presenta «*por la parte actora ningún documento que acredite la dirección de la construcción de los inmuebles objeto de litigio, ni que adquiera el dominio sobre los mismos u ostentare una posesión en concepto de dueño, pública, pacífica e ininterrumpidamente*» (FD Tercero).

Como hemos podido comprobar, existen controversias variadas entre las entidades eclesiásticas y asociaciones de vecinos sobre la propiedad de las fincas en litigio. Esto no nos puede llevar a concluir que cualquier ente asociativo de vecinos pueden tener legitimación activa a la hora de poder interponer una acción contra la inmatriculación efectuada por la Iglesia. Solo podrán ejercitarla aquellas que tienen un interés legítimo que haya podido ser lesionado y sea susceptible de protección judicial.

En este sentido, es esclarecedora la STS de 2 de diciembre de 1991[113], que resolvió un recurso de casación interpuesto por la Asociación de vecinos de Fuente Carreteros y la Asociación de Cultura Popular de la misma localidad contra la Diócesis de Córdoba. En el caso analizado, una finca urbana, inmatriculada por la Diócesis en virtud del art. 206 LH, estaba siendo objeto de uso por dichas asociaciones en virtud de un convenio formalizado entre el Ayuntamiento de Fuente Carreteros y la referida Diócesis de Córdoba. Las asociaciones interpusieron demanda en ejercicio, esgrimían, de la acción popular, a tenor del art. 125 CE, solicitando la nulidad de la inmatriculación por entender que el procedimiento por el que se había logrado había sido derogado por la Constitución.

Frente a ello, las sentencias de instancia y apelación y la del TS entienden que la acción popular solo se circunscribe al ámbito penal y a algunos aspectos del Derecho Administrativo. Así se expresa en el FD Tercero cuando expresamente señala lo siguiente: «*El motivo primero denuncia inaplicación del art. 125 de la Constitución Española y atribuye a la Sentencia recurrida que "partiendo de la ya más que tradicional distinción entre legitimatio ad procesum y legitimatio ad causam... estima que sus patrocinadas, que*

113. STS (Civil) de 2 de diciembre de 1991, núm. 10395/1991.

sí tienen capacidad procesal para ejercitar la acción popular, no pueden hacerlo en este caso, ya que carecen de derechos o intereses legítimos vulnerados", reconociendo el recurrente que "no pueden alegar un interés inmediato frente a la inmatriculación de un inmueble llevada a efecto por el Obispado...", pero quieren oponerse a un acto del Registrador de la Propiedad que estiman contrario a la Ley, finalidad para la que se ha previsto en la Constitución Española la acción popular, circunscrita al ámbito penal y extendida a algunos ámbitos del Derecho Administrativo. Precisamente por las propias manifestaciones del recurrente el motivo ha de perecer, pues pretende una legitimación inexistente de lege data y que no corresponde a los Tribunales examinar como problema de lege ferenda, pues ello implicaría una intromisión del Poder Judicial en otros poderes del Estado y desconocer que el orden jurisdiccional civil ha de desenvolverse en el ámbito de los derechos subjetivos privados, por lo que la inaplicación al caso del art. 125 de la Constitución es plenamente ajustada a la Ley».

III. CRITERIOS PRINCIPALES ESTABLECIDOS POR LOS TRIBUNALES EN LA RESOLUCIÓN DE CONTROVERSIAS RESULTANTES DE LA INMATRICULACIÓN DE BIENES POR CERTIFICACIÓN DE DOMINIO

Del análisis de las anteriores resoluciones y de las innumerables referencias que se hacen a las Sentencias de nuestro Tribunal Supremo, podemos extraer una serie de criterios comunes que, por su reiteración, podrían ser considerados como principales líneas jurisprudenciales seguidas por nuestros Tribunales en lo referente a la inmatriculación de bienes eclesiásticos, especialmente en el caso de bienes destinados al culto.

1. LOS BIENES FUERON O NO OBJETO DE LA DESAMORTIZACIÓN

El hecho de que los bienes fueran o no objeto de la desamortización es tenido en cuenta por los juzgadores para entender que hayan pertenecido o no a la Iglesia.

Son numerosos los casos en los que los Tribunales apoyan su decisión en el criterio de si el bien litigioso fue objeto o no de la legislación desamortizadora del siglo XIX, entendiendo que el haber sido o no afectado por la desamortización trae como consecuencia el que pueda considerarse que el bien ha salido del dominio de la Iglesia o que ha permanecido en su poder desde entonces.

Nos encontramos con supuestos en los que se pone en duda la titularidad de la Iglesia sobre inmuebles destinados al culto o casas rectorales con fin de vivienda de sacerdotes. Se plantea sobre los mismos si quedaron o no excluidos de la desamortización y, en consecuencia, si no dejaron en ningún momento de pertenecer a su titular eclesiástico; o si, quedando afectados en un primer momento por las leyes desamortizadoras, y por *mor* de las vicisitudes políticas decimonónicas que conllevaban a una continua modificación de dichas disposiciones, los bienes en cuestión fueron devueltos a la Iglesia sin haber sido objeto de venta en pública subasta y sin haber pasado a manos privadas.

Ejemplos de este criterio los tenemos, entre otras, en la ST Juzgado de 1ª Instancia de Guadalajara de 28 de marzo de 2000 (caso de la sociedad del Ucieza), SAP La Coruña de 22 de diciembre de 2001[114], SAP Ávila de 6 de julio de 2020[115], SAP Segovia de 30 de diciembre de 2020[116] o SAP Navarra de 10 de noviembre de 2021[117].

1.1. La referencia al Convenio-Ley de 4 de abril de 1860

Merece una especial atención el Convenio-Ley de 4 de abril de 1860 que, recordamos, ordenaba la realización de un listado por triplicado ejemplar de los bienes que quedaban exceptuados de desamortización por la Ley General de Desamortización de Madoz de 1855. A ello se refiere expresamente la SAP Zaragoza de 18 de febrero de 2014[118] en su FD Primero: «*El Real Decreto de 21 de agosto de 1860 desarrolla lo dispuesto en el artículo 6 de la citada Ley de 4 de abril de 1860 (relativo a los bienes que quedaban exentos de desamortización, y por lo tanto de venta forzosa) y con la finalidad de que quedase constancia de la existencia de dichos bienes, se ordenaba a las Diócesis en que estuvieran radicados dichos inmuebles, que realizaran una relación de fincas por triplicado, a incluir en los archivos diocesanos*». Resuelve el caso sobre la base de no haber acreditado el Obispado que el bien litigioso estuviese incluido en esa relación de bienes exceptuados de desamortización, cuando señala que «*En las circunstancias del caso concreto, la demandante no ha acreditado con la pertinente documentación, como sería oportuno con relación a la naturaleza del caso, según el carácter histórico que en cierto modo presenta, que la ermita le fuera devuelta en cumplimiento de lo dispuesto en la Ley derogatoria de las desamortizaciones practicadas, conforme a lo que ha sido trascrito, presentando alguno de los escritos de obligado cumplimiento que eran precisos para justificar la restitución, sin que sea válida la remisión a la validez de las certificaciones expedidas por órganos de las propias partes…*» (FD Segundo).

El criterio de haber estado sujeto un determinado bien a la desamortización no es únicamente aplicable cuando de un bien eclesiástico se trata, siendo también utilizado para acreditar que un inmueble pueda ser considerado propiedad del ayuntamiento al no haber sido objeto de desamortización.

1.2. El caso de las murallas de Artá

Es el caso resuelto por la SAP Baleares de 13 de junio de 2018[119] sobre las murallas de Artá, en la que, con relación a dicha edificación, se dice que «*bien por quedar*

114. SAP La Coruña de 22 de diciembre de 2011, rec. 265/1998.
115. SAP Ávila, secc. 1ª, de 6 de julio de 2020, núm. 301/2020, rec. 182/2020.
116. SAP Segovia, secc. 1ª, de 30 de diciembre de 2020, núm. 421/2020, rec. 412/2019.
117. SAP Navarra de 10 de noviembre de 2021, núm. 1450/2021, rec. 779/2017.
118. SAP Zaragoza de 18 de febrero de 2014, núm. 42/2014, rec. 424/2013.
119. SAP Baleares, secc. 3ª, de 13 de junio de 2018, núm. 265/2018, rec. 155/2018.

la finca excluida del ámbito de aplicación de la ley, bien por no haber sido subastada —y, por tanto, no haber quedado atribuida a tercero—, se considera acreditado que el pueblo al que pertenecía el inmueble controvertido nunca fue expropiado de la titularidad del mismo» (FD Sexto). La importancia de la resolución radica en la perfecta distinción que hace de los bienes: por un lado, el templo destinado al culto, que considera excluido de la desamortización y, por tanto, propiedad de la Iglesia, en aplicación de lo establecido en la Ley de 1855 y el Convenio de 1860; por otra parte, el resto de edificaciones que conforman el monumento de las murallas de Artá, que pueden entenderse con una posible doble naturaleza, bien como bienes destinados al servicio público, también excluidos de la desamortización, o bien como bienes propios o del común, en virtud de lo dispuesto en el Libro VII de la Novísima Recopilación de 1805, que sí estaban afectados por las medidas desamortizadoras al quedar dentro de la relación del art. 6 de la Ley General de la Desamortización de 1855.

Sobre la concreta legislación desamortizadora podemos citar lo señalado en la SAP Teruel de 3 de marzo de 1999[120], citada al hacer referencia al uso indebido de la certificación de dominio, y que resolvía una controversia entre parroquia y ayuntamiento sobre el dominio de una casa parroquial inmatriculada por el Consistorio. Para acreditar que la parroquia gozaba de un verdadero título de dominio, la legislación desamortizadora, disponía lo siguiente: «*Por el contrario en el año 1944 la Iglesia sí tenía a su favor justo título en virtud de una disposición legal, el Concordato celebrado entre la Santa Sede y el Reino de España el 16 de marzo de 1851 y el Convenio de 25 de agosto de 1859, publicado y mandado observar por Ley de 4 de abril de 1860. Ya ha tenido ocasión de manifestarse esta Audiencia Provincial sobre este tema (Sentencia 2 febrero 1994) haciendo constar que de dicho Concordato "se desprende el deseo del Gobierno de S.M.C., la Reina Isabel II, de poner fin a los enfrentamientos que se habían producido desde la publicación de las Leyes Desvinculadoras de 27 de septiembre de 1820, R.D. de 30 de agosto da 1836 y Ley de 19 de agosto de 1841 así como con la Ley de Desamortización de los bienes del Estado, Iglesia y manos muertas de 1 de mayo de 1855, lo que ya se había intentado sin conseguirlo totalmente con la Ley de 3 de abril de 1845 que ordenó la devolución de los bienes del clero secular no enajenados; deseo que se plasmó con el reconocimiento del pleno derecho de la Iglesia para adquirir toda clase de bienes y de la propiedad o absoluto dominio de los bienes que le fueron devueltas por el citado concordato de 1851, a la vez que establecía una permutación de aquéllos mediante su cesión al Estado a cambio de Deuda Pública y exceptuando de la misma los bienes enumerados en los artículos 31 y 33 del Concordato entre los que se englobaban "los edificios que sirvieran para el culto... así como los que en adelante se destinen a tales objetos"; estableciendo el artículo 7º núm. 5º del R.D. de 21 de agosto de 1860 que ordenó la formación de inventarios para llevar a efecto "la permutación dicha" que quedarían excluidos de los mismos todos los edificios que sirven en el día para el culto o se hallen destinados al uso y habitación del clero secular»* (FD Sexto).

120. SAP Teruel, de 3 de marzo de 1999, núm. 33/1999, rec. 256/1998.

1.3. La naturaleza de la legislación desamortizadora

La naturaleza de la legislación desamortizadora queda explicada en la STS de 7 de octubre de 1972[121], que trata sobre la propiedad de unos solares en Burgos, presuntamente desamortizados y adquiridos por el Ayuntamiento, a lo que se opone una Congregación religiosa. Al tratar de las normas desamortizadoras, dice expresamente que «*hay que decir que no supusieron la apropiación por el Estado, indiscriminada y sin indemnización, de todos los bienes al clero y de las órdenes religiosas; por el contrario, supuso la transferencia de la propiedad inmobiliaria a través de la adjudicación al Estado o a los particulares mediante la venta en pública subasta de dichos bienes, pero siempre con devolución de su valoración, en títulos de la deuda al 3 por 100, proceso desamortizador que fue regulado por infinidad de disposiciones, de convenios y concordatos entre la Santa Sede y el Estado que se citan en el encabezamiento del motivo, tratándose en las últimas disposiciones aludidas, sobre todo en la Ley de 4 de abril de 1960, de acuerdo con el Concordato de 16 de marzo de 1851, de legalizar la devolución a sus propietarios, a los que no les reconoce plena capacidad para poseer, de los bienes eclesiásticos que, aunque incluidos en las primitivas listas de bienes desamortizables y aun sacados a subasta ni habían sido vendidos a terceros, ni apropiados por el Estado con la consiguiente entrega de láminas de la Deuda*» (FD Octavo).

Igualmente se trata la naturaleza de las disposiciones desamortizadoras en la STS de 30 de mayo de 1992[122], en la que se dirime la acción reivindicatoria y publiciana ejercitada por el Cabildo Catedral de Córdoba frente a unos particulares que se arrogaban como dueños de un edificio que el ente eclesiástico consideraba de su propiedad por no haber sido desamortizado. Según la Sentencia, «*si a tenor de la Ley de 1º de mayo de 1855 y disposiciones complementarias (RD 21 de agosto de 1860 y Circular de 4 de febrero de 1888 de la Dirección General de Propiedades y Derechos del Estado) la desamortización de las "manos muertas" no comportaba una incautación sino una expropiación, previo pago de la valoración del bien desamortizado en Títulos de la Deuda Pública, condición que aquí no se cumplió, quiérese decir que la titularidad dominical permanece en el Cabildo catedralicio, como lo corrobora el que figurara como perteneciente al mismo en el inventario correspondiente signado con el número 484 y que la Dirección General del Patrimonio del Estado en la resolución del expediente administrativo con fecha 27 de julio de 1978 dispusiera que no procedía la incorporación del inmueble de autos al Patrimonio del Estado referido, máxime si se tiene en cuenta que la suspensión de subastas acordada para la desamortización del inmueble hacía hincapié en la utilidad que prestaba a la fábrica de la Santa Iglesia Catedral…*» (FD Cuarto).

Merece también referencia un supuesto en el que los bienes objeto de desamortización fueron propiedad de una Orden religiosa, no de una Diócesis. Aquí debemos recordar que el proceso desamortizador decimonónico tuvo como primer objeto los bienes de las órdenes religiosas, en los años 30 y 40 del siglo XIX, pasando en la Ley de 1855 a afectar a los bienes seculares, o de las propias diócesis. Por ello, los

121. STS (Civil) de 7 de octubre de 1972, núm. 426/1972.
122. STS (Civil) de 30 de mayo de 1992, núm. 549/1992, rec. 525/1990.

bienes regulares (propiedad de una congregación religiosa) que hubiesen sido objeto de las primeras leyes desamortizadoras no podían ser afectados por la postrera desamortización de Madoz. Y el Concordato de 1851 se refiere a ellos en su art. 35, ordenando la devolución de los que no hubieran sido enajenados. Este concreto supuesto es resuelto por la STS de 30 de abril de 1997[123] en un pleito promovido por la Orden Franciscana contra el Ministerio de Defensa por la propiedad de un antiguo Convento, hoy cuartel, señalando lo siguiente: «*Habiendo la Orden Franciscana perdido el dominio del convento y la huerta objeto de la acción reivindicatoria por aplicación de las leyes de 1835, el Concordato de 1851 ordena en el art. 35 que se devuelvan los bienes que habían sido objeto de todas leyes desamortizadoras "que no han sido enajenados" y en el presente caso si consta que habían sido enajenados, al Ayuntamiento y al ramo de guerra (hoy Ministerio de Defensa), entendiendo que la palabra enajenación es análoga a disposición y a transmisión y comprende tanto lo que se hace a título oneroso como la que es a título gratuito. Este último es el caso presente. Consecuencia de la afirmación anterior, la Orden demandante no se benefició del Concordato de 1851, no se le aplicó la Ley de 1 mayo 1855 pues ya habla perdido el dominio, ni tampoco, por la misma razón, el convenio-ley de 1860*».

Recientemente se ha pronunciado sobre la legislación desamortizadora la SAP de Huesca de 22 de noviembre de 2021[124] al referirse a los distintos concordatos que se han celebrado a lo largo del tiempo en su FD Primero: «*Y sin necesidad de abandonar los inmuebles pertenecientes a la Iglesia Católica cabe recordar que tras distintos tratados (concordatos) como el de 1859 a través de la Ley de 4 de abril de 1860 se reconoce por el Estado la propiedad de la Iglesia sobre todos y cada uno de los bienes que le fueron devueltos tras el Concordato (art 4) y su artículo 6 expone entre una serie de bienes de los que quedará en propiedad de la Iglesia en cada diócesis están.... Las casas destinadas a la habitación de los párrocos, con sus huertos y campos o anejos conocidos bajo la denominación de iglesiarios... y en general todos los edificios que sirven en el día para culto y los que se hallan destinados al uso y habitación del Clero regular de ambos sexos, así como los que en adelante se destinen a tales objetos*».

La misma Sala se refiere a documentos relacionados con la desamortización en la más cercana Sentencia de 30 de marzo de 2024[125], al resolver la controversia sobre el dominio de la Ermita de Nuestra Señora del Castillo en Alberuela de Tubo. Considera relevantes los documentos consistentes en las Reales Órdenes de 22 de marzo de 1854 y 28 de julio de 1865, consecuencia de las acciones desamortizadoras, en las que se hace constar que la Ermita era uno de los bienes eclesiásticos del Obispado de Huesca.

Cuestión discutida y, a nuestro juicio, no resuelta es la de determinar si los bienes de las órdenes religiosas desamortizados que no fueron objeto de enajenación, devueltos a la Iglesia como consecuencia del Convenio-Ley de 4 de abril de 1860,

123. STS (Civil) de 30 de abril de 1997, núm. 335/1997, rec. 1217/1993.
124. SAP Huesca de 22 de noviembre de 2021, núm. 386/2021, rec. 217/2018.
125. SAP Huesca de 30 de marzo de 2024, núm. 99/2024, rec. 516/2021.

volvieron a propiedad de las mismas órdenes religiosas o pasaron a propiedad de las diócesis. Que se transformasen en dominio de las diócesis parece ser el tenor de las disposiciones que intentaron poner fin a la desamortización en 1860. No obstante, en la controversia surgida en Baleares con relación al convento de Monjas Jerónimas de Santa Isabel se dicta sentencia que parece apartarse de este criterio.

La Sentencia del Juzgado de 1ª Instancia núm. 9 de Palma de Mallorca de 30 de junio de 2022[126] distingue dos tipos de bienes: por un lado, los exceptuados de la desamortización, que quedaban en manos de las diócesis y que incluían los templos, catedrales, seminarios, casas de párrocos, etc.; en segundo lugar, todos aquellos bienes que, habiendo sido desamortizados, no se enajenaron y escaparon del proceso, de los que se hizo también relación y que podían volver a manos eclesiásticas. Sobre estos últimos, afirma la Sentencia que «*En ningún momento los procedimientos descritos para este tipo de bienes permiten aventurar una transferencia dominical hacia los Obispados, sino mostrar una foto fija de la propiedad en la diócesis, una vez eliminadas las inclemencias provocadas por la desamortización*».

Al haberse confirmado la Sentencia en 2ª instancia, es de esperar la interposición de recurso de casación por la Diócesis de Mallorca y que el TS establezca un criterio clarificador acerca de quién se convirtió en titular dominical de este tipo de inmuebles.

2. LA INCLUSIÓN DE LOS BIENES EN LOS INVENTARIOS, MUNICIPALES O ECLESIÁSTICOS

La alegación que las corporaciones municipales hacen de la inclusión de los bienes controvertidos en sus inventarios como hecho probatorio de su propiedad es contrarrestada por el criterio definido en varias sentencias que no asimilan dicha circunstancia a la existencia de un dominio municipal. *A sensu contrario*, igual criterio aplican cuando es la Iglesia la que usa esa indebida equiparación entre constancia en el inventario eclesiástico y propiedad.

Como ya sabemos, la certificación de dominio del art. 206 debía ser expedida por el funcionario a cuyo cargo esté la administración o custodia de las fincas en los términos expresados en el art. 303 RH y siempre «*con referencia a los inventarios o documentos oficiales que obren en su poder*». La inclusión de la finca en el correspondiente inventario municipal o eclesiástico ha sido argumento utilizado por las defensas en las acciones declarativas o reivindicatorias ejercitadas para defender la propiedad del Consistorio o de la entidad eclesiástica.

De la variada Jurisprudencia existente debemos extraer la conclusión de que el dominio sobre un inmueble no tiene su fundamento en esta circunstancia. Así, la

126. ST Juzgado de 1ª Instancia núm. 9 de Palma de Mallorca de 30 de junio de 2022, núm. 169/2022.

STS de 26 de mayo de 2000[127] establecía que la inclusión de un bien en el Inventario Municipal carece de fuerza probatoria, no bastando siquiera el acuerdo del Pleno del Ayuntamiento de ceder la administración de la finca (en este caso, un cementerio) a la Parroquia.

La inclusión de un determinado bien en el inventario, sea del Municipio, sea de una entidad eclesiástica determinada, es un «*acto unilateral sin eficacia alguna respecto de la adquisición del dominio*», como dice la SAP Burgos de 23 de octubre de 2007[128]. En idéntico sentido se muestran, entre otras, la SAP Burgos de 20 de junio de 2016[129], STSJ Navarra de 19 de mayo de 2021[130], la SAP Navarra de 10 de noviembre de 2021[131] y la SAP Castellón de 3 de octubre de 2022[132].

Muy terminante sobre el particular es la STS de 17 de marzo de 1986[133], que resolvió una controversia sobre terrenos adyacentes a una Ermita entre el Ayuntamiento de Motilla del Palancar y el Obispado de Cuenca, argumentado el primero su propiedad en la inclusión del bien en el Inventario Municipal en 1960, frente a la inmatriculación del Obispado por el art. 206 LH. Concretamente, cuando se refiere a que debe existir un título suficiente de propiedad señala que la cuestión «*ha de resolverse en contrario sentido al criterio mantenido por el Ayuntamiento de Motilla del Palancar, puesto que el acuerdo municipal de 29 de septiembre de 1960 no es, por sí solo, suficiente para entender que una aceptable justificación dominical existe*» (FD Segundo).

Se acentúa esta insuficiencia del Acuerdo Municipal en el hecho de que no se delimita suficientemente el inmueble, cuando dice que «*en efecto, aparte de que el acuerdo municipal —pivote central y por así decir, único, de la tesis mantenida por la parte recurrente— carece de la delimitación del inmueble adquirido, haciendo por sí solo tal acuerdo no suficientemente identificable la finca, es lo cierto que su proyección jurídica no alcanzaría más allá del establecimiento y expresión documental de un negocio jurídico contractual de compraventa, que no comporta necesariamente la afirmación incontrovertible de una veracidad intrínseca de las declaraciones obligacionales que se hicieron en el acuerdo municipal (sentencias de 6 de abril de 1962 y 17 de diciembre de 1984) ni mucho menos supone la afirmación de la adquisición del dominio, que exigiría, además, la tradición de la cosa adquirida, bien por entrega física o posesión del inmueble conforme al artículo 609 del Código Civil*» (FD Quinto).

La inclusión en el inventario no es un dato fehaciente del dominio que se aprecia por los Tribunales hasta en litigios entre distintas administraciones, como en el pleito suscitado entre la Universidad de Oviedo y el Ayuntamiento de Gijón sobre

127. STS (Civil) de 26 de mayo de 2000, núm. 525/2000, rec. 2311/1995.
128. SAP Burgos, secc. 2ª, de 23 de octubre de 2007, núm. 397/2007, rec. 549/2005.
129. SAP Burgos, secc. 2ª, de 20 de junio de 2016, núm. 248/2016, rec. 284/2015.
130. STSJ Navarra (Civil y Penal), secc. 1ª, de 19 de mayo de 2021, núm. 2/2021, rec. 2/2021.
131. SAP Navarra de 10 de noviembre de 2021, núm. 1450/2021, rec. 779/2017.
132. SAP Castellón (sección 4ª) de 3 de octubre de 2022, núm. 197/2022, rec. 652/2018.
133. STS (Civil) de 17 de marzo de 1986, núm. 1330/1986.

la propiedad de unos terrenos. La SAP Asturias de 28 de noviembre de 2012[134] es tajante al tratar el asunto cuando dice lo siguiente: «*La jurisprudencia reiteradamente viene estableciendo que la inclusión de un inmueble en el catastro, no pasa de ser un indicio de que el objeto inscrito puede pertenecer a quien figura como titular en dicho registro; y, tal indicio, unido a otras pruebas, puede llevar al convencimiento de que, efectivamente, la propiedad pertenece a dicho titular, pero no puede constituir por sí sola un justificante de dominio, ya que tal tesis conduciría a convertir a los órganos administrativos encargados de este registro en definidores del derecho de propiedad, pues el catastro solo afecta a datos físicos nada más, no sienta ninguna presunción de posesión dominical a favor de quien en él aparece como propietario*» (FD Tercero). Estas afirmaciones se basan en las SSTS de 26 de mayo de 2000 y 23 de diciembre de 2011.

La inscripción del inmueble en los registros o inventarios municipales no podrá ser obstáculo para que pueda procederse a la declaración de propiedad en favor de otra persona, como ocurre en la STS de 27 de marzo de 1995[135]. Tampoco tendrá relevancia en orden a ejercitar una acción de recuperación de la posesión, como dispone la STS de 11 de febrero de 1997[136]. Estar o no el en inventario ni crea ni constituye derechos y no acredita la posesión en concepto de dueño[137].

Podemos terminar la exposición del criterio haciendo alusión a unas sentencias dictadas en el ámbito puramente contencioso-administrativo que hacen referencia al hecho de que determinadas parcelas consten en el Inventario Municipal.

En primer lugar, la STSJ Extremadura de 16 de septiembre de 2010[138], que se refería a los inventarios municipales, con referencia a la Jurisprudencia del Tribunal Supremo, en los siguientes términos: «*el Inventario Municipal es un mero registro administrativo que, por sí solo, ni prueba, ni crea, ni constituye derecho alguno a favor de las Corporaciones, siendo más bien un libro que sirve de recordatorio constante para que la Corporación ejercite oportunamente las facultades que le correspondan*» (STS de 9 de junio de 1978[139]). Su única trascendencia es, por consiguiente, crear una apariencia de demanialidad, que no prejuzga las acciones ante el orden jurisdiccional civil, que es a quien en definitiva compete pronunciarse sobre la definitiva propiedad de tales bienes. La Jurisprudencia también ha establecido que, para considerar correcta la inclusión de un bien en el Inventario Municipal (...) es suficiente la simple existencia de indicios de que los bienes tienen naturaleza pública, sin necesidad de una prueba acabada o fehaciente de dicha titularidad, y ello por cuanto la inclusión de un bien a dicho inventario (o catálogo) no tiene carácter «constitutivo», es decir, ni supone adquisición dominical alguna, ni el hecho de que no estén incluidos algunos bienes

134. SAP Asturias, secc. 7ª, de 28 de noviembre de 2012, núm. 542/2012, rec. 209/2012.
135. STS (Civil) de 27 de marzo de 1995, núm. 263/1995, rec. 636/1992.
136. STS (Contencioso), secc. 4ª, de 11 de febrero de 1997, rec. 9264/1991.
137. SAP Huesca de 22 de noviembre de 2021, núm. 386/2021, rec. 217/2018.
138. STSJ Extremadura (Contencioso), secc. 1ª, de 16 de septiembre de 2010, núm. 288/2010, rec. 176/2010.
139. STS (Contencioso) de 9 de junio de 1978, núm. 2620/1978.

en el mismo supone que no pueda ostentar sobre éstos la Administración algún derecho. Y se ha indicado también que tampoco es preciso un expediente previo de investigación en aquellos supuestos en los que la Administración no alberga duda sobre la naturaleza pública del bien, y ello sin perjuicio de que la catalogación como bien público pueda ser combatida ante los Tribunales del orden civil (FD Tercero).

Más reciente es la interesante STSJ Canarias de 31 de enero de 2024[140], que resuelve un conflicto entre el Ayuntamiento de Arona y la Diócesis de Tenerife en cuanto a la inclusión en el Inventario Municipal de la llamada Plaza de los Cristianos. Frente a la inclusión en dicho Inventario, la Diócesis interpuso demanda contenciosa obteniendo sentencia favorable que declaraba que la finca o plaza no era inventariable.

La Sala no entra a valorar, por ser cuestión de índole civil, quién es el legítimo propietario de la finca (hoy Plaza de los Cristianos), que fue adquirida vía donación por el Obispado en el año 1965, siendo su titular registral y catastral, pero que aparece en las normas urbanísticas de la localidad como sistema de comunicaciones (calles o aparcamientos). Valora, por el contrario, si existen indicios de demanialidad que permitan que forme parte del Inventario de bienes del Ayuntamiento. Sobre este particular, considera que puede entenderse que el terreno inventariado formara parte de las cesiones obligatorias para los particulares a los que obligaba la Ley sobre Régimen del Suelo y Ordenación Urbana de 12 de mayo de 1956, a la que tuvo que estar obligada la donante del terreno, lo que es compatible con la titularidad registral actual del Obispado.

La Sentencia hace referencia a esta posibilidad cuando señala lo siguiente en su FD Segundo: «*Durante años la situación descrita, la inclusión de la plaza en el Inventario, su uso público, la actuación municipal ejecutando obras en la plaza y ocupándose con fondos públicos de su conservación y alumbrado público, subsistente junto con su inscripción a nombre de la Diócesis de Tenerife en el Registro de la Propiedad y en el Catastro, fue aceptada por las partes. A ella pueden responder las autorizaciones solicitadas por el Ayuntamiento al Párroco para determinados usos, además de que también pueden interpretarse como actuaciones de deferencia y respeto con la Iglesia, por los actos de culto que desarrolla, que en consecuencia no enervan la conclusión a la que llegamos sobre que existía de indicios de demanialidad que justificaban la inclusión de la plaza en el Inventario de Bienes*». Lo que no empece a que la catalogación como bien público pueda ser combatida ante los Tribunales del orden civil.

3. EL DESTINO DEL INMUEBLE AL CULTO RELIGIOSO

El destino al culto religioso es solo un indicio para suponer que la propiedad pertenece a la Iglesia. Las resoluciones de nuestros Tribunales tienen en conside-

140. STSJ Canarias (Contencioso), secc. 1ª, de 31 de enero de 2024, núm. 50/2024, rec. 166/2023.

ración el destino del inmueble a la hora de decidir a quién pertenece el dominio, sirviendo su fin cultual como base argumentativa para entender que la propiedad pertenece a la Iglesia Católica. Pero ese destino al culto no puede ser entendido como la prueba de la propiedad eclesiástica. Como advierte RODRÍGUEZ BLANCO[141], existía la confusión o creencia de que la *deputatio ad cultum* canónica implicaba una traslación dominical de la cosa, que pasaba a manos eclesiásticas, cuando la propia doctrina canónica entiende que la referida *deputatio ad cultum* solo tiene el significado de afectar una cosa a un destino puramente cultual, sin que ello conlleve alteración alguna en cuanto a su titularidad dominical. Que una cosa esté afecta al culto no da lugar a su transmisión a la Iglesia. De esto tenemos perfecta constancia en las variadas resoluciones judiciales, ya analizadas, en las que se atribuye la propiedad de lugares de culto a entidades eclesiásticas, ayuntamientos y particulares.

3.1. La distinción entre potestad eclesiástica y potestad dominical

El autor citado hace alusión a que la distinción entre potestad eclesiástica y propiedad aparece claramente distinguida por nuestra jurisprudencia desde la STS de 28 de diciembre de 1959, que afirma que se debe deslindar «*que una cosa es que semejantes Ermitas o Capillas por razón del culto que en ellas se practique estén sujetas a la jurisdicción eclesiástica y otra muy distinta, en absoluto, la propiedad territorial de aquellas, es decir del dominio sobre el suelo en que se edificaron y sobre el vuelo de las construcciones que las integran; por lo que, dejando al margen dicha jurisdicción, que queda siempre a salvo, nada se opone a que tal dominio y propiedad correspondan a los particulares que, en terreno propio, los levantaron y conservan*».

En un caso de doble inmatriculación, la STS de 25 de enero de 1991[142] analiza la cuestión y entiende que la celebración de actos de culto es irrelevante para acreditar la propiedad de la Diócesis de Gerona, pues esos actos se celebraban con la autorización del titular de la finca en la que la Ermita se encontraba. En su FD Cuarto, señala que «*la celebración de los referidos actos de culto en las circunstancias ya dichas es totalmente irrelevante, por sí sola, para decidir acerca de la titularidad dominical de la mencionada capilla*».

También se refiere a la cuestión el Alto Tribunal en la STS de 17 de julio de 1995[143], en un pleito entre el Obispado de Mondoñedo y el Ayuntamiento sobre el dominio de la ermita perteneciente al antiguo Convento de Alcántara, adquirida por el Ayuntamiento del Estado de 1843 para su destino a teatro; incumplido ese fin, el Ayuntamiento lo cede en uso al Obispado para su destino cultual en 1859. La Sentencia alega que la cesión es de simple uso y que la Diócesis no acredita su posesión a título de dueño, por lo que no ha podido adquirir por usucapión.

141. RODRÍGUEZ BLANCO, M. «Las certificaciones de dominio de la Iglesia Católica. Análisis del artículo 206 de la Ley Hipotecaria», *Revista Jurídica del Notariado*, número 34 (abril-junio 2000), págs. 297 y ss.
142. STS (Civil) de 25 de enero de 1991, núm. 13039/1991.
143. STS (Civil) de 17 de julio de 1995, núm. 728/1995, rec. 1008/1992.

Concretamente, en cuanto a la entrega de la posesión para el culto, dice en su FD Tercero que «*la entrega de las llaves de la Iglesia no denota transmisión de la propiedad de la misma sino únicamente de su posesión para que fuera destinada al culto y ya el Tribunal "a quo" hace referencia a que con anterioridad el mismo Obispo solicitara del Ayto. las mismas llaves para celebrar una Santa Misión y posteriormente una Confirmación devolviendo las llaves después de terminados estos actos religiosos*»; por lo que entiende la distinción entre el uso cultual y el dominio sobre el inmueble.

Y es también relevante la referencia que la Sentencia hace con relación a la mención que de los templos destinados al culto hace el Convenio Ley de 1860 que, recordemos, los declaraba eximidos de la desamortización. Entiende la Sala que el artículo 6º del Convenio ordenaba que la Iglesia retuviera esos bienes que estaban destinados al culto, no pudiendo ser interpretada esta disposición sino concluyendo que se refería a bienes que ya eran propiedad de la Iglesia, lo que no podía predicarse en el caso. Por tanto, la identificación destino cultual y propiedad solo podía predicarse, en su caso, respecto a templos que estuviesen ya en manos de la Iglesia al acordarse el Concordato de 1851.

Quizá la más importante precisión sobre el criterio abordado se haga por la STS de 18 de noviembre de 1996[144], como bien apunta Rodríguez Blanco, cuando resuelve la controversia por el dominio de unas ermitas situadas en unos montes vecinales en mano común entre el Arzobispado de Santiago y las Comunidades Vecinales, cuando da la razón a estas últimas. En el FD Cuarto responde a la argumentación de la Diócesis, que entendía vulnerados los Acuerdos entre el Estado Español y la Santa Sede de 3 de enero de 1979, con base en el art. 96.1 CE y el art. 1.5 CC, en lo referente a la jurisdicción de la Iglesia Católica sobre los lugares de culto, señalando textualmente lo siguiente: «*Resulta improcedente, ya que la sentencia que se recurre no niega los derechos territoriales que puedan asistir a la Iglesia Católica sobre aquellos bienes cuya propiedad legalmente ostente, que no es el caso de autos, pues al declararse la propiedad territorial a favor de los demandantes de los predios del pleito, con ello no se atacó y nada se decidió en este sentido, en relación a la concurrencia de derechos canónicos y eclesiásticos sobre las ermitas y capillas. La inviolabilidad y respeto que nuestro Ordenamiento Jurídico mantiene, en ejecución de los Acuerdos con la Santa Sede, para los lugares y edificios dedicados al culto de la Iglesia Católica —sobre los cuales mantiene su jurisdicción específica— es totalmente compatible con la propiedad que corresponda de los terrenos a otras personas jurídicas o físicas, como sucede en la presente controversia y quedó ya considerado*».

La SAP Segovia de 30 de diciembre de 2020[145], cuando decide sobre la propiedad de un claustro de un antiguo convento, entiende que la celebración de procesiones y otros actos litúrgicos en el mismo solo puede entenderse como una posesión meramente tolerada por su titular, el ayuntamiento, que no afecta a la adquisición del

144. STS (Civil) de 18 de noviembre de 1996, núm. 955/1996, rec. 3818/1992.

145. SAP Segovia, secc. 1ª, de 30 de diciembre de 2020, núm. 421/2020, rec. 412/2019.

dominio por prescripción. Distingue la resolución claramente entre la propiedad del templo, que atribuye a la Diócesis, del resto de dependencias en las que la posesión de la Iglesia se basaba en la mera tolerancia de su titular. Se sitúa así en los mismos términos que expresaba la STS de 25 de enero de 1991 cuando afirmaba la celebración de actos de culto en un inmueble debía considerarse irrelevante al ser tolerada.

La SAP Zaragoza de 18 de febrero de 2014[146] sigue esta tendencia de no asimilar culto y dominio al afirmar que «*ese uso religioso es muy limitado en el tiempo y con carácter siempre muy esporádico*» (FD Segundo). En la misma línea se expresa la SAP Segovia de 4 de febrero de 2015[147] en el pleito sobre la propiedad de una ermita cuando afirma textualmente lo siguiente: «*Queda acreditado y eso no se discute el uso religioso que se da a la Ermita y por lo tanto su utilización por la Parroquia, así como los donativos que hacían los vecinos a lo largo de siglos XVIII y XIX para el ornato y mantenimiento del culto en la misma, pero ese derecho de uso no atribuye el dominio. Por poner un ejemplo de más clara comprensión, el hecho de que la Colegiata del palacio Real de La Granja se destine al culto no implica que la Iglesia sea la titular del edificio, que lo es de Patrimonio Nacional*» (FD Tercero).

También podemos citar la SAP Burgos de 20 de junio de 2016[148], donde se dispone con relación a la capilla en discusión que «*consta que se realiza el servicio religioso en la ermita, que es solicitado por la cofradía para el día de la fiesta y pagado al párroco como servicio religioso, pero sin que consten actos de dominio sobre el inmueble por la parte demandada más allá del destino a uso religioso de la ermita y la muy reciente solicitud de inmatriculación del inmueble*» (FD Tercero).

3.2. El destino cultual como indicio del dominio eclesiástico

Ahora bien, frente a las anteriores resoluciones tenemos algunas otras en las que el destino cultual es tenido muy en cuenta por los Tribunales para deducir a quién corresponde el dominio del bien litigioso.

La SAP Huesca de 18 de noviembre de 2004[149], en el pleito suscitado entre Ayuntamiento y Obispado de Jaca sobre la propiedad de la ermita de Osia, dice en su FD Cuarto: «*En este punto, es difícil asumir jurídicamente, tal como parece sostener el consistorio municipal, que un bien esté dedicado al culto católico, como una ermita, y que, al mismo tiempo, sin concurrir ninguna circunstancia especial, no sea propiedad de la Iglesia, sino del Ayuntamiento del municipio en donde está situado o, como dice esta parte, del "núcleo rural" o del común de los vecinos*».

En un pleito entre Obispado de Ávila y una persona física sobre el dominio de otra ermita enclavada dentro de una finca, esgrime la SAP Ávila de 6 de julio de

146. SAP Zaragoza, secc. 5ª, de 18 de febrero de 2014, núm. 42/2014, rec. 424/2013.
147. SAP Segovia, secc. 1ª, de 4 de febrero de 2015, núm. 16/2015, rec. 16/2015.
148. SAP Burgos, secc. 2ª, de 20 de junio de 2016, núm. 249/2016, rec. 162/2016.
149. SAP Huesca, secc. 1ª, de 18 de noviembre de 2004, núm. 231/2004, rec. 64/2004.

2020[150] una serie de argumentos para entender que el particular no había poseído en concepto de dueño por estar el inmueble destinado a ermita y por celebrarse en el lugar una romería por parte de una cofradía (FD Duodécimo).

Pero si existe una clara excepción en el conjunto de sentencias analizadas es la que se da en las resoluciones recaídas en los varios pleitos acaecidos entre la Diócesis de Pamplona y varios ayuntamientos sobre la propiedad de lugares destinados al culto en la Comunidad Foral de Navarra:

1) La primera que encontramos es la SAP Navarra de 4 de febrero de 2003[151], que afirmaba en su FD Tercero lo siguiente: «*La amplia prueba practicada en la primera instancia permite afirmar, con absoluta rotundidad, que la iglesia litigiosa fue un templo destinado al culto católico desde su construcción, datada en el siglo XIII, hasta el último cuarto del siglo XX. Así se desprende tanto de la documental obrante en autos como de las declaraciones testificales, muy particularmente las de quienes fueron párrocos de Eransus. Acreditado tal destino no puede inferirse otra conclusión que no sea la de afirmar la titularidad dominical de la Iglesia Católica sobre dicha construcción, a lo que no empece la ausencia de constancia documental ni la falta de inscripción registral*».

2) En la pugna por la propiedad de la Iglesia de San Juan Bautista de Irañeta, la SAP Navarra de 26 de febrero de 2014[152] también alude al fin religioso del templo entendiendo este fin como elemento esclarecedor de la notoriedad del dominio de la Iglesia, cuando dice que «*la Iglesia, a través de las diversas Instituciones o personas jurídicas que la integran, es la titular originaria de la Ermita de San Gregorio, circunstancia que se acredita a través de la notoriedad, que deriva de estar destinada al culto católico desde el inicio hasta la actualidad, así como de actos reveladores del dominio por parte de la Parroquia de San Juan Bautista de Irañeta, sobre la Ermita controvertida que hacen presumir que no ha llegado a perder la posesión que legitimaria, en su caso, la adquisición derivativa del Ayuntamiento*», no afectando a esta notoriedad el que se haya usado para otros menesteres, como depósito de cadáveres. Y sobre esta notoriedad, afirma: «*La notoriedad se traduce en que es difícil pensar que un templo erigido en Navarra en fecha no determinada en el proceso, pero en todo caso anterior al S XVI (constancia documental), con la advocación particular a un Santo Católico (San Gregorio), dedicada al culto católico desde el origen y de forma continuada, aunque no permanente, y hasta la actualidad, no pertenezca en origen a la Iglesia Católica*» (FD Tercero).

3) Especialmente relevante resulta lo dispuesto en la STSJ Navarra de 19 de mayo de 2021[153], en el pleito resuelto entre el Arzobispado de Pamplona

150. SAP Ávila, secc. 1ª, de 6 de julio de 2020, núm. 301/2020, rec. 182/2020.
151. SAP Navarra de 4 de febrero de 2003, núm. 23/2003, rec. 155/2002.
152. SAP Navarra, secc. 2ª, de 26 de febrero de 2014, núm. 51/2014, rec. 291/2012.
153. TSJ Navarra (Civil y Penal), secc. 1ª, de 19 de mayo de 2021, núm. 2/2021, rec. 2/2021.

y el Ayuntamiento de Sangüesa sore propiedad de cuatro ermitas. La Sentencia llega a la conclusión deductiva de que la posesión que sirve de base a poder adquirir por usucapión corresponde a la Iglesia Católica en base al destino cultual de los templos. Así, expresamente señala lo siguiente: «*La posesión de una ermita erigida como templo del culto religioso se exterioriza y revela objetiva e inequívocamente a través del uso y dedicación al fin propio de su destino, al que incuestionablemente han servido y estado adscritos desde su erección los cuatro edificios objeto de la litis. No consta la realización en ellos de otros usos ajenos a la actividad propiamente eclesial y a la competencia y supervisión de sus autoridades, no obstante, su disfrute inmediato, alieno nomine (art. 431 del CC) y compatible con el culto, por agrupaciones de laicos o seglares auspiciadas por la parroquia y dependientes de ella. La tenencia y el goce de las ermitas ha correspondido pues a la Iglesia*». Pero no confunde, con acertado criterio a nuestro entender, que el destino cultual de un inmueble signifique *de facto* una posesión en concepto de dueño; lo que hace el destino es facilitar la identificación del poseedor, pero no el concepto concreto por el que se posee, bien en concepto de dueño, bien por mera tolerancia del verdadero dueño (FD Decimotercero). Este criterio es usado pocos meses después por la SAP Navarra de 10 de noviembre de 2021[154], al resolver el conflicto sobre el dominio de la Ermita de Nuestra Señora de Muskilda con el Ayuntamiento de Ochagavía.

La SAP Huesca de 22 de noviembre de 2021[155] también considera el destino al culto como un dato determinante de la propiedad cuando dice que «*Tal posesión de destino al culto y otras actividades eclesiales identifica por sí solo al sujeto poseedor, la Iglesia, a través de sus parroquias y sus fieles, pero también acredita que lo es concepto de dueño, debida a la atribución canónica por la Iglesia Católica del dominio sobre los bienes erigidos para el culto*» (FD Primero).

Más recientemente se ha pronunciado la SAP Castellón de 3 de octubre de 2022 en el pleito relacionado con la propiedad de la torre-campanario de la Iglesia de San Bartolomé, de Benicarló, que en su FD Segundo dice textualmente que «*resulta difícil asumir jurídicamente que todo este conjunto arquitectónico de nueva construcción con iglesia destinada al culto y la torre-campanario, destinada por su naturaleza al servicio del culto (dado que es una torre-campanario de la Iglesia que se construyó como elemento auxiliar del templo donde ubicar las campanas para el culto cristiano), cuyo destino principal ha sido siempre dar los toques horarios del culto hasta la actualidad, no sean ambos propiedad de la Iglesia*».

A sensu contrario, la SAP Huesca de 30 de marzo de 2024[156] no solo atiende al destino al culto, sino que hace referencia al hecho de no haberse probado que el

154. SAP Navarra, secc. 3ª, de 10 de noviembre de 2021, núm. 1450/2021, rec. 779/2017.
155. SAP Huesca de 22 de noviembre de 2021, núm. 386/2021, rec. 217/2018.
156. SAP Huesca de 30 de marzo de 2024, núm. 99/2024, rec. 516/2021.

Ayuntamiento reclamante haya podido probar que en la Ermita en discusión se haya celebrado ningún acto civil, ni conste que se haya dado otra utilidad al inmueble que la religiosa (FD Segundo).

4. LA INCLUSIÓN DE LA FINCA EN EL CATASTRO INMOBILIARIO

En la resolución de las controversias ventiladas, nuestros Juzgados y Tribunales han convenido en el hecho de considerar la inclusión en el Catastro del inmueble y la titularidad que en el mismo consta como solo un mero indicio del dominio.

De la misma forma indicada para el criterio de la inclusión de los bienes en los correspondientes inventarios municipales o eclesiásticos, entiende el TS que no es prueba del dominio la constancia de una finca en el Catastro. Así lo dispone desde la STS de 4 de noviembre de 1961[157], con un criterio que se repite en otras muchas sentencias, como la STS de 2 de marzo de 1996[158], al señalar que «*la inclusión de un mueble o un inmueble en un Catastro, Amillaramiento o Registro Fiscal, no pasa de constituir un indicio de que el objeto inscrito puede pertenecer a quien figura como titular de él en dicho Registro, y lo mismo los recibos de pago de los correspondientes impuestos; y tal indicio, unido a otras pruebas, puede llevar al ánimo del Juzgador el convencimiento de que, efectivamente, la propiedad pertenece a dicho titular; pero no puede constituir por sí sola un justificante de tal dominio, ya que tal tesis conduciría a convertir a los órganos administrativos encargados de ese registro en definidores del derecho de propiedad y haría inútil la existencia de los Tribunales de justicia, cuya misión es precisamente la de declarar los derechos controvertidos*».

A mayor abundamiento se puede citar la STS de 2 de diciembre de 1998[159], que se refiere a la cuestión disponiendo que «*el Catastro afecta sólo a datos físicos de la finca (descripción, linderos, contenido, etc.) nada más, no sienta ninguna presunción de posesión dominical en favor del que en él aparece propietario. Si las certificaciones catastrales no prueban la propiedad, no pasan de ser meros indicios que necesitan conjugarse con otros medios probatorios (sentencia de esta Sala de 16 de noviembre de 1.988 y 2 de marzo de 1.996 y las que en ella se citan), con más razón no pueden ser tampoco por sí mismas prueba de una posesión a título de dueño*».

La argumentación aparece en el pleito entablado entre el Ayuntamiento de La Pobla de Farnals y la Parroquia de San José sobre la propiedad del cementerio, resuelto por STS de 26 de mayo de 2000[160]. Y la SAP Huesca de 18 de noviembre de 2004[161], en el pleito entre Obispado y Ayuntamiento de Jaca sobre la ermita de

157. STS (Civil) de 4 de noviembre de 1961, núm. 2036/1961.
158. STS (Civil), de 2 de marzo de 1996, núm. 144/1996, rec. 2663/1992.
159. STS (Civil), de 2 de diciembre de 1998, núm. 1138/1998, rec. 1964/1994.
160. STS (Civil) de 26 de mayo de 2000, núm. 525/2000, rec. 2311/1995.
161. SAP Huesca de 18 de noviembre de 2004, núm. 231/2004, rec. 64/2004.

Osia, dice textualmente en el FD Cuarto que «*el catastro es un registro administrativo que, como tenemos repetidamente declarado, no es apto para enervar derechos sustantivos civiles*». En este mismo sentido se expresa también la SAP Burgos de 23 de octubre de 2007[162] cuando resuelve un pleito entre el Ayuntamiento de San Juan del Monte y la Parroquia sobre la propiedad de la ermita de Nuestra Señora de la Vega y campa procesional cuando hace referencia expresa a que las titularidades catastrales «*no entrañan una presunción de titularidad dominical en favor de quien aparece en las mismas como propietario; no pasan de ser meros indicios que necesitan conjugarse con otros medios probatorios. Aunque si puede presumirse la certeza de los datos físicos que contenga el Catastro, la titularidad catastral no implica el reconocimiento público de un derecho, ya que el catastro no da fe de los derechos que recaigan sobre la finca, ni, por tanto, acreditan su titularidad dominical*».

La STS 16 noviembre de 2006[163] es taxativa al señalar que «*el Catastro no proclama, ni garantiza, ni siquiera protege, el derecho de propiedad*» (FD Cuarto). Con todo, puede ser un argumento que el Tribunal tenga en cuenta a la hora de formarse un juicio de valor sobre a quién pertenece el dominio, como ocurre en la reciente SAP Huesca de 30 de marzo de 2024[164], dado que en el Catastro aparece la Ermita cuya propiedad se discute a nombre del Obispado de Huesca y como finca catastral distinta del Castillo de Alberuela de Tubo, cuando el Ayuntamiento de la localidad argumentaba que formaba parte del mismo.

5. LA EXISTENCIA DE UN TÍTULO ADQUISITIVO O, EN SU DEFECTO, LA ADQUISICIÓN DEL DOMINIO POR USUCAPIÓN

Para que una determinada persona acredite su condición de propietario deberá acreditar la existencia de un título adquisitivo que, unido a la tradición, entrega o modo, ocasionara la adquisición del dominio. En ausencia de dicho título transmisivo, deberá probarse que se ha mantenido la posesión pública, pacífica, ininterrumpida y en concepto de dueño de la finca en cuestión, a fin de hacer constar su adquisición por la usucapión.

5.1. El título material adquisitivo

Cuando se interpone una acción reivindicatoria son tres los requisitos exigidos por nuestra Jurisprudencia para que pueda ser admitida: que el demandante demuestre tener un título de dominio, que se produzca una perfecta identificación de la finca objeto del *petitum* y, por último, que se demuestre la posesión del demandado. Cuando lo que se entabla es una acción declarativa de dominio son requeridos tan solo los dos primeros requisitos, no siendo necesario probar la

162. SAP Burgos, secc. 2ª, de 23 de octubre de 2007, núm. 397/2007, rec. 549/2005.
163. STS (Civil), de 16 de noviembre de 2006, núm. 1176/2006, rec. 486/2000.
164. SAP Huesca de 30 de marzo de 2024, núm. 99/2024, rec. 516/2021.

posesión del demandado, al no pretenderse la restitución del bien, sino solo que el órgano jurisdiccional emita una resolución que declare quién es el verdadero titular extrarregistral de la finca.

Reiteran nuestro Tribunales que corresponde al actor la carga de la prueba cuando de declarar el dominio o de reivindicar la propiedad se trata. Así, la SAP Guadalajara de 27 de marzo de 2012[165] señala, con fundamento en las SSTS 17 de octubre de 1991[166], 26 de mayo de 1994[167], 5 de julio de 1996[168] y 28 de abril de 1997[169] que «*resulta esencial que quien reivindica demuestre en forma cumplida y satisfactoria la concurrencia a su favor de título de dominio*» y «*ello con independencia del título que pueda o no tener el demandado*» (SSTS 1 de diciembre de 1989, que glosa las de 17 de mayo de 1983, 17 de enero de 1984, 20 de septiembre de 1984, 17 de marzo de 1986, 28 de noviembre de 1986, 23 de junio de 1988, 7 de octubre de 1988 y 28 de noviembre de 1988).

Cita la referida resolución la importante STS de 20 de junio de 2003[170], que hace referencia a la situación del demandado por una acción basada en el art. 348 CC, quien no necesita alegar título alguno de dominio a su favor, sino que le basta con discutir el alegado por el demandante, sobre quien pesa la carga de la prueba del dominio a su favor. Y con respecto a esa prueba por parte del actor, nuestros Tribunales, desde la lejana STS de 5 de octubre de 1973[171], sientan el criterio de que la justificación documental no equivale a la existencia de un documento preconstituido, como expresa también la citada SAP Guadalajara de 27 de marzo de 2012 cuando dice que: «*Es cierto que la propiedad puede acreditarse no solo documentalmente sino a través de otros medios de prueba, siendo constante la doctrina jurisprudencial que sostiene que el término técnico de dominio no equivale a documentos preconstituidos sino a la justificación dominical, puntualizándose que el requisito del título adquisitivo no se identifica necesariamente con la constancia documental del hecho generador sino que equivale a prueba de la propiedad de la cosa en virtud de causa idónea para dar nacimiento a la relación en que el derecho real consiste, exista o no acto instrumental escrito; de modo que el dominio puede acreditarse por cualquier medio de prueba sin que haya de identificarse necesariamente con la constancia documental del hecho generador, sino que equivale a prueba de la propiedad de la cosa en virtud de causa idónea para dar nacimiento a la relación en que el derecho real consiste*» (SSTS de 6 de julio de 1982 o 16 de octubre de 1998).

En cuanto a la necesidad de probar ese título de dominio que acredite ser el legítimo propietario, podemos hacer referencia a lo dicho por la STS de 19 de julio

165. SAP Guadalajara, secc. 1ª, de 27 de marzo de 2012, núm. 81/2012, rec. 328/2011.
166. STS (Civil) de 17 de octubre de 1991, núm. 10492/1991.
167. STS (Civil) de 26 de mayo de 1994, núm. 22365/1994.
168. STS (Civil) de 5 de julio de 1996, núm. 7981/1996, rec. 3238/1992.
169. STS (Civil) de 28 de abril de 1997, núm. 3002/1997, rec. 118/1993.
170. STS (Civil), de 20 de junio de 2003, núm. 604/2003, rec. 3149/1997.
171. STS (Civil), de 5 de octubre de 1973, núm. 412/1973.

de 2012[172]: «*La prueba del dominio viene referida al acto de adquisición del mismo y como questio facti se remite a la prueba del título que, en sentido material, viene a describir todo acto o negocio jurídico capaz de determinar la producción de efectos jurídicos de carácter real. Esta prueba no se realiza de una forma apriorística, ni tasada, de modo que hay que estar a las reglas generales en la materia en orden a la demostración de un derecho mejor y más probable que el del demandado, pudiéndose valer del juego de las presunciones, particularmente de la contemplada en el* artículo 38 de la Ley Hipotecaria, *esto es, de la possessio ad usucapionem, si bien con un alcance iuris tantum dado el carácter no tabular que tiene la usucapión en nuestro sistema registral. En todo caso, en la confrontación de los medios de prueba, y dado el objeto y finalidad de la acción, deben tener preferencia aquellos que impliquen o favorezcan un título hábil para adquirir el dominio*».

5.2. La adquisición del dominio por usucapión

Con relación a ese dominio que debe demostrase mediante la existencia de un título justificativo, y para el caso de que los Tribunales no consideren convenientemente probada la existencia del mismo, es moneda común que se solicite subsidiariamente la adquisición del inmueble por usucapión, ya sea ordinaria o extraordinaria, en virtud de lo dispuesto en los arts. 1957 y 1959 CC, al concurrir la posesión en concepto de dueño, pública, pacífica e ininterrumpida (art. 1941 CC), no siendo una posesión meramente tolerada (art. 1942 CC), y que ha tenido lugar por el tiempo exigido por nuestro Código Civil o por las legislaciones forales.

A esta necesaria posesión se refiere la STS de 30 de abril de 1997[173] que, en su FD Cuarto, señala: «*Además, el art. 1941 CC exige que la posesión ha de ser en concepto de dueño, lo que significa que posee con la apariencia, la conducta externa y el convencimiento externo de que es titular y no reconoce el dominio en otra persona. No es suficiente la intención (aspecto subjetivo) para poseer en concepto de dueño, sino que se requiere un elemento causal o precedente objetivo que revele que el poseedor no es mero detentador, dice la STS 18 octubre 1994; y añade la STS 30 diciembre 1994 que ha de basarse en actos inequívocos, con clara manifestación externa en el tráfico, por lo que no es suficiente la simple tenencia material o simple, sino que a ella ha de añadirse el "plus" dominical de actuar y presentarse en el mundo exterior como efectivo dueño y propietario de la cosa*».

Lo que puede completarse con lo que el mismo Tribunal establecía en otra resolución anterior, con referencias a varias sentencias lejanas en el tiempo y que acreditaban una constante y reiterada Jurisprudencia al respecto; concretamente, la STS 7 de febrero de 1997[174] se refería a la posesión en concepto de dueño del siguiente modo: «*El sentido de esta expresión "en concepto de dueño" también ha sido reiteradamente explicado por la jurisprudencia. La STS 14 marzo 1991 expresa: es doctrina de esta Sala la de que, como dice de manera expresa el art. 447 CC y reitera el 1941, sólo la posesión que se*

172. STS (Civil), secc. 1ª, de 19 de julio de 2012, núm. 467/2012, rec. 294/2010.
173. STS (Civil) de 30 de abril de 1997, núm. 335/1997, rec. 1217/1993.
174. STS (Civil), de 7 de febrero de 1997, núm. 58/1997, rec. 1107/1993.

adquiere y disfruta en concepto de dueño puede servir de título para adquirir el dominio, y tan terminantes son estos preceptos que el Tribunal Supremo al aplicarlos hubo de declarar que tanto la prescripción ordinaria como la extraordinaria no pueden tener lugar en armonía con el art. 1941 sin la base cierta de una posesión continuada durante todo el tiempo necesario para prescribir en concepto de dueño (SSTS 17 febrero 1894, 27 noviembre 1923, 24 diciembre 1928, 29 enero 1953 y 4 julio 1963); que la posesión en concepto de dueño, como requisito esencial básico, tanto de la usucapión ordinaria como de la extraordinaria, no es un concepto puramente subjetivo o intencional, ya que el poseedor por mera tolerancia o por título personal, reconociendo el dominio en otra persona, no puede adquirir por prescripción, aunque quiera dejar de poseer en un concepto y pasar al animus domini (STS 19 junio 1984) y, finalmente, que para que pueda originarse la prescripción adquisitiva, incluso la extraordinaria, como medio de adquirir el dominio, se requiere, no sólo el transcurso de los 30 años sin interrupción en la posesión, sino también que esta posesión no sea simple tenencia material o la posesión natural, sino que sea la civil, es decir, la tenencia unida a la intención de hacer la cosa como suya, en concepto de dueño» (FD Segundo).

Se puede citar, sin ánimo de ser redundante, la STS de 21 de noviembre de 2011[175], que también se refiere a la posesión en concepto de dueño con meridiana claridad en su FD Cuarto con las siguientes palabras: «*la posesión como dueño integra un concepto positivo por cuanto comporta necesariamente la presencia de un elemento objetivo o causal (Sentencias de 20 noviembre 1964 y 18 octubre 1994) consistente en la existencia de "actos inequívocos, con clara manifestación externa en el tráfico" (Sentencias de 3 octubre 1962, 16 mayo 1983, 29 febrero 1992, 3 julio 1993, 18 octubre y 30 diciembre 1994 y 7 febrero 1997), "realización de actos que solo el propietario puede por sí realizar" (Sentencia de 3 junio 1993); "actuar y presentarse en el mundo exterior como efectivo dueño y propietario de la cosa sobre la que se proyectan los actos posesorios" (Sentencia 30 diciembre 1994)*».

La sola inmatriculación por el art. 206 LH no significaba la existencia de un título material, lo que conlleva que se pueda analizar si el derecho inscrito existía o no. Porque, como dice la SAP Huesca de 30 de marzo de 2024[176], «*la inscripción ex art. 206 de la LH no puede convalidar la inexistencia o la nulidad de pleno derecho del título de dominio, cediendo la presunción iuris tantum de legitimación ante realidades extrarregistrales preexistentes, como la usucapión extraordinaria o la posesión inmemorial*» (FD Segundo).

El título material deberá probarse cuando nos encontremos ante una adquisición derivativa que haya permitido convertirse en titular del dominio. También cuando se trate de alguno de los modos originarios de adquisición, bien probando la posesión necesaria para que se haya adquirido por usucapión, bien demostrando el concreto precepto legal que permitió la adquisición del inmueble *ex lege* (por ejemplo, el Convenio Ley de 1860 u otras normas concretas de la desamortización).

---

175. STS (Civil), secc. 1ª, de 21 de noviembre de 2011, núm. 855/2011, rec. 1908/2008.
176. SAP Huesca de 30 de marzo de 2024, núm. 99/2024, rec. 516/2021.

6. LA SOLA PRESUNCIÓN DE QUE LAS VÍAS Y PLAZAS DE USO PÚBLICO SON DE DOMINIO PÚBLICO

Ha sido una constante en la polémica de la inmatriculación de bienes por la Iglesia Católica el argumento de que mediante este especial procedimiento se ha producido la inscripción a nombre de entidades eclesiásticas de vías y plazas que son de dominio público. No han sido pocos los casos en los que los ayuntamientos han reclamado la propiedad de estos espacios mediante el ejercicio de la acción reivindicatoria.

Analizando las sentencias recaídas en estos pleitos, podemos extraer la conclusión de que el uso público de un determinado terreno no implica automáticamente su consideración como vía o plaza pública y, en consecuencia, como bien de dominio público con la característica de imprescriptible.

6.1. Las resoluciones sobre terrenos de uso público

Sobre un terreno destinado a campa procesional se pronunció la SAP Burgos de 23 de octubre de 2007[177] en un conflicto entre Arzobispado de Burgos y Ayuntamiento de Aranda de Duero. Habiendo realizado obras el Ayuntamiento en el terreno considerado de dominio público con una subvención proveniente de la Diputación Provincial, entiende la Sala que «*en modo alguno se puede considerar acto de posesión en concepto de dueño por parte del Ayuntamiento, máxime tratándose de una única actuación aislada*» (FD Duodécimo). Y aunque se demuestra que el Ayuntamiento ha colocado en el terreno unos bancos y una fuente, y que se está utilizando como parque y zona de recreo del pueblo, lo que acreditan varios testigos, al no disponer de título de adquisición, esta posesión solo sería válida para poder adquirir por usucapión, no habiendo transcurrido los 30 años necesarios.

La SAP Zamora de 21 de noviembre de 2011[178] resuelve el pleito entre el Ayuntamiento de Almaraz de Duero y el Obispado sobre el dominio de la denominada Plaza mayor, terreno contiguo a la Iglesia que la Diócesis entendía como parte del templo y el Consistorio como bien de dominio público.

Sienta la resolución una serie de criterios con respecto al bien controvertido en cuanto a su posible naturaleza pública. Así, desestima la alegación hecha por el Ayuntamiento del art. 132.2 CE (en base a lo que dispone la STS de 8 de junio de 2001), porque el precepto constitucional se refiere a los bienes comprendidos en la zona marítimo terrestre, sobre los que la Administración queda liberada de la obligación de exhibir el título. Pero, en sentido contrario, no establece equivalencia entre el hecho de no estar inventariado el bien por el Ayuntamiento y su no condición de bien de dominio público, pues la obligación de inventariar los bienes municipales no edificados, como las vías públicas, no aparece hasta la Ley de 2 de

177. SAP Burgos, secc. 2ª, de 23 de octubre de 2007, núm. 397/2007, rec. 549/2005.
178. SAP Zamora, secc. 1ª, de 21 de noviembre de 2011, núm. 319/2011, rec. 237/2011.

abril de 1985, Reguladora de Bases del Régimen Local; como dispone la STS de 3 de octubre de 1988[179], *«el inventario municipal es un mero registro administrativo que ni prueba, ni constituye derecho alguno»*.

La SAP Zamora hace constar en el FD Sexto que lo establecido en los arts. 339.1 y 344 CC, disponiendo que son bienes de dominio público los destinados al uso público, y entre ellos los bienes municipales y provinciales destinados a plazas y calles, solo sienta una presunción de titularidad en favor del municipio que, de ordinario, carecerá de título escrito de dominio, lo que le facultará para proceder a la inscripción mediante un simple certificado del Secretario, a través del art. 206 LH (en el mismo sentido que se permitía a la Iglesia antes de la reforma de la LH en 2015). Esto es, hay una presunción *iuris tantum* de título en favor del Ayuntamiento. Pero estando inscrita la finca a favor de la Diócesis, y careciendo esta también de título escrito del dominio, la inmatriculación por parte de la Iglesia le otorga, también, una presunción de titularidad que cede ante la realidad jurídica extrarregistral. Por tanto, no cabe más solución que acudir *«a la prueba de quién ha realizado actos dominicales que hagan presumir que la parcela era de su propiedad»* (FD Noveno). Y es de la práctica de la prueba, de la demostración de haber realizado actos dominicales, y no del hecho de estar destinado a plaza o vía pública, de donde deduce la Sala que el terreno es de propiedad municipal.

La Audiencia Provincial de Burgos dicta una resolución parecida a la primera tratada en este apartado, pero entendiendo en este caso que la propiedad es municipal, con fecha 20 de junio de 2016[180]. Lo que nos demuestra que la propiedad se acredita, a falta de título escrito que la acredite (habitual en relación a ayuntamientos e Iglesia Católica), mediante la prueba de actos que acrediten el dominio. Porque podemos afirmar que no bastará que se hayan producido intervenciones municipales en los terrenos, algo frecuente por la constante preocupación actual en el patrimonio histórico-artístico, o que se hayan solicitado subvenciones por los propios consistorios, todo lo cual no puede identificarse con ser el titular. Así se reconocía, por ejemplo, en un Convenio entre el Arzobispado de Burgos, la Junta de Comunidades de Castilla y León y la Diputación Provincial de Burgos, al disponer que la realización de obras de conservación y reparación financiadas con subvenciones no son ni actos de posesión ni de dominio de los templos en los que se realice la intervención, lo que podemos trasladar a actuaciones en terrenos, sin que ello produzca de inmediato su tránsito de bien de propiedad privada a bien de uso y dominio público.

La STSJ Navarra de 20 de enero de 2015[181] dispone que alegar el dominio público de un inmueble no deja de ser sino una mera pretensión, porque el concepto tiene una naturaleza ambivalente; por un lado, natural, cuando un bien está afecto

179. STS (Civil) de 3 de octubre de 1988, núm. 6758/1988.
180. SAP Burgos, secc. 2ª, de 20 de junio de 2016, núm. 249/2016, rec. 162/2016.
181. TSJ Navarra (Civil y Penal), secc. 1ª, de 20 de enero de 2015, núm. 2/2015, rec. 22/2014.

a un uso o servicio público, ya sea municipal o estatal; de otro, en el sentido de su desarrollo procesal, lo que necesitaría o «*exigiría una más concreta determinación de lo que efectivamente se pretende por la parte al reclamar el dominio público del inmueble litigioso*» (FD Segundo).

En el mismo sentido se pronuncia la SAP Barcelona de 5 de diciembre de 2019[182], al confrontar la presunción de titularidad demanial en favor del Ayuntamiento del art. 344 CC con la de titularidad eclesiástica por haber inmatriculado el inmueble, a la luz del art. 38 LH. Para determinar quién es el dueño «*resulta fundamental determinar quién ha realizado actos dominicales, esto es, quién se ha venido comportando como dueño realizando sobre la porción de terreno actos propios de un propietario*» (FD Cuarto).

En un caso no referido a terrenos o vías, sino a la Iglesia de Plan (Huesca), argüía el Ayuntamiento ser el propietario y haber procedido a la inmatriculación por ser el sentir del pueblo, lo que viene a establecer una relación causa efecto entre la creencia popular sobre la titularidad municipal y el dominio público de los bienes. La Sentencia dictada en 1ª Instancia[183] no deja lugar a la duda al disponer que «*el sentir popular no es título de adquisición de bienes*» (FD Tercero).

6.2. El caso de las plazas de San Andrés y Sauces en Tenerife

En esta materia, consideramos de extraordinaria importancia lo resuelto por la SAP Tenerife de 22 de marzo de 2021[184]. En el pleito se resuelve la petición del Ayuntamiento de San Andrés y Sauces sobre la propiedad de dos terrenos adyacentes a sendas ermitas, que son en la actualidad plazas destinadas a un uso público La relevancia la encontramos en el argumento esgrimido por la administración municipal como causa originaria de su dominio, las normas subsidiarias de planeamiento de 1992, que clasifican una de las fincas, en suelo urbano, y la otra, en suelo de asentamiento rurales, como espacios libres públicos. Además, una de las plazas, tras la instalación de un parque infantil, fue objeto del Proyecto de Rehabilitación del Entorno de la Ermita de San Sebastián; la otra, de un proyecto de Remodelación y Acondicionamiento de la Plaza de San Juan realizado en dos fases. En base a ello, entiende la defensa del Ayuntamiento que su título nace de la propia ley en tanto, tratándose de una plaza de uso público que es cuidada y mantenida por él, es un bien de dominio público (FD Primero).

Frente a la pretensión de que la afectación de ambos bienes al uso público conlleva su naturaleza demanial, la Sentencia establece que «*cuando la parte actora entiende (…) que la afección, real y efectiva, de las plazas litigiosas a un uso público determina una causa de adquisición por ministerio de ley, no está en lo cierto. Pero lo que no ha*

182. SAP Barcelona, secc. 17ª, de 5 de diciembre de 2019, núm. 594/2019, rec. 107/2019.
183. ST Juzgado de 1ª Instancia e Instrucción núm. 1 de Boltaña de 6 de febrero de 2018, núm. 4/2018.
184. SAP Tenerife, secc. 3ª, de 22 de marzo de 2021, núm. 94/2021, rec. 48/2020.

sido admitido, ni jurisprudencial ni tampoco dogmáticamente, es que sea justamente el uso público, que otorga el carácter de bien demanial frente a bien patrimonial, la circunstancia que a su vez suponga título de adquisición del bien por atribución directa de la Ley». Se establece el criterio de que la existencia de esas normas puede establecer un indicio o presunción de que los bienes son de dominio público por estar afectas al referido uso también público, pero esto no puede admitirse cuando las plazas están inscritas en el Registro en favor de la Iglesia, pues también nace de la inscripción la presunción de titularidad en beneficio del titular registral (FD Tercero).

Por tanto, cuando el art. 339 CC dispone que son bienes de dominio público los destinados al uso público, y el art. 344 CC dice que son bienes de uso público, en las provincias y los pueblos, las plazas, calles, fuentes y aguas públicas, los paseos y las obras públicas de servicio general, costeadas por los mismos pueblos o provincias, siendo todos los demás patrimoniales, lo que hacen esos preceptos del Código no es atribuir dominio alguno a las personas a las que se refieren, «*sino que, por el contrario, clasifican los bienes en base a la persona que es su titular*». Y cuando los bienes sean de titularidad municipal, se aplicará lo dispuesto en los artículos 74.1 del Real Decreto Legislativo 781/1986, de 18 de abril, por el que se aprueba el Texto Refundido de las disposiciones legales vigentes en materia de Régimen Local, y el art. 3 del Real Decreto 1372/1986, de 13 de junio, por el que se aprueba el Reglamento de Bienes de las Entidades Locales, que consideran de uso público las plazas costeadas por los mismos pueblos o cuya conservación y policía sean de la competencia de la Entidad local. Pero para que el concreto bien sea de titularidad municipal solo podrá haberlo adquirido por alguno de los modos establecidos para adquirir en el art. 609 CC, completado con el artículo 10 del Real Decreto 1.372/1986, de 13 de junio, por el que se aprueba el Reglamento de Bienes de las Entidades Locales, que admite como formas de adquisición de bienes por las Corporaciones Locales la *atribución de la ley*, por título oneroso (usando o no la expropiación), por herencia, legado o donación, la prescripción, la ocupación o cualquier otro modo legítimo conforme al ordenamiento jurídico. Las normas subsidiarias y de planeamiento urbanístico no tienen.

Esa atribución de la ley es la alegada por la Corporación demandante para acreditar la adquisición del dominio sobre las plazas controvertidas. La Sala es tajante en cuanto a la validez de las Normas Subsidiarias como modo para adquirir el dominio al decir: «*Las normas subsidiarias de planeamiento, de las que sólo se aportan los planos en que se identifican las fincas, no tienen, por sí, más valor que el de la clasificación y calificación del suelo, siendo que sólo en los procedimientos de desarrollo de las mismas pudiera la entidad local adquirir por los medios previstos en la normativa administrativa las plazas que vienen siendo usadas por el público, y de los que, al parecer, obviamente no ha hecho uso, más allá de la inclusión en el inventario o de la realización de algún proyecto de rehabilitación de las plazas*». Y apoya su conclusión en lo alegado por la STS de 14 de julio de 1994[185], cuando decía que «*la declaración "ministerio legis" de utilidad*

185. STS (Civil), de 14 de julio de 1994, núm. 719/1994, rec. 1878/1991.

pública (...) no es por sí sola suficiente para declarar expropiada una cosa inmueble, sin que concurra como consecuencia una declaración o acto de "imperium" administrativo del que conste de manera evidente la privación del dominio al particular o particulares afectados; efecto necesario que, como se deja indicado, no se ha acreditado en el supuesto contemplado en estos autos».

En conclusión, que una finca esté destinada al uso público y que esté incluida en las normas urbanísticas municipales con dicha calificación no debe entenderse más que como un indicio de su titularidad municipal y de su carácter demanial; indicio que puede ser destruido mediante prueba en contrario y que, en ningún caso, puede ser distinto a la presunción que la inscripción atribuye a quien consta como titular registral. Lo contrario sería tanto como entender que son de titularidad eclesiástica todos los bienes destinados al culto católico lo que, como se analizaba con anterioridad, no deja de ser otro indicio de la posible propiedad del inmueble.

7. LA INNECESARIEDAD DE PRUEBA DOCUMENTAL DEL DOMINIO DE BIENES ADQUIRIDOS EN TIEMPO INMEMORIAL

La antigüedad del dominio convierte en diabólica la necesidad de probar documentalmente la adquisición de la propiedad. Un buen número de controversias suscitadas sobre la propiedad analizadas en el presente capítulo recaen sobre bienes destinados al culto que se adquirieron por las entidades eclesiásticas en tiempos muy remotos, pudiéndose remontar el título material de adquisición incluso a la Edad Media, siendo frecuentemente objeto de muy distintos vaivenes en cuanto a su uso.

La utilización por la Iglesia Católica del procedimiento extraordinario de inmatriculación del art. 206 LH tenía como premisa inexcusable no poder acreditar la propiedad mediante un título escrito o formal en el que constara el título material de adquisición del inmueble. Esa primitiva adquisición podía actuar en contra de la Iglesia si de probar dicho título material se trataba cuando la propiedad se pone en duda o es perturbada por cualquier tercero y se hace necesaria la intervención de los Tribunales.

Encontramos un argumento defensivo que exonera a la Iglesia (o a la entidad a la que el dominio pertenezca desde un larguísimo tiempo) de la necesidad de probar documentalmente la propiedad en lo que manifiesta la SAP Navarra de 4 de febrero de 2003[186]. Cuando resuelve el pleito sobre la propiedad de una ermita entre la Archidiócesis de Pamplona y un particular, al estimar acreditado el destino al culto del inmueble desde el siglo XIII, la Sala entiende que acreditado tal destino al culto «*... no puede inferirse otra conclusión que no sea la de afirmar la titularidad dominical de la Iglesia Católica sobre dicha construcción, a lo que no empece la ausencia de constancia documental ni la falta de inscripción registral. La antigüedad de la iglesia,*

186. SAP Navarra, secc. 3ª, de 4 de febrero de 2003, núm. 23/2003, rec. 155/2002.

datada, como hemos dicho, en el siglo XIII, convertiría en diabólica la exigencia de probar documentalmente el dominio sobre ella» (FD Tercero).

Dentro del presente criterio esgrimido para justificar la adquisición de la propiedad, podemos hacer referencia al hecho de alegar que la posesión de un determinado bien por las entidades eclesiásticas lo son «*desde tiempo inmemorial*». Nos encontramos, como advierte Badorrey Martín[187], en un concepto legal frecuentemente invocado por la legislación y nuestra Jurisprudencia. Si bien, en un principio, podríamos entender el concepto como un mero juicio humano, desde un punto de vista estrictamente jurídico podemos alcanzar una definición que lo asimile a un plazo de tiempo con un origen tan antiguo que se pierda en la memoria y, en consecuencia, esté caracterizado por la indeterminación e imposibilidad de concretar la fecha exacta de su inicio.

Señala la autora que esa imprecisión se convierte en algo más preciso con relación a determinadas instituciones, como lo fueron las servidumbres discontinuas. Si bien el CC establece que solo pueden adquirirse en virtud de título, se admitió la prescripción cuando se tratase de servidumbres anteriores a la entrada en vigor del Código en 1889. Para ello, señala la referida autora, utiliza la Jurisprudencia la posesión inmemorial, definiéndola como «*lo que es tan antiguo que no hay memoria de cuando comenzó*» (SAP Álava de 14 de enero de 2014[188]) o, como dispone la antigua STS de 27 de junio de 1864, la larguísima y pacífica posesión de origen remoto a que no alcance la memoria de los hombres y sin que haya noticia de hecho alguno contrario a ella exigiendo las Leyes de Partidas que fuera por tanto tiempo que no se pueden acordar los hombres de cuándo la comenzaron a usar. Por ello, concluye, la indeterminación se concretiza para las servidumbres discontinuas en una fecha: antes de 1889.

Pretendemos resaltar que la posesión inmemorial ha sido utilizada por doctrina y Jurisprudencia a lo largo de nuestra historia. Nos servimos del ejemplo que Badorrey Martín señala con relación al ámbito administrativo, por su cercanía al caso de la inmatriculación de bienes eclesiásticos. Existe una disposición legal, como el RD 1373/2009, de 28 de agosto, por el que se aprueba el Reglamento General de la Ley 33/2003, de 3 de noviembre, del Patrimonio de las Administraciones Públicas, cuyo art. 53.1.c establece los requisitos y contenido necesarios en las certificaciones de dominio por las que se pretenda la inmatriculación de bienes titularidad de una Administración, debiéndose incluir el título o modo de adquisición «*salvo que se tratara de un bien o derecho poseído de tiempo inmemorial, en cuyo caso bastará con señalar esta circunstancia si no constase el origen de la adquisición*». Es decir, que el tiempo inme-

187. Badorrey Martín, B. «El tiempo inmemorial: análisis crítico de su noción y aplicabilidad en el Derecho civil y administrativo según la legislación y jurisprudencia contemporáneas», *Revista Crítica de Derecho Inmobiliario*, año XCIV, septiembre-octubre 2018, págs. 2723-2744.

188. SAP Álava, secc. 1ª, de 14 de enero de 2014, núm. 7/2014, rec. 514/2013.

morial equivaldría al título de adquisición del bien, convirtiéndose en un concepto jurídico indeterminado al no concretarse ese modo o el tiempo concreto en el que han ocurrido tales circunstancias.

Como consecuencia de lo anteriormente expuesto, no parece lógico que lo que se admite por nuestra legislación para la inmatriculación de los bienes de las Administraciones Públicas no sea de aplicación a la Iglesia Católica. A nuestro juicio, la admisión de ese concepto indeterminado no responde a quién sea el titular del bien, sino a las circunstancias temporales especialísimas que rodean la adquisición de determinados bienes, los públicos y los religiosos o de propiedad de la Iglesia Católica, que lo fueron en un tiempo tan lejano que no permiten tener un documento en el que conste el modo de adquisición o que, sencillamente, vienen siendo poseídos desde ese llamado tiempo inmemorial con todos los requisitos necesarios para su adquisición por usucapión.

8. EL USO DE FINCAS POR PARTE DE VECINOS O DE ASOCIACIONES VECINALES

El hecho de que el uso por parte de vecinos o asociaciones vecinales de determinados inmuebles destinados al culto es muy frecuente, especialmente en ámbitos rurales en los que la asistencia religiosa de los párrocos no puede ser diaria, consecuencia del número decreciente de presbíteros con los que las diócesis pueden atender todos los templos parroquiales y no parroquiales. En muchos de estos casos, el uso, cuidado, apertura, conservación y mantenimiento pueden estar en manos de vecinos de la localidad. En algunos, estos vecinos están agrupados en asociaciones vecinales de naturaleza civil.

Podemos afirmar que ese uso por parte de vecinos o asociaciones de vecinos no implica que los bienes puedan considerarse, por ese simple hecho, propiedad de las asociaciones o bienes de dominio público, si se encuentran situados en montes vecinales en mano común. En las controversias analizadas hemos podido comprobar cómo los órganos jurisdiccionales resolvían esas disputas entre entidades eclesiásticas y vecinos sobre el dominio de ermitas o espacios destinados al culto, bien por encontrarse aquellos situados en montes vecinales en mano común, bien por entender los vecinos que habían adquirido los bienes por alguno de los modos de adquirir.

8.1. La posesión vecinal como simple requisito para adquirir por usucapión

Entre las resoluciones, destacamos lo dispuesto por la STS de 18 de noviembre de 1996[189] en cuanto a la posible existencia de titularidad privada de particulares sobre ermitas y edificios destinados al culto en el FD Cuarto: «*La inviolabilidad y*

189. STS (Civil) de 18 de noviembre de 1996, núm. 955/1996, rec. 3818/1992.

respeto que nuestro Ordenamiento Jurídico mantiene, en ejecución de los Acuerdos con la Santa Sede, para los lugares y edificios dedicados al culto de la Iglesia Católica —sobre los cuales mantiene su jurisdicción específica— es totalmente compatible con la propiedad que corresponda de los terrenos a otras personas jurídicas o físicas, como sucede en la presente controversia y quedó ya considerado». El Tribunal Supremo distingue entre el derecho de propiedad y los derechos eclesiásticos correspondientes al destino cultual de los inmuebles.

Ahora bien, esa admisión irrefutable de la posibilidad de que existan ermitas que pueden ser propiedad de particulares no puede ser interpretada en el sentido de que, siendo el uso de vecinos o asociaciones vecinales, los templos se conviertan en bienes de dominio público.

La SAP Coruña de 31 de octubre de 2012[190] resuelve una solicitud de los vecinos cuando alegan ser propietarios de una ermita por usucapión como consecuencia del uso continuado para la celebración de las fiestas patronales y disfrute de los niños y jóvenes. Y concluye la Sala en el sentido de que el uso vecinal no implica el dominio, sino que servirá única y exclusivamente a los efectos de adquirir por usucapión, siempre y cuando dicha posesión reúna los requisitos de ser pública, pacífica, ininterrumpida y en concepto de dueño. Es sobre esta posesión en concepto de dueño sobre la que más claramente se expresa la resolución en el FD Sexto, al decir lo siguiente: «*... deviene esencial, en cambio, analizar el concepto de dicha posesión, pues en todo tipo de usucapión ha de concurrir el requisito del art. 1941 CC de que sea en concepto de dueño, entendido en el sentido del art. 432, es decir, con intención de tener la cosa poseída como propia, lo que se contrapone a conservarla o disfrutarla, perteneciendo el dominio a otra persona. Lo esencial es comportarse ajustándose a un estándar dominical, apto para suscitar en los demás la convicción de que el poseedor es realmente el dueño del objeto poseído (SSTS 22 septiembre 1984 y 26 abril 1989, respectivamente). Se trata de valorar objetivamente la conducta que puede observarse en el poseedor y no de la representación interna que éste se haga de su propia posesión, es decir, de que se crea dueño o no. En todo caso, resulta indiciario de que no se está poseyendo en concepto de dueño el reconocimiento de la titularidad dominical en otro*». Lo que no entiende haya concurrido en la posesión de estos vecinos, pues reconocían con otros actos el dominio de otro, en este caso, el Obispado de Lugo.

Por tanto, «*la posesión ha de haberse ejercido o disfrutado sin incertidumbres, de manera pública, pacífica e ininterrumpida, durante el tiempo exigido por la ley... mediante actos expresos o incluso tácitos inequívocamente reveladores de un dominio exclusivo y excluyente sobre ella, incompatible con la atribución o pertenencia a otra persona de la titularidad dominical*», como afirma la STSJ Navarra de 23 de mayo de 2018[191]. Y cuando ese uso es vecinal, debe tener unas características concretas para que pueda ser base de la adquisición por usucapión, como reconoce la misma Sala en STSJ Navarra

190. SAP A Coruña, secc. 5ª, de 31 de octubre de 2012; núm. 545/2012; rec. 343/2011.
191. STSJ Navarra (Civil y Penal), secc. 1ª, de 23 de mayo de 2018, núm. 4/2018, rec. 5/2018.

de 19 de mayo de 2021 al afirmar que dicho uso «*no puede tampoco considerarse uso público o comunal a los efectos de su usucapión como bienes públicos (arts. 99.1 y 103.4 de la LF 6/1990; 16.d y 22 del DF 280/1990), porque —a diferencia del supuesto enjuiciado en la STSJ 12/2010, de 30 junio— no se ha ejercido en esa condición vecinal, por encima de la que es propia de los fieles de la Iglesia, y porque tampoco el uso y destino de los templos al culto y las actividades desarrolladas en él se encuentran entre los usos y servicios de los bienes comprendidos en el dominio público local (arts. 98.1 y 2 de la LF 6/1990, 3 y 4 del DF 280/1990) y en la competencia municipal de su gobierno*». En definitiva, uso vecinal y propiedad pública no son, en absoluto, sinónimos.

Especialmente llamativo nos resulta el caso resuelto sobre la propiedad del Centro social de Topares (Almería) y un inmueble contiguo, destinados a fines sociales y sobre los que la «Asociación Hermandad de Ánimas de Topares» solicitaba se declarase su adquisición por usucapión. En este caso podemos advertir la intención de los vecinos de eludir la jurisdicción canónica que correspondería sobre una Hermandad. Para ello, la Asociación civil, creada en el año 2021, se proclama sucesora de esa Hermandad de Ánimas, de naturaleza canónica, sin que acredite esta circunstancia con documentación alguna, si bien se vale de esa supuesta sucesión para intentar acreditar la posesión ininterrumpida necesaria para usucapir, lo que tampoco es admitido por la Sentencia del Juzgado de 1ª Instancia e Instrucción de Velez Rubio[192].

8.2. El mantenimiento o colaboración económica de los vecinos no equivalen al dominio

Sobre los diferentes aspectos de cómo puede ser el uso de los vecinos sobre los templos puede servir lo resuelto por la SAP Pontevedra de 28 de diciembre de 2021[193], ya que estos alegaban estar al cuidado de la ermita controvertida y de haber realizado aportaciones materiales y económicas para su conservación ordinaria (gastos de luz, etc.) y extraordinaria (obras de rehabilitación). Sobre este particular, la Sentencia afirma en cuanto a estar al cuidado de la ermita que «*es bien conocido que pequeñas iglesias como la litigiosa que ni siquiera son parroquias necesitan colaboraciones como las expresadas para su adecuado funcionamiento, limitándose la presencia del sacerdote al ejercicio de los oficios religiosos*», lo que no convierte esa posesión efectiva en posesión a título de dueño apta para la usucapión; y en cuanto a la colaboración económica todavía es más contundente cuando dice textualmente que «*Más claro es que el mantenimiento material de la iglesia lo realizan los vecinos mediante sus aportaciones económicas y hasta es creíble que sin ellos el inmueble habría sufrido un gran deterioro. Pero por grande que sea esta aportación no convierte a la Asociación en dueña como reclama, pues es una actividad que se realiza en interés y en beneficio del conjunto de los vecinos, por cuenta y riesgo de la actora, pero no judicialmente a título de dueño*» (FD Cuarto).

192. Sentencia Juzgado de 1ª Instancia e Instrucción Único de Vélez Rubio, de 11 de diciembre de 2023, núm. 66/2023.

193. SAP Pontevedra, secc. 3ª, de 28 de diciembre de 2021, núm. 584/2021, rec. 429/2020.

Las aportaciones económicas de los vecinos son tratadas con exhaustividad por la SAP Murcia de 9 de noviembre de 2006[194], en el pleito que se resuelve al pretender los vecinos ser propietarios de un cementerio, construido gracias a su colaboración económica. La Sala entiende que las aportaciones vecinales son consideradas propias de feligreses y no consecuencia de una exacción impuesta por la actividad financiera y coactiva del Ayuntamiento. Y ello, aclara la Sentencia, «*responde a arraigadas tradiciones e inveterados usos, consistentes en reconocer la voluntaria cooperación económica con la Iglesia de fieles o personas sin vínculos espirituales con ella, para ayudarle a emprender, sostener y culminar iniciativas orientadas a lo largo de la historia a la erección de templos, construcción de hospicios, lazaretos, albergues de peregrinos, etc.*» (FD Cuarto), lo que lleva a concluir que dicha «*impronta de ayuda y cooperación, alejada de cualquier designio de demanialidad, está presente en la propia forma en la que la comunidad de vecinos canaliza aquí sus aportaciones...*» (FD Quinto).

También alude a estas aportaciones vecinales la SAP Teruel de 18 de noviembre de 1995, que comenta la profesora Ruano Espina[195], cuando resuelve el conflicto sobre la propiedad de la Ermita del Milagro entre el Arzobispado de Zaragoza y el Ayuntamiento de Calanda. Entendía el Consistorio que la ermita fue construida con las aportaciones particulares de todo el pueblo calandino sobre finales del siglo XVII, tanto en metálico como con el empleo del trabajo para su ejecución; por esta razón, considera que «la propiedad de dicho templo es y ha sido exclusiva y excluyente de la población y por tanto de su Ayuntamiento, órgano representativo máximo que defiende y administra los bienes de la comunidad». Pero la Sala señala que no se puede acreditar que el Ayuntamiento sea quien ostenta la representación jurídica de los vecinos a los efectos de la propiedad de la ermita, sin que pueda entenderse que en algún momento haya adquirido la propiedad del templo, por mucho que lo califique como bien municipal de carácter patrimonial. Lo que entiende, nos comenta la citada autora, es que «*en realidad hubo una donación de bienes y servicios a la Iglesia Católica, o mejor, a la Virgen del Pilar, por lo que fue desestimada la pretensión del Ayuntamiento*».

Un supuesto también particular es el ventilado por la SAP Almería de 29 de diciembre de 2022[196] en un caso de doble inmatriculación del cementerio parroquial, alegando el Ayuntamiento de Tíjola que el cementerio se encontraba inscrito dentro de una finca mayor considerada un Monte público, a nombre del común de los vecinos. Pues bien, la Sentencia afirma en su FD Segundo, punto 11, lo siguiente: «*La inscripción a favor del común de los vecinos de Tíjola del terreno donde se encuentra enclavado el cementerio, no permite afirmar que la demandada ostente el derecho que se irroga sobre el mismo ya que, como corporación de derecho público, el Ayuntamiento ya se encontraba constituido como institución pública cuando se produjo la inscripción, al haber sido creada esta figura mediante Real Decreto de 30 de noviembre de 1833. Tampoco le otorga dicho*

194. SAP Murcia, secc. 2ª, de 9 de noviembre de 2006, núm. 286/2006, rec. 91/2006.
195. Ruano Espina, L. «Titularidad e inscripción...», op. cit., págs. 3-4.
196. SAP Almería de 29 de noviembre de 2022, núm. 1305/2022, rec. 1552/2021.

derecho la inclusión del terreno en el Catálogo de Montes Públicos de Andalucía, en concreto, registrado con el código AL-30038-AY y número 41-A en el Catálogo de Utilidad Pública de la provincia de Almería en cuanto que, como se indica en el Real Decreto 1372/1986, de 13 de junio, por el que se aprueba el Reglamento de Bienes de las Entidades Locales, catalogado el monte, es un bien de servicio público y en todo caso, su declaración como tal se produjo con posterioridad a la ubicación del cementerio».

9. LOS CASOS DE COPOSESIÓN

Pueden darse supuestos de coposesión. Como sabemos, el art. 445 CC dispone que no puede reconocerse la posesión sobre el mismo bien de dos personas fuera de los casos de indivisión. Podemos encontrarnos con supuestos en los que en conflictos surgidos entre parroquias y ayuntamientos quede demostrado que ambas entidades han realizado actos de posesión sobre la misma finca. Así, mientras el ayuntamiento o alguna persona bajo su dependencia estaba en poder de las llaves, la parroquia seguía celebrando actos litúrgicos o de culto que denotaban también una posesión sobre el templo.

Estamos así ante supuestos de coposesión donde hay más de un poseedor, no siendo factible la primera solución establecida por el CC de preferir al actual, pues ambas potestades ejercitan actos posesorios. En estos casos, como establece la SAP Zamora de 29 de septiembre de 2022[197], «*estaríamos en presencia de una coincidencia de la posesión de la ermita en dos personas distintas, debiendo ser preferido el poseedor más antiguo*» (FD Tercero).

10. LA INSCRIPCIÓN REGISTRAL NO PROTEGIDA POR EL ART. 34 LH NO PUEDE ACTUAR CONTRA LA ADQUISICIÓN PREVIA POR USUCAPIÓN

El art. 38 LH establece el principio de legitimación registral por el que se presume que los derechos inscritos en el Registro pertenecen a quien figura como titular registral, a quien también se le presume estar en posesión de la cosa. Estas presunciones tienen la consideración de *iuris tantum*, admitiendo prueba en contrario.

Cuando una entidad posee en la realidad jurídica extrarregistral con los requisitos necesarios para poder adquirir por usucapión durante el plazo legal establecido, esta posesión puede oponerse a la realidad registral a tenor de lo dispuesto en el art. 36.5 LH, entrando en juego el instituto de la usucapión *contra tabulas*.

Así lo podemos ver, por ejemplo, en SAP Teruel de 3 de marzo de 1999[198] (FD Cuarto), en el que da la razón a una parroquia frente a la titularidad registral del

197. SAP Zamora, secc. 1ª, de 29 de septiembre de 2022, núm. 304/2022, rec. 346/2021.
198. SAP Teruel, de 3 de marzo de 1999, núm. 33/1999, rec. 256/1998.

Ayuntamiento. En igual sentido, la SAP A Coruña de 22 de diciembre de 2001[199] sobre la propiedad de una iglesia perteneciente a un antiguo convento desamortizado, en la que se determina la adquisición por usucapión del Arzobispado, frente a la que no puede oponerse la posterior inscripción del templo a nombre del Ayuntamiento, del siguiente modo: «... *no cabe conceder al hecho de la inscripción en el Registro de la Propiedad obtenido por el Ayuntamiento en el año 1959, ningún valor relevante en contra del derecho de propiedad del Arzobispado sobre la iglesia, porque la actora ya lo había adquirido, nada menos que en el siglo anterior, por su posesión continuada, en concepto de dueño, durante un prolongadísimo período de tiempo, y frente a eso, ningún efecto contrario a tal titularidad tiene la inscripción obtenida por el Ayuntamiento, pues ésta no tiene carácter constitutivo ni podía convalidar actos nulos en su origen, al faltarle el amparo de la norma del artículo 34 de la Ley Hipotecaria, y las posibles presunciones a su favor, tanto de su derecho como de su posesión derivadas del principio de fe pública registral, han sido debidamente desvirtuadas por el conjunto de las pruebas de que se disponen demostrativas de que, en la realidad, el dominio de la iglesia lo había adquirido, mucho antes, el Arzobispado...*» (FD Octavo).

De todo ello, como señala la SAP Guadalajara de 8 de julio de 1996[200] (señalando los precedentes de las SSTS de 20 de marzo, 8 de mayo y 21 de junio 1982, y 27 de diciembre de 1983, entre otras), se deduce que el principio de legitimación registral, al que se refiere el art. 38 LH, admite prueba en contrario y puede impugnarse, y que la buena fe sólo se presume, por lo que el contenido de la inscripción pueda quedar desvirtuado por la prueba adversa (FD Segundo).

Por todas las sentencias que resuelven sobre el particular, consideramos extraordinariamente elocuente la SAP Sevilla de 6 de mayo de 2010[201], que no resuelve una controversia en la que esté involucrada ninguna institución eclesial, pero sirve a los fines del presente estudio. Después de exponer brevemente cuáles son los requisitos que el CC fija para poder adquirir por usucapión en sus arts. 1957 y 1959, advierte la Sala sobre la posibilidad de adquirir en contra de lo que consta en el Registro y de las presunciones del principio de legitimación del art. 38 LH. Aquí radica la esencia de lo admitido para la usucapión *contra tabulas*, el hecho de que el titular registral del art. 38 LH no tiene la condición de tercero hipotecario protegido por el art. 34 LH, tercero que, sabemos, se convierte en inatacable. Todo ello se desprende del art. 36.3 LH cuando dice que «*en cuanto al que prescribe y al dueño del inmueble o derecho real que se esté prescribiendo y a sus sucesores que no tengan la consideración de terceros, se calificará el título y se contará el tiempo con arreglo a la legislación civil*».

Si el titular registral es un tercero del art. 34 LH ya no podemos adquirir por usucapión en contra del Registro sino en virtud de otro título que también conste inscrito. Porque así lo establece el art. 1949 CC cuando dice que frente a un título

199. SAP A Coruña, secc. 5ª, de 22 de diciembre de 2001, rec. 265/1998.
200. SAP Guadalajara, de 8 de julio de 1996, núm. 149/1996, rec. 13/1996.
201. SAP Sevilla de 6 de mayo de 2010, núm. 1336/2010, rec. 8323/2008.

inscrito «*no tendrá lugar la prescripción ordinaria del dominio o derechos reales en perjuicio de tercero, sino en virtud de otro título igualmente inscrito, debiendo empezar a correr el tiempo desde la inscripción del segundo*». Como nos dice Díez-Picazo, la idea que preside el art. 36 LH es la preferencia de terceros adquirentes con la condición de terceros del art. 34 LH frente a los usucapientes, ya sea con usucapión consumada, bien a punto de consumarse. En los demás casos, la usucapión triunfará frente al Registro[202].

El criterio seguido por nuestros Tribunales deja sin efectos los argumentos esgrimidos por las corrientes contrarias a la inmatriculación de bienes realizada por la Iglesia Católica, al desconocer u obviar interesadamente el juego de la usucapión *contra tabulas*. Cuando una entidad eclesiástica inscribe su dominio con la inmatriculación de un inmueble por el art. 206 LH no tiene la protección registral del tercero del art. 34 LH.

Quien tenga un título de dominio y haya poseído el tiempo necesario, habrá adquirido la finca por usucapión ordinaria frente a la titularidad registral de la entidad eclesiástica, no gozando esta última de la condición de tercero. Otra cosa sería que el titular registral sí fuese un tercero protegido por la fe pública registral. En este otro supuesto, la mayor parte de la doctrina, encabezada por Albaladejo[203], entiende que ya no cabe aplicar el art. 36 LH, sino que solo podría adquirirse por usucapión en base al art. 1949 CC para el caso de que este segundo título hubiese también accedido al Registro.

Por tanto, quien no pueda alegar título, podrá haber adquirido por usucapión extraordinaria, siendo preferido a la titularidad registral no protegida, a quien no le alcanza la protección hipotecaria que la LH dispensa al titular inscrito que sí sea tercero[204]. Así lo podemos comprobar en la ST Juzgado de 1ª Instancia núm. 2 de Tafalla de 17 de enero de 2022[205], frente a la inmatriculación de una ermita en favor del Ayuntamiento, en la que se declaraba pertenecer el dominio a la Parroquia de Santa María la Real, de Ujué, cuando se dice lo siguiente: «*Pues bien, respecto a la protección derivada de la publicidad registral, es criterio jurisprudencial reiterado el que señala que la presunción de exactitud registral que proclama el art. 38 de la Ley Hipotecaria, fuera de los supuestos de protección del tercero hipotecario, en que actúa como presunción iuris et de iure, en las restantes hipótesis no tiene más alcance que el de una presunción iuris tantum que respeta lo que publican los asientos hasta tanto se demuestre su discordancia con la realidad extra registral en cuyo caso prevalece ésta sobre aquélla*» (FD Cuarto).

202. Díez-Picazo, L. *Fundamentos…, op. cit.*, Tomo III, pág. 848.
203. Albaladejo, M. *La usucapión*, Centro de Estudios Registrales, Madrid 2004, págs. 238 y ss. El autor hace referencia a las distintas corrientes doctrinales que plantean la posibilidad de admitir o no la posibilidad de que exista la usucapión ordinaria contra tabulas, fuera del ámbito del art. 1949 CC.
204. Albaladejo, M. *La usucapión, op. cit.*, pág. 245.
205. ST Juzgado 1ª Instancia e Instrucción núm. 2 de Tafalla de 17 de enero de 2022, núm. 5/2022, rec. 108/2021.

También se hace referencia a este extremo en la SAP Huesca de 30 de marzo de 2024[206] cuando resolvía la solicitud del Ayuntamiento de Alberuela de Tubo de haber adquirido por usucapión una Ermita inmatriculada por el Obispado de Huesca. La Sala considera que, habiendo transcurrido más de dos años entre la inmatriculación y la interposición de la demanda, el Obispado estaba protegido por la legitimación registral del art. 38 LH. Pero el precepto establece una presunción que puede ser destruida mediante prueba en contrario de quien alegue haber adquirido por usucapión en contra de esa titularidad registral. En concreto el FD Segundo dice que «*quien pretenda atribuirse la propiedad de la ermita mediante la usucapión ordinaria o extraordinaria, en este caso el Ayuntamiento, se encuentra con que debe destruir la presunción legal iuris tantum de que el titular inscrito ha poseído pública, pacífica, ininterrumpidamente y de buena fe, desde esa fecha hasta ahora*».

11. LA PRESUNCIÓN DEL ART. 38 LH NO PUEDE SER DESTRUIDA POR LA INMATRICULACIÓN DE OTRO SI NO TRANSCURREN LOS DOS AÑOS DEL ART. 207 LH

El principio de legitimación registral establece la presunción ya sabida de que los derechos inscritos pertenecen a su titular en la forma publicada y que, además, se presume que dicho titular goza de la posesión de la finca inscrita. Pero cabría alegar frente a estas presunciones las derivadas de otra inscripción conseguida mediante la inmatriculación de la finca por certificación de dominio, encontrándonos así ante un supuesto de doble inmatriculación.

En este caso, la contradicción de presunciones, que conllevaría la anulación recíproca de ambas, tiene como requisito que la inmatriculación tenga una antigüedad superior a los dos años, al entrar en juego la limitación de efectos establecida por el art. 207 LH. Así lo establece la SAP Navarra de 16 de noviembre de 2012[207] cuando lo aplica al supuesto de la inscripción de una ermita por el Arzobispado de Pamplona, frente a la que el Ayuntamiento de Garisoain opone la inmatriculación de la misma ermita por el art. 206 LH. La Sala niega a esta segunda inmatriculación los efectos del art. 38 LH al no haber transcurrido dos años entre la inscripción procedente de esa inmatriculación y la interposición de la demanda.

Es claro y evidente que, no existiendo una doble inmatriculación, o si existiendo tiene menos de dos años de antigüedad la segunda, el principio de legitimación registral produce todos los efectos de sus presunciones en favor del único titular inscrito, presunciones que pueden destruirse mediante prueba en contrario, pero que obligan a quien ponga en duda la existencia de ese derecho a demostrarlo.

A los efectos del art. 38 LH debemos recordar que las presunciones del principio de legitimación registral se refieren única y exclusivamente a la existencia del

206. SAP Huesca de 30 de marzo de 2024, núm. 99/2024, rec. 516/2021.
207. SAP Navarra, secc. 2ª, de 16 de noviembre de 2012, núm. 234/2012, rec. 174/2011.

derecho inscrito y a la pertenencia a su titular registral, existencia del derecho en la forma y por la causa determinada en la inscripción, sin que puedan extenderse a los datos físicos de la finca, tales como la cabida o los linderos, como nos recuerda la SAP Guadalajara de 27 de marzo de 2012[208], citando la Jurisprudencia reflejada en las SSTS de 12 de abril de 1980, 23 de octubre y 24 de julio de 1987, 1 de julio de 1995, 7 de febrero de 1998 o 5 de febrero de 1999.

No obstante, a día de hoy, esta línea argumental debe conjugarse con la reforma hipotecaria efectuada por la Ley 13/2015, de 24 de junio, que afecta de lleno al juego de la legitimación registral. La Ley 13/2015 introduce en el art. 9 LH la necesidad de que cada finca cuente con un código registral único, disponiendo en caso de inmatriculación que la inscripción incluya «*la representación gráfica georreferenciada de la finca que complete su descripción literaria, expresándose, si constaren debidamente acreditadas, las coordenadas georreferenciadas de sus vértices*», lo que se hará mediante la representación gráfica catastral o una representación gráfica alternativa (que siempre respetará en su perímetro la que resulte de la cartografía del Catastro). Además, el art. 10 LH, en su nueva redacción, dispone que la base de representación gráfica de las fincas registrales será la cartografía catastral, que estará a disposición de los Registradores de la Propiedad. Y para los casos en los que se incorpore la descripción gráfica georreferenciada de una finca, habiéndose acompañado al título la certificación catastral descriptiva y gráfica, los registradores incorporarán al folio real dicha representación gráfica catastral, haciendo constar que la finca «*ha quedado coordinada gráficamente con el Catastro*».

Aquí entra en juego lo establecido en el art. 10.5 LH, que dice: «*Alcanzada la coordinación gráfica con el Catastro e inscrita la representación gráfica de la finca en el Registro, se presumirá, con arreglo a lo dispuesto en el artículo 38, que la finca objeto de los derechos inscritos tiene la ubicación y delimitación geográfica expresada en la representación gráfica catastral que ha quedado incorporada al folio real*». Dicho de otra forma, la presunción establecida por el principio de legitimación registral del art. 38 LH ya no se queda en la existencia del derecho y en quién es la persona titular, sino que alcanza a la finca objeto del derecho y a las características físicas que constan en el folio real una vez incorporada la representación gráfica de la misma.

Esta ampliación de los efectos propios de la legitimación registral, señala García García, «implica que la prueba en contrario ante el juez sea lo suficientemente expresiva y no se trate de meros indicios»[209].

208. SAP Guadalajara, secc. 1ª, de 27 de marzo de 2012, núm. 81/2012, rec. 328/2011.

209. García García, M. *La finca registral y el Catastro. Inmatriculación, obra nueva, reanudación de tracto y restantes procedimientos de la Ley 13/2015, de 24 de junio*, Editorial Aranzadi, Cizur Menor 2016, pág. 599.

12. EL CRITERIO EN LOS CASOS DE TEMPLOS ENCLAVADOS DENTRO DE FINCAS PROPIEDAD DE TERCEROS

Uno de los conflictos sobre propiedad surgidos con relación a los edificios destinados al culto es el de ermitas ubicadas en terrenos rústicos, normalmente enclavadas en fincas de propiedad particular. Son varias las resoluciones recaídas sobre este particular, generalmente resueltas en favor de las diócesis, ante la pretensión de los dueños de las fincas circundantes de ser también los dueños del templo enclavado dentro de sus linderos.

Para resolver esta cuestión, citamos en primer lugar lo reseñado en la SAP Alicante de 31 de julio de 2001[210] cuando dispone que «*el elemento esencial identificador de una finca son sus linderos, siendo la superficie elemento secundario o accesorio*» (FD Tercero), para lo que se apoya en las SSTS de 12 de marzo de 1948, 9 de noviembre de 1949 y 5 de diciembre de 1980, que configuran jurisprudencialmente la teoría de los cuerpos ciertos del art. 1471 CC, que dispone no tener lugar el aumento o disminución del precio de la compraventa cuando la superficie es mayor o menor a la fijada en el contrato, si la venta se hizo a precio alzado y no a razón de un tanto por unidad de medida o número. Son los linderos, como apunta García García[211], imprescindibles en toda enajenación de inmuebles desde el punto de vista civil, por encima de la superficie, cuya constancia no venía exigida por el artículo 9 LH, que solo la exigía si constaba en el título, hasta la reforma de 2015 que la incluye entre las circunstancias necesarias de toda inscripción.

La aludida Sentencia se fundamenta, además, en el conocido principio «*superficie solo cedit*», explicitado en nuestro art. 350 CC, en cuya virtud el dueño del suelo se considera propietario de todo lo que se encuentra debajo y encima del mismo (*usque ad sidera, usque ad ínferos*). Por tanto, la entidad que se proclame propietaria de la edificación deberá probar ser la titular del dominio, bien por algún título, bien por usucapión, para destruir las presunciones existentes en favor del dueño del terreno en el que se enclava.

Esa era la pretensión del Ayuntamiento de Alzira en el pleito resuelto por la STS de 16 de noviembre de 2006[212] sobre la propiedad de una ermita, alegando ser propietario del terreno en el que se situaba, al formar parte de un monte inscrito en el Registro de la Propiedad a su nombre. Pero entiende la Sala que el Arzobispado de Valencia demuestra ser dueño del terreno, no teniendo lugar en el caso una posible adquisición de la propiedad de lo edificado en virtud de la accesión (FD Sexto).

Cuestión distinta encontramos si en el título del terreno que propicia su inscripción no consta descrita la edificación controvertida, como ocurre en el asunto ventilado por la SAP Ávila de 6 de julio de 2020[213]. La Sala considera que en los

210. SAP Alicante, secc. 6ª, de 31 de julio de 2001, núm. 412/2001, rec. 798/1998.
211. García García, M. *La finca registral...*, *op. cit.*, pág. 372.
212. STS (Civil), de 16 de noviembre de 2006, núm. 1176/2006, rec. 486/2000.
213. SAP Ávila, secc. 1ª, de 6 de julio de 2020, núm. 301/2020, rec. 182/2020.

diferentes títulos esgrimidos por el dueño de la finca para demostrar su propiedad sobre la ermita no se describe esta como edificación que forma parte de la parcela de terreno en la que se enclava, por lo que solo cabría entender que fuese el dueño si hubiese adquirido la misma por usucapión.

En posibles controversias futuras de este tipo deberá ya tenerse en cuenta el hecho de que la finca en la que se enclava la ermita o edificio esté debidamente coordinada gráficamente con el Catastro, entrando en juego la ampliación del principio de legitimación registral establecida por el art. 10.5 LH tras su redacción por la reforma de 2015. Porque la legitimación registral puede alcanzar ya a todos los datos extraídos del Catastro, incluyendo las edificaciones que consten en el mismo, lo que puede dificultar la prueba en contrario de quien alegue ser su verdadero titular.

13. EL CUIDADO, CONSERVACIÓN Y USO RELIGIOSO DEL TEMPLO CORRESPONDE A UNA ENTIDAD ECLESIÁSTICA DISTINTA DEL PROPIETARIO O A UN AYUNTAMIENTO

Nos parece de especial interés aludir al supuesto resuelto por la SAP Burgos de 23 de octubre de 2007[214] sobre la propiedad de una ermita al acreditarse probado que el uso de la misma no correspondía a su dueño, el Obispado de Burgos, sino a una Cofradía o asociación de fieles, encargada de que en el templo tuviesen lugar los actos de culto que constituyen sus fines. Lo es, además, por el curioso hecho de situarse los representantes de la referida cofradía en defensa de la titularidad municipal, y no de la eclesial, del templo.

La Sentencia entiende que una hermandad es erigida o constituida por la Iglesia, no teniendo participación alguna en dicha constitución el Ayuntamiento. Los actos de mantenimiento y conservación que la Cofradía hace en la ermita deben entenderse «*de mera administración, en cumplimiento de sus obligaciones reglamentarias, que ninguna incidencia tienen en la propiedad; propiedad que ha seguido conservando su legítima dueña la Iglesia; que, además, a través de los mismos, dado que fue quién cedió el uso de la misma, ha mantenido la posesión mediata*». Las manifestaciones en contra de la titularidad eclesiástica del templo por los representantes de la Cofradía no son sino una creencia errónea, sin importancia a los efectos de determinar quién es el verdadero titular (FD Noveno).

Entendemos muy relevante lo considerado en la resolución por ser una situación fáctica muy frecuente en las diócesis. Existen muchas pequeñas edificaciones destinadas al culto, generalmente en pequeños núcleos de población, atendidas por hermandades allí erigidas, generalmente con el fin de dar culto al santo de la población. El culto solo se celebra en contadas ocasiones, pues es ya norma habitual la existencia de templos en los que no se celebra el culto dominical. A esto debemos unir que es moneda de uso común que esta posesión de hecho por hermandades

214. SAP Burgos, secc. 2ª, de 23 de octubre de 2007, núm. 397/2007, rec. 549/2005.

o cofradías encargadas de ermitas no conste documentada mediante acuerdo o convenio con la diócesis correspondiente. Pues bien, de la Sentencia extraemos la teoría de que en estos casos se produce la existencia de una posesión inmediata por parte de la entidad encargada del mantenimiento y conservación de la ermita, correspondiendo la posesión mediata al titular del derecho de propiedad, la diócesis o parroquia de la que el templo depende canónicamente.

La misma conclusión cabe extraer de los casos en los que son los propios ayuntamientos quienes alegan en defensa de su derecho de propiedad el hecho de haber realizado obras de conservación o de rehabilitación del templo cuya propiedad se discute. La realización de obras pueden servir de fundamento, junto con otras pruebas o datos fácticos, para determinar quién es el propietario; pero en absoluto es un dato definitivo.

Es muy frecuente la participación de los ayuntamientos en la reparación y conservación de templos, bien porque tengan el carácter de bienes de patrimonio histórico, bien por la propia iniciativa de los entes municipales. En ningún caso significa la atribución de la propiedad. Así, por ejemplo, en la reciente Sentencia del Juzgado de Tafalla en el pleito sobre la propiedad de la ermita de Santa María la Blanca, se dice que las obras *«constituyen ayudas o subvenciones por parte del Ayuntamiento, que no implican titularidad sobre la ermita, y que se han realizado otras obras y acondicionamientos con limosnas de los fieles y dinero de la Iglesia»*[215].

En idéntico sentido se expresan las sentencias recaídas en el contencioso sobre la propiedad de la Iglesia de Plan (Huesca), en el que el Ayuntamiento de la localidad, entre otros argumentos, esgrimía el haber realizado obras de conservación en el templo como una de las pruebas de su dominio.

La ST del Juzgado de 1ª Instancia e Instrucción de Boltaña[216] hace referencia a la realización de obras por los ayuntamientos en el siguiente sentido: *«En algunas de dichas localidades, los Ayuntamientos se ocupan del pago de dichos suministros o incluso han realizado obras de mantenimiento, como es de ver en los oficios. Ello no hace sino demostrar la cooperación de los Ayuntamientos con las creencias religiosas de sus habitantes»*. Asimismo, señala que *«es lógico que la Diócesis haya tolerado dichos actos beneficiosos para el edificio o su entorno, que en todo caso es público, sin que ello suponga la pérdida del dominio, y sin perjuicio de que en su caso pudiera surgir un derecho de crédito»* (FD Tercero).

El criterio es corroborado en apelación por la SAP Huesca de 22 de noviembre de 2021[217] que se refiere a las obras realizadas por el Ayuntamiento del siguiente modo: *«Por otro lado tampoco pueden magnificarse los actos de conservación de elementos o*

215. ST Juzgado de 1ª Instancia e Instrucción núm. 2 de Tafalla de 17 de enero de 2022, núm. 5/2022, rec. 108/2021.
216. ST Juzgado de 1ª Instancia e Instrucción núm. 1 de Boltaña de 6 de febrero de 2018, núm. 4/2018.
217. SAP Huesca de 22 de noviembre de 2021, núm. 386/2021, rec. 217/2018.

bienes inmuebles como actos propios de dueño, cuando recaen sobre bienes pertenecientes al patrimonio histórico artístico, pues sobre todas las Administraciones Públicas, y las locales no son excepción, recae también la obligación de su protección y conservación, siendo frecuentes por ello los acuerdos y convenios de cofinanciación de tal mantenimiento» (FD Primero).

14. RESOLUCIONES SOBRE CEMENTERIOS

Alguna controversia sobre fincas destinadas a cementerios hace reflexionar a nuestros Tribunales sobre la posible propiedad de estos. El fundamento esgrimido es que el Reglamento de Bienes de las Entidades Locales distingue en su artículo 2 entre bienes de dominio público y patrimoniales, estando conformados los primeros por los bienes de uso o servicio público; y en la enumeración que se hace de los bienes de servicio público se encuentran los cementerios[218].

Esta disposición legal de atribución dominical en favor de las entidades locales es precisada por la SAP Guadalajara de 27 de marzo de 2012[219], que hace referencia a la posible existencia de cementerios de titularidad eclesiástica, por permitirlo el canon 1240 CIC. Efectivamente, tras esa disposición de que la Iglesia debe tener cementerios propios, el canon 1241 CIC establece que parroquias, institutos religiosos y otras personas jurídicas pueden tener su propio cementerio o panteón.

La posible titularidad privada de cementerios está reconocida de forma legal en el Reglamento de Policía Sanitaria Mortuoria (RPSM)[220], cuyo art. 55 permite la construcción, ampliación y reforma de cementerios particulares o privados. Así, en la Comunidad Autónoma de Andalucía se recoge en el Reglamento de Policía Sanitaria Mortuoria de Andalucía (RPSMA)[221], cuyo art. 37 atribuye a las Delegaciones Provinciales de Salud la competencia para la aprobación de los proyectos de construcción, ampliación y reforma de cementerios públicos o privados, lo que se reitera en el art. 38. A lo que se suma lo establecido en el art. 43 del propio RPSMA para otros lugares de enterramiento, como panteones, criptas y bóvedas, permitiendo la existencia y construcción de estos en iglesias y otros recintos.

La citada Sentencia concluye la posible existencia de dos tipos de cementerios, públicos y privados, no presumiéndose el carácter demanial en ningún caso y debiendo el dominio ser objeto de prueba.

---

218. Art. 4 RBEL: «*Son bienes de servicio público los destinados directamente al cumplimiento de fines públicos de responsabilidad de las Entidades locales, tales como Casas Consistoriales, Palacios Provinciales y, en general, edificios que sean de las mismas, mataderos, mercados, lonjas, hospitales, hospicios, museos, montes catalogados, escuelas, cementerios, elementos de transporte, piscinas y campos de deporte, y, en general, cualesquiera otros bienes directamente destinados a la prestación de servicios públicos o administrativos*».
219. SAP Guadalajara, secc. 1ª, de 27 de marzo de 2012, núm. 81/2012, rec. 328/2011.
220. Decreto 2263/1974, de 20 de julio, por el que se aprueba el Reglamento de Policía Sanitaria Mortuoria, BOE núm. 197, de 17 de agosto de 1974.
221. Decreto 95/2001, de 3 de abril, por el que se aprueba el Reglamento de Policía Sanitaria Mortuoria, BOJA número 50, de 3 de mayo de 2001.

15. CONCLUSIONES SOBRE LAS LÍNEAS JURISPRUDENCIALES EMPLEADAS

Todos los criterios expuestos han sido utilizados con mayor o menor frecuencia por nuestros Juzgados y Tribunales en la resolución de los conflictos que sobre la propiedad de bienes inmuebles se han suscitado, combinándolos en muchos de los casos. De la gran cantidad de resoluciones estudiadas y los numerosos criterios que han servido de fundamento para dictar las sentencias, consideramos posible extraer una serie de conclusiones generales:

1) En primer lugar, que la inmatriculación de los inmuebles en el Registro de la Propiedad nunca es la causa de la controversia. En todo caso, la inmatriculación hace pública la pretensión de propiedad del inmatriculante y alerta a quien también se postula como titular del dominio para poder ejercitar la acción correspondiente en defensa de su derecho, bien declarativa de dominio, bien reivindicatoria.

2) En líneas generales, las resoluciones se fundamentan en la existencia de un título material que justifica la propiedad de una entidad. De la prueba practicada, los Juzgados y Tribunales deducen la existencia o no de una causa justificativa del derecho de propiedad del demandante o del demandado, sin que quepa confundir esta titulación material con la meramente formal o procedimiento concreto por el que la propiedad ha tenido acceso al Registro.

3) Con todo, el hecho de haberse producido la inscripción en el Registro por virtud del art. 206 LH no puede soslayarse como vehículo que permite la posible existencia de la usucapión *secundum tabulas* del art. 35 LH. Es decir, supuestos en los que el titular registral no es el verdadero propietario y se convierte en dueño por entenderse la inscripción como título válido para adquirir por usucapión transcurrido el plazo necesario para ello, al presumirse que el titular registral ha poseído pública, pacífica, ininterrumpidamente y de buena fe durante el tiempo de vigencia del asiento. Por tanto, en estos casos, el Registro no exacto devendrá en exacto, convirtiendo al inmatriculante que no es dueño en titular registral y dueño.

   Una idea principal sobre este particular es que el usucapiente es poseedor de la finca. Es decir, cuando se produzca esta usucapión conforme al Registro, la inscripción habrá conseguido acortar los plazos, siendo necesario solo el tiempo requerido para la usucapión ordinaria. La inmatriculación podrá conseguir esa disminución del plazo, pero habrá tenido lugar junto a la posesión del inmatriculante. El titular del derecho usucapido perderá su titularidad en base a la posesión del usucapiente, habiendo coadyuvado la inmatriculación únicamente a la reducción del tiempo necesario para que tenga lugar la adquisición de la propiedad.

4) Cabrá también que la finca pueda haberse adquirido por usucapión en contra de lo establecido en el Registro. Lo que ocurrirá cuando exista un poseedor del inmueble con todos los requisitos necesarios y durante el tiempo legalmente dispuesto, que provocará que el Registro exacto devenga en inexacto, por haber perdido su dominio quien era dueño y que como tal constaba en el Registro de la Propiedad, en virtud de la usucapión *contra tabulas* del art. 36 LH. Esta usucapión será preferente a la legitimación registral que el art. 38 LH otorga al titular registral que no tenga la condición de tercero hipotecario del art. 34 LH.

5) Por último, no son poco frecuentes los supuestos en los que se ha producido el doble acceso de la finca al Registro, resultando así los casos de doble inmatriculación, que deben resolverse mediante la aplicación de las normas del Derecho Civil puro, con total anulación recíproca de los principios registrales que rigen en beneficio del titular registral. Así, se determinará la titularidad en favor de quien demuestre tener un mejor derecho sobre la finca. En consecuencia, vamos a encontrarnos lo siguiente, como expone Clemente Meoro[222]:

   a. La presunción posesoria en favor del titular registral del art. 38 LH no tendrá lugar, al tener ambos la condición de titulares, no pudiendo reconocerse el mismo hecho posesorio en dos personalidades distintas (art. 445 CC). Por tanto, quien pretende hacer valer su posesión tendrá que demostrar su posesión efectiva y en concepto de dueño.

   b. La anulación recíproca de los principios registrales ocurrirá también con relación a la usucapión *secundum tabulas* del art. 35 LH. Por tanto, la inscripción no podrá ser entendida como título, ni al titular inscrito como poseedor a título de dueño, pública, pacífica e interrumpidamente. Uno de los titulares deberá probar, en consecuencia, que ha poseído con justo título, verdadero y válido, porque el justo título debe probarse y no se presume nunca (art. 1954 CC). No cabrá, por tanto, la usucapión *secundum tabulas*, aplicándose las reglas del CC para demostrar la adquisición por usucapión.

222. Clemente Meoro, M.E. *Doble inmatriculación de fincas…, op. cit.* págs. 127 y ss.

Capítulo II

Argumentos en defensa de las certificaciones de dominio

Antes de exponer las conclusiones de nuestro trabajo, no podemos dejar de referirnos, siquiera sea de manera sucinta, a varios argumentos que pueden esgrimirse en defensa del procedimiento de inmatriculación de fincas por certificación de dominio en favor de la Iglesia Católica, más cuando sigue vigente para obtener el acceso al Registro de bienes inmuebles del Estado y demás Administraciones Públicas.

I. LA COORDINACIÓN ENTRE EL REGISTRO DE LA PROPIEDAD Y EL CATASTRO

Dentro de la batería de argumentaciones contrarias a la inmatriculación de bienes de la Iglesia Católica por certificación de dominio es recurrente la alusión a la llamada «reforma Aznar», atribuyendo a esa reforma producida en 1998 el efecto de haber posibilitado la inscripción masiva de bienes sin ningún tipo de control. Pero es conveniente recordar que la reforma de la LH de 1998, además de permitir la inmatriculación de los templos destinados al culto católico que tenían vedado el acceso al Registro o, al menos, quedaban exceptuados de la inscripción, vino precedida de la importantísima novedad de disponer que, en adelante, no se permitiría la inmatriculación de fincas en el Registro de la Propiedad si su descripción no lo era en términos totalmente coincidentes con los que constaban en el Catastro. Es decir, se estableció un control descriptivo importantísimo y de gran calado en orden a impedir el acceso al Registro de fincas cuya descripción era de dudosa coincidencia con la realidad física.

García García[1] define el Catastro Inmobiliario como «la institución de Derecho Administrativo y de Derecho Fiscal o Tributario, que tiene por objeto la medición, identificación y valoración de las parcelas, tanto urbanas como rústicas,

1. García García, J.M. *La finca registral y el Catastro. Inmatriculación, obra nueva, reanudación de tracto y restantes procedimientos de la Ley 13/2015, de 24 de junio,* Editorial Aranzadi, Cizur Menor 2016, pág. 422.

incluyendo la descripción topográfica o planimétrica, a fines principalmente tributarios y de orden fiscal, sin perjuicio de otros fines estadísticos complementarios y de otros efectos jurídicos de relación con otras Administraciones Públicas». Señala el profesor MANZANO SOLANO[2] que Registro y Catastro son entidades distintas, si bien tienen un elemento en común, la finca; ello ha llevado a lo largo de la historia a que hayan existido diversos intentos de lograr una adecuada coordinación entre ambas instituciones, lo que tiene su razón de ser, como advierte GARCÍA GARCÍA[3], en el famoso trasvase recogido en el binomio «sustancia física-sustancia jurídica», no pudiendo desconocerse el problema que ha existido respecto a la titularidad jurídica de las fincas en base a los principios de rogación y voluntariedad, lo que han conllevado la no inscripción de fincas o el no acceder al Registro de determinadas transmisiones. Todo ello ha llevado al Catastro, «cuyo fin es el reparto de las cargas tributarias, a procurarse medios de información actualizados cuando los propios interesados esconden su titularidad no publicándola en el Registro».

La coordinación entre ambas instituciones aparece en el art. 2. 1 del Texto Refundido de la Ley del Catastro de 2004 (TRLCI), que dispone que el Catastro Inmobiliario colaborará con las Administraciones públicas, los Juzgados y Tribunales y el Registro de la Propiedad para el ejercicio de sus respectivas funciones y competencias.

Las legislaciones hipotecaria y catastral no nacen simultáneamente. Como sabemos, las leyes hipotecarias pueden remontarse a 1861, sin perjuicio de sus precedentes históricos en la Pragmática de 1539 y su ampliación de 1768. La normativa catastral nace con la Ley de 23 de marzo de 1906, con independencia de la existencia previa de los llamados amillaramientos, registros catastrales que se basaban en el cultivo y no parcelarios, sin que existiera la parcela catastral[4]. Las llamadas que la legislación hipotecaria hacía de los amillaramientos o Catastro solo tenían como objeto el acreditar el pago de la contribución territorial, como en los expedientes posesorios instaurados por la Ley de 1869 (arts. 400 y ss.) y la Ley de 1909 (art. 398). La Ley Catastral de 1906 establece la llamada parcela catastral, prevé la formación del Catastro Parcelario, pero omite cualquier intento de coordinación de ese nuevo mapa de fincas con el Registro de la Propiedad.

A los efectos que nos interesan en cuanto a la inmatriculación, la LH de 1944-1946 hacía referencia al Catastro al regular los expedientes de dominio y las actas de notoriedad, pero alejada de cualquier atisbo de coordinación entre ambas instituciones, sino solamente con el fin de acreditar en dichos procedimientos la certificación catastral y que se citase a quien, según la misma, apareciese como titular de la finca. Así lo disponía el art. 201. Segunda LH, que exigía para el inicio del expediente de

2. MANZANO SOLANO, A. *Derecho registral inmobiliario para iniciación y uso de universitarios*, Centro de Estudios Registrales, Volumen II, Madrid 1991, págs. 410-411.
3. GARCÍA GARCÍA, J.M. *La finca registral…, op. cit.*, págs. 423-425.
4. GARCÍA GARCÍA, J.M. *La finca registral…, op. cit.*, pág. 427.

dominio escrito «*al que deberá acompañarse una certificación acreditativa del estado actual da la finca en el Catastro Topográfico Parcelario o, en su defecto, en el Avance Catastral, Registro Fiscal o Amillaramiento*»; y la regla Tercera obligaba al Juzgado a citar «*al que tenga catastrada o amillarada la finca a su favor*». En los mismos términos se expresaba el art. 203 LH para el acta de notoriedad.

Los intentos de coordinación tienen un momento de especial relevancia con la Ley 13/1996, de 30 de diciembre, de Medidas Fiscales, Administrativas y de Orden Social[5], que marca, en palabras de GÓMEZ PERALS[6], un enfoque evolutivo respecto a tres instrumentos: la referencia catastral, la certificación descriptiva y gráfica y la base gráfica. Parte de sus disposiciones fueron expresamente derogadas por la Ley del Catastro Inmobiliario (LCI) de 2004[7], pero no las que interesan a nuestro trabajo. El art. 53. Siete de la Ley 13/1996 introduce una novedad de extraordinaria relevancia, la de que en adelante no pueda inmatricularse ninguna finca en el Registro de la Propiedad «*si no se aporta junto al título inmatriculador certificación catastral descriptiva y gráfica de la finca, en términos totalmente coincidentes con la descripción de ésta en dicho título*».

Los grupos proclives y promotores de la reforma de la Ley Hipotecaria de 2015, que suprime la certificación de dominio como medio de inmatriculación de bienes propiedad de la Iglesia, denominaron a la reforma de 1998 que había permitido la inmatriculación de los templos, de forma despectiva e intencionada, «*una ley de Aznar*», en alusión directa al Presidente del Gobierno conservador de tal fecha y presidente del Grupo Popular que planteó la reforma. Es cuanto menos curioso que tal apelativo no se use para referirse también a esta Ley 13/1996, a nuestro juicio el paso más importante que la legislación hipotecaria española daba en cuanto a la seguridad jurídica en los procedimientos de inmatriculación de fincas, acabando con la posibilidad de acceder al Registro mediante una simple descripción del inmueble, sin esta referencia inexcusable a un Registro público, como es el Catastro. Como señala FABRE LAFUENTE[8], la Ley 13/1996 fue el inicio de la coordinación Catastro-Registro de la Propiedad y sirvió de punto de partida para la vigente Ley 13/2015, que ha terminado por hacer propia esa necesidad de coordinación.

La exigencia de aportar certificación catastral descriptiva y gráfica en términos totalmente coincidentes con los expresados en el título formal de inmatriculación

5. Ley 13/1996, de 30 de diciembre, de Medidas Fiscales, Administrativas y del Orden Social. BOE núm. 315, de 31 de diciembre de 1996.
6. GÓMEZ PERALS, M. *Los datos de hecho y el Registro de la Propiedad*, Centro de Estudios Colegio de Registradores de la Propiedad y Mercantiles de España, Madrid 2004, pág. 169.
7. Real Decreto Legislativo 1/2004, de 5 de marzo, por el que se aprueba el texto refundido de la Ley del Catastro Inmobiliario. BOE núm. 58, de 8 de marzo de 2004.
8. FABRE LAFUENTE, I. «El tratamiento de la doble inmatriculación en la actual normativa hipotecaria española. Nuevas perspectivas: la coordinación Catastro-Registro de la Propiedad», *Revista Crítica de Derecho Inmobiliario*, núm. 788, pág. 3323.

llevó a la DGSJFP a emitir distintas resoluciones mediante las que se resolvían algunas cuestiones que la aplicación de esta nueva exigencia procedimental planteaba.

En primer lugar, si debían coincidir obligatoriamente el titular del dominio que se pretendía inmatricular y quien constaba como titular catastral. Sobre este particular se expresó la RDGRN de 7 de abril de 2017[9] en un caso en el que la finca catastral aparecía sin titular y en situación de «en investigación» y se pretendía inmatricular por el título público de adquisición dispuesto en el art. 205 LH[10]. El Órgano Directivo se pronuncia sobre la necesaria coincidencia entre título y catastro con las siguientes palabras: «... *resulta que la identidad que exige el precepto entre el título y la certificación catastral se refiere exclusivamente a la descripción de la finca, lo cual concuerda con la presunción del apartado 3 del artículo 3 de la Ley del Catastro Inmobiliario que afirma que "salvo prueba en contrario y sin perjuicio del Registro de la Propiedad, cuyos pronunciamientos jurídicos prevalecerán, los datos contenidos en el Catastro Inmobiliario se presumen ciertos"*».

La cuestión ya había sido abordada por la Dirección General en cuestiones relacionadas con inmatriculaciones pretendidas antes de la reforma del título VI LH en 2015. Así, por ejemplo, en la RDGRN de 5 de junio de 2006[11], también en un caso de título público adquisitivo acompañado de acta de notoriedad del anterior art. 205 LH. Debemos recordar que el art. 298 RH, que se entiende ya derogado con la modificación de la inmatriculación de fincas realizada con la reforma de 2015, exigía para poder inmatricular por título público incorporar certificación catastral descriptiva y gráfica de la finca, en términos totalmente coincidentes con la descripción en el título, de las que resulte además que la finca está catastrada a favor del transmitente o del adquirente. La Dirección entiende, haciendo referencia a anteriores Resoluciones de 17 y 18 de febrero de 2004, que «*aunque la finca no esté catastrada a nombre de la transmitente ni de los adquirentes, si lo está a nombre del titular del título previo se cumple la finalidad que se pretende con el requisito impuesto por el artículo 298 del Reglamento Hipotecario, que no es otro que la coordinación con el Catastro, pues no habrá dificultad alguna, presentando la misma documentación, en cambiar los titulares catastrales para que coincida el Catastro con la inscripción que se realiza en el Registro*».

Todo ello lo podemos ver reflejado en un caso de inmatriculación por certificación de dominio de un Convento por el Obispado de Mallorca, constando como

9. RDGRN de 7 de abril de 2017. BOE 94/2017, de 20 de Abril de 2017.

10. El art. 205 LH dispone lo siguiente: «*Serán inscribibles, sin necesidad de la previa inscripción y siempre que no estuvieren inscritos los mismos derechos a favor de otra persona, los títulos públicos traslativos otorgados por personas que acrediten haber adquirido la propiedad de la finca al menos un año antes de dicho otorgamiento también mediante título público, siempre que exista identidad en la descripción de la finca contenida en ambos títulos a juicio del Registrador y, en todo caso, en la descripción contenida en el título inmatriculador y la certificación catastral descriptiva y gráfica que necesariamente debe ser aportada al efecto*».

11. RDGRN de 5 de junio de 2006. BOE 169/2006, de 17 de julio de 2006.

titular catastral una orden religiosa, pronunciándose sobre el particular la SAP Baleares de 27 de septiembre de 2017[12] en los siguientes términos: «*Con el mismo razonamiento debe ahora concluirse que en el caso de la inmatriculación por la vía de la certificación administrativa regulada en el artículo 206 de la Ley Hipotecaria, aun siendo aplicable en principio la necesidad de certificación catastral descriptiva y gráfica coincidente (porque así lo impone el artículo 53 de la Ley 13/1996), no es necesario que el titular catastral coincida con el transmitente o adquirente, pues tal requisito no lo impone con carácter general el citado precepto, y el que sí lo impone, que es el artículo 298 del Reglamento Hipotecario, no lo hace con carácter general para cualquier procedimiento o vía de inmatriculación, sino ceñido al del artículo 205 de la Ley Hipotecaria, y por tanto, no aplicable al del artículo 206 del mismo cuerpo legal*» (FD Noveno). La propia DGRN lo había admitido previamente para la inmatriculación por el art. 206 LH de un camino público por parte de un Ayuntamiento en su Resolución de 9 de junio de 2014[13]. Lo que, en definitiva, llevó a que bastaba con que existiera una conexión que uniera al titular catastral con quien solicitaba la inmatriculación.

No podemos dejar de citar la STS de 16 de noviembre de 2006[14], que se pronuncia sobre el incumplimiento de lo prescrito en el art. 53.7 de la Ley 13/1996, de 30 de noviembre, señalando que «*es un precepto que no da lugar a la nulidad de la inscripción —lo que ni siquiera apunta— sino que va dirigido al Registrador de la Propiedad y su infracción puede dar lugar a responsabilidad pero no a nulidad, tanto más cuanto es una infracción que puede subsanarse y por razón de que el Catastro no proclama, ni garantiza, ni siquiera protege, el derecho de propiedad*» (FD Cuarto).

Más allá de quién podía aparecer como titular catastral, el Centro Directivo se expresó con rotunda claridad en cuanto a la necesidad de que los términos entre el título inmatriculador y la certificación catastral que se acompañaba fueran coincidentes. Así, la RDGRN de 3 de septiembre de 2009[15] decía que la dicción legal del art. 53, apartado Siete, de la Ley 30/1996, al hablar de «total coincidencia», no puede dejar margen a la duda en su interpretación. La RDGRN de 4 de diciembre de 2007[16] dispuso la exigencia de esa total coincidencia entre la descripción del título y la de la certificación catastral.

Por tanto, la reforma supuso un endurecimiento de los requisitos exigidos para inmatricular, dejando de ser los procedimientos tan laxos en cuanto a la descripción de los inmuebles al estar vinculados a esa realidad física que constaba catastrada. Todo ello es consecuencia de que el Catastro, como señala la STS de 2 de diciembre de 1998, afecta a los datos físicos de las fincas.

---

12. SAP Baleares (secc. 5ª) de 27 de septiembre de 2017; núm. 261/2017, rec. 129/2017.
13. RDGRN de 9 de junio de 2014. BOE 180/2014, de 25 de julio de 2014.
14. STS (Civil), secc. 1ª, de 16 de noviembre de 2006; núm. 1176/2006; rec. 486/2000.
15. RDGRN de 3 de septiembre de 2009. BOE 234/2009, de 28 de septiembre de 2009.
16. RDGRN de 4 de diciembre de 2007. BOE 13/2008, de 15 de enero de 2008.

II. EL PRINCIPIO DE CALIFICACIÓN REGISTRAL O DE LEGALIDAD

La profesora Ruano Espina[17] advierte que la certificación de dominio expedida por los diocesanos no producía de manera automática la inmatriculación de las fincas, estando sometidas a la denominada calificación registral, en cuya virtud el Registrador podía advertir la falta de algún requisito indispensable establecido por la normativa aplicable (art. 303 RH) y, en caso de existir dicha falta, devolver la certificación advirtiendo el defecto, tras extender asiento de presentación y sin que se tomara anotación preventiva (art. 305 RH).

No podemos sino situarnos cercanos a las posturas que consideraban peligrosa la inmatriculación a través del art. 206 LH, recordemos aún vigente para el acceso al Registro de bienes propiedad de las Administraciones Públicas y entes territoriales, por su falta de publicidad y el desconocimiento que el procedimiento inmatriculador tiene para posibles terceros interesados o titulares de derechos sobre la finca objeto de inscripción. Entendemos que frente a esa visión estrictamente negativa se sitúa un aspecto garantista de extraordinaria importancia que se soslaya en el debate que suscitó la inmatriculación de bienes eclesiásticos. Se trata de la calificación registral, principio al que se sometió este proceso de acceso al Registro de la Propiedad de las fincas de las entidades eclesiásticas.

El principio de legalidad es uno de los más importantes o fundamentales de todo sistema registral, pretende dotar de seguridad jurídica al tráfico inmobiliario y que se obtenga la plenitud de los efectos de los asientos registrales. Como dice García García[18], mediante el mismo «el acceso al Registro de los actos y negocios jurídicos con los extraordinarios efectos que la ley atribuye a los asientos, exige que los documentos que pretendan tal acceso tengan un control de legalidad en el procedimiento registral, para evitar que tengan publicidad registral actos o negocios que no cumplan los requisitos legales». Considera el autor que dentro del principio se encuentra su manifestación fundamental, la calificación registral, función mediante la que el Registrador ejerce dicho control de legalidad, emitiendo un juicio sobre la validez de los actos, negocios y documentos que acceden al Registro, a los fines de la seguridad del tráfico jurídico y en garantía de los terceros que contratan y adquieren derechos sobre los inmuebles.

La labor calificadora es perfectamente descrita por Lacruz Berdejo[19] cuando señala que el Registrador «realiza un juicio lógico de análisis fáctico y subsunción jurídica, que desemboca en su resolución, término del procedimiento: la práctica, denegación o sus-

17. Ruano Espina, L. «Zanjada la polémica en torno a la titularidad de los bienes de la Iglesia Católica», *Revista Española de Derecho Canónico*, Número 78, año 2021, pág. 1347.
18. García García, J.M. *Derecho inmobiliario registral o hipotecario*, Tomo III, «Calificación, tracto, especialidad y otros principios», Editorial Civitas, Madrid 2002, págs. 331-332.
19. Lacruz Berdejo, J.L. *Derecho inmobiliario registral*, Editorial Aranzadi, Cizur Menor 2015, pág. 394.

pensión del asiento solicitado»; en nuestro caso, la inmatriculación que, como sabemos, se realiza mediante una primera inscripción del dominio sobre la finca.

La calificación registral tiene un significado que podemos desglosar, siguiendo a Amorós Guardiola[20] y completado con García García, en cuatro distintos sentidos:

a) Un sentido técnico, que implica el control de la legalidad y validez del acto inscribible, lo que provoca los importantes efectos que se derivan de la práctica de la inscripción tras una calificación favorable, fundamentalmente los derivados del principio de legitimación registral del art. 38 LH y la protección de los terceros en función del principio de la fe pública registral proclamada en el art. 34 LH.

b) En sentido práctico, como forma de colaboración con el legislador, produciendo la seguridad del tráfico y el crédito inmobiliario mediante el control de la legalidad de los actos y negocios inscribibles.

c) Como forma de colaborar con la seguridad jurídica proclamada por el art. 9.3 CE, pues mediante la calificación se produce una seguridad de los derechos.

d) Por último, mediante su relación con la finalidad de justicia, esencial en el Derecho en general.

La función calificadora tiene una serie de caracteres que desglosa Manzano Solano[21] en los siguientes:

a) Se trata de una actividad de control de la legalidad, mediante una función de control jurisdiccional de la legalidad y autenticidad de los títulos presentados al Registro con la que se consigue establecer la apariencia jurídica protegida por la publicidad registral. Como observa atinadamente Roca Sastre[22], «el principio de legalidad, en lo que atañe a la publicidad registral inmobiliaria, es el que impone que los títulos que pretendan su inscripción en el Registro de la Propiedad sean sometidos a un previo examen, verificación o calificación, a fin de que en los libros hipotecarios solamente tengan acceso los títulos válidos y perfectos, interna o materialmente y externa o formalmente».

b) Es una competencia exclusiva del Registrador, personalísima, no delegable en otro funcionario.

---

20. Amorós Guardiola, M. «Significado de la calificación registral», conferencia recogida en el libro *La Calificación Registral*, Tomo I, pág. 626. Citado, además, por García García, J.M. *Derecho inmobiliario registral…, op. cit.*, Tomo III, págs. 341 y ss.
21. Manzano Solano, A. *Derecho registral inmobiliario…, op. cit.*, Volumen II, págs. 572-575.
22. Roca Sastre, R.M. *Derecho Hipotecario*, Tomo I, Editorial Bosch, Barcelona 2008, págs. 613-614.

c) Es una función obligatoria, inexcusable, de la que el Registrador no se puede inhibir.

d) A semejanza de la judicial, es una función independiente y libre, no estando limitada por los posibles pactos o decisiones de particulares que traten de limitar el ámbito de la calificación, ni por las decisiones de otros órganos o entidades, debiendo tener en cuenta la Jurisprudencia de la DGSJFP (antes DGRN).

e) Es una función sometida a responsabilidad personal en cuanto a los efectos de la calificación, directa sobre sus bienes; lo que aleja al Registrador del funcionario administrativo.

f) Por último, es una función revisable, pues la calificación produce efectos *erga omnes*, desprovista de los efectos de cosa juzgada, pero con posibilidad de recurso gubernativo contra la calificación y de recurso judicial.

El art. 303 RH no hace otra cosa que concretar para la inmatriculación por certificación de dominio el denominado sistema de inscripción que rige en nuestro sistema hipotecario para la formación de los asientos registrales y que, como dicen Manzano Solano y Manzano Fernández[23], «permite al Registrador —dotado de amplias facultades calificadoras— determinar las circunstancias esenciales del título que, mediante extracto del mismo, han de pasar al asiento».

Por consiguiente, como apunta Roca Sastre[24], todos los documentos inscribibles —en nuestro caso, las certificaciones— debían expresar como mínimo y con claridad suficiente, las circunstancias relativas a las fincas, a los derechos inscritos y a las personas de los otorgantes que exigía la legislación hipotecaria. Por ello, la autoridad certificante de la Iglesia debía tener muy en cuenta cuáles de esas circunstancias debían constar expresamente en la certificación. La certificación da lugar a un asiento de inscripción en sentido formal que, como dicen Lacruz Berdejo y Sancho Rebullida[25], se distingue de los demás por algunos caracteres externos como son su práctica en el espacio central de la hoja registral y la inclusión de las menciones especificadas para la misma.

El art. 303 RH concreta en cuanto a las certificaciones de dominio los requisitos establecidos para los títulos inscribibles en el art. 9 LH y el art. 51 RH, que

23. Manzano Solano, A. y Manzano Fernández, M.M. *Instituciones de Derecho Registral Inmobiliario*, Centro de Estudios Registrales, Madrid 2008, pág. 269. En nuestro sistema no es posible hablar del principio de inscripción dado que la inscripción no es obligatoria y que solo es constitutiva en el caso de la hipoteca; en consecuencia, la trasmisión del dominio y los demás derechos reales se realiza mediante título y modo incluso en el supuesto de los mismos se encuentren inscritos en el Registro de la Propiedad (véase Roca Sastre, R.M. *Derecho Hipotecario*, Tomo I, op. cit., págs. 613 y ss.).

24. Roca Sastre, R.M. *Derecho Hipotecario, op. cit.*, Tomo I, págs. 644 y ss.

25. Lacruz Berdejo, J.L. y Sancho Rebullida, F. *Elementos de Derecho Civil*, tomo III bis, Editorial Bosch, Barcelona 1984, pág. 105.

deberán contener un conjunto de datos indispensables para su validez; su no inclusión o su expresión inexacta conlleva la nulidad de la inscripción en los mismos términos determinados en el art. 30 LH para los títulos expresados en los arts. 2 y 4 LH; por ello, el art. 98 RH establece que el Registrador considerará, conforme al artículo 18 de la Ley, como faltas a la legalidad en las formas extrínsecas de los documentos de toda clase, en cuya virtud se solicite la inscripción, las que afecten a la validez de los mismos, según las leyes que determinan la forma de los instrumentos, siempre que resulten del texto de dichos documentos o puedan conocerse por la simple inspección de ellos. Y concluye estableciendo que apreciará la no expresión o la expresión sin la claridad suficiente de cualquiera de las circunstancias que, según la Ley y el propio Reglamento, deba contener la inscripción, bajo pena de nulidad, extendiendo el art. 99 RH esa facultad del Registrador a la apreciación de la competencia del órgano en los documentos administrativos o, en caso de certificación eclesiástica, a la competencia de la autoridad certificante.

En definitiva, la certificación de dominio era sometida a la calificación registral. Si el Registrador hubiera advertido la falta de algún requisito indispensable, de los establecidos en el referido art. 303 RH, tenía la obligación legal de devolver la certificación advirtiendo el defecto, después de extender el asiento de presentación y sin tomar anotación preventiva.

El penúltimo párrafo del art. 303 RH indica que la falta de alguna de las circunstancias se debe expresar en la certificación de dominio. Ello no significa, como nos indica Curiel Lorente[26], que se pudiera prescindir de cualquiera de esas circunstancias para la inscripción. Entiende que algunas de ellas son imprescindibles, como la descripción de la finca, la naturaleza del derecho, la carencia de título escrito o inscribible y la identificación de la entidad a la que la finca pertenece; asimismo, considera como imprescindible la necesaria expresión de la no tenencia de datos para cumplimentar que el resto de circunstancias exigidas reglamentariamente y no incluidas en la certificación no podían hacerse constar.

La función calificadora, como refiere Lacruz Berdejo, se recoge en varios preceptos de nuestra legislación hipotecaria, siendo el principal el art. 18 LH, que dispone que los Registradores calificarán, bajo su responsabilidad, la legalidad de las formas extrínsecas de los documentos de toda clase, en cuya virtud se solicite la inscripción; si observa falta, lo debe manifestar a quien solicita la inscripción para que la subsane (art. 19 LH), cuando ello sea posible (art. 65 LH), denegando la inscripción de ser imposible la subsanación, pudiendo el interesado interponer los recursos dispuestos en el art. 66 LH.

La función calificadora del Registrador de la Propiedad ha sido una salvaguarda excepcional para la legalidad de las inmatriculaciones efectuadas por la Iglesia

26. Curiel Lorente, F. *Inmatriculación, Reanudación del tracto sucesivo. Inscripción de los excesos de cabida,* Centro de Estudios Registrales, Madrid 2001, pág. 127.

Católica. En palabras de CHICO Y ORTIZ[27], la función calificadora tiene un fondo puramente jurídico, que hace cumplir y velar por el cumplimiento del art. 6.3 CC, que exige un conocimiento amplísimo del Derecho y una interpretación justa de la Ley. Se necesitarán unos conocimientos especiales al tratarse de una labor minuciosa, delicada y de fina sensibilidad jurídica.

Señala ROCA SASTRE[28] que, una vez otorgado el documento o título, en nuestro caso la certificación de dominio, el Registrador ejercita la función de fondo o garantía de su calificación, realizando las normas de Derecho objetivo aplicables al caso, las de Derecho Civil y de las demás disciplinas jurídicas, especialmente la hipotecaria, comprobando que el negocio jurídico no infrinja normas imperativas o prohibitivas (*ius cogens*).

Cuando los Registradores de la Propiedad han calificado las miles de certificaciones de dominio expedidas por los diocesanos han ejercido su función calificadora examinando los datos contenidos en ellas y comprobando la existencia o no de algún obstáculo que impidiese la inscripción. Así, la comprobación consistió en asegurarse, principalmente, de que la finca no estuviese ya inmatriculada o que pudiese estarlo en otro Registro.

Poner en duda la legalidad de las inmatriculaciones es equivalente a levantar una sospecha sobre la profesionalidad de un cuerpo tan prestigioso y preparado como el de los Registradores de la Propiedad. Cuando es evidente que el juicio de identidad que hacen de las fincas no puede ser arbitrario o discrecional, debiendo estar siempre motivado y fundado.

De no ser así, la calificación del Registrador puede ser recurrida y obtendría un reproche jurídico. Así, la RDGRN de 8 de octubre de 2005[29] estima el recurso interpuesto por no haber manifestado dudas sobre la identidad de la finca. La RDGRN de 2 de febrero de 2010[30] dispone que esas dudas acerca de la identidad de la finca deben estar justificadas. Claros argumentos se dan en la RDGRN de 19 de febrero de 2015[31], al señalar que «*cuando la calificación del registrador sea desfavorable es exigible, según los principios básicos de todo procedimiento y conforme a la normativa vigente, que al consignarse los defectos que, a su juicio, se oponen a la inscripción pretendida, aquélla exprese también la íntegra motivación de los mismos, con el desarrollo necesario para que el interesado pueda conocer los fundamentos jurídicos en los que se basa dicha calificación*». En idéntico sentido, la más reciente RDGSJFP de 20 de octubre de 2020[32].

27. CHICO Y ORTIZ, J.M. *Estudios sobre Derecho hipotecario*, Marcial Pons, Madrid, 2000, págs. 590 y ss.
28. ROCA SASTRE, R.M. *Derecho Hipotecario, op. cit.*, Tomo I, pág. 641.
29. RDGRN de 8 de octubre de 2005. BOE núm. 276, de 18 de noviembre de 2005.
30. RDGRN de 2 de febrero de 2010. BOE núm. 82, de 5 de abril de 2010.
31. RDGRN de 19 de febrero de 2015. BOE núm. 62, de 13 de marzo de 2015.
32. RDGSJFP de 20 de octubre de 2020. BOE núm. 291, de 4 de noviembre de 2020. La Resolución confirma la calificación del Registrador frente a la pretensión de que se

III. LOS ASIENTOS DEL REGISTRO ESTÁN BAJO LA SALVAGUARDA DE LOS TRIBUNALES

Como señala el profesor LACRUZ BERDEJO[33], si encontrásemos un sistema en el que la única verdad fuese la manifestada por el Registro, este sería siempre exacto, si bien esa exactitud se conseguiría con merma de la Justicia. Pero tal circunstancia no ocurre en ningún sistema registral, pues ninguno atribuye a los asientos la prerrogativa de la infalibilidad, admitiéndose que pueden estar en contra de la situación real, bien porque las titularidades que publican no han existido válidamente, o por hacerlas constar de forma distinta a la verdadera, o por no haber hecho consta su extinción.

Es por ello, apunta SANZ FERNÁNDEZ[34], que la existencia de una inscripción no puede impedir que quien se considere con derecho sobre el inmueble pueda ejercitar acciones reales contra el titular del derecho inscrito, si bien se condiciona este ataque a que se dirija, también, contra la inscripción misma.

Lo señalado por los autores tiene reflejo en la LH. El art. 1 dispone que «*Los asientos del Registro practicados en los libros que se determinan en los artículos doscientos treinta y ocho y siguientes, en cuanto se refieran a los derechos inscribibles, están bajo la salvaguardia de los Tribunales y producen todos sus efectos mientras no se declare su inexactitud en los términos establecidos en esta Ley*». Lo que se completa por la propia Ley en el art. 38 al regular el llamado principio de legitimidad registral que, recordemos, establece la presunción de que los derechos reales existen y pertenecen a quien conste como titular en la forma determinada por los asientos. El párrafo 2º se refiere a los casos en los que alguien entienda que un asiento entra en contradicción con su derecho, disponiendo lo siguiente: «*Como consecuencia de lo dispuesto anteriormente, no podrá ejercitarse ninguna acción contradictoria del dominio de inmuebles o derechos reales inscritos a nombre de persona o entidad determinada, sin que, previamente o a la vez, se entable demanda de nulidad o cancelación de la inscripción correspondiente*».

No cabe duda de que esta salvaguardia judicial supone una aplicación concreta del principio constitucional de la tutela judicial efectiva. Se impone la conclusión de que los asientos practicados son legales, constitucionales y producen todos sus efectos hasta que no haya una declaración judicial, una sentencia firme, que diga otra cosa y que se practique el correspondiente asiento rectificador. Mientras tanto, lo que aparece en el Registro es plenamente válido y eficaz.

---

entendiera la existencia de una doble inmatriculación por haberse ejecutado unas obras en la finca colindante a la de la recurrente que habían invadido en unos metros la suya. Entiende la Dirección General que, en todo caso, estaríamos en presencia de una construcción extralimitada, pero en ningún caso se habría producido el fenómeno de la doble inmatriculación, al no estar ese trozo de finca doblemente inscrito en el Registro.

33. LACRUZ BERDEJO, J.L. *Derecho inmobiliario registral,* Editorial Aranzadi, Cizur Menor 2015, pág. 346.

34. SANZ FERNÁNDEZ, Á. *Instituciones de Derecho hipotecario*, Instituto Editorial Reus, Madrid 1953, Tomo I, pág. 363.

La inmatriculación de los bienes de la Iglesia Católica, en consecuencia, ha otorgado al dominio sobre los mismos de una publicidad de la que anteriormente carecía. Lo que significa todo lo contrario a las recurrentes afirmaciones de ocultismo o de apropiación indebida de bienes con las que se acusa a las entidades eclesiásticas. Nadie que pretenda ocultar o apropiarse de algo subrepticiamente inscribe sus derechos en un Registro cuya finalidad es precisamente la contraria, la de servir de cauce para el público conocimiento de los derechos. La inmatriculación, en definitiva, ha posibilitado ese conocimiento de los derechos por quien lo desee, bastando una simple consulta a los libros, y ha posibilitado el ejercicio de las acciones contradictorias en los casos en que cualquier persona haya considerado tener un mejor derecho, con la consiguiente rectificación de los asientos registrales.

Por tanto, nos dice Peña Bernaldo de Quirós[35], procederá la cancelación por irregularidad del asiento cuando se declare la nulidad del título en cuya virtud se haya hecho (cfr. art. 79, 3º LH), lo que viene en denominarse nulidad material del asiento. Cuando el Juez declare la nulidad de la inscripción de dominio practicada como consecuencia de la certificación del art. 206 LH, mandará el Juez o Tribunal cancelarlo y, en su caso, extender otro nuevo en la forma que proceda, según la Ley (art. 53 RH), lo que tendrá lugar mediante la presentación de la sentencia en la que se declare dicha nulidad, es decir, la extinción del derecho inscrito en favor de la Iglesia (art. 173 RH).

IV. LOS BIENES PERTENECIENTES AL PATRIMONIO HISTÓRICO NO SON, POR DEFECTO, BIENES DE DOMINIO PÚBLICO

Un hilo conductor esencial en la reclamación, exclusivamente mediática, de la titularidad de los bienes eclesiásticos es el de que su titularidad solo puede ser pública. Es decir, que las inmatriculaciones han supuesto una apropiación de bienes de las Administraciones Públicas. Las acusaciones no son leves. Por ejemplo, en la noticia del diario Público de 12 de abril de 2020[36] se comenzaba del siguiente modo: «*Todo indica que la práctica totalidad del legado cultural de este país ya no pertenece a sus ciudadanos, sino que ha sido "privatizado" de forma masiva en virtud de un subterfugio jurídico que muchos especialistas juzgan arbitrario e inconstitucional*». La argumentación no es baladí, pues lo que se pretende defender es la imprescriptibilidad de los bienes y, en consecuencia, que nunca pudo producirse una adquisición originaria por parte de la Iglesia Católica, con independencia del tiempo y las características que pudiera tener la posesión de los inmuebles en manos de las distintas entidades diocesanas.

35. Peña Bernaldo de Quirós, M. *Derechos reales. Derecho hipotecario,* 4ª edición, Centro de Estudios Registrales, Madrid 2001, Tomo II, pág. 573.
36. https://www.publico.es/sociedad/propiedades-iglesia-patrimonio-historico-no-debe-propiedad-privada-iglesia.html#:~:text=Y%20a%C3%B1ade%3A%20%22El%20dominio%20p%C3%BAblico,templos%20por%20razones%20de%20culto%22 [Consulta 2 de diciembre de 2023].

El furor por la atribución del carácter público a todos los edificios destinados al culto llega al punto de identificar titularidad pública con patrimonio histórico. Pero el argumento es tan débil que ha bastado la publicación del Estudio sobre las inmatriculaciones del Gobierno para orillarlo. El referido Informe dedica su punto VII a destacar la diferencia entre los bienes que son de dominio público y los que integran el Patrimonio Histórico español, pudiendo ser reivindicados los primeros por el Estado, mas no así los segundos al poder ser de titularidad privada.

La Ley no puede ser más clara sobre este particular. El art. 5 de la Ley de Patrimonio de las Administraciones Públicas (LPAP) define los bienes de dominio público, que serán los que, siendo de titularidad pública, *se encuentren afectados al uso general o al servicio público*, así como aquellos a los que una ley otorgue expresamente el carácter de demaniales. Estos bienes tienen esas características de inalienabilidad, imprescriptibilidad e inembargabilidad (art. 6 LPAP), lo que contrasta con las características de los llamados bienes patrimoniales de la Administración (art. 7 LPAP), que no tienen carácter demanial.

La clave, por tanto, se sitúa en que un determinado bien esté afecto al uso general o a un servicio público, lo que podrá producirse de tres formas distintas: a) por declaración legal; b) por un acto expreso de afectación realizado por el órgano competente y en el que se declara a qué servicio se afecta y se hace expresa referencia a que el bien queda integrado en el dominio público; c) por los hechos y actos que, de facto y de acuerdo con el art. 66, 2 LPAP[37], lo determinan, y que son el uso público, notorio y continuado del bien, la usucapión, la expropiación forzosa, la aprobación por el Consejo de Ministros y la adquisición de muebles. Todos los demás bienes tendrán el carácter de patrimoniales (art. 7 LPAP).

---

37. Art. 66.2 LPAP: «Sin perjuicio de lo señalado en el apartado anterior y de lo dispuesto en el artículo 73 de esta ley, surtirán los mismos efectos de la afectación expresa los hechos y actos siguientes:
    a) La utilización pública, notoria y continuada por la Administración General del Estado o sus organismos públicos de bienes y derechos de su titularidad para un servicio público o para un uso general.
    b) La adquisición de bienes o derechos por usucapión, cuando los actos posesorios que han determinado la prescripción adquisitiva hubiesen vinculado el bien o derecho al uso general o a un servicio público, sin perjuicio de los derechos adquiridos sobre ellos por terceras personas al amparo de las normas de derecho privado.
    c) La adquisición de bienes y derechos por expropiación forzosa, supuesto en el que, de conformidad con lo dispuesto en el artículo 24.2 de esta ley, los bienes o derechos adquiridos se entenderán afectados al fin determinante de la declaración de utilidad pública o interés social.
    d) La aprobación por el Consejo de Ministros de programas o planes de actuación general, o proyectos de obras o servicios, cuando de ellos resulte la vinculación de bienes o derechos determinados a fines de uso o servicio público.
    e) La adquisición de los bienes muebles necesarios para el desenvolvimiento de los servicios públicos o para la decoración de dependencias oficiales».

Qué inmuebles conforman el Patrimonio Histórico se determina en el art. 1.2 de la Ley de Patrimonio Histórico Español (LPHE), cuando así lo dispone para todos aquellos que tengan un interés artístico, histórico, paleontológico, arqueológico, etnográfico, científico o técnico. Tal naturaleza jurídica puede disociarse absolutamente de la titularidad pública o privada del bien, pudiendo pertenecer al Patrimonio Histórico cualquier bien, con independencia de quien sea su dueño. Así lo expresa el Informe sobre inmatriculaciones del Gobierno, distinguiendo, por tanto, los bienes de dominio público, de necesaria propiedad pública, de los bienes del patrimonio histórico, que podrán ser de titularidad pública o privada.

Los bienes integrantes del patrimonio histórico podrán ser de propiedad privada, si bien sus propietarios estarán sujetos a una serie de limitaciones dispuestas en la LPHE:

- Están obligados a permitir y facilitar su inspección por parte de los Organismos competentes, su estudio a los investigadores, previa solicitud razonada de éstos, y su visita pública, en las condiciones de gratuidad que se determinen reglamentariamente, al menos cuatro días al mes, en días y horas previamente señalados (art. 13 LPHE).

- Existe un régimen especial para la realización de obras en ellos, requiriéndose autorización de la autoridad competente (art. 19 LPHE), que podrá ordenar el derribo de lo realizado.

- Deberán ser conservados, mantenidos y custodiados por sus propietarios o, en su caso, por los titulares de derechos reales o por los poseedores de tales bienes (art. 36, 1 LPHE), pudiendo hacerse uso de los mismos sin poner en peligro los valores que aconsejen su conservación (art. 36, 2 LPHE). El no cumplimiento de estos deberes se entiende como causa de interés social a los efectos de una posible expropiación forzosa del inmueble (art. 36, 4 LPHE).

- Están sometidos a un especial régimen jurídico en cuanto a su posible enajenación, debiendo cumplirse las prescripciones del RD 111/1986, de 10 de enero, de desarrollo parcial de la Ley 16/1985, de 25 de junio, del Patrimonio Histórico Español, que en sus arts. 40 a 42 establece un procedimiento de notificación al órgano competente de la comunidad autónoma en la materia y al Ministerio de Justicia, existiendo un derecho de tanteo y retracto para ambas administraciones.

Este especial régimen jurídico de la propiedad, caracterizado por los límites en interés público a los que está sometida y que establecen un contorno típico del dominio mucho más exiguo que la propiedad de los bienes que no pertenecen al patrimonio histórico, no impide que el Informe del Gobierno declare expresamente lo siguiente: «*... la inclusión de un bien en el patrimonio histórico español no determina* *su titularidad a favor de ninguna Administración Pública y, por lo tanto, ningún derecho le corresponde para reclamar dichos bienes ante su privación contraria a Derecho por un tercero si no demuestran la titularidad del mismo por mucho que el bien tenga la consideración de bien perteneciente al patrimonio histórico»*.

No parece que la cuestión tenga mucho recorrido desde el punto de vista jurídico. Pero esta claridad no parece ser obstáculo para que la equiparación sea una constante en la diversa literatura sobre las inmatriculaciones. Y no solo en las opiniones, sino también, lo que resulta más grave, en documentos oficiales realizados a instancias de entidades públicas con fondos públicos.

Debemos hacer referencia aquí al recurrente caso de la inmatriculación de la Mezquita Catedral de Córdoba. La dialéctica sobre la inscripción a nombre de la Diócesis de Córdoba llegó al extremo de que el Ayuntamiento de Córdoba creara una Comisión de Expertos en orden a emitir un Dictamen en el que fundamentar una posible reclamación sobre la propiedad de dicho monumento, emitiéndose el Informe con fecha 15 de septiembre de 2018[38]. En él se afirma, entre otras cosas, lo siguiente: «*Al tratarse la Mezquita Catedral de un bien público, que no está en el tráfico del comercio, no es posible que la Iglesia Católica apele al mecanismo de usucapión, pues la posesión pacífica y continuada no es suficiente en este caso para demostrar la propiedad*». También señala lo siguiente: «*La admisión de que la Mezquita Catedral pudiera ser un bien de titularidad privada de la Iglesia Católica supondría reconocer la propiedad a una institución regida por normas de un Estado distinto al español (Estado vaticano), y admitir que este supuesto propietario pudiera ejercer sus funciones de propietario de la Mezquita Catedral, lo que incluiría su facultad, por ejemplo, para vender libremente el bien*». Finalmente, asimila la titularidad pública del edificio a la imposibilidad de que un bien privado puede cumplir los valores promovidos por la Unesco, que declaró el inmueble como Patrimonio Universal porque se partía de su condición de bien público.

Como afirma Muñoz Guijosa[39], las aseveraciones efectuadas por la Comisión constituyen una muestra de una profunda confusión conceptual, utilizando la terminología de forma muy alejada al contenido jurídico que a la misma corresponde, llegándose a decir de soslayo que la Iglesia Católica no puede ostentar la propiedad de bienes. Los autores confunden la titularidad de un bien con la función que debe cumplir, lo que lleva a hacer esas afirmaciones tan erróneas. La naturaleza pública de un bien solo tiene que ver con su titularidad, su pertenencia a un ente público;

38. La Comisión de Expertos se formó por Juan B. Carpio Dueñas, D. Alejandro García Sanjuán y D. Federico Mayor Zaragoza. Puede verse el texto completo del Dictamen en:
https://www.cordoba.es/doc_pdf_etc/AYUNTAMIENTO/Informe_Comision_Expertos_Mezquita-Catedral_15-09-18.pdf

39. Muñoz Guijosa, M.A. «La incardinación real y potencial de la Mezquita-Catedral de Córdoba en el concepto jurídico de bien público», en Fernández-Miranda, J. (Director) y otros, *Estudio histórico y jurídico sobre la titularidad de la Mezquita-Catedral de Córdoba,* Editorial Dykinson, Madrid 2019, págs. 176 y ss.

mientras que la función solo hace referencia a los intereses que un bien está llamado eventualmente a satisfacer y que opera con independencia de quién sea su titular.

La citada profesora arguye una conclusión con la que no podemos dejar de estar de acuerdo, la de que el valor cultural que poseen los bienes pertenecientes al patrimonio histórico conforman lo que se ha venido en denominar «estatuto jurídico de la propiedad cultural», esto es, «*el conjunto de facultades, condiciones de ejercicio de las mismas y obligaciones que pesan sobre el propietario*». Para ello, citando a López Ramón, nos habla de la categoría de «bienes de interés público», que suponen una suerte de culminación de la función social de la propiedad, cuyo régimen jurídico compatibiliza el interés privado y facultades de los propietarios con intensos vínculos derivados de los intereses públicos que concurren, a fin de garantizar su conservación y el disfrute por la colectividad; todo lo cual se formaliza por el concreto acto administrativo que declara la pertenencia de un bien al género previamente diseñado por la legislación.

Que un determinado bien entre dentro de ese género de bienes de interés público no significa, en absoluto, la posibilidad de que se produzca una mutación en la titularidad jurídica del mismo.

V. LA REFORMA DE LA LH DE 2015 IMPIDE A LA IGLESIA CATÓLICA INMATRICULAR SUS BIENES SIN TÍTULO FORMAL POR MEDIO DEL EXPEDIENTE DE DOMINIO. POSIBLES ALTERNATIVAS LEGALES

Siguiendo a Roca Sastre[40], podemos afirmar que el expediente de dominio hunde sus raíces en la reforma de la LH de 1869. En la originaria Ley de 1861 solo se establecían los llamados expedientes posesorios, que justificaban la posesión de las fincas para intentar suplir la falta de títulos existentes sobre la propiedad inmobiliaria y permitir su acceso al Registro, en la presunción de que los promotores (poseedores) eran los propietarios. Así se desprendía de la dicción del art. 397 cuando se refería a «*el propietario que careciere de título de dominio escrito*», para el que se preveía esa posibilidad de poder justificar la posesión. El reformador de 1869 advierte la posibilidad de que terceros adquirentes puedan observar la inscripción posesoria como sospechosa, lo que le hace introducir la figura del expediente de dominio como forma de titulación supletoria que permitiera inscribir la propiedad.

La reforma producida en la LH en 2015 ha realizado una profunda transformación en los procedimientos de inmatriculación de fincas, con especial incidencia en el expediente de dominio. Como señala Curiel Lorente[41], el expediente de dominio anterior a la reforma tenía como finalidad conseguir «un título hábil para

40. Roca Sastre, R.M. *Derecho Hipotecario…, op. cit.*, Tomo IV, págs. 204 y ss.
41. Curiel Lorente, F. *Inmatriculación…, op. cit.*, pág. 98.

la inmatriculación mediante la declaración judicial de haber quedado acreditada la legítima adquisición del dominio de la finca por el promotor del expediente». Es decir, se trataba de un procedimiento mediante el que el titular de dominio, pero que carecía de un título formal de adquisición, podía conseguir una declaración judicial que supliera esa falta para acceder al Registro de la Propiedad. No servía para suplir la ausencia de un título material, que era imprescindible, sino para suplir la carencia de título escrito de dominio o el supuesto en el que, teniéndolo, no pudiera inscribirse por cualquier causa (art. 272 RH).

Bastaba, por tanto, que el título alegado en el expediente fuese un documento privado, sirviendo el auto aprobatorio del expediente para obtener la inmatriculación. Así resulta, por ejemplo, de la RDGRN de 21 de noviembre de 1995[42] en un supuesto de expediente de dominio para inmatriculación derivado de un contrato de compraventa; frente a la denegación de la inscripción por parte del Registrador por entender que el auto no es suficiente y que debería procederse a la elevación a público del contrato privado, de constar y contar con la colaboración del transmitente, o a la obtención de sentencia mediante el procedimiento contencioso correspondiente si el transmitente no procede a su elevación a público, la Resolución dispone lo siguiente: «*Establecido en los artículos 199, a), 201, regla 6.ª, de la Ley Hipotecaria, y 283 del Reglamento Hipotecario, que el auto firme recaído en el expediente de dominio tramitado de conformidad con los preceptos citados, por el que se declara justificado el dominio del promotor, es título suficiente para la inmatriculación de la finca e inscripción de su dominio a favor de dicho promotor; y señalándose en la regla 2ª del citado artículo 201 de la Ley Hipotecaria que para la justificación del dominio del solicitante presentará éste, si los tuviere, los documentos acreditativos pertinentes, carece de todo fundamento la denegación de la inscripción pretendida sin que pueda el Registrador en el ámbito de su función calificadora y cualesquiera que sean los argumentos incoados, valorar la aptitud del expediente de dominio como cauce para la inmatriculación, e ignorar la virtualidad que la ley le ha conferido*».

Porque el expediente de dominio no exigía la presentación de un título formal, lo que solo debía hacer «*si los tuviere*» (art. 201. Segunda LH, en su redacción anterior a la reforma de 2015); lo que se recalcaba, además, en el art. 282 RH cuando dispone lo siguiente: «*En el expediente para acreditar el dominio no se podrá exigir del que lo promueva que presente el título de adquisición de la finca o derecho cuando hubiere alegado que carece del mismo, ni se admitirá otra oposición de parte interesada que la que se contraiga exclusivamente a si el solicitante ha acreditado suficientemente la adquisición del dominio de todo o parte de la finca cuya inscripción se trate de obtener*».

En definitiva, en palabras de Concheiro del Río[43], el expediente trataba de demostrar o justificar si el solicitante disponía de un hecho o acto con virtualidad

42. RDGRN de 21 de noviembre de 1995. BOE 4/1996, de 4 de Enero de 1996.
43. Concheiro del Río, J. *La inmatriculación de fincas en el Registro de la Propiedad. Su regulación actual*, Dijusa Editorial, Madrid 2000, págs. 331 y ss.

para provocar la adquisición del inmueble; podía faltar el título en sentido formal, pero no el material, la causa adquisitiva, que debía expresarse necesariamente y ser apto para adquirir el dominio. El expediente solo tenía como finalidad acreditar que ese acto o hecho idóneo para adquirir había tenido lugar, lo que se reconocía ya en RDGRN de 16 de noviembre de 1923[44], antes de la actual LH, atribuyéndole a la resolución del expediente la virtualidad de provocar la cancelación de las inscripciones de posesión contradictorias.

Para posibilitar que el hecho o acto idóneo para adquirir el dominio tuviese acceso al Registro se habilita una titulación supletoria que, en palabras de Roca Sastre[45], «si bien no constatará directamente el acto o negocio jurídico de la adquisición, justificará la adquisición en sí».

Esta situación sufre un cambio radical por la reforma practicada por la Ley 13/2015, de 24 de junio, de Reforma de la Ley Hipotecaria y del Texto Refundido de la Ley del Catastro, que regula los procedimientos de inmatriculación de fincas en los artículos 203 a 207. El preámbulo de la Ley, tras hacer referencia a la necesidad de avanzar en la coordinación entre el Catastro y el Registro de la Propiedad, se refiere a dichos medios de la siguiente manera: «*Las modificaciones que se introducen en los procedimientos regulados en los artículos 198 a 210 de la Ley Hipotecaria tienen como objeto, por una parte, la desjudicialización de los mismos eliminando la intervención de los órganos judiciales sin merma alguna de los derechos de los ciudadanos a la tutela judicial efectiva, que siempre cabrá por la vía del recurso; y por otra parte, su modernización, sobre todo en las relaciones que han de existir entre Notarios y Registradores y en la publicidad que de ellos deba darse*».

Respecto al expediente de dominio, dispone que la inmatriculación «*se llevará a cabo mediante el expediente de dominio que se regula de forma minuciosa sin intervención judicial. Este expediente sustituye al judicial regulado por el anterior artículo 201 de la Ley Hipotecaria y se caracteriza por su especial preocupación por la defensa de los derechos de todos los posibles afectados*».

Para García García[46] la reforma se fundamenta en una serie de ideas generales: en primer lugar, que se desjudicializa el expediente de dominio, que se encarga a los notarios, resolviéndolos el Registrador, resaltando especialmente la calificación regis-

---

44. RDGRN de 16 de noviembre de 1923. Gaceta de Madrid, 23 de Noviembre de 1923. En el caso que suscita la Resolución, un particular de Córdoba insta expediente de dominio para obtener la inmatriculación de un inmueble objeto de compraventa al Cabildo de la Santa Iglesia Catedral, cuya posesión constaba inscrita en favor del Estado, obteniendo auto declarando el dominio, que confirma la Audiencia territorial, y habiendo sido oído en el pleito el representante del Estado. La Resolución proclama la virtualidad cancelatoria del auto recaído en el expediente de dominio al haber tomado parte en el expediente el titular de la inscripción posesoria.
45. Roca Sastre, R.M. *Derecho Hipotecario…, op. cit.*, Tomo IV, pág. 210.
46. García García, J.M. *La finca registral…, op. cit.*, págs. 806 y ss.

tral; en segundo lugar, el hecho de mantenerse la posibilidad de inmatricular en base a un doble título (art. 205 LH), si bien ahora debe tratarse de un doble título público.

El propio autor se refiere al expediente de dominio, en la nueva regulación que le da el art. 203 LH[47], atribuyéndole los siguientes caracteres:

1) Es uno de los procedimientos establecidos en el art. 198 LH para conseguir la concordancia entre el Registro de la Propiedad y la realidad física y jurídica extrarregistral (art. 198, 5º LH).

---

47. Art. 203 LH: «*1. El expediente de dominio para la inmatriculación de fincas que no estén inscritas en el Registro de la Propiedad a favor de persona alguna se tramitará con sujeción a las siguientes reglas:*
Primera. El expediente deberá tramitarse ante Notario hábil para actuar en el distrito notarial donde radique la finca o en cualquiera de los distritos notariales colindantes a dicho distrito. Si la finca estuviera radicada en el territorio correspondiente a dos o más distritos notariales diferentes, podrá tramitarse el expediente ante un Notario de cualquiera de estos distritos o de sus respectivos colindantes. Podrá instruirse un solo expediente para varias fincas siempre que las mismas estén situadas en el territorio de un mismo Registro, aunque alguna de ellas esté situada parcialmente en un distrito hipotecario colindante, siempre que la mayor parte de su superficie radique en dicho Registro.
Segunda. Se iniciará el procedimiento mediante solicitud por escrito del titular dominical de la finca, en la cual, junto a la descripción literaria de la finca, realizada en los términos prevenidos reglamentariamente, deberán hacerse constar los datos personales del promotor y su domicilio para la práctica de notificaciones, acompañándose además los siguientes documentos:
a) Título de propiedad de la finca que se pretende inmatricular, que atribuya el dominio sobre la misma al promotor del expediente, junto con certificación catastral descriptiva y gráfica de la parcela o parcelas catastrales, que se correspondan con la descripción literaria y la delimitación gráfica de la finca cuya inmatriculación se solicita, con expresión de los titulares catastrales de dichas parcelas y sus colindantes, así como sus respectivos domicilios.
b) Relación de los datos registrales, catastrales o de cualquier otro origen de los que disponga el promotor y sirvan para localizar las fincas registrales y parcelas catastrales colindantes. En particular, el nombre y domicilio de sus propietarios actuales, si fueran distintos de los recogidos en las certificaciones catastrales descriptivas y gráficas, así como los titulares de cargas o gravámenes sobre las mismas.
c) Identificación de los derechos constituidos sobre la finca, expresando las cargas a que pueda hallarse afecta o las acciones con transcendencia real ejercitadas en relación con la misma, indicando los nombres de los titulares o actores, sus domicilios y cualesquiera otras circunstancias que ayuden a su correcta identificación, quienes serán requeridos para que, si les conviene, soliciten la inscripción o anotación omitida, presentando a tal fin los títulos necesarios en el Registro.
d) Deberá identificarse también a los poseedores de la finca que se pretende inmatricular y al arrendatario de ella, si se trata de vivienda.
Tercera. El Notario levantará acta a la que incorporará la documentación presentada, remitiendo copia de la misma al Registrador de la Propiedad competente solicitando la expedición de certificación acreditativa de que la finca no consta inscrita en el Registro y que, en su caso, practique anotación preventiva de la pretensión de inmatriculación.
El Registrador, tras consultar su archivo, tanto literario como de representación gráfica en soporte papel o informático, expedirá en el plazo de quince días certificación acreditativa de

2) Se tramita con la competencia de Notarios y Registradores, frente a la que anteriormente tenían los Juzgados de 1ª Instancia del partido en el que radicaba la finca.

3) Se rodea el procedimiento de una serie de garantías y requisitos para la seguridad de colindantes, propietarios, titulares de derechos reales y de bienes de dominio público.

---

la falta de inscripción de la finca, siempre que haya verificado que concurren las siguientes circunstancias:

a) La correspondencia entre la descripción contenida en el título de propiedad aportado y la certificación catastral.

b) La falta de previa inmatriculación de la finca a favor de persona alguna.

c) La ausencia de dudas fundadas sobre la coincidencia total o parcial de la finca cuya inmatriculación se solicita con otra u otras que hubiesen sido previamente inmatriculadas.

En caso contrario, procederá el Registrador a extender nota de denegación de la anotación solicitada, motivando suficientemente las causas de dicha negativa, a la que deberá acompañar, en su caso, certificación literal de la finca o fincas coincidentes, comunicándolo inmediatamente al Notario, con el fin de que proceda al archivo de las actuaciones.

Del mismo modo, si el Registrador tuviera dudas fundadas sobre la coincidencia total o parcial de la finca cuya inmatriculación se pretende con otra u otras de dominio público que no estén inmatriculadas pero que aparezcan recogidas en la información territorial asociada, facilitada por las Administraciones Públicas, notificará tal circunstancia a la entidad u órgano competente, acompañando certificación catastral descriptiva y gráfica de la finca que se pretende inmatricular, con el fin de que, por dicha entidad, se remita el informe correspondiente dentro del plazo de un mes a contar desde el día siguiente a la recepción de la notificación. Si la Administración manifestase su oposición a la inmatriculación, o no remitiendo su informe dentro de plazo, el Registrador conservase dudas sobre la existencia de una posible invasión del dominio público, denegará la anotación solicitada, notificando su calificación al Notario para que proceda al archivo de las actuaciones, motivando suficientemente las causas de dicha negativa, junto con certificación o traslado de los datos procedentes de la información territorial utilizada y, en su caso, certificación literal de la finca o fincas que estime coincidentes.

Cuarta. En otro caso, el Registrador practicará la anotación solicitada y remitirá al Notario, para unir al expediente, la certificación registral, acreditativa de la falta de inscripción de la finca y de coincidencia de la misma con otra u otras previamente inmatriculadas.

La anotación, que solo se extenderá si del escrito inicial y sus documentos complementarios resultan todas las circunstancias exigidas, tendrá una vigencia de noventa días, pudiendo ser prorrogada a instancia del Notario o del promotor del expediente, hasta un máximo de ciento ochenta días de su fecha, si a juicio del Registrador existe causa que lo justifique.

Quinta. Recibida la comunicación del Registro acreditativa de la extensión de la anotación, acompañada de la correspondiente certificación, el Notario notificará la pretensión de inmatriculación, en la forma prevenida reglamentariamente, a todos aquellos que, de la relación de titulares contenida en el escrito acompañado a la solicitud, resulten interesados como titulares de cargas, derechos o acciones que puedan gravar la finca que se pretende inmatricular, a aquel de quien procedan los bienes o sus causahabientes, si fuesen conocidos, al titular catastral y al poseedor de hecho de la finca, así como al Ayuntamiento en que esté situada la finca y a la Administración titular del dominio público que pudiera verse afectado, para que puedan comparecer en el expediente y hacer valer sus derechos. Asimismo, insertará un edicto comunicando la tramitación del acta para la inmatriculación en el "Boletín Oficial del Estado", que lo publicará gratuitamente. Potestativamente el Notario, atendidas las circunstancias del caso,

4) La inmatriculación, una vez obtenida, surte efectos inmediatos, sin la limitación de dos años frente a los terceros del art. 34 LH que existía antes de la reforma y que se mantiene para otros medios de inmatriculación.

---

podrá ordenar la publicación del edicto en el tablón de anuncios del Ayuntamiento, también de forma gratuita. En la notificación se hará constar:

a) El nombre y apellidos, domicilio, estado, profesión, número de documento o código de identidad del promotor y cualesquiera otros datos que puedan facilitar su identificación.

b) Los bienes descritos tal como resultan de la certificación catastral de la parcela.

c) La especie de derecho, carga o acción en que, según el promotor, pueda estar interesada la persona notificada.

d) Los términos en que, sin merma de sus derechos, podrán inscribirse o anotarse los documentos públicos de que los mismos resulten.

e) Apercibimiento sobre los perjuicios que, de la omisión de la inscripción o anotación, puedan derivarse.

Asimismo, notificará la solicitud, con expresión literal de los extremos recogidos en las letras a) y b) y en la forma prevenida en esta Ley, a los propietarios de las fincas registrales y catastrales colindantes y a los titulares de derechos reales constituidos sobre ellas en los domicilios que consten en el Registro y, caso de ser distintos, en cualesquiera otros que resulten del expediente.

Sexta. Cualquier interesado podrá hacer alegaciones ante el Notario y aportar pruebas escritas de su derecho durante el plazo de un mes.

Si se formulase oposición por cualquiera de los interesados, con expresión de la causa en que se funde, el Notario dará por concluso el expediente y archivará las actuaciones, dando cuenta inmediata al Registrador. En ese caso, el promotor podrá entablar demanda en juicio declarativo contra todos los que se hubieran opuesto, ante el Juez de primera instancia correspondiente al lugar en que radique la finca. En otro caso, levantará el Notario acta accediendo a la pretensión del solicitante, en la que se recogerán las incidencias del expediente, los documentos aportados, así como la falta de oposición por parte de ninguno de los posibles interesados, y remitirá copia al Registrador para que practique, si procede, la inmatriculación solicitada.

En caso de calificación positiva por el Registrador, éste procederá a extender la inscripción del derecho de dominio, cuyos efectos se retrotraerán a la fecha del asiento de presentación inicial del acta remitida por el Notario a que se refiere el párrafo anterior. Si se hubiere tomado anotación preventiva de haberse incoado el procedimiento, se convertirá en inscripción definitiva.

La prioridad de las cargas o gravámenes, reconocidos o constituidos por el propietario o por la autoridad judicial o administrativa competente, cuyos títulos hayan sido aportados al expediente o se hayan presentado en el Registro antes de que la inmatriculación se practique y sean calificados favorablemente por el Registrador, se decidirá atendiendo a las normas sobre preferencia establecidas por la legislación civil y en la normativa específica que resultase aplicable en atención a la naturaleza del crédito y de la carga o gravamen y, en su defecto, a la fecha de los mismos títulos. Si fuesen incompatibles y no se manifestare por los interesados la preferencia, se tomará anotación preventiva de cada uno, hasta que por los Tribunales se decida a cuál de ellos ha de darse preferencia.

Séptima. El Registrador ordenará la publicación de un edicto que refleje los datos de la finca o fincas que resulten del expediente, así como su titularidad y cargas. El edicto, notificando a todos los interesados y a las personas ignoradas a quienes pueda perjudicar el expediente, habrá de publicarse de forma gratuita en el "Boletín Oficial del Estado". La publicación efectiva del edicto se hará constar por nota al margen de la inscripción del dominio de la finca inmatriculada. También se utilizará, a efectos meramente informativos, un servicio en línea, relacionado con la aplicación de representación gráfica a que se refiere el artículo 9, para crear alertas específicas

5) Se produce una potenciación del principio de calificación registral con relación a la identificación de la finca, la falta de previa inscripción, su concordancia con el Catastro, su representación gráfica georreferenciada, buscándose la perfecta coordinación con el Catastro.

6) Se exige la aportación de un título de propiedad, sin exigir que sea público, bastando ser de naturaleza privada, que no tiene necesidad de estar basado

---

sobre fincas que fueran afectadas por procedimientos de inmatriculación, deslinde o rectificación de cabida o linderos.
Octava. Durante la vigencia del asiento de presentación, o de la anotación preventiva, no podrá iniciarse otro procedimiento de inmatriculación que afecte de forma total o parcial a la finca objeto del mismo.
Fuera de los supuestos de oposición, frente a la denegación de la anotación preventiva o la inmatriculación por parte del Registrador podrán los interesados interponer los recursos previstos en esta Ley para la calificación negativa; quedando siempre a salvo la facultad de los interesados para acudir al procedimiento correspondiente, en defensa de su derecho al inmueble.
En ambos casos, se aplicarán a la anotación preventiva las normas sobre prórroga y mantenimiento de la vigencia del asiento de presentación prevenidas para el caso de interposición de recurso frente a la calificación del Registrador.
Fuera de tales casos, siempre que se entable juicio declarativo ordinario relativo al dominio o cualquier otro derecho inscribible, relativo a la misma finca, se dará inmediatamente por concluso el expediente.
2. El titular de un derecho real impuesto sobre fincas ajenas no inscritas podrá solicitar la inscripción de aquél con sujeción a las reglas siguientes:
Primera. Presentará su título en el Registro de la Propiedad en cuyo distrito hipotecario se ubiquen la finca o fincas afectadas, solicitando que se tome anotación preventiva por falta de previa inscripción.
Segunda. Practicada la anotación, el Registrador requerirá al dueño para que, en el término de veinte días a contar desde el requerimiento, inscriba su propiedad, bajo apercibimiento de que, si no lo verificara o impugnara tal pretensión dentro de dicho término, podrá el anotante del derecho real solicitar la inscripción como establece la regla tercera.
Si se ignorase el lugar para el requerimiento o tras dos intentos no fuera efectivo, se hará éste mediante un edicto inserto en el "Boletín Oficial del Estado", contándose los veinte días desde esta inserción.
Tercera. Transcurrido el plazo de veinte días, el anotante podrá pedir la inscripción del dominio. Si no tuviera los documentos necesarios, acudirá al Registrador para que, con citación del dueño, solicite del Notario, Juzgado o dependencia administrativa donde radiquen los archivos en que se encuentren, que expidan copia o testimonio de ellos y se le entreguen al anotante a dicho objeto. En defecto de documentos o cuando, siendo estos defectuosos, no opte por subsanarlos, podrá el interesado justificar el dominio del dueño en la forma que prescribe esta Ley.
Cuarta. El Registrador inscribirá el dominio cuando se le pida, según las reglas anteriores, dejando archivado, en su caso, el documento en que conste el requerimiento, del cual dará las certificaciones que los interesados soliciten, y convertirá en inscripción definitiva la anotación del derecho real. Si la anotación hubiera caducado se inscribirá el derecho real, previa nueva presentación del título.
Quinta. El Registrador dará por concluido el procedimiento siempre que con anterioridad a la práctica de dichos asientos se le acredite la interposición de demanda impugnando la pretensión del anotante, sin perjuicio de las medidas cautelares que puedan ser acordadas por el Juez o Tribunal».

en otro anterior, lo que elimina la posibilidad de instar un expediente de dominio cuando se carece de título escrito, como ocurría con anterioridad a la reforma. Como apunta JIMÉNEZ CLAR[48], «la cuestión del título en el expediente de dominio es una de las materias donde más marcadamente se pone de manifiesto el carácter cualitativo de esta modificación legal».

7) Por último, ante la imposibilidad de instar la inmatriculación por expediente de dominio, deberá obtenerse a través del procedimiento declarativo ordinario, con la posibilidad de que la sentencia recaída pueda ser aportada como título de propiedad en el expediente de dominio que pueda instarse *a posteriori*.

El expediente de dominio regulado en el nuevo art. 203 LH es extremadamente prolijo y, sin lugar a dudas, ofrece una serie de garantías mayores que el anterior expediente judicial, reforzadas por la intervención del Registrador, que expide certificación de que la finca no consta inscrita a favor de persona alguna; que acredita la ausencia de dudas fundadas sobre la posible coincidencia total o parcial con cualquier otra finca ya inscrita; incluso debe manifestar si tiene dudas de la posible coincidencia de la finca, en todo o parte, con alguna de dominio público que no se encuentre inmatriculada, notificándolo a la administración competente para que pueda manifestar su oposición. Además, se notifica el expediente a colindantes, titulares de derechos, Ayuntamiento en el que se sitúe la finca y se publica en el BOE y en el tablón de anuncios de dicho Ayuntamiento.

La verdadera modificación sustancial con respecto a la Iglesia la ofrece la exigencia de un título de propiedad de la finca que se pretende inmatricular, un título que atribuya al promotor del expediente el derecho de propiedad. GARCÍA GARCÍA[49] nos dice que puede tratarse de cualquier documento, público o privado, pero que siempre debe venir recogido en un documento, «por lo que el título no es solo el título material o Título de propiedad, sino, además, ha de ser título formal, o sea documento que recoja el título de propiedad, pero de cualquier clase»; por tanto, termina diciendo, «basta acreditar el título y no el modo».

La exigencia de un título formal es objeto de la RDGRN de 27 de junio de 2016[50], que resuelve el recurso planteado al pretender inmatricular una finca por expediente de dominio aportando como título una escritura de agrupación y rectificación, y alegando la previa adquisición mediante contrato privado de compraventa, que no consta por escrito. La Resolución es clara en la necesidad inexcusable del título formal, cuando señala lo siguiente: «*uno de los elementos a aportar en el inicio del trámite del expediente deberá ser el documento que acredite la titularidad del promotor,*

48. JIMÉNEZ CLAR, A. *El título de adquisición en el expediente notarial de dominio,* https://www.notariosyregistradores.com/web/secciones/doctrina/articulos-doctrina/el-titulo-de-adquisicion-en-el-expediente-notarial-de-dominio/
49. GARCÍA GARCÍA, J.M. *La finca registral…, op. cit.,* pág. 822.
50. RDGRN de 27 de junio de 2016. BOE 180/2016, de 27 de julio de 2016.

cuestión ésta calificada y exigida por el registrador en su calificación, teniendo su ausencia un carácter obstativo que impide la inscripción en el Registro del acta de conclusión del título inmatriculador. Ciertamente, el antiguo artículo 201 señalaba que dicho título justificativo se aportará "si lo tuviere", pero actualmente este requisito se vuelve inexcusable al exigir la aportación documental del título (por ello, el formal ya sea público o privado, comprensivo igualmente del material) en el que el promotor justifique su derecho». Además, establece la solución para el caso de carecer de título formal, la vía del art. 204, 5º LH, que prevé que además del procedimiento prevenido en el artículo anterior (el expediente de dominio) y la posibilidad de inscripción de los títulos previstos en los artículos 205 y 206, podrá obtenerse también la inmatriculación de fincas en el Registro de la Propiedad «*En virtud de sentencia que expresamente ordene la inmatriculación, obtenida en procedimiento declarativo en que hayan sido demandados todos los que, de conformidad con lo establecido en el artículo 203, deban intervenir en el expediente, observándose las demás garantías prevenidas en dicho artículo*».

También valora la necesidad de título formal y resulta de mucho interés la RDGRN de 10 de mayo de 2019[51]. En el expediente de dominio objeto de la Resolución se hace constar la propiedad por cuotas de los promotores, que adquirieron el dominio por contrato privado de compraventa, que no consta, pero aportando como documento complementario el reconocimiento que de esa copropiedad se hace en una sentencia dictada en un procedimiento penal. La Dirección General vuelve a ser taxativa en la interpretación del art. 203 LH al reiterar lo dispuesto en la citada Resolución de 27 de junio de 2016, pero añade unos comentarios que conviene resaltar: «*No se trata de mantener una interpretación literal en contra de la realidad social o de su propia finalidad, sino de la exigencia de un requisito expresamente impuesto por la ley de reforma en la tramitación del expediente notarial de inmatriculación, sujeto por la propia norma, además, a calificación registral. La nueva regulación impone la necesaria aportación al Notario, como elemento probatorio, del documento que pueda justificar un título material de propiedad a juicio del mismo, siendo lo esencial que sea se trate de un título apto para fundamentar el dominio del inmueble a favor de persona determinada conforme a nuestras normas de Derecho Civil –artículos 609 del Código Civil y 2 de la Ley Hipotecaria–, con independencia de la forma pública o privada del mismo*». Y señala, finalmente, que la falta de título formal puede subsanarse mediante la obtención por vía judicial de una sentencia, que pueda ser luego aportada como título para el inicio del expediente de dominio, y en la que se declare, por ejemplo, la adquisición del dominio mediante prescripción adquisitiva.

La doctrina de la hoy DGSJFP parece no dejar dudas sobre la inexcusable necesidad de disponer de un título escrito de dominio para poder promover el inicio del expediente de dominio. Por ello, podemos deducir que se ha cerrado definitivamente este medio inmatriculador para la Iglesia Católica en orden a poder inmatricular aquellos bienes que aún no hayan accedido al Registro y de los que no tenga dicho título formal, todos los bienes que hayan quedado fuera del proceso

51. RDGRN de 10 de mayo de 2019. BOE 136/2019, de 7 de junio de 2019.

de inmatriculación a través de la certificación de dominio del art. 206 LH, antes de su supresión por la reforma de la LH en 2015.

Ciertamente debemos afirmar que el plazo para inmatricular por certificación de dominio ha sido lo suficientemente amplio como para que los bienes hubieran podido ser inscritos (1998-2015). Pero no deja tampoco de ser cierto que, tras la reforma que permitió el acceso de los templos al Registro en 1998, se exigía ya la coincidencia total de la finca inscrita con el Catastro, lo que ocasionó no pocas dificultades, demoras y problemas para obtener la inmatriculación.

Lo más importante, a nuestro juicio, es que la imposibilidad de acceso al Registro mediante el nuevo art. 203 LH afecta a los inmuebles más antiguos y reseñables de las entidades eclesiásticas, fundamentalmente templos destinados al culto o edificios antiguos con alguna función pastoral (seminarios, antiguos conventos, por ejemplo), adquiridos en tiempo inmemorial o que han llegado a manos de las diócesis como consecuencia de las normas desamortizadoras del siglo XIX. No deja de parecer una solución demasiado extrema el suprimir la vía de la certificación de dominio para la Iglesia e impedirle, para esos inmuebles antiguos e históricos, el posible acceso al Registro mediante el expediente de dominio, dejando como única vía la de interponer demandas declarativas de dominio.

¿Cabría alguna vía jurídica para poder solventar esta dificultad planteada por la reforma de la LH? Entendemos que sí, tratando de justificarlo del modo que exponemos a continuación.

Ya en la RDGRN analizada, de 10 de mayo de 2019, el Notario de Buñol ante el que se tramita el expediente de dominio, D. Fernando Vicente-Arche Feliú, interpone recurso contra la calificación registral exponiendo algunos argumentos interesantes, aunque, a nuestro juicio, equivocados:

a) En primer lugar, que la norma del art. 203.1 LH debe ser interpretada conforme a lo que dispone el art. 3.1 CC, en el sentido de atender a los antecedentes legislativos y a la finalidad pretendida por la norma, frente a la interpretación literal que da a la exigencia de título formal la DGRN. Y es que el anterior art. 201 LH exigía la aportación de este título formal al promotor «si lo tuviere», habiéndose vuelto ahora ese requisito inexcusable. Los antecedentes legislativos admitían la ausencia de título formal y encargaban al juez apreciar y determinar si existía un título material que permitiera la inmatriculación.

   El fundamento esgrimido no nos parece sólido, pues la reforma exige el título formal de manera expresa, no pareciendo necesario tener que acudir a los antecedentes legislativos para comprender el sentido que el legislador quiso dar al precepto, bastando con el sentido literal de las palabras, primer criterio interpretativo que usa el referido precepto de nuestro CC.

b) Entiende que los arts. 272 y ss. RH no han sido expresamente derogados, correspondiéndose con el Título VI, «De la concordancia entre el Registro y la realidad jurídica». Estos artículos permiten la tramitación del expediente de dominio aun careciendo el propietario de título formal. Para el Notario, entender que el Título VI del Reglamento está derogado es postura de los autores que realizan una interpretación literal del art. 203 LH. Y que cabe una interpretación amplia, que considera que el expediente no suple al título de propiedad, sino que lo valida, bastando el título material y entendiendo que el Notario, según su ciencia propia, aplicando las reglas del Derecho y la legislación correspondiente, es un actor plenamente cualificado para apreciar la existencia o no de un derecho de propiedad.

Sobre la derogación o no del Título VI del Reglamento es clara la doctrina de la DGSJFP en sentido afirmativo. Basándose en lo establecido en la Disposición Derogatoria de la Ley 13/2015, de 24 de junio, que dispone que quedan derogadas cuantas normas se opongan a lo previsto en dicha ley, la RDGRN de 17 de noviembre de 2015[52] dispone con respecto al Título VI del RH lo siguiente: «*... ha de interpretarse que deben entenderse tácitamente derogados todos los artículos del Título VI del Reglamento Hipotecario, los cuales fueron dictados en ejecución del anterior Título VI de la Ley Hipotecaria, pues la nueva redacción legal es en sí misma suficientemente detallada, y basada en principios inspiradores totalmente diferentes de los que dieron cobertura en su día a los artículos reglamentarios que, ahora, por ello, han de entenderse íntegramente derogados a partir del 1 de noviembre de 2015*».

La RDGRN de 5 de mayo de 2016[53] es nítida al respecto, ampliando su postura a la posible intervención judicial que preveía el título VI del RH con las siguientes palabras: «*Ahora, tras la nítida desjudicialización de tales procedimientos, como se proclama en la Exposición de Motivos de la Ley 13/2015 y se materializa en su articulado, ya no se mantiene la posibilidad de tramitación de tales expedientes en sede judicial, ni la posibilidad de resolverlos mediante simple auto. Y tal supresión afecta tanto a la anterior potencialidad de ordenar la inmatriculación de fincas por vía del expediente de dominio del anterior artículo 201, como a la de resolver las dudas registrales fundadas cuando se hubiera utilizado la vía de los anteriores artículos 205 o 206 de la Ley Hipotecaria. Por el contrario, la competencia judicial, en lo que se refiere a los procedimientos de concordancia del Registro con la realidad física y jurídica extrarregistral, queda concretada y ceñida a su labor estrictamente jurisdiccional, a través del procedimiento declarativo que en cada caso corresponda, y que habría de culminar en forma de sentencia*». Luego, a falta de posibilidad de hacer uso de los procedimientos notariales, la única vía posible es la jurisdiccional prevista por el art. 204, 5º LH.

---

52. RDGRN de 17 de noviembre de 2015. BOE 294/2015, de 9 de diciembre de 2015.
53. RDGRN de 5 de mayo de 2016. BOE 136/2016, de 6 de junio de 2016.

c) Negar la posibilidad de atender a la existencia solo de título material impide conseguir la finalidad pretendida por la Ley, la de que se logre la concordancia entre el Registro y la realidad extrarregistral. Es decir, pretendiéndose la desjudicialización del expediente, se obliga a muchos propietarios a acudir a la vía judicial. El resultado de la interpretación formalista del art. 203 LH es contrario a la finalidad perseguida por la reforma y produce una judicialización injustificada del procedimiento de inmatriculación de fincas.

Estando de acuerdo con la postura esgrimida por el recurrente de que la reforma puede llevar a una mayor judicialización de los casos de inmatriculación, cuando lo que el preámbulo de la Ley 13/2015 proclama es justo lo contrario, no podemos dejar de reconocer la claridad de los procedimientos establecidos en el nuevo Título VI de la LH, en particular la inexcusable exigencia de título formal para poder promover un expediente de dominio conforme a lo previsto en el art. 201.

Por tanto, de lo expuesto sobre la doctrina imperante del Centro Directivo debemos deducir que no puede negarse la necesidad de aportar un título formal que acredite el dominio, lo que dejaría a la Iglesia sin la posibilidad de promover este procedimiento para inmatricular aquellos bienes de su propiedad de los que conste dicho título formal de adquisición.

1. POSIBLES TÍTULOS FORMALES PARA INICIAR UN EXPEDIENTE DE DOMINIO

Ahora bien, ¿podemos afirmar taxativamente que la Iglesia carece de títulos formales con los que poder iniciar el expediente de dominio? A nuestro juicio, son tres son las posibles titulaciones formales que podrían ser tenidas en cuenta para admitir que pueda promoverse un expediente de dominio con fundamento en las mismas.

1.1. La certificación de dominio expedida por la autoridad diocesana

Encontramos esta posibilidad en un intento de una parroquia de la Diócesis de Vitoria de iniciar un expediente de dominio aportando como título formal la certificación de dominio expedida por la autoridad eclesiástica, que ya no faculta para obtener directamente la inmatriculación, y en la que se acreditaba que la finca era propiedad de la parroquia desde tiempo inmemorial. Iniciado el expediente, se produce la negativa de la Registradora y se interpone recurso por el Notario autorizante, dando lugar a la RDGRN de 24 de junio de 2016[54].

En el recurso frente a la nota de calificación negativa, el Notario expone un argumento de extremo interés, cual es el de la naturaleza del título material de

54. RDGRN de 24 de junio de 2016. BOE 180/2016, de 27 de julio de 2016.

adquisición que debe constar en el título formal exigido por el art. 203.1 Segunda a) LH. Y es que el precepto exige el título que atribuya el dominio al promotor del expediente; pero eso no significa que tal título deba ser obligatoriamente traslativo. Así, sobre el particular caso, dice: «No hay un previo título traslativo, sino que, por su propia naturaleza (se trata de una iglesia en un pueblo existente desde tiempo inmemorial) es una adquisición que pudiéramos, sin esfuerzo mental, considerarla como *"originaria"*. Y lógicamente, considerando que el "título de propiedad" a que se refiere la letra a) de la regla segunda del art. 203 de la Ley Hipotecaria debe interpretarse con un criterio amplio, y no estricto, no pudiendo exigir ni siquiera que sea público, y menos suficiente por sí mismo para ser inmatriculado. Si fuere así sobraría la regulación de la inmatriculación contenida en el art. 203, pues: o bien el título es suficiente para ser inscrito por sí mismo, o, al menos, lo es para ser objeto de la aplicación de lo previsto en el art. 205 de la misma Ley. Pero precisamente, cuando no concurren en el título de propiedad esas cualidades es para lo que se ha establecido la regulación del art. 203 LH, que el expediente que se ha iniciado trata de cumplir».

La respuesta del Centro Directivo, entendemos, zanja cualquier posible discusión sobre este particular al diferenciar claramente los conceptos de título formal y el de la certificación; concretamente, dice que «*Tanto en la anterior redacción del artículo 206 (en la que estaba incluida la Iglesia Católica) como en la nueva redacción (de la que ya está excluida), se distingue entre el "título escrito de dominio" y la "certificación" que podría librarse por el ente propietario y aportarse subsidiariamente para el caso de no disponer de aquel, lo cual deja bien claro que la referida certificación no es el título escrito de dominio sino algo claramente distinto que trata de suplir su ausencia*». Es, por tanto, ineludible que se aporte el título formal en el que conste el título material. El título suficiente podrá obtenerse por vía judicial, especialmente cuando el material sea la prescripción adquisitiva o usucapión, pudiendo posteriormente aportarse al expediente notarial. Lo que no deja de ser una pirueta procedimental absurda, ya que el art. 204, 5° LH permite la inmatriculación mediante esa Sentencia que declare el dominio y ordene la inscripción.

Por lo que, termina diciendo la Dirección General, «*ha de concluirse que una simple certificación de dominio librada por el supuesto dueño, en tanto que documento confeccionado unilateralmente por el favorecido por el mismo, y sea cual fuera el título material o modo de adquisición del dominio que se exprese en dicha certificación, no es nunca en sí mismo un título de dominio o de propiedad, y por tanto, no debió permitir la iniciación notarial del expediente de dominio, ni debe permitir la expedición registral de la certificación solicitada ni la práctica de la anotación preventiva previstas en el art. 203 LH*».

En el mismo sentido se manifiesta, por ejemplo, la RDGRN de 27 de junio de 2016[55].

55. RDGRN de 27 de junio de 2016. BOE 180/2016, de 27 de julio de 2016.

1.2. El acta de notoriedad en base a la certificación de dominio

Partiendo de la negativa de la DGRN a entender como título formal para poder promover el expediente mediante una certificación de dominio, son varios los autores que plantean una vía alternativa: la de instar y obtener conforme al Reglamento Notarial acta de notoriedad sobre la adquisición por usucapión, acta que si bien no es título inmatriculador, sí es un título de propiedad que permite iniciar el expediente de dominio notarial, lo que sí es ya un título inmatriculador[56].

Para justificar esta posibilidad, DELGADO hace referencia a la existencia de la usucapión ordinaria y extraordinaria, definiendo a continuación, con relación a la existencia de un titular registral, la usucapión *secundum tabulas* del art. 35 LH y la *contra tabulas* del art. 36 LH, incluyendo una tercera categoría, la denominada *extra tabulas*, que ocurre cuando ni el usucapiente ni el titular del derecho usucapido constan inscritos en el Registro de la Propiedad como titulares.

En las dos primeras, es conocida la persona contra la que poder interponer una demanda para obtener sentencia que declare la adquisición de la propiedad por prescripción adquisitiva. Pero cuando hablamos de la prescripción *extra tabulas* es difícil cumplir los requisitos exigidos por el art. 204, 5º LH, esto es, obtener una «*sentencia que expresamente ordene la inmatriculación, obtenida en procedimiento declarativo en que hayan sido demandados todos los que, de conformidad con lo establecido en el artículo 203, deban intervenir en el expediente*». Como nos dice el autor, ello «implica tener que demandar a un elevado número de personas, con la consiguiente carga de trabajo para los órganos jurisdiccionales y el consiguiente sobrecoste en tiempo y recursos para las numerosas partes litigantes».

¿Qué podrá hacer la Iglesia o cualquier otra confesión religiosa, señala el propio DELGADO, para poder inmatricular un bien que sea propiedad desde tiempo inmemorial, del que se carezca de título escrito y que se haya adquirido por la usucapión *extra tabulas*? La respuesta puede ser la de obtener un título extrajudicial en el que se declare la adquisición del dominio por usucapión, mediante un acta de notoriedad notarial, a tenor de lo establecido en el art. 209 RN[57]. El acta no es un título

56. DELGADO, J. *Cómo puede inmatricularse una finca adquirida por usucapión desde tiempo inmemorial*, https://regispro.es/j-delgado-como-puede-inmatricularse-una-finca-adquirida-por-usucapion/

57. Art. 209 RN: «*Las actas de notoriedad tienen por objeto la comprobación y fijación de hechos notorios sobre los cuales puedan ser fundados y declarados derechos y legitimadas situaciones personales o patrimoniales, con trascendencia jurídica.*
En las actas de notoriedad se observarán los requisitos siguientes:
Primero. El requerimiento para instrucción del acta será hecho al Notario por persona que demuestre interés en el hecho cuya notoriedad se pretende establecer, la cual deberá aseverar, bajo su responsabilidad, la certeza del mismo, bajo pena de falsedad en documento público.
Segundo. El Notario practicará, para comprobación de la notoriedad pretendida, cuantas pruebas estime necesarias, sean o no propuestas por el requirente. Y deberá hacer requerimientos y notificaciones personales o por edictos cuando el requirente lo pida o él lo juzgue necesario.

apto para obtener la inmatriculación, lo que ha reforzado la declaración de nulidad del párrafo del art. 209 RN del que se podía deducir esta viabilidad por STS de 20 de mayo de 2008[58]. Pero sí que es un título habilitante para iniciar el expediente de dominio del art. 203 LH. De este modo, si existiera oposición al mismo, ya se concretaría la persona frente a la que sería posible interponer la demanda para obtener la declaración del dominio; y si no existiese oposición, «*levantará el Notario acta accediendo a la pretensión del solicitante, en la que se recogerán las incidencias del expediente, los documentos aportados, así como la falta de oposición por parte de ninguno*

En el caso de que fuera presumible, a juicio del Notario, perjuicio para terceros, conocidos o ignorados, se notificará la iniciación del acta por cédula o edictos, a fin de que en el plazo de veinte días puedan alegar lo que estimen oportuno en defensa de sus derechos, debiendo el Notario interrumpir la instrucción del acta, cuando así proceda, por aplicación del número quinto de este artículo.

Tercero. Constarán necesariamente en las actas de notoriedad todas las pruebas practicadas y requerimientos hechos con sus contestaciones; los justificantes de citaciones y llamamientos; la indicación de las reclamaciones presentadas por cualquier interesado, y la reserva de los derechos correspondientes al mismo ante los Tribunales de Justicia.

Cuarto. El Notario, si del examen y calificación de las pruebas y del resultado de las diligencias estimare justificada la notoriedad pretendida, lo expresará así, con lo cual quedará conclusa el acta. Cuando además de comprobar la notoriedad se pretenda el reconocimiento de derechos o la legitimación de situaciones personales o patrimoniales, se pedirá así en el requerimiento inicial, y el Notario emitirá juicio sobre los mismos, declarándolos formalmente, si resultaren evidentes por aplicación directa de los preceptos legales atinentes al caso.

Quinto. La instrucción del acta se interrumpirá si se acreditare al Notario haberse entablado demanda en juicio declarativo, con respecto al hecho cuya notoriedad se pretenda establecer. La interrupción se levantará, y el acta será terminada a petición del requirente, cuando la demanda haya sido expresamente desistida, cuando no se haya dado lugar a ella por sentencia firme o cuando se haya declarado caducada a instancia del actor.

Por acta de notoriedad podrán legitimarse hechos y situaciones de todo orden, cuya justificación, sin oposición de parte interesada, pueda realizarse por medio de cualquier otro procedimiento no litigioso. La declaración que ponga fin al acta de notoriedad será firme y eficaz, por sí sola, e inscribible donde corresponda, sin ningún trámite o aprobación posterior. *El requerimiento a que se refiere el requisito primero se formalizará mediante acta con la fecha y número de protocolo del día del requerimiento. Concluida la tramitación del acta se incorporará al protocolo como instrumento independiente en la fecha y bajo el número que corresponda en el momento de su terminación, dejando constancia de la misma en el acta que recoja el requerimiento*».

Párrafo en negrita declarado nulo por STS (Contencioso), secc. 6ª, de 20 de mayo de 2008. BOE núm. 145, de 16 de junio de 2008.

58. Señala la STS de 20 de mayo arriba citada que un acta de notoriedad sirve para acreditar la notoriedad de hechos o situaciones, pero no para legitimarlos. La legitimidad de una situación jurídica dependerá de las concretas normas legales que regulen su producción y eficacia, y no de la simple comprobación de la notoriedad de dicha situación. Y entiende que la inscripción del acta no puede establecerse sin ningún trámite posterior, pues eso es tanto como ir en contrato del principio de calificación registral del art. 18 LH.

de los posibles interesados, y remitirá copia al Registrador para que practique, si procede, la inmatriculación solicitada» (art. 203.1. Sexta LH).

Por todo lo anterior, expone Delgado su teoría: «Por eso, en la interpretación que aquí se hace, que respeta los requerimientos esenciales y conceptuales del sistema legal vigente, y trata de alinearse con el objetivo legal de la desjudicialización pero sin merma de garantías y por supuesto sin menoscabo del principio de tutela judicial efectiva, se podría conseguir, simultáneamente, cumplir el requisito de disponer y aportar título escrito de dominio —y no simple certificación unilateral— al inicio del expediente notarial, y además, reducir el número de personas que han de ser demandados judicialmente a sólo aquéllas que en el expediente notarial de dominio hubieran formulado oposición. Y si hipotéticamente ninguno de los numerosos interesados que han de ser notificados notarialmente hubiera formulado oposición, el registrador calificará y decidirá "si procede" practicar la inmatriculación solicitada sin que haya sido imprescindible la intervención judicial previa en ninguna fase del procedimiento inmatriculador, pues, recordemos, en la hipótesis de la inmatriculación de fincas no inscritas a favor de persona alguna, no se estaría atacando ninguna presunción de titularidad registral que hubiera de ser desvirtuada judicialmente».

Así lo entiende también Jiménez Clar[59] cuando nos dice que «el acta de notoriedad no podrá tener por objeto la simple declaración de la notoriedad del hecho de que una determinada persona es tenida por dueña de una determinada finca, y será necesario que, tras el requerimiento expreso en tal sentido y la práctica de las pruebas y diligencias pertinentes, el Notario emita formalmente, si procede, su juicio sobre la acreditación del hecho de la previa adquisición y de su fecha, siempre y cuando, como señala el mismo precepto reglamentario, tales extremos le resultasen evidentes por aplicación directa de los preceptos legales atinentes al caso». Para este fin, el promotor del expediente podrá aportar cuanta documentación complementaria tenga para acreditar la adquisición del dominio; así, recibos de pago de impuestos municipales correspondientes a la finca, facturas por realización de obras, requerimientos recibidos de las Administraciones, etc.

Lo que podemos aplicar perfectamente a los supuestos de fincas no inmatriculadas por las entidades eclesiásticas en las que, recurrentemente, se han recibido documentos en los que se hacía constar la exención de la denominada contribución territorial urbana (hoy IBI), o constan facturas por ejecución de las frecuentísimas obras de rehabilitación, cuando no variadísima documentación relacionada con cesiones de uso, permisos de diferente índole para celebración de actos distintos al culto (como conciertos), así como toda clase de recibos propios de un inmueble para el pago de los suministros propios de cualquier edificio urbano.

---

59. Jiménez Clar, A. *El título de adquisición en el expediente notarial de dominio;* https://www.notariosyregistradores.com/web/secciones/doctrina/articulos-doctrina/el-titulo-de-adquisicion-en-el-expediente-notarial-de-dominio/

En defensa de esta posibilidad de que el acta de notoriedad pueda considerarse título suficiente para promover el expediente de dominio, podemos hacer referencia a la RDGRN de 1 de febrero de 2017[60], que refiriéndose a la viabilidad del acta para obtener la inmatriculación por otro de los procedimientos establecidos en el Título VI LH, el doble título público del art. 205 LH, la incluye también para el inicio del expediente, en los siguientes términos: «*En el presente caso, podrá lograrse la inmatriculación pretendida bien por el procedimiento previsto en el artículo 203 de la Ley Hipotecaria o bien complementando el primero de los títulos aportados con acta de notoriedad. En dicha acta, conforme a las exigencias expresadas en el nuevo artículo 205 de la Ley Hipotecaria, y a la regulación del artículo 209 del Reglamento Notarial, será necesario que, tras el requerimiento expreso en tal sentido y la práctica de las pruebas y diligencias pertinentes, el notario emita formalmente, si procede, su juicio sobre la acreditación de la previa adquisición y su fecha*».

La doctrina de la Dirección General, recuerda Delgado, no nos puede llevar a la confusión entre el expediente de dominio y el acta de notoriedad. Para ello, cita la RDGRN de 7 de noviembre de 2019[61], que diferencia ambos haciendo referencia a la legislación hipotecaria anterior a la reforma de 2015, señalando que «así como la legislación anterior hoy ya derogada contraponía el acta de notoriedad al expediente de dominio, en la legislación actualmente vigente ya no hay tal contraposición, pero tampoco identificación o asimilación entre ambas figuras, pues ya no existe ni está prevista, y por tanto no debe emplearse denominación errónea o que induzca a error, un "acta de notoriedad" para la inmatriculación de fincas conforme al artículo 203, o para rectificar la cabida conforme al artículo 201, o para reanudar el tracto sucesivo conforme al artículo 208, sino un "expediente de dominio" tramitado ante notario, y documentado en actas notariales, para alguna de las finalidades señaladas».

Por último, hay un argumento favorable a la admisión de las actas de notoriedad como título formal que permita el inicio del expediente, que no es solo el trámite ante un profesional tan cualificado como un Notario que se exige en el art. 209 RN, profesional con una formación jurídica inmejorable para apreciar la existencia o no de un derecho de propiedad. Nos referimos a la necesaria intervención posterior del Registrador, a la calificación registral y al principio de legalidad del art. 18 LH. Y aquí, en la apreciación que el Registrador haga del acta de notoriedad, podrá advertir cuantos defectos considere en aplicación del Derecho, con el fin de evitar la creación de títulos artificiales con los que se pretenda conseguir la inmatriculación. Así lo establece la anteriormente citada RDGRN de 1 de febrero de 2017, aun refiriéndose al procedimiento del doble título del art. 205 LH, pero válido para el expediente de dominio, cuando señala que «*debe recordarse la reiterada doctrina de esta Dirección General acerca de que queda fuera de toda duda el que no supone una extralimitación competencial, sino todo lo contrario, que el registrador califique si los títulos presentados para inmatricular una finca cumplen los requisitos legales o han sido*

60. RDGRN de 1 de febrero de 2017. BOE 45/2017, de 22 de febrero de 2017.
61. RDGRN de 7 de noviembre de 2019. BOE 286/2019, de 28 de noviembre de 2019.

elaborados "ad hoc" de manera artificiosa para eludir el cumplimiento de la finalidad y razón de ser esencial de tales preceptos. Así en la Resolución de 29 de mayo de 2014, se señala que «la doctrina de este Centro Directivo (...) viene exigiendo también, a fin de garantizar la objetividad y publicidad del procedimiento, que de las circunstancias concurrentes no resulte que la documentación se haya creado artificialmente con el objetivo de producir la inmatriculación. Un extremo que puede, y debe, apreciar el registrador con apoyo en una pluralidad de factores (tales como la simultaneidad de fechas de los títulos, transmisiones circulares, ausencia de función económica, neutralidad o bajo coste fiscal de los negocios traslativos, etc.) que ofrezcan indicios suficientes de que la documentación ha sido creada o concebida ad hoc. (...) Por ello, y aun cuando la función registral no pueda equipararse a la judicial, no se excluye que el registrador pueda apreciar el fraude cuando de la documentación presentada resulte objetivamente un resultado antijurídico, cuando el contexto resulta de lo declarado por el presentante y de los libros del Registro pues la tarea de calificación no se limita a una pura operación mecánica de aplicación formal de determinados preceptos, ni al registrador le está vedado acudir a la hermenéutica y a la interpretación contextual. De este modo se ha reiterado por este Centro Directivo que el registrador puede detener la inmatriculación cuando estime la instrumentalidad de los títulos, si bien ésta no puede derivar de simples sospechas, debiendo estar suficientemente fundadas. Para esto, debe estudiarse el caso concreto».

En conclusión, el acta de notoriedad será el vehículo por el que se obtendrá el título formal exigido en el art. 203 LH para promover el expediente de dominio. Es decir, para obtener una titulación supletoria, que no es en sí un título de adquisición, que lo será el material en cuya virtud haya llegado el promotor a ser propietario, sino un documento en el que se hace constar que dicho título material existe y está vigente en orden a poder acceder al Registro de la Propiedad. Así lo exponen Rojas Martínez del Mármol[62], haciendo referencia a algunas regulaciones del Derecho Comparado, como el derecho peruano. Según los autores, «la especialidad radica en que habrá que aportar las pruebas correspondientes para acreditar la posesión no interrumpida durante más de treinta años, de conformidad con el art. 1959 CC, tales como recibos de contribución, certificados de empadronamiento, recibos de luz y agua, certificado de la comunidad de propietarios, certificados administrativos, documentos privados, ... y sin perjuicio de las demás pruebas que estime oportunas el Notario autorizante».

1.3. La ley como título escrito formal para promover el expediente de dominio

Una tercera opción para el inicio de un expediente de dominio se fundamenta en la existencia de una adquisición «*ex lege*» del bien objeto de inmatriculación, argumento para lo que nos sirvió de refuerzo el ser planteado como posibilidad por los ponentes en la Jornada que el Decanato Territorial de Andalucía Occidental

62. Rojas Martínez del Mármol, Enrique y José Javier. *Expedientes de dominio y otros procedimientos notariales,* Aferre Editor S.L., Barcelona, 2024, págs. 97-100.

del Colegio de Registradores de la Propiedad y Mercantiles de España celebró en Sevilla el 22 de marzo de 2023 bajo el tema «Los bienes de las entidades eclesiásticas: su enajenación, gravamen e inscripción en el Registro de la Propiedad».

Como es sabido, el art. 609 CC establece los distintos modos de adquisición de la propiedad, disponiendo en su párrafo 2º que la propiedad y los demás derechos reales se adquieren y transmiten por la ley. Como advierte DÍEZ-PICAZO[63], por regla general, el sistema jurídico de adquisición, atribución y transmisión de la propiedad y los derechos reales queda en manos de los particulares, dependen de su voluntad y se trata de hechos libres y voluntarios; pero ello no impide, siquiera sea de manera excepcional, a que haya otras formas de constitución de los derechos reales de constitución forzosa o heterónoma. En estos podríamos encuadrar la existencia de una determinada disposición legal que atribuyera el dominio a una persona concreta, siendo un modo originario de adquisición del dominio.

Esta atribución del dominio por ley quedaría así encuadrada en los modos de adquirir el dominio del art. 609 CC, sin perjuicio de que coincidamos con PEÑA BERNALDO DE QUIRÓS[64] cuando se refiere a lo censurable de la inclusión de la ley como modo de adquisición distinto de los demás, ya que la ley no deja de ser el único modo de adquirir existente, «en cuanto conecta a determinados acontecimientos el efecto jurídico del fenómeno adquisitivo». La adquisición por ley, como bien apunta ALBALADEJO[65], se produciría porque se realizan ciertos hechos, distintos de los enumerados en el art. 609 CC, a los que la ley atribuye automáticamente el efecto de adquirir la propiedad.

Por tanto, debemos cuestionarnos si una determinada disposición legal puede servir como título para promover el expediente de dominio, siempre y cuando atribuya la propiedad de un bien a una persona jurídica concreta. Concretamente, si cabe afirmar que las específicas disposiciones de la legislación desamortizadora son título bastante para acreditar el dominio.

La utilización de una disposición legal como título escrito válido de adquisición no entendemos que pueda ser objeto de justificación, salvo en casos muy específicos y excepcionales. No servirá una disposición, en términos generales, para justificar la adquisición «*ex lege*» del dominio sobre un determinado inmueble, mas puede afirmarse lo contrario si hablamos de unas concretísimas y determinadas disposiciones desamortizadoras que hacían referencia a bienes también concretos y específicos, siempre que esta disposición fuese acompañada de la correspondiente documentación complementaria.

---

63. DÍEZ-PICAZO, L. *Fundamentos de Derecho civil patrimonial,* Editorial Civitas-Thomson Aranzadi, 5ª edición, Cizur Menor (Navarra) 2008, Tomo III, pág. 856.
64. PEÑA BERNALDO DE QUIRÓS, M. *Derechos reales…, op. cit.,* Tomo I, pág. 80.
65. ALBALADEJO, M. *Derecho civil*, Tomo III Derecho de bienes, 11ª edición, Edisofer S.L., Madrid 2010, pág. 127.

Pensamos, por ejemplo, en el caso expuesto por Ruano Espina[66] y resuelto en STS de 18 de diciembre de 2000[67], que analiza un caso en el que se aplica el Decreto de 26 de julio de 1842, que reguló la concesión de conventos suprimidos a Ayuntamientos y demás establecimientos públicos. La Sala entiende que esas disposiciones legales «*dan poder a las Juntas de venta de bienes nacionales para conceder gratuitamente a Ayuntamientos u otras corporaciones bienes objeto de desamortización y así se hizo en el presente caso; no como donación, ya que no aparece donante propietario y donatario que acepta la donación; se produjo una pérdida del dominio por una parte y un modo de adquisición de la propiedad "ex lege" por otra*». O también lo que reguló el Concordato de 1851 que dio lugar al Convenio-Ley de 1860, y que a su vez se vio ratificado por la Ley de 1 de junio de 1869 en su artículo 35, disposiciones que establecieron la devolución desde luego y sin demora a las diócesis, y en su representación a los prelados diocesanos en cuyo territorio se hallen, de los conventos y los bienes de su pertenencia que están en poder del Gobierno y que no hayan sido enajenados. Como se analizó en el capítulo de los antecedentes históricos y legales de la certificación de dominio, estas disposiciones produjeron la adquisición «*ex novo*» por las diócesis de inmuebles que habían sido propiedad de las órdenes y congregaciones religiosas.

Ciertamente, nos parece compleja la posibilidad, fundamentalmente por la dificultad de encontrar la concreta disposición legal por la que se adquirió o recuperó la propiedad del inmueble y los listados de bienes inventariados en ejecución del Convenio-Ley de 1860. Pero es incuestionable que las disposiciones desamortizadoras, unidas a los documentos acreditativos de su aplicación a un caso concreto, son un incuestionable modo de adquirir que pudiera justificar dos posibles vías: una, la tramitación del acta de notoriedad analizada en el punto anterior, conforme al art. 209 RN, con el fin de contar con el necesario título escrito que permita la iniciación del expediente de dominio del art. 203 LH; otra, la directa tramitación de un expediente de dominio, si entendiésemos que una concreta disposición legal puede ser entendida como título escrito habilitador del inicio de dicho expediente de dominio a tenor de lo dispuesto en el art. 203 LH.

2. LA SENTENCIA EN PROCEDIMIENTO DECLARATIVO DE DOMINIO

Mientras no exista un pronunciamiento favorable de la DGSJFP con motivo de algún expediente de dominio iniciado en base a un acta de notoriedad notarial o a alguna disposición legal desamortizadora referido a una determinada finca que haya dado lugar a una calificación negativa por parte del Registrador de la Propiedad, y dado que descartamos el uso de la certificación de dominio expedida

66. Ruano Espina, L. *Régimen jurídico registral de los bienes de las confesiones religiosas y su tratamiento jurisprudencial*, Editorial Aranzadi, Cizur Menor 2005, págs. 102-103.
67. STS de 18 de diciembre de 2000; núm. 1191/2000; rec. 3637/1995.

por la autoridad eclesiástica a este efecto, las entidades eclesiásticas solo tienen a su disposición un medio para proceder a la inmatriculación de los bienes de los que carezcan de título formal o escrito de adquisición, la sentencia recaída en un procedimiento declarativo de dominio.

Así resulta de lo dispuesto en el art. 204, 5º LH que permite la inmatriculación de fincas «*En virtud de sentencia que expresamente ordene la inmatriculación, obtenida en procedimiento declarativo en que hayan sido demandados todos los que, de conformidad con lo establecido en el artículo 203, deban intervenir en el expediente, observándose las demás garantías prevenidas en dicho artículo*».

Es decir, no teniendo título escrito que pueda respaldar el título material adquisitivo, las entidades eclesiásticas se ven obligadas a interponer demanda declarativa de dominio; porque, como ya hemos advertido, la falta de título escrito afectará principalmente a bienes adquiridos *longissimi temporis*, sin que se conozca cuál pudo ser el título material de adquisición; la propiedad, en todo caso, ha sido adquirida por la usucapión, como modo originario de adquirir el dominio establecida en el art. 609 CC.

Frente a la reconocida falta de seguridad jurídica que caracterizaban las certificaciones de dominio del art. 206 LH nos encontramos ahora con un procedimiento judicial en el que es requisito indispensable que de interponga la demanda contra todas las personas que deberían intervenir en un expediente de dominio, que García García[68] clasifica en siete grupos:

1) Los titulares de cargas, derechos o acciones que puedan gravar la finca que se pretende inmatricular. Pensemos, por ejemplo, en un derecho real de censo que grave una finca rústica no inscrita y que conste en los archivos de la Diócesis; o, en caso de un templo destinado al culto, la posible existencia de antiguos derechos de enterramiento en capillas, tan frecuentes en siglos anteriores; o derechos de uso de parte del templo correspondiente a cofradías con sede canónica en el mismo, tal y como pudimos comprobar ha ocurrido en algunas iglesias de la Archidiócesis de Sevilla.

2) Aquel de quien procedan los bienes y sus causahabientes, si fuesen conocidos. Entendemos poco aplicable al caso que nos ocupa, pues la procedencia de los bienes constaría en el título de propiedad que habilitase el inicio del expediente de dominio; al tratarse de un supuesto de falta de título escrito, no existirá el dato de la procedencia, siendo normalmente adquiridos por la posesión inmemorial del bien.

3) El titular catastral. Aun siendo la circunstancia normal que el inmueble figure catastrado a nombre de quien pretende la declaración de su dominio, no es infrecuente el caso en el que un templo u otro tipo de inmueble pueda

68. García García, J.M. *La finca registral...*, *op. cit.*, págs. 860-861.

constar catastrado a nombre de la Diócesis, pretendiéndose su inmatriculación a nombre de la parroquia, o viceversa, lo que llevaría a la necesidad de demandar a la entidad eclesiástica no propietaria y titular catastral. O, incluso, que conste en el Catastro a nombre de un usuario, arrendatario o titular de derecho real, que no es el dueño.

4) El poseedor de hecho de la finca. Desde la expulsión de la posesión del Registro, apunta el autor, carece de título para la inscripción, pero bien puede comparecer y alegar lo que a su derecho convenga, además de poder proporcionar otros datos de interés, por ejemplo, en relación a la descripción de la finca a inmatricular y las colindantes.

5) El Ayuntamiento del lugar donde radique la finca. Señala en este punto García García un aspecto que nos parece importante, especialmente a raíz de la polémica suscitada con respecto a la inmatriculación de templos por parte de la Iglesia y la alusión de apropiación indebida de bienes públicos esgrimida por los grupos de interés de izquierda; y es que el Ayuntamiento puede ser titular de bienes que por su colindancia u otra causa tengan relación con la finca a inmatricular; o puede tener interés en alegar con relación a la situación física o jurídica de la finca y sus limitaciones; especialmente interesante es resaltar que el Ayuntamiento es el titular de las calles en las que se sitúan las fincas urbanas, que pudieran verse afectadas.

6) La Administración titular del dominio público que pudiera verse afectado. Se trataría del caso de que la finca a inmatricular fuese colindante de terrenos propiedad de una Administración.

7) Por último, los propietarios de fincas registrales y catastrales colindantes y los titulares de derechos reales constituidos sobre las mismas. Todas las fincas colindantes pueden quedar afectadas por la inmatriculación y pueden alegar lo que a su derecho convenga en cuanto a la descripción y superficie de la finca objeto de inmatriculación, especialmente en cuanto se pueda referir a posibles invasiones de esas fincas colindantes.

El procedimiento declarativo, por tanto, debe interponerse frente a toda una serie de posibles demandados, en función de cuáles sean los colindantes del inmueble. Por tanto, pensando en la situación de un templo destinado al culto dentro de un entorno urbano, podemos perfectamente encontrarnos con fincas colindantes divididas en régimen de propiedad horizontal, lo que haría que la demanda tuviera que dirigirse contra un alto número de personas.

Un ejemplo lo tenemos en la ST Juzgado de 1ª Instancia núm. 5 de Pamplona de fecha 30 de septiembre de 2022[69] que resuelve la demanda declarativa de dominio

---

69. ST Juzgado de 1ª Instancia núm. 5 de Pamplona de 30 de septiembre de 2022; núm. 299/2022; rec. 1344/2021.

interpuesta por el Arzobispado de Pamplona frente a la Parroquia de la Purificación de Gazólaz, Concejo de Gazólaz y Ayuntamiento de la Cendea de Cizur para obtener la inmatriculación de la casa parroquial situada en dicho Concejo. La Diócesis demandante, acompaña diferentes documentos que acreditan su posesión desde, al menos, el año 1815. Son demandados la Parroquia, como titular del templo colindante, Concejo, titular también de parcela colindante, y Ayuntamiento, como dueño de la calle de acceso a la casa. Los dos primeros se allanan y el Ayuntamiento no comparece y es declarado en rebeldía. Por tanto, nadie discute la propiedad de la actora, por lo que el Juzgado dispone que «*acreditada por la parte actora su pacífica posesión del inmueble como propietario durante más de treinta años, no cabe sino declarar que ha adquirido la propiedad por prescripción extraordinaria*» y ordena la inmatriculación en el Registro de la Propiedad.

VI. UNA PROPUESTA *DE LEGE FERENDA* PARA ADMITIR EL ACTA DE NOTORIEDAD COMO TÍTULO SUFICIENTE PARA EL EXPEDIENTE DE DOMINIO COMO MEDIO DE INMATRICULACIÓN DE DETERMINADOS BIENES ECLESIÁSTICOS

1. LA LIMITACIÓN EN CUANTO A LOS BIENES INMATRICULABLES EN VIRTUD DE UN ACTA DE NOTORIEDAD PREVIA AL EXPEDIENTE DE DOMINIO

Como premisa previa a una propuesta de posible modificación de la LH, conviene abordar si debiera existir alguna limitación en cuanto a la clase de bienes que pudieran ser objeto de acta de notoriedad, sentado el criterio de que, hasta la reforma de 2015, podían inmatricularse por certificación de dominio todos los bienes eclesiásticos. Se trataría de discernir si pudieran inmatricularse todos los bienes propiedad de una persona jurídica pública eclesiástica o solo determinadas fincas. Para esta cuestión existieron variadas propuestas al estudiar la inmatriculación por el art. 206 LH:

- RODRÍGUEZ BLANCO[70] estudiaba la posible limitación de los bienes con relación al proceso desamortizador. Aun cuando entendía que no debía existir la creencia de que solo los bienes afectados por las prácticas desamortizadoras podían acceder a la protección registral vía art. 206 LH, concluía en que solo podía acudirse a este medio para inmatricular los bienes «poseídos desde tiempos pretéritos, sin que sea posible inscribir por certificación los bienes adquiridos en fechas próximas». Para este fin, fijaba como fecha para distinguir la de la creación del actual sistema registral,

70. RODRÍGUEZ BLANCO, M. «Las certificaciones de dominio de la Iglesia Católica. Análisis del artículo 206 de la Ley Hipotecaria», *Revista Jurídica del Notariado*, número 34 (abril-junio 2000), págs. 283-285.

la Ley Hipotecaria de 8 de febrero de 1861. Extender la aplicación del art. 206 LH a todos los bienes de la Iglesia, decía, «implicaría una desnaturalización del precepto, que perdería totalmente toda su función originaria y su justificación».

- También cabría también la posibilidad de que solo pudiera utilizarse esa certificación para inmatricular templos destinados al culto católico. El origen de esta teoría era que estos inmuebles son los que desde más antiguo posee la Iglesia y de los que, en general, carece de título escrito de dominio. Además, el antiguo art. 5 RH excluía de inscripción a los mismos. La razón de su no inscribibilidad, explica GOÑI[71], radicaba en que se trataba de bienes cuya titularidad era notoria y conocida por todos y por eso no necesitaban de la inscripción para obtener publicidad. La reforma de 1998 modificó dicho artículo y permitió la inscripción de los templos ya que se estaba privando a los mismos de la protección registral; antes de la reforma ya la DGRN, en Resolución de 12 de enero de 2001[72], declaró la posibilidad de inscribir los templos destinados al culto católico al entender que se estaba produciendo una discriminación al permitirse la inscripción de los templos de otras confesiones y no los de la Iglesia Católica. No obstante, esta teoría tiene poca base; baste pensar en el hecho de que la LH de 1946 permitía la inmatriculación por certificación de dominio y no podían inmatricularse templos; la consecuencia lógica es que la certificación estaba prevista para inmuebles de la Iglesia que no tuvieran la condición de templos.

---

71. Goñi Rodríguez de Almeida, M. «Cuestiones controvertidas sobre el artículo 206 LH», *Revista Crítica de Derecho inmobiliario*, número 719, año 2010, pág. 1276.
72. BOE de 15 de febrero de 2001, núm. 40, págs. 5.895-5.896. La DGRN, en el Fundamento de Derecho 2, determina lo siguiente: «Es cierto que el artículo 5 del Reglamento Hipotecario de 14 de febrero de 1947 incluía los templos destinados al culto católico entre los bienes exceptuados de inscripción. Mas si se tiene en cuenta que, aparte los fundados argumentos aducidos por el Presidente del Tribunal Superior de Justicia en el Auto apelado para ordenar la inscripción cuestionada, aquella norma restrictiva ha sido derogada por el Real Decreto 1867/1998, de 4 de septiembre, de modificación de determinados artículos del Reglamento Hipotecario (en cuya exposición de motivos se expresa que "se suprime por inconstitucional la prohibición de inscripción de los templos destinados al culto católico"; y es que, se trataba de una norma incompatible con el principio de aconfesionalidad del Estado, toda vez que el artículo 16.3 de la Constitución veda cualquier equiparación entre la Iglesia Católica y el Estado, no solo respecto de lo que beneficie sino también en cuanto implique un perjuicio para aquélla; y con la proscripción del trato discriminatorio por razón de religión no legitimado constitucionalmente (cfr. artículo 14 de la Constitución), cuya recta interpretación ha de impedir que se prohíba la inscripción de templos destinados al culto católico y, en cambio, se permita la de los destinados al culto propio de cualquier otra confesión religiosa), debe concluirse en la admisibilidad de dicha inscripción».

Hasta la supresión realizada con la reforma del art. 206 LH en 2015, podían inmatricularse por certificación de dominio todo tipo de fincas propiedad de la Iglesia Católica, cualesquiera bienes que tuvieran la consideración de eclesiásticos, propiedad de personas jurídicas eclesiásticas de naturaleza pública.

Pero en aras de una posible reforma de la LH debemos entender que debe establecerse unas limitaciones objetivas y de carácter temporal, en base al carácter especial de dichos bienes. Lo contrario sería permitir a los encargados de la inscripción de los bienes eclesiásticos que pudieran conseguir la inscripción de cualquier bien, como ocurría con el procedimiento del art. 206 LH.

En cuanto a los límites serían los que se detallan a continuación:

- En primer lugar, debería permitirse el acta de notoriedad con el fin de acreditar el dominio de cualesquiera bienes adquiridos con anterioridad al Convenio-Ley de 4 de abril de 1860, sobre los que no conste el título escrito de adquisición. Para esto, nos basamos en que dicha norma reconoció la propiedad de los bienes que no habían sido desamortizados y enajenados por el Estado.
- En cuanto a los adquiridos con posterioridad al Convenio-Ley, la Ley Hipotecaria de 1861 permitió la inscripción de la posesión y del dominio de los bienes que no estaban sujetos a la desamortización. Y se exceptuó la inscripción de la propiedad de los templos destinados al culto hasta 1998. Con estos antecedentes, ante la falta de acceso al Registro hoy en día de bienes eclesiásticos, consideramos adecuado establecer un límite temporal en la entrada en vigor de la Ley Hipotecaria de 1944 para todos los bienes que estuvieron exceptuados de desamortización (templos, casas rectorales, viviendas parroquiales, seminarios, etc.), debiendo acreditarse que se trata de un inmueble de los que se declaró esa exceptuación de la desamortización en razón de su tipología con una simple referencia a las concretas disposiciones legales.

  En este sentido se expresa la respuesta de la DGRN a una Consulta en 2007 en la que hace constar la siguiente argumentación de gran relevancia: «*... existen razones para sostener que no cabe aplicar el artículo 206 de la Ley Hipotecaria a bienes adquiridos con posterioridad a la entrada en vigor de la propia Ley: en primer lugar, porque no se trataría en este caso de atender a la situación transitoria que motivó la introducción de este medio excepcional de inmatriculación; en segundo lugar, porque en ese momento ya existía una regulación contenida en el Código Civil que imponía la forma auténtica en las adquisiciones inmobiliarias, bien con carácter obligatorio (adquisiciones a título oneroso, art. 1280), bien con carácter esencial (adquisiciones a título gratuito, art. 633), por lo que no se daría el presupuesto necesario para la inmatriculación por esta vía excepcional, que es la carencia de título inmatriculador ordinario, y no debería* *admitirse su utilización cuando es el incumplimiento de aquella obligación legal por parte de la entidad interesada la que motiva la situación*»[73].

Entendemos que este argumento empleado por la DGRN podría perfectamente aplicarse a cuantas adquisiciones se hayan realizado desde la misma entrada en vigor de nuestro CC. No obstante, no deja de ser cierto en la práctica que, aun cuando se cumplieran las formalidades necesarias, bien el transcurso del tiempo, bien la imposibilidad de inscribir (si era destinado al culto) o la complacencia de los propios administradores eclesiásticos ante las circunstancias históricas concretas (Estado confesional), se llegó a la situación fáctica de que un gran número de bienes no habían accedido al Registro. En el supuesto de imposibilidad de encontrar el título adquisitivo formal, consideramos acorde con la tesis expuesta que pudiera ser utilizada el acta de notoriedad.

- El segundo límite temporal se refiere a la concreta persona jurídica adquirente o propietaria de la finca objeto de inmatriculación; y es que, tal y como afirma la consulta de la DGRN, no puede admitirse el uso de la certificación de dominio por aquellas personas jurídicas que hayan sido erigidas conforme al nuevo Código de Derecho Canónico de 1983. En palabras de la propia Dirección General «*carecerán de bienes adquiridos sin título en tiempo inmemorial, ya que los que adquieran deberán sujetarse a las reglas de forma auténtica antes expresadas*».

2. LA POSIBLE MODIFICACIÓN DEL ART. 203 LH

Ante la falta de una solución registral para posibilitar la inmatriculación de bienes de la Iglesia Católica aún no inscritos en la nueva regulación del expediente de dominio del art. 203 LH, planteamos como posible solución una reforma de dicho precepto para permitir que el acta de notoriedad tenga la consideración de título escrito de dominio en orden a la tramitación del expediente de dominio.

De este modo, la entidad eclesiástica interesada solicitaría del Notario competente por el lugar de ubicación de la finca el inicio de un acta de notoriedad para que declarase que se le tiene por propietario, aportando cuantos documentos y pruebas pudiesen aportarse en orden a la justificación del dominio pretendido.

El Notario notificaría el inicio del acta a todos los interesados, en los términos fijados para el expediente de dominio en el art. 203 LH, concluyendo con la declaración de si entiende justificado ese derecho de propiedad. En caso afirmativo, la entidad eclesiástica podrá iniciar el expediente de dominio, atribuyendo al acta la

73. Consulta sobre la certificación de dominio como medio inmatriculador de bienes de la Iglesia Católica: aplicación a las entidades religiosas de la Iglesia Católica. Sección 3ª R. 327/2006-O, de 3 de septiembre de 2007.

condición de título escrito de dominio, siguiéndose en lo demás lo prescrito en el art. 203 LH, incluyendo la notificación al ayuntamiento del lugar. Con este simple procedimiento no tendría cabida el argumento de que pueda producirse una apropiación indebida de bienes públicos. Porque si el ayuntamiento tuviese sospecha de la posible naturaleza demanial de la finca, bastaría con su oposición al expediente y solo cabría la inscripción mediante una sentencia judicial que así lo determinase.

Así, podría añadirse un nuevo párrafo al actual artículo 203, 1 LH, con la siguiente posible redacción:

Art. 203, 1, Novena:

> *«Las entidades eclesiásticas pertenecientes a la Iglesia Católica podrán inmatricular mediante expediente de dominio los bienes que posean desde tiempo inmemorial y de los que carezcan de título escrito de dominio si la adquisición es anterior a la entrada en vigor de la actual Ley Hipotecaria.*
>
> *A los efectos de lo dispuesto en la regla Segunda, párrafo a), se considerará título escrito la declaración efectuada por Notario competente en acta de notoriedad tramitada conforme al artículo 209 del Reglamento Notarial, haciendo constar el dominio de la entidad solicitante sobre la finca. La tramitación del acta deberá necesariamente ser notificada al Ayuntamiento y órganos competentes en materia de patrimonio de la Comunidad Autónoma y del Estado, para que puedan expresar su oposición por entender que el inmueble forma parte del dominio público municipal, autonómico o estatal».*

Entendemos que la tramitación del acta de notoriedad incluiría un trámite añadido al establecido en el actual art. 209 RN, la notificación a los órganos competentes de la administración local, autonómica y estatal del lugar donde radica la finca, con el fin de evitar que existan dudas en cuanto a su posible naturaleza pública. De no existir oposición, el acta seguiría su curso. De formularse cualquier duda por alguna de las administraciones, el Notario paralizaría la tramitación y la entidad eclesiástica debería solicitar la inmatriculación mediante la obtención de sentencia firme en sede judicial.

Con esta alternativa, se evitaría la necesidad de acudir a la vía judicial para inmatricular bienes adquiridos desde tiempo inmemorial, siempre que no conste el título formal de adquisición, garantizando a la par que las Administraciones Públicas comprueben si la finca en cuestión puede ser parte de las que constituyen el patrimonio público.

Conclusiones

Expone FUKUYAMA la corriente defendida por JONATHAN HAYDT y otros psicólogos sociales cuando nos hablan del método consistente en partir de marcadas preferencias en cuanto a la realidad que se desea y utilizar las habilidades cognitivas para seleccionar los datos empíricos en orden a elaborar una teoría que respalde esa realidad. Es lo que se denomina «razonamiento motivado»[1]. Como señala PÉREZ ALGAR[2], es idea primordial del sistema democrático ser una opción en el problema de las relaciones entre el cambio jurídico y el cambio social. Las demandas sociales deberían tener un mecanismo de conversión automático en decisiones jurídicas; de lo contrario, se produciría la desmotivación de la dinámica social propia de la democracia. El legislador es el único legitimado para tomar decisiones de acuerdo con las premisas del sistema, según entienda que se ha producido un cambio social que debe tener consecuencias jurídicas.

Entendemos que la modificación legislativa que suprimió la certificación de dominio para la Iglesia no respondió a esta línea de conexión entre el cambio social y el jurídico, a un verdadero cambio social. Al contrario, fue motivada únicamente por necesidades políticas e ideológicas del legislador de turno, usando para promover la reforma una polémica puramente artificial, que respondía a intereses alejados de la realidad social. Esta consideración responde a unas palabras que leímos de JURADO JURADO, J.J., en acertada reflexión publicada en la prensa local cordobesa a raíz de la polémica mediática motivada por la inmatriculación de la Mezquita-Catedral de Córdoba: «Cualquier legítima aspiración ideológica es perfectamente defendible, siempre que vaya fundamentada en la crítica rigurosa, seria, honesta e imparcial basada en un seguimiento sincero y noble de la verdad; perdiéndose, sin embargo, la legitimidad y la fuerza de la razón cuando subyace en cualquier opinión carente del más mínimo rigor, el rencor más latente, el resentimiento más palpable o la pérdida de la objetividad mínimamente necesaria para abordar cualquier cuestión, cualidades que no adornan precisamente algunos artículos vertidos en contra de la Iglesia Católica. (...) Mal camino el de elegir el conflicto público como norma de conducta en vez de buscar la vía de colaboración leal y noble como sistema».

---

1. FUKUYAMA, F. *El liberalismo y sus desencantos*, Ediciones Deusto, Barcelona, 2022, pág. 118. El autor cita la obra de HAIDT, J. *La mente de los justos: por qué la política y la religión dividen a la gente sensata*, Ediciones Deusto, Barcelona, 2019.
2. PÉREZ ALGAR, F. *La interpretación histórica de las normas jurídicas. Análisis del art. 3.1 del Código civil*, J. M. Bosch Editor, Barcelona, 1995, págs. 60-61.

Al no admitir las acusaciones que se vierten sobre la actuación de la Iglesia Católica a la hora de inscribir sus bienes en el Registro, hemos intentado dar una respuesta exclusivamente jurídica, utilizando como vía metodológica es la de analizar los mecanismos que el art. 3, 1 CC establece para la interpretación de las normas jurídicas. Con este criterio hermenéutico se han ido abriendo varias vías de búsqueda para fundamentar una opinión sólida: en primer lugar, la búsqueda de los antecedentes históricos y legislativos que hicieron aparecer la certificación de dominio en nuestro ordenamiento jurídico; en segundo lugar, la distinción del concepto de la inmatriculación de fincas como institución registral del derecho de propiedad, a fin de responder jurídicamente a las acusaciones de apropiación indebida de bienes por parte de la Iglesia vertidas en medios de comunicación y en sede parlamentaria; en tercer lugar, el estudio del procedimiento de reforma de la Ley Hipotecaria que llevó a la supresión de la certificación de dominio; por último, el estudio sistemático de los conflictos judiciales que han tenido lugar como consecuencia de la inmatriculación de fincas por parte de la Iglesia Católica, con el propósito de dar una respuesta adecuada a la pregunta de si la reforma hipotecaria respondió verdaderamente a una realidad social, a un conflicto de orden jurídico, que requería necesariamente como respuesta la supresión del procedimiento de inmatriculación estudiado.

Al interpretar las normas con arreglo a la realidad social del tiempo en que han de ser aplicadas, el intérprete ha de averiguar «si las nuevas circunstancias reinantes consienten o no que permanezca invariado el sentido original»[3], si debe producirse una modificación que afecte a la norma o si es necesaria la derogación de un determinado precepto por ser contrario a esa realidad social del tiempo en que debe ser aplicado.

Todo ello nos lleva a las siguientes CONCLUSIONES:

PRIMERA. Calificar la certificación de dominio como un procedimiento procedente de la legislación del período de la Dictadura no se atiene al mínimo rigor histórico y jurídico. Las certificaciones surgen mucho antes, en el siglo XIX. El devenir legislativo hipotecario llegará a transformar esas certificaciones, en principio posesorias, en un procedimiento especial de acceso del dominio al Registro de la Propiedad.

El proceso desamortizador está íntimamente ligado con otro fenómeno de extraordinaria relevancia, la transformación del sistema hipotecario español mediante la aprobación de la primera Ley Hipotecaria en 1861 y la creación del Registro de la Propiedad. El Registro pretendía servir a los intereses burgueses con el fin de fomentar el crédito territorial y facilitar que la nueva clase dominante accediese a las palancas financieras necesarias para conseguir sus intereses económicos. Se dieron

3. Quiñonero Cervantes, E. y Salas Carceller, A. «Comentarios al Título Preliminar», en *Código civil. Comentarios y jurisprudencia, Tomo I*; Editorial SEPIN, S.L., Madrid 2009, pág. 106.

unas condiciones histórico-legislativas especialísimas que llevaron a la aparición de las certificaciones de dominio.

Las sucesivas leyes desamortizadoras establecieron qué bienes quedaban excluidos y el Convenio-Ley de 4 de abril de 1860 ordena la realización de inventarios en los que consten esos bienes exceptuados de la desamortización, disponiéndose que puedan *inscribirse en la Contaduría de Hipotecas mediante una simple certificación del diocesano.

La LH de 1861 permite el acceso de la posesión al Registro, para evitar que las fincas y derechos sobre las mismas sigan en un ámbito extrarregistral, creando los llamados expedientes de información posesoria. Se permite la certificación de los diocesanos para los que habían sido propiedad de la Iglesia (RD de 20 de junio de 1863). El RD de 6 de noviembre de 1863 dispone la certificación de la posesión como forma de acceso al Registro de la Propiedad de los bienes de la Iglesia Católica.

Las leyes posteriores suponen la evolución del medio inmatriculador y la LH de 1944-1946 transforma esas certificaciones de posesión en certificaciones de dominio, no porque exista un afán de privilegiar a la Iglesia Católica, cosa que entendemos no parecía necesaria en un régimen político confesional, sino porque la reforma hipotecaria tiene el fundamental alcance de expulsar a la posesión del Registro. Si se hubiese pretendido favorecer a la Iglesia Católica en materia de inscripción de sus bienes no se hubiera dispuesto en el art. 5, 4º del Reglamento Hipotecario la exceptuación de la inscribibilidad de los templos destinados al culto católico.

SEGUNDA. El RD 1867/1998 derogó la excepción de inscripción de los templos destinados al culto católico en el Registro de la Propiedad, no porque dicha excepción se basase en que se trataba de bienes de dominio público, sino en que su naturaleza religiosa y su destino al culto hacían innecesaria la publicidad de que el dominio pertenecía a la Iglesia.

Múltiples disposiciones legislativas, como el RD de 25 de julio de 1835, el RD de 9 de marzo de 1836, el Convenio-Ley de 4 de abril de 1860 o el RD de 6 de noviembre de 1863 (que establece por primera vez las certificaciones de posesión como forma de acceso de fincas al Registro) califican a los templos como bienes exceptuados de inscripción por entender que su propiedad es notoria y no necesitan la protección registral del dominio que aporta la inscripción.

¿Qué sentido tiene que fuesen considerados los templos como bienes de dominio público para exceptuarlos de inscripción registral y al mismo tiempo se ordenara la ejecución de relaciones de bienes por triplicado ejemplar de los bienes que habían quedado exceptuados de desamortización, quedando uno de los ejemplares en los archivos diocesanos? Ninguno, salvo el de poder acreditar la propiedad de los mismos por parte de la Iglesia, al haber quedado fuera de las disposiciones desamortizadoras, más cuando dichos bienes, por entenderse de propiedad notoria, quedaban excluidos de los inmuebles que podían ser inscritos. Se intentó dar claridad a la propiedad de la Iglesia, en una época en la que millares de fincas fueron objeto de desamortización, venta y adquisición por los particulares. Todo lo contrario al argumento esgrimido para justificar que los templos no fuesen inscribibles hasta 1998.

TERCERA. La certificación de dominio no fue declarada inconstitucional. Durante el gobierno Aznar no solo se deroga la excepción de inscripción de templos, sino que también se exige una fiel coordinación entre Registro de la Propiedad y Catastro.

Con anterioridad a la reforma del art. 5, 4° del Reglamento Hipotecario, la discusión sobre la certificación de dominio se había circunscrito a un ámbito puramente doctrinal y académico, orientado a si el procedimiento inmatriculador era o no acorde con los preceptos constitucionales, según se entendiera contrario al principio de aconfesionalidad o al de igualdad.

El recurso mediático a la inconstitucionalidad de la norma no deja de ser un eufemismo de la verdadera esencia de la controversia, si la Iglesia Católica era o no la verdadera dueña de los bienes. Esa era la cuestión a abordar, soslayada bajo un paraguas de denuncias de inconstitucionalidad de las normas, a las que se achacaba haber sido dictadas durante la Dictadura, realizando acusaciones directas de haberse producido apropiaciones indebidas o expolios de bienes públicos.

Durante el Gobierno Aznar se suprimió este impedimento con el RD 1867/1998. Esto fomentó la idea subyacente que impregnó todo el debate público: la identificación entre la concesión de privilegios a la Iglesia con el partido político gobernante, la búsqueda de un sustituto al régimen de Franco en cuanto a medidas hipotecarias se trata. Durante la Dictadura se establece la certificación de dominio y, en 1998, sus herederos conservadores derogan la prohibición de inscribir los templos.

El RD 1867/1998 modifica el art. 5, 4° del Reglamento Hipotecario con acierto, al ser inconstitucional la prohibición de inscribir que pesaba sobre los templos. La reforma no concedió un privilegio a la Iglesia. Reguló con un criterio general y acierto la publicidad formal, coordinando la realidad física con la jurídico-registral siguiendo criterios técnico-legislativos modernos, eliminando la prohibición por obedecer a criterios decimonónicos sin justificación alguna. Impidió una indefensión a la Iglesia sin basamento jurídico alguno.

En ese período, además de la citada de 1998, se aprobó la importante Ley 13/1996, de 30 de diciembre, de Medidas Fiscales, Administrativas y del Orden Social, que establecía la novedad en cuanto a la inmatriculación de fincas de que no se inmatricularía finca alguna si la descripción en el título no era totalmente coincidente con la que resultara de la certificación catastral descriptiva y gráfica catastral que debía acompañarse. Se puso, por tanto, el mayor freno a la arbitrariedad existente en la descripción de las fincas que accedían por primera vez al Registro, estableciendo la medida más importante para lograr una adecuada coordinación entre el Catastro y el Registro de la Propiedad hasta la reforma de la LH en 2015.

CUARTA. Las inmatriculaciones de la Iglesia no han consistido en una apropiación indebida de bienes públicos.

La atribución de naturaleza demanial a los bienes inmatriculados por la Iglesia pretende atribuirles la característica de la imprescriptibilidad, no admitiéndose una posesión que suprima dicha naturaleza y permita su adquisición por usucapión.

Las tesis defensoras de este carácter demanial entienden que la adquisición de la Iglesia solo puede basarse en la usucapión. La realidad incontrovertida es que se implanta la certificación de dominio ante la falta de título escrito o formal, sin que se produzca una ausencia de título material, causa o razón jurídica en la adquisición por parte de las entidades eclesiásticas.

Se niega la capacidad patrimonial de la Iglesia y se califican los bienes destinados a fines religiosos como públicos. Consideramos que esta afirmación no es correcta, pues un bien tiene la naturaleza de dominio público siempre que se cumplan los requisitos que nuestro ordenamiento jurídico dispone para otorgarles tal naturaleza jurídica especial, lo que no puede predicarse en términos generales de los bienes inmatriculados por la Iglesia Católica.

QUINTA. La inmatriculación de un bien en el Registro de la Propiedad no puede equipararse a la adquisición del derecho de propiedad.

El Registro de la Propiedad no otorga derechos, solo los publica y les aplica una serie de principios en su defensa, en búsqueda de la seguridad jurídica del tráfico inmobiliario. La distinción entre propiedad e inscripción es permanentemente obviada en las noticias y argumentaciones esgrimidas por los grupos promotores de la polémica sobre las inmatriculaciones. Por más veces que no se diga la verdad, no se consigue que lo que no es cierto deje de serlo. Los derechos reales nacen fuera del Registro de la Propiedad, excepción hecha de los que tengan una naturaleza jurídica constitutiva.

El Registro de la Propiedad es una institución de enorme importancia en la vida del tráfico jurídico inmobiliario y se basa en los principios de publicidad y legalidad. Está confiado a unos funcionarios de enorme prestigio, capacidad y preparación profesional. La inscripción, en nuestro Derecho, es voluntaria. La inmatriculación, o primera inscripción, abre el folio registral de una finca, es puramente potestativa y de efectos meramente declarativos, lo que significa dos cosas de gran importancia: primera, que la inmatriculación no convierte a la Iglesia en propietaria de lo que inscribe, porque ya era la titular del dominio con anterioridad; en segundo lugar, que carece de toda base jurídico-legal el torrente de afirmaciones realizadas en infinidad de ámbitos (mediáticos, parlamentarios, sociales) en las que se expresaba que la Iglesia se había convertido en dueña de los bienes mediante su inscripción en el Registro de la Propiedad.

El propósito de declarar nulas las inmatriculaciones, incluso proclamado por representantes parlamentarios, carece de cualquier rigor jurídico. No existe un mecanismo legal que permita declarar nulas las inmatriculaciones efectuadas, lo que solo puede hacerse por los Jueces y Tribunales bajo cuya salvaguarda están los asientos registrales. En el hipotético supuesto de que así fuese, tal circunstancia no afectaría en nada al derecho de propiedad. Anuladas las inscripciones, la realidad jurídica extrarregistral seguiría intacta. Anular las inscripciones no afectaría al dominio.

La privación del dominio eclesiástico es el fin verdaderamente pretendido bajo el disfraz de las indebidas inmatriculaciones. Pero la privación del derecho de propiedad solo puede hacerse por los medios admitidos en Derecho, fundamentalmente a través de la expropiación forzosa, y solo si tiene como fundamento una causa de utilidad social.

SEXTA. La supresión de la certificación de dominio para la Iglesia no ha sido consecuencia de una realidad social derivada de la inmatriculación indebida de bienes por las entidades eclesiásticas.

¿Existía un conflicto real sobre los bienes que la Iglesia Católica había inmatriculado? ¿Se había producido, como alegaban los defensores de la anulación de las inmatriculaciones, una apropiación indebida de bienes de dominio público?

La supresión de la certificación de dominio no ha respondido a una situación de gran conflicto con relación a los bienes inmatriculados, numerosos procesos judiciales y reiteradas sentencias que han declarado la inmatriculación indebida por la Iglesia de bienes que no eran de su propiedad, ordenando la consecuente cancelación de esos asientos registrales.

No hemos encontrado ningún pronunciamiento judicial hasta la fecha que declare que la Iglesia Católica se ha apropiado indebidamente de un bien que no era de su propiedad. Los conflictos judiciales se han basado exclusivamente en cuestiones sobre el derecho de propiedad, no siendo el hecho de la inmatriculación un factor principal, ni mucho menos decisivo, en las decisiones de los Juzgados y Tribunales. La polémica ha obviado de manera interesada el juego que en estos casos tiene la usucapión, institución jurídica de extrema importancia para la resolución de los litigios que han tenido lugar.

Los Juzgados y Tribunales se han limitado a decidir si alguna de las partes en conflicto podía ser considerada propietaria, no por el hecho registral de la inmatriculación, sino por contar con un título material justificativo de su dominio, con independencia de que estuviese o no fundamentado en un título formal. Cuando no se ha podido demostrar la existencia de ese título material, la decisión se ha basado en que se haya o no adquirido el dominio por prescripción adquisitiva.

SÉPTIMA. La inmatriculación de fincas por la Iglesia no le protege si existe un dueño y poseedor del bien.

Un elemento necesario frente a las teorías defensoras de la apropiación indebida de bienes por las entidades eclesiásticas es la llamada usucapión «contra tabulas».

Las entidades eclesiásticas cuyo dominio se ha inscrito no tienen la consideración de tercero hipotecario. El titular registral no está protegido frente a quien posea a título de dueño, si lo hace con el resto de requisitos necesarios para usucapir. Por tanto, será preferido el poseedor que ha adquirido por usucapión frente a la entidad titular registral. La inmatriculación de los inmuebles, por tanto, no ha protegido a la Iglesia frente a quien poseía a título de dueño.

Tampoco puede esgrimirse que la Iglesia Católica podía beneficiarse del juego del art. 35 LH mediante la usucapión «*secundum tabulas*», al no suponer preferencia frente a quien es el verdadero dueño en la realidad jurídica extrarregistral. Esto solo puede ocurrir si quien es titular o dueño no actúa frente a esa inscripción efectuada por una entidad eclesiástica. Solo así podrá llegarse a que el titular inscrito no dueño adquiera el dominio por usucapión según el Registro.

En estos casos, la inscripción advierte a quien se considere titular de la finca de la existencia de otra persona, en este caso eclesiástica, que por considerarse también titular del dominio ha procedido a inscribir ese derecho en el Registro, lo que le permite el ejercicio de las acciones pertinentes para obtener la declaración de ser el verdadero dueño, con la consecuente cancelación de la inscripción indebidamente realizada al amparo del art. 206 LH, no por ser un indebido procedimiento, sino por no reflejar lo inscrito la realidad dominical extrarregistral.

OCTAVA. La reforma de la LH que suprimió la inmatriculación de bienes de la Iglesia Católica por el procedimiento del art. 206 LH no respondió a la realidad social del tiempo en que se estaba aplicando, ni atendió (más bien obvió) al espíritu y finalidad de esa institución jurídica.

Ha existido un falso debate en torno a los supuestos actos antijurídicos que la Iglesia estaba cometiendo mediante la inmatriculación de bienes. La necesidad de supresión de la certificación de dominio parte de una controversia social artificialmente creada, fundamentalmente centrada en las inmatriculaciones de Navarra y de la Mezquita-Catedral de Córdoba. Frente a esto, existe un dato tremendamente significativo: todas las sentencias recaídas en las reclamaciones de bienes en la Comunidad Foral de Navarra han sido favorables a las parroquias y al Arzobispado de Pamplona y han resuelto ser la Iglesia la legítima propietaria de los bienes en litigio.

Sobre la Mezquita-Catedral de Córdoba se han escrito ríos de tinta y no deja de ser un caso paradigmático de cómo establecer un debate sin argumento jurídico de base alguno. Todas las instituciones públicas, desde el Estado hasta el Ayuntamiento de Córdoba, han reconocido la propiedad eclesiástica del edificio. Ninguna ha entablado acción con la que discutir el dominio de la Diócesis de Córdoba, existiendo un informe jurídico de la Asesoría Jurídica Municipal absolutamente demoledor con la tesis de que pueda ser considerada como bien de dominio público.

NOVENA. La certificación de dominio es un procedimiento excepcional de inmatriculación que debería ser derogado.

Con honestidad intelectual, no podemos defender la existencia indefinida del art. 206 LH para la Iglesia Católica. Un suficiente conocimiento de nuestro sistema registral y del origen histórico y legislativo del art. 206 LH justifica que haya existido ese medio inmatriculador. Esas mismas causas nos hacen considerar adecuada su desaparición, aunque no en base a lo que finalmente la ha provocado. La reforma de 1998 que permitió la inscripción de los templos supuso el pistoletazo de salida al proceso inmatriculador de bienes por las entidades eclesiásticas, que fue complejo y difícil durante muchos años por la exigencia de total coincidencia con el Catastro, lo que en muchas ocasiones no ocurría y llevaba a arduas tareas de modificación de la documentación catastral. Consideramos adecuada, por tanto, la reforma realizada en el año 2015.

DÉCIMA. La reforma de la LH ha dejado a la Iglesia Católica sin un procedimiento de inscripción de los bienes de los que carezca de título escrito de adquisición.

Un proceso de inmatriculación como el perseguido, que contiene bienes de tantísima importancia cultural para un Estado, debía haber sido objeto de conversaciones sensatas por parte de los representantes políticos, advirtiendo a la Iglesia de la necesidad de poner fin a la excepcionalidad de esa forma de inscripción y otorgando un plazo para poder terminar con las inmatriculaciones pendientes, al no poderse negar que la inscripción por el art. 206 LH se caracterizaba por la falta de publicidad frente a terceros. Todo ello desde la máxima colaboración y con adecuados mecanismos de publicidad que garantizasen que no quedaban afectados bienes sobre los que pudiera haber alguna controversia en cuanto a su propiedad.

Se hubiera evitado así el callejón sin salida al que la reforma ha llevado, la inexistencia de un procedimiento de acceso al Registro de la Propiedad de los bienes de los que la Iglesia es dueña desde tiempo inmemorial, de los que carece de título escrito, más allá de la sentencia recaída tras emprender una acción declarativa de dominio. El legislador podía haber buscado unas líneas de interpretación de la norma hipotecaria alejada del arbitrio puro y simple y tendría que haber apreciado consensos sociales sobre cuáles debían ser los criterios correctos y puros[4]. La conse-

4. *Comentarios al Código civil y Compilaciones forales, Tomo I, Vol. 1, Artículos 1 a 7 del Código civil*, dirigidos por Manuel Albaladejo y Silvia Díaz Alabart, Editorial Revista de Derecho Privado, 1992, pág. 530. Comentario de SALVADOR CODERCH, PABLO. Estos criterios, según el autor, son utilizados por Jueces y Tribunales en la aplicación

cuencia de la reforma de 2015 es que se ha privado a la Iglesia de poder acceder a la inmatriculación de sus bienes por algún procedimiento que no sea el de interponer una demanda declarativa de dominio, al no permitírsele el acceso al expediente de dominio, como a cualquier persona física o jurídica, sin disponer de un título escrito de adquisición. Debemos recordar que el patrimonio de la Iglesia, en su mayor parte, está formado por bienes que se adquirieron en tiempo inmemorial. En muchos casos hace siglos; en no pocos, antes de que existiera el Estado español.

La inclusión de un procedimiento específico para este tipo de bienes, con las mismas garantías y seguridad que las establecidas en la nueva regulación del expediente de dominio podría haber sido una solución legislativa más acorde con los orígenes y finalidades de esta institución hipotecaria, como se ha hecho para la propia certificación de dominio en la nueva redacción del art. 206 para las Administraciones Públicas.

Una solución factible sería considerar como título escrito de dominio la resolución recaída en un acta de notoriedad notarial tramitada con arreglo al art. 209 RN, declarando la constancia del derecho de propiedad de la entidad promotora. El acta, como título escrito, puede permitir el inicio del expediente de dominio establecido en el nuevo art. 203 LH, con todas las garantías en él establecidas.

---

del Derecho, conscientes de su falta de legitimación para tomar decisiones claramente propias del Poder Legislativo.

Bibliografía

AGUDO ZAMORA, M.: «La inmatriculación de la Mezquita-Catedral de Córdoba: tutela del patrimonio y relevancia constitucional», *Estudios de Deusto*, Volumen 63, Número 2 (2015).

— «Privilegio inmatriculador de la Iglesia Católica y vulneración de principios constitucionales a la luz de la STEDH Sociedad Anónima del Ucieza contra España», *Revista Crítica de Derecho Inmobiliario*, Número 751, págs. 2631 a 2662.

ALBALADEJO, M.: *La usucapión*, Centro de Estudios Registrales, Madrid 2004.

— *Derecho civil III, Derecho de bienes*, 11ª edición, Edisofer S.L., Madrid, 2010.

— *Derecho civil I, Introducción y parte general*, 19ª edición, Edisofer S.L., Madrid, 2013.

ÁLVAREZ CAPEROCHIPI, J.A. *Derecho inmobiliario registral*, Editorial Comares, 2ª edición, 2006.

AMORÓS GUARDIOLA, M. *Significado de la calificación registral*, conferencia recogida en el libro *La Calificación Registral*.

ARRIETA SEVILLA, L.J.: *La doble inmatriculación registral*, Editorial Aranzadi, Cizur Menor (Navarra), 2009.

— «La inmatriculación de fincas de la Iglesia Católica por medio de certificación diocesana», *Ius Canonicum*, número 50, año 2010.

AZNAR GIL, F.R. *La administración de los bienes temporales de la Iglesia*, Universidad Pontificia de Salamanca, 1984.

BADORREY MARTÍN, B. «El tiempo inmemorial: análisis crítico de su noción y aplicabilidad en el Derecho civil y administrativo según la legislación y jurisprudencia contemporáneas», *Revista Crítica de Derecho Inmobiliario*, año XCIV, septiembre-octubre 2018, págs. 2723-2744.

BAHILLO RUIZ, T. C.M.F. «La instrucción Cor orans. La renovación de la vida contemplativa femenina en la Iglesia», *Estudios Eclesiásticos*, Vol. 93 (2018), págs. 773-818.

BALLARÍN HERNÁNDEZ, R. «Rectificaciones constitucionales a la vigencia actual de la certificación de dominio como medio inmatriculador», *Revista Crítica de Derecho Inmobiliario*, año 1984, número 563.

Barrachina y Pastor, F. *Comentarios a la Ley Hipotecaria,* Imprenta José Armengol e Hijos, Castellón, 1911.

Beneyto Berenguer, R. *Enajenación de los bienes eclesiásticos y su eficacia civil,* EDICEP, 2006.

Campuzano y Horma, F. *Elementos de Derecho Hipotecario,* Volumen II, Editorial Reus, Madrid, 1931.

Camy Sánchez-Cañete, B. *Comentarios a la Legislación Hipotecaria,* Tercera edición, Editorial Aranzadi, Pamplona, 1983.

Carr, R. *España 1808-2008,* Editorial Ariel, Madrid, 2009.

Castán Tobeñas, J. *Derecho civil español, común y foral,* Editorial Reus, Madrid, 2005.

Cenalmor, D. y Miras, J. *El Derecho de la Iglesia. Curso básico de Derecho Canónico,* EUNSA Pamplona, 2005

Chico y Ortiz, J.M. *Estudios sobre Derecho hipotecario,* Marcial Pons, Madrid, 2000.

Clemente Meoro, M.E. *Doble inmatriculación de fincas en el Registro de la Propiedad,* Tirant lo Blanch, Valencia, 2007.

Comentarios al Código civil y Compilaciones forales, dirigidos por Manuel Albaladejo y Silvia Díaz Alabart, Editorial Revista de Derecho Privado, 1992.

Concheiro del Río, J. *La inmatriculación de fincas en el Registro de la Propiedad. Su regulación actual,* Dijusa Editorial, Madrid, 2000.

Corral Dueñas, F. «La certificación inmatriculadora del artículo 206», *Boletín del Colegio de Registradores de la Propiedad,* año XXXVII, número 86, septiembre 2002.

Curiel Lorente, F. *Inmatriculación, Reanudación del tracto sucesivo. Inscripción de los excesos de cabida,* Centro de Estudios Registrales, Madrid, 2001.

De Castro y Bravo, F. *Derecho civil de España,* Editorial Civitas, Madrid, 1984.

De Cossío y Corral, A. *Instituciones de Derecho hipotecario,* Editorial Civitas, Madrid, 1986.

de la Haza Díaz, P. «Inmatriculación de bienes de la Iglesia mediante certificación expedida por el Diocesano», *Revista Crítica de Derecho Inmobiliario,* número 630, año 1995.

de la Rica y Arenal, R. *Comentarios a la Ley de reforma hipotecaria,* M. Aguilar-Editor, Madrid, 1945.

Delgado, J. *Cómo puede inmatricularse una finca adquirida por usucapión desde tiempo inmemorial,* https://regispro.es/j-delgado-como-puede-inmatricularse-una-finca-adquirida-por-usucapion/

de Paolis, V. *I beni temporali della Chiesa,* Centro Editoriale Dehoniano, Bolonia, 1996.

Del Portillo, Á. «Ius associationis et asociaciones fidelium iuxta Concilii Vaticani II doctrinam», *Ius Canonicum*, Volumen 8, Número 15, 1968.

Díez-Picazo, L. *Fundamentos de Derecho civil patrimonial*, Editorial Civitas-Thomson Aranzadi, 5ª edición, Cizur Menor (Navarra), 2008.

Díez-Picazo, L. y Gullón Ballesteros, A.: *Sistema de Derecho Civil, Volumen I, Parte General del Derecho civil y personas jurídicas*, Editorial Tecnos, 13ª edición, Madrid, 2016.

— *Sistema de Derecho Civil, Volumen III (Tomo I), Derechos Reales en general. Posesión. Propiedad. El registro de la propiedad*, Editorial Tecnos, 10ª edición, Madrid, 2019.

Entrena Cuesta, R. *Curso de Derecho Administrativo*, 13ª edición, Editorial Tecnos, Madrid, 1999.

Espín Cánovas, D. *Manual de Derecho Civil Español*, Editorial Revista de Derecho Privado, Volumen I, Parte General, 8ª edición, Madrid, 1982.

Fabre Lafuente, I. «El tratamiento de la doble inmatriculación en la actual normativa hipotecaria española. Nuevas perspectivas: la coordinación Catastro-Registro de la Propiedad», *Revista Crítica de Derecho Inmobiliario*, núm. 788, págs. 3305-3368.

Fernández-Arrojo, M. «La inmatriculación de los bienes inmuebles de la Iglesia Católica en el Derecho español», *Ius Ecclesiae*, número XXXI, 1, 2019.

Fernández Díaz, A. «La inmatriculación por certificación eclesiástica», *Revista Española de Derecho Canónico*, número 79, año 2022.

Fernández Gregoraci, B. *Legitimación posesoria y legitimación registral*, Centro de Estudios Registrales, Madrid, 2002.

Fernández-Miranda, J. (Director) y otros. *Estudio histórico y jurídico sobre la titularidad de la Mezquita-Catedral de Córdoba*, Editorial Dykinson, Madrid, 2019.

Fiestas Loza, A. «La protección registral de los compradores de bienes eclesiásticos desamortizados», *Anuario de Historia del Derecho español*, Número 53, Ministerio de Justicia, 1983.

— «*¿Protección registral de los compradores de bienes eclesiásticos desamortizados?*», *Revista Crítica de Derecho Inmobiliario*, año 1987, número 578.

Fornés, J. «Inscripción de los lugares de culto en el Registro de la Propiedad. Comentario jurisprudencial», *Revista General de Derecho Canónico y Derecho Eclesiástico del Estado*, 38 (2015).

Fukuyama, F. *El liberalismo y sus desencantos*, Ediciones Deusto, Barcelona, 2022.

Galindo y de Vera, L y de la Escosura y Escosura, R. *Comentarios a la legislación hipotecaria de España*, 4ª edición, Tipografía de Antonio Marzo, Madrid, 1903.

GALLEGO DEL CAMPO, G. «Ideología y progresismo en la legislación hipotecaria del XIX», *Revista Crítica de Derecho Inmobiliario*, núm. 574, mayo-junio 1986.

GARCÍA GARCÍA, J.M.: *Derecho inmobiliario registral o hipotecario*, Tomo I, Editorial Civitas, Madrid, 1988.

— *Derecho inmobiliario registral o hipotecario*, Tomo III, Calificación, tracto, especialidad y otros principios, Editorial Civitas, Madrid, 2002.

— *La finca registral y el Catastro. Inmatriculación, obra nueva, reanudación de tracto y restantes procedimientos de la Ley 13/2015, de 24 de junio*, Editorial Aranzadi, Cizur Menor, 2016.

GARCÍA GARRIDO, M.J. *Derecho Privado Romano*, Editorial Dykinson, Madrid, 1989.

GARCÍA GOYENA, F. *Concordancias, motivos y comentarios del Código civil español*, Reimpresión de la edición de Madrid, al cuidado de la Cátedra de Derecho civil de la Universidad de Zaragoza, con una nota preliminar del Prof. Lacruz Berdejo y una tabla de concordancias con el Código civil vigente, Zaragoza, 1974.

GARCÍA PROUST, C. *Relaciones Iglesia-Estado en la Segunda República Española*, Publicaciones CajaSur, Córdoba, 1996.

GIMÉNEZ ARNAU, E. *La inscripción de posesión*, Instituto Editorial Reus, Madrid, 1944.

GIMÉNEZ ROIG, E. *Tráfico jurídico, compraventa, escritura e inscripción*, Centro de Estudios Registrales, Madrid, 1998.

GÓMEZ GÁLLIGO, F.J. «El principio de especialidad registral», *Revista Crítica de Derecho Inmobiliario*, Número 625, noviembre-Diciembre 1994.

GÓMEZ HIDALGO, A. *Hacia un sistema integral de transparencia para la Iglesia Católica en España. Una propuesta en clave práctica*, Tesis doctoral dirigida por Isaac Martín Delgado, Universidad de Castilla-La Mancha, Facultad de Ciencias Jurídicas y Sociales (Programa 1410), Toledo, 2021.

GÓMEZ PERALS, M. *Los datos de hecho y el Registro de la Propiedad*, Centro de Estudios Colegio de Registradores de la Propiedad y Mercantiles de España, Madrid, 2004.

GONZÁLEZ ARMENDIA, J.R. *Sistemas históricos de dotación del Estado español a la Iglesia española*, Publicaciones Universidad Pontificia de Salamanca, Salamanca, 1990.

GONZÁLEZ Y MARTÍNEZ, J. *Estudios de Derecho hipotecario y Derecho civil*, Madrid, 1948.

GONZÁLEZ PORRAS, J.M. *La propiedad de la Iglesia de la Merced (1236-2015). Estudio histórico-jurídico*, Fundación Cajasol, Córdoba, 2016.

GONZÁLEZ POVEDA, P. *Acciones protectoras del dominio y de la posesión*, Editorial Bosch, Barcelona, 2002.

GOÑI RODRÍGUEZ DE ALMEIDA, M.: «Cuestiones controvertidas sobre el artículo 206 LH», *Revista Crítica de Derecho inmobiliario*, número 719, año 2010.

— «La inscripción de los lugares de culto en el Registro de la Propiedad», en AA.VV. JORGE OTADUY (ed.), *Régimen legal de los lugares de culto. Nueva frontera de la libertad religiosa*, Pamplona, 2013.

GORDILLO CAÑAS, A. «Bases del Derecho de cosas y principios Inmobiliario-Registrales: Sistema español», *Anuario de Derecho Civil*, 2º fascículo, abril-junio 1995.

HERNÁNDEZ GIL, A. *Nuevas perspectivas para la interpretación del artículo 464 del Código civil*, Real Academia de Jurisprudencia y Legislación, 1976.

HIERREZUELO CONDE, G. «Historia jurídico-económica de la autofinanciación de la Iglesia Católica española y de las demás confesiones religiosas hasta 1945», *Revista de Estudios Histórico-Jurídicos*, XXX, Valparaíso, 2008.

IBAN, I.C. «Las confesiones religiosas», en *Curso de Derecho Eclesiástico*, Madrid, 1991.

JIMÉNEZ CLAR, A. *El título de adquisición en el expediente notarial de dominio*, https://www.notariosyregistradores.com/web/secciones/doctrina/articulos-doctrina/el-titulo-de-adquisicion-en-el-expediente-notarial-de-dominio/

LACRUZ BERDEJO, J.L. *Derecho inmobiliario registral*, Editorial Aranzadi, Cizur Menor, 2015.

LACRUZ BERDEJO Y SANCHO REBULLIDA. *Elementos de Derecho Civil; tomo III bis*, Editorial Bosch, Barcelona, 1984.

LOMBARDÍA, P Y FORNÉS, J. *Derecho Eclesiástico del Estado Español*, EUNSA, Pamplona, 1993.

LÓPEZ ALARCÓN, M. *Comentario Exegético al Código de Derecho Canónico*, Volumen IV/1, EUNSA, Pamplona, 1997.

MALDONADO, J. *Curso de Derecho canónico para juristas civiles. Parte general*, Madrid, 1975.

MALUQUER DE MOTES BERNET, C.J. «Titularidad de los montes vecinales y constitucionalidad o no del artículo 206 de la Ley Hipotecaria por lo que toca a los bienes de la Iglesia Católica. Comentario a la STS (Sala 1ª) de 18 de noviembre de 1996», *Revista de Derecho Privado*, febrero de 1993.

MANZANO FERNÁNDEZ, M.M. *El uso de los inmuebles en el Derecho civil moderno*, Centro de Estudios Registrales, Madrid, 1999.

MANZANO SOLANO, A. *Derecho registral inmobiliario para iniciación y uso de universitarios*, Centro de Estudios Registrales, Madrid, 1991.

MANZANO SOLANO, A Y MANZANO FERNÁNDEZ, M.M. *Instituciones de Derecho Registral Inmobiliario*, Centro de Estudios Registrales, Madrid, 2008.

MARTÍ GILABERT, F. *La desamortización española,* Ediciones Rialp S.A., Madrid, 2003.

MARTÍN MARTÍN, Á.J. Inmatriculaciones e Iglesia Católica: verdades, medias verdades y verdaderas mentiras. [Consulta 12 de noviembre de 2022].

https://www.notariosyregistradores.com/web/secciones/oficina-registral/estudios/inmatriculaciones-e-iglesia-catolica-verdades-medias-verdades-y-verdaderas-mentiras/

MARTÍNEZ PÉREZ, F. *Posesión, dominio y registro. Constitución de la propiedad contemporánea en España (1861-1944),* Editorial Dykinson, Madrid, 2020.

MIÑAMBRES, J. *I beni ecclesiastici: nozione, regime giuridico e potere episcopale,* AA.VV. I beni temporal della Chiesa, Cittá del Vaticano, 1999.

MORALES MORENO, A.M. *Publicidad Registral y Datos de Hecho,* Centro de Estudios Registrales, Madrid, 2000.

MORENO ANTÓN, M.: «Algunas consideraciones en torno al concepto de bienes eclesiásticos en el CIC de 1983», *Revista Española de Derecho Canónico,* número 44.

— *La enajenación de bienes eclesiásticos en el ordenamiento jurídico español,* Salamanca 1987.

— «Luces y sombras en el acceso de los bienes eclesiásticos al Registro de la Propiedad», *Revista General de Derecho Canónico y Eclesiástico del Estado,* número 38, año 2015.

NAVARRO VALLS, R. «La licencia en la enajenación canónica y el derecho español», *Ius Canonicum,* 1970.

NIEVA GARCÍA, J.A. *Marco jurídico de la Mezquita-Catedral de Córdoba; Titularidad, gestión y uso cultual y cultural,* Editorial Dykinson, Madrid, 2022.

O'CALLAGHAN MUÑOZ, J. *Compendio de Derecho civil;* Editorial Revista de Derecho Privado, Madrid, 1986.

PALOS ESTAÚN, A.: «Inmatriculación en el Registro de la Propiedad de los bienes de la Iglesia», *Revista Española de Derecho Canónico,* número 58, año 2011.

— «Iglesia y propiedad», *Ponencias de las IX Jornadas sobre Marco Legislativo del Patrimonio,* CEE, 2015.

PAU PEDRÓN, A.: «Panorama del sistema inmobiliario alemán», *Revista Crítica de Derecho Inmobiliario,* julio-agosto 1982, número 551.

— *Elementos de Derecho hipotecario,* Universidad Pontificia de Comillas, Madrid, 1983.

— «Panorama del sistema inmobiliario alemán», *Revista Crítica de Derecho Inmobiliario,* julio-agosto 1982, número 551.

— *La capacidad en los negocios sobre inmuebles,* Centro de Estudios Registrales, 3ª edición, Madrid, 2011.

Peña Bernaldo de Quirós, M. *Derechos reales. Derecho hipotecario,* 4ª edición, Centro de Estudios Registrales, Madrid, 2001.

Pérez Algar, F. *Interpretación histórica de las normas jurídicas. Análisis del art. 3.1 del Código civil* J.M. Bosch Editor S.A., Barcelona, 1995.

Pérez de Heredia y Valle, I. *Libro V del CIC. Bienes temporales de la Iglesia,* Instituto Diocesano de Estudios Canónicos, Valencia, 2002.

Piñero Carrión, J.M. *La Ley de la Iglesia,* Vol. II, Sociedad de Educación Atenas, Madrid, 1986.

Quiñonero Cervantes, E. y Salas Carceller, A. «Comentarios al Título Preliminar», en *Código civil. Comentarios y jurisprudencia,* Tomo I, Editorial SEPIN, S.L., Madrid, 2009.

Roca Sastre, R.M., Roca Sastres Muncunill, L. y Berná i Xirgo, J. *Derecho Hipotecario,* Editorial Bosch, Barcelona, 2008.

Rodríguez Blanco, M.: «Las certificaciones de dominio de la Iglesia Católica. Análisis del artículo 206 de la Ley Hipotecaria», *Revista Jurídica del Notariado,* número 34 (abril-junio 2000).

— *Libertad religiosa y confesiones. El régimen jurídico de los lugares de culto,* Centro de Estudios Políticos y Constitucionales, Madrid, 2000.

Rodríguez Otero, L. *La Ley Hipotecaria de 1861: sus autores, sus avatares y comentarios.* Colegio de Registradores de la Propiedad y Mercantiles de España, Madrid, 2010.

Rodríguez-Toubes Muñiz, J. «El criterio histórico en la interpretación jurídica», *Dereito: Revista xurídica da Universidade de Santiago de Compostela,* Vol. 22, noviembre 2013.

Rojas Martínez del Mármol, Enrique y José Javier. *Expedientes de dominio y otros procedimientos notariales,* Aferre Editor S.L., Barcelona, 2024.

Ruano Espina, L.: *Régimen jurídico registral de los bienes de las confesiones religiosas y su tratamiento jurisprudencial,* Editorial Aranzadi, Cizur Menor, 2005.

— «Titularidad e inscripción en el Registro de la Propiedad de los bienes inmuebles (culturales) de la Iglesia», *Revista General de Derecho Canónico y Derecho Eclesiástico,* número 14 (2007).

— «La polémica en torno a la inmatriculación de bienes de la Iglesia católica en el Registro de la Propiedad en virtud de certificación del ordinario diocesano», *AIS: Ars Iuris Salmanticensis, 9* (1), 2021. https://doi.org/10.14201/AIS2021913951

— «Zanjada la polémica en torno a la titularidad de los bienes de la Iglesia Católica», *Revista Española de Derecho Canónico*, Número 78, año 2021, págs. 1325-1356.

Sanz Fernández, Á.: *Comentarios a la nueva Ley Hipotecaria*, Academia Matritense del Notariado, Madrid, 1945.

— *Instituciones de Derecho hipotecario*, Instituto Editorial Reus, Madrid, 1953.

Serna Vallejo, M. *La publicidad inmobiliaria en el derecho hipotecario español*, Centro de Estudios Registrales, Madrid, 1996.

Simón Segura F. *La Desamortización Española del siglo XIX*, Instituto de Estudios Fiscales, Ministerio de Hacienda; Madrid, 1973.

Tomás y Valiente, F.: «Recientes investigaciones sobre la desamortización: intento de síntesis», *Moneda y Crédito*, núm. 131, diciembre 1974.

— *El marco político de la desamortización en España*, Editorial Ariel, Barcelona, 4ª edición, 1983.

— *Manual de Historia del Derecho español*, Editorial Tecnos, Madrid, 2015.

Tomás Villarroya, J. *Breve historia del constitucionalismo español (13ª ed.)*, Centro de Estudios Constitucionales, Madrid, 2012.

Torres Gutiérrez, A.: «Comentario a la Sentencia del Tribunal Constitucional 340/1993, de 13 de mayo», en Martínez Torrejón, J. (ed.), *Libertad religiosa y de conciencia ante la justicia constitucional*, Granada, 1998.

— «Problemas jurídicos planteados a raíz de la inmatriculación de bienes por la Iglesia Católica: dilemas surgidos y reflexiones a propósito del Informe del Gobierno de 16 de febrero de 2021», *Anuario de Derecho Eclesiástico del Estado*, volumen XXXVIII, año 2022.

Tuñón de Lara, M. *Historia de España*, Editorial Labor, 2ª edición, Barcelona, 1983.

Vázquez Peñuelas, J.M. *La legislación del XIX sobre capellanías*. [Consulta 21 de noviembre de 2023]. https://revolucion-liberal.unican.es/index.php-option=-com_phocadownload&view=category&download=60-jose-maria-vazquez-garcia-penuela-la-legislacion-del-xix-sobre-capellanias&id=13-xii-congreso-de-historia-contemporanea&Itemid=541.pdf

Vigil de Quiñones Otero, D. Registrador de la Propiedad (núm. 4 de Manresa). «Análisis actual de la enajenación, gravamen e inscripción de los bienes de las entidades eclesiásticas en el Registro de la Propiedad. Especial atención a los bienes de las Hermandades y otras entidades canónicas», *Jornada celebrada en el Colegio de Registradores de Andalucía Occidental*, 23 de marzo de 2023.

Jurisprudencia citada

TRIBUNAL CONSTITUCIONAL

STC (Pleno) de 2 de febrero de 1981, núm. 4/1981, rec. 186/1980.

STC (Pleno) de 16 de noviembre de 1993, núm. 340/1993, recursos núms. 340/1993, 1658/1988, 1254/1990, 1329/1990, 1270/1990.

STC (Pleno), de 15 de febrero de 2001, núm. 46/2001, rec. 3083/1996.

TRIBUNAL SUPREMO

STS (Civil) de 4 de diciembre de 1931, núm. 1747/1931.

STS (Civil) de 18 mayo 1953, núm. 2489/1953.

STS (Civil) de 28 de diciembre de 1959, núm. 1945/1959.

STS (Civil) de 4 de noviembre de 1961, núm. 2036/1961.

STS de 17 de junio 1963, núm. 2723/1963.

STS de 13 marzo 1964, núm. 4361/1964.

STS de 22 junio 1967, núm. 89/1967.

STS de 22 junio 1972, núm. 2434/1972.

STS (Civil) de 7 de octubre de 1972, núm. 426/1972.

STS (Civil), de 5 de octubre de 1973, núm. 412/1973.

STS (Civil) de 3 de diciembre de 1973, núm. 297/1973.

STS de 23 enero 1974, núm. 226/1974.

STS de 27 febrero 1975, núm. 258/1975.

STS (Civil), de 6 de julio de 1976, núm. 246/1976.

STS (Contencioso) de 9 de junio de 1978, núm. 2620/1978.

STS de 31 octubre 1978, núm. 242/1978.

STS (Civil), de 20 de febrero de 1979, núm. 53/1979.

STS (Civil) de 4 de junio de 1979, rec. 213/1979.

STS de 16 mayo 1980, núm. 4744/1980.

STS de 13 junio 1981, núm. 135/1981.

STS de 12 mayo 1983, núm. 1316/1983.

STS (Civil) de 17 de marzo de 1986, núm. 1330/1986.

STS (Civil), de 28 de noviembre de 1986, núm. 7589/1986.

STS (Civil) de 3 de octubre de 1988, núm. 6758/1988.

STS (Civil) de 7 de diciembre de 1988, núm. 8627/1988.

STS de 30 noviembre 1989, núm. 9676/1989.

STS (Civil) de 25 de enero de 1991, núm. 13039/1991.

STS (Civil) de 17 de octubre de 1991, núm. 10492/1991.

STS (Civil) de 2 de diciembre de 1991, núm. 10395/1991.

STS (Civil) de 17 de febrero de 1992, núm. 12638/1992.

STS (Civil) de 19 de febrero de 1992, núm. 129/1992, rec. 1945/1989.

STS (Civil) de 30 de mayo de 1992, núm. 549/1992, rec. 525/1990.

STS de 18 de junio de 1992, núm. 620/1992, rec. 991/1990.

STS (Civil) de 29 de octubre de 1992, rec. 1798/1990.

STS de 16 diciembre 1993, núm. 18555/1993.

STS (Civil) de 30 diciembre 1993, núm. 18057/1993.

STS (Civil) de 13 de mayo de 1994, núm. 457/1994, rec. 2751/1991.

STS (Civil) de 26 de mayo de 1994, núm. 22365/1994.

STS (Civil), de 14 de julio de 1994, núm. 719/1994, rec. 1878/1991.

STS de 20 de febrero de 1995, núm. 107/1995, rec. 228/1992.

STS (Civil) de 27 de marzo de 1995, núm. 263/1995, rec. 636/1992.

STS (Civil) de 25 de mayo de 1995, núm. 481/1995, rec. 539/1992.

STS (Civil) de 17 de julio de 1995, núm. 728/1995, rec. 1008/1992.

STS (Civil), de 2 de marzo de 1996, núm. 144/1996, rec. 2663/1992.

STS (Civil) de 5 de julio de 1996, núm. 7981/1996, rec. 3238/1992.

STS (Civil) de 18 de noviembre de 1996, núm. 955/1996, rec. 3818/1992.

STS de 28 de enero de 1997, núm. 458/1997, rec. 651/1993.

STS (Contencioso), secc. 4ª, de 11 de febrero de 1997, rec. 9264/1991.

STS (Civil), de 7 de febrero de 1997, núm. 58/1997, rec. 1107/1993.

STS (Civil), de 27 de febrero de 1997, núm. 138/1997, rec. 24/1993.

STS (Civil) de 28 de abril de 1997, núm. 3002/1997, rec. 118/1993.

STS (Civil), de 30 de abril de 1997, núm. 335/1997, rec. 1217/1993.

STS (Civil), de 2 de diciembre de 1998, núm. 1138/1998, rec. 1964/1994.

STS (Civil) de 31 de diciembre de 1998, núm. 1234/1998, rec. 2102/1994.

STS (Contencioso), secc. 5ª, de 6 de octubre de 1999, núm. 6148/1999, rec. 6516/1993.

STS (Civil) de 26 de mayo de 2000, núm. 525/2000, rec. 2311/1995.

STS (Civil) de 18 de diciembre de 2000, núm. 1191/2000, rec. 3637/1995.

STS (Civil), de 20 de junio de 2003, núm. 604/2003, rec. 3149/1997.

STS (Civil), sección 1ª, de 16 de noviembre de 2006, núm. 1176/2006, rec. 486/2000.

STS (Civil), secc. 1ª, de 12 de febrero de 2008, núm. 100/2008, rec. 5334/2000.

STS (Contencioso), secc. 6ª, de 20 de mayo de 2008. BOE núm. 145, de 16 de junio de 2008.

STS (Civil), secc. 1ª, de 13 de mayo de 2011, núm. 2900/2011, rec. 1028/2008.

STS (Civil), secc. 1ª, de 21 de noviembre de 2011, núm. 855/2011, rec. 1908/2008.

STS (Civil), secc. 1ª, de 19 de julio de 2012, núm. 467/2012, rec. 294/2010.

STS (Civil), secc. 1ª, de 25 de enero de 2016, núm. 88/2016, rec. 2644/2013.

STS (Civil), secc. 1ª, de 1 de marzo de 2016, núm. 117/2016, rec. 436/2014.

STS (Penal), secc. 1ª, de 19 de diciembre de 2017, núm. 835/2017, rec. 47/2017.

STS (Civil Pleno) de 13 de enero de 2021, núm. 1/2021, rec. 312/2018.

ATS (Civil), secc. 1ª, de 22 de noviembre de 2023, rec. 3635/2021.

TRIBUNALES SUPERIORES DE JUSTICIA

STSJ Castilla y León (Burgos) (Contencioso) de 14 de junio de 2002, núm. 103/2002, rec. 103/2001.

STSJ Andalucía (Sevilla) (Contencioso), secc. 1ª, de 26 de febrero de 2003, rec. 1070/1999.

STSJ Castilla y León (Valladolid) (Contencioso), secc. 3ª, de 5 de mayo de 2008, núm. 824/2008; rec. 1012/2003.

STSJ Extremadura (Contencioso), secc. 1ª, de 16 de septiembre de 2010, núm. 288/2010, rec. 176/2010.

STSJ Navarra (Civil y Penal), secc. 1ª, de 20 de enero de 2015, núm. 2/2015, rec. 22/2014.

STSJ Navarra (Civil y Penal), secc. 1ª, de 23 de mayo de 2018, núm. 4/2018, rec. 5/2018.

STSJ Navarra (Civil y Penal), secc. 1ª, de 19 de mayo de 2021, núm. 2/2021, rec. 2/2021.

STSJ Canarias (Contencioso), secc. 1ª, de 31 de enero de 2024, núm. 50/2024, rec. 166/2023.

AUDIENCIAS PROVINCIALES

SAP Teruel de 18 de noviembre de 1995.

SAP Guadalajara, de 8 de julio de 1996, núm. 149/1996, rec. 13/1996.

SAP Teruel, de 3 de marzo de 1999, núm. 33/1999, rec. 256/1998.

SAP Madrid, secc. 25ª, 9 de enero de 2001, rec. 1420/2000.

SAP Alicante, secc. 6ª, de 31 de julio de 2001, núm. 412/2001, rec. 798/1998.

SAP A Coruña, secc. 5ª, de 22 de diciembre de 2001, rec. 265/1998.

SAP Navarra, sección 3ª, de 4 de febrero de 2003, núm. 23/2003, rec. 155/2002.

SAP Toledo, secc. 2ª, 28 de enero de 2004, rec. 268/2003.

SAP Huesca, de 18 de noviembre de 2004, núm. 231/2004, rec. 64/2004.

SAP Murcia, secc. 2ª, de 9 de noviembre de 2006, núm. 286/2006, rec. 91/2006.

SAP Burgos, secc. 2ª, de 23 de octubre de 2007, núm. 397/2007, rec. 549/2005.

SAP Palencia, secc. 1ª, de 7 de octubre de 2008, núm. 199/2008, rec. 221/2008.

SAP Sevilla de 6 de mayo de 2010, núm. 1336/2010, rec. 8323/2008.

SAP Baleares, secc. 4ª, de 27 de septiembre de 2010, núm. 355/2010; rec. 222/2010.

SAP Zamora, secc. 1ª, de 21 de noviembre de 2011, núm. 319/2011, rec. 237/2011.

SAP Guadalajara, secc. 1ª, de 27 de marzo de 2012, núm. 81/2012; rec. 328/2011.

SAP A Coruña, secc. 5ª, de 31 de octubre de 2012, núm. 545/2012, rec. 343/2011.

SAP Navarra, sec. 2ª, de 16 de noviembre de 2012, núm. 234/2012; rec. 174/2011.

SAP Asturias, secc. 7ª, de 28 de noviembre de 2012, núm. 542/2012, rec. 209/2012.

SAP León, secc. 2ª, de 27 de septiembre de 2013, núm. 279/2013, rec. 174/2013.

SAP Álava, secc. 1ª, de 14 de enero de 2014, núm. 7/2014, rec. 514/2013.

SAP Zaragoza, secc. 5ª, de 18 de febrero de 2014, núm. 42/2014, rec. 424/2013.

SAP Navarra, sección 2ª, de 26 de febrero de 2014, núm. 51/2014, rec. 291/2012.

SAP Navarra, secc. 1ª, S 29 de abril de 2014; núm. 23/2014; rec. 216/2013.

SAP Segovia, secc. 1ª, de 4 de febrero de 2015, núm. 16/2015, rec. 16/2015.

SAP Palencia, secc. 1ª, de 23 de diciembre de 2015, núm. 215/2015, rec. 307/2015.

SAP Burgos, secc. 2ª, de 20 de junio de 2016, núm. 248/2016, rec. 384/2015.

SAP Baleares de 27 de septiembre de 2017, núm. 261/2017, rec. 129/2017.

SAP Baleares, secc. 3ª, de 13 de junio de 2018, núm. 265/2018, rec. 155/2018.

SAP Barcelona, secc. 17ª, de 5 de diciembre de 2019, núm. 594/2019, rec. 107/2019.

SAP Ávila, secc. 1ª, de 6 de julio de 2020, núm. 301/2020, rec. 182/2020.

SAP Segovia, secc. 1ª, de 30 de diciembre de 2020, núm. 421/2020, rec. 412/2019.

SAP Tenerife, secc. 3ª, de 22 de marzo de 2021, núm. 94/2021, rec. 48/2020.

SAP Navarra, sec. 3ª, de 10 de noviembre de 2021, núm. 1450/2021, rec. 779/2017.

SAP Huesca de 22 de noviembre de 2021, núm. 386/2021, rec. 217/2018.

SAP Barcelona de 23 de diciembre de 2019, núm. 463/2019, rec. 947/2017.

SAP Pontevedra (secc. 3ª), de 28 de diciembre de 2021, núm. 584/2021, rec. 429/2020.

SAP Zamora, secc. 1ª, de 29 de septiembre de 2022, núm. 304/2022, rec. 346/2021.

SAP Castellón (sección 4ª) de 3 de octubre de 2022, núm. 197/2022, rec. 652/2018.

SAP Almería de 29 de noviembre de 2022, núm. 1305/2022, rec. 1552/2021.

SAP Cantabria, secc. 2ª, de 16 de diciembre de 2022, núm. 564/2022, rec. 612/2021.

SAP Barcelona (secc. 17ª) de 24 de febrero de 2023, núm. 133/2023, rec. 690/2021.

SAP de Huesca de 30 de marzo de 2024, núm. 99/2024, rec. 516/2021.

SAP Huesca, secc. 1ª, de 30 de octubre de 2024, núm. 362/2024, rec. 350/2024.

JUZGADOS DE 1ª INSTANCIA

ST Juzgado de 1ª Instancia e Instrucción núm. 1 de Boltaña, de 6 de febrero de 2018, núm. 4/2018.

ST Juzgado de 1ª Instancia número 5 de Palencia, de 28 de marzo de 2000, núm. 341/1999.

ST Juzgado de 1ª Instancia número 3 de Toledo, de 23 de mayo de 2005, núm. 62/2005, rec. 213/2004.

ST Contencioso-Administrativo núm. 2 de León de 27 de septiembre de 2007, núm. 180/2007, rec. 20/2007.

ST Juzgado de 1ª Instancia de Estella de 31 de enero de 2011, núm. 238/2010.

ST Juzgado de 1ª Instancia núm. 1 de Aoiz de 19 de junio de 2013.

ST Juzgado de 1ª Instancia de Aoiz de 23 de junio de 2017, núm. 81/2013.

ST Juzgado de 1ª Instancia e Instrucción núm. 2 de Tafalla de 17 de enero de 2022, núm. 5/2022, rec. 108/2021.

ST Juzgado de 1ª Instancia núm. 5 de Pamplona de 30 de septiembre de 2022, núm. 299/2022, rec. 1344/2021.

ST Juzgado de 1ª Instancia núm. 9 de Palma de Mallorca de 30 de junio de 2022, núm. 169/2022.

ST Juzgado de 1ª Instancia e Instrucción Único de Vélez Rubio de 11 de diciembre de 2023, núm. 66/2023.

RESOLUCIONES DGSJFP (ANTES DGRN)

RDGRN de 31 de diciembre de 1862.

RDGRN de 19 de septiembre de 1863.

RDGRN de 3 de agosto de 1864.

RDGRN de 23 de marzo de 1865.

RDGRN de 12 de junio de 1865.

RDGRN de 5 de septiembre de 1871.

RDGRN de 30 de diciembre de 1874. Gaceta de Madrid, núm. 17, de 17 de enero de 1875.

RDGRN de 7 de diciembre de 1875.

RDGRN de 30 de diciembre de 1878.

RDGRN de 12 de marzo de 1879.

RDGRN de 22 de marzo de 1879.

RDGRN de 16 de marzo de 1882.

RDGRN de 12 de septiembre de 1883.

RDGRN de 21 de junio de 1884.

RGDRN de 9 de marzo de 1986. Gaceta de Madrid, núm. 119, de 29 de abril de 1886.

RDGRN de 18 de noviembre de 1887.

RDGRN de 11 de febrero de 1898. Gaceta de Madrid, núm. 65, de 6 de marzo de 1898.

RDGRN de 8 de noviembre de 1888.

RDGRN de 7 de julio de 1893. Gaceta de Madrid, núm. 256, de 13 de septiembre de 1893.

RDGRN de 16 de noviembre de 1923. Gaceta de Madrid, 23 de noviembre de 1923.

RDGRN de 19 de abril de 1928. Gaceta de Madrid, núm. 177, de 25 de junio de 1928.

RDGRN de 30 de noviembre de 1928. Gaceta de Madrid, núm. 30, de 30 de enero de 1929.

RDGRN de 12 de diciembre de 1953. BOE, núm. 116, de 26 de abril de 1954.

RDGRN de 19 de octubre de 1955. BOE, núm. 327, de 23 de noviembre de 1955.

RDGRN de 16 de noviembre de 1956. BOE, núm. 357, de 22 de diciembre de 1956.

RDGRN de 19 de enero de 1960. BOE, núm. 33, de 8 de febrero de 1960.

RDGRN de 24 de noviembre de 1964. BOE núm. 293, de 7 de diciembre de 1964.

RDGRN de 20 de noviembre de 1972. BOE, núm. 290, de 4 de diciembre de 1972.

RDGRN de 23 de noviembre de 1972. BOE, núm. 295, de 9 de diciembre de 1972.

RDGRN de 31 de marzo de 1982. BOE núm. 107, de 5 de mayo de 1982.

RDGRN de 24 de mayo de 1983. BOE, núm. 162, de 8 de julio de 1983.

RDGRN de 21 de mayo de 1991. BOE núm. 168, de 15 de julio de 1991.

RDGRN de 10 de julio de 1991. BOE, núm. 212, de 4 de septiembre de 1991.

RDGRN de 25 de junio de 1992. BOE núm. 171, de 17 de julio de 1992.

RDGRN de 11 de noviembre de 1992. BOE, núm. 13, de 15 de enero de 1993.

RDGRN de 21 de noviembre de 1995. BOE 4/1996, de 4 de enero de 1996.

RDGRN de 14 de diciembre de 1999. BOE 9/2000, de 11 de enero de 2000.

RDGRN de 12 de enero de 2001. BOE núm. 40, de 15 de febrero de 2001.

RDGRN de 8 de octubre de 2005. BOE núm. 276, de 18 de noviembre de 2005.

RDGRN de 5 de junio de 2006. BOE 169/2006, de 17 de julio de 2006.

RDGRN de 12 de diciembre de 2006. BOE 17/2007, de 19 de enero de 2007.

RDGRN de 4 de abril de 2007. BOE núm. 109, de 7 de mayo de 2007.

RDGRN de 25 de septiembre de 2007. BOE 247/2007, de 15 de octubre de 2007.

RDGRN de 4 de diciembre de 2007. BOE 13/2008, de 15 de enero de 2008.

RDGRN de 30 de mayo de 2009. BOE, núm. 145, de 16 de junio de 2009.

RDGRN de 3 de septiembre de 2009. BOE 234/2009, de 28 de septiembre de 2009.

RDGRN de 2 de febrero de 2010. BOE núm. 82, de 5 de abril de 2010.

RDGRN de 9 de junio de 2014. BOE 180/2014, de 25 de julio de 2014.

RDGRN de 4 de agosto de 2014. BOE, núm. 242, de 6 de octubre de 2014.

RDGRN de 25 de septiembre de 2014. BOE, núm. 270, de 7 de noviembre de 2014.

RDGRN de 19 de febrero de 2015. BOE núm. 62, de 13 de marzo de 2015.

RDGRN de 17 de noviembre de 2015. BOE 294/2015, de 9 de diciembre de 2015.

RDGRN de 17 de febrero de 2016. BOE núm. 61, de 11 de marzo de 2016.

RDGRN de 5 de mayo de 2016. BOE 136/2016, de 6 de junio de 2016.

RDGRN de 24 de junio de 2016. BOE 180/2016, de 27 de julio de 2016.

RDGRN de 27 de junio de 2016. BOE 180/2016, de 27 de julio de 2016.

RDGRN de 2 de septiembre de 2016. BOE, núm. 233, de 27 de septiembre de 2016.

RDGRN de 22 de noviembre de 2016. BOE núm. 302, de 15 de diciembre de 2016.

RDGRN de 1 de febrero de 2017. BOE 45/2017, de 22 de febrero de 2017.

RDGRN de 19 de julio de 2018. BOE 190/2018, de 7 de agosto de 2018.

RDGRN de 30 de enero de 2019. BOE 46/2019, de 22 de febrero de 2019.

RDGRN de 10 de mayo de 2019. BOE 136/2019, de 7 de junio de 2019.

RDGRN de 7 de noviembre de 2019. BOE 286/2019, de 28 de noviembre de 2019.

RDGSJFP de 20 de octubre de 2020. BOE núm. 291, de 4 de noviembre de 2020.

RDGSJFP de 19 de febrero de 2021. BOE 59/2021, de 10 de marzo de 2021.

RGDSJFP de 23 de octubre de 2023. BOE núm. 279/2023, de 22 de noviembre de 2023.